나 침 반

핵심 성경 연구 ③

고린도서 ~ 계시록

나침반
출판사

종합선교 – 나침반 출판사 / 그리스도인들의 성장을 돕습니다.

1110 - 616 서울 · 광화문 우체국 사서함 1641호 ☎(02)2279-6321~3/주문처(02)2606-6012~4

• • •

COMPASS HOUSE PUBLISHERS

A DIVISION OF NACHIMVAN (=COMPASS) MINISTRIES
KWANGHWAMOON P. O. BOX 1641, SEOUL 110-616, KOREA

『Expository Notes on the Old & New Testament』
Translated and published by permission of Dr. Warren Wiersbe
이 책은 허락을 받아 번역, 출판한 것입니다.

이 소중한 책을

특별히_____님께

드립니다.

이 큰 일이 마무리된 것을 저의 일처럼 기뻐합니다.

미국에서 성경을 조금이라도 깊이 공부하는 성도라면 거의, 성경 강해서인 『Be Series』를 가지고 있습니다. 그런데 그 『Be Series』의 저자가 이 책을 쓴 워런 W. 위어스비 목사님이고, 그 책의 골격을 형성한 책이 바로 『핵심성경연구』(원제 : EXPOSITORY OUTLINES ON THE OLD TESTAMENT / THE NEW TESTAMENT) 입니다.

워런 W. 위어스비 목사님은 "미국에서 가장 은혜롭게 성경을 가르치는 분" 중의 한 사람으로 알려진 세계적 성경 학자입니다.

워런 W. 위어스비 목사님이 지금은 방송과 문서 선교 중심의 기관인 『BACK TO THE BIBLE』 협회의 책임자로서 주님을 섬기고 있지만, 한때는 제 사역의 한 부분인 『십대 선교회』(Youth For Christ)의 국제 본부에서 발행되는, 청소년을 위한 세계적 권위의 잡지 『Campus Life』의 편집인으로서 주님을 섬긴 적이 있습니다.

워런 W. 위어스비 목사님과는 그 때부터 Y. F. C.의 친구로 시작하여 지금까지 거의 이십 여년을 주님 안에서 교제하며, 또 함께 여러 모임과 집회에서 성경을 가르치며 증거하는 일을 해온 오랜 친구지간입니다.

요즘 한국 교회에서 강해 설교와 성경 본문을 중심으로 공부하는 성경 연구가 여기 저기에서 활발하게 진행되는 것을 봅니다. 이는 크게 다행한 일이며 또한 소망스러운 일인데, 그것은 성경이 말씀하시고자 하는 진정한 의미를 잘 파악할 수 있는 좋은 방법이기 때문입니다.

그런 의미에서 이 책은 한국 교회에 크게 기여하리라 생각됩니다.
이 책은 성경전서를 쉽게 이해하고 핵심적인 부분들을 파악할 수 있게 하여 성경의 영적 의미와 교훈들을 분명하게 알 수 있게 해 주는 책입니다.

　이 책이 한국어로 발행되는데 크게 기여한 송용필 목사님은, 한때　저의 제
자였는데, 지금은 하나님의 은혜로 제 복음 사역의 중요한 부분에 중책을 맡아
짐을 나누어 지고 있는 동역자입니다. 그가 바쁜 사역 중에서도 한국 교회를 섬
기며, 도움이 되기를 간절히 바라는 마음으로, 잠을 줄여가며 이 큰 일을 마무
리한 것을 저의 일처럼 기뻐합니다.
　그의 수고와, 늘 도움이 되는 책을 만들어 그리스도인들을 섬기는 일을 은사
로 아는 발행인 김용호 목사님의 열심이 한데 어울린 이 책을 애독자들과 함께
기억하고 싶습니다.

전 3 권이 완간될 즈음에

목사 김 장 환 (Billy Kim)

"성경을 성경으로서 쉽게 이해하는 데 큰 도움을 주도록 만든 것입니다."

워런 W. 위어스비 목사님의 수많은 저서 중에서도 특별한 책으로 간주되는 『EXPOSITORY NOTES ON THE OLD TESTAMENT/THE NEW TESTAMENT』가 한국어로 번역되어 『핵심 성경 연구』라는 제목으로 발행된 것을 하나님께 감사드리며, 수고한 이들에게 찬사를 보냅니다.

워런 W. 위어스비 목사님과의 친교는 꽤 오래 전부터 였습니다. 제가 미국 미시간주 랜싱의 SOUTH BAPTIST CHURCH에서 한국인을 위한 교회를 개척할 때, 그 교회 담임 목사님이시며, 위어스비 목사님과 특별히 절친한 관계이신 하워드 서그든 목사님(이 두 분은 『목회자 지침서/나침반社 발행』의 저자들이기도 하다 – 편집인註)의 소개로 처음 서로 알게 된 후, 저의 모교인 그랜드래피드 침례 신학교와, 여러 선교사 수양회에서 함께 일하기도 하였습니다. 그후 한국으로 귀국한 후인 오늘날까지도(특별히 제가 일하고 있는 극동·아세아방송사의 영어방송중 하나인 『BACK TO THE BIBLE』의 협회 책임자이며, 소련어 방송을 위하여 소련인들로만 구성된 슬라빅복음선교회의 이사장인 위어스비 목사님과) 방송인으로서의 관계가 지속되고 있읍니다. 그러기에 지난 2월초(1985년) 제42차 국제 기독교 방송인 대회가 미국의 수도 와싱톤에서 열렸을 때 오랫만에 다시 만날 기회가 있었읍니다. 그 때 특별히 이 책이 한국어판으로 발행되는데 대하여 의견을 나눌 때 위어스비 목사님은 "한국의 그리스도인들에게 크게 축복이 되기를 기대한다"며 사용을 쾌히 승락하셨읍니다. 그리고 그 자리에서 한국 방문을 요청하였을 때 "매일 바쁜 일정이지만 가까운 시일안에 한번 한국을 방문하기를 희망한다"고 하였읍니다.

이 책은 위어스비 목사님의 한때 시무하시던 갈보리 교회의 "성경전서 연구과정"을 위하여 마련한 것으로 7년 동안 주일저녁과 수요일저녁에 교회 중간 지

제42차 국제 기독교 방송인 대회(와싱톤D. C.)
에서 저자 W. W. 위어스비 목사와 송용필 목사

도자들에게 가르쳤던 『해설적 성경 개관』입니다.

성경은 하나님께서 "이 예언의 말씀을 읽는 자들과 듣는 자들과 그 가운데 기
록한 것을 지키는 자들이 복이 있도록" 그 자녀들에게 주신 것입니다. 또한 성
경에는 "어리석은 자가 되지 말고 오직 주의 뜻이 무엇인지를 이해하라"고 기
록되어 있습니다. 그런데 교리적인 면에는 당황하지 않는 많은 그리스도인들이
성경을 직접 대할 때에는 쉽게 이해하지 못하는 경우가 대단히 많습니다.

그러기에 이 책은 성경전서를 성경으로서 쉽게 이해하는데 큰 도움을 주도록
만든 것입니다.

간결한 구성과 문장으로 성경에서 빼놓지 말아야 할 핵심적인 부분들을 알기
쉽게 설명하면서, 또한 우리에게 생각하고 행동할 수 있는 지침들을 제시합니
다.

흔히 놓치기 쉬운 성경의 영적인 의미와 교훈들을 지적하는 위어스비 목사님
의 영적 통찰력에 우리는 놀라지 않을 수 없습니다.

이 책이 발행되도록 원고 정리에 정성을 다한 조 현영 자매와, 『도서출판―나
침반社』 전 직원들과, 발행인이며 저의 사역에 기꺼이 동참하는 김 용호 목사님
의 수고를 애독자들과 함께 기억하고 싶습니다. 그리고 이 책이 미국에서 널리
사용되어 크게 기여한 바와 같이, 한국어로 발행되어진 지금, 우리 가운데에서
도 이 책으로 인하여 하나님의 말씀이 흥왕되어지기를 기도합니다.

초판 발행에 즈음하여

목사 송 용 필(John Song)

이 『핵심성경연구』를 새로 인쇄하게 되었다는 사실은 지금 내게 기쁨과 감사를 가져다 주었다. 나는 하나님께서 하나님의 자녀들을 돕는 데에 이 단순한 연구서를 사용하고 계신다는 정기적인 보고를 받았는데, 이는 참으로 기쁜 일이다.

이 책은 켄터기주(州) 커빙턴시의 갈보리 교회(Calvary Baptist Church)에서 처음 준비된 것으로서, 35년간이나 결실있는 목회를 해오신 D. B. 이스텝 박사님에 의해 시작된 "성경전서 연구 과정"의 일부이다. 이스텝 박사님이 1962년 3월에 주님 품에 가시자, 교회는 내게 그들의 목회자로 사역해 주기를 요청하였으며, 나는 "성경전서 연구 과정"의 7년간, 말씀을 연구하며 그 과정을 준비하는 특권을 누렸다. 매 주마다 우리 교회의 가족들을 위해 하나님의 말씀을 연구하는 것이 내게는 얼마나 즐거웠는지! **내가 현재 하고 있는 사역이나 장래에 하게 될 일은 확실히 이 기간 동안의 집중적인 연구의 결과이다.** 모든 교회가 그들의 목회자를 참된 성경 연구자가 되게 하기를 원한다면, 그것은 가능하다. 나는 갈보리 교회의 성도들의 격려와 도움에 대해 어떻게 감사를 드려도 충분하지가 못하다!

이 책이 여러 번 출간된 것은 많은 그리스도인들이 성경을 쉽고 체계적인 방법으로 연구하기를 원한다는 증거이다.
A. W. 토저는 우리에게, 성경을 사람이 가르치는 것과 성령께서 가르치시는 것에는 차이가 있음을 상기시키곤 하였다. 나는 하나님의 성령이 이 책에 기록된 것보다 훨씬 더 가르치시기를 기도한다. 이 연구서는 안내서에 지나지 않는 것이다. 그러나, 예수 그리스도는 길이요 진리이시다. 모쪼록 우리의 마음과 애정과 관심이 하나님께로만 고정되기를 기도한다.

> ## 모쪼록 우리의
> ## 마음과 애정과 관심이
> ## 하나님께로만
> ## 고정되기를 기도합니다.

　　그동안 많은 목회자들이 그들의 교회에서 이 책을 재인쇄(또는 복사)해 사용하는 것을 허락하여 주기를 요청하는 연락을 해왔다. 그러나 이 자료는 부분적으로 복사 또는 재인쇄되는 것을 금한다. 나는 이 자료가 목회자들이나 교사들이 그들 자신의 개인적인 연구를 위해 사용되는 것은 기쁘게 여기지만, 이것이 개교회에서 재인쇄되는 것을 허락할 수는 없다. 교회 프로그램에 "성경전서 연구 과정"을 운영하고자 하는 교회들은 이 책을 각자 구입토록 해 주기 바라며, 개교회의 목회자나 교사들의 강의에 의하여 그 내용이 자세하게 보충되기를 바란다.

　　그리고, 이 『핵심성경연구』로부터 축복과 도움을 얻기 위해 나의 해석 전체에 동의할 필요는 없다.

　　하나님의 말씀을 연구하고, 그것을 다른 사람들과 나누게 될 때에 하나님께서 풍성하게 축복하시리라고 믿는 바이다.

＊ 유 의 사 항 ＊

① 이 연구서는 『개관』일 뿐, 귀절마다의 주석이 아니다.
② 구약은 역대상·하를 제외한 전 권을 다루었으나, 전 장을 다룬 것은 아니다.
③ 신약은 마가복음과 누가복음을 제외한 전 권과 각 장을 다루었다.
④ 이 연구서는 학자들에 맞추어 쓴 것이 아니라, 보편적인 성경 연구자들을 위해 마련된 것이다.

－워런 W. 위어스비.

고린도전서
-개요와 서론-

고린도전서 개요

■ 인사말 / 1장 1~3절

1. 책망 - 죄에 대한 보고 / 1장 4절~6장 20절

　　1 교회의 분열 / 1장 4절~4장 21절
　　(1) 그들이 제 위치를 지켜 살지 못함 / 1장 4~16절
　　(2) 그들이 복음의 멧세지를 깨닫지 못함 / 1장 17절~2장 16절
　　　　이 세상의 지혜 대(vs.) 하나님의 지혜
　　(3) 그들이 복음의 사역을 이해하지 못함 / 3장 1절~4장 21절
　　　　바울이 사역의 여섯 가지 실례를 제시함
　　2 교회 내의 징계 / 5장
　　3 법정에서의 논쟁 / 6장 1~8절
　　4 세상에서의 오염 / 6장 9~20절

2. 교훈 - 질문에 대한 답변 / 7~16장

　　1 결혼에 관하여 / 7장
　　2 우상에 관하여 / 8~10장
　　(1) 그리스도의 실례 / 8장
　　(2) 바울의 실례 / 9장
　　(3) 이스라엘의 실례 / 10장
　　3 규례에 관하여 / 11장
　　4 성령의 은사에 관하여 / 12~14장
　　(1) 은사의 출처와 목적 / 12장
　　(2) 사랑 안에서의 은사 사용 / 13장
　　(3) 신령한 예배의 원리 / 14장
　　5 부활에 관하여 / 15장
　　(1) 부활에 대한 증거 / 15장 1~34절
　　(2) 부활의 과정 / 15장 35~49절

고린도전서 서론

■ **도시** : 의문의 여지도 없이, 고린도는 헬라(그리이스)의 가장 중요한 도시이다. 그 한 가지 이유를 들자면, 고린도는 아가야 지방의 로마 수도인데, 동방에서 서방으로 여행하는 주요 경로로서 더할 나위 없이 중요한 곳에 위치하고 있었다.

로마 제국의 4대 도시 중에 고린도는 상업, 문명, 부패함으로 주목을 받았다. "고린도 여인"이 어떠한가에 대해서는 누구나 알고 있었고, "고린도의 축제"는 그야말로 사치와 방종의 밑바닥이었다. 고린도는 여신 비너스(Venus)를 숭배하는 본거지였으며, 또한 애굽과 아시아에서 온 몇몇 불건전한 신비 종파의 중심지였다.

■ **교회** : 제 2차 전도 여행에서 바울이 고린도를 방문하였을 때는, 문화가 발달한 아덴에서 외관상으로 실패를 경험한 후였다(행 18 : 1∼ 17). 그는 장막을 만드는 두 유대인(아굴라와 브리스길라)과 교제하며 일 년 반 동안 고린도에 머물면서 매주 회당에서 강론하였다.

실라와 디모데는 베뢰아에서 그들의 사역을 마치고 바울과 합세하였다. 회당장이 회심하여 바울에게 세례(침례)를 받았고(행 18 : 8 / 고전 1 : 14 ∼ 16), 그리스도께서 바울에게 고린도에 머물라고 특별한 격려를 하셨으므로(행 18 : 9), 그는 일 년 반 후에야 에베소로 떠나갔다. 그는 고린도에 풍부한 영적 은사를 받은 교회를 뒤에 남겨 두고 떠났으나(고전 1 : 4∼ 7), 그 교회는 세상적인 지혜와 도시 자체의 무서운 사악함으로 말미암아 심하게 유혹을 받았다.

■ **서신** : 바울은 에베소에 3년간 머물러 있었는데(행 19 : 1이하), 몇 가지의 문제를 교정하기 위해서 고린도를 두번째로 방문했던 것으로 보인다(고후 13 : 1). 에베소로 돌아온 그는 고린도 교회에 보내는 음행에 대한 신랄한 편지를 썼으나(고전 5 : 9), 이 편지는 우리에게 전해지지 않고 있다. 그 후 고린도 교회는 바울에게 편지를 썼는데 그 교회의 회원인 스데바나와 브드나도, 아가이고 편에 보낸 것 같다(고전 16 : 17).

이 편지는 교회의 교리와 실제에 관한 몇 가지 매우 중요한 문제를 다루고 있었고, 바울은 고린도전서에서 죄에 대한 책망을 겸하여 이 질문들에 답하였다(고전 7 : 1 / 8 : 1 / 11 : 17 등). 그는 교회를 단합시키고 정화하는 일에 형제들을 돕도록 디모데를 앞서 보내었다(행 19 : 22 / 고전 4 : 17 / 고전 16 : 10∼ 11). 고린도전서 16장 17절에 언급된 세 사람의 고린도 그리스도인들이 고린도전서를 그들에게 전달한 것 같다.

디모데는 교회가 그 편지를 받았으나 모든 것이 바르게 되지는 않았다는 소식을 가지고 바울에게로 돌아왔다. 그러자 바울은 디도를 고린도에 보내어 신자들이 바울의 사도적인 명령들에(고후 7 : 13～15) 순종하는지 보게 하였고, 디도는 위반자(고전 5장) 들이 징계를 받았으며 교회는 바울의 교훈에 순종하였다는 좋은 소식을 바울에게 전해 주었다(고후 7 : 6～17 참조). 이때에 바울은 디모데와 함께 고린도후서를 기록하여(고후 1 : 1), 교회를 칭찬하고 계속 전진하여 선한 사업을 끝마치라고 격려하였다.

　　디도가 이 편지를 고린도에 가져갔고, 예루살렘에 있는 가난한 성도들을 위하여 모금하는 일에 교회를 도우며 기다렸다(고후 12 : 17～18 / 고후 8 : 6). 바울은 사도행전 20장 1～4절에서 마지막으로 한 번 고린도를 방문하였다.

■ **기록 목적** : 바울이 고린도전서를 쓴 데에는 두 가지의 근본적인 목적이 있다. 즉, 교회 안에서 허용한 끔찍한 죄들로 인하여 그들을 책망하려는 것(1～6장)과, 그리스도인의 생활과 교리에 대한 그들의 질문에 대답하기 위함이다. 그는 글로에의 집과(1 : 11) 스데바나, 브드나도, 아가이고에게서(16 : 17) 죄에 대한 보고를 들었다. 그리고, 그가 에베소에서 이 도시를 방문했을 때에는 교회 안에 분열과 다툼이 있다는 것을 직접 알게 되었다.

　　신약 성경 중의 어떤 서신서에도 지교회의 문제를 이처럼 설득력 있게 다룬 곳은 없다. 그리고 오늘날 이처럼 소홀히 되는 서신서도 아마 없을 것이다.

그리스도인의 지위와 신분
-고린도전서 1장-

1. 칭찬 - 그리스도 안에서의 지위(1 : 1~9)

바울은 신자들에게 그리스도 안에서 그들이 갖는 놀라운 축복을 상기시키는 가장 요령있는 방법으로 편지를 시작한다. 그는 그들의 죄를 책망하기에 앞서 축복을 상기시키고 있는데, 이는 그들이 그리스도인으로서의 특권 이하로 살고 있었기 때문이다. 그들은 그리스도의 부르심에 합당하게 생활하지 못하고 있었다(엡 4 : 1 이하). 바울은 그들의 영적인 축복들을 열거한다.

[1] **하나님께 부르심을 받음**(2절) - 이것은 그들이 성별되어(따로 분리됨) 선택된 그룹인 교회에 속해 있다는 뜻이다. 그들은 성도처럼 사는 것이 아니라 성도인 것이다.

[2] **하나님의 은혜**(3~4절) - 은혜란 내가 받을 만하지 못한데도 하나님이 내게 주시는 것이며, 자비란 내가 마땅히 받아야 하는데도 주지 않으시는 것이다. 이 은혜는 믿음으로 말미암아 그리스도를 통하여 왔다.

[3] **하나님께로서 오는 은사**(5, 7절) - 그는 12~14장에서 성령의 은사를 논하는데, 한 가지 분명한 것은 고린도 교인들이 성령의 은사들, 특별히 말을 다루는 구변의 은사들로 놀랍게 축복을 받았다는 사실이다(14 : 26). 이들은 또한 지식에도 풍부하게 되었다. 그러나, 그들은 모든 은사들과 지식을 가지고도 사랑이 결여되어 있었으며(13 : 1~3) 서로 잘 지낼 수가 없었다./

[4] **하나님에 대한 증거**(6절) - 그리스도께서 그들을 위하여 하실 수 있다고 바울이 말한 모든 일들이 그들의 생활에 일어났다. 하나님의 말씀이 그들의 생활 가운데 현실로 된 것이다.

[5] **하나님께로부터 오는 소망**(7~9절) - 그들은 그리스도께서 돌아오시기를 기다리고 있었으나, 강림의 빛 가운데서 살고 있었던 것은 아니었다(요일 2 : 28). 그들이 비록 지상에서 죄가 있더라도 하나님은 하늘에서 그들을 흠없게 하실 수 있다. 그러나, 이러한 사실이 죄를 범해도 좋다는 핑계가 될 수는 없으며, 이것은 오히려 우리가 비록 주님을 실망시켜드린다 해도 하나님은 신실하시다는 격려이다.

2. 고발– 그리스도인으로서의 죄악된 상태(1 : 10∼16)

효율적으로 그들을 칭찬하고는 첫번째로 교회 분열의 문제를 다룸으로써 그들의 죄에 대한 토론에 들어간다. 바울은 그들의 분열에 대한 슬픈 소식을 글로에의 집과, 또한 그를 방문한 친구에게서 들었다(16 : 17∼ 18). 교회의 문제거리에 대한 나쁜 소식은 그처럼 신속히 전파되면서도 복음의 기쁜 소식은 전혀 외부로 퍼져나가지 못하는 것처럼 보이는 이유는 무엇일까?

교회에는 분열과 다툼에 있었는데(11 : 18 / 12 : 25 / 3 : 3), 이것은 주의 만찬 때에조차(11 : 20∼34) 있었다./ 바울은 "완전히 서로 연합하라"고 간청하였는데, 이것은 부러지거나 제자리에 있지 않는 뼈를 고정시킨다는 뜻의 의학 용어이다. 그리스도인들이 하나가 되지 않을 때에는, 그리스도의 몸(교회)이 괴로움을 당한다.

바울은 그들이 **분열된 이유**를 설명하였는데, 이는 그들이 사람들을 그리스도의 눈으로 보지 않고 자신의 눈으로 보았기 때문이었다. 그들은 인간의 지혜를 의지하였고(2 : 5), 인간의 업적에 영광을 돌리고 있었으며(3 : 21), 종들을 서로 비교하며 인간들을 자랑으로 삼고 있었다(4 : 6). 3장에서 바울은 인간들에 대해 이처럼 열중하는 것은 육신적인 삶의 표식이며, 이 "영적인 고린도 사람들"이 그리스도 안에서는 사실상 어린 아이들임을 나타내는 증거라고 말한다.

이 교회에는 **네 개의 파당**이 있었다. 한 그룹은 **바울**을 따랐는데 이들은 아마도 주로 이방인들이었을 것이다. 이는 바울이 이방인들의 사도였기 때문이었다. 다른 그룹은 능숙한 웅변가인 **아볼로**를 따랐는데(행 18 : 24∼ 28), 사람들은 아마도 그의 훌륭한 멧세지를 즐겼을 것이다. 세번째 그룹은 유대인의 사도인 **베드로**를 의존하는 유대인들이었고(갈 2 : 7), 네번째 그룹은 "**그리스도**"만을 따름으로써 나머지 그룹보다 더욱 신령하다는 것을 입증하려고 하였다.

바울은 그리스도가 나뉘어지지 않는다고 설명한다. 우리는 모두 한 몸의 지체들이다(12 : 12∼ 31). 그리스도께서 우리를 위하여 죽으신 것이지, 사람들이 우리를 위하여 죽은 것이 아니다./ 우리는 사람들의 이름이 아니라 그리스도의 이름으로 세례(침례)를 받는다./ 바울은 계속해서 말하기를, 그가 고린도에서 세례(침례)를 베풀고는 더이상 세례(침례)를 주지 않는 것을 다행으로 여긴다고 하였으며, 만일 그가 계속해서 직접 세례를 주었더라면 분열 상태는 더욱 악화되었을 것이라고 하였다.

바울의 사역을 조력한 사람들이 세례(침례)를 베풀었는데, 바울의 특별한 사명은 말씀을 전하는 것이었기 때문이다. 그렇다고 해서 세례(침례)의 의미를 어떤 뜻에서든지 축소시키려는 것은 아니다. 오늘날 어떤 전도자가 세례(침례) 지원자들을 검토하고 세례(침례)를 베푼다면 얼마나 어려울 것인지 상상해 보라(1 : 17에 나오는 "보내심"이란 단어는 헬라어로는 "특별한 사명을 가지고 파송된

자"의 뜻이다). 사도행전 18장 8절은 많은 고린도 사람들이 믿고 세례(침례)를 받았다고 알려 준다. 바울은 물 세례(침례)를 실행하였으나 언제나 자신이 세례를 준 것은 아니었다.

3. 설명 – 분열의 이유(1 : 17~31)

고린도 신자들이 분열되어 그리스도 안에서 그들의 지위에 합당하게 살지 못한 이유는 복음을 세상의 지혜와 혼합하고 있었으며, 인간들을 영화롭게 하였고 복음 사역의 의미를 이해하지 못한 데에 있었다. 1~2장에서 바울은 **세상의 지혜** 대(對) **하나님의 지혜**를 다룬다. 그리고 이 구절들에서 모든 사람들이 필요로 하는 것은 세상의 지혜가 아니라 복음이라는 것을 설명하는 데에 일곱 가지 증거를 제시한다.

1 **바울의 사명** (17절) – 그는 복음에 인간의 철학을 더해서가 아니라, 오직 복음만을 전파하도록 보내심을 받았다. 복음에 다른 무엇을 섞지 않도록 얼마나 경계해야 하는가./

2 **개인적인 경험** (18절) – 그들은 복음의 능력을 개인적으로 경험했었다.

3 **성경** (19~20절) – 바울은 하나님께서 세상의 지혜를 필요로 하지 않으신다는 것을 증명하기 위하여 이사야 19장 12절, 29장 14절, 33장 18절을 인용한다. 사실을 말하자면, 하나님은 세상의 지혜를 파괴하실 것이다.

4 **인간의 역사** (20~21절) – 그 모든 "지혜"를 가지고도 세상은 하나님이나 구원을 발견할 수 없었다. 인간의 역사를 추적해 보면, 역사란 인간이 점점 더 많은 지식을 얻어가는 것에 대한 기록임을 알게 된다. 그러나 참된 지혜는 점점 줄어든다. 특히 영적인 문제들은 더욱 그렇다.
　　로마서 1장 18~32절을 읽고 세상이 어떻게 하나님께 등을 돌렸는지 알아보자. 하나님의 계획은 대단히 단순하고 독특한 것이어서 세상에게는 어리석게 보인다./ 하나님께서는 그의 아들에 대하여 친히 말씀하신 바를 믿는 사람들을 구원하신다.

5 **바울의 사역** (22~25절) – 바울은 전 로마 세계의 유대인들과 이방인들에게 전파하였다. 유대인들은 표적을 갈구하였고, 이방인들, 특히 헬라인들은 철학적인 지혜를 구한다는 것을 바울은 알고 있었다. 그러나, 하나님은 이들을 둘 다 뛰어넘어 십자가에 달리신 그리스도를 통하여 구원을 가능하게 하셨다./
　　십자가에 달리신 그리스도에 대한 멧세지는 유대인들에게는 걸리는 돌이었는데, 이들이 갖고 있던 메시야에 대한 개념은 퍽 다른 것이었다. 그리고 복음은 헬라 사람들에게 어리석게 보였는데, 그것은 복음이 자기들의 철학적인 제도들보다 저급한 것으로 보였기 때문이었다. 그러나, 바울은 이 "어리석은 복음"이 부르심을 받은 유대인들과 헬라인들에게는 하나님의 능력이요 지혜였음을 보았다./ 그리스도는 우리의 능력과 지혜이시며 우리가 필요로 하는 모든 것이다.

6 **그들 자신의 소명** (26～ 29절) ─바울은 "만일 하나님이 인간의 지혜와 영광을 필요로 하신다면 왜 당신들을 부르셨겠는가 ?"라고 말한다. 고린도 교회에는 육신적으로 유력한 사람이나, 귀족이나, 지혜로운 자들이 없었다. 그러나 하나님은 그들을 구원하셨다./ 사실상, 하나님은 지혜롭고 현명한 사람들에게는 그의 진리를 고의적으로 감추시고, 겸손하며 거절당한 사람들에게 나타내신다.

전 성경을 추적하여, 그리스도께서 역사상 "무명인들"을 취하여 어떻게 위대한 지도자들이 되게 하셨는지를 알아보자(아브라함, 모세, 기드온, 다윗 등).

7 **그리스도의 충족하심** (30～ 31절) ─모든 성도는 "그리스도 예수 안에" 있으며 그리스도는 모든 성도들에게 그들이 필요로 하는 모든 것이 되신다./ 우리는 성도의 지혜나 능력을 필요로 하지 않는다. 우리에게는 그리스도께서 계신다./ 그는 우리의 구원이시며 우리의 의이시고, 우리의 지혜이시며, 우리의 모든 것이다. 그리스도나 그의 십자가에 무엇을 첨부한다는 것은 그리스도와 십자가를 축소시키는 것이며 그 능력을 빼앗는 것이다.

그리스도인들이 그리스도에게서 그들의 시선을 뗄 때에 사람들은 분열되기 시작하며, 인간의 지혜를 신뢰하고 인간의 영광을 추구하게 되며, 결국은 늘 분열 상태로 있게 될 것이다.

하나님의 지혜 대 인간의 무지함
-고린도전서 2장-

본 장에서는 복음과 인간의 지혜에 대한 바울의 토론이 계속된다. 고린도에는 인간의 철학을 칭송하는 그리스도인들이 있었는데, 아마도 아볼로의 웅변이 이를 자극했을 것이다. 그래서 그들은 교회가 단순하고 비웃음을 받는 십자가의 멧세지보다도 인간의 지혜와 철학을 사용하는 편이 회심자들을 얻는 데에 훨씬 좋을 것이라고 생각하였다.

1. 바울이 전한 두 가지의 멧세지(2 : 1~8)

1 복음 - 바울이 고린도에 왔을 때는 아덴에서 외관상 실패를 경험한 후였다(행 17 : 22이하). 그 곳에서는 헬라 철학자들에게 연설을 했는데, 회심자들을 거의 얻지 못한 정도였다. 이러한 경험 위에 순수한 복음만이 하나님의 능력이라는 확신이 더해져서, 바울은 고린도에서 두렵고 떨리는 마음으로 사역을 하게 되었다. 그는 웅변술의 유혹적인(설득하는) 말이나 철학을 이용하지 않았으며, 다만 성령의 능력으로 단순하게 전도하였다. 그는 신자들이 인간을 믿는 것이 아니라 하나님을 믿게 하려고 열성을 다했다.

목회자들이나 전도자들이 "그들 자신에게로" 회심자들을 만들며, 사람들에게 오직 그리스도와 동행하는 법을 가르치지 않는 것을 보게 됨은 슬픈 일이다. 그리스도인들이 다른 신자들에게 "기댈 수밖에 없고" 그들 스스로는 걷는 법을 배우지 못한다는 것은 얼마나 불행한 일인가. 3장에서 바울은 이런 그리스도인들을 "그리스도 안에 있는 젖먹이"라고 부른다(3 : 1~ 4).

2 비밀(mystery) - 그러나, 바울은 단순히 복음을 선언하는 것으로 그치지 않았다. 그는 믿음에서 더욱 성숙한 사람들에게 하나님의 깊은 지혜를 가르쳤다. 유감스럽게도 고린도에는 성숙한 사람이 몇 명 되지 않았다. 대부분의 사람들은 인간 지도자들만을 바라보고 비교하며 말씀 안에서 자라는 데에 실패하고 있었다.

지교회에서 목회자와 교사들이 잃어버린 사람들에게 복음을 선포하는 것은 필수적인 일이다. 그런데 믿음에서 성장해가고 있는 사람들에게 하나님의 지혜를 가르치는 것도 역시 중요하다. 복음을 전하는 것만으로 강력한 교회를 만들기란 불가능하다. 여기에는 반드시 하나님의 계획과 비밀에 대한 가르침이 수반되어야 한다. 비밀(mystery)이란 구약에서는 감추어진 진리인데, 이제 하나님의 가족에 속한 사람들에게 성령으로 말미암아 계시된 것이다. 이것도 외부 사람이 아닌 내부인들에게만 알려진 "가족의 비밀"이다.

물론, 바울이 고린도에서 가르친 비밀은 에베소서 2~3장에 요약된 대로 현 시대를 위한 하나님의 계획으로서, 유대인과 이방인들은 그리스도에 대한 믿음을 통하여 "그리스도 안에서 하나"이며 한 몸, 곧 교회를 이룬다는 사실이다. 이 비밀 또는 하나님의 감추어진 지혜는 "이 세상의 관원"들이 결코 알 수 없는 일이다. 왜냐하면 이것은 영적으로 이해될 수 있기 때문이다.

유감스럽게도 신앙을 고백한 많은 그리스도인들이 이 세대를 향하신 하나님의 목적을 진실로 이해하지 못한다! 이로 인해 오늘날 우리 교회들이 촛대, 분향, 의식적인 복장, 화려한 건물, "첫째는 유대인에게"라는 식의 가르침, 유아 세례(침례) 등과 같은 이 시대에 속하지 않은 "유대인의 골동품"에 여전히 속박당하고 있다.

1장과 2장에서 바울은 이 세상의 지혜를 하나님의 지혜와 대조한다. 이러한 대조점들에 유의하는 것이 좋을 것이다.

이 세상의 지혜	하나님의 지혜
1 말의 지혜 (1 : 17 / 2 : 4)	1 말뿐이 아닌 능력의 지혜 (2 : 4~5)
2 인간의 말 (2 : 4)	2 성령의 말 (2 : 13)
3 세상의 영 (2 : 12)	3 하나님의 영 (2 : 12)
4 하나님 보시기에 미련함 (1 : 20)	4 인간들에게 미련하게 보임 (2 : 14)
5 철학자 (1 : 20)	5 전도자 (1 : 31 / 2 : 4)
6 무지함 (1 : 21)	6 하나님을 앎 (2 : 12)
7 멸망으로 인도함 (1 : 18)	7 영광으로 인도함 (1 : 18 / 2 : 7)

2. 오늘날 세상에 있는 두 영 (2 : 9~13)

1 이 세상의 영 (12절) — 분명히 사단은 이 세상에 동력을 공급하는 영이다 (엡 2 : 1~3). 사단은 잃어버린 사람들에게 자아를 부풀리고 마음을 눈멀게 하는 "지혜"를 주며, 하나님의 말씀의 단순한 진리로부터 그들을 멀리 인도해 간다.

오늘날 많은 학문의 장(場)에서는 성경을 원하지 않으며, 그리스도의 신성과 십자가를 통한 구원의 필요성을 거부한다. 이러한 무지가 그리스도를 십자가에 못박게 했는데 사람들은 "교육받은" 이들조차 그 이후로 계속 주님을 십자가에 못박아 오고 있다. 이 세상의 영은 적그리스도의 영이다 (요일 4장).

2 하나님의 영 — 성령께서 우리들에게 하나님의 일들을 가르치는 분이신 것을 결코 잊어서는 안 된다. 9절에서 바울은 이사야 64장 4절을 언급하고 있으며

하나님은 그의 자녀들이 **지금 여기서** 누릴 놀라운 일들을 준비하셨다고 언급한다. 이 구절은 하늘(heaven)의 일을 뜻하는 것이 아니라, 하나님이 오늘날 우리를 위하여 준비하신 영적인 축복들을 말하고 있다./

하나님은 이러한 축복들을 어떻게 우리에게 계시하는가? 주님의 영을 통해서 (10절) 하신다. 사람의 내부에 거하는 영이 외부 사람들은 전혀 모를 일을 이해하는 것처럼, 하나님의 영은 하나님의 마음과 생각을 이해하며 말씀을 통하여 이러한 진리들을 우리에게 계시하신다. 하나님은 그의 자녀들이 "아는 데" 거하기를 원하시며, 어두움에 거하기를 원치 않으신다. 하나님께서 우리에게 하나님의 말씀을 주시고 우리를 가르칠 **성령을 보내신 이유**가 이것이다. 신자들은 인간 교사들을 필요로 하지 않는다. 말씀으로부터 그에게 교훈하는 영을 소유하고 있기 때문이다.

성령께서 말씀으로 우리를 가르치신다는 것에 유의하자(13절). 여기서 성경의 축자영감설, 즉 모든 말씀이 성령에 의해 주어졌다는 것을 보게 된다. "영적인 일은 영적인 일로 분별함"이란 말은 "영적인 일은 영적인 말과 결부됨" 또는 "영적인 일을 영적인 사람에게 설명함"이라고 번역될 수도 있다.

이들 중 어떤 경우이거나 전해 주는 진리는 명확한데, 그것은 성경이 하나님의 영으로 말미암아 주어진 하나님의 말씀이라는 사실이다. 우리는 하나님의 영으로 가르침을 받은 하나님의 말씀을 신뢰하거나 세상의 사람들이 가르친 인간의 말을 믿거나, 둘 중의 한 편에 설 수 있다.

3. 오늘날 세상에 사는 두 종류의 인간(2 : 14~16)

① **자연인**(육에 속한 사람) - 구원받지 않은 사람이며, 세상에 속하였고 세상에 있는 것이 행복한 사람이다. 그는 성령의 일들(말씀)을 받을 수 없는데, 그것은 영적인 분별력이 없기 때문이다. 그의 몸과 마음에는 성령께서 내주하시지 않는다. 사실, 그에게 있어서는 성령의 일은 어리석게 보인다.

1장 23절에서 바울은 헬라인들이 복음을 어리석은 것으로 생각하였다고 말한다. 헬라인들은 대단한 철학자들이었는데도 그들의 철학으로는 십자가에서 죽은 하나님이라든지, 인간을 돌보시는 하나님에 대해서는 도저히 설명할 수가 없었다. 그들의 신들은 인간의 문제에 대해서는 관심을 갖지 않았다. 그리고, 인간의 몸에 대한 그들의 생각으로는 인간의 몸을 입고 오신 하나님을 이해할 수가 없었다. 오늘날에 있어서조차 세상의 위대한 "선생들"은 복음과 성경의 교훈에 대해 조소한다.

② **영적인 사람**(신령한 사람) - 이는 성령에 의해서 조절을 받는 신자이다(다음 장에서 바울은 육신의 조절을 받는 그리스도인, 곧 육적인 사람을 다룰 것이다. 영적인 사람은 분별 있는 사람이므로, 모든 것을 판단하고 평가할 수 있다.

이것이 참된 지혜이다. 세상의 사람들은 많은 지식을 가지고 있으나 영적인 지혜가 결여되어 있다.

15절을 다음과 같이 의역할 수 있다. "영적인 사람은 영적인 일들을 이해하며 또한 그에 대한 지혜를 가진다. 그러나, 세상에 속한 사람은 영적인 사람을 이해할 수 없다." 우리는 불신자들에게 있어서는 풀기 어려운 문제거리다./

영적인 사람은 그리스도의 마음을 소유한다(빌 2장 참조). 이 말은 말씀을 통하여 성령께서 신자들을 도우심으로써 예수께서 생각하시는 대로 생각하게 하신다는 뜻이다. 인간이 하나님의 마음을 소유한다는 것, 이것은 인간에게 있어서 참으로 놀라운 일이 아닐 수 없다./

수 많은 세월을 흘러내려 오며 영적인 그리스도인들은 세상에 속한 사람들이 결코 일어나지 않으리라고 말한 일들을 예언했는데, 그것들은 현실로 나타났다. 영적인 마음을 가진 성도는 세상에 속한 사람이 인간의 정보로부터 얻은 것보다 더 많은 세상의 일들을 성경으로부터 알고 있다.

이 두 장에서 바울은 **복음이 전하는 멧세지**를 설명하며, 복음을 인간의 지혜와 혼합시키거나 또는 복음을 인간의 철학으로 대치할 필요가 없다는 사실을 강조해 왔다. 다음 두 장에서 그는 **복음의 사역**을 다루며, 우리의 눈을 인간에게서 옮겨 그리스도에게만 두어야 함을 보여 준다.

상급을 내다보는 봉사
-고린도전서 3장-

3장과 4장에서 바울은 복음의 사역을 다루며, 복음의 사역자란 무엇이며 교회는 사역자와 그가 하는 일을 어떻게 대해야 하는지를 말해 준다. 유감스럽게도 오늘날 우리에게는 극단적인 면들이 있는데, 어떤 교회는 그들의 사역자들을 "신성화"하여 그들을 우상시하는가 하면, 반면에 또다른 이들은 사역자들을 무시하며 존경하기를 거부한다./ 다음의 두 장에서 바울은 그리스도의 종들의 모습을 여섯 가지로 보여 주는데 세 가지는 3장에, 다른 세 가지는 4장에 나온다.

1. 다른 이들을 섬기는 사역자(3 : 1~5)

여기서 "사역자"(minister)라는 단어는 집사라는 용어와 같은 단어에서 온 것으로서, "종"이라는 뜻이다. 18개월 동안 바울은 고린도에서 그리스도의 종으로 있으면서 사람들을 말씀으로 먹이고, 훈련시키고, 격려하고, 다른 사람들을 인도하도록 도왔다.

　교회에 문제가 있다면 그것은 바울의 실수가 아니라 성숙하지 못한 그리스도인이 된 그들의 잘못이었다. 그들은 그리스도 안에서 젖먹이였으며, 대제사장으로서의 그리스도의 천국 사역에 대한 성경의 보다 깊은 진리들(히 5 : 11~14), 곧 말씀의 단단한 고기를 먹을 수 없었다. 바울은 간호원이 하듯 젖으로 그들을 먹여야 했다./ 어린 아이들처럼 이들은 파벌로 나뉘어져 인간 지도자들을 따랐다. 야고보서 3장 13절~4장 17절을 읽고, 교회에 왜 다툼이 생기고 분열이 일어나는지 알아보자.

　참된 목회자는 종이 되어야 한다. 종의 마음을 가져야만 하며(빌 2장), 기꺼이 그리스도를 첫자리에, 다른 사람들을 둘째 자리에, 그리고 자신을 마지막에 둘 수 있어야 한다. 이런 일을 실천하기란 언제나 쉬운 일만은 아니다./ 우리는 우리의 영적인 지도자들을 위하여, 하나님께서 그들에게 다른 이들의 종이 될 수 있는 은혜와 힘을 주시도록 기도해야만 한다

2. 복음의 씨를 뿌리는 사람(3 : 6~9)

바울은 가족에 대한 표현에서 밭에 관한 것으로 바꾸어, 사역자의 모습을 들에서 일하는 사람으로 묘사한다. 씨는 하나님의 말씀(마 13장의 씨뿌리는 비유 참조)이며, 사람들의 마음은 각기 다른 종류의 토양이다. 지교회는 목회자를 정원사

로 둔 영적인 "정원"이다(9절, "너희는 하나님의 밭이요 – 하나님의 정원).

어떤 농장이든 여러 다른 일꾼들을 필요로 한다. 어떤 사람은 토양을 경작하고, 다른 이는 씨를 뿌리며, 잡초를 뽑는 이가 있으면, 또 다른 사람은 추수를 한다. 하지만 그들 모두가 추수에 참여한 것이다. 각자는 정당한 삯을 받을 것이다.

바울은 이렇게 말한다. "인간들을 비교하는 너희는 얼마나 어리석은가./나는 고린도 교회를 창설했으므로 씨를 뿌린 것이고, 뒤를 이어 아볼로는 설교와 사역을 통하여 그 씨에 물을 주었다. 그러나, 추수하게 하시는 분은 하나님뿐이시다. 아볼로와 나는 아무 영광도 받을 만하지 못하다./ 우리는 아무것도 아니다. 하나님만이 모든 것이 되신다./"

그 교회는 인간 지도자들에 따라 분열되었다. 그러나, 바울은 8절에서 말하기를 "일꾼들은 목적과 마음에서 연합하여 하나이므로, 교회는 하나가 되어야 한다"고 하였다. 그리스도인들이 목회자들과 전도자, 교사들을 마치 세상에 속한 사람들이 운동 선수나 영화 배우들을 비교하는 방식으로 비교한다면 이는 얼마나 비극인가./ "함께 수고하는 사람들", 이것이 언제나 우리의 표어와 동기가 되어야 한다. 우리의 마음밭이 굳고 차가와서 말씀의 씨를 받지 못하게 되는 일이 없도록 돌보아야만 한다.

3. 하나님의 성전 건축자(3 : 10~23)

이 부분은 성경 전체에서 가장 오해가 많은 구절 중의 하나이다. 로마 카톨릭에서는 불이 내세에서 인간을 정화한다는 연옥의 교리를 "입증하는" 데에 이 구절을 사용한다. 그리고, 현대주의자들은 이 구절을 행위로 말미암은 구원을 증명해 보이는 데에 사용하며, 또한 많은 복음주의적 그리스도인들은 목회자에 대한 것보다는 개별적인 그리스도인에게 적용시킨다.

이 구절이 가르치는 것은 신자들의 영혼이 아니라 그 행위가 그리스도 앞에서 심판을 받게 되리라는 것인 한편, 근본적인 적용은 목회자와 그리스도인으로서의 사역자들에 대한 것이다.

지교회는 건축물, 곧 성전에 비유되며 목회자는 건축자로 비유되는데, 그의 책임은 성전의 재료들을 최선의 상태로 유지하는 것이다. 바울은 고린도에 기초를 놓는 일을 위해 하나님께 사용되었으며 그 기초는 복음이 전하는 바, 그리스도이시다. 뒤를 이어 아볼로가 그 기초 위에 건축하였고, 또한 다른 목회자들이 뒤를 이어 왔다. "모든 사람은 자기가 어떻게 건축하고 있는지 신경을 써야 한다"고 바울은 경고한다. 그리고 나서 바울은 세 종류의 그리스도인 사역자들을 설명한다.

1 **지혜로운 건축자**(14절) ―금, 은, 보석등의 영속적인 자료들을 사용하는 사람이며, 나무, 풀, 짚과 같은 값싸고 허름한 재료는 사용하지 않는다. 이 건축자는 그리스도께 영광을 돌리고자 하여, 인간의 칭찬을 얻으려는 양(量)적인 면보다는 그리스도를 영화롭게 하려는 질(質)적인 면에 목표를 둔다. 그는 말씀을 사용하고, 기도하며, 성령을 의지한다. 그 결과, 그가 한 일은 영속된다. 불이 그가 한 일을 영광 가운데서 시험할 때에도 견딜 것이다./

2 **세상적인 건축자**(15절) ―이들은 시험에 견딜 수 없는 재료를 사용한다. 많은 군중을 모으려고 급히 서두르는 그리스도인 사역자로서, 교회를 세우는 데 천천히 시간적인 여유를 가지려고 하지 않는다. 그의 재료는 세상으로부터 온다. 즉, 나무나 풀이나 짚과 같은 것이다. 그는 사람들이 진실로 거듭났는지 아닌지를 알아보기 위하여 인간의 생활을 시험해 보지 않으며, 다만 그들을 회원들로만 취급하여 주보에 보다 큰 통계 숫자를 적어 넣는다. 그는 강단에서 "웅변가"일지 모르나 자기의 사람들에게 하나님의 말씀, 특히 교회에 관한 비밀을 가르치지 않는다.

그의 사역은 영원에서 시험을 받을 때 불타버릴 것이다. 그는 구원은 받았으나 상은 없을 것이며, 롯처럼 불 가운데서 구원을 받은 것과도 같을 것이다.

3 **파괴자**(17절) ―그는 전혀 교회를 세우지 않으며, 오히려 교회를 헐어버린다. 17절에 나오는 "더럽힌다"는 말은 사실상 "파괴한다"는 말이다. 무엇을 파괴하는 일에는 어떠한 재능이나 지능을 필요로 하지는 않는다. 어린 아이조차(고린도 교인들은 젖먹이였다) 무엇을 부수는 일은 할 수 있다. 유감스러운 일이지만, 오늘날 목회자의 이기적인 사역이 지교회를 육성하는 대신 파괴하는 경우가 있다. 하나님은 맹렬한 심판으로 그들을 기다리고 계신다.

바울이 이런 모든 말을 통하여 가르치고 있는 것은, 고린도의 그리스도인들에게 자기의 목회자들을 사랑하며 존중하고, 하나님의 영광을 위하여 지교회를 건설하는 막중한 임무를 수행하는 자들을 위하여 기도하라고 권하는 내용이다. 이기적인 목적을 위하여 "목회자를 추종하는 사람"은 목회자가 나무나 풀, 또는 짚으로 집을 짓도록 돕고 있는 것이다.

그러나, 말씀을 사랑하고, 목회자가 말씀을 가르칠 때에 이에 순종하며, 지교회로 하여금 최선의 영성을 유지하도록 하려는 그리스도인은 금과 은과 보석으로 건축하도록 목회자를 돕고 있는 것이다. 그리스도의 심판대 앞에서 많은 "위대한 교회들"이 실제로는 전혀 위대하지 않음을 드러낼 것인데, 모든 것들이 불타 버릴 것이다./

18~23절에서 그는 사람들을 영화롭게 하는 일들로 그들에게 주의를 주고 있다. 2장 5절에서 그는 사람을 의지하지 말라고 경고하였는데 이제는 사람을 영

화롭게 하지 말 것을 경고한다. 젖먹이 그리스도인은 "위대한 사람들"의 빛을 쬐기를 좋아한다. 19, 20절에서 바울은 욥기 5장 13절과 시편 94편 11절을 언급하고 있다.

그리스도 안에 우리에게 필요한 모든 것이 있는데 왜 인간들을 영화롭게 해야 하는가? 만일 아볼로나 바울이 그들에게 축복이 되었다면 하나님께 영광을 돌려야지 그들에게 돌려서는 안될 것이다. 우리가 가진 모든 것들은, 재능 있는 사람들이거나, 생활의 축복이거나 앞으로 올 일이거나 무엇이든지, 하나님께로부터 오는 것이다. 만일 이러한 축복들이 하나님께로부터 온다면 인간에게 영광을 돌리지 말고 하나님께 영광을 돌려야 할 것이다.

새로운 그리스도인이 지교회, 그리고 목회자에 대한 자기 자신의 관계를 이해한다는 것은 중요한 일이다. 가족의 한 구성원으로서(1～5절) 그는 음식을 받고 자라가야 하며(엡 4 : 1～16) 하나님의 정원의 일부로서(6～9절) 그는 말씀의 씨앗을 받고 열매를 맺어야 한다. 또한 성전의 돌로서(10 ～ 15절 / 벧전 2 : 4～8), 하나님의 영광을 위하여 성전이 성장하며 강해지도록 도와야 한다.

우리가 살고 있는 삶을 살펴보면 교회가 금과 은과 보석으로 지어 지고 있는지, 아니면 나무나 풀이나 짚으로 지어 지고 있는지를 판단하는 데에 도움을 준다. 그리스도인은 그의 목회자에게 영광을 돌려서는 안되나, 그가 그리스도께 순종하며 따르듯이 그를 존중하고 순종해야 할 것이다(히 13 : 17).

바울이 보인 겸손의 본
-고린도전서 4장 -

바울은 세 가지의 목회자상을 제시하며 사역에 대한 논의를 계속한다.

1. 하나님의 재산에 대한 청지기 (4 : 1~7)

청지기에게는 자신의 소유가 없다. 그는 주인의 재산을 관리하는 노예이다. 창세기 24장을 읽고, 아브라함의 재산을 다루며 그의 명령을 준행하는 동양의 청지기상을 알아보자(눅 12 : 35이하 / 15 : 1~8 / 19 : 12~27 / 마 25 : 14~30 참조). 목회자는 청지기의 일을 하는 종이다. 1절에 나오는 "일꾼"이란 말은 본래 "배의 가장 낮은 곳에서 노를 젓는 노예"를 말한다. 바울은 얼마나 겸손한가./

청지기의 책임은 주인에게 충성을 다하는 것이다. 그리고 목회자의 책임은 주님께 속한 일들을 가르치는 일, 특히 교회의 비밀(mystery)에 관련된 진리를 가르치는 데에 충성을 다하는 것이다. 그리하여 그는 주인에게서 그의 신실함에 따라 판단을 받게 된다. 그리스도인들이 다른 일꾼들을 판단하고 서로 비교하는 것은 참으로 비극이라 하지 않을 수 없다./

3~5절에서 바울은 **세 가지 종류의 심판**을 제시한다. 첫째는 인간들의 심판으로서, 바울은 이에 찬동하지 않는다. 둘째로는 자기 심판이며, 그는 "자책할 아무것도 깨닫지 못한다"고 말한다. 세째로는 하나님의 심판으로서 유일한 참된 심판이다. 다른 말로 하면, 고린도 사람들은 하나님의 다른 종들을 평가하며 서로를 비교하면서 스스로 매우 영적이라고 생각하고 있었다. 바울은 그들이 매우 육신적이라고 말하며, 그들의 판단은 하나님의 영적인 종들에게 아무 의미도 없다고 말한다.

참된 하나님의 종은 하나님의 재산을 관리하는 청지기이며, 그의 유일한 관심은 하나님을 기쁘시게 하는 것이지 인간을 기쁘게 하는 것이 아니다. 그리스도의 심판이 열릴 때, 하나님은 은밀한 일들을 나타내시며 상을 베푸실 것이다. 그 때에 모든 사람은 자신의 상을 얻을 것이며(3 : 8), 하나님께서 주시는 영광을 받게 될 것이다(4 : 5). 인간을 기쁘게 하기 위해서 사는 것은 우리의 청지기 직분을 생각할 때에 어리석은 일이다.

6~7절에서 바울은 전체의 문제를 요약하고 있다. 그들은 하나님의 말씀을 넘어서서는 안 되며, 성경이 허락하는 정도를 벗어나 사람들을 취급해서는 안 된

다. 이들은 자신의 영적인 지도자들을 사랑하고 존중해야 하며, 말씀을 가르치는 이들에게 순종해야 한다. 서로를 비교하거나 인간들에게 영광을 돌리거나, 또는 인간을 높이며 자랑하는 것은 하나님의 말씀에 위배되는 일이므로 피해야만 한다.

결국, 사람을 서로 다르게 만드시는 분은 하나님이시며 모든 사람은 각자의 은사를 가지고 있는데, 이 영적인 은사들조차 하나님께로부터 오는 것이다./ 은사에 대해서 누가 감히 자랑할 수 있을 것인가./

2. 세상의 구경거리(4 : 8~13)

세상은 그리스도와 그의 사역자들에게 반대가 된다. 바울은 약간의 "영적인 풍자"를 사용하여 이렇게 말한다. "너희 고린도 사람들은 서로를 자랑하며 이 사람과 저 사람을 비교한다. 그리고는 마치 보좌에 앉은 왕처럼 군다. 왕으로 다스리며 다른 사람들을 내려다 보기란 참으로 멋진 일일 것이다./ 나 역시 너희와 함께 다스리고 싶다. 그러나, 그럴 수 없다. 나는 미움받는 사도가 되어야 하고, 그리스도를 위하여 세상의 구경거리요 얼간이가 되어야 한다."

바울이 묘사한 내용은 바울 시대의 사람들에게는 익숙한 것이었다. 승리를 거둔 장군이 귀환할 때는 언제나 성의 거리에서 영광스러운 행진을 벌였다. 그의 전공을 자랑삼아 사로잡은 귀족들과 적장들을 전시하고는 그 행진이 끝나면 그들을 투기장에 넣어 짐승들에게 죽임을 당하게 하였다. 바울은 자신을 이 포로된 군인들에게 비교하면서, 고린도 그리스도인들이 이 행진 대열의 맨 앞에서 자랑하고 있는 반면에 그는 "그리스도를 위하여 죽기로 예정된"자로 여겼다. 하나님의 참된 종이 세상에 구경거리가 되어야 하다니./

바울은 유대인의 위대한 지도자로서 명예와 재산을 얻을 수 있었다. 하지만 그리스도를 위하여 그것을 포기하였으며(빌 3장) 굶주림과 헐벗음, 위험과 죽음을 택했다. 세상은 이러한 태도를 이해할 수가 없으며 이러한 사람을 어리석다고 부른다. 고린도 사람들이 자신의 육신적인 삶을 바울과 다른 사도들이 하고 있는 희생과 비교했을 때 얼마나 죄악됨을 실감했을 것인가./

바울은 어리석은 사람이었고 그들은 지혜로왔으며, 바울은 연약하였으나 그들은 강하였다. 바울이 세상의 미움을 받았던 반면에, 이들은 세상의 호의를 구하며 세상의 지혜를 따르고 있었다. 바울은 13절에서 자신을 "이 땅의 찌꺼기"(세상의 쓰레기)라고 부르는 데까지 이른다. 바울은 사람들이 복음을 들을 수 있게 하기 위하여 얼마나 기꺼이 자신을 희생하였는가./

이러한 마음 자세는 오늘을 사는 그리스도의 종들에게도 있어야 한다. 세상에 정착하여 세상과 같이 살기란 얼마나 쉬운 일인가./ 그리고, 모든 사람이 우리에 대해서 칭찬하는 것을 경계해야 할 때에 세상의 기준을 받아 들이고 명예를

구하게 되기란 얼마나 쉬운 일인가./

3. 영적인 아버지(4 : 14~21)

예수께서는 지상에 있는 어떤 사람에게도 아버지라고 부르지 말라고 경고하신다 (마 23 : 9). 그러나, 영혼들을 그리스도께로 인도하는 사람들은 어떤 의미에서 그들에게 "아버지의 역할"을 하고 있는 것이 사실이다(살전 2 : 11 참조). 바울은 그들에게 영적인 아버지였었고, 이로 말미암아 그는 복음을 전하여 그리스도께로 인도하는 일을 도왔다.
　죄인은 성령(요 3 : 6)과 말씀(벧전 1 : 23)을 통하여 하나님의 가족으로 태어난다. 그러나, 하나님은 사람들을 복음으로 인도하는 데에 인간이라는 도구를 사용하신다. 고린도에 교회를 세울 수 있기 위해서 바울은 "영적인 산고"를 겪어야 했다(갈 4 : 19).

　바울을 따랐던 사람들은 고린도 교회의 교사들이었을 수도 있다. 하지만 그들에게는 한 아버지만이 있었으며, 그를 더욱 존중하고 그의 말에 더욱 귀를 기울여야 했다. 바울은 죄에 대하여 그들을 경고하였으나 그들은 귀를 기울이지 않았다. 이제 바울은 고린도 교회의 문제를 해결하는 일에 있어 그들을 돕기 위하여 디모데를 보내고 있다. 이 일이 도움이 되지 못한다면 그가 직접 가게 될 것이었다.
　아버지로서, 바로잡아 주는 매를 들고 올 것인가, 아니면 칭찬과 승인을 가지고 올 것인가를 결정하는 것은 그들 자신의 태도에 달려 있었다. 역사는, 그들이 젊은 디모데의 말을 듣지 않았으므로 디도가 고린도에 가야 했다고 전한다.

　본 장에는 육신적인 우월감을 나타내는 "교만"이라는 단어가 여러 번 나온다 (6,18절 / 5 : 2). 그들을 **교만하게 만드는 것**은 무엇이었는가? 교회에 머물러 있는 죄의 누룩이 아니었겠는가?(5 : 6) 죄의 누룩이 자람에 따라 그릇된 영성, 교만을 부풀게 하였다. 바울은 이 점을 경고해야 할 필요성을 발견했던 것이다. 이러한 "교만한 자세"는 언제나 말을 많이 하는 데서 나타난다. 그들은 "바울은 결코 여기에 오지 않을 것이다. 엄격한 편지를 써서 우리를 위협하지만 결코 돌아오지는 않을 것이 분명해./"라고 말하고 있었다(18~19절).
　그러나, 사도는 이렇게 경고하였다. "조심하라! 말이란 값싼 것이다. 내가 가면 이 말이 많고 자만스러운 그리스도인들이 어느 정도로 말할 수 있느냐가 아니라 어느 정도의 능력을 가지고 있는지를 알아볼 것이다. 육신적인 그리스도인들은 말이 많은 그리스도인이요 자랑하는 그리스도인이다. 그러나 그의 생활에는 하나님의 영이 나타나지 않는다"(2 : 4 참조).

　물론, 바울이 그의 영적인 자녀들에게 이런 식으로 말해야 한다는 것이 그의 마음을 아프게 했지만, 그는 충성스럽지 않으면 안 되었다. 부모들이 자녀들에게 주의를 주고 훈계해야 하는 것처럼 "영적인 아버지들"(목회자)도 사랑 안에서 하나님의 자녀들에게 주의를 주고 훈계해야만 한다. 이것은 유쾌한 일은 아니지만 필요한 것이다.

이 두 장에서 바울은 목회자에 대한 교회의 자세를 설명하고 있다. 목회자를 인하여 하나님께 감사해야 하며 그를 위하여 기도하고, 그를 높이고, 그가 전하는 말씀에 순종해야 한다. 그러나, 인간을 높이며 하나님의 영광을 도적질하는 세상적인 영광이어서는 안 된다.

목회자는 말씀을 맡아 사역하며, 씨를 뿌리고 성전을 세우며 하나님의 비밀을 나누어 준다. 그리고 세상이 바라보는 앞에서 부끄러움의 고난을 감내하며 사랑으로 교회 가족의 아버지 역할을 감당한다. 이것은 막중한 책임이므로, 하나님의 충만하심만이 사람으로 하여금 이러한 책임을 완수할 수 있게 하신다.

교회의 권징
- 고린도전서 5 장 -

바울은 이제 그에게 보고된 일들 중에서 두번째 문제를 다룬다. 즉, 교회 내의 부도덕함과 범법자를 교회가 처벌하지 않는 문제이다. 이와 같은 무서운 죄가 "일반적으로 알려져" 그 교회의 전도의 문을 막는 것은 얼마나 슬픈 일인가! 바울은 범죄하는 교인들을 **교회가 징계해야 하는 세 가지의 이유**를 말한다.

1. 범죄한 사람의 유익을 위하여 (5 : 1~5)

1 권징이 요구되는 상황 – 교회에서의 징계는 경찰관이 죄인을 체포하는 것처럼 설명되기보다는 아버지가 그의 아들을 징계하는 것과 비슷하다. 최우선의 동기는 그 죄인을 돕기 위한 것이며, 그가 회개할 수 있기를 바라서 그리스도인의 사랑을 보여 주는 것이다. 우리가 교회 회중들에게 공개적으로 죄를 짓고 살도록 버려 두는 것은 그리스도와 교회에 대하여 죄를 짓는 것일 뿐만 아니라 그들 자신에 대해서도 죄를 짓는 결과가 된다./
　이 특정한 교인은 그의 계모와 불륜의 관계를 맺으며 살고 있었던 것이 분명한데 (레 18 : 8 참조), 그 여자가 그리스도인이 아니었을 것은 확실하다. 만일 그리스도인이었다면 바울은 그녀도 함께 처리하였을 것이다. 그리스도인이 구원받지 않은 사람과 죄 중에서 살고 있는데도 교회가 이에 대해 아무런 조처를 취하지 않는다는 것은 무서운 일이다./

2 권징의 정당성 – 교회는 "교만해져서" 그들의 "진보적인"(liberal) 태도를 자랑으로 여기고 있었다. 바울은 그들이 통한히 여겨야 함이 마땅하다고 말했는데, 이 단어는 "죽은 자들을 향해 통곡하는 것"을 뜻한다 (뒤에서는 그들의 죄를 누룩과 비교하는데, 누룩은 무엇이거나 부풀게 한다). 죄에 대한 그들의 "관용적인 자세"는 범법자와 교회에 상처를 줄 뿐이다. 마음아프다고 해서 말하지 않는다면 바울과 주님 자신에게로 그 원인을 돌리는 것이 된다. 바울은 그 사람을 심판하고 성도의 교제에서 그를 추방하도록 지시하였다.
　누군가는 마태복음 7장을 가리켜 "하지만 그리스도는 우리에게 비판하지 말라고 말씀하지 않으셨는가?"라고 물을 것이다. 물론, 주님은 그렇게 말씀하셨다. 그러나, 죄인들과 성도들에게 다같이 알려진 죄들에 대해 눈감아 주라는 뜻은 아니다! 우리는 다른 사람들의 동기에 대하여 비판할 수는 없다 (마 7장이 가리키는 것은 동기이다). 그러나, 하나님의 백성들의 행위에 대해서는 판단을 할 수 있으며, 해야만 한다.

③ **권징의 방법** - 권징은 교회에서 단체적으로 처리되어야 한다. 이것은 지도 자가 혼자 처리할 문제가 아니다(4절). 대두된 문제는 공식적으로 알려서 공 식적으로 해명하고, 공식적으로 처리되어야 한다. 그리고 그 사람이 회개하기 를 거절하면 그를 교제에서 추방해야 한다.

"사단에게 넘겨 준다"는 말은 그를 지옥으로 보낸다는 뜻이 아니다. 그런 일 을 할 수 있는 교회란 없기 때문이다. 그보다는 그를 교회의 교제에서 잘라 냄 으로써 사단의 조종을 받고 있는(요 12 : 31 / 골 1 : 13) 세상에서 살 수밖 에 없게 한다는 뜻이다. **권징의 목적**은 교인 한 사람을 잃는 데에 있는 것이 아 니라 그 죄인을 회개의 자리에 이르게 하여, 심판의 날에 상을 잃지 않게 하려 는 것이다.

오늘날에는 교회에서의 권징이 잊혀져 가고 있다. 그러나, 만일 우리가 진실 로 서로를 사랑한다면, 그리고 만일 목회자가 진실로 그 양무리를 사랑한다면 방황하는 사람들이 경고를 받으며 합당한 징계를 받는 것이 그 사람 자신에게 유익이 된다는 것을 알게 될 것이다.

2. 교회의 유익을 위하여 (5 : 6~8)

모든 사람을 그리고 어떤 회원이라도 받아들이는 것이 교회로서는 "마음의 문 을 여는 것"이라고 말하는 것은 참으로 어리석은 일이다! 자기의 집 문을 열어 놓고 원하는 사람이면 누구나 들어오게 할 사람은 없다. 사실이 그렇다면, 우 리는 원하는 사람이면 어떤 사람이든지 모두 교회의 교제에 들어오게 해야 할 이유가 어디 있는가? 보통 교회에 가입하는 것은 많은 세상적인 기관에 가입 하는 것보다 어렵다! 바울은 "너희의 자랑이 옳지 않다! 죄 중에 사는 한 사 람이 온 교회를 더럽힐 수 있다는 것을 인식하지 못하는가?"라고 경고한다.

바울은 유월절 만찬의 예를 들어 자신의 주장을 강조한다(출 12 : 15 이하 참 조). 유대인들에게 있어서 누룩이란 언제나 죄와 타락의 상징이었다. 그래서 그 들은 항상 유월절을 앞두고는 집을 구석 구석 살펴서 모든 누룩의 형적을 제거 한다. 그리스도인도 이와 똑같은 태도를 지녀야 한다. 우리는 감히 죄의 누룩 이 우리의 교회에서 소리 없이 부풀어서 문제를 일으키고 수치를 가져오게 해서 는 안 되겠다.

그리스도는 우리를 위하여 죽으셨다. 이는 우리를 세상과 같이 만들기 위함이 아니요 하나님처럼 만들기 위함이다. "내가 거룩하니 너희도 거룩하라"는 말은 목회자나 집사들이 신자들의 생활을 엿보는 탐정이 되어야 한다는 것은 아니다. 그러나, 각 사람은 죄의 누룩이 자신의 생활에서 자라고 있지 않다는 것을 알 고 있어야 한다는 뜻이다. 만일 죄가 알려지면 목회자와 집사들은 교회의 영적 인 복지를 보호하기 위한 제 단계들을 취해야 한다.

성경에서 경계하고 있는 몇몇 종류의 그리스도인들이 있는데, 이들은 지교회에서의 교제가 허락되지 않는 신자들이다.

● 성격적인 차이를 해결할 수 없는 사람 : 마태복음 18장 15~17절
● 죄인이라고 평판이 난 사람 : 고린도전서 5장 9~11절
● 거짓 교리를 주장하는 사람 : 디모데전서 1장 18~20절 / 디모데후서 2장 17
  ~18절
● 분열을 조장하는 사람 : 디도서 3장 10~11절
● 생계를 위해 일하기를 거부하는 그리스도인 : 데살로니가후서 3장 6~12절

갑작스럽게 죄에 빠진 사람들에 대하여 우리는 사랑을 가지고 회복시키도록 노력해야 한다(갈 6 : 1).

3. 세상의 유익을 위하여(5 : 9~13)

교회가 만일 세상과 같다면, 교회는 세상을 변화시킬 수 없다. 이 구절들을 조심스럽게 읽고 그리스도인의 죄와 불신자들의 죄 사이의 차이점을 바울이 어떻게 말하는지 유의해서 보자. 그리스도인의 생활에 있는 죄가 더 나쁘다! 바울은 지금은 남아 있지 않지만 앞선 편지에서 간음하는 사람들, 탐심을 가진 사람들, 우상 숭배자들과 같이 죄인으로 평판이 난 교인들과는 교제를 하지 말라고 명령하였다. 그러나, 그는 이런 종류의 죄인들 모두와 떨어져 지내라고 말하지는 않았다. 그렇게 하려면 세상을 떠나야 할 것이다!
우리는 불신자가 죄 중에서 살 것이라고 예상하지만, 세상은 그리스도인이면 어딘가 다를 것이라고 기대한다. 오늘날 교회가 세상에서 그처럼 영향력이 적어진 까닭은 세상이 교회에서 훨씬 많은 영향력을 행사하고 있기 때문이다.

충성스러운 그리스도인들은, 공개적인 죄로 간증을 잃고서도 교회와 주님과의 관계를 바르게 하지 않은 사람들과는 식사조차도 같이 하지 않는다. 이것은 5절에 요약된 징계의 일부이다. 만일 충성스러운 그리스도인이 죄 중에 살고 있는 그리스도인과 교제를 한다면 그 사람은 그의 죄를 너그럽게 보아 주는 것이며, 결과적으로 하나님의 말씀에 불순종하는 것이다.

어떤 그리스도인들은 하나님이 우리가 교회 안에서 영적인 심판을 행사할 것을 기대하신다는 사실을 깨달을 때에 충격을 받는다. 우리는 외부인들을 심판하지는 않는다. 그 일은 하나님이 하실 것이다. 그러나, 죄를 고백하지 않고 관계를 바르게 하지 않으려는 그리스도인을 교회의 교제에서 추방해야 할 것이다.
이런 일은 서둘러서 할 일이 아니다. 개입된 쌍방이 자신의 경우를 진술하도

록 허용되어야 한다. 기도가 있어야만 하며 말씀의 사역이 있어야 한다. 또한 진지한 그리스도인의 사랑이 있어야 한다. 교회에서의 권징은 세상에게는 간증이며 교회에 대해서는 경고이다. 특히 새로운 신자들은 이것을 통해 하나님께서 그의 자녀들이 세상과 다르기를 기대하신다는 사실을 경고받는다. 죄를 너그럽게 보아 준다는 것은 그리스도의 십자가를 부인하는 행위이다.

*　　　*　　　*　　　*　　　*

■ 부가적 연구

1 죄가 교회 안에 있는데도 처리되지 않으면 곧 모든 도시에 알려지게 된다. 이 죄는 "일반적으로 알려진다." 왜냐하면 나쁜 소식은 좋은 소식보다 훨씬 빨리 퍼지기 때문이다.

2 우리가 자신을 징계하지 않으면 다른 사람들을 징계할 수 없다. 영적인 지도자들은 자신에게 엄격해야 하며, 다른 사람들을 다룰 때보다 훨씬 더 철저해야 한다.

3 권징은 **예수 그리스도의 이름으로** 한다. 왜냐하면 문제가 되는 것은 주님의 명예이기 때문이다. 징계는 은밀하게 "구석진 곳에서" 행해질 수는 없다. 죄가 관련된 곳에 고백과 배상이 이루어져야 한다. 개인적인 죄는 개인적으로 고백하고, 공적인 죄는 공적인 고백을 요구한다.

하나님을 영화롭게 함

-고린도전서 6장-

본 장에서는 바울에게 보고된 문제들 중에서 아직도 남아 있는 두 가지의 문제를 다룬다.

1. 법정에서의 논쟁 (6 : 1~8)

죄를 범한 분당은 아마도 교회 안에 있는 이방인(헬라인)들이었을 것이다. 왜나하면 헬라인들은 법정이나 법에 대단히 열중하고 있었기 때문이다. 헬라(그리이스)의 도시마다 법정과 공회가 있었고, 아들이 아버지를 고소하는 사례도 특이한 일이 아니었다!

물론 근본적인 문제는 육성(肉性)이었다 (3 : 1~4). 그리스도인들이 성숙되지 못하고 성장하지 않으면 서로 화목하게 지낼 수가 없다. 그들에게는 개인적인 문제들을 해결할 만한 영적인 분별력이 없었다. 지교회에서 회중들 사이에 법적인 소송 문제가 생겨 뿔뿔히 흩어진다면 얼마나 비극인가!

바울이 법정을 비난하는 것은 결코 아니다 (롬 13장 참조). 왜냐하면 정부는 우리의 유익을 위하여 하나님께서 설립하셨기 때문이다. 그러나, 신자들 사이의 문제가 불신자들에게 노출되어서는 결코 안 된다. 그리고 구원받지 못한 그 법관이 영적인 문제를 처리할 만한 이해력이 없을 것은 물론이다 (2 : 14~16). 고린도 교회의 회원들은 법정에 가서 서로를 고발하고 있었으며, 그로 인해서 교회의 간증을 파괴하고 주님의 이름을 욕되게 하고 있었다.

그리스도인들이 **개인적인 차이점들을 해결할 방안**은 어떠한 것인가? 이들은 우선 올바른 영적 가치관을 가지고 있어야 한다. 우리가 영광 중에서 결정하게 될 크고 영원한 문제들에 비해 이러한 문제들은 얼마나 사소한 것인가! 교회는 세상을 심판하게 되며, 또한 천사들을 심판할 것이다! 그렇게 보면, 이 세상의 일들이란 액수로 따져서 얼마 되지 않는 하찮은 일들이다. 가치관이 왜곡되어 있는 그리스도인들이 너무도 많다. 그들에게는 이 세상의 일들이 하나님의 영광과 찬양하는 일보다 훨씬 중요하다.

그리스도인들 사이의 문제점들은 마태복음 18장 15~17절과 고린도전서 6장 5절에 따라 조용하게 해결되어야 한다. 쌍방이 의견의 일치를 보지 못할 때는 이 문제를 처리하도록 신령한 형제 몇 사람을 초청해야 할 것이다. 만일 이 문제가 교회 내에서나 또는 교회 밖에 알려진 것이라면 교인들은 한 무리를 지정하여, 이 문제를 검사하고 영적인 조언을 하도록 한다.

그리스도인들이 그 신분을 상실하고 그리스도의 이름을 욕되게 하는 것보다는 돈을 잃는 편이 훨씬 낫다. 이것은 마태복음 5장 38~42절에 주어진 것과 같은 태도이다. 고린도 교회의 회원들이 대단히 육신적이어서 영적인 시각이나 지혜가 없었을 것은 분명하다. 따라서 그 교회는 다투는 파당으로 쪼개어졌다. "너희는 형제이니 서로 사랑을 나타내라./"고 바울은 외친다.

4절에서 "경히 여김을 받는 자"에 관한 바울의 언급이 뜻하는 바에 대해서는 몇 가지 의문이 있다. 어떤 이들은 바울이 우회적인 표현으로 "너희 교회에는 이러한 문제를 처리할 만한 지혜있고 성숙한 그리스도인이 없는가?"라는 말을 했다고 본다. 그렇지 않다면 그는 이렇게 말하는 것이 분명하다. "이 논란을 구원받지 않는 재판관에게 펼쳐 놓는 것보다는 너희 교회 안에서 겸손한 신자 앞에 내놓는 편이 훨씬 낫다."

2. 세상에서 더럽혀짐(6 : 9~20)

우리가 고린도 교회 내의 무서운 죄들에 대하여 핑계할 수는 없지만, 그들이 왜 이러한 죄에 빠지게 되었는지는 이해할 수 있다. 왜냐하면 고린도보다 부도덕에 대한 유혹이 심하고 악덕이 많았던 도시가 없었기 때문이다. 비너스(아름다움의 여신, Aphrodite)를 숭배하는 그 도시의 종교 자체가 종교라는 이름으로 매음을 하고 있었다./
이 신자들은 무서운 죄악의 생활에서 회복되었는데, 다시 돌아가려는 유혹을 받고 있었다. 신자들 중 몇몇이 죄의 핑계를 찾고 있었다는 것을 바울은 알고 있었으며 이들이 야기시키는 모든 논쟁에 대해 분명하게 논박하고 있다.

① "우리가 구원을 받았다면 우리는 죄를 짓고도 천국에 갈 수 있다./" (9 ~ 11절) – 물론, 진실로 거듭난 사람은 잘못이 많다고 해도 천국에 가게 된다. 그러나, 새로운 출생은 새로운 본성을 가져오며, 새로운 본성이란 새로운 욕구를 의미한다. 그리스도인은 여전히 죄를 지을 능력을 가지고 있으나 욕구는 가지고 있지 않다. 죄를 안일하게 다루는 교리는 어떠한 것이라도 성경적인 교리가 아니다.
"속지 말라./" 바울은 전에 그들의 삶을 주관했던 무서운 죄들을 열거하고는 이렇게 말한다. "그러나 너희는……씻음과 거룩함과 의롭다 하심을 받았느니라." 이것은 우리에게도 마찬가지이다. 그리스도인은 새로운 피조물이며 (고후 5 : 17), 이것은 옛 생활을 깨뜨림으로써 증명된다. 우리는 죄를 정련시켜 버리는 것으로 하나님의 나라에서 유업을 받게 되는 것은 아니다. 그러나, 우리가 사는 삶을 통하여 하나님의 나라에 들어간다는 것을 증명하게 된다.

② 그리스도인에게는 자유가 있으니, 우리는 율법에서도 자유롭지 않은

가?"(12～14절)－물론 우리는 규율과 규칙들에서 자유롭지만 죄에서는 자유
롭지 못하다. 그리스도인의 자유란 결코 방종이 아니다. 그리스도인의 자유는
내가 기뻐하는 일을 마음대로 할 수 있다는 의미가 아니라, 내가 그리스도께서
기뻐하시는 일을 행하는 데에 자유롭게 되었음을 뜻한다. 더구나 "죄를 지을 자
유"란 최악의 노예 생활인 것이다./

사실상 그리스도인이면 죄의 권세 아래 있고 싶어하지 않는다. "그러나, 하나
님이 우리의 몸에 이러한 욕구를 주신다면 하나님은 이러한 욕구를 사용하기를
원하시는 것이 분명하다"고 누가 말할지도 모른다. 맞는 말이다. 이러한 욕구들
을 사용하라. 그러나, 남용하지는 말라. 우리의 몸은 주님의 것이다. 만일 사
람이 죄 가운데서 산다면 그 죄가 그를 파멸시킬 것이며, 어느 날 하나님께서 심판
하실 것이다.

③ "나는 내가 하고 싶은 대로 나의 몸을 사용할 수가 없는가?"(15～20
절)－물론이다./ 이제는 더이상 자기 자신의 몸이 아니라 그리스도께 속한 몸이
다. 그는 자신의 피로 우리를 사셨다. 바울 시대에는 노예가 그 지방의 이교 성
전에서 사역하는 제사장에게 저축을 함으로써 스스로 자유를 얻을 수 있었다. 그
가 자유를 살 만큼 충분한 돈이 모여지면 자기의 주인을 사원으로 모시고 간다.

그러면 사제는 주인에게 돈을 지불하고 그 노예가 이제는 특정한 신에게 속했
음을 선언하는 것이다. 그리스도는 우리를 죄에서 자유케 하시려고 값을 지불하
셨다. 이제 우리는 그를 기쁘시게 하기 위하여 우리의 몸을 사용해야 한다.

다시금 우리가 몸에 대항하여 죄를 지을 때, 우리의 몸을 성전으로 삼으신 그
리스도와 성령께 대항하여 죄를 짓는 것이 된다. 창세기 2장 24절은 두 사람이
"한 몸"이 되기 위하여 육체적으로 연합한다고 말하고 있다. 그리스도인은 그
리스도의 몸의 한 지체인 자기의 몸을 어떻게 그런 무서운 죄와 연합시킬 수가
있는가? 그가 어떻게 성령의 전을 더럽힐 수 있는가?

그리스도인들은 그들의 몸으로 하나님을 영화롭게 한다. 하나님을 영화롭게 하
기 위하여 우리는 우리의 몸을 돌보며, 몸에 옷을 입히고 몸을 데리고 다니며
몸으로 어떤 행동을 하는 것이다. 그리스도인이 죄에 몸을 사용하는 것은 위험
하다. 삼손과 다윗에게 일어났던 일들을 기억하라./

이 마지막 때에 우리는 **성적인 죄들과 관련된 문제**들이 증가하고 있음을 보
고 있다. 우리는 감히 이러한 죄들에 눈을 감아서는 안 된다(딤후 3:1～7/
5절은 세상 사람들이 아니라 신앙을 고백한 그리스도인들이 이렇게 될 것이라
고 언급한다). 세상의 태도는 "모든 사람들이 그렇게 하고 있는데, 남다르게 굴
필요가 있는가./"라는 식이다. 그리스도인들이 하나님의 도덕법을 위반할 수 있
으며 그것을 버려야 한다고 생각하는 것을 보게 됨은 슬픈 일이다.

성적인 죄는 우리의 몸을 사신 **그리스도께 대한 죄**이며, 우리의 몸에 거하   *39*

시는 **성령께 대한 죄**이고, 우리 **자신에 대한 죄**이다(18절). 특히 젊은 사람들은 잠언 5장 1∼23절, 6장 20∼35절, 7장 1∼27절을 읽고 숙고할 필요가 있다. 이 구절들은 알기 쉬운 부분이나, 성적인 방종에 대하여 경고를 하고 있다.

성인 그리스도인들은 데살로니가전서 4장 1∼8절을 읽고 숙고할 필요가 있다. 하나님은 결혼서약을 깨뜨리는 데 대하여 교회의 그리스도인들을 경고한다.

이로써 교회의 죄들을 다룬 편지의 첫 부분이 끝나게 된다. 명심할 것은 이 모든 문제점들, 곧 분열, 부도덕, 논쟁, 세상으로 더럽혀짐은 공통된 한 가지 근원에서 온다는 점이다. 고린도의 신자들이 영적인 갓난 아이였으며, 주 안에서 성장하지 못하고 있었기 때문이다. 그들은 사람들을 보고 있었으며 그리스도를 보지 못하였다. 그들은 젖을 먹고 있었으며 말씀의 고기를 먹고 있지 못하였다. 그리고 기꺼이 죄를 시인하지 않았으며, 죄를 처리하지 않았다. 모든 교회 문제들은 교회 회원들의 생활에 나타난 개인적인 문제들과 죄들로부터 시작한다.

결혼 관계
-고린도전서 7장 -

본 장은 고린도전서 중에서 가장 이해하기 어려운 장이지만, 결혼과 가정의 문제를 다루기 때문에 중요한 장인 것은 분명하다. 이 장을 시작함에 있어 바울은 고린도 교인들이 바울에게 보낸 편지에서 물어 온 질문들에 대하여 대답하고 있다(7 : 1 / 8 : 1 / 12 : 1 / 16 : 1 참조).

현대 자유주의 비평가들은 본 장에서 바울이 여성들에 대하여 "혹독하다"고 비난하지만, 이보다 진실에서 거리가 먼 말도 없다. 바울의 복음 사역은 우리가 깨닫는 것보다는 훨씬 더 여성의 지위를 올려 놓았다. 기독교가 가는 곳마다 노동자들과 여인들, 그리고 어린 아이들의 신분이 향상되었다. 바울 자신도 결혼을 했었던 것이 분명하다. 그렇지 않고서는 유대 산헤드린의 회원이 될 수가 없었다(그는 홀아비였던 것 같다).

이 장을 읽을 때에 다음의 사항들을 명심하라.
● 고린도는 그 부도덕함과, 가정에 대한 표준이 없었던 것으로 잘 알려져 있었다.
● 바울은 지역적인 문제들을 다루고 있는 것이며, 오늘날 그와 같은 방식의 문제들을 우리가 직면하지는 않을 것이다.
● 그 때는 그리스도인들에게 있어 박해의 시대였다(26절).

본 장에서 바울은 세 그룹의 신자들에 대한 문제를 논한다.

1. 결혼하지 않은 그리스도인들(7 : 1~9)

8절의 "내가 혼인하지 아니한 자들과 과부들에게 이르노니"라는 말에 유의하자. 바울은 여기서 짝이 없는 사람들에게 조언을 하고 있으며, 결혼하지 않았다고 해서 신령하지 못하다거나, 결혼했다고 하여 신령하다고 생각해서는 안 된다는 것을 말하는 데서부터 시작한다. 위스트(Wuest) 박사는 1절을 이렇게 번역한다. "남자가 엄격히 독신주의로 사는 것은 온전히 타당하며 명예롭고 도덕적으로도 적합한 것이다." 로마 카톨릭 교회는 독신주의(짝 없이 지내는 것)가 결혼한 것보다 더 고결한 삶이라고 가르친다.

그러나, 바울은 달리 가르친다. 독신주의가 영광스러운 것임과 마찬가지로 결혼 생활 역시 영광스러운 것이다(히 13 : 4 참조). 7절에서 그는, 결혼 관계에 있어서 하나님은 사람마다 각기 다른 은사를 주신다고 말하고 있는데, 이것은 마태복음 19장 10~12절에 나오는 주님의 가르침과 비슷하다. 헬라인들은 몸을 천하게 보았으며 성경에서 가르치고 있는 것과는 다른 방식으로 "몸"과 "영혼"을 분리시키는 경향이 있었다. 바울은 하나님께서 그에게 결혼하지 않고 살 수 있는 능력을 주셨었다고 언급하며, 그들에게도 똑같은 자기 조절 능력을 주셨을 것이라고 말한다. 그러나, 독신주의가 결혼 생활보다 우월한 것이라고 말하지는 않았다.

그런데 결혼에는 그 **이유**가 있다. 그 주된 이유는 성적인 죄를 피하기 위해서이다. 9절은 "육욕으로 불타는 것보다는 결혼하는 것이 낫다"고 말한다. 2절에서 바울은 결정적으로 일부일처주의를 가르친다. 모든 남자가 자신의 아내를 가지며 모든 여자는 자기의 남편을 갖는다.

결혼의 특권에 관한 문제에 이르러서 남편과 아내는 서로들 신중해야만 한다. 심사숙고하지 못하면 사단에게 배우자의 한 쪽을 유혹할 기회를 주게 된다. 그리고 그 결과는 비극적일 것이다. 고의적으로 잠자리를 같이 하지 않는 것은 반드시 영성의 표가 된다고 할 수는 없다. 그로 말미암아 대립과 죄를 야기할지도 모른다. 그리스도인이 자제할 수가 없다면 마땅히 결혼해야 한다.

물론, 바울은 결혼의 유일한 또는 주된 이유가 육체적인 것이라고 말하는 것은 아니다. 왜냐하면 육체적인 결합에만 의존한 결혼은 얼마 안 되어 붕괴되고 말 것이기 때문이다. 바울은 본 장에서 결혼을 쌍방의 생활을 풍성케 하기 위해 하나님께로부터 오는 특권이요 축복으로 본다.

2. 구원받지 않은 상대와 결혼한 그리스도인 (7 : 10~24)

그리스도인은 그리스도인과 결혼하는 것이 이상적이다(39절 – "주 안에서 결혼하라"/고후 6 : 14~18 참조). 그런데, 어떤 사람들이 결혼한 후에 구원을 받았다면, 이들은 어떻게 해야 할 것인가? 남편을 떠나야 할 것인가? 구원받지 않은 남자 또는 여자와 잠자리를 같이 하지 말아야 하는 것인가? 구원받지 않은 상대가 가정을 떠나가려 할 때는 어찌해야 할 것인가?

바울의 조언은 명백하다. 지금 있는 형편에 그대로 머물러 있어 잃어버린 상대에게 전도하는 일에 모든 기회를 사용하라는 것이다. 구원받지 않은 상대가 당신과 살고자 할 때는 가정을 유지하며 그 가정의 전도자가 된다. 그리스도인은 구원받지 않은 상대에 대하여 구령자가 될 수 있는 것이다.

그들의 자녀들은 "부정하지" 않다(사생아가 아님). 구약의 유대인들이 이방인과 결혼하여 자녀를 두면 이들은 언약에 참예할 수가 없었다. 14절은 그리스도인 가정에서 태어난 자녀들은 구원을 받았다는 뜻이 아니라, 그리스도인인 짝이, 그 가정의 구원받지 못한 사람들에게 하나님이 축복하시기 위해, 성별되었다는 뜻이다. 하나님은 구원받은 사람들로 인해 구원받지 않은 사람들을 축복하신다.

그러나, 구원받지 않은 상대가 가정을 지속하기를 거절한다면 신자는 떠나게 할 수밖에 없다. "하나님은 화평 가운데 우리를 부르셨다." 아내나 남편이 헤어지면 **재혼할 권리**가 있는가? 10～ 11절은 그렇지 않음을 시사한다. 그리스도는 불성실함만이 결혼을 깨뜨릴 수 있으며, 무죄한 편만을 다시 결혼하도록 허가한다고 가르치셨다. 바울이 이혼을 명령하고 있는 것이 아님을 명심하자. 몇 가지 일정한 경우에는 이혼을 허용하고 있는 것이다. 그리스도인들이 인내로 이 짐을 견디며 잃어버린 상대를 인도하려고 하는 것이 이상적이다(벧전 3장에 조언이 더 나온다).

그리스도인이 되었다는 사실이 사회에서의 그의 신분을 변경시키지는 않는다. 17～ 24절에서 바울은 각자의 상황을 "원상복구"시키려고 하지 말며 각자의 부르심 안에 거하며 그리스도께서 변경시켜 주시도록 하라고 말한다(갈 3 : 26 ～ 39).

3. 결혼할 수 있는 처녀의 부모(7 : 25～40)

10절에서는 주님의 가르침을 참고로 하여 이혼에 관하여 말했으나, "주의 계명이 없다"는 25절 말씀은 이 문제에 대해서는 주님의 가르침이 주어지지 않았다는 뜻이다. 그 시대에는 부모들이 자녀들의 배우자를 정하였다. 오늘날과는 달랐다. 바울은 이러한 부모들이 생각해 보아야 할 여러 가지 사실들을 제시한다.

1️⃣ **재난의 때이다**(25～ 31절)–결혼은 중대사이며 그리스도인들은 이제 어려운 시대를 통과하려는 때였다. 이러한 시련들이 이혼을 하게 만들거나 겁에 질려 남자를 결혼 생활에서 뛰쳐나가게 해서는 안 되는 것이다(27절). 그리고 반드시 생각해야 할 점은 눈 앞에 닥친 상황을 향해 나아가야 한다는 것이다. 헌신한 그리스도인의 생활을 산다는 것은 때때로 세상의 좋은 것들조차 버려야 할 때가 있다는 뜻이다.

2️⃣ **결혼은 책임을 수반한다**(32～ 35절)–바울이 결혼하지 않은 상태로 머물러 있었던 한 가지 이유는 자신을 완전히 그리스도에 대한 봉사에 헌신할 수 있기를 원해서였다. 그의 부르심이 그러하였으므로 주님이 그에게 요구하시는 일로 인하여 가족이 고난을 당하기를 원하지 않았다. 이러한 일이 종된 그리스도인들의 일반적인 표준이 되는 것은 아니다. 그런 반면에 이와 같은 희생으로 그리스도께 자신의 전부를 바친 바울, 데이빈 브레이너드(David Brainerd), 로버트 머레이 맥케인(Robert Murray McCheyne), 그리고 다른 사람들을 칭찬하지 않을 수 없다. 만일 이 부모들이 자기의 딸들이 하나님을 섬기기를 원한다면 결혼에는 다른 걱정거리들과 요구 사항들이 있다는 사실을 직면해야 할 것이다.

3️⃣ **각 경우는 개별적이다**(36～ 38절)–결혼의 문제에 이르면 각 경우들마다 이에 적합한 규율을 내어놓기는 거의 불가능하다. 바울은 그들의 마음에 확신이

가는 쪽을 택할 것과, 단순히 군중을 따르거나 영적인 우월성을 드러내려고 하지 말라고 경고한다.

4 서두르지 말라. 결혼은 생활을 위한 것이기 때문이다 (39~40절) — 결혼은 일시적인 기분이나 기호에 따라 깨뜨릴 수는 없는 것이기 때문이다(물론 그리스도는 성적인 죄가 이혼의 정당한 사유가 된다고 가르치셨다). 그리스도인들을 포함하여, "우리의 결혼이 성공적이지 못하면 언제나 이혼할 수 있다"고 생각하는 사람들이 너무도 많다. 바울은 그래서는 안 된다고 말한다. 당신이 결혼을 하면 주 안에서 하는 것임을 명심하라. 즉, 당신은 그리스도인과 결혼하며, 당신의 짝은 하나님께서 당신을 위하여 선택하신 사람임을 확신하라. 성급한 결혼으로 인하여 젊은이들의 삶이 황폐해짐을 본다는 것은 얼마나 비극인가.

고기와 그리스도인의 자유
- 고린도전서 8장 -

다음에 나오는 장들은(8~10장) 우상에게 바쳐진 고기에 대한 교회의 의문을 다룬다. 그들에게 이것은 심각한 문제였으며, 특히 교회가 이방인들과 유대인들로 구성된 이래 더욱 그러했다. 유대인 신자들은 이방의 우상 숭배에 접촉되지 않으려고 매우 신경을 썼을 것이다. 상황은 다음과 같다. 고린도에서 도살되는 모든 고기는 신전에서 잡았는데, 그 중의 일부는 사제가 취하며, 그 나머지는 개인적인 축연에 사용되거나 시장에 갖다 팔았다. 사실 제사드린 고기는 값싸게 팔렸으며, 가난한 그리스도인들의 마음을 끌 만한 것이었다.

만일 친구나 이웃이 그리스도인을 축제에 초청하면 그 고기가 우상에게 헌납되었던 것으로 짐작할 수가 있다. 그리스도인들은 참여를 해야 할 것인가? 그 고기에 어떤 마력(Demonic power)이 작용하여 신자를 해치지는 않을까? 이러한 고기를 먹음으로써 나쁜 그리스도인으로 전락하게 되지 않을까?

우리는 오늘날 이러한 문제에 부딪히지는 않지만 근본적인 상황은 우리에게도 여전하다. 그리스도인이 율법에서 자유로와졌다고 해서 자기가 좋을대로 살아도 된다는 말인가? 우리가 성경을 통해서 명백하게 그릇된 것임을 알고 있는 실제적인 일들이나 장소들이 많이 있지만, 헌신적인 그리스도인들조차 의견이 일치되지 못하는 "경계선상의 문제들"도 있다. 이 세 장에서 바울은 이러한 의문스러운 일들에 부딪힐 때 우리의 생활을 통제할 근본적인 원리들을 요약한다.

여기 8장에서 그는 그리스도를 본보기로 들어 우리가 사랑으로 조절을 받아 다른 사람들을 걸려 넘어지게 하는 일이 있어서는 안 된다고 언급한다(마 17:24~27). 9장에서는 바울 자신을 본보기로 사용하여, 그리스도인들이 행복을 위하여 "자신의 권리들을 반드시 사용해야만 하는 것"은 아니라고 지적한다. 그는 그리스도를 섬기기 위하여 합법적인 권리들조차 제쳐 두었다. 끝으로, 10장에서 바울은 뻔뻔스러운 죄들, 특히 우상 숭배와 부도덕에 관련된 죄들을 경고하기 위하여 이스라엘을 본보기로 삼아 예를 들고 있다.

여기 8장에서 바울은 의문스러운 문제의 영역에서 옳고 그른 것을 알아볼 때에 우리가 따라야 할 네 가지의 지침을 제공한다.

1. 자신의 태도를 살펴보라(8:1~3)

강한 그리스도인들이 보다 연약한 그리스도인들을 다룸에 있어 "교만해지는" 경향이 너무도 많다. 바울은 로마서 14장에서와 같이 여기서도, 어떤 신자들은 믿음이 강하고 성숙하나, 어떤 이들은 연약하며 그리스도인의 생활을 율법주의적인 관점에서 본다는 사실을 인정한다. 그러나 강한 그리스도인은 지식에 대한 그의 교만이 그의 생애를 지배하지 못하게 해야 한다.

"지식은 교만하게 하며 사랑은 덕을 세운다"고 바울은 말한다. 사실상, 모든 것을 안다고 생각하는 사람은 아무것도 알지 못하고 있음을 시인하고 있는 것이다. 바울은 우리에게 "무지한 형제"가 되라고 격려하는 것이 아니라, 교만한 태도는 그리스도를 닮은 것이 아님을 경고하고 있는 것이다. 지식은 사랑과 균형을 이루어야 하는데, 그 사랑은 하나님에 대한 사랑, 그리고 우리의 형제들을 위한 사랑이다. 우리는 서로 판단하거나 서로 거부해서는 안 된다(롬 14 : 4～12).

2. 형제의 지식을 고려하라(8 : 4～8)

그리스도인의 삶은, 말씀을 모르고서는 그 충만함 가운데서 살 수가 없다. 그리스도인들 중에는 우리가 그리스도 안에서 갖는 자유의 복됨을 이해하지 못하는 그리스도인들이 더러 있기 마련이라는 것을 언제나 고려에 넣어야 한다. 그들은 "영적인 미신" 가운데서 살며 자신의 생활을 규율과 의식으로 조정하려고 한다(골 2 : 16～23 참조).

바울은 우상이란 실재가 아니라고 언급하며, 고기가 우상에게 드려졌다고 해서 인간의 몸이나 정신을 해칠 수는 없는 것임을 분명하게 밝힌다(8절). 하나님은 한 분이시며 구주도 한 분이시다. 우리는 한 분 주님만을 예배하며 순종한다. 그러나, 연약한 그리스도인에게는 이러한 지식이 없고, 무엇이든 그 자체로서 죄악된 것은 아무것도 없음을 깨닫지 못한다(롬 14 : 14). 그리고 고기나 음료, 곧 식물이 결코 인간을 보다 나은 그리스도인으로 만들 수 없다는 것을 깨닫지 못한다.

그리스도는 그의 무지한 제자들을 얼마나 참으셔야 했던가.! 그리고 우리는 서로들 얼마나 인내해야 하는 것인가.! 그리스도인이 말씀을 읽으며 그에 순종함을 통하여 은혜와 지식 가운데서 성장해 갈 때에 진리를 이해하게 되며, 바로 그 진리가 그를 자유롭게 한다(요 8 : 32).

3. 형제의 양심을 고려하라(8 : 9～11)

양심이란 우리가 잘못된 일을 할 때에 우리를 정죄하는 마음의 재판관이다. 양심은 우리에게 "증언한다"(롬 2 : 15 / 롬 9 : 1). 그리스도인의 양심은 깨끗해져서(히 9 : 14 / 10 : 22) "선한 양심"이란 용어로 불리운다(딤전 1 : 5,19).

심판을 받지 않고 고백되지 않은 채 반복되는 죄는 양심을 더럽히며(딤전 1 : 15), 화인 맞은 양심이 되게 하여(딤전 4 : 2) 더이상 죄를 깨닫지도 못하게 한다. 우리는 거리낌이 없는 양심을 가지기 위해 노력해야만 한다.

이제, 새로운 그리스도인 또는 가르침을 받지 않은 그리스도인은 연약한 양심을 가지게 된다(고전 8 : 7,10,12). 만일 그가 다른 그리스도인이 이방 제단에 드려졌던 고기를 먹는 것을 보면 그것이 걸림이 되어 아마도 죄에 빠지게 될 것이다. 그는 자신의 영적인 감각을 행사함에 있어 경험이 없기 때문에 정반대로 행동하게 되어, 그리스도의 이름을 욕되게 할 것이다(히 5 : 11 ~ 14 참조).

강한 양심을 가진 성숙한 그리스도인은 자기의 주위에 있는 이방인들에게 영향을 받지 않을 것이지만 연약한 양심을 가진 그리스도인들은 혼돈을 일으켜서, 만일 형제의 본을 따르려고 한다면 심각한 영적인 문제에 빠지게 된다.

바울이 이와 같은 원리들을 10장 25 ~ 33절에서도 다루고 있으므로, 우리는 이 구절들을 통하여 다음을 내다볼 수 있다. "영적인 탐정이 되어 주위를 맴돌지 말라"고 그는 언급한다. 만일 향연에 초대를 받았으면, 그리고 가려는 마음이 있으면 거리낌 없이 가라. 그리고 많은 질문을 하지 말라. 그러나, 주인이 고기가 우상에게 드려졌던 것이라고 말하면 먹지 말라./ 왜냐하면 약하여 거리낌이 되고 죄를 지을 수 있는 그리스도인들에게 간증이 될 수 있기 위해서이다.

다음으로, 바울은 하나의 논란을 예상한다. "그러나 우리는 다른 사람의 양심으로 인해 왜 자유를 제한당해야 하느냐"는 질문이다. 음식에 축사하고 하나님의 영광을 위하여 우리가 먹는다면 그것으로 충분하지 않는가? 그렇지 않다./ 우리 그리스도인들은 가능한 한 유대인이나 이방인이나 다른 그리스도인들에게 거리낌이 되지 않도록 해야 한다.

이상의 내용을 요약하면 다음과 같다. 그리스도인이 행하는 모든 일은 비록 자신에게 해를 끼치지 않는 것이라 해도 다른 사람에게 상처를 입히는 것이어서는 안 된다. 우리는 이러한 원리가 우리를 제한한다고 생각할지 모르나, 사실은 그렇지 않다. 왜냐하면 다른 사람들에게 더 큰 축복을 줄 수 있으며 잃어버린 사람들을 그리스도께로 인도할 수 있기 때문이다(10 : 33).

4. 그리스도를 생각하라(8 : 12~13)

우리 주님은 육신으로 이 세상에 계실 때, 다른 사람들이 걸려 넘어지는 일이 없도록 조심하셨다. 마태복음 17장 24 ~ 27절에 나오는 사건이 곧 그 실례이다. "우리가 그들을 걸려 넘어지게 하지 않도록 하자." 이것은 우리가 따라야 할 놀라운 원리이다. 왜냐하면 이것은 그리스도인의 사랑을 매일의 삶에 가미한다는 뜻이기 때문이다.

그리스도는 나의 더 연약한 형제들을 위하여 죽으셨다. 따라서 나는 감히 그를 죄로 인도할 수는 없는 것이다. 다른 그리스도인에게 거리낌이 되도록 범죄한다는 것은 그리스도에 대해 죄를 짓는 것과 같다. "나는 나의 형제를 넘어지게 하기보다는 오히려 고기를 먹지 않고 지내겠다"고 바울은 말한다.

우리는 현대 생활에 있어서 이러한 문제들에 적용해야 할 일이 많음을 알 수 있다. 예를 들어, 세상의 오락에 대해서 생각해 보자. 어떤 사람은 극장에 가면서도 영적으로 괴로움을 당하지 않을 수 있다. 그러나, 만일 그가 연약한 그리스도인을 곁길로 가게 했다면 그는 죄를 범한 것이다. 성숙한 그리스도인이 통속 소설을 읽으며 그 영향을 받지 않을 수 있지만, 그의 선택이 다른 사람을 걸려 넘어지게 한다면 그는 죄를 범한 것이다.

그렇다. 우리는 그리스도인으로서 자유를 갖는다. 그러나, 다른 사람들을 걸려 넘어지게 할 자유는 가지고 있지 않다. 그리스도인이 이기적으로 자기의 권리를 주장함으로써 곁길로 인도하여 성도가 타락한다면, 또는 죄인이 그리스도를 거절한다면 그 얼마나 비극적인 일인가!

바울은 "누구든지 자기의 유익만을 구하지 말고 남의 유익도 구하라"고 말한다(10 : 24). 그리고, 이것은 따를 만한 훌륭한 원리이다.

바울의 사도권에 대한 변호
-고린도전서 9장-

앞 장에서 바울은 그리스도를 모범으로 지적하며 다른 그리스도인들에게, 특히 연약한 그리스도인들에게 거리낌이 되는 일을 해서는 안 된다는 원리를 펼쳤다. 본 장에서 그는 자신을 본보기로 들어서, 특권들을 가지고 있으면서도 복음을 위하여 이 특권들을 사용하지 않았음을 지적한다. 그가 여전히 우상에게 드려진 고기의 문제를 다루고 있다는 것을 기억하자. 그는 이렇게 말한다. "우리가 그리스도인으로서 특권을 가지고 있는 것은 물론이다. 그러나, 복음에 방해가 된다면 그런 특권들을 사용하지 말아야 한다."

1. 특권이 있음을 주장하는 바울(9 : 1～14)

고린도에 있을 때 바울은 교회에서 지원을 받지 않고 자기 손으로 직접 일하였으며, 결혼의 특권마저도 기꺼이 제쳐 두었다. 바울은 이러한 권리들을, 그리고 다른 권리들을 주장할 수 있음을 다섯 가지 증거를 들어 입증한다.

□1 **다른 사도들과 일꾼들**(1～ 6절) -바울이 그의 사도권(Apostleship)을 언급하는 데에 있어 불확실한 어구들이란 없다. 그는 주님을 보았고(행 1 : 21～ 22) 부활하시고 영화롭게 되신 그리스도로부터 사도로 부르심을 받았으며, 고린도에서의 그의 사역은 그의 사도권을 입증하였다. 그런데, 베드로를 포함하여 다른 사도들은 교회들로부터 지원을 받았으며, 이곳 저곳에서 사역할 때에 아내를 데리고 다녔다. 다른 종들이 이런 특권들을 가지고 있다면 바울에게도 이러한 특권이 있는 것이다. / (베드로가 결혼하여 여행할 때 아내를 데리고 다녔음에 유의하는 것은 흥미있는 일이다. 독신주의를 이상으로 삼는 로마 카톨릭에서 그를 "초대 교황"이라고 말하기에는 모순이 되는 증거가 아닌가. /)

□2 **인간의 관습**(7절) -군인은 스스로 쓸 것을 공급하지 않고, 그가 수호하고 있는 나라로부터 공급을 받으며 삯을 받는다. 포도원에서 수고하는 농부는 그 열매를 먹을 특권이 있으며, 목자는 양떼에게서 젖과 고기를 얻을 것을 기대한다. 그렇다면 지교회에게 목회자를 지원할 것을 기대하는 것이 비합리적인 일인가?

11절은 근본적인 원리를 주장한다. 만일 우리가 영적인 것으로 축복을 받았으면 물질적인(육신적인) 것을 나눔으로 우리의 감사를 표시해야만 할 것이다(갈 6 : 6～ 8). 여기에 목회자에 대한 세 가지 모습이 나와 있음을 유의하는 일은 흥미있다(교회를 보호하며 사단과 싸우는 군사, 영적인 밭이나 포도원을 손질하며 "열매를" 기대하는 농부, 그리고 양떼를 인도하고 먹이는 목자).

③ **구약의 율법**(8∼ 11절) – 바울은 신명기 25장 4절을 인용하는데, 구약 시대의 관례상, 황소로 하여금 곡식단 위를 걷게 하여 알곡을 왕겨에서 분리시키는 일을 하였는데, 여기서 바울은 11절에 나오는 원리를 예증하기 위하여 이 율법을 사용한다(딤전 5:18 참조). 황소가 육신의 일을 하여 유익을 얻을진대, 사도가 영적인 일을 하고서 그 유익을 얻지 말아야 하는가? 쟁기질하는 사람과 추수하는 사람은 둘 다 추수 때의 몫을 기대하는 소망을 가지고 일한다.

④ **구약의 제사장들**(12∼ 14절) – 율법은 제사장들이 제단에 드려진 제물로부터 풍부하게 몫을 차지하도록 허락하고 있다. 제사장은 번제에서 가죽을 취하였고, 속건죄와 속죄제에서는 기름을 제외한 고기 전체를 취했으며, 소제의 대부분과, 화목제에서 가슴과 오른쪽 어깨를 취하였다. 여기 첨부하여 첫번째 소산물들과 십일조, 그리고 특별한 제물들을 받았다.
　사실상, 대부분의 유대인들은 보통 사람들이 너무 적게 받는 반면 제사장들이 너무 많이 받으며 호화로운 생활을 한다고 불평하였다.

⑤ **그리스도의 명령**(14절) – 마태복음 10장 10절과 누가복음 10장 7절을 읽어 보라. 바울이 개인적으로 이러한 특권들을 사용하지 않았지만 이러한 특권들이 나쁜 것이라고 말하지는 않았다. "수고하는 자는 그 급료를 받기에 족하다." 그리스도인들이 주 안에서 그들을 섬기는 사람들을 지원하는 것은 옳은 일이다.

2. 특권을 희생한 바울(9:15∼27)

바울은 이런 모든 특권을 가지고 있었지만 이들을 사용하지 않았는데(12,15절) 왜 그랬는지에 대하여 몇 가지 이유들을 설명한다.

① **바울은 복음을 값없이 거저 주고자 하였다**(15∼ 18절) – 그는 거저 주시는 은혜와 값 없는 복음을 영화롭게 하였다./ 어떤 작가가 쓴 대로 실상 "바울의 급료는 급료를 받지 않는 것"이었다. 그는 자발적으로 복음을 전하였으며 이 특권을 즐겼다. 그리스도인들이 자기의 책임을 축복이기보다는 짐으로 보게 될 때 이는 얼마나 비극인가./ 바울은 "만일 내가 기꺼이 하는 것이 아니라고 해도, 나는 복음을 전해야만 한다. 왜냐하면 하나님께서 나에게 청지기직분(나누어 줌)을 맡기셨기 때문이다"고 말한다.
　여기 실천적인 원리가 있다. 우리는 하나님의 은혜와 거저 제공되는 구원을 손상시키는 일들을 해서는 안 된다. 헌금하는 데 30분이나 걸리고 더 내지 않는다고 군중을 꾸짖는 "복음 집회"에 참석한 불신자들이 무엇을 생각할 것인지는

자명한 일이지 않는가!

2 **바울은 독립적으로 일하기를 원하였다**(19절) — 돈으로 인해서 멧세지의 음이 약화되는 그리스도인 사역자가 한둘이 아니다. "아주 많이 바치는 사람"을 감히 거스릴 수가 없는 목회자들이 있는가 하면, 또 어떤 이들은 교파의 지원이나 보장을 잃게 될까 봐 두려워한다. 바울은 다른 주인이 아니라 그리스도만을 원하였다.

3 **그는 가능한 한 많은 사람들을 구원코자 하였다**(19~23절) — 비록 바울이 목회자로서 자유를 즐겼지만, 기꺼이 모든 사람들의 종이 되어 그들을 그리스도께로 인도할 수 있게 되기를 바랐다. 이 말은 바울이 세상의 격언, 즉 "로마에서는 로마 사람처럼 행하라"는 말을 따랐다는 뜻은 아니다. 그렇다면 두려움때문에 타협한 것이 된다. 바울의 태도는 두려움이 아니라 사랑에 기반을 둔 것이다. 그가 자기의 표준을 낮추었다기보다는 오히려 자기의 개인적인 특권을 제쳐 두고 있는 것이다. 이것은 위선이 아니라 동정심이었다.

그는 그리스도를 필요로 하는 사람들을 이해하며 그들의 경험에 공감하려고 노력하였다. 바울은 유대인이었으므로, 이 점을 유대인의 마음을 여는 열쇠로 사용하였으며, 로마 시민으로서의 자격을 이방인들과 접촉하는 데 편리하도록 사용하였다. 그는 연약한 자들을 동정하였으며 격려하였다. "모든 사람들에게 모든 것이 된다"는 말은 우리 자신을 다른 사람들이 용납하고 받아들일 수 있게 하는 놀라운 능력이며, 그들을 이해하고, 그리스도를 아는 지식으로 인도하려는 노력을 의미하는 것이다.

바울은 분별 없이 날뛰는 "옹기 그릇점에 들어간 황소"는 아니었으며, 만나는 모든 사람에게 똑같은 접근법을 사용하는 부주의한 사람이 아니었다. 오히려 그는 재치있게 접촉하였으며, 잃어버린 자를 인도하기 위하여 자신의 특권을 기꺼이 희생하였다.

4 **바울은 영원한 상을 얻고자 하였다**(24~27절) — 만일 우리가 영원한 상을 잃게 된다면 일상적인 특권이 무슨 유익이 되겠는가? 모든 그리스도인들은 "영원한 가치관"에 입각해서 자기의 삶을 조절할 필요가 있다. 바울이 자기의 특권을 제쳐 두었다는 말은 훈련을 뜻하며, 그는 이 훈련에 대하여 24~27절에서 설명한다. 그는 헬라의 경기를 예로 들었는데 그의 독자들에게는 아주 친근한 것이었다. 왜냐하면 그 유명한 고린도 지협의 경기(Isthmian Games, 올림픽과 유사한 고대 그리이스의 4대 경기회의 하나임)가 그 곳에서 열렸기 때문이다.

각 경쟁자들은 자기의 몸을 훈련해야만 했으며, 상을 받기 위해서는 하고 싶은 일들도 제쳐 두어야 했다. 만일 운동 경기자들이 감람나무 잎으로 꾸며 만든 면류관을 얻기 위하여 그들의 권리들을 포기할 수 있다면, 그리스도인도 영원

51

한 면류관을 얻기 위하여 특권들을 제쳐 둘 수 있는 것이다. 지협 경기에서는 개최할 때마다 한 사람만 면류관을 얻을 수 있으나 모든 그리스도인들은 그리스도의 승인을 얻을 기회를 가진다.

버림을 당하게 될 것을 두려워하는 것은 구원과는 관계가 없다. 그는 구원에 대하여 말하는 것이 아니라 그리스도인의 삶과 봉사에 대하여 말하고 있는 것이다. 우리는 경주하고 승리함으로써 구원을 받는 것이 아니라, 구원을 받았기 때문에 경주한다(빌 3:12~16 / 히 12:1~3). "버림을 당한다"는 말은 "만족하게 여겨지지 못한다"는 뜻이다. 10장 5절에서는 "기뻐함을 받지 못한다"로 번역되었다.

바울은 스스로를 경기자들을 투기장으로 부르는 전령으로 비유하는데, 아직 자신은 그 시험을 통과하지 않은 것으로 비유한다. 바울은 자기의 구원을 잃을까 봐 두려워한 것이 아니라, 충성되고 희생적인 봉사에 관한 상을 잃게 될 것을 두려워하였다.

조심해야 할 점에 대한 경고
- 고린도전서 10장 -

이 장은 "우상에게 바친 고기"에 대해 다루는 부분을 끝낸다. 바울은 그리스도와 (8절) 자기 자신을 본보기로 인용하면서(9절), 이스라엘의 과거 역사를 지적한다. 바울은 아마도 자기들에게는 지혜가 있으므로 유혹이나 죄에 대해서는 삼가 하지 않아도 된다고 생각할 만큼 지나친 자신감에 차 있는 고린도 교회 회중들을 염두에 두고 있었을 것이다.

12절에는 그들에 대한 경고가 나오며, 15절에서는 그들을 "지혜로운 사람들" 이라고 부르면서 "경건한 풍자"를 사용한다. 신자는 먹고 마실 자유가 있으나 최소한 이교의 우상 숭배에 관련된 세 가지 위험은 조심해야 한다.

1. 죄에 빠질 위험(10 : 1~13)

바울은 하나님의 백성들이 받은 유혹과 죄에 대한 예증을 위하여 이스라엘을 사용한다. 물론 구약의 이스라엘이 신약의 교회와는 다르지만(고전 10 : 32) 몇몇 유사한 점이 있다.

1 **이스라엘은 영적인 이점을 소유하고 있었다**(1~4절)-바울은 그들이 바다를 건너고 구름 아래로 행한 사실을 신자들이 경험한 세례(침례)와 비교한다. 그리스도인의 세례(침례)가 신자와 그리스도를 동일시하는 것이듯, 이스라엘의 "세례(침례)"는 그들을 모세와 동일시하는 것이었다. 우리가 십자가를 통하여 세상과 죄로 부터 구원을 받은 것처럼, 이스라엘은 어린 양의 피로써 애굽으로 부터 구원을 받았다. 하나님은 바다를 열어 이스라엘을 지나가게 하심으로 애굽의 노예 생활에서 분리하셨다.

이러한 방식으로, 그리스도의 부활은 그리스도인을 세상과 육신의 굴레에서 분리시켰다. 유대인들은 만나를 먹었으며, 우리 그리스도인들은 하나님의 말씀을 먹을 때에 생명의 떡이신 그리스도를 먹는다. 그들은 초자연적으로 공급된 물을 마셨다. 그리고 우리 그리스도인들을 구원의 생수(요 4 : 10~14)와 성령의 새롭게 하시는 물(요 7 : 37~39)을 마신다.

어떤 성경학자들은 "저희를 따르는 신령한 반석"이란 구절에 난처해 하며, 문자 그대로 바위가 유대인들을 따라 광야를 굴러 온 것처럼 생각하기도 한다. 두 가지 설명이 가능하다. 첫째는 그들을 따른 신령한 바위, 곧 그리스도께서 자기의 백성들과 함께 여행하시며 그들의 필요를 해결하셨다고 보는 것이며, 둘째로는, "그들"(them)이란 단어는 원문에는 없는 말이며, 따라서 바울은 단순히 "그들은······다음으로 신령한 바위로 말미암아 마셨다"고 말하는 것이다. 반석은 시간적으로 볼 때, 만나를 먹은 후에 대두된 것이므로, 먼저 떡을 먹고 다음으로 물이 나왔다는 뜻이다.

2 **이스라엘은 죄 때문에 망하였다** (5~10절) - 하나님은 "그들을 기뻐하지 않으셨다"는 말은 9장 27절의 "버림을 받았다"는 말과 같은 단어이다. 그들은 인준을 받지 못하였으며, 죄로 말미암아 생명을 잃었다. 그들은 탐심을 가졌고 (민 11 : 34), 우상을 숭배했으며 (출 32 : 1~14), 음행을 자행하였다 (민 25 : 1~9). 하나님의 인내심을 시험하여 고의적으로 하나님을 시험하였고 (민 21 : 4~9), 불평하였다 (민 16 : 41~50). 참으로 지독한 죄의 항목들이다. 그들이 경이적으로 애굽에서 구원되었지만 하나님은 그들의 죄를 심판하셔야만 했다.

영적인 특권이란 죄를 지어도 된다는 특권을 부여하는 것은 결코 아니다. 오히려 이러한 특권들은 하나님께 순종하고 영광을 돌려야 할 보다 큰 책임을 우리에게 부여한다 (8절에 유의하자. 바울은 23,000명이 죽임을 당했다고 말하는데 민 25 : 9에는 24,000명으로 되어 있다. 그러나, 바울은 하루에 얼마나 많은 사람이 죽었는가를 말한 것이고 모세는 전체 죽은 사람을 기록하고 있다. 더러는 나중에 죽은 것이 분명하다).

3 **이스라엘은 오늘날 우리에게 경고가 되고 있다** (11~13절) - 구약에서나 신약에서나 어느 편이든 하나님의 백성은 죄를 지을 생각을 해서는 안 된다. 바울은 12절에서 지나친 자신감을 경고하고 있으며, 다음으로 13절에서는 두려워하는 사람들을 격려하고 있다.

2. 귀신과 교제할 위험 (10 : 14~22)

바울은 우상이 실재하는 것은 아니지만 (8 : 4~6), 사단이 사람들을 곁길로 인도하는 데에 우상을 사용한다는 자신의 주장을 예증하기 위하여 주의 만찬을 사용하고 있다. 이것은 미신이 아니다. 왜냐하면 신명기 32장 17,21절에서 귀신들도 우상들을 통하여 숭배를 받을 수 있음을 명백히 가르치고 있기 때문이다. 신자가 떡과 잔을 먹음으로써 그리스도와 함께 교제 (친교)를 가지듯, 그리고 구약의 제사장들이 성막 제단의 제물로 잔치를 베풂으로써 하나님과 교제했듯이, 이교도들은 우상 숭배의 향연을 통하여 귀신과 교제한다.

바울은 여기서 "사단 친교 제사"를 사실적으로 묘사하고 있다. 사단은 가짜 교회와 가짜 복음을 가지고 있듯이 또한 가짜 친교 예배를 가지고 있다. 현대의 인류학자들은 이교 숭배와 그들의 우상에 찬탄할지 모르지만, 그러나 하나님은 그 전 제도가 마귀에게 속해 있으며, 실제로는 "귀신 숭배"라고 말씀하신다. 우상이 있는 곳에는 귀신들이 있다.

물론, 바울이 말하는 바는 떡을 먹고 잔을 마시는 것이 실제로, 그리고 문자 그대로 그리스도에게 참여하는 자가 되게 한다는 것이 아니다. 이것은 떡과 잔이 실제로 그리스도의 몸과 피로 변한다는 로마 카톨릭의 화체설(Doctrin of Transubstantiation)이다. 성경에서 이러한 교리를 가르친 곳은 어디에도 없다.

바울은 연합에 대하여 말하고 있는 것이 아니라, 그리스도와의 교제에 대하여 말하고 있는 것이다. 그리스도인이 하루는 주님의 만찬에 참여하고, 다음 날은 귀신의 식탁에 참여한다는 것은 모순된 일이다.

우리 그리스도인들은 귀신의 종교에 개입하는 일이 없도록 주의해야만 한다. 기독교에서 용인하는 모든 것이 성경적인 것은 아니다. 우리는 어떤 종교의 예식에 마지못해 참여한다고 생각할지 모르지만, 사실상 귀신들과 친교를 나누고 있는 것이다.

3. 동료 그리스도인을 타락시킬 위험 (10 : 23~33)

바울은 그의 토론을 끝마침에 있어서 8장에서 펼친 원리를 다시 반복한다. 형제의 양심을 약하게 하거나 걸려 넘어지게 하는 일들을 하지 말라는 것이다. 그렇다. 그리스도인들은 자유로우며 모든 일들이 합법적이다. 그러나, 모든 일들이 덕을 세우는(유익한) 것은 아니다. 우리는 감히 주님의 일을 파괴하는 데에 우리의 특권들을 사용하지 않는다.

바울은 몇 가지 매우 실제적인 규칙으로 끝을 맺고 있다.

1 **다른 사람들을 기쁘게 하도록 살라**(23~24절) – 이것은 9장에 나오는 교훈을 요약한 것이다.

2 **지나치게 "까다롭게" 굴지 말라**(25~27절) – 수 많은 의문을 제기하는 그리스도인들은 잃어버린 사람들에게 보잘것없는 간증이 될 것이며, 구원받은 사람들에게는 아무런 도움이 되지 못할 것이다. 물어볼 것 없이 고기 시장(푸줏간 또는 도살장)에서 고기를 사라. 모든 음식은 하나님으로부터 오며, 우리에게 유익하다. 그리고, 사단은 고기를 가지고 우리를 해칠 수가 없다(8 : 8).

구원받지 않은 친구의 집에서 베푸는 잔치에 초청을 받았으면 질문을 하지 말라. 그러나, 만일 거기 있는 그리스도인이 그 고기가 이교도의 제단에서 온 것이라고 말하면, 그리고 그 그리스도인이 그것으로 말미암아 괴로움이 된다면 그 고기를 먹지 말라. 연약한 형제들을 걸려 넘어지게 하는 것보다는 배고픈 편이 훨씬 낫다.

3 **비록 희생이 요구된다 해도, 하나님의 영광을 위하여 살라**(29~31절) – 바울은 29~30절에서 하나의 논란을 예상한다. "왜 나의 강한 양심이

형제의 연약한 양심으로 판단을 받아야 하는가? 그리고, 내가 하나님께 감사한 고기가 무슨 손상을 끼친단 말인가?"

　　해답은 이러하다. 우리가 하는 일이 무엇이거나 간에, 먹거나 마시거나 하나님의 영광을 위해서 해야 하며, 우리 자신을 즐겁게 하기 위함이어서는 안 된다. 인간적으로 말할 때는 강한 그리스도인이 연약한 그리스도인에게 숙여야 하는 것은 잘못되어 보일 것이다. 그러나, 이것이 하나님께 영광을 돌리는 길이다. 연약한 그리스도인을 걸려 넘어지게 하는 것은 교회를 욕되게 하고 그리스도의 이름을 욕되게 하는 것이다.

　4　**영혼을 구원하며 살라**(32~33절) —사람들을 분류하기에는 단지 세 가지의 그룹이 있는데, 곧 유대인과 이방인, 그리고 교회이다. 하나님께서는 교회가 유대인과 이방인을 주님께로 인도할 것을 기대하신다. 그리스도인이 구령자로서 살아 간다면 이러한 사소한 문제들은 저절로 해결될 것이다. 무익한 그리스도인, 즉 육적인 그리스도인은 세상으로 멀리 나아가려고 안달을 한다. 그러나, 교회를 세우고 영혼을 구원하는 삶을 사는 사람은 첫번째에 두어야 할 것을 첫째로 두며, 그리스도의 이름을 영화롭게 한다.

주의 만찬
-고린도전서 11장-

11～14장에서 바울은 고린도 교회의 공식적인 무질서들을 다룬다. 이 장들을 읽어 가면 몇 가지 문제점들이 분명히 드러나게 된다. 그들의 집회는 무질서했고 비성경적이었다. 여인들이 남자들을 지도하고 있었으며, 여러 회원들이 지도권과 말할 기회를 얻기 위하여 경쟁하였다. 종합적으로 말해서, 혼란이 있었고 잃어버린 자들에게는 보잘것없는 간증이 되었다.

11장은 특히 주의 만찬에서의 무질서에 관심을 보이는 반면, 12～14장에서는 교회의 공식 예배와, 교회를 다스려야 할 원리들을 논한다.

1. 주의 만찬이 무질서한 원인(11 : 1～22)

① **여인들이 복종하지 않음**(1～16절) —바울은 여인들에 대하여 너무나 비판적이라고 비난을 받을 때가 종종 있으며 열등한 지위에 둔다는 말을 듣는다. 그러나, 이 말은 사실이 아니다. 바울은 하나님께서 질서의 하나님이심과, 질서를 벗어나면 혼란과 능력의 상실이 있음을 깨닫고 있었다.

여인들이 하나님 보시기에 남자보다 열등하다고 가르친 곳은 아무데도 없으며 다만 **머리됨의 원리**(명령권이 아님)를 설정하여, 그리스도는 남자의 머리요, 남자는 여자의 머리라고 하였다. 고린도 교회에서는 이 중요한 원리가 어지럽혀졌다. 여인들이 교회에서의 지위를 놓고 남자들과 경쟁을 하고 있었다. 더구나 주의 만찬을 준행함에 있어서 여인들이 그들의 적절한 지위를 지키지 않고 머리에 수건을 쓰지 않은 채 왔으며, 바울은 이제 이 문제를 논한다.

고린도는 부도덕한 도시였으며 사원에는 여자 사제들이 있었는데, 이들은 일반적인 매춘부일 따름이었다. 여인의 짧은 머리는 죄 있는 여인(매춘부)임을 표시하는 것이었고, 여자가 베일을 쓰지 않고 도시를 돌아다닌다는 것도 이를 표하는 것이었다. 일부 근동지방에서는 오늘날에도 여인들이 베일을 쓰지 않은 채 공식석상에 나타나지 못한다. 이것은 그녀가 자기 남편을 존중하지 않는다는 표시이며, 범죄에로의 초청으로 해석되는 것이다.

사실상, 유대인들 중에서도 짧은 머리는 부도덕을 표시하는 것이었다(민 5 : 11～31 / 특히 18절). 그래서 바울은 교회의 여인들에게 머리에 베일을 쓰지 않고 공식 예배에 참석함으로써 그들의 간증을 잃는 일이 없도록 하라고 경고한다. 그 베일(덮는 것)은 남편에 대한 순종의 표이며, 머리됨의 원리를 인식하고 있다는 표시이기도 하다.

유대인 남자들은 오늘날에도 회당에서 예배할 때 모자를 쓴다. 그러나, 바울은 지교회에서 이처럼 하는 것을 금지시켰다. 그리스도는 남자의 머리이시므로, 예배 때에 남자가 모자를 쓰는 것은 그의 머리를 불명예스럽게 하는 것이다.

물론, 한 조각의 천이 마음을 바꾸는 것은 아니다. 바울은 이러한 그리스도인들이 마음으로부터 머리됨의 원리를 순종하는 것이지 외적으로만 따르는 것이 아님을 당연한 것으로 여긴다.

바울은 **여자들이 교회에서 적절한 위치를 지켜야 하는 이유**를 몇 가지로 말한다.

● 남편에게 존중을 표한다.
● 교회의 머리이신 그리스도를 영광되게 한다.
● 창조의 계획과 일치하는 것이다. 하나님은 남자를 위하여 여자를 창조하셨기 때문이다.
● 천사들은 우리들의 예배를 지켜보며, 우리가 하는 일들을 알고 있다(10절).
● 본성 자체가 여자에게 긴 머리를 주며, 남자에게는 짧은 머리를 주어 복종을 가르친다.
● 이것은 모든 교회들이 실천하고 있는 사항이다(16절).

"모자를 쓰는 문제"와 "짧은 머리를 하는 것"이 오늘날 우리에게 어떻게 적용될 것인가? 우리가 바울이 고린도에서 가졌던 지역적인 고려들을 모두 받아들여야 하는 것은 아니지만, 여자든지 남자든지 자기의 위치를 벗어난 사람이 언제나 하나님의 일에 방해가 된다는 것을 시인해야만 한다. 지교회에서는 옷과 행동에 있어서 단정히 행해야 한다. 우리는 감히 세상을 본받아서는 안 되며, 그렇지 않으면 우리는 간증을 잃게 된다.

2 **교회 내의 분열**(17～19절) - 교회가 분열되고 분당(이단)이 있을 때에는 감추어진 것 같지만 공적인 모임에서 드러나게 된다. 주의 만찬은 그리스도 안에서 신자들이 연합해야 함을 말하고 있다. 이 놀라운 멧세지를 통해서 교회에서의 분열은 사라질 것이다.

3 **이기적인 동기**(20～22절) - 초대교회는 종종 "사랑의 향연"을 벌였는데, 주의 만찬을 하기 앞서 교제의 식사를 하는 것이었다. 그런데 고린도 교회에서는 부자들이 바구니 가득 가지고 오는 반면 가난한 사람들은 빵부스러기를 들고 한쪽 구석에 앉아 있었다. 바울은 그들에게 "집에서 먹으라!"고 명령하였다. "너희의 폭식하고 마시는 것이 주님께 욕을 돌린다!" 만일 믿는 자들이 서로를 사랑하지 않는다면 그들은 결코 주님의 만찬에 참여할 수가 없으며, 축복을 받을 수도 없을 것이다.

2. 이러한 무질서의 결과 (11 : 23~30)

① 축복받는 대신 심판을 받음 (23~29절) – 그리스도께서는 주의 만찬을 바울에게 개인적으로 베푸셨음이 분명하다. 왜냐하면 이 의식이 창설되었을 때 그는 다락방에 없었기 때문이다. 주의 만찬은 교회를 위하여 드려진 그리스도의 찢긴 몸과 피를 상징한다. 예식을 지킴으로써 그리스도의 사랑과 재림을 계속해서 기억하는 것이다. 우리는 십자가를 되돌아보며 그의 재림을 내다본다.

　그러나, 성만찬이 교회에 축복이 되지 못하였고 도리어 심판의 근거가 되었다. 그들의 모임은 유익이 못되고 오히려 해가 되었던 것이다 (17절). 영적인 문제들은 언제나 이와 같다. 만일 우리의 마음이 바르지 않다면 축복이 되어야 할 일이 저주가 된다.

② 징계를 받음 (30절) – 고린도 교인들이 바람 직하지 못한 태도로 주의 만찬에 참여하였기 때문에 하나님은 그들에게 질병과 죽음조차 임하도록 하셨다. 바울은 우리가 주의 만찬에 참여할 만큼 "자격이 있어야"한다고 말하고 있는 것은 아니다. 왜냐하면, 만일 그래야 한다면 아무도 참여할 수가 없을 것이기 때문이다.

　우리는 자격은 없지만 거기에 어울리는 자세로 참여할 수는 있다. 즉, 성찬의 의미를 이해하고, 죄에서 자유로와진 마음으로 그리스도를 위하는 사랑에 차서, 주의 말씀에 기꺼이 순종하며 참여하는 것이다. 그리스도인들은 교회 안에서 부주의하게 그냥 넘어갈 수 있을 것이라고 생각한다. 그러나, 이러한 일은 불가능하다. 만일 우리의 마음이 바르지 않으면 하나님은 우리를 축복의 자리로 인도하기 위하여 경계하셔야만 한다.

3. 이러한 무질서의 교정 (11 : 31~34)

① 자기 심판 (31~32절) – 만일 우리가 우리의 죄를 정직하게 대하며, 심판하고 고백하면, 하나님은 우리를 징계하지 않으신다. "자신을 스스로 검사하라"는 것이 28절에서 바울이 명령하는 바이다. 성찬에서 우리는 세 가지 것을 살펴야 하는데, 내면을 바라보고 우리의 죄를 고백하며, 뒤를 돌아 보고 갈보리를 생각하며, 앞을 내다보아 그리스도의 재림을 주시한다. 원리는 분명하다. 만일, 우리가 우리의 죄를 심판하지 않는다면, 하나님께서 우리를 심판하실 수밖에 없다.

② 상호간의 사랑 (33절) – 바울은 "자신만을 생각하지 말고 다른 사람들을 생각하라"고 말한다. 자신보다는 형제를 앞에 두는 것, 이것이 그리스도인의 사랑이다. 교회에 예배하러 오면서 이러한 원리에 순종하는 그리스도인들은 극소수이다. 우리는 교회에 오면서 "오늘 예배에서 무엇을 얻을 것인가?"라고 묻는

다. 하지만, "누군가 축복을 받기 위하여 나는 무슨 말을 하며 어떤 일을 해야
할까?"라고 물어야 할 때인 것이다.

③ **영적인 분별** (34절) – 교제의 식사가 무슨 잘못된 일은 아니긴 하지만, 먹어
야 할 장소는 가정이다. 따라서, 교회가 마땅히 해야 할 것을 하기 위해서는 영
적인 분별력을 필요로 한다. 지교회의 사역은 성도에게 잔치를 하는 것도, 음식
을 먹이는 것도 아니다. 서로를 영적으로 세워 주며, 그리하여 모두가 다른 사
람들을 인도하러 나갈 수 있게 하는 것이다.

근본 원리를 이렇게 설명할 수 있을 것이다. 지교회는 하나님이 가정에게 하도
록 정하신 일이나 국가가 하도록 정하신 일을 해서는 안 된다. 교회는 어린이들
을 기르는 곳이 아닌데도 사람들은 자기 자녀들이 잘못된 길로 갈 때에 교회와 주
일학교를 탓한다.
만일 우리가 이러한 원리들을 따른다면 우리의 모임은 함께 축복으로 나아갈
것이며, 심판을 받지 않을 것이다 (29,32,34절의 "정죄").

부가적 연구
- 고린도전서 12~14장 -

이 부분에서는 오순절주의자들이 "성경은 무엇을 말하는가?"라는 문제에 부딪칠 때에 보이는 방언과 성령에 관한 주장을 검토해 보려 한다.

1 "구원을 받은 후에 성령의 세례(침례)가 있다."

어떤 이들은 사도행전 1장과 누가복음 1장 49절을 근거로 내세워, 기도와 금식을 통하여 "능력받기를 기다리는 것"이 필수적인 일이라고 가르친다. 그러나, 고린도전서 12장 13절은 모든 신자들이 그리스도와 연합하는 성령의 세례(침례)를 받았다고 가르친다. 이 점은 육적인 고린도인들에게조차도 사실이다. 회심 이후에 성령의 충만함이 있는데, 우리는 성령으로 충만하라는 명령을 받고 있으나(엡 5:18), 이것은 성령의 세례(침례)를 받으라는 것은 결코 아니다.

무디 성경연구원의 전 교장이었던 토레이(R. A. Torray) 박사는 임종에 앞서서, 그의 가르침과 저서에서 "세례"(침례)와 "충만함"이라는 용어를 혼용했음을 유감스럽게 생각한다고 밝힌 바 있다. 세례(침례)는 회심 때의 단 한 번이며, 자신을 매일 하나님께 양도할 때에 충만함은 많이 경험한다.

2 "이 세례(침례)를 받은 증거는 방언을 하는 것이다."

만일 이것이 사실이라면 대부분의 고린도 교인들은 그 세례(침례)를 경험하지 못한 것이 된다. 왜냐하면 그들 모두가 방언을 말하는 것은 아니기 때문이다 (12:10, 30). 12장 13절은 그들 모두가 성령으로 세례를 받은 것이라고 말한다.

그러므로, 만일 오순절주의자들의 논리가 맞다면 그들 모두는 방언을 말해야만 한다. 그러나, 그런 것은 아니다. 세례(침례) 요한은 태어나기 전에 성령으로 충만함을 받았으나 방언을 말하지 않았고, 시대를 통해 내려오며 위대한 성도들도 방언을 말하지 않았다.

3 "방언의 은사는 영성에 대한 표시이다."

고린도 교회는 전혀 영성이 없었다. 이 교회는 바울이 다룬 교회들 중에서 가장 육신적인 교회였으며, 그들은 그리스도 안에서 젖먹이였다(3:1~4). 방언은 심원한 영적인 삶의 표시가 되는 대신, 개별적인 그리스도인에게나 교회 전

61

체에는 극히 가치가 적은 열등한 은사이다.

영적인 은사를 받고도 영적인 은혜를 받지 못하는 일은 가능하다. 고린도전서 13장은 이것을 분명히 가르치고 있다. 중요한 문제가 되는 것은 내가 얼마나 많은 은사들을 보유하는가에 있지 않고, 얼마나 많은 사람들을 주님께로 이끌었는가 하는 것이다. 방언은 미성숙의 표시이며 열등한 은사이다.

4 "방언은 오늘날의 교회를 위한 것이다."

몇몇 은사들이 임시적인 것이라는 증거는 많다. 예언, 방언, 지식(성령으로 말미암아 영적인 진리를 전함)의 은사는 신약 성경이 완성됨에 따라 지나갔다. 고린도전서 13장 8∼13절은 이러한 은사들이 지나갈 것이며, 더이상 필요치 않을 것임을 명백히 한다. 그것들은 교회의 "어린 시절"에 소속된 것이었다.

오늘날에는 교회의 생명과 사역이 하나님의 말씀에 기반을 두고 있다. 사도행전 20장 17∼38절을 읽고 이상적인 신약 사역의 모습을 찾아보라. 방언에 대한 말이라고는 아무것도 발견하지 못할 것이다.

5 "신자는 방언하는 것에서 개인적인 유익을 얻는다."

그러나, 성령의 은사들은 단 한 명의 성도를 위한 것이 아니라 전 교회의 유익을 위하여 주어진다(12 : 7). 이 장들에서는 어떤 은사가 신자의 개인적인 즐거움을 위하여 허락된다는 암시는 나오지 않는다. 사실상, 14장 13∼15절에서 바울은 방언을 사적으로 사용하는 것은 옳은 일이 아니라고 명백히 언급한다.

만일 통역이 있다면 신자는 그 말이 무슨 뜻인지를 알고, 또 그래야만 영적인 유익을 얻을 수 있다. 이해를 하지 못한다면 축복도 없다. 방언을 개인적으로 사용하는 것은 고린도전서 12∼14장의 편지와 정신에 위배되는 것이다.

6 "방언의 은사는 신자들을 서로 결속시킨다."

순복음 사업기관, 오순절 운동은 방언에 대한 가르침을 온 교파에 스며들게 하고 있다. 그들의 잡지에 많은 교파들의 목회자와 평신도들의 간증을 싣고 있으며, 이 간증들은 "성령의 세례"를 통해서 놀라운 축복들을 얻었다고 말한다. 그들을 규합시키는 표어들 중의 하나는 "성령의 세례(침례)가 신자들을 단합시킨다"는 것이다. 말하자면, 복음주의적인 그리스도인들(Evangelical Christians) 사이에 일어나는 "에큐메니칼 운동"(Ecumenical Movement)인 것이다. 그들은 "당신은 근본적인 신앙을 부정할 필요는 없다. 성령의 세례(침례)는 모두를 위한 것이며, 방언의 은사도 마찬가지이다"라고 추종자들에게 말한다.

하지만, 이른바 "성령의 세례"(침례)가 고린도에서 신자들을 단합시켰던가? 교회는 네 방향으로 분열되었다(고전 1 : 10∼13). 그 곳 신자들 모두가 성령의 세례(침례)를 경험하였다./(12：13) 교회에 불협화음과 분열과 논쟁이 있었으며, 또한 방언의 은사도 있었다. 우리가 경험한 바로는, 방언은 교회를 단합시키기는 커녕 교회를 분열시킨다는 것이었다. "방언하는 그리스도인들"은 다른 사람들보다 더 우월하다고 생각하는데, 거기서부터 문제가 생기기 시작한다.

7 "성령의 세례(침례)를 경험하는 한, 그 용어가 어떻든 아무 차이가 없다."

이것은 사단의 그럴 듯한 거짓말이다. 성경의 단어들은 성령으로 말미암아 주어진 것이며, 우리는 이 말에 순종해야 한다(고전 2：9~16). **성령의 세례(침례)**와 **성령의 충만함**을 혼동하는 것은 잘못이다. 왜냐하면 하나님은 분명하게 이들을 분리시키셨기 때문이다. 우리는 성경에 입각하여 그리스도인의 경험의 기초로 삼아야 하며, 경험으로 성경을 해석해서는 안 된다. 우리가 성경의 단어들과 용어들을 이해한다면 그리스도인의 삶을 어떻게 살아야 할 것인지를 이해하게 될 것이다.

고린도 교회에 보내는 편지에서, 바울이 "무지하다"는 말을 얼마나 많이 사용하였는지 살펴보라. 14장 20절에서 바울은 그들에게 "깨닫는 데에 어린 아이가 되지 말라"고 권면한다. 사단과 그의 마귀의 세력들이 얄팍한 그리스도인들을 삼키기 위하여 "영적인 경험"을 흉내낼 수 있지만, 그리스도인이 하나님의 말씀을 이해하는 곳에서는 활동할 수가 없다.

현대 방언 운동에 휘말리지 않도록 주의하라. 이 운동이 교파의 경계를 넘어 휩쓸고 있으나, 교회에 덕을 세우거나 성도들을 연합시키지는 못한다. 어떤 데에서는 성공적으로 보일지 모르지만 하나님의 말씀에 모순될 때에는 영적인 활동을 지속할 수가 없다.

우리는 근자에 이르러 성령의 인격과 사역에 대하여 새롭게 강조되고 있음을 하나님께 감사드린다. 그러나, 우리의 교리가 우리의 삶을 시험하는 것이지 우리의 삶이 우리의 교리를 시험하는 것이 아님을 확신해야 하겠다. 우리가 성령과 그 능력을 아는 것은 하나님의 말씀을 통해서이며, 성경과 모순된 정서적인 경험을 통해서가 아니다.

성령의 은사들
-고린도전서 12장-

본 장은 성령의 은사들에 대한 토론(12~14장)의 시작인데, 오늘날 교회와 교파들이 성령의 역사하심을 강조하고 있는 시점에서, 이 주제에 대해 하나님은 어떻게 말씀하시는지 알 필요가 있다. 그러나, 우리는 본 장을 연구함에 있어, 분열과 부도덕함과, 영적인 성장을 방해받고 교회 내에 혼란이 있는 등, 고린도 교회에 문제들이 있었다는 견지에서 살펴보아야 한다.

여기 12장에서 바울은 그리스도의 몸 안에서의 성령의 사역을 설명하는데, 성령은 몸의 지체인 여러 성도들에게 영적인 은사들을 베푸신다. 13장은 사랑에서 솟는 그리스도인의 미덕들이 굉장한 은사들보다 중요하다는 것을 강조하며, 14장에서는 교회의 예배를 주관할 원리들을 진술한다.

1. 우리는 서로에게 속해 있다(12 : 1~20)

분열은 고린도 교회의 주요한 문제거리였다(1 : 10~16 / 6 : 1~8 / 11 : 18~22). 각 그룹은 각자가 선택한 인간 지도자들을 따랐고, 은사들을 이기적으로 사용하였으며, 몸 전체의 건강이나 사역을 돌보지 않았다. 고린도 교회 그리스도인들은 성령의 은사들을 풍성하게 받았으나(1 : 4~7) 영적인 미덕(성령이 그리스도인 안에 이루고자 하시는 성품)들이 결여되어 있었다.

그리스도인의 은사들은 그리스도인의 성품을 나타내거나 영적인 성숙의 표가 되는 것이라고만 할 수는 없다. 이 신자들은 육신적이었으나 놀라운 은사들을 행사하였다.

1 **우리는 같은 고백을 나눈다**(1~30절) -로마 제국의 시민은 일 년에 한 번 제단에 향을 피우고 "시이저는 주님이시다.!"(Caesar is Lord.!)고 말하도록 되어 있었다. 참된 그리스도인은 다른 사람을 주님이라고 부를 수가 없으며, 그리스도만을 "주님"이라고 부른다. 이것은 어떤 사람이 참으로 구원을 받았는지 아닌지 알아보는 정확한 시험이었다. 우리가 그리스도를 주님이라고 고백할 수 있는 것은 성령으로 말미암는 길뿐이다(롬 10 : 9~10).

2 **우리는 같은 하나님을 섬긴다**(4~6절) -인간의 몸도 그렇지만 교회는 통일성 안에 다양성을 가지고 있다. 우리 인간의 지체는 다 다르지만, 몸의 건강을 위하여 함께 일한다. 영적인 몸에 있어서, 우리는 성령으로부터 은사들을 받아(4절) 같은 주님 예수 그리스도를 섬기며(5절), 같은 아버지께서 주시는 일을

한다(활동함, 6절).

③ **우리는 같은 몸을 세워나간다**(7~13절) – 바울은 이제 성령의 은사들을 열거하며, 이들이 교회 전체의 유익을 위하여 주어진 것이지 개개 그리스도인의 사적인 즐거움을 위하여 주어진 것이 아님을 보여 준다. 우리는 다음의 사항들을 구분할 수 있어야 한다.

● **성령이 주시는 선물**(Spiritual Gift) – 이것은 구원과 동시에 받은 성령 자신 이다.
● **성령이 주시는 은사들**(Spiritual gifts) – 이것은 자연적인 능력이나 재능만이 아니라 성령을 통하여 교회를 치리하는 것이다.
● **성령이 주시는 직임**(Spiritual offices) – 이것은 지교회에서의 책임 위치를 말한다(벧전 4 : 10 / 고전 12 : 28 / 롬 12 : 4)
● **성령이 주시는 미덕들**(Spiritual graces) – 이것은 그리스도인의 행위에 나타나는 성령의 열매들이다(갈 5 : 22~23 / 고전 13 : 4~7).

바울은 각 그리스도인들이 성령의 선물(Gift)을 받았으며(12 : 3), 성령의 은사(gift)를 최소한 한 가지씩은 가지고 있음을 매우 명백히 밝혔다(12 : 7). 모든 그리스도인들이 성령이 주시는 직분을 가지고 있는 것은 아니다. 그러나, 모든 그리스도인들이 성령이 주시는 미덕들을 나타내어야 한다. 이것은 이적적인 은사들보다도 훨씬 더 중요한 것이다.

고린도전서 13장 8절에서 볼 때에 초대 교회들에 주어진 은사들 중에는 결코 영속되어지지 않는 은사들이 있음이 명백하다. 교회가 유아기에 있을 때(13 : 11), 즉 신약 성경이 완성되기 전에는 이러한 은사들을 필요로 하였으나 오늘날에는 필요하지 않다.

④ **우리는 같은 세례(침례)를 나눈다**(14~20절) – 성령의 세례(침례)는 회심하는 순간에 주어지는 그리스도의 몸(Boby)의 새로운 구성원으로서의 지위에 관련된다. 유대인들은 오순절에 처음으로 그리스도의 몸에 연합되는 세례(침례)를 받았고(행 1 : 5 / 2 : 1이하), 이방인들은 고넬료의 집에서 처음으로 그러한 세례를 받았다(행 10 : 44 / 11 : 15~16). 그 이후로 죄인이 그리스도를 믿을 때는 언제나 성령의 역사하심으로 말미암아 동일한 몸(Boby)의 일부가 되는 것이다.
성령은 그가 보시기에 적합하도록 그리스도의 몸 안에서 각 신자들의 위치를 정해 주신다. 그런데 몸의 각 지체는 성취해야 할 중요한 사역이 있다. "한 몸의 많은 지체", 이것이 현 시대에 주어진 프로그램이다.

2. 우리는 서로를 필요로 한다(12 : 21~25)

눈부신 은사들을 소유한 신자들은 다른 사람들을 내려다보며 그들이 중요하지 않는 것처럼 생각한다. 그러나, 바울은 여기서 몸의 각 지체가 교회의 생명과 건강과 성장을 위하여 필수적이라고 가르친다. 에베소서 4장을 읽고 하나님께서 어떻게 은사받은 사람들을 사용하셔서 성도들을 세우는 일을 돕게 하시며, 그들로 다시 교회를 세우게 하시는지 살펴보자.

은사를 적게 받은 형제에게 "나는 네가 필요없어./"라고 말할 수 있는 그리스도인은 결코 없다. 사실 우리 몸에서 가장 덜 중요하게 보이는 부분들이 가장 유익을 끼친다. 또는, 이들이 적절히 기능을 발휘하지 않으면 가장 큰 문제들이 야기된다. 의사들이 중요하지 않다고 말하는 100개의 기관들 또는 지체들을 열거해 오고 있는데, 오늘날에는 그 목록이 훨씬 줄어들고 있다. 초라한 편도선과 충양돌기(맹장)도 몸의 건강을 위해 필수적이라고 알려지고 있다.

3. 우리는 서로 영향을 끼친다(12 : 26~31)

몸에는 아무 분열(분쟁)이 없다(25절). 왜냐하면 우리는 성령을 통하여 같은 생명을 나누어 받기 때문이다. 분열을 피하는 것만으로는 충분하지 않다. 우리는 또한 서로를 돌보아야만 하며 교회를 세우고 몸을 튼튼히 하도록 해야만 한다. 인간의 몸에서 한 지체가 약하거나 아프면 다른 지체들에게 영향을 미친다.

이것은 신령한 몸(Spiritual Body)인 교회에 있어서도 마찬가지이다. 한 지체가 고난을 받으면 모두가 괴롭고, 한 지체가 힘이 강하여지면 모두들 도움을 받는다. 이것은 각 그리스도인에게 가능한 한, 가장 강한 지체가 되어야 할 책임을 지워 준다. 에베소서 4장 16절은 몸의 각 부분이 교회의 성장을 위하여 공헌하고 있음을 시사한다.

몸(Body)을 강하게 하는 하나님의 방법을 명심하는 것은 필수적인 일이다. 하나님께서는 어떤 사람들을 택하셔서 그들에게 특정한 성령의 은사들을 주시며, 또한 선택하신 대로 그리스도의 몸 안에 그들의 위치를 설정하신다. 초대 교회 시대에는 사도들과 선지자들이 있었다. 오늘날에는 사도들이 없는데 사도의 자격을 갖추기 위해서는 부활하신 그리스도를 반드시 보았어야 하기 때문이다(고전 9 : 1 / 행 1 : 21~22).

사도들은 복음을 이방인들에게 가져가 교회를 설립하고 하나님의 멧세지를 전하는 특별한 대사들이었다. 선지자들은 아마도 성령의 인도하심을 받아 그대로 말하는 설교자들이었을 것이다. 이들은 성경처럼 자세히 해설하지는 못하였으나 하나님의 뜻을 교회에 직접적으로 전하였다. 그리고, 이들이 기록된 말씀을 통하여 간접적으로 하나님의 뜻을 전하지는 못하였던 것은 신약 성경이 아직 기록되지 않은 시기였기 때문이다. 고린도전서 13장 8~13절은 초대교회가 그 "아

동기"에 소유했던 눈부신 은사들은 영속적인 것이 아니었다고 가르친다. 그 은사들은 하나님께서 그들 가운데 역사하신다는 사실을 사람들에게 말하는 하늘 (Heaven) 이 보낸 신용장이었다 (히 2 : 3~ 4).

방언이 은사들의 목록에서 가장 끝에 나온다는 점에 유의하자. 분명히 고린도 신자들은 방언을 남용하고 있었으며, 정도가 심하여 공식 예배에 혼란이 일어났던 것 같다 (14 : 23이하). 실제로 방언하는 신자들은 이런 특별한 은사를 받지 못한 다른 신자들을 경멸하고 있었다. 그래서, 바울은 우리가 똑같은 은사를 가지고 있지 않음을 상기시킴으로 끝맺고 있다 (29~ 30절).

"다 방언을 말하는 자겠느뇨?" 그렇지 않다./ 아무도 방언의 은사가 특별한 영적인 능력이나 성품을 표시하는 것이라고 가르치지 못하게 하라. 이러한 은사는 바울이 "육신적"이라고 부르는 그리스도 안에서 젖먹이격인 그리스도인들이 소유하고 있었다./

우리가 교회에서 서로의 관계를 인식하는 것이 필요하다. 그렇다. 오늘날 많은 교파들이 있지만, 성령이 내주하시는 참된 모든 그리스도인들은 주님의 몸의 지체들이다. 획일성이 없다고는 해도 통일성은 있을 수 있다. 획일성을 목표로 하여 "세계 교회"를 세우려고 하는 사람들은 마귀의 손에서 놀아나는 것이다. 그리스도께서 획일성을 위하여 기도하신 일이 없었으며, 다만 주님과 하나님 아버지 사이에 존재하는 것과 동일한 영적 통일성을 위하여 기도하셨다 (요 17 : 20~ 23).

신자가 갖는 미덕의 삼위일체
- 고린도전서 13장 -

세상이 본 장과도 같은 부분을 하나 취하여 기독교적인 참된 의미에서 분리시켜 사용한다는 것은 비극이다. 만약 구원받지 않은 사람이 이러한 사랑에 대해 경험한다면, 대리석 조각상이 할 수 있을 정도 만큼도 경험하지 못할 것이다./ 사람이 일상 생활을 통하여 이와 같은 종류의 성품을 행하려면 우리의 생활에 내주하시는 하나님의 영이 필요하며, 그 성령의 능력을 힘입어야 한다.

바울이 여전히 성령의 은사들에 관한 문제를 다루고 있다는 것을 기억하자. 그는 여기서 미덕이 없는 은사들은 아무것도 아님을 강조하고 있다. 성령의 열매들은 기적적인 성령의 은사들보다도 더욱 중요하다. 교회가 그리스도인의 거룩함과 성품보다는 기적적인 경험 들을 얻으려고 노력한다면 반드시 분열과 혼란과 육신적인 점들이 나타나기 마련이다.

1. 사랑은 필수적인 것이다(13 : 1~3)

"자비"란 행동으로 나타난 사랑을 뜻한다. 이것은 단순히 감정에 그치는 것이 아니라, 다른 사람들에게 그 마음이 도달하는 것이다. 오늘날, "자비"(박애, Charity)라고 하면 대체로 헌옷을 나눠 주거나 구호기관에 물품을 전달하는 것을 생각하게 된다. 이러한 활동들은 행동으로 나타난 그리스도인의 사랑이 될 수 있지만, 바울은 더욱 많은 것을 요구하고 있다.

바울이 12장 8~10절에 나오는 성령의 은사들 중의 몇을 들어, 사랑으로부터 멀어진 그것들의 어리석음을 보여 주고 있는 것에 유의하자. 사랑에서 멀어진 방언은 시끄러운 소리가 될 뿐이며, 울리는 꽹과리와 같은 것이다. 사랑이 없는 예언은 그 사람에게 아무런 도움이 되지 못한다. 이것은 또한 지식과 믿음에서도 마찬가지이다.

바울이 이러한 은사들을 과소평가하고 있는 것은 결코 아니다. 다만 그리스도인의 생활에, 그리고 이러한 은사들을 사용함에 있어서 사랑이 없다면 개인에게나 또는 교회에 아무런 유익을 끼칠 수 없을 것이라는 뜻일 뿐이다. 그가 자신의 생명을 희생하는 데까지 이르더라도 사랑에서 떨어져 있다면 아무것도 아닌 것으로 간주되는 것이다.

고린도 사람들은 사랑에서가 아니라 경쟁심으로 그들의 은사와 직분들을 사용하고 있었던 것이 분명하다. 교회는 분열되고 교회를 세워야 할 바로 그 은사들이 유익보다는 해를 끼침으로 인하여 상황은 점점 악화되고 있었다./ 사랑이 없는 설교는 시끄러운 소음에 불과하다. 사랑이 없는 기도는 공허한 연설에 불과하며, 사랑이 없는 헌금은 의례히 행하는 의식일 뿐이다. 그리스도께서 베드로에게 "네가 나를 사랑하느냐?"라고 질문하신 것이 이상한 일이겠는가./

2. 사랑은 효력이 있다(13 : 4～7)

만일 사랑이 없다면 은사들은 교회 생활에서 영적인 **효력**이 없을 것이다. 왜냐하면 성령이 교회를 건설하기 위하여 사용하시는 것은 사랑이기 때문이다. 고린도전서 8장 1절은 "지식은 교만하게 하며 사랑은 덕을 세운다"라고 말한다. 사랑의 자질을 살펴보자.

1 **사랑은 인내하며, 온유하다**— 사랑은 하찮은 것들을 초월하며 다른 사람들을 관대하게 대한다. 사람들이 사랑스러울 때는 "사랑하기"가 쉽다. 그러나, 이런 저런 방법으로 우리를 공격하고 상처를 줄 때 사랑하기란 어렵다. 한 실례로서, 베드로가 주님을 배반하고 범죄하였을 때 그리스도께서 인내하신 것을 생각해 보라. 이것이 무슨 뜻인지 집히는 바가 있을 것이다. 사랑은 잘못된 일들을 인내로 견디는 것만이 아니라, 친절한 행동을 하는 데에도 적극적인 자세가 되게 한다.

2 **사랑은 질투로 끓어오르지 않는다**— 시기심은 지독한 죄이다. 가인은 자기 형제를 시기하여 죽이기까지 하였다./ 다른 그리스도인들이 우리가 갖지 못한 축복이나 혜택을 누릴 때 우리는 어떻게 반응해야 할 것인가? 시기심의 불꽃이 피어나도록 방치해 두고는 결국은 끓어오르게 할 것인가?

3 **사랑은 자랑하거나 교만하지 않다**— "우쭐하다"는 것은 자부심에 대한 내적인 감정이며, "뽐내다"는 말은 자부심을 외적인 행동으로 나타내는 것을 가리킨다.

4 **사랑은 무례하거나 이기적이지 않다**— 세상이 줄 수 없는, 그리스도인으로서의 사랑과 기쁨으로 행하는 사람에 대한 미덕이 여기에 있다. 참된 사랑은 다른 사람이 오직 유익하기만을 구하며, 이타적이다. 당신은 그리스도의 생애를 통하여 연출된 이러한 사랑을 볼 수 있는가?

5 **사랑은 성내거나 악한 생각을 품지 않는다**— "쉽게"라는 단어는 여기 속하지 않는다. 그리스도인의 사랑은 육신이 하는 대로 노여움을 보이지 않는다. 사랑은 사람들이 저지른 악행이나 그들로부터 받은 상처를 기록해 둔 장부를 보관하지 않는다. 실상, 사랑은 다른 이들이 악에 관여되어 있는 것을 즐거워하지

않으며, 항상 다른 이들이 진리 가운데 행하는 것을 기뻐한다.

6 **사랑은 승리를 안겨 준다** – 우리 안에 거하는 그리스도의 사랑을 통하여 어떠한 형편에서도 견딜 수 있고 믿음을 가지며, 계속해서 소망을 가질 수 있다. 윌리암판 성경에서는 7절이 "사랑은 어떤 일이든지 견딜 수 있는 능력을 준다"로 번역되어 있다. 사랑은 언제나 승리로 인도한다.￣

이 구절들에서 바울은 고린도 사람들의 죄행을 점잖게 꾸짖고 있다. 그들은 교회 내에서 서로에 대해 참지 못하고 있었으며(14 : 29~ 32) 다른 사람들이 소유하고 있는 성령의 은사들을 시기하였고(14 : 1), 교만하고 비판적이었다(12 : 21~ 26). 그들의 행동에는 겸손이나 덕스러움이 없었으며(12 : 2~ 16), 다른 사람들이 상처를 입을지언정 자신의 권리만을 주장하고 있었다(8~ 10장). 이들은 쉽게 성내고 서로를 고발하기조차 하였으나(6 : 1~ 8), 죄를 마땅히 심판해야 할 때는 죄를 즐기고 있었다(5 : 1~ 13).

이 구절들을 통하여, 하나님의 사랑을 우리에게 표명하신 그리스도의 모습을 볼 수 있다. 본 장에서는 "사랑"이란 말대신 "그리스도"란 단어로 대치해도 된다.

3. 사랑은 영원하다(13 : 8~ 13)

고린도 사람들은 젖먹이와 같은 영적인 아이들이어서, 임시적인 일들을 위해서는 분투하면서도 영원한 것들은 소홀히 하고 있었다. 그들은 영속되는 그리스도인의 성품 대신 지나가고 말 영적인 은사들을 원하였다. 사랑은 결코 세력이나 권위를 획득하려 하지 않는다.

다른 은사들은 지나가 버릴 것이다. 예언적인 발언은 기록된 하나님의 말씀이 대신하며, 방언은 더이상 필요하지 않을 것이다. 특별한 지식의 은사는 말씀으로부터 성령께서 가르치시는 사역으로 인해 제쳐질 것이었다. 그러나 사랑과, 사랑이 산출하는 미덕들은 영원히 지속될 것이다.

바울은 이 은사들이 교회의 "유아기"를 위하여 필요한 것이었다고 설명한다. 성령의 특별한 표시들이 사도들의 신용장이었다(롬 15 : 18~ 19). 하나님은 그의 진리를 입증하는 데에 언제나 기적을 사용하지는 않으셨으나 종종 사용하시는데, 예를 들면, 데살로니가에서 성령은 말씀을 능력있게 전파하는 데에 자신을 나타내셨다(살전 1 : 5~ 6).

11절에서 바울은 어린 시절의 일에서 간단한 예를 들고 있다. 우리는 어린아이가 어린이다운 말을 했다고 그를 나무라지는 않는다. 그러나, 어른이 아기의 말을 사용한다면 비난한다. 사도는 이런 말을 했다. "지금은 너희 갓난 아이들이 성장하여 성인과 같이 말을 시작해야 할 때이다.￣ 방언과 다른 특별한 표시는 영적인 어린 아이의 일에 속한다. 성장하라./"

  유감스러운 일이지만, 오늘날 많은 사람들이 이러한 임시적인 성령의 은사들을 영적으로 심원한 상태에 대한 표시인 것처럼 가르친다./ 그러나 14장 20절에서 바울은 신자들에게 방언에 대하여 논의하며, 성장하여 어린 아이와 같은 행동을 그만두라고 다시 말하고 있다.

  교회에는 언제나 성장의 여지가 남아 있다. 우리가 성장한다는 것은 우리가 불완전하게 알고 있으며 불완전하게 본다는 뜻을 내포하고 있다. 고린도는 금속 거울로 유명한 곳이었으므로 바울은 거울을 예로 사용하는데, 구리 거울로는 거기에 비친 실제 인물의 희미한 모습만을 볼 수 있을 뿐이며, 이는 마치 우리가 오늘날 희미한 하나님의 모습을 보는 것과 같다. 그러나, 그리스도가 오실 때에는 그가 우리를 알고 계시듯 우리도 그를 알게 될 것이다./ 그리고, 우리는 그와 같이 될 것이다./

  교회는 사랑을 통하여 완전에 더욱 가까와지도록 성장한다. 신자들은 그리스도를 사랑하고 서로를 사랑하며, 사랑 가운데서 진리를 고수하고, 주님을 사랑하기 때문에 사랑을 실천한다. 에베소서 4장 16절은 "사랑 안에서 스스로 세운다"는 표현을 하고 있는데 이것은 우리 모두가 분담해야 하는 사역이다.

  믿음과 소망과 사랑, 이 세 가지는 항상 있을 것인데, 그 중에 제일은 사랑이다. 왜냐하면 "하나님은 사랑이시기" 때문이다.

교회 내에서의 질서
-고린도전서 14장-

먼저 부탁하고 싶은 것은 본 장을 죽 읽어 나가며 "알지 못하는"이란 단어가 나올 때마다 줄을 그어 지우는 일이다. 바울은 "알지 못하는" 방언에 대해 논하고 있는 것이 아니다. 이러한 단어들은 선의적이지만 혼동을 일으킨 번역자들이 첨부시킨 말들이다. 성경에서 방언이란 말이 사용되는 곳들은 언제나 **알려진 언어**를 가리킨다(행 2 : 4, 6, 8, 11).

오순절에 모인 유대인들은 그들 각자의 통용어로 하나님의 위대한 행사를 찬양하는 소리를 들었다. 따라서 통역이 필요치 않았다. 고린도전서 14장 10, 21절에서 바울은 그가 알려진 언어에 대하여 논하는 것임을 분명히 언급한다. 이상한 "영적 지껄임"이거나 알려지지 않은 언어가 아니다.

1. 방언의 열등함(14 : 1~25)

오늘날 오순절주의자들은 방언의 은사가 우월한 영성의 표시이며, 우리가 이러한 은사를 소홀히 하는 한 교회는 결코 영적일 수 없다고 믿게 하려 한다. 그러나, 바울은 정반대로 가르친다! 그는 방언이 왜 열등한 은사인지에 대하여 세 가지 이유를 들어 설명한다.

1 **방언은 교회에 유익하지 못하다**(덕을 세우지 못함, 1~ 19절)-우리가 언제나 명심해야 할 것은, 성령의 은사들이 신자의 개인적인 즐거움을 위해서가 아니라, 교회에 유익을 끼치기 위한 목적으로 주어진다는 것이다(12 : 7). 은사들은 일을 위한 것이지 즐거움을 위한 것이 아니다.

바울은 **통역이 없는 방언**은 교회에 아무런 가치도 없음을 매우 명백하게 밝힌다. 방언하는 사람이 그 뜻이 무엇인지 이해하지 못하면 그에게 아무 개인적인 축복을 가져오지 못한다(14~ 15절). "방언 운동"에 관련된 많은 사람들이 이 은사를 개인적으로 실천해야 한다고 말하고 있다. 그러나, 바울은 그와 같은 실행을 정죄한다.

첫째로, 내가 개인적인 유익을 위해 성령의 은사를 사용한다면 어떻게 교회에 유익이 될 수 있는가? 둘째로, 무슨 말을 하고 있는지 이해하지 못한다면 자신은 그 일을 통하여 무슨 유익을 얻을 수 있는가? 육신과 마귀도 이러한 은사들을 흉내내어, 연약한 신자를 굳건한 이해와 믿음에로 인도하는 대신, 편협한 감상주의적인 종교로 이끌어갈 수가 있는 것이다.

이 부분에서 바울은 방언과 예언을 대조한다. 예언은 성령의 즉각적인 인도하심 아래 하나님의 진리를 전하는 것으로서, 설교와는 같지 않다. 왜냐하면 설교자는 성령의 가르침을 받아 기록된 말씀을 통역하는 것이며 하나님의 말씀 그 자체를 말하는 것은 아니기 때문이다. 대조점들을 눈여겨보자.

예 언	방 언
1 사람들에게 그들의 유익을 위하여 말함(3절)	1 자기 자신의 유익을 위하여 하나님께 말함(2절)
2 이해할 수 있음(2,5절)	2 통역하는 사람이 없으면 이해하지 못함(2,5절)
3 교회에 유익을 줌(3~4절)	3 자신에게 유익이 됨(4절)
4 보다 큰 은사(5,19절)	4 보다 낮은 은사(5절 / 12 : 10)

2 **방언은 신자에게 유익하지 못하다**(20~21절)−어떤 오순절주의자들은 방언의 은사가 영적인 성숙과 보다 심원한 그리스도인의 생활을 나타내는 표시라고 생각한다. 그러나, 사실은 그 정반대라고 바울은 분명히 말한다. 고린도 교회의 그리스도인들은 "그리스도 안에서 젖먹이"였으며 "육신적"이었다(3 : 1~4). 그들은 자신들의 "영성"(8 : 1~2 / 10 : 12)을 자랑하였으나 바울에게서 경고를 받아야만 했으며, 가장 기본적인 자세를 배워야 했다.

13장 8~13절에서 바울은 은사들에 대한 그들의 감정적인 열심이 아직 어리고 성숙하지 못했다는 표시임을 설명한다. 성숙한 신자는 성령과 말씀을 소유하기 때문에 그를 받쳐 줄 정서적인 "버팀대"란 것을 필요로 하지 않는다. 디한(De-Han) 박사는 14장 22절에 대해 이러한 논리를 뒷받침할 흥미로운 견해를 가지고 있다. 그는 말하기를, 「믿는 자들」이란 하나님의 말씀에 대한 믿음으로 사는 영적인 그리스도인을 말하며, 「믿지 않는 자들」이란 깊은 신앙이 없는 성숙하지 못한 신자들을 말한다"고 하였다.

하나님은 성숙하지 못한 그리스도인들의 신앙을 강화하기 위하여 감정적인 징표들을 주실 수밖에 없으시다. 그러나, 성숙한 신자는 자신의 생애를 정서적인 경험이 아니라 말씀 위에 건설한다.

3 **방언은 잃어버린 영혼들을 구하지 않는다**(22~25절) − 사도행전 2 장에서, 하나님은 사도들에게 방언의 은사를 주셔서 오순절에 모인 유대인들과 말씀을 나눌 수 있게 하셨다. 이것은 유대인들에게 하나님이 역사하고 계신다는 표시가 되었으며, 이사야 28장 11~12절을 성취하는 것이었다. 사도행전에서 네 번 방언을 보게 되는데, 그 때마다 유대인들에게는 하나님께서 일하고 계신다는 증거가 되었다.

● **사도행전 2장−** 방언은 오순절에 모인 믿지 않는 **유대인들**에게 증거가 되었다.

- **사도행전 8장** – 성령이 **사마리아 사람들**에게도 임하셨음을 유대인 신자들에게 증거하였다.
- **사도행전 10장** – 성령이 **이방인**에게 임하셨다는 증거를 보였다.
- **사도행전 19장** – **에베소 신자들**이 성령을 받았다는 증거로 나타났다.

그러나, 방언으로 인하여 믿지 않은 사람들이 주님께로 나오게 되는 일은 결코 없었으며, 특히 고린도 교회에서와 같이 방언에 대한 혼동을 일으킬 때는 더욱 그러했다. 그것은 또하나의 바벨(Babel)이었다./ 믿지 않는 방문객이 하나님의 말씀으로부터 그들이 이해할 수 있는 말들을 듣고 그리스도를 향해 결심하는 편이, 이해할 수 없는 혼란한 멧세지를 듣는 편보다 훨씬 나은 것이다.

2. 질서의 중요성 (14 : 26～40)

1 **방언**(26～28절) – 통역하는 사람이 없으면 방언을 하도록 허락되지 않는다. 세 사람만 순서대로 할 것이다.

2 **예언**(29～33절) – 두세 선지자가 말할 것이며, 다른 사람들은 그 멧세지가 하나님으로부터 왔는지 사단에게서 왔는지를 시험할 일이다(12 : 10의 "분별의 영"이라는 은사를 눈여겨보자). 말하는 이들은 교회에 유익이 되도록 할 것이며 적절한 질서를 유지할 것이다. 만일 말하는 자가 "도취된다면" 이것은 성령이 말씀하시는 것이 아니라는 증거이다. 왜냐하면 성령이 일하신다면 절제가 있기 때문이다.

3 **교회에서의 여성**(34～35절) – 이 구절들을 11장 5절 이하, 디모데전서 2장 12절과 연관시켜 생각하라. 아마도 여인들이 자기들의 은사들을 남용하며 위치를 떠나서 이들을 사용하고 있었던 것 같다. 바울은 여인들에게는 영적인 은사가 없다거나, 또는 여인들은 남성의 노예가 되어야 한다고 말하지 않는다.
  바울은 남자와 여자들이 교회에서 자기의 위치를 떠난다면 교회에 덕을 세우는 대신 교회를 파괴할 것이라고 가르친다. 바울은 또한 남자들이 아내들에게 영적인 진리들을 가르쳐야 한다는 책임을 지운다. 이 일은 가정에서 할 일이다. 그런데 유감스럽게도, 아내가 남편을 가르치는 가정이 너무도 많다./

4 **말씀에 순종함**(36～40절) – "만일 너희들이 신령한 사람이라면 하나님의 말씀에 순종함으로써 증명할 것이라./"고 바울은 말한다. 하나님의 영은 하나님의 말씀과 모순되게 역사하는 법이 없으시며, 이러한 은사에 관한 영역보다도 이 원리가 더 절실히 요구되는 곳도 없을 것이다. 방언과 감정적인 경험들을 강조하는 많은 교회들은, 성경의 이러한 기본적인 원리들을 무시하고 단지 영적인 것만을 주장한다./

3. 신령한 예배를 위한 조언

이제 바울이 교회에 일러 준 신령한 예배의 근본 원리들을 살펴보며 본 장을 마치기로 하자.

1 말씀에 대한 분명한 가르침과 설교가 무엇보다도 우선적인 것이다.

2 교회는 덕을 세워야 한다.

3 불신자들 앞에서 간증을 해치는 일이 있어서는 안 된다.

4 언제나 절제가 수반되어야 한다.

5 모든 일은 하나님의 말씀에 따라야 하며, 예의와 질서가 있어야 한다.

6 여자는 남자에게서 권위를 빼앗아서는 안 된다.

7 축복을 받기 이전에 깨달음이 있어야 한다.

초대 교회의 집회는 어떤 형식이 정해져 있지 않았던 것이 분명하다. 우리는 형식에 얽매이는 것을 피해야 하는 한편, 열광하는 것도 역시 피해야 한다. 계획된 예배라고 해서 그 예배가 신령하지 않다고 할 수는 없다. 왜냐하면 성령께서는 예배 자체를 인도하실 수 있듯이 이보다 앞서 계획하는 과정을 인도하실 수 있기 때문이다.

부활에 관한 강론
-고린도전서 15장-

헬라인들은 죽은 자들의 부활을 믿지 않았다. 바울이 아덴에서 부활을 전했을 때에 어떤 사람들은 이 교리를 비웃었다(행 17 : 32). 헬라의 철학자들은 몸은 영혼의 감옥이며, 영혼이 죽음을 통하여 몸에서 빨리 자유로워질수록 좋은 것이라고 가르쳤다. 그들은 인간의 몸을 연약함과 사악함의 근원으로 보았기 때문에, 죽은 후에도 몸이 지속되기를 원하는 것을 이해할 수 없었다. 바울이 본 장을 썼을 때는 이러한 종류의 사상을 처리해야 했던 것이다.

1. 신자의 부활에 대한 증명(15 : 1~34)

□1 **역사적인 증명**(1~11절) - 고린도의 교인들은 그리스도의 부활을 의심하지 않았으므로, 바울은 여기서 논술을 시작한다. 그리스도의 부활은 복음의 멧세지, 목격자들의 증거, 바울 자신의 회심 등의 사실로 입증된 역사적인 사건이다. 만일 부활이 없다면 구원도 없을 것이다. 왜냐하면 죽은 구세주는 아무도 구원할 수가 없기 때문이다./ 바울은 다음과 같이 전개해 간다.

"이제 나는 너희 고린도 사람들이 그리스도의 부활을 믿는 줄 안다. 그렇지 않다면 너희의 믿음은 공허한(헛된) 것이다. 그리스도는 인간으로 계셨고 이제는 부활의 몸을 가지고 계시다. 만일 그리스도께서 영화롭게 된 몸을 영원히 지니신다면, 우리 신자들이 그러한 몸을 가지지 못할 이유가 무엇이겠는가?" 이것은 그리스도인이 그리스도와 연합함에 관한 또다른 면이다. 그가 영화롭게 되셨기 때문에 우리도 어느 날 영화롭게 될 것이다.

□2 **개인적인 증명**(12~19절) - 이 구절들에서 바울은 그들 자신의 경험을 지적한다. 바울은 그들에게 복음을 전하였으며 그들은 믿었고 그들의 삶이 변화되었다(6 : 9~11). 그러나, 죽은 자가 살아나지 않는다면 그리스도는 아직도 죽어 있는 것이며 복음은 거짓말이 된다./ 그들의 믿음은 헛되고, 그들은 아직도 죄 가운데 있게 된다./ 이 말은 그리스도인의 신앙은 사람이 살아있어야만 유익한 것이며 죽은 후에는 아무런 소망이 없다는 뜻이 된다.

□3 **교리적인 증명**(20~28절) - 여기서 바울은 "두 아담"에 관한 성경 교리를 다룬다. 로마서 5장에서도 이 논점을 사용한다. 죽음이 세상에 들어온 것은 첫 아담의 죄로 말미암은 것이었다. 그러나, 마지막 아담(그리스도)을 통하여 죽음이 정복되었다. 그리스도는 그 첫열매이시며 아직 오지 않은 대추수의 첫번

77

째 단이신 것이다. 그리스도는 하나님의 "마지막 아담"이시며, 첫 아담이 세상에 불러들인 모든 잘못된 일들을 회복시키실 것이며, 그리스도께서 오실 때 그리스도 안에서 죽은 자들은 부활할 것이다(23절 / 살전 4 : 13~18).

그리스도는 최종적으로, 죽음을 포함한 모든 것들을 그의 발 아래 두실 것이다. 다른 말로 하면, 죽은 자들의 부활을 부정하는 것은 장래의 그리스도의 나라를 부정하는 것이다. 만일 신자들이 "죽어서 사라지는 것"이라면 미래에 대한 하나님의 약속은 무효가 되는 것이다.

4 실제적인 증명(29~34절) —바울은 이제 몸의 부활을 입증하는 데에 일상 생활에서의 몇몇 실천 사항들을 언급한다. 그 한 가지로, 고린도인들은 "죽은 자들을 위하여 세례(침례)를 받고 있었다." 이것이 무슨 뜻인지에 대해서는 의견의 일치를 보지 못하고 있다. 세례(침례)를 받기 전에 죽은 성도들을 위하여 살아 있는 사람들이 세례(침례)를 받았다는 뜻인지, 아니면 새로운 신자들이 세례(침례)를 받아 죽은 자들의 위치를 대신 채웠다는 뜻인지 확실치 않다. 그러나 어찌 되었든, 고린도 교회는 세례(침례)를 행하고 있었는데, 세례(침례)는 죽음과 장사와 부활을 상징하는 것이다. 죽은 자들의 부활이 없다면 이러한 의식은 의미가 없다.

30~32절에서 바울은 자기 사역에 나타나는 여러 가지 위험들을 언급하며 이렇게 말한다. "부활이 없다면 내 생명을 스스로 매일 위험에 내놓는 것은 어리석은 일이다./" 그리고 33절에서는 "부활이 없다면 우리가 먹고 마시고 결혼하는 것이 당연하다. 할 수 있을 동안에 생을 즐기라./"고 말한다. 물론 부활이 없다면, 이러한 실제적인 주장이 타당하다는 것을 쉽게 알 수 있다. 그러나, 바울은 34절에서 결론을 제시한다. "자신을 부끄럽게 여기라. 너희는 이러한 지식을 가지고 있어야 한다."

2. 신자의 부활 과정(15 : 35~49)

"죽은 자들이 어떻게 부활할까?"하는 문제가 여기서의 핵심 질문이다. 바울은 죽음을 떠나서 생명이란 없다는 것을 나타내 보이기 위하여 자연을 예로 사용한다. 심겨진 씨는 죽어서 열매를 맺는다. 그리고, 그 열매는 원래의 씨와 동일한 것이긴 하나 씨와는 다르다. 천국에 있는 몸과 같이 부활한 몸은 각기 그 영광을 가지게 될 것이다. 심은 것은 똑같은 몸이 아니지만(37절) 육체의 몸과 부활한 몸 사이에는 연속성이 있다.

무덤에 묻힌 육체는 부패하기가 쉽다. 그 몸은 수치로 말미암은 비천하고 연약한 것이어서 자연 환경에 잘 어울린다. 부활한 몸은 썩지 않을 것이다. 그 몸은 능력과 영광을 가질 것이며 영적인 환경에 적합할 것이고, 천국의 형상을 나타낼 것이다.

그리스도의 부활한 몸이 여기서 바울이 가르치고 있는 내용의 실례이다. 신자들이 그를 알아보았으므로, 그의 십자가에 달리신 몸과 영화롭게 된 몸 사이에는 연속성이 있다. 주님은 또한 자기의 모습을 변형시킬 수도 있으셨다. 그는 잠긴 문을 통과하여 드나들 수 있으셨고 구운 생선을 드셨다(눅 24 : 41~43). 그리고 제자들이 그를 만지도록 권유하셨다. 그 몸은 같은 몸이었으며 또한 다른 몸이기도 했다. 부활의 몸은 인격적인 동일성과 개별성이 유지되지만 또한 새로운 삶에 적합하도록 될 것이다.

3. 신자의 부활에 대한 계획(15 : 50~58)

이제 바울은 그리스도의 재림에 관하여 다루면서, 그것이 신자와 죽은 자에게 무슨 의미가 있는지에 대하여 다룬다. **"우리는 모두 죽지는(잠들지는) 않을 것이다."** 왜냐하면 어떤 성도들은 그리스도가 오실 때 살아 있을 것이기 때문이다. **"그러나, 우리 모두는 변화될 것이다."**

이 비밀(mystery)은 교회의 휴거와 관련이 있다(신약의 비밀은 "가족"에 의해서만 이해되는 진리이며, 지나간 시대들을 통하여 감추어졌으나 이제는 성령으로 말미암아 알려진 것이다). 그리스도가 돌아오실 때 죽은 자들이 먼저 일어날 것이며 살아 있는 사람들이 그들과 더불어 올리워지고 모든 사람들이 변화되어 그리스도와 같게 될 것이다. 이 모든 일은 눈 깜짝할 사이에 일어날 것이다./

그는 승리에 대하여 쓰는 것으로 끝맺는다. 그리스도인에게는 죽음의 쏘는 것이 없을 것이다. 왜냐하면 그리스도께서 그 쏘는 것을 제해버리셨기 때문이다. 무덤도 이기지 못할 것인데, 어느 날 그리스도께서 무덤들을 비게 하실 것이며 부활의 능력에 자기의 사람들을 내어놓으실 것이기 때문이다. 헬라인들은 죽음에 대해 생각하며 얼마나 절망하였는가./ 그리스도와 로마의 무덤에 새겨진 비문들은 죽음이 가장 큰 적이며, 무덤 저편에는 아무런 희망이 없다고 생각했음을 시사한다. 그러나, 그리스도 안에서 우리에게는 생명과 소망이 있다.

58절은 설교의 본문으로 흔히 사용되는 구절이다. 그리스도인은 확고부동하고 요동치 않을 수 있다. 왜냐하면 그의 최악의 적인 죽음이 정복되었다는 것을 알고 있으므로 다른 적은 두려워할 필요가 없기 때문이다. 그는 그리스도인의 풍성한 봉사를 할 수 있다. 왜냐하면 그러한 일이 영원한 것으로 여겨질 것이기 때문이다. 우리의 수고는 헛되지 않다.

본 장에서 바울은 "헛되다"라는 구절을 여러 번 사용한다. 이것은 "내용이 없이 빈 것"을 뜻한다. 무덤이 비었으므로 우리의 믿음과 행위는 헛된 것이 아니다./ 그러나 무덤이 비지 않았다면 그 밖의 모든 것은 헛된 것이다. 우리의 전파하는 것도 헛되며(14절), 우리의 믿음도 헛되고(14절), 우리의 행위도 헛되다(58절). 그리스도의 부활을 통한 우리의 승리를 하나님께 감사드리자./

편지를 마치며 주는 훈계

- 고린도전서 16장 -

이 마지막 장에서 바울은 예루살렘에 사는 가난한 성도들을 위한 헌금에 관하여 교훈하고 있으며, 고린도 교인들에게 보내는 권고를 함께 싣고 있다.

1. 헌금을 모으는 방법(16 : 1~4)

지교회는 재정에 관하여 교육할 때에 세상에서 방법을 배워오는 것이 아니라 말씀으로부터("내가 명한 것같이") 배운다. 교회들이 재정에 관한 성경에서의 방법을 거절하고 할인, 추첨, 보증, 연회 등을 적용하는 것을 보기란 슬픈 일이다./ 이러한 일들은 필요로 하는 방법을 제공하지는 못하며, 다만 그리스도의 복음을 욕되게 할 뿐이다. 바울 시대의 모든 교회들은 동일한 성경적인 형식을 따랐으며 예외가 없었다. 그런데도 오늘날은 성경을 따르는 교회들이 오히려 예외적이다./

1 **교회 중심의 헌금이었다**─그렇지 않다면 "그 주일의 첫날"이라고 언급한 이유는 무엇이겠는가? 교회는 주일에 모였으며, 이 날은 주님께로 헌금을 가져오는 날이었다. 바울은 회원들이 그에게 개인적으로 헌금을 가져오도록 조장하지 않았다. 오늘날 많은 "그리스도인 일꾼들"이 교회를 제쳐 두고 교회에 속한 회원들로부터 돈을 개별적으로 받고 있는데, 바울은 그렇게 하지 않았다. 빌립보서 4장 15~16절을 살펴보고, 바울은 교회들이 그와 함께 참예하기를 기대했던 것을 알아보자. 교회의 회중은 주님께 바칠 십일조와 헌금을 교회에 가져올 것과, 이런 방식으로 헌금을 방향지울 의무가 있다.

2 **정규적이었다**─ 그는 가능하면 매주마다 돈을 가져오도록 격려하였다. 어떤 사람들은 주급을 받으며 다른 사람들은 월급을 받는다. 바울은 "십일조나 헌금을 집에 저축해 두지 말라./"고 말하고 있다. 체계적이고 정규적인 헌금은 반드시 영적인 성장을 이룬다.

3 **모든 사람들이 헌금하였다**─ 부자만 한 것이 아니라 부자나 가난한 자나 같이 하였다. 사실 고린도후서 8~9장에서 바울은 마게도냐에 있는 가난한 성도들이 가난한 중에서도 바치는 일에 자유로왔다고 말한다./ 성실하게 바치지 않는 교인은 실상 도둑이다. 하나님의 것을 도둑질하는 것이고(말 3장), 다른 그리스도인에게서 훔치는 것이다. 왜냐하면 그가 축복을 받으면서도 계산은 그들이

하기 때문이다. 그리고, 자신에게서 축복을 훔치는 것이다.

④ **비례적이었다**-"하나님께서 형통케 하신 대로" 하는 것이다. 십일조는 구약에서 바치는 일의 최소 기준이었다. 이것을 신약 그리스도인에게 적용하지 않아야 할 이유는 없다. 십일조는 율법이 주어지기 오래 전부터 실천되었으므로, 십일조가 율법주의적이라고 논란을 벌일 수는 없다.

⑤ **조심스럽게 다루었다**-바울은 언제나 돈을 다룰 때 조심스러웠다. 그는 자기를 보조할 대표자를 교회가 임명하기를 원하였다. 그렇지 않으면 자기 소욕을 위해 돈을 훔쳤다는 비난을 받을 것이었다. 교회에서 기록을 보관하기 위하여 봉투나 장부를 사용하는 것은 정당한 일이다. 봉투 사용을 원하지 않는 교인이 있다면 돈을 다룸에 있어 교회가 부주의하기를 요구하고 있는 것이다. 그는 자신이 얼마나 적게 내는지가 다른 사람들에게 알려지기를 원하지 않는 것일 수 있다.
    교회의 재정적인 통계는 가능한 한, 최선이 되게 해야 하며, 잃어버린 사람들에게 간증이 되어야 한다. 회원들이 바치는 일에 성실하다면, 그리고 재원을 조심스럽게 기도하는 마음으로 분산시켜 사용한다면 그렇게 될 수 있을 것이다.

2. 그리스도의 종들을 돕는 방법(16 : 5~12)

바울은 미래를 향한 자기의 계획을 요약하며, 그들이 사역을 지원해 주고 싶어한다고 믿고 있다. 그는 지금 대적함과 축복이 동시에 존재하는 에베소에 있으면서, 믿음으로 전투 상황이 아니라 축복을 본다!

   바울은 젊은 디모데를 진정으로 사랑하였으나 그의 소심함과 두려움을 알고 있었다. 그는 성도들에게 그를 영접하고 지원할 것을 권하였다. 그가 하나님의 일을 하고 있기 때문이다. 우리는 사도 바울과 같지 않다고 해서 다른 일꾼을 실망시켜서는 결코 안 된다.
   아볼로는 고린도에서 바울을 따랐으며(행 18 : 24~ 28), 그와 바울은 함께 좋은 교제를 가졌다. 성공적인 목회자들이 서로들 좋은 관계를 가지는 것은, 놀라운 축복이다. 바울과 아볼로는 둘 다 교회의 분당에 관련이 되었으나(1 : 12), 사역에 있어서 이들이 하나인 것을 보여 주는 데 주의깊었다.

   교회들이 주님의 종들을 영접하여 바르게 대우하는 것은 매우 중요하다. 종들을 다른 종들과 비교하는 것은 나쁜 일이다. 이것은 육적인 일이다. 그들이 주님의 일을 하는 한, 우리는 가능한 대로 지원해야만 한다.

3. 교회를 강화하는 방법(16 : 13~24)

13절에 나타난 바울의 명령들은 사실상 군사적인 명령이었으며 교회가 하나의 군대이며 군대와 같이 행동해야 함을 암시하고 있다. "남자답게 행하라./"고 그는 권면한다. 오늘날 이 권면이 얼마나 필요한가. 교회가 군대의 모습을 보여 주지 못하는 때가 너무도 많다. 오히려 교외의 클럽이나 바느질 써클 같은 모습이다. 고린도 사람들은 젖먹이처럼 행동하고 있었으나, 이제는 성장하여 남자답게 행해야 할 때였다.

우리는 교회에서 충성스럽게 수고하는 사람들을 사랑하며 진가를 인정해야만 한다. 15~19절에서 그는 몇몇 사람들을 언급하고 있는데, 그 중에는 그가 사랑하는 브리스길라와 아굴라가 끼어 있다. 많은 그리스도인의 조력이 없었다면 바울은 그의 일을 해낼 수 없었을 것이다. 그는 기쁘게 자기가 빚진 것을 인정하고 있다.

바울은 21~24절에서 자신의 서명으로 끝을 맺는다. 그는 비서에게 이 편지를 불러 주어 쓰게 한 것이 분명하며, 이제 펜을 들어 자신의 이름을 서명하였다. 이것은 이 편지가 믿을 수 있는 것이며 위조가 아님을 증명한다. 바울이 직접 서명할 때는 언제나 "은혜"가 핵심 단어였다.

"저주를 받을지어다, 우리 주께서 오신다./"로 번역된 "아나트마"(Anathema)와 "마라나타"(Maranatha)라는 단어는 참으로 특이한 연결이기도 하다. "누구든 우리 구세주를 사랑하지 않는 사람은 저주를 받게 하라./ 주께서 오신다./"

바울은 심판에 관심을 돌린 채로 편지를 끝내는 것이 아니라, "나의 사랑이 너희 모두에게 있기를./"이란 말로 끝맺는다. 게바와 아볼로를 따른 사람들에게도, 징계를 받아야 했던 사람들과 교회에서 말을 많이 했던 여인들에게도 그러하다. 바울이 여기서 보인 본은 참으로 놀라운 것이다. 바울은 그들의 죄를 사랑하지는 않았지만 그리스도 안에서 그들을 사랑하였다.

고린도후서
- 개요와 서론 -

고린도후서 개요

1. 자기의 사역에 대한 바울의 해명 / 1~5장

1. 고난 – 그러나, 좌절하지 않음 / 1장
2. 슬픔 – 실망하지 않음 / 2장
3. 신령함 – 육신적이지 않음 / 3장
4. 진실함 – 속임수가 아님 / 4장
5. 신중함 – 부주의하지 않음 / 5장

2. 교회에 보내는 바울의 권면 / 6~9장

1. 자기의 생애를 검토함 / 6장 1~13절
2. 죄에서의 분리 / 6장 14절~7장 1절
3. 주님 안에서 화목함 / 7장 2~16절
4. 헌금에 협력함 / 8~9장

3. 자기의 사도권에 대한 바울의 변호 / 10~13장
소수가 고발한 문제에 대한 대답

1. 그의 방법 / 10장
   "바울은 강한 체하지만 사실은 약하다 !"
2. 그의 동기 / 11장
   "바울은 자신이 저버릴 수도 있는 것을 전파하고 있다."
3. 그의 공로 / 12장
   "바울은 사실상 승인받은 사도가 아니다 !"
4. 그의 사명 / 13장
   "바울은 결코 우리를 보러 오지 않을 것이다 !"

●**바울이 당한 고난에 대한 참고 구절** : 1장 3~11절 / 4장 8~11절 / 6장 4,8
~10절 / 7장 5절 / 11장 23~28절 / 12장 7~10절

고린도후서 서론

이 교회의 배경을 알기 위하여는 고린도전서에 대한 설명을 복습하라.

　바울은 3년 동안 에베소에서 사역하는 중에 고린도전서를 썼으며, 거기서 디모데를 통하여 교회로 보냈다(고전 4 : 17). 그러나, 교회의 형편이 더 나빠진 것이 분명하다. 아마도 고린도 신자들이 바울의 말에 불순종한 것은 젊은 디모데에게 권위가 없었기 때문인 듯하다. 어쨌든 다음으로 바울은, 그들에게 준 사도의 명령을 순종하는지 확인하기 위하여 디도를 고린도에 보냈다(고후 7 : 13~15).

　그러는 동안, 사도행전 19장 23~41절에 나오는 소요로 인해 바울은 그 도시를 억지로 떠나야 했다. 바울은 고린도 사람들을 방문하겠다고 약속했었지만(고전 16 : 3~7) 환경이 그러하여 늦어지고 있었다. 그는 드로아에서 디도를 만나고자 하였으나(고후 2 : 12~13) 이 계획은 실패했다. 고린도후서 1, 2장을 읽으면 육체적으로나 정서적으로 괴로워하고 있는 바울의 부담감과 심적 고통을 느끼게 된다.
　바울은 드로아에 있는 동안 몇 번의 설교를 하고 그 후에 마게도냐로 갔다. 그와 디도는 마침내 만났는데, 아마도 빌립보에서 만난 것 같다(고후 7 : 5~6). 디도는 바울에게 고린도 교회의 대다수가 그를 따랐으며 그의 말에 순종하였다는 좋은 소식을 전해 주었고, 이러한 기쁨이 바울로 하여금 고린도후서를 쓰도록 조장하였다.

　바울은 이 편지를 쓰면서 다음의 몇 가지 목적을 가지고 있었다.

1 범죄한 사람을 징계한 일로 그 교회를 칭찬하고(고전 5장), 다시 그를 용서하며 받아 들이도록 격려하기 위함(고후 2 : 6~11).

2 "계획이 바뀌어져서 그가 약속했던 대로 그들을 방문하지 못한 이유를 설명하기 위함(고전 16 : 3~7 / 고후 1 : 15~22).

3 교회 내에서 그의 사도권을 의심하는 사람들에게 **답변하기 위함**(고후 10~12상).

4 그를 나쁜 동기로 고소하는 사람들에게 답변하기 위함(고후 4 : 1~2).

5 예루살렘 성도들을 위한 헌금에 참여하도록 그 교회를 격려하기 위함(고후

8〜9장).

6 자신의 방문 계획을 알리고 그들을 준비시키기 위함 (고후 13장).

이 편지는 고린도전서와는 직접적인 대조를 이룬다. 고린도후서는 강렬하리만큼 개인적이며, 헌신한 이 사도의 깊은 정서들로 채워져 있다. 만일 고린도전서가 고린도 교회의 "지붕을 벗겨 내는" 것이라면 고린도후서에서는 바울이 "마음을 열고" 있으며, 주님의 일을 위한 바울의 사랑과 관심을 보여 준다.

첫째 편지에서 바울은 질문에 답하는 교사로서 문제들을 바로잡는 반면에, 두 번째 편지에서는 목회자이며 그리스도의 사역자로 그의 영적인 자녀들이 믿음 안에서 완전해지도록 그의 생애를 쏟아 붓고 있다.

신약의 어떠한 서신서에서도 이처럼 그리스도인의 섬김 (사역)의 참된 특성을 잘 나타내고 있지는 못하며, 어떤 편지도 그리스도인의 드림과 고난과, 영적인 승리에 대해 이처럼 말하고 있지는 못하다.

참 목자로서의 변(辨)

- 고린도후서 1장 -

본 장에서와 같이 사도 바울의 마음을 잘 드러낸 곳은, 신약 성경에서 몇 장 되지 않는다. 여기서 우리는 위대한 사도가 자신이 당해 온 고난에 대하여 말하면서 근심과 실패들을 시인하는 모습을 보게 될 것이다. 고통의 문제는 언제나 생각하는 사람들을 혼란에 빠뜨린다. "왜 의인이 고난을 당하는가?"의 문제는 욥기로부터 요한계시록까지 성경 전체를 흐르고 있는 질문이다.

이 장에서 바울은 자신의 경험들을 다시 회고하면서 **하나님은 왜 자신의 백성에게 고난을 허락하시는가**에 대한 세 가지 이유를 전해 준다.

1. 다른 사람을 위로하기 위하여 (1 : 1~7)

"위로"(Comfort, Consolation) 라는 단어는 이 구절들에서 10회나 사용되고 있으며, 직역하면 "자기의 곁으로 부르다"는 뜻이다. 예수님께서 성령에 대하여 요한복음 14장 16절에서 사용하셨던 "위로자"(Comforter, 변호자) 라는 것도 같은 단어이다.

우리가 문제를 당할 때마다 우리를 도우시려고 하나님께서 우리 곁에 서 계심을 안다는 것은 얼마나 큰 기쁨인가(사 41 : 10, 13 / 43 : 2~3). 삼위일체, 즉 성부 하나님 (고후 1 : 3), 성자와 성령 (요 14 : 16), 모두가 위로자이시다. 하나님은 모든 은혜의 하나님이신 것과 같이 (벧전 5 : 10) 모든 위로의 하나님이시다. 모든 상황에 위로와 은혜가 따르는 것이다!

그러나, 우리가 하나님께로서 받는 이 위로는 우리의 개인적인 즐거움을 위한 것이 아니라, 우리가 다른 사람을 도울 수 있게 하기 위하여 주어지는 위로이다. 바울은 환란을 통과했는데 (1 : 4, 8 / 2 : 4 / 4 : 17 / 6 : 4 / 7 : 4 / 8 : 2) 그것은 다른 사람들을 섬길 수 있기 위함이었다. 하나님은 그가 우리를 위해 예비해 놓으신 일을 할 수 있도록 우리를 준비시키신다. 우리가 가본 일이 없는 곳에 다른 사람들을 인도할 수는 없다.

바울은 이러한 시련들을 "그리스도의 고난"으로 간주한다 (1 : 5 / 4 : 10~11). 빌립보서 3장 10절에서 그가 언급한 대로 "주님의 고난으로 말미암은 교제"를 경험하고 있는 것이다. 이 말은 그가 죄를 위해 고난당하신 그리스도의 고난을 나누어진다는 뜻은 아니다. 왜냐하면 이것은 그리스도만이 성취하실 수 있는 사역이었기 때문이다. 그보다는 우리가 주님과 주님의 영광을 위하여 고난을 당하며, 또한 주님이 우리와 함께 고난을 당하신다는 뜻을 암시하고 있다(행 9 : 4).

자비에 관한 하나님의 수학은 놀랍다. 시련이 많아지면 하나님의 위로도 마찬가지로 풍성해진다! 죄가 많은 곳에 은혜가 넘친다(롬 5 : 20). 바울은 "풍성하다"는 단어를 고린도후서에서 자주 사용한다. 성구사전에서 관련 구절들을 조사해 보자. 6절에서 바울은 그리스도인의 고난당함이 이중의 축복을 가져온다는 놀라운 진리를 가르친다. 첫째는 자신에게 ("역사하며"란 말은 그 사람 안에서 일이 이루어진다는 뜻이다 — 살전 2 : 13 / 빌 2 : 12~13), 다음으로는 그를 통하여 다른 사람들에게 축복을 가져오는 것이다.

그리스도인으로서 우리는 시련을 기꺼이 견뎌야 한다. 이는 우리들에게 개인적으로 영적인 유익을 가져오며, 다른 사람들과 함께 하나님의 위로를 나눌 때에 그들에게도 축복이 되기 때문이다. 7절의 "참예하는 자"란 "교제" 또는 "짝"이란 뜻이다. 우리는 고난당함에 있어서 그리스도와 기꺼이 "파트너"가 되어야 한다. 왜냐하면 이러한 "공동 협력"은 위로와 교훈으로 인도해가기 때문이다.

2. 오직 하나님만을 신뢰하도록 하기 위해서(1 : 8~11)

실패를 시인한다는 것은 위대한 영혼만이 할 수 있는 일이다. 바울은 여기서 자기의 마음을 숨김없이 드러내며 신자들과 더불어 그가 아시아에서 견뎌야 했던 문제들을 함께 나눈다. 그가 이것을 기록한 것은 그들의 동정을 사기 위함이 아니요, 그가 배운 "하나님만을 신뢰하라"는 교훈을 가르치기 위함이었다. 바울이 어떤 고난을 가리키고 있는 것인지는 확실히 알 수 없으나, 아마도 고린도에서의 문제거리들이던 슬픈 소식과 더불어 에베소에 있었던 소요 사건이 포함되어 있을 것이다(행 19 : 23~41 / 고전 15 : 32).

7장 5절에서 바울은 외부와 내부에 문제들이 있었음을 시사한다. 아마도 문제들이란 육신의 연약함과 위험, 그리고 고린도의 갓난 아기 같은 교회에 대한 영적인 관심이었을 것이다. 이러한 문제거리가 무엇이었든지 간에 바울을 압도하였으며 사형선고를 언도하기에 충분한 것이었다! 그는 생명조차 포기할 정도였다! (하나님의 위대한 성도들도 역시 진흙으로 빚어졌음을 알게 되는 것은 참으로 큰 위로이다!) 그러나, 바울은 하나님께서 그에게 보내신 교훈을 배웠다. 그는 자신을 의뢰하지 않고 하나님만을 의지해야 하는 것이다.

10절에 나와 있는 신자의 구원에 대한 세 가지 시제에 유의하자(딛 2 : 11~15 참조). 바울은 그의 친구들의 기도의 도움을 신속하게 인정하였다(11절). 그는 기도의 응답으로 그가 구조를 받았음이 많은 사람들로 하여금 하나님을 찬양하게 하고, 마땅히 받으셔야 할 영광을 돌리게 하였다고 말한다.

우리가 자신이나 환경이나 사람을 믿지 않고 하나님만을 신뢰하는 법을 배울 정도가 되려면 오랫동안 그리스도인으로서의 삶을 살아야 한다. 아브라함은 롯을 데리고 갔는데 롯은 실패하였다. 모세는 아론의 도움을 강요하였지만 그는 백성을 죄로 인도해 갔으며, 다윗의 고문관들은 그를 저버렸고, 제자들도 그리스도를 버리고 달아났다! 여호와를 경외하고 그를 기쁘시게 하기 위하여 사는 사람은 평화와 확신을 누린다. 참으로 깊이 배워야 할 교훈이다!

3. 하나님의 약속을 요구하기 위하여 (1 : 12~24)

바울의 계획들과, 고난에 대한 일반적인 내용을 다루는 구절 사이에 무슨 연관성이 있는지는 쉽게 알 수 없다. 그러나, 그 배경을 이해하면 바울의 생각을 알 수 있다. 바울은 고린도 교회를 방문하기로 약속을 했었다. 그리고 거기서 일단 마게도냐로 갔다가 그리고나서 다시 예루살렘으로 돌아가려고 했다. 15절에 나타난 "이중의 축복"(두번째 유익)은 바로 이것이었다.

그러나, 환경은 그의 계획을 변경시켰으며, 고린도에서의 그의 원수들은 바울을 변덕스럽고 믿을 수 없는 사람이라고 비난하였다. "바울의 편지는 믿을 수 없어! 그런데 그는 이러한 편지들이 하나님께서 우리에게 보내시는 멧세지들이라고 주장한다!"고 그들은 말했다.

바울은 이러한 고발에 대해 그들을 두 번 방문한다는 그의 약속이 진지한 것이었으며 그의 동기는 순수하고 거룩한 것임을 보여 줌으로써 대답한다. 바울은 이 편지가 정직하고 믿을 만한 것임을 확신시키며 그리스도가 심판하시기 위하여 돌아오실 때는 알게 될 것이라고 하였다(12~14절). 바울은 그들의 사랑과 이해를 믿는 확신 때문에 계획을 변경시켰던 것이었다(15~16절).

테일러의 저서인「살아 있는 편지들」(Living Letters)에서는 이렇게 설명한다. "내가 마게도냐로 가는 길에 너희에게 들러 너희를 만나려고 계획을 세운 것은 너희의 이해와 신뢰를 믿었기 때문이었다…:" 사랑과 신뢰가 있을 때 동기에 대한 의심이나 의문이 있을 수 없다.

바울은 "예"라고 말하면서 "아니요"를 의미하는 세상 사람과 같지는 않았다. 그는 여기서 "하나님의 말씀은 신뢰할 만하며, 하나님의 모든 약속은 예수 그리스도 안에서「예」가 된다"는 교훈을 남긴다. 20절은 다음과 같이 번역할 수 있다. "하나님의 모든 약속들은 그리스도 안에서「예」인 것을 알게 된다. 그리고 주님을 통하여 우리는「아멘」한다." 다른 말로 하면, 하나님의 약속들은 그리스도 안에서 진실된 것이다. 주님께서 그 약속들을 성취하시며, 우리에게 그 약속들을 요구할 믿음을 주신다.

하나님의 불변하는 말씀을 인하여 우리는 얼마나 감사해야 할 것인가! 하나님의 약속을 요구하고 믿기에 앞서 고난과 시련이 닥치는 때가 종종 있다. 우리가 계획을 세우지만 하나님이 이를 다스리신다. 우리는 약속을 하지만 언제나 지킬 수는 없다. 그러나, 그리스도 안에서 하나님의 말씀의 모든 약속들이 성취됨을 알 수 있다. 그리고 주님 안에서 우리 자신을 위하여 이러한 약속들을 요구할 능력을 가지게 된다.

끝맺는 구절에서(21~24절) 바울은 그의 그리스도인으로서의 생명이 하나님께로부터 왔음을 상기시킨다. 그는 성령으로 말미암아 그리스도 안에서 세우심을 받아 기름부음을 받았고, 인침을 받았으며 성령이 주시는 열심을 받았다. 성령이 그의 생활에서 일하고 있는데 그가 어떻게 불성실할 수가 있겠는가?

성령의 인침이란, 우리에게 영원한 구원의 표를 해주시는 성령의 사역을 말한다. 일단 우리가 그리스도를 신뢰했으면 우리는 주님 안에서 인침을 받은 상태이며 보장을 받는다(엡 1:13~14/엡 4:30). 열심이란 우리가 영광 중에 누리게 될 영적인 축복을 오늘의 우리 생활에서 누리도록 내려주시는 성령의 축복이다(롬 8:9, 14, 23 / 엡 1:14).

끝으로, 바울은 계획된 여행을 하나님께서 변경시켜 주셔서 기쁘다고 말한다. 왜냐하면 만일 그 때 그가 그들을 방문했었다면 그들을 책망했어야 할 것이기 때문이다. 그가 에베소에서 고린도로 항해하는 대신에 드로아와 빌립보로 갔으므로 고린도 교회는 일들을 바로잡을 시간을 더 벌게 되었다. 그 당시 여행했었다면 고통스러울 것이었겠지만 이제는 일들이 해결되었으므로(2:6~11) 근심없이 기쁨으로 그들을 방문할 수가 있었다.

바울의 사역 (Ⅰ)
- 고린도후서 2장 -

본 장에서 바울은 계획이 변경되었던 데에 대한 해명을 계속하며 (1 : 15 이하), 그 교회와 문제들에 대한 그의 사랑과 관심을 표명한다.

1. 교회를 향한 바울의 눈물 (2 : 1~4)

11장 23~28절에서 바울은 그리스도를 위하여 그가 견뎌야 했던 많은 시련들을 열거하며, "모든 교회를 돌보는" 것이 가장 큰 짐이라고 말한다. 마치 이스라엘의 대제사장이 그의 마음과 어깨에 지파들에 대한 염려의 짐을 진 것과도 같이 (출 28 : 12~21), 참 목자 바울은 그의 마음에 이 젖먹이 교회들을 품고 어깨에 메고 있었다. 눈물이란 영적인 사역에 있어 중요한 부분이다. 예수님께서도 우셨고, 바울은 눈물로 사역했으며 (행 20 : 19, 31), 시편 126편 5~6절은 눈물이 없이는 추수도 없다고 언급한다.

바울은 엄격한 아버지로서 교회를 방문하는 것을 원치 않았다. 그는 사랑하는 친구로서 방문하고 싶었다. 교회가 그의 마음에 기쁨이 되어야지 결코 슬픔이 되어서는 안 되는 것이다. 만일 그가 그들을 심히 꾸짖어 유감스럽게 만든다면 그들은 어떻게 바울에게 기쁨으로 돌려 줄 수가 있겠는가! 그는 교회가 문제를 바르게 할 시간을 주고 싶었다. 그리고 나서 그들을 방문하면 그들의 교제가 기쁠 것이다.

그는 그들에게 눈물로 젖은 편지를 썼다. 그는 편지에 엎드려서 울었다! 이것은 아마도 고린도전서를 가리키는 것 같다. 또는 보다 엄격했던 편지, 즉 우리가 가지고 있지 못한 편지였을 것이다.

1장에서 바울은 풍성한 위로를 주제로 하였으며, 여기서는 풍성한 사랑에 대해 다룬다. "사랑은 결코 실패하지 않는다." 사랑이 있는 곳에는 다른 사람이 최선의 것을 누리는 것을 보고 싶은 부담감이 있다. 목회자들이 흔들리는 그리스도인을 위하여, 얼마나 눈물을 흘렸는가. 그러나, 하나님은 바울의 눈물을 영예롭게 하셨으며 교회 내에 그러한 죄가 없어지도록 역사하셨다.

2. 범죄자들에 대한 바울의 가르침 (2 : 5~11)

이 주제는 고린도전서 5장으로 돌아가게 하는 데 여기서, 바울은 공개적으로 죄된 생활을 하는 사람을 징치하라고 교회에 권면했다. 그런데 여기서 바울은, 죄를 범한 사람만 그에게 문제와 슬픔을 주는 것이 아니라 온 교회로 말미암아 괴로움을 당한다고 말한다. 바울은 교회를 소집하여 이 사람을 교제에서 내치도록 지시했었다. 이러한 징계의 행위는 그 사람을 슬픔과 회개의 자리에 있게 할 것이었다.

그들은 이 일을 잘 해냈다. 그러나 너무 지나쳤다. 그가 죄가 슬픈 것임을 알고 자백을 했는데도 교회는 그를 다시 영접하려 하지 않았던 것이다.

"그를 용서하고 다시 받아 들이라"고 사도는 말한다. "만일 그렇게 하지 않으면 사단은 큰 슬픔으로 그를 멸망시킬 것이다." 그리스도인들은 얼마나 자주 죄를 범하는가. 그러면서도 하나님은 용서하시고 잊으신다는 것을 믿지 못한다. 참된 회개가 아니면서도 비정상적으로 슬퍼하는 사단의 슬픔이 있는데, 이것은 양심의 가책이며 세상에 속한 슬픔이다. 베드로는 회개를 보였다. 그의 슬픔은 거룩한 슬픔으로서 그를 그리스도께로 돌아오게 하였다. 그러나, 유다는 양심의 가책을 보였다. 그의 슬픔은 사단의 슬픔이며 세상의 슬픔으로, 그가 그리스도를 떠나 자살하도록 인도해 갔다.

사단은 우리가 용서받을 수 없다고 믿기를 원한다 (슥 3 : 1~5 / 롬 8 : 31~39절 참조). 만일 사단이 우리를 죄로 인하여 고소할 수 있고 실망에 빠뜨릴 수 있다면, 우리에게서 기쁨을 빼앗아가며 그리스도께 사용되지 못하게 할 것이다. 하나님이 죄인을 용서하신다면 우리는 그를 용서해야만 한다 (엡 4 : 32).

3. 그리스도 안에서의 바울의 승리 (2 : 12~17)

바울은 에베소에서 빌립보로 여행한 이야기를 꺼낸다. 문제거리로 출발한 것이 승리로 끝을 맺게 되었다. 그리스도인의 생활에서 이러한 일은 얼마나 자주 일어나는가. 부활절 아침에 무덤에 왔던 여인들은 실망으로 인하여 마음이 무거웠으나 위대한 승리가 있었던 것을 발견하였다. 바울은 드로아에서 디도를 찾지 못했으나 복음을 전파할 "놀라운 기회"를 발견하였다 (롬 8 : 28).

시련이 있는 곳에는 어디나 봉사의 문이 열려 있다. 요셉은 애굽에서 시련을 승리로 바꾸었으며, 다니엘은 바벨론에서, 그리고 바울은 드로아에서 그러하였다.

하지만 봉사가 평안을 대신하는 것은 아니다. 그래서 바울은 디도를 만나기를 갈망하였으며 고린도에서 소식을 가져오기를 원하였다. 그는 드로아를 떠나 마게도냐 (아마도 빌립보)로 갔으며 고린도를 완전히 지나쳤다. 그는 빌립보에서 디도를 만나 보고를 들었는데, 범법자가 징계를 받았으며, 고린도 교인의 대다수가 바울의 권위에 따랐고, 고린도에서 일들이 잘 되어 간다는 좋은 소식이었다. 이 소식은 바울을 대단히 기쁘게 하여 그는 편지를 쓰다 말고 잠시 찬양의 노래를 적어 넣었다.

14～17절에 나오는 모습은 모든 로마 사람들에게는 친근한 것이지만 20세기 그리스도인에게는 그렇지가 않다. 승리를 거둔 장군이 전쟁터에서 귀국할 때는 나라에서 공식적인 시위행진을 벌였는데, 이 퍼레이드는 화려함과 영광으로 가득 찼으며 많은 향이 피워져 영웅을 높였다. 이 행진에서 군인과 지도자들이 영광과 찬양을 즐기는 반면에, 노예와 포로들은 죽음의 부기장을 향하고 있었다. 승리자들이 향기를 즐기는 동안 이것은 생명과 기쁨이었으나, 포로들에게는 다가오는 죽음을 생각나게 하는 것이었다.

"그리스도인의 행진"에서 바울은 예수 그리스도를 승리자로 묘사한다. 십자가에서의 죽으심을 통하여 그리스도는 모든 적을 정복하셨다. 우리 그리스도인들은 주님의 승리에 동참하여 행진한다(고전 15 : 57). 그러나, 그리스도인은 이 행렬에서 향기(그리스도의 달콤한 향)이다. 왜냐하면 우리는 우리의 생활에서, 그리고 생활을 통하여 그리스도에 대한 지식을 퍼뜨리기 때문이다.

이 향기는 다른 신자들에게 생명을 뜻하며 영원한 죽음을 향하는 불신자들에게는 죽음을 뜻한다. 요셉은 떡 맡은 관원장에게는 죽음의 향기요, 술 맡은 자에게는 생명의 향기였으며(창 40장), 예수님은 회개한 도둑에게 생명의 향기였다.

이것은 아름답고 도전을 주는 모습이다. 사람들에게 생명을 소개하는 것, 아니면 그리스도를 거절하고 죽음으로 가도록 소개하는 것은 막중한 책임이다. 그리스도인이 된다는 일은 진지한 일이다. 왜냐하면 우리의 생활은 사람들을 천국이나 지옥으로 인도하고 있기 때문이다. "누가 이 일을 감당하기에 충분하겠는가?"라고 바울이 외치는 것도 이상한 일이 아니다. 가능한 한 최선의 증인, 최선의 군사가 되는 데에 필요한 모든 것을 소유한 그리스도인이 누구인가?

3장 5절에서 그는 이 질문에 답한다. "우리의 만족(충분함)이란 하나님께 속해 있는 것이다." 바울은 충만함(충분함)이란 단어를 이 편지에서 여러 번 사용한다. 그는 그리스도께서 우리의 영적인 필요들과(3 : 4～6), 물질적인 필요와(9 : 8), 육체적인 필요(12 : 7～10)를 만족시키기에 충분하심을 보여 준다.

17절에서 바울은 그의 말을 믿을 수 없다는 고소로 되돌아 간다. 불행히도 오늘날까지 하나님의 말씀을 "상업화하는" 타락한 설교자들과 선생들이 있다. 여기서 타락했다는 말은 복음을 "하찮게" 생각하며, 예수 그리스도의 복음을 확장하는 데보다는 삶의 수단으로서 사용하고 있다. 이 단어의 헬라어는 여관 주인, 행상인에 해당하는 단어에서 왔으며, 이익을 남기기 위해서 어떤 종류의 일도 한다는 개념이 들어 있다.

바울의 사역은 사업이 아니었다. 그것은 부담감이었다. 그는 인간을 섬기는 것이 아니라 그리스도를 섬기고 있었다. 그는 멧세지와 방법, 그리고 동기에 있어서 신실하였다. 그는 하나님의 눈이 자신에게 머물러 있고 그리스도의 이름이 그에게 걸려 있음을 인식하고 있었다.

이 두 장에서 우리는 바울의 사역이 고난과 슬픔으로 가득 찼었음을 보았다. 그러나, 그리스도 안에서 승리와 기쁨이 있었다. "우리의 만족은 하나님께 속해 있는 것이다."

바울의 사역 (Ⅱ)
- 고린도후서 3장 -

본 장은 율법의 구약 사역과 복음의 신약 사역을 나타내는 핵심적인 장이다. 오늘날 유대주의와 교회를 혼합하는 종교 단체가 얼마나 많은가. 아마도 바울이 예루살렘교회에서 보내는 추천서를 가지고 있지 않았기 때문에, 고린도에 있는 유대인 분당은 그가 참된 사도가 아니라고 말하는 것 같다. 어떤 교사들이 이런 추천서를 가지고 고린도에 왔던 것이 분명하며, 이 일로 인해 바울을 신용하지 않은 것 같다.

바울은 이 고발을 사용하여 율법의 구약 사역과 복음의 신약 사역을 대조시키는 기회로 삼는다.

1. 돌비가 아니라 마음에 새겨짐 (3 : 1~3)

바울은 "내게는 추천서가 필요하지 않다. 고린도에 있는 너희 그리스도인이 나의 편지, 곧 추천서이다. 돌비가 아니라 마음에 기록된 편지인 것이다"라고 말한다. "그들의 열매로 그들을 알리라"고 예수님께서 말씀하셨다. 사람의 생활과 사역은 그가 한 일로 검사를 받을 수 있다. 바울은 자신을 하나님의 백성의 생활에 말씀을 기록한 하나님의 비서로 나타낸다. 참으로 놀라운 진리이다. 모든 그리스도인들은 모든 사람들이 읽는 **"그리스도의 서신"**이다.

> "당신은 매일 한 장씩 복음서를 쓰고 있다.
> 당신의 행위와, 당신의 말로 쓰는 것이다.
> 사람들은 믿음 직한지 또는 진실인지 보려고
> 당신이 쓴 것을 읽는다.
> 당신이 쓴 복음서는 과연 어떠한 것인가?"

모세는 하나님의 율법을 돌에 기록하였다. 그러나, 이 시대에는 하나님께서 우리의 마음에 그의 말씀을 쓰신다(히 10 : 16~17). 율법은 외적인 문제이나, 은혜는 내면적이며 마음에 관계된다. 그러나 바울은 잉크로 쓰지 않았다. 왜냐하면 그것은 흐릿하게 바래지기 때문이다.

그는 사람들의 마음에 성령으로 영원히 썼다. 돌비에 기록된 율법은 인간의 손에 들려져 있으나 그들의 생애를 변화시킬 수 없다. 그러나, 하나님의 성령은 말씀을 사용하셔서 인간의 생애를 변화시킬 수 있으시다. 그래서 신약 사역은 성령께서 말씀을 인간의 마음에 기록하시기 때문에 영적인 사역인 것이다.

2. 죽음이 아니라 생명을 가져옴 (3 : 4~6)

바울이 "의문(儀文)은 죽이는 것이다"라고 말할 때는 "문자로 기록된 하나님의 말씀"이 말씀의 "영(정신)"을 거스린다고 말하는 것이 아니다. 우리는 종종 혼란을 일으킨 사람들이 다음과 같이 말하는 소리를 듣는다. "성경의 문자를 따르는 것은 잘못이다. 우리는 성경의 정신을 따라야 한다."

그러나, 명심할 일은 **"의문"**(the letter)이라고 할 때 바울은 구약 율법을 의미한다는 점이다. 바울은 본 장에서 구약 율법을 말함에 있어 몇 가지의 표현을 사용하여 의문(6절), 죽게 하는 직분(7절), 정죄의 직분(9절)으로 나타낸다.

율법은 생명을 부여하도록 주어진 것이 결코 아니다. 율법은 분명히 **죽게 하는 직분**이다. 바울은 새로운 언약의 사역자였는데, 이 새 언약은 행위와 죽음의 옛 언약이 아니다. 율법을 통하여 구원을 받은 사람은 아무도 없다! 그런데 고린도에는 사람들에게 율법에 순종하며 바울의 은혜의 복음을 거절하라고 가르치는 교사들이 있었다.

예를 들어, 요한의 복음서에서 "생명"이란 단어를 추적해 보면 신약의 사역은 성령을 통한 생명의 사역임을 알게 될 것이다. 요한복음 6장 63절에는 "생명을 주는 것은 영이다"라고 기록되어 있다.

3. 시들어 버릴 영광이 아니라 지속적인 영광 (3 : 7~13)

구약의 사역에 영광이 있었던 것은 물론이다. 영광이 성전을 채웠고, 하나님의 사역이 광야에서 백성들 위에 머물렀었다. 성전과 의식들, 모세에게 율법을 주신 일 등, 이 모든 것은 그들에게 따른 영광이었다. 그러나, 그것은 빛바랠 영광이었으며, 지속되는 영광이 아니었다.

바울은 출애굽기 34장 29~35절에서 모세의 경험을 인용한다. 모세는 하나님의 임재를 경험했으며 하나님의 영광이 그의 얼굴에서 반사되었다. 그러나, 모세는 이러한 영광이 희미하게 된다는 것을 알고 있었으므로, 사람들에게 말할 때는 언제나 그의 얼굴을 수건으로 가렸다. 그렇지 않으면 백성들은 흐릿해진 영광을 볼 때 그의 사역에 대한 신뢰를 잃게 될 것이었기 때문이다. 대개는 모세가 사람들이 깜짝 놀랄까 봐서 베일을 썼다고 가르치는데 이것은 틀린 것이다. 13절을 유의해서 읽어 보라. 테일러의 「살아 있는 편지들」(Taylor, 「Living Letters」)에는 "우리는 모세가 아무도 그의 얼굴에서 빛이 사라져감을 볼 수 없게 하려고 수건을 쓴 것같이 하지 않는다"라고 번역되어 있다.

하나님의 뜻은 옛 언약과 율법의 영광이 머물러 있게 하려는 것이 결코 아니었다. 하나님의 영광이 거하기 앞서 그 영광은 색이 바래게 되는 것이었다. 만일 **정죄의 직분**(율법)이 영광스럽다면, 의의 직분(복음)은 훨씬 더 영광스럽다. 바울은 베일을 필요로 하지 않는다. 숨길 것이란 아무것도 없기 때문이다. 복음의 영광이 거기 있는 것이다. 이 영광이 보이지 않는다면 그것은 그의 잘못이 아니다 (4 : 3~6).

4. 가려진 것이 아니라 드러난 것 (3 : 14~16)

바울은 모세의 수건을 영적으로 적용시키고 있다. 그는 유대인들이 구약을 읽을 때 유대인의 마음에 여전히 베일을 쓰고 있어서, 이 베일이 그들로 하여금 그리스도를 보지 못하도록 막고 있다고 언급한다. 구약은 그리스도를 알지 못하는 마음에는 언제나 잠겨 있는 책이 될 것이다.

그리스도는 성전의 베일을 빌려서 구약의 모형과 예언들을 성취하고는 그 베일을 제거하셨다. 이스라엘은 율법의 임시적인 사역을 알지 못하고 영광의 색채가 바랠 직분, 결코 지속되지 않을 직분에 매달려 있는 것이다.

이스라엘은 이중으로 눈이 멀어 있었다. 인격적으로 눈이 멀어 구약에서 그리스도를 볼 수 없었으며, 또한 심판으로 인하여 눈이 멀었는데, 하나님은 민족적으로 그들이 보지 못하게 하셨던 것이다 (롬 11 : 25). 고린도후서 4장 4절은 사단이 모든 죄인들의 마음을 눈멀게 함은 물론이며, 그리스도의 영광스러운 복음을 숨기는 것을 시사한다.

그러나, 마음이 그리스도를 향해 돌이킬 때는 베일이 벗겨진다. 모세가 하나님을 뵈러 산으로 올라갔을 때는 베일을 제거하였다. 이처럼 어떠한 유대인도 정직히 주님께로 향할 때 그의 영적인 베일이 제거될 것이며 그리스도를 보게 될 것이고, 주님을 구세주로 영접하게 될 것이다. 신약 사역은 하나님의 말씀(신약, 구약)을 통하여 그리스도를 지목하는 것이다. 우리는 숨길 것이 없으며 베일로 가릴 것이 없다. 영광은 영원한 것이며 점점 더 밝아질 것이다.

5. 속박이 아니라 자유 (3 : 17~18)

17절은 크게 오용되고 있으며 온갖 종류의 신령하지 못한 실천 생활의 핑계를 대는 데에 인용되고 있다. "주님은 영이시다." 사람이 그리스도께로 돌이키는 것은 성령을 통해서이다. 성령은 영구적 속박으로부터 자유를 준다. 옛 언약은 행위와 속박의 언약이었다 (행 15 : 10). 그러나, 복음의 새로운 언약은 그리스도 안에서 영광스러운 자유의 직분이다 (갈 5 : 1 이하).

이러한 자유는 방종이 아님은 물론이며, 두려움과 죄와 세상과 종교 의식들로부터의 자유이다. 모든 그리스도인은 모세와 같다. 베일을 벗어버린 얼굴로 그는 하나님의 존전에 나아가 하나님의 영광을 누릴 수 있다. 스스로 그 영광을 받고 더욱 그리스도를 닮아가라.

18절에서 바울은 성화의 의미와 은혜 안에서 성장하는 것의 의미를 요약하고 있다. 그는 하나님의 말씀을 거울에 비교한다(약 1 : 23～25). 하나님의 자녀가 하나님의 말씀을 연구하며 거기서 하나님의 아들을 볼 때 하나님의 영은 그를 변화시켜 더욱 그리스도를 닮게 하신다(롬 8 : 29). 이 구절에서 "화하여"란 말은 로마서 12장 2절에 나오는 "변화를 받아"와 같은 단어이다. 우리가 어떻게 우리의 마음을 그리스도 안에서 새롭게 하였는가를 설명하는 것이다.

그리스도인은 속박과 두려움에 속해 있지 않다. 그는 하나님의 존전으로 나아갈 수 있으며, 그의 영광과 은혜를 누릴 수 있다. 우리는 그를 닮기 위해 그가 오실 때까지 기다릴 필요는 없다. 우리가 말씀 안에서, 그리고 성령 안에서 살 때 "영광에서 영광으로" 매일같이 성장할 수 있는 것이다.

진실로 그리스도 안에 있는 우리의 지위는 영광스러운 지위이다. 신약의 그리스도인들은 율법에 속한 예식이나 눈에 보이는 옷차림 같은 것은 없을지라도, 은혜의 직분은 유대주의보다 훨씬 우월한 것이다. 우리의 직분은 영광스러운 직분이다. 그 영광은 결코 쇠하여지지 않을 것이다.

복음에 대한 바울의 견해
- 고린도후서 4 장 -

고린도 교회의 어떤 이들은 바울이 그의 사역에 있어서 진실하지 못하다 하여 그를 고발하였다. "바울은 사역을 통하여 무엇을 얻으려고 일하고 있다"는 것이 그들의 고발이었다. 본 장에서 바울은 그가 사역에 있어서 진실하다는 것을 보일 증거들을 밝힌다.

1. 그의 결심 (4 : 1)

동기가 빈약하거나 사역에 대한 영적인 식견이 부족한 사람은 이미 오래 전에 포기했을 것이다. 바울이 만일 진실하지 못하였다면 그가 왜 이 모든 위험들을 겪고 고생을 하며 전도하기를 계속해 왔겠는가? 바울은 그의 사역을 청지기 직분으로 보고 있었다. 하나님께서 그 일을 그에게 주셨고 또한 하나님께서 무력해지지 않도록 그에게 힘을 주셔서 계속할 수 있게 하셨다. 바울이 포기하기에 복음은 너무나 영광스러운 것이었으며, 그가 일선에서 벗어나 맥이 빠져 있기에는 복음의 사역이 너무나도 위대한 것이었다.

2. 그의 정직성 (4 : 2~4)

바울이 행하기를 거절한 몇 가지 일들이 있다. 그는 추종자들을 얻는 데 비밀리 속임수를 쓰는 방법을 사용하기를 거절하였다. 거짓 교사들이 이러한 일들을 행하고 있었다. 「살아 있는 편지들」(Taylor's Living Letters)은 이렇게 설명한다. "우리는 속임수를 써서 사람들을 믿게 하지는 않는다."

바울은 교활하게 굴거나, 또는 말씀을 속여 사용하거나 하지 않았다. 즉, "하나님의 말씀을 혼잡케 아니하였다." 오늘날 하나님의 진리를 철학과 오류들과 혼합하여 성경을 속여 사용하는 목회자들과 교사들이 얼마나 많은가! 그들은 성경이 말하지 않은 것을 성경이 말하는 것으로 만들려 한다. 그러나, 바울은 그렇지 않았다. 그의 사역은 정직했던 것이다. 그는 공개적으로 말씀을 사용하였으며, 사람들이 스스로 성경을 살펴보도록 격려하는 (행 17 : 11) 정직한 방법을 사용하였다.

만약 복음이 숨겨진 것이라면, 그것은 교사의 잘못이 아니었다. 사단은 사람들이 그리스도의 영광스러운 얼굴을 보는 것을 원치 않기 때문에 죄인들의 마음을 멀게 한다. 말하기는 유감스럽지만, 구원에 있어서 주님의 얼굴 보기를 원하지 않는 수 많은 사람들이 어느 날 주님의 얼굴을 피하여 숨으려고 할 것이다 (계 6 : 15~17).

죄인의 마음은 눈멀고 무지하며 (엡 4 : 17~19), 오직 말씀의 빛만이 구원의 지식을 가져올 수 있다. 그러나, 우리는 하나님의 말씀을 왜곡시키거나 변조하여 회심자들을 얻으려고 해서는 안 된다. 우리는 하나님과 사람들을 향하여 선한 양심으로 말씀을 다루어야 하는 것이다.

3. 그의 겸손 (4 : 5~7)

만일 바울이 자신을 위해서나 돈을 벌려고 추종자를 얻으려 했다면, 그는 그리스도가 아니라 자기 자신을 전파했을 것이다. 그러나, 그는 자신을 전하지 않았고 오직 그리스도를 영화롭게 하는 일만을 추구하였다. 고린도전서 3장 1~9절을 다시 읽고, 그가 어떻게 자신을 하나님의 종으로, 그리고 예수님을 위한 노예로 제시하는지 보라. 우리가 사람들을 높일 때에는 아무런 빛을 발할 수가 없다. 왜냐하면 하나님만이 어두움에서 빛을 발하게 하실 수 있기 때문이다.

바울은 여기서 창세기 1장 1~5절로 돌아가 언급하는데, 이 구절에는 하나님이 창조시에 빛을 비추셨으며, 이 빛에서 생명과 축복을 얻게 하셨다는 내용이 있다. 잃어버린 죄인의 마음은 혼돈과 공허와 어두움이 있던 본래의 땅과 같으나 성령이 그 마음을 덮으며, 말씀이 오셔서 빛을 비추신다. 곧, 영광스러운 복음의 빛이다. 그럼으로써 죄인이 새롭게 창조되며 하나님의 영광을 위하여 열매를 맺기 시작한다.

바울은 다음과 같이 시인한다. "그렇다. 나는 보물을 가지고 있다. 그러나, 그 보물은 흙으로 빚은 질그릇에 들어 있다. 나는 나타나기를 원하지 않는다. 나는 그 그릇일 뿐이다. 가장 중요한 것은 그리스도만이 나타나며 그리스도께서 영광을 받으시는 것이다." 그리스도인 일꾼들이 복음이라는 보물보다도 그릇을 더욱 중하게 여기는 것은 대단히 나쁜 일이다.

4. 그의 고난 (4 : 8~10)

만일 바울이 그들의 말처럼 개인적인 이익을 얻으려 했다면 그가 왜 그렇게 많은 고난을 당했겠는가? 하나님의 말씀을 타협하는 사람은 고난을 당하지 않는다. 사람들은 그를 환영할 것이며 그를 영화롭게 할 것이다. 그러나, 사람들은 바울을 욕하고, 거절하였으며 그의 생애를 어렵게 만들었다. 사람들은 그리스도를 취급했던 대로 그를 취급하고 있었다! 이것은 바울이 그의 사역에 있어서 진실하다는 증명이 되지 않겠는가?

그리스도를 위하여 기꺼이 고난을 당하려는 바울의 마음가짐은 하나님의 종으로서의 그의 진실함을 나타내는 가장 큰 증거들 중의 하나였다. 현대 번역판으로 이 구절을 읽으면 그가 받은 고난이 얼마나 격했는지를 알 수 있다. 정직한 하나님의 종은 언제나 고난을 당하기 마련이다.

5. 그의 이타심 (4 : 11～15)

바울은 예수 그리스도와 교회를 위하여 고난과 죽음을 기꺼이 직면하려고 하고 있었다. 그들에게 말씀을 전해 주기 위하여 그가 겪은 고난과 죽음의 경험은 신자들에게는 생명을 의미했다. 거짓 교사들은 고난이나 희생에 대하여 아무것도 알지 못했다. 갈라디아서 6장 17절에서 그는 "나는 내 몸에 예수 그리스도의 흔적, 표식을 가지고 있다"고 말했다.

"모든 일들이 너희를 위한 것이다!" 얼마나 이타적인 정신인가! 바울은 만일 하나님께 영광이 되며 교회에 유익이 된다면 어디든지 기꺼이 가고자 하였으며, 무엇이든지 기꺼이 견디려 했다. 그는 믿음의 영을 가졌으므로 그의 고난은 곧 축복을 의미함을 알고 있었다.

6. 그의 믿음 (4 : 16～19)

이 구절들은 고난의 때를 당한 신자에게 놀라운 확신을 가져다 준다. 비록 겉사람은 매일 죽어가지만 속 사람, 영적인 사람은 매일 새로워진다 (3 : 18 참조). 바울은 여기서 하나님의 척도로 자신의 고난을 측량한다. 그는 하나님께서 그를 위하여 준비해 두신 영광의 무게에 비하면 그의 고난은 가벼운 것임을 발견한다. 그의 시련의 날과 해는 그를 기다리는 영원한 축복에 비교할 것이 없었다.

우리가 영원한 가치관을 가지고 산다는 것은 얼마나 중요한가! 우리가 하나님의 시각을 통하여 사물을 볼 때, 생은 새로운 의미를 지닌다. 시편 73편에서 하늘 (heaven) 의 가치관을 가지고 생을 바라보는 법을 배운 사람의 경험을 읽어보라.

18절은 불신자에게는 하나의 역설이지만 그리스도인에게는 보배로운 귀중한 진리이다. 우리는 보이는 것으로 사는 것이 아니라 믿음으로 산다. 보이지 않는 것을 그리스도인으로 하여금 보게 하는 것이 믿음이며 (히 11 : 1～3), 이 믿음은 하나님의 말씀에서 온다 (롬 10 : 17).

세상은 임시적이고 지나가는 것들을 위하여 살고 죽는다. 그러나, 주님의 일들은 영원히 지속된다. 우리가 담대히 하나님의 말씀을 믿고 그 뜻을 따라 살기 때문에 세상은 우리를 미쳤다고 한다. 그러나, 우리의 마음은 보다 높은 가치관에 고정되어 있으므로 사람들이 탐내는 것을 지나쳐 버리는 것이다.

우리가 진실한 그리스도인의 삶을 살며 직분을 감당하는 것은 중요한 일이다. 우리의 동기들은 정당해야만 하며, 우리의 방법은 성경적이어야 하고, 우리는 하나님의 말씀에 진실해야 한다. 바울은 이 같은 종류의 사역을 하였다. 만일 하늘나라를 목표로 하고 살기만 한다면 우리도 그렇게 할 수 있다.

그리스도인과 심판대

- 고린도후서 5장 -

바울은 여전히 그의 대적들의 고발에 답하며 그의 사역에 대하여 논하고 있다. 본 장에서 그는 자신의 사역이 부주의하지 않으며 진지하다는 것과, 육신의 욕망이 아니라 진지한 동기에서 일하고 있음을 중점적으로 지적한다. 바울은 자신을 조절하는 네 가지의 동기들을 밝히고 있다.

1. 하늘나라에 대한 확신 (5:1~8)

앞 장에서 바울은 고난과 죽음에도 불구하고 그리스도를 섬기기로 결심하였음을 언급하였다. 그는 보는 것으로 살지 않고 믿음으로 살았다. 그러나, 이 믿음은 맹목적인 신뢰가 아니라 하나님의 말씀에 대한 분명한 확신이었다. 어디로 갈 바를 알고 있는 사람에게는 어떠한 바람도 그가 가는 방향을 바꾸어 놓을 수가 없으며, 어떤 원수라도 그를 멸할 수 없다. 겉사람이 후패하더라도(4:16) 그 것이 무슨 상관이 있는가? 바울은 영광이 다른 편에 놓여 있는 것을 알고 있었다.

바울이 여기서 말하고 있는 "집"이란 그리스도가 신자들을 위하여 예비하시는 집이 아니라(요 14:1 이하), 그리스도께서 돌아오실 때에 우리가 갖게 될 영화로운 몸을 가리킨다(빌 3:21/고전 15:50 이하). 이 땅 위의 우리의 집은 어느 날 해체되어야 할 장막이다. 그러나, 하나님은 우리를 위하여 영광스러운 몸을 준비하셨다! 하지만 그리스도인으로서의 우리의 원하는 바는 죽음에 삼켜지는 이 땅의 몸을 가지는 것이 아니라, 그 영광스러운 몸을 "덧입어" 변화되는 것이다.

그렇다면 우리가 미래에 이런 영광스러운 몸을 가지게 될 것을 어떻게 아는가? 우리는 성령의 보증을 가지고 있으며(5절), 영원한 보증은 축복의 안식이 우리의 것임을 확신시키기 때문이다. 오늘 우리는 "주님이 예비하신 집이 아니라 몸의 집에 있다." 우리는 "주님과 함께 집에 있게 되며", 결코 변하지 않을 영광된 몸으로 사는 것을 갈망한다.

2. 그리스도를 기쁘시게 하려는 관심 (5:9~13)

바울은 이기적이지 않다. 그리스도인에 대한 그의 봉사는 미래를 위한 소망 외에 다른 것으로도 동기를 부여받는다. 바울은 그리스도를 기쁘시게 하고 받으실 만하게 되기를 추구하였으며, 언제나 그리스도께 "만족스럽다"는 말을 듣기를 원하였다. 바울은 주님에 대한 건전한 경외심을 가지고 있었는데(11절 -"두려우심"), 이는 모든 신자들이 어느 날 그리스도의 심판대에서 심판을 받게 될 것임을 알고 있었기 때문이었다(고전 3 : 10~15 / 롬 14 : 7~13). 그가 한 일들이 어느 날 드러나게 될 것이며 시험을 받게 된다는 것을 알고, 바울은 그리스도를 기쁘시게 하고 영화롭게 하는 삶을 살기를 원하였다.

10절에서 "드러나다"란 단어는 "서다" 또는 "보여 주다"란 뜻보다 더한 의미가 있어서 "드러나게 된다"란 개념을 전해 준다. "우리는 모두 있는 그대로 나타나게 될 것이다"라는 뜻이다. 그 심판대에서는 아무런 꾸밈이 있을 수 없다. 우리의 성품과 사역이 있는 그대로 나타나게 될 것이며, 그에 적절한 상을 받게 될 것이다. 그러나, 참된 하나님의 종은 현재에도 조심스럽게 공개적인 생활을 하며, 하나님과 사람들에게 이를 표명한다(11절).

하나님께서 심판하시게 하는 것은 얼마나 중요한 일인가. 왜냐하면 하나님께서는 마음을 보시기 때문이다. 고린도 사람들은 "영광스러운 외모"를 가지고 있었다. 그들은 여러 명의 설교자들을 자랑으로 여기면서 바울을 비판하였다. 명심할 것은 "결과"가 반드시 인간의 생활과 봉사에 대한 평가 기준은 아니라는 점이다. 마음의 동기가 중요한 것이다.

3. 강권하는 사랑(5 : 14~17)

바울은 사람들을 그리스도께로 인도하기 위하여 그처럼 극단에 이르렀기 때문에 미쳤다는 비난을 받았다(행 26 : 24 참조). 그러나, 실제 그의 생활을 좌우하는 힘은 그리스도의 사랑이었다. 이것은 그리스도를 향한 바울의 사랑을 뜻하지는 않았다. 물론 그러한 사랑이 있었던 것은 분명하지만, 이것은 오히려 그리스도께서 바울을 향하여 품으신 사랑이었다. 사도는 그를 향한 그리스도의 사랑에 압도당하여, 그리스도를 섬기며 높이는 것이 그의 생애를 조절하는 동기가 되었다.

그는 14~17절에서 그리스도의 사랑을 설명하는데, 그 사랑이 죽은 죄인들을 위해 죽도록 십자가를 지게 했다고 묘사한다. **왜 그리스도께서 죽으셨는가?** "그로 말미암아 우리가 살 수 있도록"(요일 4 : 9), 그와 함께 살게 되도록(살전 5 : 10), 그리고 "그를 위하여 살도록"(고후 5 : 15)하기 위함이다. 그리스도의 사랑을 이해하는 그리스도인의 마음에는 이기심이란 것이 있을 수 없다.

고린도에 있었던 문제들 중의 하나는 신자들이 육신을 따라 판단하는 것이었다(고전 4 : 1~7 참조). 그들은 바울을 다른 사도들과 비교하고 있었으며, 실상 영적인 분별이라기보다는 육신적인 판단을 하고 있었다. 그들은 그리스도인의 생활이 새로운 가치와 동기를 가진 새로운 피조물이라는 사실을 잊고 있었다. 육신을 따라 그리스도를 판단하는 것은 잘못이다. 즉, 세상이 하는 것처럼 인간의 관점에서 위대한 교사나 본보기로 주님을 바라보는 것이다.

바울은 회심하지 않은 유대 랍비로 있을 때 아마도 육신을 따라 그리스도를 바라보았을 것이다. 그러나 영화롭게 된 그리스도를 보았을 때, 그는 자기의 관점을 바꾸었다. 우리는 하나님의 말씀에 기초한 영적인 평가를 해야만 한다. 그들은 바울이 제정신이 아니라고 말했는데, 이것은 육신을 따라 판단하고 있는 것이며, 그들의 생활을 조절하는 능력이 되는 "그리스도의 사랑"이 결여되어 있음을 입증하는 것이었다.

4. 하나님께로서 온 사명 (5 : 18~21)

우리는 바울의 생애와 사역을 조절했던 세 가지 동기들로서 하늘나라에 대한 확신, 그리스도를 기쁘시게 하려는 관심, 강권하는 사랑을 살펴보았다. 이제 네 번째 동기로서 바울이 하나님께로부터 받은 사명에 대한 것을 보게 된다.

바울은 그리스도를 위한 대사였다! 그의 멧세지는 하나님께서 죄의 값을 지불하셨다는 평화의 멧세지였다. 하나님은 죄인들과 전쟁을 하고 계신 것이 아니므로, 죄인들은 믿고 구원을 받을 수 있다. 얼마나 놀라운 멧세지인가!

1 대사는 선택된다 – 그리스도는 바울을 택하여 잃어버린 인류에게 보내는 대사가 되게 하셨다. 바울은 자기 자신이 아니라 그리스도를 나타내었다 (4 : 5). 그가 전하는 멧세지는 그리스도가 그를 믿고 맡기신 복음이었으며 (살후 2 : 4). 그의 목표는 그리스도를 기쁘시게 하며 그에게 주어진 임무에 충성하는 것이었다.

2 대사는 보호를 받는다 – 대사는 그가 대표하는 나라의 시민이어야 한다. 바울은 다른 모든 그리스도인과 마찬가지로 하늘나라의 시민이었다 (빌 3 : 20에서는 "회담"을 "시민권"으로 번역함). 국가는 대사들이 필요로 하는 모든 것을 공급하며 그를 보호할 준비를 갖추고 있다. 그리스도께서는 바울의 모든 필요를 공급하시며 모든 위기 가운데서도 그의 곁에 서 계신다.

3 대사는 전쟁이 선포되기 전에 본국으로 소환된다 – 하나님은 아직 이 사악한 세상에 전쟁을 선포하지 않으셨다. 그러나 어느 날 하나님은 선포하실 것이다. 사악한 자들을 심판할 진노의 날들이 오고 있다 (살전 1 : 10). 그러나, 그리스도인들은 그 날이 오기 전에 본국으로 부름을 받게 될 것이다 (살전 5 : 1 ~10), 하나님의 대사인 교회는 환란을 치르지 않을 것이다.

오늘날 **교회의 멧세지**는 화해의 멧세지이다. 하나님은 십자가 상의 그리스도를 통하여 세상과 화해하셨으며, 그의 아들을 믿는 모든 사람들을 구원하시기를 기뻐하셨다. 복음이 삶들을 개혁하기는 하지만 우리의 멧세지는 사회 개혁을 추진하는 것이 아니라 (딛 2 : 11~15), 영적인 재생의 멧세지이다. 우리가 잃어버린 자들에게 주님을 영접하라고 초청할 때 이것은 그리스도를 대표하는 것이다. 얼마나 큰 특권이며, 또한 얼마나 큰 책임인가!

우리들은 사명을 받았거나 안받았거나 간에 모두 대사들이다. 그리스도는 "아버지께서 나를 보내신 것같이 나도 너희를 보낸다"고 요한복음 20장 21절에서 말씀하셨다. 우리의 멧세지와 방법과 동기들이 정당한 것임을 확신하여, 우리의 일이 지속되게 하며 주님 앞에 설 때에 불시험을 견딜 수 있어야겠다.

분   리

— 고린도후서 6 장 —

6~9장에서는 고린도에 있는 그리스도인들에게 보내는 일련의 사랑의 권고로 구성되어 있다. 6장 1~13절에서 바울은 그들에게 자기의 생애와 사역을 검토해 보고 마음을 넓혀 그를 용납할 여지를 갖게 되도록 권고한다. 6장 14절~7장 1 절(장이 여기서 나뉜 것은 유감스러운 일이다)에서 분리될 것을 권하고 있는 반면, 7장 2~16절에서는 화해를 탄원한다. 8~9장은 유대의 가난한 성도들을 위한 헌금에 대해 다루며 그들의 협력을 호소한다.

이제, 6장에 나오는 두 가지의 호소를 살펴보자.

1. 조사할 것에 대한 호소(6 : 1~13)

지금까지의 다섯 장에서 바울이 자기의 생애와 사역을 변호하고 있었음을 기억하자. 고린도에 있는 그의 대적들은 바울의 사역에 있어서 방법과 동기들이 그릇되었다는 문제로 그를 비난하였다. 5장에서의 그의 마지막 언급은 화해의 사역을 다룬다. 따라서 그가 고린도 그리스도인들에게 화해를 청하며, 하나님의 은혜를 받으라고 호소한 것은 한 걸음 더 나아간 것이다. 그는 죄인들에게(5 : 20) 뿐만 아니라 성도들에게도(6 : 1) 간청한다.

교회와 그리스도인들이 하나님의 은혜를 헛되게 받는다는 일은 얼마나 비극인가 ! 고린도 사람들은 그리스도 안에서 갓난 아이로서, 성숙지 못한 성도들이었다. 왜냐하면 그들은 은혜와 지식 가운데서 성장하지 못하였기 때문이다. 그들은 가질 수 있는 최고의 목회자(바울)를 가지고 있었으나, 그의 사역에서 유익을 얻지는 못하였다 !

어떤 사람이 스펄전 (Spurgeon)에게 그의 생애를 글로 쓸 것을 계획하고 있다고 말하자, 그는 "나의 생애를 하늘에 쓰시오. 나는 숨긴 것이 하나도 없으니까 !"라고 대꾸하였다. 바울은 그의 생애와 사역에서 숨길 만한 것이 없다는 것을 알고 있었다. 그는 다른 사람들을 걸려 넘어지게 하는 일이 없도록 조심하였으며, 사역에 의심을 일으키지 않도록 애써 왔다. 3~10절에서 바울은 그의 사역이 흠이 없음을 증명하는 몇 가지 논점을 제시한다.

① 그가 치른 전쟁(3~5절) — "견디는 것"(인내)은 흔들의자에 하릴 없이 앉아 있는 그리스도인의 모습이 아니라, 장애물들이 있음에도 불구하고 승리를 위해 돌진하는 전쟁 중인 군사의 모습이다. 그리스도께 순종하기 위하여 바울이

싸운 싸움은 사역에 있어서 진실하고 이타적임을 증명하는 것이었다. 이러한 고난은 그가 불순종하였거나 징계가 필요해서 생긴 것이 아니라, 그가 순종적이며 사단에게 위협이 되기 때문에 오는 것이었다.

"매맞음"이란 바울이 견뎌야 했던 매질을 뜻하는 것이며, "요란한 것"이란 그가 폭도들을 직면했던 일들을 말한다. "수고로움"이란 자신과 그의 동료들을 지원하기 위하여 밤낮 고생하는 그의 모습을 생각하게 한다. "자지 못함"이라는 말은 기도와 말씀의 사역을 위해 잠자지 않고 깨어 있었음을 묘사하고 있으며, "먹지 못함"은 양식이 없어 먹지 못하고 다닌 때가 종종 있었음을 시사한다. 가짜 목회자로서 이처럼 호된 일을 견뎌내려는 사람이 없을 것임은 분명하다!

② **그가 사용한 무기들**(6~7절) – 바울의 성품과 행동은 언제나 그리스도인다웠다. 그는 깨끗한 손과 깨끗한 양심을 지니고 있었고, 성도들을 향한 그의 사랑은 "꾸민 것"이 아닌 정직한 것이었다. 그는 사단을 패배시키기 위하여 하나님의 말씀과 기도를 사용하였다. 부정직한 목회자들은 자신의 일을 진전시키기 위하여 육신적인 방법을 사용할 것이다.

③ **그가 얻은 명성**(8~10절) – 우리는 여기서 역설, 또는 반대가 되는 언급들을 연속적으로 보게 된다. 그리스도인 사역자들이 성도들과 죄인들의 눈에 다르게 보이는 것은 분명하다. 죄인이 어떤 한 가지 시각으로 그를 본다면 성도는 다른 시각으로 그를 본다. 사람들이 예수 그리스도에 대하여 각기 다른 견해들을 가지고 보는 것과도 같다. 그리스도인을 그리스도에게 팔렸다고 설명하는 것은 얼마나 감동적인 표현인가!

바울은 그들에게 자기의 사랑을 상기시킴으로써 이 호소를 끝내고 있다. 그는 마음을 넓혔으나 그들의 마음은 좁았다. 바울은 그의 영적인 자녀들에게, 자기가 그들을 용납한 것같이 사랑 안에서 그를 용납하라고 호소한다.

2. 분리를 위한 호소(6:14~7:1)

고린도 교회의 문제들은 영적인 것이었다. 교인들은 세상에서 살고 있었으며 그리스도인들답게 살고 있지 않았으며, 죄와 타협하고 있었다. 바울은 분리를 위한 두 가지 주된 논점을 제시한다.

① **원리로부터 이끌어낸 논점**(13~16절) – 반대가 되는 것끼리는 서로 교제할 수가 없다는 것이 이 생의 근본적인 원리이다. "멍에를 같이 하지 말라"는 말은 레위기 19장 19절에 나오는 모세의 권고를 생각나게 한다. 이 고린도 사람들은 결혼과 사회 생활과 사업, 기타 다른 방식에 있어서 불신자들과 멍에를 같

이 하고 있었으며, 그리스도를 향한 그들의 간증을 상실하고 있었다. 결국 그리스도인이 세상과 똑같이 살아간다면 어떻게 세상에 증거할 수 있는가?

여기에 나오는 의와 불의, 빛과 어두움, 그리스도와 벨리알(사단의 구약 명칭), 신자와 불신자 (라틴어로 "이단자"), 하나님의 성전과 우상 등과 같은 연속적인 상반된 일들에 대하여 살펴보자. 오늘날 너무도 많은 그리스도인의 태도는 교회가 세상을 인도하기 위해서는 세상의 환심을 사고 세상을 기쁘게 해야 한다는 식이다. 이보다 더 진리에서 거리가 먼 것도 없다!

죄와는 분리가 이루어져야 한다. 이것은 고립이나 세상 밖으로 나가는 것을 의미하지는 않는다. 오히려 우리 자신을 세상의 더러운 것에서 지키는 것을 뜻한다. 물에 배가 떠 있는 것은 좋은 일이다. 그러나, 배에 물이 들어올 때에는 주의하라! 바울은 레위기 26장 11~12절을 인용하여 하나님은 살아계시며 신자와 동행하시기 때문에 신자가 세상과 어떤 관계를 가지는가의 문제는 그가 하나님과 가지는 교제에 영향을 줄 것이라고 밝힌다.

② **약속으로부터 이끌어낸 논점** (17~18절) – 하나님은 자신을 순전하게 유지하는 사람을 축복하실 것을 약속하셨다. 세속성이라도 것은 미묘한 것이어서, 그리스도인이 모르는 사이에 점차적으로 다가온다. 처음에는 세상과 벗하게 된다(약 4 : 4). 다음으로는 세상을 사랑하게 되고(요일 2 : 15~17), 그런 다음에는 세상에 순응하게 된다(롬 12 : 1~2).

그러나, 하나님은 자신을 하나님께로 분리시키는 사람들을 축복하시겠다고 약속하신다(사 52 : 11 참조). 타협적인 그리스도인은 하나님의 사랑을 누리는 것과, 삶을 정결케 할 유일한 경험인 성령 안에서의 보다 깊은 교제를 잃게 된다.

7장은 6장을 끝내는 구절로 시작한다. 이 구절은 바울이 **개인적인 거룩함**에 대하여 한 말을 치밀하게 요약하고 있는데, 일련의 "쌍"(Duets)으로 되어 있다.

① **분리를 위한 두 가지의 동기** – 이것은 하나님을 향한 사랑과("극진히 사랑함") 하나님에 대한 경외심이다. 우리의 생활에 이 두 가지는 언제나 작용해야만 한다. 남편을 사랑하는 아내가 남편을 사랑하기 때문에 자신을 정결하게 하는 것처럼, 그리스도인은 그리스도를 사랑하기 때문에 자기의 생활을 깨끗하게 한다. 또한, 하나님에 대한 건전한 두려움이 동기가 되지 않으면 하나님은 우리에게 순종을 가르치기 위하여 징계를 하셔야만 한다.

② **두 가지의 책임** – 우리는 소극적인 면으로는 우리 자신을 정결케 해야만 하며, 적극적인 면으로는 거룩함에 이르러야 한다. 하나님께 우리를 정결케 해주

111

시도록 간구하는 것은 유익한 일이다(시 51 : 2, 7). 요한일서 1장 9절에 나오는 하나님의 약속은 우리를 완전히 정결케 하시겠다고 약속하신다.

우리는 또한 주님을 불쾌하게 하는 모든 것을 우리의 생활에서 씻어내야만 한다. 이사야 1장 16절은 "너희는 스스로 씻으며 스스로 깨끗케 하여…!"라고 말씀하신다. 우리는 우리 스스로 처리할 문제를 하나님께서 제거해 주시도록 기대해서는 안 된다. "만일 네 손이 너를 실족케 하면 찍어 버리라." 이같이 함으로써, 우리는 성령을 통하여 거룩함 가운데서 성장할 수 있다.

③ **두 종류의 죄** ─ 육신의 추행이 있듯이 영적인 추행이 있고, 마음가짐의 죄와 마찬가지로 행위의 죄가 있다. 탕자는 육신의 죄를 지었으나 그의 형은 무서운 심령의 죄를 범하였다(시 51 : 17 참조).

분리는 소극적이며, 온전한 거룩함이 적극적이다. 죄에서는 분리되어 있지만 개인적인 거룩함에서 성장하지 못하며 성령의 열매들을 맺지 못하는 교회들과 그리스도인들을 보기란 참으로 슬픈 일이다. 바리새인들은 죄로부터 분리되어 있었으나, 그들의 삶에는 사랑과 마음으로 나는 순종이 결여되어 있었다. 분리는 우리를 죄로부터 떨어지게 하지만, 분리가 우리를 동료 그리스도인들에게서 고립시켜서는 안 된다.

바울의 모습
- 고린도후서 7장 -

2장 12~13절에서 바울은 마게도냐에서 디도와 더불어 가진 경험을 말하기 시작했는데, 본 장에서 그 이야기를 완결짓는다. 1~2장에서 종종 위로라는 단어가 나왔는데 여기서 다시 나타나게 된다(4~7, 13절). 본 장에서 호소하는 바는 고린도 사람들이 바울과 화해하라는 것이다. 그들은 비판적이고 불순종적이었으나 이제는 그를 받아 들이고 그와 다시 교제를 나눌 때이며, 특히 앞으로 그가 방문할 것에 비추어 볼 때 더욱 그래야 할 것이었다.

본 서신의 초두에서 바울은 디도를 기다리면서 에베소에 남아 있을 때 부딪힌 시련에 대하여 말했으며 고린도 교회의 상황에 대해 염려하였다. 여기서는 하나님께서 그를 어떻게 위로하시고 기쁨을 주셨는지를 설명하는데, 세 가지의 위로가 언급된다.

1. 디도의 도착으로 인한 위로(7 : 1~6)

"우리를 영접하라"는 말은 직역하면 "너희 마음에 우리를 위한 여지를 만들라"는 뜻이다(6 : 11~12 참조). 바울은 그의 정결한 생활과 정직한 사역에 대하여 다시 상기시키고 있다. 그리고 이렇게 편지를 쓰는 것은 그들을 정죄하기 위한 것이 아님을 서둘러 확신시킨다. 그의 마음 속에 자리잡고 있으며 자신의 생활에 있어서 생명의 일부가 되는 사람들을 어떻게 정죄할 수 있겠는가?

오늘날 우리는 바울이 고민스럽게 실망할 만한 상황에 처해 있었음을 확실히 보게 된다(5절). 디도는 어디 있는가? 고린도의 상황은 어떠한가? 에베소에 설립된 교회는 지속될 수 있을 것인가? 이러한 모든 문제와 그 밖의 많은 문제들이 마게도냐로 여행하는 그의 마음을 가득 채우고 있었다.

그러나, 디도의 도착은 바울에게 큰 위로의 근원이 되었다. 바울은 자신이 "내던져졌다"고 시인했지만 그의 친구의 도착은 그에게 큰 위안을 가져왔다. 이것은 그리스도인이 서로를 도울 수 있는 방법이다. 우리는 다른 사람의 짐을 서로 지고(갈 6 : 2), 서로를 격려하며(히 10 : 25), 서로를 섬겨야 한다(벧전 4 : 10~11).

그리스도께서는 제자들을 둘씩 내보내셨다. 주님은 그리스도인의 봉사에 있어서도 "사람이 독처하는 것이 좋지 않다"는 것을 알고 계셨기 때문이다. 혼자 있는 그리스도인은 실패한 그리스도인인 경우가 많다. 전도서 4장 9~12절은 "둘이 하나보다 낫다"고 진술한다. 그리스도인이 서로를 격려하는 것은 얼마나 큰 특권이며 책임인가! 엘리야가 자신을 하나님께 충성된 유일한 사람이라고 생각했을 때 그는 타락하기 시작했다. 요나가 혼자 있게 되었을 때 씁쓸한 기분을 진전시켰던 것을 기억하라.

2. 고린도 사람들의 순종을 통한 위로(7 : 7~12)

잠언 25장 25절은 "먼 땅에서 오는 좋은 소식은 목마른 사람에게 냉수 같으니라"고 말한다. 디도를 다시 보게 되는 것은 하나의 큰 위로였다(행 28 : 15). 그런데 그보다 더 큰 위로는 바울의 엄격한 편지가 결실을 맺었다는 좋은 소식을 듣는 것이었다. 7절은 바울의 편지로 인한 결과를 나열하고 있다. 그들은 바울을 다시 보려는 열렬한 욕망을 가졌고 그들의 죄를 통회하였으며, 바울을 향한 그들의 사랑이 다시 불붙었고 회개하고 위반자를 징치하였다(8절).

고린도전서 5장에서 교회 내의 간음자에 대한 바울의 명령을 읽어보라. 11절에서 바울은 다른 몇 가지 반응들이 있었음을 시사하고 있다. 그들은 바울에게 순종하는 일에 관심을 가진다. 그들은 사람들과의 관계에 있어서, 그리고 하나님과의 관계에 있어서 정결케 되기를 추구하였으며 죄에 대한 분노를 나타내었고, 우쭐대는 일은 하지 않았다(고전 5 : 2 참조).

그들은 하나님께서 그들을 징치하실 것을 두려워했으며 강한 결심으로 하나님께 순종하려고 하였다. 11절의 "벌하다"는 것은 개인적인 증오라는 개념을 전하고 있지는 않다. 위반자는 적절히 벌을 받아야 함을 시사한다.

바울은 여기서 **회개에 관한 중요한 교리**를 가르친다. 바울은 회개와 후회 사이에 방대한 차이가 있다고 언급한다. 회개는 하나님께로부터 와서 인간을 하나님께서 더욱 가까이 끌어 당기는 슬픔이며, 죄를 고백하고 버리게 하는 자리로 인도한다. 반면에 후회는 세상에서 와서 하나님으로부터 멀어지게 몰아가며 사단의 손에 붙이게 한다. 예를 들면, 베드로는 회개하고 용서를 받았으나, 유다는 후회하여 자신의 생명을 끊었다.

거룩한 슬픔은 유익한 것이다. 이는 생명으로 인도한다. 그러나, 세상의 슬픔은 죽음으로 인도한다. 오늘날 자살이 많이 일어나는 이유는 사람들이 참된 회개와 하나님의 은혜로운 용서를 알지 못하는 데에 있다.

12절에서 바울은 잠시나마 유감스러웠을 엄격한 편지를 쓴 것은 그들을 향한 자기의 사랑을 입증하기 위한 것임을 시사한다(6절). 이 편지를 쓴 것은 위반자를 바로잡기 위한 것과 그로 인해 해를 당하는 사람들을 보호하기 위해서일 뿐만 아니라, 그들을 위한 자신의 관심과 염려를 입증하기 위한 것이기도 하였다.

교정하는 일을 피하고 사실을 직면하지 않는 영적인 사람들은 다른 사람들이나 주님을 진지하게 사랑하는 것이 아니다. 바울은 그 곳의 신자들이 영적인 손실로 인해 고난을 당하게 될까 봐 걱정하고 있었으며(9절의 "해") 그의 호된 책망은 사랑하는 마음에서 나온 것이었으며, 그들의 유익과 하나님의 영광을 위하는 것이었다.

3. 그들이 디도를 영접한 데서 오는 위로(7 : 13~16)

디도는 바울을 만나자 기쁨이 넘쳤다. 그가 기뻐한 것은 고린도 교회가 그를 따뜻하게 맞아 주었기 때문이었다. 이 교회는 젊은 디모데에게 그처럼 관대하지 못했었다(고전 4 : 17). 그런 일이 없었다면 디도가 파송되는 일이 결코 없었을 것이었다(고전 16 : 10~11 참조).

바울은 디도에게 고린도 교회를 자랑했었는데 이제 이 "경건한 자랑"은 사실임이 입증되었다. 바울은 고린도 교회가 그의 동역자에게 보인 사랑으로 인하여 얼마나 감동을 받았는지 모른다! 디도를 그처럼 따뜻하게 영접한 것은 바울을 영접하는 것과 같은 것이었다. 고린도를 다음에 방문하는 일은 즐거운 일이 될 것임을 알 수 있었다.

그들은 디도를 "두려움과 떨림으로" 영접하였다. 이것은 그들이 바울에게서 하나님의 말씀을 받았으며, 순종함으로 그 말씀에 머리를 숙였기 때문이다. 하나님은 우리가 그의 말씀에 떨기를 원하신다(사 66 : 2). 퍽 이상한 일이지만, 고린도에서의 바울의 첫 사역은 두렵고 떨리는 일이었다(고전 2 : 3). 그들은 디도를 하나님의 종으로 존경하였으며 .그의 지도력을 주님께로부터 온 것으로 받아 들였다(살전 2 : 13 / 5 : 12~15).

"너희를 영적으로 인도하는 자들에게 순종하고 복종하라"고 히브리서 13장 17절은 명령하고 있다. 사람들이 하나님의 종을 대하는 방법을 보면 그들이 그리스도를 대하는 방법을 알 수 있다. 왜냐하면 주님의 종은 주님을 대신하기 때문이다(고후 5 : 20 / 요 13 : 20).

성경 전체를 읽어 나가며, 하나님의 백성이 순종할 때에는 하나님의 종들이 기뻐하지만, 하나님의 백성들이 얼굴을 돌릴 때에는 그 종들이 부담감을 가진 것을 눈여겨보는 것은 흥미로운 일이다. 모세는 백성들의 반역으로 인해 포기하고 싶은 느낌을 종종 받았다. 예레미야는 이스라엘의 완악함을 인하여 비통하게 눈물을 흘리며 울었고, 예수님 자신도 유대인들이 그들의 구원의 날을 모르는 것으로 인하여 우셨다. 바울의 사역 또한 눈물의 사역이었다(행 20 : 19, 31).

하나님의 종들은 인간으로서, 그 안에 보물을 지니고 있는(고후 4 : 7) "질그릇"이며, 생활이 가져올 수 있는 모든 실망과 실의를 알고 있는 사람들이다. 우리에게 있어 "너희를 인도하던 자들을 생각하기"(히 13 : 7)란 대단히 중요하다. "너희를 인도하는 자들에게 순종하고 복종하라"(히 13 : 17). "너희를 인도하는 모든 자들에게 문안하라"(사랑으로 인사하라 - 히 13 : 24).

이제 그의 비판자들에게 해답하며 그의 사역을 변호하고, 교회의 사랑을 확신한 다음에, 바울은 유대에 있는 가난한 성도들을 위한 선교 헌금의 문제로 넘어간다. 영적으로 올바르지 못한 그리스도인들로부터 물질적인 것들을 받아내려 하는 것은 어리석은 일이며, 그들에게 누를 끼치고 그리스도를 해롭게 하는 원인이 된다. 많은 교인들이 가난에 시달리게 된 것은 그들이 영적으로 빈약하기 때문이다. 처리되어야 할 죄가 있다.

주님의 일에 대한 재정적인 지원
- 고린도후서 8장 -

8장과 9장은 바울이 유대에 사는 가난한 신자들을 위하여 그가 받은 선교 헌금에 대해 다룬다(고전 16 : 1~3 / 롬 15 : 25~28). 왕국의 계획이 사도행전 2~10장에서 효력을 발하고 있을 때, 이 유대인 신자들은 모든 것을 포기하고 모든 것들을 공유하며 살고 있었다. 이것은 하나님께서 이스라엘에게 약속하신 왕국에 대한 실물교습이었다. 왕국이 제쳐졌을 때, 그리고 교회가 무대에 등장했을 때 이 그리스도인 공산 체제는 사라졌고, 성도들은 가난에 시달리게 되었다. 바울은 이 사람들에게로 헌금을 가져갔다.

이 두 장은 그리스도인의 드리는 일에 있어서, 그 원리들과 약속들을 제시한다. 바울이 헌금에 대하여 지시하는 바에 유의하자.

1. 헌금은 교회로 가져와야 한다(8 : 1)

신약 성경에서의 헌금은 교회 헌금이다. 바울은 개별적인 그리스도인이 아니라 교회들을 본보기로 하고 있다. 18~19절과 23~24절에서 강조되고 있는 것은 교회이다. 그리스도인의 헌금은 교회 헌금이며, 십일조와 헌금을 하나님의 창고인 지교회로 가져와야 하는 것이다.

이것은 고린도전서 16장 2절에서 바울이 그들에게 제시한 내용과 똑같다. 그 주일의 첫날에(주일날) 신자들(주님의 백성)은 (주의 십일조와 헌금) 헌금을 교회(주님의 집)로 가져와야 한다. 고린도전서 16장 2절에 나오는 "저축하여 두어서"라는 말은 말라기 3장 10절에 나오는 "창고"라는 단어와 같은 뜻이다.

오늘날 어떤 그리스도인들은 "나는 십일조를 교회로 가져가지 않고 성령께서 내게 어디로 보낼 것인가를 말씀하시게 한다"고 말한다. 그러나, 성령께서는 성경과 동떨어지게 지시하시는가? 이러한 그리스도인들은 두 가지 실수를 범하고 있다. 즉, 십일조는 그들의 것이 아니라 하나님의 것이며, 또한 성령은 그의 말씀에서 십일조를 그의 창고에 가져오라고 말씀하신다는 것을 잊고 있는 것이다.

신령한 헌금은 성경에 근거한 헌금이다. 만일 그리스도인이 십일조와 헌금을 지교회에 내지 않는다면 그의 마음은 지교회에 있지 않은 것이다(마 6 : 21). 지교회 밖의 개별적인 헌금은 사람들을 높이고 그들의 인정을 받지만, 지교회는 주님을 높이고 그의 사역을 지원한다. 어떤 그리스도인의 예배에서 "우리에게 헌금을 보내 주시면 특별한 기념품을 받게 될 것입니다!"라고 광고할 때 우리는 그 사람들의 동기가 옳은 것인지 의심하게 된다.

2. 헌금은 마음에서 우러나야 한다(8 : 2~9)

그리스도인의 헌금은 영적인 확신에 의존하는 것이지 물질적인 환경에 의존되는 것이어서는 안 된다. 이 교회들은 가난하였고 무서운 고난을 통과하고 있었다. 그러나, 이들은 그리스도를 사랑하였기 때문에 헌금을 통하여 서로 나누기를 원하였다. 그들은 "이것으로는 나 자신을 지켜야 해"라고 말하지 않는다. 오히려 바침으로써 다른 사람들이 도움을 얻게 되는 것을 즐거워하였다.

그들은 헌금을 은혜로 본다(1, 6, 7, 9, 19절 / 9 : 8 참조). 그리스도인의 헌금은 마음에서 넘쳐나는 것이며, 온전히 거저 주신 구원으로 인하여 그리스도께 대한 사랑을 자발적으로 표시하는 것이다.

고린도 사람들은 많은 영적인 축복들로 풍성하게 되었으며(7절), 바울은 이 은혜, 곧 바치는 은혜를 나타내도록 그들에게 강권하고 있다. 많은 그리스도인들이 영에 속해 있다고 고백하면서도 주님께 충성스럽게 바치지 못하고 있는 것을 본다. 믿음, 설교, 증거, 말씀 연구 등과 같은 일들이 바치는 은혜를 대신하지는 않는다.

바울은 마게도냐 교회들만을 본으로 삼는 것이 아니라, 그리스도를 본보기로 제시한다. 그리스도는 얼마나 풍부하신 분으로서, 얼마나 가난하게 되셨는가! 상세한 내용을 빌립보서 2장에서 찾아보라. 준다는 것은 그리스도와 같이 되는 것이다. 왜냐하면 주님은 전 생애와 사역을 주는 일에 사용하셨기 때문이다.

3. 헌금은 비례적으로 측정되어야 한다(8 : 10~15)

고린도 교회에서는 한 해 전에 헌금을 제안하였고 기꺼이 헌금에 참여하도록 광고하였다. 디도는 이 계획을 시작에 옮기는 일을 도왔는데(6절) 이제 바울은 그들이 시작한 일을 끝내도록 권고하고 있다. 십일조를 바치기로 약속하고 열외로 떨어져 나가는 그리스도인이 얼마나 많은가! 그들이 다른 채무 관계에도 이러한 자세를 취한다면 옥에 갇히게 될 것이다.

다음으로 바울은 비례적인 헌금의 원리를 분명하게 펼치는데, 그 원리의 내용은 "하나님이 그에게 약속하신 대로"라고 제시했던 고린도전서 16장 2절에서와 같다. **십일조는 바치는 일에 있어 가장 정당한 방식이다.** 십일조는 사람의 것을 훔쳐가는 것이 아니며, 부자와 가난한 사람에게 똑같이 정당한 것이다. 모든 사람들이 바치고 하나님의 축복을 받도록 허용되어 있다. 하나님께서 요구하시는 것은 **정해진 몫**이 아니라 **비례**이다. 이 계획에 있어서 "동등해질 수 있는" 유일한 방식이 십일조인 것이다(14절).

바울은 출애굽기 16장 18절을 인용하여 하나님께서 유대인들이 순종할 때 축복하셨던 것같이, 바치는 일에 있어 주님의 말씀에 순종할 때에 그리스도인들은 축복을 받게 될 것임을 보여 준다. 하나님은 바쳐야 할 마땅한 분량을 드린다면, 100의 10%를 바친 그리스도인보다 500의 10%를 낸 사람에게 더 축복하시지는 않을 것이다. 십일조를 반대하는 사람은 바치는 일에 있어 유일한 공정한 방식을 반대하는 것이다.

4. 헌금은 정직하게 다루어야 한다(8 : 16~24)

바울은 이 선교 자금을 오용하는 일로 그를 비난하는 사람이 없도록 신경을 많이 썼다. 그래서 그 교회로 하여금 이 돈을 관리할 세 명의 대표들을 지명하도록 했다. 지명된 사람들은 디도(16~17절)와 다른 형제와(18~19절), 또다른 조력자(22절)였다. 이 일은 사무를 잘 처리한 것이다.

교회와 그리스도인 조직체들이 재원을 비사무적인 방식으로 처리하는 것은 유감스러운 일이다. 모든 돈은 영수 처리가 되고 기록되어야 한다. 이 재원은 두 사람 이상이 회계해야 한다. 그런데 그리스도인 사역자들이 이것을 오용하거나 또는 돈을 취급하는 데 있어서 부주의하여 그의 능력과 간증을 잃는 일이 많다.

20~21절은 이 부분의 중심 구절이다. 하나님이나 사람에게 어떠한 고발의 기회도 주어서는 안 된다. 그리스도인 사역자들이 "하나님께서 내 마음을 아신다"고 말하는 것으로는 충분하지 않다. 우리는 사람들이 지켜보고 있다는 것을 잊어서는 안 되며, 대적에게 부정직하다는 고발을 당할 기회를 주어서도 안 된다.

어떤 사람들은 지교회에서 기록을 하고 봉투를 사용하며 영수증을 주는 것이라면 "신령하지 못하다"고 말한다. 그러나, 이는 진리에서 거리가 멀다. 만일 영수증을 받지 않는다면 십일조와 헌금이 결국 교회로 들어가고 있는 것인지를 어떻게 알 수 있는가? 마음으로부터 정직하게 내려는 사람은 봉투를 사용하는 것이 사무적이고 정돈된 방식이므로 이를 사용하고 싶어할 것이다. "그 누구에게도 내가 내는 것을 알 권리가 없기 때문에 난 봉투를 사용하지 않는다"고 말하는 사람은 아마도 전혀 내지 않는 사람일 것이다.

나는 내가 보험증서나 세금고지서 같은 것들에 돈을 지불한다는 것을 사람들이 알기를 원한다. 왜냐하면 그것은 부끄러운 일이 아니기 때문이다. 내가 하나님께 십일조를 바치는 사실을 숨겨야 하는가? 바울은 이러한 헌금들이 적절하게 존중을 받아야 하며 적절하게 취급해야 할 것이라고 분명하게 말했으며, 지교회 안에서 우리도 이같이 해야 할 것이다. 하나님은 혼란을 지어내시는 분이 아니다.

그리스도인이나 교회에서는 재정적으로 건전하지 못한 사역들에 돈을 지원해 *119*

서는 안 될 것이다. "필요한 데가 있다"는 사실이 헌금의 충분한 동기가 되지는 못한다. 그 돈이 정직하게 처리되며 지혜롭게 사용된다는 증거가 있어야만 한다. 많은 그리스도인의 사역들이 하나님께서 인준해 주신 일이 없는 계획에 돈을 낭비한다. 우리에게는 이러한 일들을 지원할 의무는 없다. 내가 꾸지 않은 빚을 갚을 필요는 없다. 성경적이라는 점 외에도 교회에 내는 것이 가장 좋으며 안전한 이유가 여기에 있다.

목회자와 집사들은 사역들을 조사하여 그 사역들이 얼마나 건전한지 알아볼 수 있다. 목회자는 본 교회에서 필요한 경우를 알고 있으며 어떤 사역이 가짜이며 어떤 사역이 진실한 사역인지를 알고 있다. 만일 지도자들을 신뢰한다면 교회는 그들을 따라야 한다.

뿌리는 일과 거두는 일
-고린도후서 9장-

8장에서는 그리스도인의 바치는 일을 논의했는데, 이제는 하나님께 바치는 일에 충성했을 때 요구할 수 있는 약속들에 대해 설명한다. 이 두 장에서는 사람에게 짐을 지우는 법적인 채무로서가 아니라 그리스도인의 은혜와 축복으로서의 헌금에 대하여 말하고 있다. 그리스도인이 바치는 문제로 어려움을 당한다면 그의 마음에 무엇인가 잘못이 있는 것이다. 바울이 말하는 삼중의 약속을 살펴보자.

1. 바치려는 의지는 다른 이들에게 축복을 끼친다(9 : 1~5)

8장 1~ 5절에서 바울은 고린도 사람들의 본보기가 되며 격려가 되도록 마게도냐 교회를 사용했는데, 이제는 마게도냐의 교인들을 격려하기 위하여 고린도인들을 사용하고 있다. 그리스도인들은 서로에게 격려가 되어야만 한다.
　바울은 고린도 교회의 너그러움에 대하여 다른 사람들에게 "자랑"을 했었는데 (8 : 24), 이제 그는 고린도 사람들이 그를 당황하게 하지 않을 것을 확실히 하고 싶었다. 바울은 그들이 마음에 준비가 되어 있고, 선교 헌금을 바치려는 의지와 관심을 가지고 있음을 알고 있었으나, 그 같은 일을 그들에게 상기시키고자 하였다.

　"너희 열심이 퍽 많은 사람들을 격동시켰느니라"(격려하였느니라). 이것은 참으로 놀라운 간증이다. 불행하게도 어떤 그리스도인들은 그릇된 길로 사람들을 충동질한다. 히브리서 10장 24절은 선한 일을 하도록 우리가 서로를 격려하라고 강권한다. 고린도인들이 하고 있는 일이 바로 이런 일이다.
　한 해 전에 바울은 그들에게 선교 헌금을 모으도록 강권하였으며 그들은 지원할 것을 서약했었다. 이 사도는 다른 교회들을 격려하기 위해 이들의 열성을 본보기로 사용하였다. 그리고 이제 그들이 약속한 바를 상기시키고 있다. "만일 너희가 이 일에 참여하지 않으면 다른 교회들을 실의에 빠뜨릴 것이며 전체 헌금이 수포로 돌아갈 것이다."

　바울은 이 헌금을 장려금 곧 축복이라고 부르기를 좋아한다. 바울은 헌금이 목에 걸린 멍에가 아니라 축복이 되며, 또한 축복을 받는 기회로 볼 수 있기를 원하였다. 바울의 편에서 볼 때 헌금은 축복의 문제이지 탐욕(욕심)의 문제가 아니었다. 사람들은 왕왕 헌금의 중요성을 오해한다.

주는 일은 받는 사람이나 (9 : 12 – 그들에게 필요한 것을 공급함) 나누는 사람에게 축복이 되듯이 다른 사람들에게도 축복인 것이다.

그리스도인이 지교회에 바치는 일에 충성할 때, 그는 다른 사람들에게 축복이 되며 다른 그리스도인들이 말씀에 순종하도록 격려를 하게 된다.

2. 바치려는 의지는 자신에게 축복이 된다 (9 : 6 ~ 11)

바울은 그의 논점을 설명하기 위해 여기서 농사에 있어서의 원리를 사용한다. 풍성하게 씨를 뿌리는 농부는 풍성하게 거둔다 (잠 11 : 24 / 눅 6 : 38 / 갈 6 : 7 ~ 8 참조). 여기서 "풍성하게" (또는 "아낌없이" – Bountifully) 란 말은 5절에서의 "장려금" (한글 성경에서는 "연보" – Bounty)과 같은 단어이다. 아낌 없이 뿌리는 것은 축복을 뿌리는 것을 의미하며, 풍성하게 거둔다는 말은 "축복을 거둔다"는 뜻이다. 하나님은 인간에게 빚을 지지 않으신다. 우리가 충실하게 순종할 때에 하나님께서도 우리를 축복하시는 일에 충실하시다.

7절은 흔히 잘못 적용되곤 하는 구절이다. 바울은 우리가 얼마나 많이 바칠 것인가를 말하지 않고 어떻게 바칠 것인가를 말하고 있다. 그는 8장 12 ~ 15절에서 얼마나 많이 되돌려 드릴 것인지에 대해 말하였는데, 그것은 가진 바 소유에 따라 비례적으로 바치는 것이었다. 그러나, 아까워하며 바치거나 법적인 채무의 감정으로 바친다면, 바치는 데에 따른 축복을 잃는 것이다. 바치는 것은 마음에서부터 우러나야 하며, 하나님은 즐겨 (헬라어로는 "유쾌하게") 내는 자를 사랑하신다.

어떤 그리스도인들은 이 구절을 들어 마음에 목적한 바를 기쁘게 바치는 한, 우리가 얼마만큼을 바치는가는 문제가 안 된다고 말한다. 그러나, 절대 그렇지 않다. 기쁘게 바치는 마음이 순종하는 마음을 대신하는 것은 아니다. 드리는 데 있어서 우리의 마음은 충실하고도 기뻐야 한다. 왜냐하면 우리는 바른 동기로 바른 액수를 바치는 것이기 때문이다.

8절에서 "모든 은혜, 항상, 모든 것, 넉넉함, 모든 착한 일" 등, "모든" 이란 말이 여러 번 나오는 것을 눈여겨보자. 빠뜨린 것이라고는 아무것도 없다. 이것은 순종하는 자에게 주시기로 약속하신 하나님의 약속이다. "넉넉함" 이란 단어는 3장 5절, 12장 9절에서도 나온다. 하나님은 우리가 영적으로 (2 : 6), 물질적으로 (9 : 8), 또한 육체적으로 필요한 것들을 공급하시는 데에 신실하시다. 하나님은 우리의 필요에 대처하시나, 이는 다만 우리의 즐거움만을 위해서가 아니라 이로 말미암아 우리가 하나님께 봉사하며 다른 사람들을 도울 수 있도록 하기 위함이다.

우리는 "모든 착한 일에 풍성해야 한다." 바울은 그리스도인들이 다른 사람들을 도울 수 있도록 일을 해야 한다고 권고한다 (엡 4 : 28). 바울은 여기서 시편 112편 9절과 이사야 55장 10 절을 참고로 하여, 하나님은 바치는 일에 충성된 사람을 축복하신다는 것을 입증한다. 하나님은 씨를 공급하셔서 씨뿌리는 사람이 먹을 것을 만들고도 다른 사람들을 먹일 수 있도록 더 많은 씨를 뿌리게 하신다.

인간적으로 말해서, 주는 사람은 그만큼 잃는 사람인 것이 분명하다. 그러나, 일이 그처럼 되지는 않는다. "주는 것이 받는 것보다 복되다." "주라, 그리하면 그것이 너희에게 주어질 것이다." 이 말들은 우리가 하나님과 거래를 하라거나 십일조를 하나님의 축복을 사들이는 수단으로 보라는 것은 아니다. 그래서는 안 된다. 그보다는 하나님을 향한 우리의 사랑과, 말씀에 대한 우리의 신뢰를 표현하는 기회로 보아야 한다는 뜻이다.

3. 바치려는 의지는 하나님께 영광을 돌린다(9 : 12~15)

바울은 고린도인이 그리스도 안에서 지닌 영적인 부요함에 대하여 몇 번을 상기시키고 있는 것인가.✓(고전 1: 5 / 고전 4: 8 / 고후 8: 9 / 고후 9: 11) 하나님은 우리를 부요케 하시며 우리는 다른 사람들을 부요케 하고, 그리고는 하나님께서 감사와 영광을 받으신다. 바울은 이 헌금을 분배하는 일이 성도들에게 도움을 줄 뿐만 아니라 하나님께 영광이 된다고 지적한다.

13절은 유대인들이 이 헌금을 받는 일이 어떻게 하나님께 영광을 돌리게 되는 것인지에 대하여 두 가지의 이유를 진술하고 있다. 즉, 바치는 사람들은 하나님의 말씀에 순종함을 표하는 것이며, 그들의 자유로운 헌금이 그들과 모든 사람들에게 도움이 되었다는 것이 그 이유이다. 받는 사람들은 되돌아서 그 교회들을 위하여 기도할 것이며 그들을 더욱 사랑할 것이다.
물론 이러한 헌금의 배후에는 매우 실용적인 사상이 들어 있다. 바울은 그가 설립한 이방인 교회들을 고국에 있는 유대인 그리스도인의 마음에 맺어 주고 싶어했으며, 이 헌금은 바울이 유대인의 원수가 아니라는 점과, 종족의 구별을 넘어 교회 안에 있는 통일성을 입증할 것이었다.

바울은 찬양하는 말로 본 장을 끝맺는다. 그는 바치는 일(연보)에 관하여 써 왔는데, 그의 마음은 하나님의 선하심으로 가득 차서 "말할 수 없는 그의 은사를 인하여 하나님께 감사하노라"고 외친다. 이 은사란 물론 하나님의 아들 예수 그리스도라는 선물이며 또한 그가 가지신 영원한 생명의 선물이다.
이 두 장을 읽으면 반드시 바치는 일에 대한 태도가 새로와질 수밖에 없다. 그리스도인의 생활에 있어서 결국에 가면, 이것은 "물질적인 것"이고 저것은 "영적인 것"이라고 나누는 일은 없게 된다. 우리가 가진 모든 것이 하나님께로부터 온다. 그리고 우리가 가진 모든 것은 영적인 목표를 위해 사용되어야 한다.

바울은 바치는 일은 부담이 아니라 축복임을 가르친다. 그리고, 참된 그리스도인의 헌금은 생활을 풍성하게 하며, 하나님의 축복의 샘을 열어 놓는 것임을 보여 준다. 바친다는 것은 은혜이며(8:1, 6～7, 9, 19 / 9:8, 14), 은혜를 이해하는 그리스도인은 바치는 법도 이해할 것이다.

사도적 권위
- 고린도후서 10장 -

고린도후서의 마지막 부분(10~13장)은 바울이 자신의 사도권을 변호하는 내용을 담고 있다. 이 장들에서 그는 고린도 교회에 있는 그의 대적들이 고발한 것에 대하여 답변한다. 바울의 응답을 읽어 가면 그들이 바울에 대하여 거짓말을 하고 있는 것임을 잘 알 수 있을 것이다.

고발의 내용을 보면, 예루살렘에서 천거서를 가지고 오지 않았기 때문에 그는 참된 사도가 아니라는 것과 그의 동기가 진실하지 못하다는 것, 그가 육체적으로 너무도 미약해서 존경을 받기에는 부적합하다, 그의 편지들은 담대하지만 그의 인격은 그 내용을 뒷받침하지 못한다, 그의 약속들은 의지할 수가 없다는 것 등이다.

한 가지 명심할 것은 바울이 여기서 자기 자신을 개인적으로 변호하는 것이 아니라 사도의 직분, 다시 말해서 그가 전한 멧세지를 변호하고 있다는 점이다. 이 거짓말들은 고린도를 방문하여 유대교와 복음을 혼합한 거짓 교리로써 교회의 일부를 장악한 거짓 교사들에 의해 조장되고 있었다. 바울은 그를 비판하는 사람들에게만 답변하고 있는 것이 아니라, 사단 자신에게 답변하고 있는 것이다(11 : 13~15).

바울이 "자랑함"에 대하여 말할 때는 빈정대며 비꼬는 식이 가미되고 있다. "너희에게 인기 있는 그 교사들은 자랑하기를 좋아한다. 그래서 나도 나 자신에 대해 약간 자랑을 함으로써 너희의 사랑을 얻고자 한다." 물론 바울의 자랑은 주님 안에 있는 것으로, 자신을 자랑하는 것은 결코 아니다. 여기 10장에서는 그의 편지가 능력 있는 반면 그가 실제로는 연약하다는 고소에 대해 몇 가지로 답변을 하고 있다.

1. 나는 그리스도의 본을 따른다(10 : 1)

고린도 사람들은 사람들에게 영광 돌리기를 무척 좋아하였으며(고전 3 : 21 / 고전 4 : 6~ 7), 팔레스틴으로부터 온 유대화된 설교자들의 영향 아래 휩쓸리고 있었다. 그들이 거짓 교리를 전파하며(11 : 4), 그리스도인들을 악용하고 있었는데도 불구하고(11 : 18~ 20) 교회는 그들을 환영하고 있었으며, 그 교회를 설립하고 그 교회를 위하여 생명의 위험을 무릅쓴 바울보다도 그들을 더 높이고 있었다. 이 교사들은 그 교회의 주인 행세를 하며 "바울은 너무 약하다. 그러니, 우리들을 따르라. 우리는 진짜 능력을 발휘하기 때문이다"라고 말하였다.

이 점에 대하여 바울은 "만일 내가 연약하다면, 그것은 연약함이 아니라 그리스도의 온유함이다"라고 응답한다. 그리스도는 결코 그 사람들에 대해 "주인 행세"를 하지 않으셨으며, 그의 능력은 온유와 겸손 가운데서 행사되었다. 온유함은 연약함이 아니다. 온유함은 조절을 받는 능력이며, 죄에 대하여 분노할 수 있는 능력이고, 그리스도를 위하여 기꺼이 고난을 견딜 수 있는 능력이다.

우리는 외모로 판단하거나(10 : 7), "정력적인 전도자"는 하나님의 능력을 발휘할 것이 틀림없다고 생각하는 실수를 범하지 말자. 그리스도를 닮는 것을 대신할 만한 것은 없다.

2. 나는 영적인 무기를 사용한다(10 : 2~6)

바울이 육신적인 방법을 사용하지 않았으며 "강렬한 성격"으로 말미암는 능력을 발휘하지 않았다는 이유만으로, 그들은 그를 허약한 사람이라고 생각하였다. 하나님을 위하여 싸우는 그의 무기는 육신적인 것이 아니라 영적인 것이었다.

모두가 그렇지만, 바울 역시 "육신 가운데서 행하였다." 즉, 육신의 모든 허약함을 가지고 있었다. 그러나, 그는 육신의 지혜나, 인간의 가능성, 또는 육신의 힘에 의존하여 싸우지는 않았다. 모세는 하나님의 무기가 영적인 것임을 배워야 했으며(행 7 : 20~36), 바울은 에베소서 6장 10절 이하에서 이를 가르쳤다. 이 전쟁에 있어서는 하나님의 말씀과 기도만이 유일하게 효과적인 무기이다(행 6 : 4).

그리스도인들이 하나님의 진리의 말씀을 믿지 않고 거짓말을 믿었으므로 고린도에서는 불순종이 행해졌다. 바울은 그들의 논쟁과 거짓 교리들을 파하고 그들의 마음과 생각을 순종의 위치로 인도할 것을 시사한다. 교회의 문제는 교회법을 개정한다거나, 교파적인 어떤 책략을 통해 진흥시킨다거나, 또는 죄를 표면적으로 처리한다거나 해서 해결될 수는 없으며, 하나님의 말씀에 사람들을 직면하게 함으로써 해결할 수가 있다.

3. 나는 외모로 판단하지 않는다(10 : 7~11)

외모로 판단하는 사람은 언제나 외모에 치중하며 산다. 바울은 하나님을 기쁘시게 하려고 애쓰는 삶을 살았으며, 결코 인간을 기쁘게 하려고 노력하지는 않았다. 그는 자신이 주님께로부터 부름을 받았으며 주님의 신용장을 받았음을 알고 있었다. 그리고, 문제가 되는 것은 그것이 전부였다. 물론 그는 "자기의 신분을 믿고 세력을 부릴 수도" 있었고 사도의 권한을 사용할 수도 있었으나, 그는 그러한 권한을 사용하여 교회를 파괴하기보다는 교회를 양육하는 편을 택하였다. 물론 간혹 참다운 것을 세우기 위하여 파괴하는 일이 필요한 때도 있기는 하다.

베드로 같은 육신적인 정력이나 아볼로 같은 웅변 능력이 없다고 하여 바울을 불신임하는 그리스도인들은 얼마나 어리석은가! 육신적인 그리스도인들은 언제나 "설교자를 판단하며", 하나님의 종을 이 사람 저 사람 비교한다. 바울은 다음에 방문할 때는 그가 그의 편지와 같이 능력이 있을 것이라고 그들을 경고한다.

4. 나는 하나님께서 칭찬하시게 한다(10 : 12~18)

이러한 거짓 교사들은 "상호 칭찬 협회"의 회원들이었으며, 스스로 서로를 비교하였다. 그 결과, 그들은 자신들을 매우 높게 생각하였다(마 5 : 43~48/갈 6 : 3~4 참조). 그러나, 바울은 자기가 고린도에서 교회를 설립하기 위하여 생명을 무릅쓰고 있을 때 이 위대한 교사들은 어디에 있었느냐고 묻는다. 그 어려운 일이 끝난 후에야 나타난 사람들이 설립자를 비판하고 모든 영광을 차지하고 있지 않은가 !

바울은 고린도 사람들에게 복음의 손을 뻗쳤으며, 또다른 지역으로 복음을 전해 주는 일에 그들이 조력해 주기를 원하였다. 유대주의자들은 와서 그들이 성취하지도 않은 일들을 자랑하고 있었다. 바울의 주관은 아무도 가본 적이 없는 곳에 복음을 가지고 가는 일이었으나(롬 15 : 20), 반면에 유대주의자들의 정책은 다른 사람의 영역을 침범하여 그가 한 일을 망하게 하는 것이었다.

바울은 매우 지혜롭게도 칭찬에 관한 문제를 주님께 맡긴다. 그는 17절에서 예레미야 9장 24절을 언급하는데, 이것은 고린도전서 1장 31절에서도 인용되었던 구절이다. 결국, 주님을 섬길 수 있도록 인간에게 은혜를 주시는 분은 주님이시며, 그분만이 마음과 동기를 알고 계신다. 바울이 하나님께서 "잘 하였도다"라는 말씀을 하실 것을 기꺼이 기대하였던 것처럼 우리 역시 그러해야 한다.

이 장을 복습해 보면, 그리스도인 사역자들과 그리스도의 봉사에 관한 문제에 이르러 우리 모두가 배워야 할 몇 가지 중요한 교훈에 주목하게 될 것이다.

1 **육신적인 문제들로 영향을 받지 말라.** 하나님의 가장 위대한 종은 인간적으로 말해서 반드시 가장 잘생기고, 가장 강한 사람인 것은 아니다. 어떤 그리스도인들은 "할리우드의 영화배우" 같은 이에게 곧 위압감 느끼는데, 이들은 인상적인 외모와 최면술적인 웅변으로 그들을 사로잡는다. 이것은 물론 우리가 고의적으로 무관심해지거나 거짓 겸손을 실천하라는 뜻은 아니다.

2 **영적인 무기들과 도구들을 사용할 때에 가장 지속적인 사역을 이루게 된다.** 군중을 많이 모이게 하는 일이 한 가지이면 교회를 양육한다는 것은 또다른 일이다. 연극 프로그램, 광고를 통한 진흥 책략, 육신을 의존하여 인간을 높이는 능력 발휘, 이러한 모든 일들은 육신의 관심을 끌지는 모르지만, 결코 하나님의 인정을 받을 수는 없다. 우리는 기도와 하나님의 말씀을 통하여 세워 나가며, 이 일에는 시간이 걸린다.

③ **때가 이르기 전에 판단하지 말라**(고전 4 : 5). 하나님께서 칭찬하시게 하라. 하나님의 인정을 받도록 살라. 그리하면 당신의 생애와 사역은 축복을 받을 것이다.

어쩔 수 없이 하는 바울의 자랑

-고린도후서 11장-

본 장에서는 바울이 "자랑"이라고 부르는 바를 제시한다. 본 장에는 약간의 "영적인 풍자"가 있다는 것과, 바울이 대적들의 고발 내용을 그들에게 되돌리고 있다는 것을 기억해야 한다. 그는 "너희의 새로운 선생들이 자랑하기를 무척 좋아하니 나도 그들의 정평 있는 방법을 사용하여 몇 가지 자랑을 하겠다" 말한다. 그는 이 일이 그리스도의 본을 따르는 것은 아님을 시인한다(11 : 17). 그러나, 그의 "자랑"이 그리스도를 영화롭게 할 것임을 알고 있었는데, 그것은 그가 견디어 온 모든 일들이 그리스도의 영광을 위한 것이었기 때문이다. 바울은 세 가지 일에 대해 자랑한다.

1. 교회에 대한 그의 열성(11 : 1~6)

열성과 질투 사이에는 굉장한 차이가 있다. 질투는 육신적이고 이기적인 것이지만, 열성은 사랑에 기반을 둔 것이며 다른 사람의 복지를 추구한다. 남편이 그의 아내에 대해 열성을 내거나, 목회자가 그의 교회를 위해 열성을 내는 것은 정당한 일이다. 바울은 에베소서 5장 22~33절에서 우주적인 교회를 그리스도의 신부에 비유한 바와 같이 지교회를 신부로 비유하는데, 둘 다 사실이다.

구약의 이스라엘이 여호와의 아내(이미 하나님과 결혼하였으므로)로 비유되듯이, 교회는 그리스도의 신부(아직 주님과 결혼식을 올리지 않았으므로)라고 불리워진다. 바울의 소망은 교회를 순수하게 보존하며, 거짓 교리와 세상적인 삶에서 자유롭게 하는 것이었다. 구약에서 거짓 신들을 따라가는 것이 신약에서는 간음으로 비유된다(약 4 : 1~ 4).

교회는 어떻게 그리스도로부터 떠나 유혹에 빠지게 되는 것인가? 사단의 거짓 교사들로 말미암아 타락하게 된다(3, 13~ 15절). 창세기 3장에서 사단이 하와의 마음을 속였듯이, 사단의 거짓 교사들은 신자들의 마음을 속이며 진리로부터 그들을 멀리 이끌어 간다. "단순성"이란 한 마음으로 헌신하는 것을 뜻한다. 우리는 하나님과 재물을 동시에 섬길 수 없다. 교회가 하나님의 말씀에 진실되게 머물러 있기 위해 그것은 얼마나 중요한가!

오늘날 사람들은 바울이 전한 그리스도가 아닌 다른 예수를 우리에게 제시하며, 하나님의 성령이 아닌 다른 영을, 또는 하나님의 은혜의 복음이 아닌 다른 복음을 제시한다(갈 1장). 영적인 간음에 대한 유일한 방어는 하나님의 말씀에 충실하는 것이다. 그리스도께서 교회를 위하여 죽으신 데에 비하여 우리는 교회를 위하여 얼마나 열성을 내야 하는가.

2. 교회에 대한 그의 관용(11 : 7~21)

"바울은 참된 사도일 수 없다. 만일 그렇지 않다면 자기가 봉사한 댓가로 돈을 받았을 것이다. 고린도에서 그가 돈을 거절한 것은 그가 정직한 사람이 아님을 스스로 알고 있다는 증거이다"라고 그의 대적들은 말했다. 선한 사람의 관용이 비판을 당하고 그의 동기가 의심받는다는 것은 얼마나 비극인가.

바울은 그들의 물질적인 지원을 거절함으로써 죄를 지었다고 약간 빈정거리는 말투로 이야기한다. 바울은 사역이 비난을 당하지 않게 하려고 스스로 필요한 것들을 충당했는데(고전 9장 참조), 그럼에도 그의 대적들은 비난하고 있는 것이다.

바울이 그들의 지원을 거절한 것은 그들을 사랑하였기 때문이라고 확실히 말하고 있다. 그는 빌립보 교회가 그에게 지원하는 일은 허락하였으나, 사도로서 그럴 권리가 있음에도 불구하고 고린도인들로부터는 어떤 지원도 받지 않았다. 그는 원수들이 그를 비난할 기회들을 "근절시키고" 싶었던 것이다(12절).

처음으로 바울은 마귀의 종이 된 교사들을 공개적으로 비난한다. 사단의 가장 효과적인 무기는 모방이다(마 13장 참조). 그러나, 그리스도인들은 그러한 거짓 교사들이 그들의 생활이나 사역에서 그리스도의 영에 속한 아무것도 나타내지 않았으므로 이들이 사단에게서 왔음을 알 수 있다.

20절은 육신적인 사역을 설명하고 있는데, 사람들을 자유가 아니라 속박으로 인도해 가며 이기적으로 그들을 삼키고, 그리스도가 아니라 자신들을 높이며, 성도들의 상처를 치료하도록 돕기는 커녕 도리어 타격을 가하고 있었다. 바울의 사역과는 얼마나 다른가. 그들의 사역은 그리스도의 단순한 사랑과 은혜 대신, 속박과 명예와 인간의 책략을 즐기는 육신적인 것만이 있을 뿐이었다.

3. 교회를 위한 그의 고난(11 : 22~23)

사도로서의 바울의 사역을 보증하는 주된 신용장은 그리스도를 섬기면서 받은 상처들이었다(갈 6 : 17 참조). 바울은 사도행전 20장 이하에 나오는 사건들을 당하기 전에 이러한 일들을 썼으며, 사도행전에는 이 부분에 기록된 바와 같은 일들이 대부분 나오지 않고 있음을 명심하자. 만일 그가 복음을 변호하는 일 때문이 아니라면 이런 사실을 언급하지도 않았을 것이다.

바울이 인간의 승인을 내세우지 않고 그가 받은 고난이야말로 사도로서의 가장 좋은 증거라고 주장하는 것은 참으로 인상적이다. 오늘날 우리에게는 특별한 학위나 상을 받은 사람들에게 존경을 표하는 경향이 있으나, 바울은 그의 몸에 예수 그리스도의 "표"를 지니고 있다. 시대가 이처럼 바뀌었다.

이러한 고난들에 대해서는 논평이 필요치 않다. 그것들 자체가 말해 주고 있다. 바울은 어느 곳이나 갔으며, 무슨 일이나 견디었는데, 이는 잃어버린 사람들에게 복음을 전하기 위한 것이었다고 말하는 것만으로도 충분하다. 오늘날에는 임무 수행을 훨씬 용이하게 만들며 자유로이 사용할 수 있는 도구들을 많이 가지고 있으면서도 일을 훨씬 적게 하는 것은 무슨 이유일까?

바울에게 있어서 가장 무거운 부담감은 "모든 교회를 돌보는 것"인 듯하다. 영적인 전쟁은 육체적인 것보다 언제나 값을 많이 치르는 법이다. 새로운 그리스도인을 위해 기도하고 어린 양들과 양떼를 먹이며 사단의 공격을 경계하는 일들은 그리스도의 충성스러운 종을 무겁게 내려 누르는 부담이 큰 임무들이었다.

바울은 자기의 능력을 자랑하고 있는 것이 아니라 자기의 연약함을 자랑하고 있음에 유의하라. 유대주의자들이 그들의 회심자들을 자랑으로 여기고 있는 동안 바울은 옥에 갇히고, 매맞고, 바다에 빠진 횟수를 계산하고 있다. "그들이 자기의 능력을 자랑하는 동안 나는 나의 미약함을 영광으로 삼겠다"고 그는 말한다. 그리고는 12장에 나오는 육체의 가시에 대한 이야기로 이끌어 간다.

그는 특히 재미있는 항목으로 끝을 맺고 있는데, 곧 다메섹에서 도망친 일이다(행 9 : 23~ 25). 이 위대한 랍비가 바구니를 타고 성벽을 내려와야 하다니 얼마나 겸손했어야 하는가! 유대주의자들은 이처럼 자기를 낮추었는가? 아니다! 그들은 멧세지를 타협하고 버젓이 성문으로 걸어 나갔다. 바울은 사역의 첫날부터 마지막 날까지 고난에 직면하였다. "그렇다, 예수 그리스도 안에서 거룩하게 살려는 모든 사람들은 박해를 당할 것이다."

교회를 향한 바울의 이같은 자세가 오늘날 모든 교회의 목회자들과 성도들의 마음에 있어야 하겠다. 우리는 우리가 속한 교회에 대하여 열성을 다해야 하며, 어떠한 사단의 거짓말이 그리스도를 향한 진실된 마음의 헌신에서 떠나도록 교회를 유혹하지 않을지 경계해야 한다. 교회들(그리스도인들)이 그리스도게로 마땅히 돌려야 할 사랑을 도적질하게 되기란 얼마나 쉬운 일인가!

요한계시록 2장 4절에서 그리스도는 에베소의 교회에게 "너희는 처음 사랑을 버렸다"고 경고하셨다. 그리스도인들이 교회에 대한 경건한 질투심(열성)을 행사하지 않는다면 죄 가운데로 표류하게 될 것이다.

또한 우리는 교회에 대하여 비이기적이고 관대한 태도를 지녀야 한다. "나는 얼마나 얻을 것인가?"의 태도가 아니라, "나는 얼마나 줄 수 있는가?"하는 태도를 지녀야 한다. 필요하다면 하나님의 영광을 위하여 교회가 성장할 수 있도록 고난도 받아야 할 것이다.

바울이 지닌 육체의 가시
- 고린도후서 12장 -

우리는 종종 본 장에서 헌신의 축복에 대한 부분을 발췌해 내기도 하지만, 지금 바울은 그의 비판자들에게 대답을 하고 있는 중이며, 사도로서의 소명을 증명하고 있음을 기억해야 한다. 앞 장에서 그는 자기의 연약함을 나타내며 그리스도께서 영광을 받으실 일들을 자세히 이야기하기로 작정하였다. 본 장에서는 그러한 결정을 행동으로 옮긴다. 실제로, 여기서는 바울의 사도권에 대한 네 가지 증거를 발견할 수 있을 것이다.

1. 그리스도께 받은 계시(12 : 1~6)

"인간" 바울이 여기서 말하는 것은 물론 자신에 관한 것이다. 14년 동안 이러한 감동적인 경험들을 비밀로 지켜왔다고 상상해 보라(또한 14년 동안 고난을 견디는 것도 상상해 보라). 물론, 바울은 다른 어떤 사람이 보지도 듣지도 못한 하나님의 계시를 받았다. 그는 교회에 대한 비밀(mystery)을 세상에 계시하기 위한 하나님의 선택받은 도구였다(행 26 : 16 참조).
"세째 하늘"은 낙원이며, 하나님께서 계신 바로 그 하늘나라이다. 우리는 바울이 하나님으로부터 무슨 말을 들었는지 알지 못한다. 어떤 그리스도인도 분수 이상으로 그를 높이지 않도록 바울 자신이 이러한 경험에 대하여 아무 말도 하지 않았다. 그 겸손함이 참으로 놀랍지 않을 수 없다./
바울이 하나님의 선택하신 종이 아니었더라면 이러한 계시들을 그에게 주지 않으셨을 것이다. 갈라디아서 1장 11절 이하에서 그가 언급한 대로, 그가 가르친 진리들은 하나님께로부터 직접 받은 것으로, 다른 사도들로부터 간접적으로 거쳐 온 것이 아니었다.

2. 육체의 가시(12 : 7~10)

이 가시가 무엇인지에 대해서 우리는 모르지만, 가장 적절한 짐작은 눈병인 것 같다. 바울은 회심하였을 때 초자연적으로 눈이 멀었었는데(행 9 : 9), 말년에까지 그 영향으로 연약함을 지녔을 수 있다. 갈라디아서 4장 15절과 6장 11절의 "큰 글씨로"라는 말은 눈에 이상이 있음을 암시하고 있다. 이것이 바울에게 육체적으로나 정서적으로 시련이 되었을 것이며, 사실상 육체의 가시(말뚝)라고도 불리워질 수 있는 것이다(때로는 죄수들이 말뚝에 묶여 지독한 죽임을 당했다).

이 가시의 존재는 1～7절에 나와 있는 그의 천국 경험을 증명하는 것이다. 왜냐하면 주 안에서 얻은 이 위대한 경험들에 대해 교만하지 않도록 하기 위하여 하나님께서 그에게 가시를 주셨기 때문이다(참으로 놀라운 선물이다). 고린도에 있는 대적들은 바울이 연약하다고 비난하였는데(10：1, 10 / 11：6, 29) 이제 바울은 자기의 연약함을 인정하며, 그의 연약함이 하나님으로부터 온 선물임을 시인한다. 그들이 바울에 대하여 고발하였던 그 연약함은 사실상 그의 사도권에 대한 논쟁이었다.

바울의 가시로 인한 경험에서 배우게 되는 실제적인 교훈들이 몇 가지 있다.

① **영적인 축복들은 육신적인 축복들보다 더 중요하다** - 바울은 자기의 연약함에서 해방된다면 보다 훌륭한 그리스도인이 될 것이라고 생각하였으나, 사실은 그 반대였다. 몸이 아픈 것은 죄라고 설교하는 신유주의자들은 본 장을 다룰 때에 어려움을 겪을 것이다.

② **기도가 응답되지 않았다고 하여 문제가 해결되지 않은 것이라고 볼 수는 없다** - 때로는 하나님께서 우리의 기도를 응답하시지 않으실 때 더욱 큰 축복을 받게 되기도 한다. 하나님께서 기도에 응답하지 않으신 것 같을지라도 필요에는 언제나 응답하신다.

③ **연약함이란 그리스도께서 함께 하시는 한 강함이 된다** - 고린도전서 1장 26～31절을 보고 이를 확증하라. 그리고 기드온의 횃불과 다윗의 물매, 모세의 지팡이를 기억하라.

④ **은혜는 모든 필요에 대처하게 한다** - 은혜는 바울로 하여금 그의 연약함을 받아 들이게 했으며, 그 연약함 안에서 영광을 보게 하며, 기쁨을 갖게 하였다. 얼마나 놀라운 영적인 성장인가！ 바울은 그의 연약함이 하나님께 영광을 돌리게 될 줄을 알고 있었다. 그러한데 그 밖에 무엇이 문제가 되겠는가(고후 4：7).

3. 사도의 징표(12：11～18)

바울이 사도들 중에서 그 누구에게도 뒤지지 않는다고 주장하는 것은 자신을 높이고 있는 것이 아니라, 자기의 직분을 변호하고 있는 것일 뿐이다. 바울은 자신의 사도됨을 증명하는 몇 가지 "징표"를 열거하는데, 먼저 **인내**로부터 시작하고 있음을 눈여겨보자. 우리는 그가 기적과 경이로운 일들이 일어났던 것을 먼저 말할 것을 기대하고, 인내를 말하리라고는 생각지 못했다. 그가 하나님께 부르심을 받아 사명을 맡았다는 증거가 되는 것은, 바울이 시련을 받으면서도 꾸준하게 견디어 왔다는 점이다(4장 참조).

그는 또한 돈에 대한 **자신의 태도**를 언급한다. 물질적인 것들에 대한 종의 태도가 그의 영적인 생활과 외양을 나타낸다는 것은 공인된 사실로 주장할 수 있다. 참된 그리스도의 종은 돈을 사랑할 수 없다. 바울은 그와 디도가 스스로 쓸 것을 공급하고 고린도 교회를 관대하게 돕는 방식으로 교회에 대한 진실한 사랑을 증명하였음을 상기시킨다.

기적들과 징표들만이 어떤 사람이 하나님께로 왔음을 증명하는 유일한 방법인 것은 아니다. 왜냐하면 사단도 기적적인 방법으로 자신을 보증할 수 있기 때문이다(살후 2장). 그러나, 어떤 인간의 삶과 동기가 순전할 때 우리는 그의 기적들을 신뢰할 수가 있으나, 그의 생활이 옳지 않을 때는 그의 기적들이 하나님께 속한 것일 수 없다.

4. 죄를 다루는 담력(12 : 19~21)

"너희는 내가 얼마나 연약한 것을 안다." "나는 이제 너희가 교회를 정결케 하는 일을 시작하기를 원한다. 만일 내가 그 일을 하기를 기다린다면, 내가 주님 안에서 얼마나 겸손할 수 있는지를 너희가 보게 될 것이다"라고 바울은 말한다.

삯군은 늑대가 오는 것을 보고 달아나지만(요 10 : 13), 참 목자는 머물러 양을 보호한다. 바울은 달아나려고 하지 않았다. 그는 교회 안에 있는 엄청난 죄들의 이름을 언급하기에 이른다. 비록 이들이 고린도전서 5장에 나오는 위반자들을 처리했지만 이제 주목해야 할 또다른 죄들이 있었다. "적은 누룩"이 실로 덩어리 전체를 부풀게 했다(고전 5 : 6).

여기서는 두 종류의 죄, 곧 사회적인 죄(20절)와 성적인 죄(21절)가 언급된다. 교회의 회중들 중에는 탕자들, 또한 그의 형과 같은 이들(눅 15 : 11~32 참조)이 있었으며 둘 다 회개할 필요가 있었다. 고린도전서 1장 10절에서 분당으로 시작된 일이 이제는 자라나, 논쟁과 투쟁과 소란으로 화하였다. 이러한 상황은 사단이 명령하고 있었다. 하나님은 결코 혼란을 일으키시는 분이 아니시기 때문이다. 거짓 교훈은 언제나 거짓된 삶으로 인도해 간다.

본 장은 그리스도인의 종들을 위한 시험자료로 사용되면 좋을 것이다. 오늘날 우리들 중에는 아무도 특별한 하나님의 계시를 받은 사람이 없으나 우리 모두는 하나님과 접촉할 수 있으며, 하나님께로부터 멧세지를 받을 수 있다. 우리 모두는 고난을 견디는 은혜를 소유하고 있어야 한다. 죄를 처리하는 데 있어서 방해가 되는 돈에 대한 사랑이나, 사람에 대한 두려움 같은 것들을 감히 남아 있게 해서는 안 된다. 하나님께서 우리를 도우심으로, 하나님께서 추천하시고 축복하시는 부류의 종들이 되기를 기원한다.

신자에게 주는 몇 가지 권고

- 고린도후서 13장 -

바울은 이 편지의 끝에 이르러 교회에 몇 가지로 권고하고 있다.

1. 나의 방문을 맞을 준비를 하라(13 : 1~4)

12장 14절에서 그는 세번째 방문에 대하여 언급하였으며 이제 다시 반복한다. 그는 구약 율법에서 두세 사람의 목격자를 세워 문제를 해결하는 것(신 19 : 15)을 인용하여, 그의 세번째 방문이 교회의 문제들을 바로잡을 하나님께서 주시는 마지막 기회라는 뜻을 비춘다. 그는 일전에 이번 방문이 죄를 지은 사람들에게는 엄한 심판의 자리가 될 것이라고 말했는데, 이제 다시 이 말을 상기시키고 있다. 이 죄를 다루는 데 있어서 그의 담대함은 그가 연약한 자가 아니라는 충분한 증거가 될 것이었다(10 : 10 / 11 : 6 참조).

4절에서 그가 진술한 내용은 흥미로운 데가 있다. 그리스도는 그의 죽으심을 통하여 연약함을 나타내셨으며, 그의 부활은 하나님의 능력을 나타내신 것이다. 앞선 방문에서 바울은 그리스도의 능력으로 봉사할 때에 연약해 보였으나, 다음 번 방문은 그와는 다를 것이었다.

우리가 연약하게 보임으로써 그리스도의 능력을 보일 때가 있는가 하면, 또 어떤 때는 하나님의 능력을 통하여 봉사해야만 하는 때도 있다. 바울이 겪은 육체의 가시로 인한 경험은 "주님 안에서 연약하나" 하나님의 능력으로 살아가는 것에 대한 본보기이다.

만일 고린도 사람들이 하나님의 말씀에 순종했더라면, 자신들과 바울에게 이 모든 고통을 끼치는 일은 없었을 것이다. 그리스도인들이 하나님의 말씀을 모르거나 또는 그 말씀에 반대할 때, 자신들과 다른 사람들, 또한 교회에 문제를 일으키게 된다. 하나님의 말씀에 귀를 기울이기를 거절하는 그리스도인들로 인하여 얼마나 많은 그리스도인들이 개인적인 겟세마네를 통과하는가!

2. 너희가 구원받았음을 확신하라(13 : 5~7)

고린도 사람들은 바울을 시험하는 데에 많은 시간을 소비하고 있었으나, 이제는 그들이 반성해야 할 때였다. 헬라의 철학자 소크라테스는 "반성하지 않은 인생은 살 가치가 없는 인생이다" 라는 말을 하였다. 참된 그리스도인의 경험은 시험을 견디어 낼 것이다. 바울은 "너희가 참으로 믿음에 거하는가?" "너희는 진실로 구원을 받았는가?"라고 묻는다. 모든 사람은 스스로 확증해야 하며, 아무도 다른 사람에 대해 "너는 거듭났다"라고 말해 줄 수가 없다.

참된 그리스도인은 그 속에 그리스도를 소유하고 있다. "버리운다"는 뜻은 가짜 그리스도인이란 뜻이며, 문자 그대로는 "시험을 통과하지 않은"이란 뜻이다. 바울의 원수들은 그가 버리운 자(가짜 사도)라고 고발을 하였는데, 6절에서 바울은 이를 부정하고 있다. 그는 악한 생활과 악한 말에서 돌아서라고 간청하는데, 이는 자신이 참된 사도임을 입증하려는 것뿐 만이 아니라, 그들 자신의 유익을 위해서 그렇게 하라고 하였던 것이다.

만일 그들이 회개한다면 징계의 방법으로 그들을 찾아가 그의 사도권을 입증하려고 하지는 않을 것이며, 그들을 위하여 이 특권을 기꺼이 제쳐 두려고 했을 것이다. 바울은 그들을 죄 중에서 행하게 하여 사도의 권한을 행사할 기회를 가지게 되는 것보다는, 명성을 잃더라도 그들이 영적으로 도움을 얻게 되는 것을 보는 편을 택하였다.

베드로는 목회자들에게 교회에 대하여 주인 행세를 하지 말라고 경고하는데(벧전 5 : 1 이하), 바울도 여기서 똑같은 정신을 표명하고 있다. 징계를 하는 목적은 결코 목회자를 높이려는 것이 아니라, 법법자를 회개하는 자리에 이르게 하기 위함이다.

오늘날과 같이 가짜가 많은 시대에 신앙을 고백한 신자들은 그들이 구원받았다는 사실을 알고 있는 일이 중요하다. 마태복음 7장 15~29절에 나오는 경고들과, 고린도후서 11장 13~15절의 놀랄 만한 진리들을 기억하라.

3. 하나님의 말씀에 순종하라(13 : 8~10)

8절에서 바울은 진리를 반대할 방법이 없다고 말하는 것은 아니다. 사단은 확실히 그의 거짓말로써 진리에 반대하며, 사람들은 하나님의 진리를 믿기보다는 사단의 거짓말을 믿기를 더 좋아하는 경향이 있다. 바울은 고린도인들의 회개가 정직한 것"으로(7절), 하나님의 말씀에 의한 것이어야 할 것을 말하고 있다. 그들이 진리에 순종적이라면 바울은 죄를 심판하는 말이나, 범죄자를 징계하는 말은 아무 말도 할 수가 없을 것이었다. 바울 자신은 고린도 교회에 대하여 진리말고는 아무것도 원하는 바가 없었다.

사실상 바울은 그들이 하나님의 능력 안에서 살 수만 있다면 이번에 방문해서도 그의 연약함의 또다른 면을 보여 주는 것이 기쁘다고 말하고 있다(고후 2 : 1~5). 그의 목표는 그들의 완전함 곧, 그리스도 안에서 그들이 영적으로 성숙하는 것이었다. 그들은 그리스도 안에 있는 젖먹이들이었으며 육신적이고 세상적이어서 성숙을 필요로 하고 있었다.

"나는 너희를 파괴하려는 것이 아니라 세우려고 한다"고 그는 확신시키고 있다. "내가 이처럼 엄격한 편지를 쓰는 것도 이 때문이다. 나는 너희가 하나님의 말씀을 마음에 새기며 교회에서 문제들을 바로잡기를 원한다. 그렇게 한다면 내가 갈 때에 쓰라림은 없을 것이다."

4. 믿음에서 성숙하라 (13 : 11～14)

이 마지막 말들에서 넘쳐 흐르는 사랑을 눈여겨보자. 그는 모든 사람들을 형제들이라고 불러 그를 공격한 사람들이나 그를 지원한 사람들 사이에 아무런 구분을 짓지 않았다. "작별"(farewell)은 "기쁨"을 낳는다. 바울은 눈물로 쓰고 있으나 "항상 기뻐하고" "범사에 감사할" 시간과 기회를 발견하는 것이다.

"온전하라"는 말은 믿음 안에서 성숙해 가라는 또하나의 권고이다(9절). 만일 그들이 성숙한 그리스도인이었다면 바울이 이 구절을 끝맺으며 비는 축복을 그들이 소유하며, 상호간에 그리고 하나님과 달콤한 교제를 나누게 되며 위로와 연합됨과 평강을 얻을 것이다.

"거룩한 입맞춤"은 신자들 사이에 있었던 동양의 풍습이다. 현대 번역본은 아마도 "모두 돌아가며 악수를 하라"고 번역할 것이다.

바울은 성경에 나오는 가장 훌륭한 축복 기도로 끝맺고 있는데, 삼위일체의 축복 기도이다. "우리 주 예수 그리스도의 은혜"는 주께서 우리를 위하여 가난하게 되신(고후 8 : 9) 베들레헴으로 우리를 데리고 가며, "하나님의 사랑"은 하나님께서 그의 아들을 주신 갈보리로 이끌어가며, "성령의 교통하심"은 성령께서 모든 신자들을 그리스도의 몸에 연합되도록 세례(침례)를 주신 오순절 날로 인도해 간다. 분열되고 신령하지 못한 이 교회에 얼마나 적절한 축복인가！ 그리고, 오늘날 우리에게도 이 기도가 필요하다.

갈라디아서
-개요와 서론-

갈라디아서 개요

■ 주제 : 하나님의 은혜는 우리에게 필요한 모든 것의 충족이다.

1. 개인적인 내용 : 은혜와 복음 / 1~2장

　①　바울의 멧세지로 선포된 은혜 / 1장 1~ 10절
　②　바울의 생활 중에 드러난 은혜 / 1장 11~ 24절
　③　바울의 사역을 통해 보호된 은혜 / 2장 1~ 21절
　　●　교회 지도자들 앞에서 집단적으로 / 2장 1~ 10절
　　●　베드로 앞에서 개인적으로 / 2장 11~ 21절

2. 교리적인 내용 : 은혜와 율법 / 3~4장
　　바울은 구원이 율법을 지킴으로 말미암는 것이 아님을 입증한다.

　①　경험에서 비롯된 개인적인 논점 / 3장 1~ 5절
　②　성경적인 논점-아브라함의 믿음 / 3장 6~ 14절
　③　논리적인 논점 / 3장 15~ 29절
　④　경륜적인 논점 / 4장 1~ 11절
　⑤　정서적인 논점 / 4장 12~ 18절
　⑥　풍자적인 논점 / 4장 19~ 31절

3. 실제적인 내용 : 은혜와 그리스도인의 삶 / 5~6장

　①　속박이 아니라 자유 / 5장 1~ 15절
　②　육체가 아니라 성령 / 5장 16~ 26절
　③　자신이 아니라 다른 사람들 / 6장 1~ 10절
　④　인간의 인정이 아니라 하나님의 영광 / 6장 11~ 18절

갈라디아서 서론

■ **배경** : 고대 고울지방(Gaul, 현재의 프랑스)은 호전적인 종족들로 민족을 이루고 있었는데, 이들은 기독교 세계가 열리기 수 세기 전에 유럽을 거쳐 소아시아로 이주하였다. 이들은 "갈라디아"라고 불리우는 나라를 세웠는데, 이는 "고울 사람들의 나라"라는 뜻이다. 그리스도께서 탄생하시기 약 4반세기 전에 로마인들은 갈라디아를 그들의 거대한 영지 중의 하나로 복속시키고, 그 전 지역을 "갈라디아"라고 불렀다.

달리 말해서, 바울 시대의 "갈라디아"라고 하면 작은 나라로서의 갈라디아인지, 아니면 넓은 로마 영지로서의 갈라디아 지방을 말하는 것인지를 구분하여야 한다. 말하자면, 누군가 "나는 뉴욕으로 가는 중이야"라고 할 때, 뉴욕 주인지, 아니면 뉴욕 시인지를 분간해야 하는 것과 비슷하다.

이 문제가 갈라디아서를 연구할 때에 대두된다. 바울은 이 강력한 서신을 갈라디아라는 나라에 있는 교회들에게 쓴 것인가, 아니면 갈라디아라는 로마의 지방에 있는 교회들에게 썼는가? 성경 뒷부분에 있는 사도 시대의 지도를 펴서 관련된 범위를 확인해 보라. 오늘날 대부분의 성경학자들은 갈라디아 지방의 교회들, 즉 그가 1차 전도 여행시에 설립한 교회들에게 편지한 것으로 본다 (행 13 : 1∼14 : 28 참조).

다른 말로 하면, 그는 이고니온, 루스드라, 더베 등지에 있는 그리스도인들에게 쓰고 있는 것이다. 만일 그렇다면, 이것은 갈라디아서가 바울이 쓴 최초의 서신이 된다는 것을 의미하며, 또한 하나님의 은혜의 복음이 그의 사역의 말기에서와 같이 초기에서도 바울에 의해 명백하게 제시되었음을 입증하는 것이다.

■ **주제** : 사도행전의 서론과 15장에 대한 설명을 복습한다면 유익이 될 것이다. 그러면 사도행전의 앞 부분에서 베드로와 열 두 제자에 의해 왕국에 관한 멧세지가 제시되었음을 상기하게 될 것인데, 유대인들에게 메시야의 왕국이 세 번째로 제시되었을 때 그들의 대답은 스데반을 돌로 쳐 죽이는 것이었다(행 8장). 사마리아 사람들과(행 8장) 이방인들에게(행 10∼11장) 멧세지가 전달된 것이 바로 이 때였으며, 이 두 사건 사이에 바울이 구원받았다(행 9장).

바울에 와서 하나님께서 새로운 일을 행하고 계신 것과, 왕국의 예언 계획을 교회에 대한 비밀 계획이 임시적으로 대신하고 있음이 분명해졌다. 그러나, 신자들 중의 한 무리는 계속 유대의 종교에 충실하여, 이 놀라운 은혜의 새 계획과 은혜의 멧세지를 인정하지 않았다. 왜냐하면 유대인과 이방인들이 둘 다 무대에 모습을 드러냈기 때문이다.

마침내 예루살렘에서 이 문제가 대두되어 논쟁을 하게 되었는데(행 15장) 신자들은 성령의 인도하심을 받아 다음과 같은 결론을 내렸다.

● 오늘날에 대한 하나님의 계획은 그의 이름을 위한 백성을 이방인들 중에서 불러내는 것이다.
● 바울은 몸된 교회를 위한 하나님의 사도였다.
● 왕국 프로그램은 몸(The Body)이 완성되면 다시 계속될 것이다.

그러나, 순전한 은혜의 멧세지를 받지 않으려는 유대인들이 있었으며 은혜와 율법을, 왕국의 멧세지와 교회의 멧세지를 섞으려는 사람들도 있었다. 이들은 "유대주의자"라고 불리워졌는데 그들의 목표는 이방인 신자들을 유대의 제도들로 꾀어 들이는 것이었기 때문이다. 이들은 믿음에다 율법을 지키는 일을 더해야 구원을 받으며, 믿음에 더하여 율법을 지켜야 성화되고 거룩한 삶을 살 수 있다고 가르쳤다. 이러한 교사들이 갈라디아에 있는 교회들을 방문하여 사람들을 혼란에 빠뜨려 놓고 있었다(갈 1:6~9 / 3:1 / 4:8~11 / 5:7~9 / 5::7~9 / 5:12 / 6:12~13). 이들은 신자들이 종교적인 성일을 지키고 할례를 받는 등의 일을 하기를 원하였다.

이것은 바울이 갈라디아서 1장 6~9절에서 정죄한 바, "다른 복음"이었다. 사도행전 8장에 나오는 시대의 전환이 있기 전에는 이 복음이 정당한 것이었다. 그러나, 바울의 등장과 더불어 한 몸으로서의 교회에 관한 진리가 밝혀짐에 따라 이 복음은 그릇된 복음이 되었다. 오늘날 하나님이 인정하시고 축복하시는 유일한 복음은 하나님의 은혜의 복음이며, 예수 그리스도 안에서 믿음으로 말미암아 의롭다함을 받는 것이다.

■ 오늘날의 가치 : 갈라디아서는 율법주의에 반대하는 하나님의 가장 강력한 말씀이다. 육신은 종교적인 일, 곧 성일을 지키고 예식들을 집행하고, 하나님을 위하여 선한 일을 하려고 시도하는 등의 일들을 행하기를 좋아한다. 오늘날 얼마나 많은 종교체제들이 율법과 은혜를 혼합하고 있으며, 왜곡되고 혼란한 구원의 길을 들어 실제로는 속박의 길을 제시하는가./(갈 2:4 / 4:9 / 5:1) 안식일을 지키고, 식물 금기법과 지상의 제사장 직분, 성일, 규례를 지키는 것 등, 이 모든 일들이 갈라디아서에서 일소되고, 신자들이 그리스도를 믿는 믿음을 통하여 가지게 된 영광스러운 자유가 대신한다.

참된 복음을 향한 바울의 태도

-갈라디아서 1장-

처음의 두 장은 사적인 내용이며, 핵심이 되는 단어는 "복음"으로서 1장의 45개 구절 중에 10회나 나온다. 바울의 목표는 그의 복음과 사도로서의 소명이 그리스도로부터 직접 온 것이며, 사람들에게서 온 것이 아님을 밝히는 것이었다. 바울은 베드로에게서 배운 바를 간접적으로 전파한 것이 아니었다. 오히려 하나님께서는 베드로와 바울이 서로 떨어져 일하도록 하기 위해 필요한 모든 방법을 취하셨다. 그렇지 않았다면 은혜와 한 몸(One Body)에 관한 놀라운 멧세지는 열 두 제자들이 전한 왕국 멧세지와 더불어 혼란을 일으키게 되었을 것이다.

1. 바울이 그의 복음에 대하여 알림(1 : 1~5)

유대주의자들은 갈라디아 사람들을 꾀어(3 : 1) 바울의 사도권과 멧세지가 믿을 만하지 못하다고 말하고 있었는데, 예루살렘과의 적절한 관계를 지니지 못하고 있다는 것이 그 이유였다. 이들은 인간의 승인이 마치 하나님께서 보내신 사람임을 증명하는 것이거나 한듯 "우리는 베드로로부터 온 천거서를 가지고 있다"고 말하였을 것이다.

바울은 이 편지를 시작함에 있어 그의 멧세지와 사역은 그리스도께로부터 오는 것이라고 단호하게 주장하였다(1, 12, 17절에서 바울이 사용한 "……도 아니요……도 아니다"라고 한 말을 주의해서 보자). 그는 즉각적으로 자신이 전한 복음을 똑똑히 설명한다.

바울의 복음은 모세나 율법에 중심을 둔 것이 아니라 그리스도께, 곧 그리스도의 죽으심과 장사지내심, 부활에 중심을 두고 있다. 이는 평화를 가져온 은혜의 복음이며, "그리스도께서……우리를 건지시려고……"하셨던 자유케 하는 복음이었다. 유대주의자들은 율법을 통하여 교회를 속박으로 인도해가고 있었다(2 : 4 / 3 : 13 / 4 : 9 참조). 그리스도의 죽으심은 이러한 악한 시대에서 우리를 구원하였으며 자유 안에서 새로운 지위를 주셨다(5 : 1 이하). 바울이 "영광이 저에게 세세토록 있을지어다"라고 첨부한 것은 이상한 일이 아니다.

우리는 복음의 내용과 의도에 관하여 혼란을 일으켜서는 안되겠다. 복음은 그리스도를 따라 그의 생애를 모방하는 것이 아니라, 그리스도를 받아 들이고 그가 당신을 자유롭게 하시도록 허락하는 것이다. 복음에는 율법을 지킬 것에 대한 여지가 없다.

2. 바울이 그들의 변동에 대해 경악함(1 : 6~10)

두 가지 일들이 바울을 경악케 하였다. 곧, 구원의 축복을 경험한 직후에(3 : 1 ~ 5) 이들은 다른 멧세지로 돌아섰으며, 그들에게 그리스도를 전하기 위하여 고난을 당한 그(바울)에게서 이탈하였다. "떠났다"는 단어는 "떠나고 있다"는 말로 번역되었어야 한다. 그 당시 이들은 단순한 은혜에서 떠나 은혜와 율법의 혼합으로 향하고 있었기 때문이다.

5장 4절에서 바울은 "너희가 은혜에서 떨어졌다"고 말한다. 이 말은 구원을 잃었다는 의미가 아니라 은혜의 영역에서 율법의 영역으로 이동해 갔다는 뜻이다. 은혜란 나의 필요를 해결하기 위하여 하나님을 의존한다는 뜻이며, 율법이란 문제들을 나 스스로 처리하며 나 자신의 힘으로 다루려고 노력한다는 뜻이다.

사도 바울은 이제 강력한 말로 어떠한 "다른 복음"도 정죄한다. 그 전하는 사람이 어떤 설교자이든 상관없이, 천사들이라 할지라도 정죄한다고 말한다. 성경에는 많은 "복음"(좋은 소식)이 나오는데, 하나님의 은혜의 복음은 바울이 전한 것 하나뿐이라는 점을 명심하자. 아브라함은 그의 씨를 통하여 온 나라를 축복할 것이라는 "좋은 소식", 곧 "복음"을 믿었다(3 : 8).

각 시대마다 사람들은 하나님께서 그들에게 계시하신 어떠한 약속을 믿음으로써 구원을 받았다. 노아는 홍수와 방주에 대한 하나님의 말씀을 믿음으로 구원을 받았고, 아브라함은 약속된 씨에 대한 하나님의 말씀을 믿었다. 오늘날 우리는 하나님의 아들의 죽음과 부활에 대한 하나님의 말씀을 믿는다. 바울의 등장과, 믿음으로 의롭게 되는 진리가 출현한 이래로는 다른 복음은 없다. 마태복음 3장에서 사도행전 7장까지에서 전파되었던 왕국의 복음도 더이상은 받아 들일 만하지 못하다.

3. 바울이 자신의 사역을 논함(1 : 11~24)

이 구절들에서 바울은 자신이 열 두 제자와 예루살렘 총회에 대해 어떻게 완전히 독립적인지를 보여 주려 한다.

① 그가 전하는 복음을 그리스도로부터 개인적으로 받음(11~14절) – 바울은 부활하신 그리스도를 보았고(행 9장) 그리스도로부터 직접 자기의 사명과 멧세지를 받았다. 이 일은 그에게 사도로서의 자격을 부여하였다. 바울이 사도행전 1장에서 유다를 대신하여 열 두 사도가 되었다는 뜻은 결코 아니었다. 하나님은 바울이 그 열 둘에게서 떨어져 있도록 보호하셨다.

아무도 바울이 자기의 멧세지를 만들어 낸 것이라고 말할 수는 없다. 왜냐하면 바울은 교회의 친구가 아니라 교회의 박해자였기 때문이다. 그의 생애는 다메섹 도상에서 그리스도를 만난 후 급진적으로 변화하였다. 이처럼 현저한 전환을 설명할 수 있는 유일한 방법은 바울이 그리스도를 만났다는 것을 사실로 받아 들이는 일뿐이다.

2 **사도들과 분리되어 그 복음을 받음**(15~17절) ─하나님은 결코 바울이 열두 명에 속하게 하지 않으셨음을 다시 밝혀 두자. 그들의 사역은 유대인들을 위한 것이며 왕국과 관련된 것이었으나, 바울의 사역은 이방인들에 대한 것으로서 한 몸인 교회의 비밀과 관련된 것이었다.

열 둘은 이 땅에서 부르심을 받았으며, 그들의 멧세지는 이 땅에서의 소망을 이스라엘에게 제시하는 것이었다. 그러나, 바울은 하늘에서 부르심을 받았으며, 그의 멧세지는 교회가 그리스도 안에서 갖는 "하늘의 부르심"을 제시하는 것이었다. 열 두 지파와 연관하여 열 두 사도가 있었다. 바울은 그리스도 안에서 한 몸을 상징하는 한 사람(이방 시민권을 가진 한 유대인)이었다.

바울은 소명을 받은 후에 사람들과 의논하지 않았다. 만일 그가 즉시로 열 두 사도들과 합류했더라면, 사람들은 바울이 그들에게서 멧세지를 빌려 왔고, 그들에게서 권위를 받았다고 말할 거리가 있었을 것이다. 그러나, 하나님께서는 묵상하고 연구할 시간을 갖도록 바울을 아라비아로 보내셨다. 어떤 이들은 "바울이 아라비아에 율법과 선지자(구약 성경)를 가지고 가서 로마서와 갈라디아서를 가지고 왔다"고 얘기한다.

그보다 앞서서 모세와 엘리야가 그러했듯이, 바울은 자기의 삶과 세상에 대한 하나님의 작정과 계획을 붙잡고 씨름하기 위하여 사막으로 갔다. 그리고 나서 그는 그가 최초로 그리스도를 증거했던 곳인 다메섹으로 돌아갔다.

3 **그가 전하는 복음이 교회들에게 인정받음**(18~24절) ─그 곳의 신자들은 사실상 바울을 두려워하여, 바나바가 아니었더라면 바울은 결코 영접을 받지 못했을 것이었다. 이 말 자체가 또한 바울이 인정받기 위하여 예루살렘 교회에 기대지 않았음을 입증한다. 이러한 방문이 있은 후에 그는 수리아의 안디옥으로 가서 사도행전 11장 22~30절에 기록된 바와 같은 사역을 하였다.

그는 유대에 있는 신자들에게 개인적으로 알려지지는 않았다. 그러나, 그 곳의 교회들은 그의 회심에 관한 놀라운 소식을 들었으며, 하나님께서 바울 안에서, 그리고 바울을 통하여 행하신 일을 인하여 하나님께 영광을 돌렸다.

오늘날 사람들이 복음에 대해 바울이 나타낸 바를 거절하고 율법과 은혜를 혼합하려 하는 것은 참으로 비극적인 일이다. 그들은 왕국에 대한 계획이 여전히 작용하고 있던 사도행전의 앞부분에 바울을 "끼워 맞추려" 하였다. 그들은 바울에게서 훔쳐다가 베드로에게 주려고 하였다. 우리는 단순한 은혜의 멧세지, 곧 예수 그리스도의 복음만으로 돌아갈 필요가 있다. 교회와 왕국, 은혜와 율법,

그리고 베드로와 바울을 혼합시키려는 것은 혼란을 빚어내는 일이며, 예수 그리스도의 복음을 왜곡시키는(변하려, 1 : 7) 일이다.

복음 대 율법
─갈라디아서 2장 ─

첫장에서 바울은 그가 전하는 복음과 사도권이 그리스도로부터 직접 왔으며 열둘에게서 독립되어 있음을 입증하였다. 그의 서신서를 읽는 사람들은 자연스럽게 "그렇다면 바울은 열 두 사도, 그리고 예루살렘 교회와 어떠한 관계가 있는가?"하는 의문을 품게 될 것인데, 본 장에서 그는 이 질문에 답변하고 있다.

1. 그의 복음이 사도들에게 인준을 받음(2 : 1~10)

바울은 사도행전 9장 26~ 29절에서 예루살렘을 방문한 지 14년 후에, 율법과 은혜의 문제에 대한 회의에 참석하기 위해 "거룩한 성"으로 돌아왔다. 바울은 "계시로 인하여" 이 회의에 참석하였는데, 이는 수년 전에 그리스도께서 그에게 개인적으로 복음을 주셨던 것처럼(1: 1~ 11) 또한 그가 가야 할 것을 개인적으로 명령하셨다.

바울은 이방인들 중에서 사역해 왔고, 그와 바나바는 많은 이방인들이 구원을 받으며 지교회들이 설립되는 것을 보아 왔다. 그런데 이제, 그 이방인들의 운명이 교회 지도자들에 의해 토의되고 있는 것이다. 이 중요한 회의에 대해 기록하고 있는 사도행전 15장을 다시 읽어 보라.

어떤 이들은 네 차례의 다른 모임들이 개최되었다고 제언한다.
● 공식적인 모임─바울은 하나님이 이방인들 중에서 행하신 일들을 보고하였다 (행 15 : 4).
● 바울이 지도자들과 개인적으로 만남(갈 2 : 2).
● 공식적인 토론(행 15 : 5 / 갈 2 : 3~ 5)
● 이 문제를 최종적으로 결정짓기 위해 모인 회의(행 15 : 6 이하).

바울은 자기가 전하는 멧세지가 틀렸을지도 모른다는 두려움 때문에 지도자들을 개인적으로 만났던 것은 아니었다. 그는 자기의 멧세지가 올바른 것임을 알고 있었다. 그보다는 오히려 "거짓 형제들"을 들여보내지 않음으로써, 불에다 기름을 더하는 격이 될 뿐인 공개적인 논쟁을 피하기 위해 그들을 개별적으로 만났던 것이다. 항상 정상에서부터 시작하여, 지도자들로 하여금 그룹의 나머지 사람들에게 영향을 끼치게 하는 것이 최선의 방책이다.

디도는 바울과 함께 있었는데, 그는 이방인으로서 할례를 받지 않았었다. 유대주의자들의 말에 따른다면 디도는 구원을 받지도 못한 것이다./(행 15 : 1) 그러나, 교회 지도자들은 디도에게 할례를 받으라고 강요하지 않았으므로, 바울은 이것을 들어서 할례가 구원과는 아무 상관이 없음을 결론적으로 입증한다.

그 곳에 거짓 형제들이 있었는데, 이들은 그리스도 안에서 영광스러운 자유를 누리고 있던 신자들로 하여금 그러한 자유를 잃게 만들려는 자들이었다. 이 분당들은 디도의 할례 문제로 논쟁을 벌였을 것이 분명하나, 바울은 이들을 "눌러이겼다." 무리가 나뉘어져서, 어떤 이들은 율법주의의 편에 섰고 어떤 이들은 자유를 지지하였으며, 또 다른 이들은 이 두 가지가 타협된 안을 택하였다. 오늘날에도 교회는 여전히 분열되어 있어, 어떤 가르침은 의식으로 말미암는 구원을 말하며, 다른 교훈은 은혜와 율법을 혼합하고, 소수는 바울이 전한 하나님의 은혜의 복음을 주장한다.

이 문제에 대한 결론은 바울의 멧세지와 사역이 하나님께 속한 것이며, 베드로와 열 두 사도가 유대인에게 사역한 반면 바울은 이방인에 대해 사역한다는 점에 교회 지도자들이 동의한 것이었다. 8절에서 바울은 베드로 안에서 역사하신 같은 성령께서 바울 안에서도 역사하셨다는 점을 조심스럽게 지적한다. 똑같은 멧세지와 똑같은 성령이었으며 다만 사역의 영역만 달랐던 것이었다. 회의는 바울의 멧세지에 아무것도 첨부하지 않았으며(6절), 다만 시인했을 뿐이었다. 바울은 원수들의 거짓말에서 "복음의 진리"(2 : 5)를 보전하였다.

2. 그의 복음이 베드로 앞에서 보호를 받음(2 : 11~21)

바울이 2장 6절에서 인간들의 "영적인 지위들"을 무시한 것은 옳은 일이었다. 가장 우수한 인간들과 영적인 지도자들조차 실수할 수 있는 것이며, 이 점에 대해 바울은 바나바와 베드로를 본보기로 인증하였다.

예루살렘 회의 이후에 베드로는 바울과 바나바가 여전히 사역하고 있던 안디옥 교회를 방문했었다(행 15 : 35). 사도행전 10~11장에서, 하나님께서는 베드로에게 어떤 음식이나 어떤 사람도 부정하지 않다고 분명하게 계시하셨었다. 그러나, 이 사도는 전과 같이 율법으로 돌아가 버렸다. 그가 처음으로 안디옥에 왔을 때에는 이방인들과 섞여서 함께 식사하였으나, 예루살렘에서 방문객들이 온 후로는 스스로 철회하고 옛날 유대인의 장벽을 다시 세웠던 것이다. 게다가 "바나바조차" 함정에 빠짐으로써 선교 사역의 동역자인 바울을 놀라게 하였다. 그 이유는 두려움 때문이었다(12절). "왜냐하면 인간을 두려워하는 것이 올무가 되기 때문이다."

베드로와 바나바는 바르게 행하지 못하고 있었다. 우리가 무엇을 믿는가는 우리가 어떻게 행동할 것인가를 결정짓는다. 베드로와 바나바는 영적인 진리에 대하여 혼동을 일으켰기 때문에 직선으로 반듯하게 걸을 수가 없었다. "복음의 진리"는 우리가 방어만 할 것이 아니라(2：5) 우리가 실행해야 할 것이다(2：14). 14〜21절에서 우리는 바울이 베드로에게 한 책망의 요지를 볼 수 있다. 물론 바울은 이보다 많은 말을 하였으나, 간추린 이 말은 이 문제를 매우 잘 요약해 주고 있다.

바울은 베드로에게 이렇게 말했다. "당신은 유대인이지만, 자신과 다른 그리스도인들과의 사이에 장벽을 두지 않고 이방인처럼 살아 왔다. 그런데, 이제와서 당신은 이방인들에게 당신 자신조차도 하지 않는 일을 시키며 그들이 유대인처럼 살기를 원한다."

15〜17절에서의 "우리"는 물론 유대인을 가리킨다. "우리 유대인은 유별난 특권들을 가지고 있었고, 이방인이 범하는 것 같은 죄를 짓지 않았을 수도 있다. 그러나, 우리는 그들이 구원받는 것과 꼭같은 방법으로 구원을 받았다." 어쩌면 바울이 "그들은 우리와 같은 방식으로 구원받아야 한다"고 말하리라고 기대될 것이지만 그는 반대로 바꾸어 버렸다.

"구원은 이방인들이 유대인과 같이" 될 것을 요구하지 오히려 않는다. 유대인들이 저주받은 이방인들을 대신하고 있다. 바울은 "우리는 예수 그리스도를 믿음으로 하나님 앞에서 의로운 지위를 받아 의로와졌다. 율법의 사역으로는 인간을 결코 의롭게 할 수가 없다. 유대인 중에 누가 율법으로 말미암아 구원을 받은 사람이 있는가? 물론 없다.／"라고 말한다.

17〜18절에서 바울은 율법으로 되돌아간 베드로의 어리석음을 나타낸다. "당신은 그리스도를 믿음으로 구원을 받았다고 말한다. 그런데, 만일 율법으로 되돌아 간다면 당신은 아직 구원을 받아야 할 필요가 있는 죄인이며, 그리스도께서 당신을 구원하지 않으셨음을 고백하는 것이다. 거기서 그치는 것이 아니라 사실상, 당신은 그리스도를 믿는 믿음이 당신을 다시 죄인으로 만들었다고 말하고 있는 것이며, 또한 그리스도를 죄의 사역자로 만들고 있는 것이다.／"

율법으로 돌아가는 것은 십자가 상에서 그리스도께서 이루신 일을 부인하는 것이다. 바울은 사도행전 10〜11장을 참고로 하여 다음과 같이 계속해서 말하였다. "당신은 이방인들에게 직접 하나님의 말씀을 전하였는데, 이제는 마음을 바꾸었다. 그리하여, 믿음으로 말미암은 구원을 전파했던 당신이 이제는 율법으로 말미암은 구원을 전파한다. 이로써 당신은 자신이 이전에 헐어버린 것을 다시 세우고 있으며, 이 일은 당신을 죄인으로 만들고 있는 것이다. 이는 하나님이 계속 지켜가기를 권하시는 일을 헐기 때문이다." 달리 말하자면, 바울은 베드로에게 그의 행동과 믿음에 일관성이 없음을 보여 주었던 것이다.

율법은 생명의 길이 아니고 죽음의 길이다. 율법은 우리를 죽이지만 복음은 우리를 다시 일으켜 세운다. 그리스도인은 외적인 율법을 지키려고 노력하는 사람들이 아니라 그 안에 살아 계신 그리스도를 모시고 사는 사람들로서, 믿음으로 그리스도와 영원히 연합하여, 그리스도께서 죽으실 때 함께 죽었으며 그가 부활하실 때 함께 부활하였다.

그리스도는 신자들이 믿음으로 행할 때 그들을 통하여 그의 삶을 사시며, 이 것이 그리스도인의 생활이다. 이것은 규율과 규례와 의식을 종합해 놓은 것이 아니다. 율법으로 돌아간다는 것은 하나님의 은혜를 헛되게 만드는 것이며, 만 일 율법이 하나님께서 예비하신 구원의 길이라면 그리스도는 헛되게 죽으신 것 이 된다.

갈라디아서나 사도행전 그 어느 쪽에도 베드로의 반응이 실려 있지는 않다. 그러나, 우리는 바울의 책망이 그 목적을 달성했음을 알고 있다. 사실상, 베드 로가 기록한 서신들에서 마지막에 나오는 권고 중의 한 가지는 신자들이 이 시대 에 대한 하나님의 진리를 발견하기 위해서는 바울의 서신들을 읽어야 한다는 것 이었다(벧후 3 : 13~ 16). 베드로를 신앙과 교리의 문제에 있어서 실수가 없는 지도자로 보는 사람은 본 장에서 문제에 부딪힐 것이다.

믿음으로 의로워짐

－갈라디아서 3장－

3〜4장은 교리적인 내용이라고 명시되어 있는데, 바울은 여기서 율법과 은혜의 관계를 설명한다. 여기서는 믿음(14회), 율법(19회), 약속(11회)의 세 단어가 반복해서 사용되고 있다. 바울은 여섯 가지 논점을 각 장에 세 가지씩으로 제시하는데, 구원이 율법과는 별개로 믿음을 통하여 은혜로 오는 것을 입증하려 하고 있다.

1. 개인적인 논점(3 : 1〜5)

바울은 그들 자신이 그리스도와 가지던 경험에서부터 이야기하기 시작한다. 왜냐하면 이것은 하나님이 어떻게 역사하시는가에 대한 가장 좋은 증거의 하나이기 때문이다. 바울은 그들에게 율법이 아니라 못박히신 그리스도를 전파하였으며, 그들이 믿고 순종한 멧세지는 그들의 삶을 변화시켰다.

그들은 구원의 증거로 성령을 받았는데(롬 8 : 9), 이는 어떠한 율법에 복종함으로써가 아니라, 하나님의 말씀을 듣고 믿음으로(엡 1 : 13〜14) 말미암은 것이었다. 분명히, 바울이 전한 복음, 곧 바울 자신의 삶과 그들의 생애들을 바꾸어 놓은 복음은 참된 멧세지였다. 성령이 그들을 위하여 모두 성취하신 율법으로 다시 돌아간다는 것은 바보처럼 행동하는 것이다.

그들은 믿음을 위하여 기꺼이 고난을 당하였었다. 어느 누가 참되지 않은 것을 위하여 고난을 받으려 하겠는가? 성령의 은사들로 말미암아 교회 내에서 그들의 사역자들은 놀라운 일들을 행하고 있었으며, 그 일들은 율법을 통해서는 결코 이루어질 수 없는 것들이었다. 그들의 개인적인 경험에서 볼 때 모든 일들은 한 가지 사실을 지적하고 있는데, 곧 구원은 율법에 의한 것이 아니라 은혜로 말미암는다는 점이다.

오늘날 그리스도인들은 3절의 진리를 필요로 한다. 왜냐하면 많은 사람들이 그들을 구원하신 같은 성령께서 또한 그들을 보호하시며 그리스도를 위하여 살 수 있도록 도와 줄 수 있는 것으로 생각지 않기 때문이다. 그들은 믿음을 통하여 은혜로써 구원은 받지만 그리스도인의 삶을 사는 것은 그들 자신의 힘에 의존한다는 개념을 지니고 있는 것이다. 이것은 얼마나 잘못된 것인가!

로마서 7장에서는 신자는 하나님을 기쁘시게 하는 일을 할 수가 없다고 명백하게 가르치며, 로마서 8장은 성령께서 우리 안에서 은혜의 사역을 계속하시며 율법의 요구들을 성취하신다고 가르친다.

2. 성경적인 논점(3 : 6～14)

"성경적"이라는 말은 바울의 다른 논점들이 말씀에 입각하여 참되지 않다는 의미를 제시하는 것이 아니다. 오히려 그는 이 부분에서 구약 구절들에 강력하게 호소하고 있다. 사실상, 당신은 이 관련 구절들과 본문의 내용들을 주의깊게 검토하고 싶어질 것이다.

① **창세기 15장 6절 인용**(6～7절) – 유대주의자들은 "유대인의 조상"인 아브라함을 본으로 내세우기 때문에 바울도 꼭같은 일을 한다. 아브라함은 어떻게 구원을 받았던가? 믿음으로였다./
　따라서, 그리스도를 믿는 모든 사람들은 아브라함의 자녀들이며, 그는 믿는 자들의 아버지이다. 이 논점을 좀더 확충해서 보려면 로마서 4장 1～8절을 참조하라.

② **창세기 12장 3절 인용**(8～9절) – 하나님은 아브라함을 통하여 이교도들(이방인들)을 축복하기로 약속하셨는데, 이는 이방인들과 유대인들이 똑같은 방법으로 구원을 받았음을 의미한다.
　물론, 아브라함이 믿은 복음은 온전히 오늘날 우리가 전하는 하나님의 은혜의 복음인 것은 아니다. 왜냐하면 사도들조차 그들에게 이 복음이 설명되기까지는 그리스도의 죽음이 가진 의미를 온전히 이해할 수가 없었기 때문이다. 이 복음은 하나님이 아브라함을 축복하실 것이며 위대한 민족을 이루게 하실 것이라는 기쁜 소식(복음)이었다. 아브라함은 이 약속을 믿었으며, 이 믿음이 의로 여기심을 받았다(간주되었다).

③ **신명기 27장 26절 인용**(10절) – "너희는 율법의 행위로 구원을 받고자 하는가? 그러나, 율법은 구원하는 것이 아니라 저주하는 것이다./"

④ **하박국 2장 4절 인용**(11절) – 우리는 전에도 이 구절을 다루었다. "의인은 믿음으로 말미암아 살리라"(롬 1 : 17 / 히 10 : 38). 하박국서에서 나온 이 짧막한 구절은 너무도 풍성하여, 하나님은 이 구절에 대한 세 차례의 주석을 쓰셨다.

⑤ **레위기 18장 5절 인용**(12절) – "행하는 것"과 "믿는 것" 사이에는 굉장한 차이가 있다./ 율법을 행함으로 구원을 받을 수 있는 사람은 아무도 없다. 왜냐하면 아무도 율법을 온전히 순종할 수 없기 때문이다.

6 **신명기 21～23장 인용**(13～14절) ─율법은 인간을 저주 아래 둔다. 그러나 그리스도는 그 저주에서 우리를 옮기기 위해 죽으셨다. 그리스도는 나무(십자가─벧전 2 : 24)에서 죽으셨는데, 이로써 신명기에 주어진 말씀을 성취하셨다. 주님께서 우리의 저주를 가져가셨으므로, 우리는 그리스도 안에서 자유롭게 살 수 있다. 하나님이 아브라함에게 약속하신 축복은 이제 믿음으로 말미암아 이방인들에게 적용될 수가 있는 것이다.

이 여섯 인용 구절들을 다시 한 번 읽고, 구약 율법 자체가 믿음을 통하여 은혜로 말미암아 구원을 받게 됨을 가르치고 있음을 확실하게 입증하는 것을 보자.

3. 논리적인 논점(3 : 15～29)

바울이 다루는 논점들이 모두 논리적인 것은 물론이지만, 이번 논점은 특히 이성의 추리에 의존하고 있다. 여기서 바울은 율법을 인간의 계약에 비교하고 있는데, 두 사람이 계약을 체결하면 제3자가 개입하여 변화시키거나 철회하는 일은 불법이 된다.

하나님은 율법이 주어지기 400년 전에 아브라함과 계약(언약)을 체결하셨다. 따라서 모세의 율법은 아브라함과 맺은 하나님의 본래의 약속을 철회할 수가 없다. 또한 하나님은 아브라함의 씨와도 약속을 하셨는데, 16절은 이 씨가 그리스도이심을 시사한다. 모세의 율법은 하나님이 아브라함과 맺으신 약속을 철회한 새로운 구원의 방법이 아니었다. 그렇게 된다면 논리적이지 못하다. 약속과 믿음은 같은 차원의 것이나, 약속과 율법은 그렇지 않다.

"그렇다면, 하나님은 왜 율법을 주셨는가?"라고 바울의 반대자들은 논란을 벌일 것이다. 이에 대해 세 가지로 대답한다.

1 **율법은 유대인만을 위한 임시적인 것이다**(19～20절) ─로마서 2장 14절과 사도행전 15장 24절은 하나님이 결코 율법을 이방인들에게 주지 않으셨음을 명백히 밝히고 있다. 도덕법은 이미 그들 이방인의 마음에 씌어져 있으나(롬 2 : 15), 의식법(안식일에 관한 법 포함)을 이방인들에게 주신 일이 없다. 율법은 아브라함의 언약을 대신하여 주어진 것이 아니라 "더하여진" 것이다. 그 씨(그리스도)가 오시자 율법은 사라졌다.

유대주의자들은 "그러나, 율법은 영광 가운데서 주어진 것인데 어떻게 그것이 임시적이라고 말할 수 있는가?"라고 응대할 것이지만, 바울의 대답이 준비되어 있다. 율법은 천사의 중개적인 손에 의해 주어졌지만 하나님은 아브라함에게 개인적으로 직접 말씀하셨다. 하나님은 한 분이시며, 아브라함과의 약속을 성취하는 일도 하나님께만 달려 있는 문제이다.

2 **율법은 죄를 깨닫게 하는 것이지 구원하는 것은 아니다**(21～22절) ─죄

인들을 구원하는 율법이 있다면 하나님께서는 그의 아들을 아끼고 그러한 구원의 방법을 사용하셨을 것이다. 그러나, 그런 방법은 없었다. 율법은 하나님의 약속에 위배되는 것이 아니다. 왜냐하면 율법이 죄를 드러내어 죄인들이 하나님의 약속을 의지하게 만들기 때문이다. 율법은 은혜의 필요성을 보여 주며, 은혜는 믿음을 통하여 하나님을 기쁘시게 하는 일을 행할 수 있게 한다.

율법은 모든 사람들이 죄 아래 있다고 결정해 버린다. 이 말은 모든 사람이 은혜로 말미암아 구원을 받을 수 있다는 뜻이다. 만일 하나님이 한 사람이라도 율법으로 구원을 받도록 허락하셨다면 어떤 사람도 은혜로 말미암아 구원을 받을 수 없을 것이다.

3 **율법은 그리스도의 길을 예비하였다**(23~29절) — "우리가 지금 알고 있는 믿음이 있기 전에 율법은 인간들을 가두어 놓아 구세주가 필요함을 나타내고 있었다." E.L. 맥스웰은 이렇게 설명한다. "우리는 그리스도께로 모여왔다." 율법은 유대인들이 민족적으로 "유아기"에 있을 때에 하나님께 쓰임받은 "교사"(가정교사) 였다. 헬라와 로마의 가정교사는 어린 아이들이 법적으로 성인이 될 때까지 보호하고 가르쳤다. 그런 후에 이 어린이들은 자신들이 원하는 대로 할 수 있었다. 율법은 그리스도가 오셔서 복음의 온전한 계시가 유대인과 이방인들에게 주어지기까지 유대인들을 "줄 안에" 가두어 두었다.

신자의 아들됨
- 갈라디아서 4장 -

바울은 구원이 율법으로가 아니라 은혜로 말미암는 것임을 입증하기 위하여 세 가지 논점에 대해 계속 설명한다.

1. 경륜적인 논점(4 : 1~11)

성경을 주의깊게 읽는 사람이면 누구나 하나님께서 각기 다른 시대마다 각기 다른 사람들을 각기 다른 방법으로 다루셨음을 시인할 것이다. 우리가 "경륜적인 진리"라고 말할 때, 이는 유대인을 위한 시대, 이방인을 위한 시대, 교회를 위한 시대 등 각 시대별로 짜여진 하나님의 계획과 연관된 말씀의 진리를 의미한다(고전 10 : 32).

이 부분에서 바울은 율법의 시대에 하나님께서 이스라엘을 특별한 목적을 두고 특별히 다루셨음을 설명한다. 하나님은 율법을 이방인들에게는 결코 주지 않으셨다. 유대의 규율을 이방인들 또는 오늘날의 유대인들에게 부과하는 것은 전적으로 성경적이지 못한 일이다.

유대인들은 상속자들이었다. 왜냐하면 하나님께서 아브라함을 통하여 그들에게 놀라운 약속을 하셨기 때문이다. 그러나, 그들에게 이러한 약속들이 이루어지기까지는 수 세기가 지나야 했다. 바울은 계속해서, 교사가 돌보는 로마나 헬라의 어린이와 유대인을 비교한다. 어린이는 행운의 상속자일 것이지만 법적인 상속 연령이 되기까지는 그를 보살피는 노예와 다를 바가 없다. 바로 그대로, 유대인들은 율법 아래서 "영적 유년기"에 있었다. 율법의 규례와 의식들은 그들이 온전한 유업을 받을 수 있도록 "졸업"할 수 있기 앞서 배워야 할 영적인 기초였다.

율법주의는 모세의 체제(세상의 초등학문 - 골 2 : 8,20)로 속박한다. 이 율법의 시대는 그리스도가 오실 준비를 함으로써 그 과정을 모두 마쳤다. 그리스도는 정확한 때에 정확한 방법으로(여인에게서 - 동정녀 탄생), 인간을 자유롭게 하려는 정확한 목적을 위하여 출생하셨다. 그리스도는 율법 아래에 있게 되어 율법에 순종하셨으며, 자신의 삶과 죽음을 통하여 율법을 성취하셨다. 십자가에서 그리스도의 죽으심은 그들을 율법주의적인 굴레에서 자유롭게 했으며 아브라함에게 약속하신 것을 성취하는 길을 열어 놓았다.

만일 베드로가 오순절에 그리스도를 제시했을 때 이스라엘이 메시야를 영접했다면(행 2~7장에서 다시 기회가 주어짐) 이 민족은 성인의 단계로 들어갔을 것이며, 축복이 이스라엘을 통하여 이방인에게로 넘쳐 흘러갔을 것이다. 그리고 아브라함의 약속들이 성취되었을 것이다. 그런데 그 민족이 결정적으로 그리스도를 거절하자, 하나님은 그의 은혜로 유대인과 이방인을 똑같이 개별적인 바탕에서 축복하기 시작하셨다.

이방인들은 이스라엘의 흥왕을 통하여 구원을 받지 않고 이스라엘의 패망을 통하여 받았다(롬 11 : 1~12 참조). 이제 유대인들은 민족적으로서가 아니라 개별적으로 양자가 된다. 곧, 하나님의 가족에서 성숙하고 성장한 자녀로서의 아들의 지위로서 이제 더이상 가정교사의 안내를 받는 어린 아이들이 아닌 것이다. 신자들(특히 유대인들)은 그리스도의 온전한 유업을 누리는 자녀들이지 종들이 아니다.

바울은 이제 그의 논점에 적용시킨다. "왜 다시 굴레 속으로 돌아가 재차 어린 아이가 되려고 하는가? 기초를 버리고 그리스도 안에서 가지는 온전한 유업을 누리라." 세상은 성일을 지키는 등 종교적인 사람들에게 박수갈채를 보낸다. 그러나, 하나님은 그들이 젖먹이라고 말씀하신다.

2. 정서적인 논점(4 : 12~18)

"형제들아 내가……되기를 구하노라!" 이것은 사랑에 찬 영적인 종들의 호소이며, 자기의 영적인 자녀들에게 보내는 관심깊은 아버지의 말이다. 바울은 "내가 처음으로 너희에게 전파했을 때 나는 너희들 중의 하나와 같이 되었었는데, 이제는 너희가 나와 같이 되어 그리스도께 진실하라"고 쓰고 있다.

바울은 그가 처음으로 그들에게 갔을 때 육신의 고통을 가지고 있었으나 천사와 같이 취급해 주더니 이제는 진리를 말하기 때문에 원수처럼 취급한다고 상기시킨다. "너희의 거짓 교사들이 너희를 향하여 사랑을 나타내었으나(열성적으로 영향을 끼침) 그들의 동기는 순수하지 못하다. 그들은 너희들을 영적인 전리품으로 드러내 보이고 싶어한다"(6 : 12~14 참조). 그리스도인들이 자기들을 구세주께로 인도한 사람들에게서 등을 돌리는 것은 슬픈 일이다.

3. 풍자적인 논점 (4 : 19~31)

"풍자"란 의미를 숨긴 채 사건이나 이야기를 해석하는 것이다. 바울은 아브라함의 두 아들들의 이야기를 사용하여(창 16 : 1~16 / 창 21 : 9~21) 은혜의 새 언약이 율법의 옛 언약을 대신하였음을 증거한다. 다음과 같이 대조할 수 있겠다.

율법의 옛 언약	은혜의 새 언약
① 여종 하갈로 상징됨	① 자유로운 여인 사라로 상징됨
② 이스마엘-육신을 따라 낳은 아들	② 이삭-하나님의 약속에 의하여 기적적으로 탄생한 아들
③ 바울 시대의 예루살렘-여전히 영적으로 (또한 정치적으로) 속박을 받고 있음	③ 하늘의 예루살렘-자유롭고 영광스러움

우리 그리스도인들은 이삭과 같이 약속의 자녀들이다(4 : 23). 따라서 자유하는 이의 자녀들이다(4 : 31). 하나님은 이스마엘이 태어나기 오래 전에 아브라함에게 한 아들을 주시겠다고 약속하셨다. 이스마엘은 마치 율법이 그러하듯(3 : 19) "더해진" 육신의 아들이요 노예의 아들이었다.

율법의 옛 언약은 이스라엘에 대한 하나님의 궁극적인 축복이 결코 아니었다. 이것은 이스마엘처럼 더해진 것이며, 속박과 슬픔을 가져왔다. 하나님이 아브라함에게 명령하신 것은 이스마엘과 하갈을 쫓아버리는 것이었다. 율법과 은혜, 믿음과 행위, 약속과 명령, 이들은 결코 한 집에서 살 수가 없다. 유대주의자들은 하갈과 이스마엘을 다시 가족으로 초대하기를 원하였다.

바울은 이사야 54장 1절을 언급하며 이를 교회에 적용한다. 사라가 잉태하지 못함으로써 아들을 보기까지 여러 해를 기다려야 했듯이, 이처럼 유대인들은 하나님께서 아브라함과 맺으신 약속이 성취되기까지 여러 해를 기다려야 했다. 이사야는 포로로 잡혀갔다가 돌아온 후 예루살렘에 기쁨이 넘쳤던 일을 설명하고 있는데, 바울은 박해와 고난에도 불구하고 교회 안에서 보다 깊은 기쁨을 본다.

바울이 갈라디아 교회에서 보았던 위험이 오늘날 우리에게도 있다. 육은 촛불, 의식, 분위기, 옷 등과 같은 것으로 "영적인 흥분"을 좋아하며 갈망한다. 사람들은 사순절, 성 금요일, 부활주일, 성령강림절 등을 지킬 달력을 원한다. 이것은 이스마엘을 다시 가족으로 돌아오게 하는 것이다. 은혜와 율법의 혼합은 있을 수 없는 일이다. 하나님께서 우리를 도우셔서 단순한 하나님의 은혜만을 지킬 수 있기를 바란다.

성령에 의한 성화

-갈라디아서 5장-

우리는 이제 본 서의 마지막 부분으로 이동하며, 바울은 여기서 그리스도인의 자유를 신자들의 생활에 실제적으로 적용시킨다. 여기 두 장에서는 네 가지 대조점이 연속해서 나온다.

1. 속박이 아니라 자유(5 : 1~15)

"은혜와 자유에 대한 당신의 교리는 위험스럽다./" 바울의 적들은 이렇게 논쟁을 벌인다. "만일 그리스도인이 율법에서 자유롭다면 그들은 사악한 삶을 살게 될 거야. 우리에게는 삶을 통제할 율법이 필요하다." 그처럼 사람들은 은혜가 세상에서 가장 위대한 선생이요 "조절자"라는 사실을 거의 모르는 채, 세기를 내려오며 논쟁을 해 온 것이다(딛 2 : 11~ 12).

바울은 그리스도인의 자유에 굳게 서 있을 것을 권고한다. 만일 우리가 율법주의로 돌이킨다면 그것은 얽매이고 굴레를 쓰게 되는 것을 뜻한다. 바울 시대의 유대인들은 율법의 굴레가 무엇을 의미하는지 잘 알고 있었다(행 15 : 10).
할례는 옛 언약의 징표였으므로, 바울은 옛 언약으로 돌아가는 것은 그리스도께서 그들을 위하여 값주고 사신 축복에 대한 권리를 스스로 잃어버리는 것이라고 경고한다. 그리스도께서는 은혜를 거절하고 율법을 의지하는 죄인들에게 유익을 끼칠 수 없으시며, 은혜 대신 율법대로 살려고 하는 성도들을 유익하게 하실 수가 없다. 2~ 3절에 나오는 "할례"는 모세의 제도 전체를 말하는 것이다. 자신을 율법 아래 두는 사람은 전 율법에 빚진 자가 된다.

"은혜에서 떨어지는 것"은 "구원에서 떨어진다"는 뜻이 아니다. 바울은 "구원을 잃어버린" 사람에게 쓰고 있는 것이 아니다. 구원을 잃는다는 것은 있을 수 없는 일이기 때문이다. 그는 놀라운 은혜의 영역에서 떠나 율법의 부담스러운 영역으로 옮겨간 성도들에게 쓰고 있다. 워치만 니(Watchman Nee)는 "율법은 하나님을 위하여 내가 무엇인가를 해야 하는 것이고, 은혜는 하나님께서 나를 위하여 어떠한 일을 행하시는 것이다"고 말한다.
그리스도인이 은혜의 자유를 누린다는 것은 얼마나 좋은 일인가 ! 이것은 로마서 7장의 부담스러운 속박에서 로마서 8장의 영광스러운 자유로 이동한다는 뜻이다. 바울은 5~6절에서 참된 그리스도인의 행보에 대해 묘사하는데, 우리의 능력은 성령 안에 있어 믿음으로 이 능력을 받으며, 이 믿음이 우리의 생활 가운데서 사랑과 행위를 산출하는 것이다.

달리 말하자면, 그리스도인의 자유에 대한 교리는 사람을 사악한 생활로 인도하는 것이 아니라, 반대로 이 자유가 그를 그리스도께로 더 가까이 매어 준다. 그리하여 그리스도는 신자를 통하여 그의 삶을 사시는 것이다(2 : 20).

이 거짓된 가르침이 어떻게 그들의 생활에 끼어들게 되었는가? 누룩이 좋은 음식에 들어가는 방식으로 끼어들었다. 누룩은 언제나 악한 것에 비유된다(마 13 : 33 / 고전 5 : 1 ~ 7 등). 거짓 교리는 교회 안에 적은 누룩으로 심겨졌으나 불어나서 몸 전체에 퍼졌던 것이다. 갈라디아 사람들은 이러한 상태에 이르러, 이제 그리스도인의 행실에 있어 방해를 받고 있는 정도에까지 달했던 것이다.

다음으로 바울은 자신이 복음을 전파하기 위하여 어떻게 고난을 당하였는지를 그들에게 상기시킨다. 바울의 적들은 아마도 그에 대하여 거짓말을 하여 그가 할례(구약 율법에 순종하는 일)를 전파하였다고 말하고 있었던 것 같다. 그러나, 바울은 만일 그가 율법을 전파한다면 유대인들이 그를 핍박하지 않았을 것이라고 논박하였다.

"십자가의 거치는 것"이란 십자가에 못박히신 구세주를 영접할 수 없었던 유대인들에게는 걸림돌이라는 뜻이다(고전 1 : 23 ~ 25 참조). 바울은 할례를 예로 사용하여 "나는 너희에게 문제를 일으키는 사람들이 베어져 버리기를 원한다"고 말한다.

바울은 자유가 방종은 아니라는 사실을 상기시키며 이 부분을 끝낸다. 그는 "사랑으로 서로 섬기라"고 말하는데, 우리가 사랑으로 생활할 때에 율법을 이루는 것이다. "내게는 죄를 지을 수 있는 자유가 있다"고 말하는 그리스도인은 하나님의 은혜의 십자가에 대해 아무것도 알지 못하는 사람이다.

2. 육체가 아니라 영(5 : 16~26)

바울의 첫번째 권면은 "굳게 서라"는 것이었는데, 이제 두번째로 그는 "성령으로 행하라"고 권고한다. 그리스도 안에서의 우리의 지위는 그리스도 안에서의 우리의 행실을 결정한다. 5 ~ 6장에서 육체와 성령이라는 단어가 각기 10 회씩 사용되어 있다. 율법에 따라 사는 사람들은 육신의 힘에 의존하지만 은혜로 사는 사람은 성령의 능력을 의존한다.

"성령으로 행한다"는 것은 매일의 삶이 주님의 조절 아래 있다는 뜻이며, 하나님의 말씀의 지시 아래 있음을 의미한다. "성령의 인도하심을 받는다"는 뜻은 율법주의에 속박된 생활에서 구조를 받는다는 뜻이다. 탕자의 비유에서(눅 15 장) 형은 속박된 중에서 살았으므로 행동이나 섬기는 데에서 기쁨을 가질 수 없었다.

얼마나 많은 그리스도인이 그와 같이 살고 있는가!

"육체"는 신자가 여전히 지니고 있는 타락한 본성을 가리킨다. 몸 자체는 죄가 없으며 식욕이 반드시 죄악된 것은 아니지만, 옛 본성의 성향은 하향적이다. 로마서 6장에서 바울은 옛 본성은 십자가에 못박혔으며(갈 2 : 20) 우리 자신을 죄에 대하여 죽은 것으로 간주하고 자신을 하나님께 양도함으로써 육신을 정복할 수 있다고 말한다.

그는 갈라디아서에서 신자의 두 가지 본성에 대하여 자세히 설명한다. 새로운 그리스도인은 몇 일 또는 몇 주간 동안 놀라운 승리를 누리지만 그리고 나면 유혹과 좌절이 그를 강타하여 용기를 잃게 된다. 누군가는 그의 옛 본성이 되살아난 것이라고 말할 것이다.

17절의 마지막 부분은 신자가 승리할 수 없다고 가르치는 것이 아니다. 이 구절은 "따라서 너희는 너희가 원하는 바를 하지 못할 수도 있다"고 해석될 수 있는데, 이는 그리스도인이라는 입장에서 단순히 결심만 가지고는 결코 육신을 조절할 수가 없으며 성령의 열매를 맺을 수도 없다는 것이다. 바울은 로마서 7장에서 이에 대해 부언하고 있는데, 자신의 힘으로 하나님을 기쁘시게 하려는 신자의 결심은 실패할 수 밖에 없도록 되어 있다는 것을 보여 준다.

행위와 **열매** 사이에는 참으로 큰 대조점이 있다. 열매는 살아 있는 연합으로 말미암은 결과이다. 기계는 일을 해낼 수는 있으나 열매를 맺을 수는 없는 것이다. 율법은 행위를 산출하지만 하나님은 이러한 일들을 죽은 행실이라고 부르신다(히 6 : 1). 율법은 결코 여기서 묘사하는 바와 같은 은혜로운 열매를 산출할 수가 없다.

"육신의 일들"에 대한 목록을 현대 번역판으로 읽으면 그 의미를 충분히 이해할 수 있다. 얼마나 무서운 죄의 목록인가/ 이러한 일들이 그리스도인들에게서조차 얼마나 많이 발견되는가/

그리스도인의 성품은 성령의 능력으로 말미암아 내면으로부터 생긴다. 성령은 그리스도를 닮아가도록 우리를 변화시키려 하신다(고후 3 : 18 / 롬 8 : 29 / 롬 12 : 1~ 2). 우리는 성령의 아홉 가지 열매들에 대하여 여러 시간 묵상할 수 있지만 특별히 사랑이 목록의 최상단에 나오는 것을 유의해서 보자. 바울은 어떤 율법도 이와 같은 종류의 성품을 산출해 낼 수는 없음을 분명히 밝힌다. 결심이 그리스도인들을 성화시킬 수는 없는 것임을 언제나 배울 것인가?

"만일 우리가 성령으로 산다면"(이것은 구원이며, 성령으로 말미암아 살아 있게 되었다), "또한 성령으로 행하자"(이것은 성화이며, 성령께서 우리의 삶에 명령하시고 조절하시도록 허락하는 것이다). 에베소서 5장 18~24절과 골로새서 3장 15~19절을 비교해 보면, 성령으로 충만한 것은 하나님의 말씀으로 조절을 받는 것임을 알 수 있다. 왜냐하면 그 결과가 동일하기 때문이다. **성령으로 행하는 것**"은 일상생활과 동떨어진 어떤 정서적인 경험이 아니다. 말씀을 먹고, 기도하고, 성경이 말씀하는 것을 순종하는 신자의 일상적인 경험인 것이다.

끝으로, 바울은 이 그리스도인들이 하나님의 은혜로 말미암아 거룩한 삶을 살기를 간절히 원하며 세 가지를 변호하는데, 즉 하나님 아버지께서 이들을 부르셨으며(5 : 13), 성자 하나님이 그들을 위하여 죽으셨고(5 : 24), 성령 하나님이 그들 안에 거하신다(5 : 16 ~ 23)는 것이다. 삼위일체의 각 위가 육체에 대항하여 싸우는 우리를 지원하고 계신다.

하나님의 피할 수 없는 법
-갈라디아서 6장-

이 마지막 장에서 바울은 그리스도인의 생활에 있는 대조점들을 두 가지 더 제시한다. 그가 지금 율법 아래가 아니라 은혜 아래 있는 신자의 신령한 생활을 묘사하고 있는 것임을 명심하자. 이것은 속박이 아니라 자유의 생활이며(5 : 1 ~ 15), 육신이 아니라 성령 안에 있는 생활이다(5 : 16 ~ 26).

1. 자신이 아니라 다른 사람들(6 : 1 ~ 10)

신자가 순종할 율법이 있는데, 그것은 그리스도 안에서의 사랑의 법이다. "새 계명을 너희에게 주노니 서로 사랑하라 내가 너희를 사랑한 것같이 너희도 서로 사랑하라"(요 13 : 34). 하나님의 영은 사랑의 영이다. 하나님은 사랑이시기 때문이다.

　성령 안에서 행하는 사람이라면, 그는 그리스도 안에서 소유하는 자유를 이기적인 목적으로 사용하지 않을 것이며, 오히려 성령께서 그를 통하여 다른 사람들을 돕도록 허용할 것이다. "다른 사람들"이란 말은 위대한 복음의 단어이다. 예수님은 다른 사람들을 위하여 사셨으므로 우리는 그의 본을 따라야 한다. 율법에서 독립한다는 것은 우리가 서로 독립적이란 뜻이 아니다. 왜냐하면 우리는 형제이기 때문이다.

① 영적인 도움(1 ~ 5절) -어떤 형제가 갑자기 원수에게 붙들려 죄에 빠졌다고 가정하자. 아니면 그가 죄에 사로잡혀 다른 신자들에게 발견되었다고 하자. 우리의 태도는 심판하고 정죄하는 것이어야 하는가? 아니다./ 우리가 신령하다면, 곧 성령으로 행하고 성령의 인도를 받으며 성령을 통하여 열매를 맺는다면, 우리는 그를 회복시키려고 힘쓸 것이다.

　"회복시킨다"는 단어는 부러진 뼈를 맞추는 데에 사용하는 의학 용어이다. 그리스도인들은 그리스도의 몸의 지체들이다. 그리고 죄 중에 있는 그리스도인은 몸 전체의 사역을 방해한다. 물론 어떤 형제가 회복할 것에 순복하지 않으면 마태복음 18장과 고린도전서 5장에 요약된 징계의 방법을 고려해야 할 것이다.

　우리는 각자의 짐을 서로 져야 하지만 우리 자신의 짐 또한 져야만 한다. 다른 사람들과 나누어 질 수 있는 짐들이 있는가 하면 우리 자신이 홀로 져야만 하는 짐이 있다. 다른 사람을 도우면서도 자신의 책임을 회피하는 것은 죄이다. 우리가 다른 사람들을 도우려 할 때는 온유한 영이 있어야 한다. 그들보다 낫다고 생각해서는 안 된다. 하나님께서 심판하여 보상하시게 하자. 하나님은 결코 실수하지 않으신다.

2 **물질적인 도움**(6~10절) – 말씀에 귀를 기울이는 신자는 그를 가르치는 자와 물질적인 축복들을 나누어야만 한다는 것이 6~8절이 주는 간단한 교훈이다. 우리는 죄에 대한 개념에서 심은 대로 거둔다고 말할 때에 이 구절들을 사용하는데, 사실 이 원리는 진리이다. 그러나, 근본적인 교훈은 "주는 일"에 대한 것이다. 6절의 "함께 하라"는 말은 단순히 "나누라"는 뜻이다. 이 원리는 로마서 15장 27절에 언급되어 있는데, 우리가 영적인 축복을 받는 데에는 물질적인 축복을 나눌 특권과 의무가 있다.

"육체를 위하여 심는 것"은 육적인 일에 시간과 재물을 투자하여 육신을 위하여 산다는 뜻이며, "성령을 위하여 심는 것"은 신령한 일들에 시간과 돈을 사용한다는 뜻이다. 시간과 돈(돈은 주조된 시간이므로 우리는 이것을 다시 사용할 수 있다)을 육적으로 사용하면서도 왜 은혜에서 성장하지 못하고 영적인 열매들을 거두지 못하는지를 이상하게 여기는 그리스도인들이 얼마나 많은가!

물론 성령으로 심기 위해서는 믿음과 인내가 필요하다. 그러나, 하나님께서는 때가 되면 거둔다고 약속하신다. 영적인 일을 추수하기까지는 성장하는 데에 시간이 걸리는 것이다.

2. 인간의 인정이 아니라 하나님의 영광(6:11~18)

편지의 끝까지 바울은 심중에 은혜를 간직하고 있다. 성령으로 말미암아 은혜에 의존하는 그리스도인들은 언제나 하나님께 영광을 돌릴 것이나 그 반면에 "종교를 실천하는" 율법주의자들은 인간의 인정을 얻을 것이다. 참으로 세상은 "종교적인 사람들"은 존중하면서 헌신한 그리스도인들은 미워한다.

바울은 대개 글을 쓸 때 비서를 두어 편지를 불러 주고는 끝에 그의 개인적인 "은혜 서명"을 첨부하였다(고전 16:21~24/골 4:18/살후 3:17~18). 그러나, 갈라디아서는 그가 개인적으로 쓴 것이 분명하며, 그의 시력이 약하기 때문에(갈 4:15) 큰 글씨로 써야만 했다.

"이렇게 큰 글자로"라는 말은 단어의 수가 많다는 뜻이 아니다. 왜냐하면 이 서신은 비교적 짤막하기 때문이다. 이 말은 각 글자의 크기를 말하는 것이다. 바울은 그의 육체적인 장애가 하나님을 순종하며 그리스도인 친구들에게 율법주의의 악함을 경고하는 일에 방해가 되도록 버려두지 않았다.

바울은 "이 유대주의자들은 자기들의 영광을 위하여 너희를 이용하려는 것이다"라고 주장한다. "그들은 너희의 유익을 위하여 너희를 섬기고 있는 것이 아니라 자신의 칭찬을 위하여 하는 것이다. 그들은 십자가를 전파하는 사람에게 임하는 박해를 피하고 싶어한다. 그런데, 그들 자신도 율법에 순종하지 않는다."

참으로 쏘는 듯한 책망이다. 그리스도 당대의 바리새인들처럼 유대주의자들은 개종자를 얻기 위하여 땅을 횡단하고 바다를 건넜다(마 23 : 15). 그러나, 이는 개심자를 돕기 위해서가 아니라 자신의 이름에 영광을 더하기 위해서였다. 그러나, 바울은 이러한 유형이 아니었다. 그는 십자가를 영화롭게 했고 기꺼이 십자가에 따른 모든 수치와 박해를 감내하였다. 바울은 십자가의 인격과 목적, 그리고 그 능력을 알았기 때문에 십자가에 영광을 돌릴 수 있었다.

다시금 바울은 자신의 십자가에 대하여 언급한다(6 : 14 / 2 : 20 참조). 구원은 그리스도께서 나를 대신하여 죽으신 것을 뜻하며(대속), 성화는 내가 그리스도와 함께 죽은 것, 즉 그리스도와 동일시됨을 의미한다.

"이 거짓 교사들은 세상에 속하여 세상을 위하여 살고 있다. 그러나 세상은 나에게는 아무런 매력이 없다. 나는 세상에 대하여 십자가에 못박혔고 세상은 내게 대하여 죽은 것이기 때문이다"라고 바울은 진술한다.

오늘날 십자가는 빛나는 보석 조각들로 번쩍거리지만 바울의 시대에는 고통과 죽음과 수치의 도구였다. 종교는 십자가를 하나의 상징으로 만들었지만, 성령은 십자가를 은혜로 말미암아 사는 그리스도인의 생활에 나타나는 하나의 실재가 되게 하신다.

그리스도인은 "새로운 피조물"에 속하며(고후 5 : 17) "하나님의 참된 이스라엘"에 속한다. 이 말은 신약 교회가 구약 이스라엘의 자리를 대신한다는 뜻은 아니다. 왜냐하면 그리스도 안에서는 어떤 종족적인 구분이 없기 때문이다(3 : 28). 오히려 이는 이 유대주의자들이 참된 이스라엘, 곧 참된 하나님의 백성이 아니라는 말이다.

그리스도를 구세주로 영접한 그리스도인들은 종족적으로는 아브라함의 자손들이 아니지만 영적으로는 아브라함의 자손들이다(3 : 7). 오늘날 교회가 하나님의 참된 자녀들인 것은 하나님의 고대 백성은 불신앙으로 제쳐졌으며 "내 백성이 아니라"는 선고를 받았기 때문이다(호 1 : 9~10 / 2 : 23 / 롬 9 : 25~26). 어느 날 이스라엘은 하나님의 백성으로 불리워질 것이며, 그들의 민족적인 약속들을 기업으로 받게 될 것이다.

우리가 좇아 행하는 "규례"는 은혜에 속한 것이며 그리스도 안에서의 새로운 창조에 속한 것이다. 그리스도인들 중에는 선의이기는 하나 모르기 때문에 다른 규례에 따라 행하는 사람들이 매우 많은데, 이들은 왕국을 세우고자 하거나 세상을 개혁하려 한다.

바울은 율법을 가지고 문제를 일으키는 사람들을 불과 한 귀절로 일소해 버린다. "너희의 거짓 교사들은 할례로 표를 하지만 나는 내 몸에 **예수 그리스도의 흔적**(표식)을 가지고 있다." 이 말은 바울의 몸에 그리스도의 상처와 비슷한 다섯 상처들이 있다는 뜻이 아니다. 이 말은 그의 몸에 상처들이 있어서 그가 그리스도의 십자가를 위하여 비난을 견디었음을 입증한다는 뜻이다. 바울 시대에는 군사들, 노예들 그리고 어떤 이방신에게 헌신한 사람들에게 표식을 하였는데, 바울은 그리스도의 군사요, 그리스도의 노예이며 그리스도께 헌신한 추종자였다.

"우리 주 예수 그리스도의 은혜가 너희의 심령에 있을지어다." 참으로 놀라운 축복 기도이다.

에베소서

- 개요와 서론 -

에베소서 개요

1. 교리 : 그리스도 안에서의 신자의 축복 / 1~3장
   - ●핵심 사상 : 축복
   - ●핵심 절 : 1장 3절

   1 그리스도 안에서의 우리의 소유 / 1장 1~14절
     (1) 아버지(성부)로부터 온 소유 / 1장 1~6절
     (2) 아들(성자)로부터 온 소유 / 1장 7~12절
     (3) 성령으로부터 온 소유 / 1장 13~14절

   - ●교회를 위한 기도 / 1장 15~23절

   2 그리스도 안에서의 우리의 위치 / 2장
     (1) 부활하여 보좌에 오름 / 2장 1~10절
     (2) 화목케 되어 성전을 이룸 / 2장 11~22절

   - ●능력을 위한 기도 / 3장

2. 의무 : 그리스도 안에서의 신자의 행위 / 4~6장
   - ●핵심 사상 : 행하라
   - ●핵심 절 : 4장1절

   1 하나됨으로 행하라 / 4장 1~16절
   2 순전함으로 행하라 / 4장 17~32절
   3 사랑함으로 행하라 / 5장 1~6절
   4 빛으로 행하라 / 5장 7~14절
   5 주의깊게 행하라 / 5장 15~17절
   6 조화되게 행하라 / 5장 18~6장 9절
     (1) 남편과 아내 / 5장 18~33절
     (2) 부모와 자녀 / 6장 1~4절
     (3) 주인과 종 / 6장 5~9절

*   *   *   *   *

교리와 의무에 관한 책으로서 본 서신이 얼마나 균형을 잘 유지하는지 보라. 먼저 바울은 하나님께서 우리를 위하여 이루신 일들을 상기시킨 다음, 우리가 하나님을 위해 해야 할 일에 대해 말한다. 그리스도인의 삶은 그리스도인의 교훈에 기초하고 있다. 그리스도 안에서의 부요함을 알지 못하는 그리스도인은 결코 그리스도를 위하여 행할 수 없을 것이다. 우리의 행함은 우리를 부르심에 달려 있다. 참으로 많은 그리스도인들이 1∼3장대로 살기를 원하고 교리를 연구하지만, 우리는 4∼6장에 따라 움직이며 그 의무를 실천해야 한다.

에베소서 서론

■ 도시 : 에베소는 소아시아의 대도시들 중의 하나로서 로마의 이 지역 수도였고 아데미 숭배의 중심지였으며, 부요한 상업 중심지일 뿐 아니라 광대한 항구로서 세계 무역을 초치하고 있었다. 아데미 신전은 고대 세계의 7대 불가사의 중의 하나였고, 아데미 숭배는 열성적으로 신봉되고 있었다 (행 19 : 23 이하 참조). 에베소는 그 지역의 중심 도시였으므로 바울이 3년 동안이나 거기에 머물러 있었다는 사실이나 (행 20 : 31), 또는 전 아시아 지역으로 복음을 퍼뜨린 도시였다는 점은 (19 : 10) 전혀 놀라울 것이 없다.

■ 교회 : 바울은 그의 2차 전도 여행에서 이 도시를 잠깐 경유해 가며 브리스길라와 아굴라를 그의 조력자로 남겨 두었다 (행 18 : 18∼28). 그 후 3차 여행에서 바울은 에베소에 돌아와 (행 19 : 1∼41) 3년 동안 머물렀다 (행 20 : 31). 그의 사역은 유대인 회당에서 시작되었으나, 동족들로부터 그의 멧세지가 거부당하자 그는 두란노라고 불리우는 학교로 옮겨 약 2년 동안 전파하며 가르쳤다 (행 19 : 9).

에베소서에서의 바울의 사역은 대단한 영향력을 발휘하여 그 도시의 마술사들이 그리스도께로 돌아왔고, 그들이 가지고 있던 마술에 관한 책들을 불태웠다. 또한 많은 사람들이 참 하나님을 섬기는 데로 인도되었으며, 아데미 신상을 팔던 은장색들에게는 막대한 손해를 끼쳤다. 하나님의 말씀에 대한 바울의 분명한 가르침과 전도는 적들을 매우 자극하게 되어 그는 그 도시를 떠나지 않을 수 없었다. 후에 (행 20장) 그는 예루살렘으로 돌아가는 길에 에베소 교회의 장로들을 만났다.

■ 서신 : 바울은 이 편지를 기록할 때에 죄수의 몸으로 있었다 (3 : 1 / 4 : 1). 그가 어떻게 죄수가 되었는지는 사도행전 21장 15절 이하를 참고하라. 예루살렘 성전에 올라갔던 그는 거짓 고소로 인하여 체포되었다. 그의 재판은 분명치 못한 것이었음에도 불구하고 그는 가이사랴에서 2년 동안이나 옥에 갇혀 있었다 (행 21 : 27∼26 : 32). 그는 황제의 재판을 요청하여 로마로 보내어졌다 (행 27∼28장). 자기의 집에 거주하는 죄수로서, 그는 자유롭게 방문객을 맞을 수 있었고, 이 때에 에베소서를 기록하였다. 이 서신은 두기고에 의해 전해졌는데, (6 : 21) 아마도 이 사람은 오네시모와 함께 골로새서를 전하는 일 또한 도왔을 것이다 (골 4 : 7∼9).

이 서신은 에베소교회로 보내어졌으나, 소아시아의 많은 교회들 가운데 회람되었던 것이 분명하다. 이 서신은 일반적으로 교회의 진리에 대해 전하고 있는데, 이는 고린도전·후서나 데살로니가 전서에서 볼 수 있는 바와 같은 지교회의 특정한 문제를 다루고 있지는 않다. 어느 면으로 보나, 에베소서는 교회서신이며, 하나님의 심중에서의 교회란 무엇이며 인간의 관점에서 볼 때 실제적으로 어떤 기관이 되어야 하는지에 대해 가르치고 있다. 바울의 논점은 그리스도와 교회, 그리스도 예수 안에서의 하나님의 영원한 계획에 있다.

본 서는 영원 전에서 영원한 미래로 우리를 인도한다. 우리는 신자가 천국에 앉아 있으며 또한 지상에서 그리스도와 함께 행하는 것을 본다. 에베소서가 우리에게 하나님이 교회에 대하여 알리고자 하시는 모든 것을 말해 주고 있지는 않지만, 성경의 어느 곳에서도 본 서신만큼 교회 교리와 그리스도인의 실제 생활에 대해 고양시키는 부분은 없다. 사도행전 20장에 기록되어 있는 에베소에서의 바울의 사역과, 에베소서에 제시된 교리를 비교해 보는 것은 흥미로운 일이다.

■ 에베소서에 제시된 교회 : 옥중서신 (에베소서, 빌립보서, 골로새서)에서 바울은 교회를 그리스도의 몸, 신부, 성전으로 비유하여 집합적인 개념으로 나타내며, 또한 디모데전·후서나 디도서와 같은 목회서신에서는 그리스도를 섬기는 지체로서 다루고 있다. 이 두 가지 강조점은 균형잡힌 사역을 위해서는 모두 필요하다. 확실히, 하나님의 관점에서는 그리스도를 머리로 한 전체의 몸으로서 보신다. 그러나 사역에 관한 한, 지교회를 통하여 일하신다.

성령의 세례 (침례)를 받은 신자들로 이루어지는 "보편적 교회"는 정당한 개념이지만, 이 "보편적 교회"가 지교회의 개념을 대신할 수는 없다. "보편적 교회"는 선교사를 파송하거나, 선교 병원을 세우고, 성찬을 집행하거나, 가난한 가정을 구제하는 일은 하지 않는다. 신약 성경에서 지교회는 대단히 강조되어 있다. 만약 각 구성원들이 그리스도의 몸 안에서의 그들의 위치를 인식한다면 지교회의 사역은 더욱 강화될 것이다.

놀라운 이야기
-에베소서 1장-

이 장에서의 핵심 사상은 그리스도인으로서 우리가 소유하는 "축복", 즉 우리가 소유하게 된 영적 축복은 그리스도 안에 있음으로써 기인한다는 사실이다(1:3). 바울은 하나님의 삼위가 각각 우리를 축복하셨음을 알리며, 이 축복과 능력을 우리가 이해하여 우리의 삶에 있게 되기를 위하여 기도한다(15~23절).

1. 성부 하나님으로부터 온 축복(1:1~6)

1 우리를 택하심(3~4절) - 이것은 선택에 대한 놀라운 교리로서, 우리가 충분히 설명할 수는 없지만 온전히 즐거워할 수는 있는 교리이다. 은혜의 신비한 비밀에 대해 설명하려 하지 말라. 하나님은 우리 자신을 보아 우리를 택하신 것이 아니라, 은혜로 그리스도 안에서 우리를 택하신 것이다(고전 1:26~29 / 살후 2:13~14 / 요 6:37 참조).

2 우리를 양자로 삼으심(5절) - 선택이란 사람에 대한 말이며 목적에 따라 예정하는 일을 말한다. 하나님은 우리가 성도들(따로 분리되어진 사람들)이 되도록 선택하셨으며 우리의 삶에서 어떠한 목적이 성취되도록 예정하신다(롬 8:28 이하 참조).

신약에서 "양자"란 미성년인 아들을 온전한 성인의 지위에 두는 아버지의 공식적인 행위를 말한다. 여기서는 외부에서 맞아들이는 행위가 아니라, 가족을 성년의 특권과 축복의 지위에 두는 일이다. 이것은 가장 어린 그리스도인이라도 그리스도가 가진 모든 것을 가지고 있음을 뜻한다.

3 우리를 용납하심(6절) - 우리 자신에게는 하나님께 용납될 만한 것이 없다. 그러나, 그리스도 안에서 우리는 "용납되어졌다." 이에 대한 아름다운 예화를 빌레몬서에서 읽어 보자. "너의 노예 오네시모를 영접하되 나를 영접하듯 하라"고 바울은 썼다. 비록 우리가 죄를 범하였으나 그리스도는 아버지 하나님께 "나를 영접하듯이 이 성도를 받아 주소서"라고 말씀하신다. "그리스도 안에서"라는 구절을 바울 서신 전체를 통하여 추적해 보라. 감동을 느낄 것이다!

2. 성자 하나님으로부터 온 축복(1:7~12)

1 우리를 구속하심(7상반절) - 십자가 위에서 자기의 생명을 주심으로 그리

스도는 죄의 노예였던 우리를 값주고 사셨다. 우리는 죄의 형벌과 권세에서 현재 구속되었으며, 죄의 면전에서 우리를 구원하려 그리스도께서 다시 오실 때의 미래의 구속도 소유하고 있다(4절).

② **우리를 용서하심**(7하반절) – "용서한다"는 단어는 "멀리 보낸다"는 뜻이다. 죄는 무거운 짐이며, 죄인이 그리스도께로 향할 때 멀리 보내어진다. 그리스도는 그 짐을 십자가로 가지고 가셨다(벧전 2 : 24). 속죄일에 광야로 보내어지는 속죄양은 이것을 상징한다(레 16 : 20~22 참조).

③ **우리를 향한 하나님의 뜻을 계시하심**(8~10절) – "비밀"은 계시를 통해서만 알려지는 하나님의 진리이다. 그리스도 안에서 우리는 하나님의 영원하신 목적의 일부를 담당하고 있는데, 이 목적은 "그리스도 안에 있는 모든 것들"을 함께 모으는 일이다. 오늘날 현대는 서로 떨어져 나가기 때문에 전쟁이 있고, 대립과 분열이 있다. 그러나 어느 날, 하나님은 새로운 창조를 통하여 "모든 것을 그리스도 안에" 있게 하실 것이다.

④ **우리를 상속자로 만드심**(11~12절) – 하나님은 우리에게 그리스도 안에서 기업을 주셨을 뿐 아니라(벧전 1 : 3~4), 우리를 그리스도의 기업으로 삼으셨다./ 교회는 주님의 몸이요 성전이며 신부이다. 그리고 우리는 어느 날 주님의 영광에 참예할 것이다. 우리는 참으로 놀라운 미래를 소유하고 있다./

3. 성령 하나님으로부터 온 축복(1 : 13~14)

① **우리를 인치심**(13절) – 이 중요한 구절은 구원을 요약해 준다. 죄인은 진리의 말씀을 듣고 그리스도를 믿으며, 성령을 받고, 영원히 인침을 받는다. "그 안에서 또한 믿어(믿고 난 후)"라는 말은 "너희가 믿을 때에"라는 뜻이다. 왜냐하면 성령은 죄인이 그리스도를 믿는 즉시 그의 마음에 들어오시기 때문이다. 그의 인치심은 하나님께서 우리를 소유하시고 보호하실 것임을 뜻한다. 아무도 하나님이 인치신 것을 폐할 수 없다./

② **우리에게 보증이 되심**(14절) – 사업상 "보증금"이라고 하면 구입한 소유물에 대해 지불하는 돈을 뜻한다. 그리스도는 우리를 대신하여 우리의 미래를 사셨지만 우리는 아직 그 모든 축복 가운데로 들어가지 못하였다. 하나님은 우리가 온전한 구원을 체험하고 영광 중에서 하나님의 약속하신 축복들을 받을 수 있음을 확신하도록 "보증금"으로서 우리에게 성령을 주셨다.

이 세 부분의 끝절마다 각기 성부, 성자, 성령 하나님은 왜 우리들을 축복하셨는지에 대해 바울이 설명하고 있는 바를 주의해서 살펴 보자. "주님의 영광을 찬양하기 위하여./ "(6, 12, 14하반절) 라고 귀결되어 있다. 구원은 하나님의 은혜에 의한 것이며, 하나님의 영광을 위한 것이다. 하나님은 누구를 구원하셔야만 하는 것은 아니다. 그가 죄인을 구원하실 때 그것은 **자신의 영광**을 위해서 그렇게 하시는 것이다.

4. 이해를 위한 기도(1 : 15~23)

에베소서에는 "너희가 알게 되기를 원하노라"(1 : 15~23) 와 "너희에게 있게 되기를 원하노라"(3 : 13~21) 는 두 가지 기도가 나온다. 첫번째 기도는 교화를 위한 것이며, 두번째는 능력을 위한 것이다. 바울은 먼저 그리스도께서 우리를 위해 하신 일에 대해 알게 될 것과, 두번째는 우리의 일상생활에서 이러한 축복이 적용되기를 위해 기도한다. 바울이 기도하는 바를 살펴 보자.

1 **하나님께서 영적인 이해를 주실 것**(17~ 18상반절) - 영적인 진리들은 영적으로 분별되어야 하며(고전 2 : 9~16), 이러한 이해력은 오직 성령으로부터만 올 수 있다. 성령은 말씀을 기록하셨으므로, 성경이 말씀하시는 것이 무엇인지 우리에게 가르쳐 주실 수 있는 유일한 분이시다.

2 **주님의 부르심의 소망을 알게 될 것**(18중반절) - 하나님께서 세상이 있기 전에 그리스도 안에서 우리를 택하셨으므로, 우리는 영원에 대한 복된 소망을 가지고 있다. 4~6절은 이러한 부르심에 대하여 요약하고 있다. 위로부터 부르심을 받은 것(빌 3 : 14)과 거룩한 부르심(딤후 1 : 9), 하늘의 부르심(히 3 : 1)을 알지 못하는 그리스도인은 결코 그 부르심에 합당하게 행할 수 없을 것이다.

3 **주님의 기업의 부요함을 알게 될 것**(18하반절) - 우리는 그리스도 안에서 기업을 가지고 있을 뿐만 아니라 우리 자신이 그리스도에게 기업이 된다(11절). "부요함"이란 단어는 에베소서에 종종 나오는데, 부족함이 없음을 암시하고 있으며 더이상 필요한 것이 없음을 뜻하고 있다. 그리스도인은 자신이 그리스도에게 어떤 의미가 있는가를 알게 될 때 어느 정도 성장하여 그리스도의 마음에 기쁨을 드리는 삶을 시작하게 된다.

4 **주님의 능력을 알게 될 것**(19~ 23절) - 죽은 자들 가운데서 예수 그리스도를 부활시키신 그 능력을 우리의 일상생활에서도 적용할 수 있다./ 그리스도는 이미 죄와 죽음과 세상과 사단에 대하여 승리를 거두셨다. 우리는 승리를 위하여 싸우지 않는다./ 오히려 승리로부터 싸움을 시작한다. 우리는 천국에서 하나님과 더불어 앉아 있으며, 그 곳에는 능력과 평화와 승리가 있다.
물론 이 모든 축복들은 1~ 2절에서 설명한 조건들을 갖춘 사람들만을 위한 것 *175*

이다. 확실히 바울은 죽은 성도들이 아니라 살아 있는 성도들, 곧 예수 그리스도를 믿는 사람들에게 편지를 쓰고 있음에 유의하자. 이러한 성도들은 (구별된 성도들) 하나님의 은혜를 경험하였고 이제 하나님의 평화를 누린다. 교회가 사람들에게 "성도"라 이름지운다고 가르치는 곳은 성경 어느 곳에도 없다. 하나님만이 죄인을 성도로 만들 수 있다. 그는 살아 있는 동안에 성도가 되는 것이 좋다. 왜냐하면 죽은 후에는 심판이 있기 때문이다.

놀라운 기관 (몸)

- 에베소서 2 장-

1 장은 우리가 그리스도 안에서 가지고 있는 소유에 대하여 강조하였는데, 2장에서는 우리가 그리스도 안에서 가지는 지위에 강조를 두고 있다. 인간의 지위는 그의 소유와 능력을 결정한다. 미국의 대통령은 육체적으로 어느 곳에 있든지 상관 없이 백악관의 책상 앞에 앉아 있는 사람으로서의 그의 지위로 말미암아 권력과 권위가 부여된다. 그리스도인도 이와 같다. 우리가 육신적으로 어디에 있거나 상관 없이 (바울은 이 편지를 쓸 때 감옥에 있었다!) 우리는 그리스도 안에 있는 우리의 지위로 말미암아 영적인 영역에서 능력과 권위를 가지고 있다.

1. 부활하여 보좌에 앉음 (2 : 1~10)

① **우리의 과거의 상태** (1~3절) -잃어버린 죄인의 모습을 보라. 그는 **영적으로 죽은 자**로서, 속 사람이 죽어 있으므로 영적인 일들에 대해 아무런 반응을 할 수가 없다. 예수께서 죽은 자들을 살리신 예들을 보자. 12세 된 소녀 (눅 8 : 49 ~55), 젊은이 (눅 7 : 12~15), 노인 (요 11장) 등 이들은 모두 죽어 있었지만 부패의 상태는 달랐다. 나사로는 장사된 지 나흘이나 되어 냄새가 나기 시작하고 있었다! 모든 죄인들은 나이와 상관 없이 죽어 있다. 구원받지 못한 교인과 부랑자 소굴의 주정뱅이에 차이가 있다면 다만 주정뱅이의 악취가 좀더 심하다는 것 뿐이다.

그리고, 죄인은 영적으로 죽은 자일 뿐만 아니라 세상의 노예로서 세상의 쾌락과 정욕을 위해 산다. 만일 그에게 "세상은 하나님의 정죄 아래 있으므로 거기서 떠나라"고 말하면 그는 비웃을 것이다. 그는 **사단의 권세 아래 있다.** 사단은 구원받지 못한 사람의 삶에 역사한다. 이 말은 사단이 그들을 주정뱅이나 살인자로 만든다는 뜻은 아니다. 그가 사용하는 일상적인 방법이란 "자기 의"를 통하여 거짓된 확신을 갖게 하는 것이다. 예수께서는 바리새인들이 종교적이고 훌륭한 시민이었는데도 불구하고 그들을 "마귀의 자식들"이라고 말씀하셨다 (요 8 : 44).

만약 하나님의 자녀가 되려 하지 않는다면 그는 진노의 자녀이며, 불순종의 자식이다. 우리는 본질상 진노의 자녀로 태어난다. 그러나 책임 있는 나이에 도달한 이후 그리스도를 알기를 거절할 때는 고의적인 선택에 의해 불순종의 아들이 되어진다.

[2] 하나님이 행하신 일(4~9절) - "그러나 하나님은./"이라는 말은 성경에서 가장 위대한 말들 중의 하나이다. 하나님은 우리가 죄 가운데서 마귀와 더불어 영원히 살도록 버려두실 수도 있으셨다. 그러나, 하나님은 우리를 구원하는 편을 택하셨다. 그는 우리에게 생명을 주시며 (소생시키심) 죄의 무덤에서 일으키셨다.

이보다 더 중요한 일이 있다면 그것은 우리를 그리스도의 일부가 되게 하셨다는 점이다./ 우리는 함께 소생되어 함께 일으킴을 받았으며, 천국에서 함께 앉아 있다. 하나님이 이 일을 행하신 이유는 자비가 풍성하시며 사랑이 크시기 때문이었다. 자비는 내가 마땅히 받아야 할 것인데 내게 주시지 않는 것을 뜻하며, 은혜는 내가 받을 만하지 못한데 나에게 주시는 것을 뜻한다.

[3] 현재의 우리의 상태(10절) - 우리는 주님의 솜씨이며 새로운 피조물이다(고후 5 : 17). 빌립보서 2장 12~13절을 읽고 하나님께서 우리 안에서 역사하고 계심을 담대히 믿으라./ 미래에 어떤 일들이 전개될 것인지에 대해 우리는 알지 못한다. 그러나 미래를 쥐고 계신 분을 알고 있다. 나를 선택하시고, 부르시고 구원하신 동일한 분이신 사랑의 아버지께서 내 삶을 위하여 놀라운 계획을 나타내셨다. 참으로 우리는 얼마나 은혜에 빚진 자인가./ 늘 숨이 막힐 듯한 은혜가 아닌가./

2. 화목케 되어 성전을 이룸(2 : 11~22)

본 장의 전반부에서 바울은 하나님이 죄인들을 위해 하신 일반적인 일들에 대해 말하였으나, 이제 특별한 부분으로서 유대인과 이방인에 대해 논하고 있다. 하나님은 이방인과는 메시야의 언약을 맺지 않으셨으나, 유대인에게는 왕국을 약속하셨다. 오늘날 하나님의 계획에 있어서 유대인과 이방인의 위치는 어떠한가?

[1] 이방인의 신분(11~12절) - 하나님은 항상 유대인과 이방인 간에 있어서 종족적으로는 구별하셨으나(고전 10 : 32), 개별적으로는 구분하지 않으신다(롬 10 : 11~13). 이방인들은 그리스도가 없는 사람들로서, 다시 말하자면 메시야에 대한 약속을 갖지 못한 사람들이다. 이들은 이스라엘 민족의 일부가 아니었으며, 사실상 구약 율법은 유대인과 이방인 사이에 큰 간격을 두고 있다.

이들은 "하나님의 백성"이 되기보다 동맹자들이었다. 그들은 이 세상에서 소망도, 참 하나님도 없는 나그네들이었다. 이 비참한 모습을 로마서 9장 4~5절에 나오는 이스라엘의 특권적인 위치와 대조해 보라. 13절은 이것을 "멀리 떨어진"이라는 두 단어로 요약하고 있다. 일반적으로 죄인에게 있어서의 문제는 "죽음"인 데 비해 이방인들의 특정적인 문제는 "거리"였다. 복음서에서 그리스도께서 이방인을 도우실 때에는 거리를 두었던 점에 유의해 보자(마 8 : 5~13 / 마 15 : 22~28 참조).

② **하나님이 하신 일**(13~17절) – 13절의 "그러나 이제"는 4절의 "그러나 하나님은"과 유사하다. 그리스도께서 십자가에서 죽으셨을 때, 그는 유대인과 이방인 사이에 서 있던 모든 장벽을 무너뜨리셨다. 유대인의 성전에는 성전의 여타 지역과 "이방인의 뜰"을 구분하는 벽이 있었다. 이 벽은 이방인이 이것을 넘으면 죽임을 당한다는 경고의 표시였다. 예수께서는 그 벽을 헐어 버리셨다.

주님은 우리가 그리스도 안에서 모두 하나가 되게 하시려고 **육체의 벽**을 무너뜨리셨다(15절 / 갈 3 : 28~29 참조). 또한 주님은 영적인 벽을 헐어서 "멀리 떨어진" 이방인들을 가까이 데려오셨다(13절). 주님은 **율법의 벽**을 허셨다. 그가 몸소 율법을 성취하시고 십자가에서 모세의 율법의 통치를 끝내셨기 때문이다(14~15절). 그리스도는 죄인들과 하나님 사이의 평화를 이루셨을 뿐 아니라(롬 5 : 1) 유대인과 이방인 사이의 평화를 이룩하셨다. 주님은 십자가를 통하여 죄악된 유대인과 죄악된 이방인들을 "새 사람", 즉 교회로 만드셨다.

3장에서 살펴볼 것이지만 교회의 "비밀"이 바울을 통하여 계시되었음과, 또한 유대 그리스도인들이 하나님의 새로운 계획을 이해하는 데는 어느 정도 시간이 필요했었을 것임을 명심하자. 오랜 세월 동안 하나님은 유대인과 이방인들을 분리해 놓으셨었다. 그래서 유대인들은 이방인들이 하나님께로 가까이 나올 수 있는 유일한 길은 유대인이 되는 길뿐이라고 생각했었다. 그리스도의 십자가는 죄인인 이방인들과 유대인들을 둘 다 정죄한다는 것을 드러냈으며, 또한 한 몸으로 하나님과 화해하는 것을 나타냈다./

③ **이방인들과 유대인들의 현재 신분**(18~22절) – 이들은 둘 다 성령을 통하여 하나님 아버지를 대면한다. 유대인의 조직에 의하면 일년에 한 번 대제사장만이 하나님의 면전에 나아갈 수 있었다. 그러나, 재창조를 통해서 모든 신자는 지성소에 들어갈 특권을 가진다(히 10 : 19~25). 이방인과 유대인들은 둘 다 이제는 하나님의 집에 속해 있으며 유대인들은 이제 더이상 "보다 나은 혈통"이라고 주장할 수 없다. 유대인과 이방인들이 의롭게 된 것은 주님의 피를 믿는 믿음을 통해서이다.

바울은 교회를 성전으로 비유하며 본 장을 끝맺는다. 이것은 유대인들에게는 아주 적절한 상징일 것이다. 이들은 예루살렘에 있는 그들의 거룩한 성전을 존중하고 있었다. 그런데 에베소 사람들은 그 시에 아데미를 섬기는 큰 신전을 가지고 있었기 때문에 이 사람들에게도 역시 이해하기 쉬운 비유였을 것이다(행 19 : 21~41).

실제로 각각의 각 신자는 **살아 있는 성전을 세우는 살아 있는 돌**이다(벧전 2 : 4~8). 사도들과 선지자들(신약 선지자들, 4 : 11)은 기초석이 아니다. 이들은 기초를 놓는 사람이며 처음으로 멧세지를 선포한 사람들이었다. 그리스도는 모퉁이 돌이신 동시에 기초석이시다(고전 3 : 11).

오늘날 교회는 살아 있으며, 성장하고 있는 성전이다. 그 성전이 완성되면 그리스도께서 돌아오실 것이며, 그 성전을 영광으로 인도해 가실 것이다. 하나님은 장막(출 40 : 34)과, 솔로몬의 성전(대하 7 : 1)과, 그리스도의 몸인 성전에 거하셨으며(요 1 : 14 / 요 2 : 18~22), 이제는 각 신자 안에(고전 6 : 19~20), 그리고 교회 안에 거하신다(엡 2 : 21). 하나님의 거처가 된다는 것은 얼마나 놀라운 특권인가!

놀라운 건물

- 에베소서 3장 -

본 장은 에베소서의 전반부를 끝맺고 있는데, 전반부에서는 그리스도 안에서 소유하는 우리의 부요함을 설명하였다. 이제 그는 실천적인 부분(그리스도 안에서의 우리의 행함)으로 이동해 가려 하고 있으며, 이에 앞서 잠깐 멈추어 기도를 한다. 그는 1절에서 기도를 시작하고는 13절에서 다시 기도를 잇고 있다. 그 사이에 끼어든 삽입 구절들은 매우 중요하다. 왜냐하면 이들이 몸된 기관에 대한 바울의 특별한 사역에 대해 설명하고 있기 때문이다.

1. 자신의 사역에 대한 바울의 설명(3 : 1~12)

우리가 눈여겨보아야 할 첫번째 내용은 바울이 자기 자신을 갇힌 자라고 부르는 것이다. 이것은 이방인을 위한 사역에 그가 갇혀 있다는 것과 연관되어 있다. 사도행전 22장으로 돌아가면 자세한 설명이 나온다. 그는 예루살렘에서 체포되어 자기 백성에게 자신을 변호하고 있었는데 그들은 귀를 기울여 경청했으나(행 22 : 21) "이방인"이란 말이 나오자 모든 것이 엉망이 되었다. 사실상 이것은 사도행전 10장과 15장에 나타나 있는 대로 초기의 유대 신자들 사이에서조차 문제가 되어 왔었다.

바울은 하나님께서 그에게 특별한 계시를 주셨고 경륜에 관한 특별한 직분을 맡기셨다고 설명한다. 그는 이 계시를 "그리스도의 비밀"이라고 불렀다. 로마서 9~11장에 대한 본 서신의 설명과 사도행전 서론 부분을 다시 복습하면 좋을 것이다.

구약을 통하여 하나님께서는 이스라엘을 위한 하나님의 작정된 계획을 계시하셨다. 즉, 그들이 그리스도를 그들의 메시야로 영접하였을 때 하나님은 그들에게 왕국을 건설해 주겠다고 하셨다. 하나님은 세례(침례) 요한을 통하여 왕국을 제공하셨으나(마 3 : 2), 유대인들은 그가 죽임을 당하도록 버려 두었다. 그리스도를 통하여 제공하셨을 때는 그를 죽이라고 요청하였고, 사도들과 스데반을 통하여 제공하셨을 때는 사실상 그들 스스로 이들을 죽였다.

세 차례에 걸쳐 이 민족은 요한을 보내신 하나님을 거절하였고, 성자 하나님을 거절하였으며, 전도하는 사람들에게 힘을 주신 성령을 거절하였다. 스데반의 죽음으로 왕국의 제공은 끝이 났다. 멧세지는 사도행전 8장과 10장에서 사마리아 사람들과 이방인들에게로 넘겨졌고, 사도행전 9장에서는 바울이 기적적으로 구원을 받게 되었다.

바울의 사역은 이방인에 대한 사역이었다. 바울의 멧세지는 은혜요 바울의 특수 사역은 한 몸의 진리, 곧 교회의 비밀을 나누어 주는 것이었다(엡 6 : 19 / 롬 16 : 25～26 / 골 1 : 26～27 / 골 4 : 3～4 참조). 그는 여기 6절에서 그 신비한 비밀을 명백하게 언급한다. 이방인과 유대인은 이제 그리스도 안에서 한 몸이다.

이와 같은 비밀은 전에는 알려지지 않았으나 이제 하나님은 성령으로 말미암아 그의 사도들과 신약 선지자들에게 나타내셨다. 열 두 사도가 교회의 이러한 비밀을 이해하고 있었다고 말하는 것은 이곳에 기록된 바울의 영감받은 말씀을 부인하는 것이다. 베드로조차 이방인들에게 가기 앞서 하늘로부터 특별히 알리는 말씀을 들어야 했다. 한 몸의 진리는 바울에게 주신 계시였으며, 초대교회에 그 의미의 중요성이 점차적으로 부각되었다.

8절에 나오는 "측량할 수 없는 풍성함"이란 말을 직역하면 "추적할 수 없는 풍성함"이란 뜻이다. 구약에서는 하나님의 비밀을 추적할 수 없다. 이것은 그리스도 안에 숨겨진 비밀이었다. 9～10절에서 우리는 이중의 사역을 본다. 바울은 사람들에게 "비밀의 경륜"을 알렸으며, 교회는 천사들에게(정사와 권세들, 6 : 12) 하나님의 지혜를 계시한다. 천사들은 교회를 통하여 하나님의 은혜에 대하여 배우고 있었다(벧전 1 : 10～12).

사단도 역시 성경을 읽기 때문에 하나님은 교회의 계획을 감추어 두심으로써 사단이 이 계획을 방해하지 못하도록 막으셨다. 사단은 그리스도를 십자가로 끌고 갔으며, 그렇게 함으로써 그리스도의 죽을 운명에 인을 쳤다. 오늘날에도 이 시대에 교회에 대한 하나님의 계획을 이해하지 못하기 때문에 목적 없이 방황하는 목회자들과 교회들을 보게 됨은 비극이 아닐 수 없다. 만일 이들이 사도행전 1～6장에서 에베소서와 골로새서로 이동할 수 있다면 시간과 재능과 돈을 낭비하지 않을 것이다.

2. 성도들을 위한 바울의 중재 (3 : 13～21)

에베소서에 나오는 두 가지 기도(본문 / 1 : 15～23)가 상호 보충적임을 기억할 것이다. 첫번째 기도는 교화를 위한 것이며, 두번째는 실현 능력을 위한 것이다. 바울은 그들 자신이 소유하고 있는 것이 무엇인지 알게 되기를 원하며, 다음으로는 그들이 알게 된 대로 생활하기를 원한다. 바울은 하늘과 땅에 있는 하나님의 가족을 위하여 기도한다. 왜냐하면 하늘과 땅은 바로 주님의 가족이 있는 곳이기 때문이다. 아무도 "땅 아래" 있지 않다(빌 2 : 10). 이것은 연옥을 뜻하거나, 지옥에서 벗어난다는 의미를 갖는 것도 아니다.

바울은 속 사람이 영적인 능력을 알도록 해 주실 것을 기도한다. 그리스도인들이 속 사람을 얼마나 부주의하게 취급하고 있는가./ 성령은 하나님의 말씀과 기도를 통하여 내면에서 능력을 주신다. 20～21절에서 바울은 우리가 기도할 때에 하나님의 영이 우리 안에서 일하신다는 것을 지적한다.

데살로니가전서 2장 13절과 골로새서 3장 16절은 하나님께서 성경을 통하여 우리에게 능력을 입혀 주신다고 가르친다. 초대교회의 성도들은 "기도와 하나님의 말씀"에 전심하였으며(행 6 : 4), 하나님은 그들 안에서, 그리고 그들을 통하여 위대하게 역사하셨다.

바울은 주님께서 그들의 마음에 거하시기를 원하였다. 물론 그리스도는 모든 참된 신자의 마음에 거하신다. 그러나, 모든 마음이 그가 계시기에 편안한 집은 아니다. 그리스도는 베다니에 가기를 무척 좋아하셨는데, 그 곳에 있는 그의 친구들이 그를 사랑하고, 그의 말씀으로 배부르며 그를 섬겼기 때문이다. 창세기 18장에서, 그리스도께서 아브라함에게 말씀하러 오셨을 때도 천사를 앞서 보내어 롯을 방문하게 하셨다(창 19장). 왜냐하면 세상적인 신자의 집에서는 집과 같은 편안함을 느낄 수가 없기 때문이다.

이와 마찬가지로, 오늘날 주님께서는 우리의 마음에서 편안함을 느끼실 수 있겠는가?

믿음과 사랑이 우리의 마음에 있을 때 주님은 우리에게서 편안함을 느끼신다. "뿌리가 박히고"란 굳건한 위치, 믿음과 사랑의 습성을 암시한다. 영적인 일들에 뿌리를 내리지 않고 성령의 열매를 원하는 그리스도인들이 너무도 많다.

18절의 "알아"는 "파악하다, 이해하다"는 뜻이다. 바울은 이미 그들이 이해하게 되기를 기도하였는데, 이제 그는 이 놀라운 일들에 대해 그들 스스로 이해하게 될 것을 기도한다. 믿음으로 우리는 하나님의 약속을 이해한다. 바울은 특히 하나님의 측량할 수 없는 사랑, 모든 것을 충만케 하는 사랑에 대하여 그들이 이해하게 되기를 원한다. 너무나도 많은 그리스도인들이 하나님을 사랑의 아버지가 아닌 성난 심판자나 또는 엄격한 주인으로 잘못 생각하고 있다.

"하나님의 모든 충만하신 것으로 너희에게 충만하게 하시기를 원한다"(19절)는 말은 우리의 삶에 대한 하나님의 궁극적인 목적이다(요 1 : 16 / 골 2 : 9~10 참조). 골로새서 2장 10절에서도 "너희도 그 안에서 충만하여졌으니"라고 언급되어 있다. 하나님이 그의 충만한 것을 우리에게 주셨는데 우리는 구호대상자처럼 산다. 공허한 생활은 실의에 빠진 위험한 생활이다. 만일 하나님의 성령이 우리를 채우시지 않으면 불순종의 영이 와서 역사하며 죄에 빠뜨린다.

20~21절은 감동적인 축복 기도이며 이 편지의 첫부분을 끝맺고 있다. 하나님은 우리 안에서, 우리를 통하여 역사하시며 영광을 받으신다. 우리는 얼마나 놀라운 구원을 소유하고 있는가./ 이 능력은 그리스도께 우리의 마음을 열 때, 내적인 교제를 구할 때, 기도할 때, 말씀에 순복할 때 우리 안에서 역사하신다. 신자가 그리스도와 함께 앉아 있을 때(2 : 6), 그리고 하나님의 충만하심으로 채워져 있을 때 "쓰레기 더미 안에" 있을 이유가 없다.

이 전반부를 끝마침에 있어서 바울의 모습을 살펴보는 것이 도움을 줄 것이다. 왜냐하면 바울의 자세는 하나님의 축복의 비밀을 우리에게 알려주기 때문이다. 바울은 그리스도와 함께 앉아 있었고(2：6), 그리스도 위에 세워졌으며(2：20), 그의 무릎을 꿇었다(3：14). 이로 인하여 바울은 걸을 수 있고(4：1), 성장할 수 있으며(4：15) 사단에 대항하여 설 수 있었다(6：14 이하). 그리스도 안에서 우리의 영적인 지위는 이 땅 위에서 우리로 승리할 수 있게 한다.

놀라운 행실

- 에베소서 4 장-

우리는 이제 그리스도인의 행실을 강조하는 본 서신의 후반부를 시작한다(4：1, 17 / 5：2, 8, 15). 그리스도인의 삶은 걸음에 비유되는데 그것은 믿음의 일보를 내딛는 것으로 시작하며, 전진할 것이 포함되어 있고, 힘을 요구하기 때문이다. 만일 우리가 걷는 법을 배우지 않는다면 결코 달릴 수 없을 뿐더러(히 12：1～2) 더 나아가 전투를 할 수 없을 것이다(엡 6：11 이하).

1. 하나됨으로 행하라(4：1～16)

우리는 한 몸이 되도록 부르심을 받았으므로, 연합하여 하나됨으로 행하는 것이 하나님께로부터 받은 부르심에 합당하게 행하는 것이다. 바울은 1～3장에서 이러한 위로부터의 부르심에 대해 설명하였는데, 이제는 이러한 축복의 생활을 살아가도록 우리에게 권고한다. 우리가 그리스도를 위하여 사는 것은 무엇을 얻기 위함이 아니라, 단지 그리스도께서 우리를 위하여 이미 많은 일을 행하셨기 때문이다.

　여기서 바울은 단합하라고 말하고 있는 것이 아니라 **몸 안에 이미 존재하는 연합을 유지하라**는 것이다. 이것은 조직적인 통일체, 즉 하나의 "초월적인 교회"가 아니다. 이것은 살아 있는 유기적인 연합이며 통일이다(요 17：20 ～ 23 참조).

　이러한 연합의 근거가 4～6절에 열거되어 있다. 이 부분에서 "한 분이신 주님"이 중심을 이루는 것을 보게 될 것이다. "한 몸"이라는 개념이 신자의 지체로서의 중요성을 파기하는 것은 아니다. 우리는 여기서 바울이 하나님의 전체 계획과 영적 진리들을 관련지우고 있음을 유의해서 보아야 한다. 다른 서신들에서는 이러한 진리들이 실제로 적용되고 있음을 보게 될 것이다(디모데전·후서, 디도서, 고린도전·후서 등). "한 몸"(보편적인 교회)은 선교사를 보내거나 고아원을 짓거나 성찬식에서 교제를 하지는 않는다. 신약에서의 주된 강조는 지교회에 두고 있는데, 다만 지교회의 치리는 한 몸에 관하여 바울이 가르친 내용에 근거해야 하는 것이다.

　교회의 연합을 위한 은사들은 7～11절에 주어져 있다. 승천하신 그리스도는 성령 강림을 통하여 사람들에게 은사들을 주셨고, 주님은 이러한 은사받은 사람들을 지교회들에게 보내셨다. 1～6절이 한 몸과 그 연합을 다루고 있는 반면에 7～11절은 여러 지체들과 은사들의 다양성을 다룬다. 결국 한 사람이 어떻게

"보편적인 교회"를 목회할 수 있겠는가?

교회의 목표는 12~16절에 설명되어 있다. 목회자와 교사는 성도에게 하나님의 말씀을 먹여야 하며 봉사의 본을 세워야 한다. 성도들은 섬기는 일(치리의 일)을 실행한다. 그리고 각 성도가 성장하여 다른 사람들을 인도함에 따라서 전체의 몸이 그리스도 안에서 성장한다. 12절은 "성도들이 성장하여 섬기는 일을 하며 그리스도의 몸을 세우는 일을 하기 위하여…"라고 읽어야 할 것이다.

성도들 각자는 교회의 성장에서 담당할 몫이 있으나, 불행하게도 아직 젖먹이인 그리스도인들이 있어서 안정되지 못하고 쉽게 곁길로 빠진다(14절 / 고전 3：1 이하). 사단과 그의 사역자들은(고후 11：14~15) 그들의 거짓말로 교회를 분열시키려고 기다리고 있다. 교회는 하나님의 말씀을 통하여 교화된다(건설된다, 행 20：32 / 고전 14：4).

따라서, 교회는 인간이 만든 인위적인 프로그램이나 잔치들, 오락 또는 "조절"을 통하여 양육되거나 힘을 얻는 것이 아니다. 교회는 몸이므로, 영적인 음식을 먹어야 한다. 그리고 이 음식은 하나님의 말씀이다. 몸이 완성될 때에 그리스도는 돌아오실 것이며 그의 몸(그가 이 몸의 머리이시므로)을 영광된 집으로 데려가실 것이다.

2. 순전함으로 행하라(4：17~32)

이 장의 전반부는 신자가 교회와 맺는 관계를 설명하였다. 이제 바울은 신자가 세상과 가지는 관계에 대하여 설명한다. 물론 우리는 "그리스도 안에" 있으며 몸의 일부분이다. 하지만 우리는 또한 세상에 있으며, 이곳은 유혹과 더럽힘이 있는 곳이다. 우리는 세상으로부터 떠날 수가 없다. 왜냐하면 세상에 증거해야 할 책임이 있기 때문이다. 그러므로 우리는 순전함으로 행해야 하며 세상이 우리를 더럽히도록 해서는 안 된다.

바울은 부정문으로 시작한다. "구원받지 않은 이방인들이 행하던 방식으로 행하지 말라"는 것이다. 바울은 그들이 불경건하게 행하지 않을 수 없는 이유를 제시한다. 즉, 그들은 거짓말을 믿었고 진리를 받아들이지 않았으므로 눈이 어두워졌으며, 영적으로 죽어 있었고, 온갖 종류의 죄에 자신들을 굴복시켰던 것이다(2：1~13 / 고후 4장 비교). 그들의 곤경은 진리를 알지 못하고 생명을 받지 못하였음에 기인하는 것이었다. 요한복음 14장 6절에 제시된 그리스도만이 그들의 영적인 필요에 대처할 수가 있었다.

그리스도인의 생활은 옛 생활과는 근본적으로 달라야만 했다. 바울은 그들이 변화를 경험할 것을 기대하며 "벗어버리라"(22~23절), "입으라"(24절), "버리라"(25절 이하)는 세 가지를 권고한다. 로마서 6장은 옛 사람이 십자가에 못박혔으며 장사지낸 바 되었다고 가르친다. 그리고 우리도 역시 그러하다고 간주할 때에 우리는 옛 사람을 "벗게 된다." 하나님 편에서는 일을 이루셨으며, 이제는 우리에게 그가 하신 말씀을 믿는 것과, 믿음으로 "옷을 바꾸는" 것이 남아 있다.

예수께서 나사로와 연관하여 하신 말씀은 각 신자에게 적용된다. "그를 풀어 놓으라…수의를 벗기라…그를 가게 하라." 옛 생활에 대하여 죽는 것만으로는 충분하지 못하다. 부활과 새로운 생활에 대한 선포가 있어야 한다. 우리는 옛 생활의 "수의"를 벗고 새 생활의 "은혜의 옷"을 입어야 한다. 우리는 하나님의 새로운 피조물의 일부분이다(24절 / 2 : 10). 따라서 우리는 새 생명 가운데서 행해야 한다(롬 6 : 4).

우리는 죄들을 단번에 모두 "버려야" 한다. 바울은 이런 죄들을 25절 이하에서 열거하고 있다. 여기서 그는 각 명령을 영적인 진리에 연결시키고 있다. 우리는 서로 지체들이며(25절), 구속의 날에 인침을 받았다(30절). 그리고, 하나님은 우리를 용서하셨다(32절). 교리와 의무, 즉 **그리스도인의 부요함과 그리스도 안에서의 행함**은 성경에 있어서 한 쌍의 축복들이다.

우리가 진리에 속하였다면 어떻게 거짓말에 탐닉할 수가 있겠는가? 사단은 거짓말의 아비이며(요 8 : 44) 그의 영은 거짓을 말한다(요일 2 : 21, 27). 어느 날 전 세계는 "거짓말"을 믿게 될 것이다(살후 2 : 9~11). 죄가 되지 않는 분노도 있다(막 3 : 5). 만일 우리가 사람에 대하여 화를 낸다면, 죄가 따라 올 것이나, 만일 죄와 죄악된 원리들에 대하여 화를 낸다면 우리는 거룩함을 유지할 수 있다. 참으로 많은 그리스도인들이 자신의 성냄을 "의로운 분노"라고 쉽게 말한다. 그러나, 인간의 분노는 하나님의 의를 이룰 수 없다(약 1 : 20).

거짓말과 분노는 마귀에게 활동할 여지를 제공하는 것이다(27절). 왜냐하면 사단은 거짓말장이요 살인자이기 때문이다. 거짓말과 위선과 분노는 사단이 들어올 문을 열어 준다는 것을 인정하는가? 가인의 거짓말과 분노가 어떻게 살인으로 진행되어 갔는지 읽어 보라(창 4장 참조).

28절은 데살로니가전서 4장 11절, 데살로니가후서 3장 6~12절과 관련되어 있다. 구원받지 않은 도둑은 자신을 기쁘게 하기 위해 훔친다. 그러나 그가 구원을 받은 후에는 다른 사람에게 줄 수 있기 위하여 일을 해야만 한다. 이것은 인간의 마음에서 은혜가 만들어 낼 수 있는 놀라운 변화이다.

우리의 입술은 건설적인 말을 해야만 한다(골 4 : 6 / 시 141 : 3). 입술의 타락은 마음의 타락을 의미할 뿐이다. 성령이 우리에게 인치셨으므로(1 : 13~14) 우리는 우리의 생활 가운데 이러한 행위와 마음 가짐의 죄들을 허락함으로써 성령을 근심케 해서는 안 된다. 성령은 비둘기로 상징되고 있는데, 비둘기는 평화를 사랑하는 정결한 새이다. 분노와 불평은 용서와 그리스도인의 사랑이라는 방법으로 버려져야만 한다.

놀라운 신부

- 에베소서 5 장-

바울은 그리스도인의 행실에 관한 설명을 계속한다.

1. 사랑 가운데서 행하라(5 : 1~6)

"본받는 자"란 "흉내내는 자"라는 뜻이다. 하나님의 자녀로서 우리는 하나님을 본받아 행해야 한다. 하나님은 사랑이시므로 우리는 사랑 가운데서 행해야 한다. 그리스도의 사랑의 모범은 우리를 감동시킨다(요 15 : 9, 12 / 요일 3 : 16 ~18). 여기서 바울은 죄인을 위해 자기를 내어줌으로써 하나님의 마음을 기쁘게 하신 향기로운 제물로서 그리스도를 묘사한다.

물론, 올바른 사랑에는 우리가 어떤 것들을 미워해야 한다는 의미도 포함되어 있다. 성도들(구별된 자들)은 그 이름도 말하지 말아야 할 죄들도 있다. 4절은 유우머를 반대하는 것이 아니라, 적절하지 못하고 부정한 농담을 지적하는 것이다. 그리스도인이 그의 입술로 의문을 일으킬 만한 이야기를 퍼뜨리지 말아야 할 것은 분명하다. 그리스도인은 "소금으로 맛을 고르게 함같이 말해야 하므로"(골 4 : 6) "대강 줄잡아서 들으라"고 말할 수는 없다.

신자들도 습관적으로 살며 고의로 거짓말을 할 수 있다고 가르치는 거짓 교사가 있다. 바울은 이들의 가르침을 "허탄한 이야기"라고 불렀다(5~6절 / 갈 5 : 21 이하 / 고전 6 : 9 ~ 10 비교). 우리는 "불순종의 아들들"이었으나(2 : 1 ~10), 이제는 하나님의 자녀이므로 사랑 가운데서 행하여야만 한다. 바울이 여기서 말하는 것은 그리스도를 향한 우리의 사랑이 우리를 정결하게 지켜 주리라는 것이다.

2. 빛 가운데서 행하라(5 : 7~14)

"참예한 자"란 말은 공동으로 갖는다는 뜻이 함축되어 있어서, 종종 "교제" 또는 "협력"으로 번역된다. 그리스도인은 하나님의 성품(벧후 1 : 4), 하나님의 약속(엡 3 : 6), 그리스도의 고난(벧전 4 : 13), 거룩함(히 12 : 10), 하늘의 부르심(히 3 : i)과 하나님의 영광(벧전 5 : 1)에 참여하는 자들이다. 우리가 하나님과 더불어 이러한 놀라운 교제를 이루면서 어떻게 죄와 어둠에 속한 일들에 짝이 될 수 있겠는가?

고린도후서 6장 14절은 "빛과 어둠이 어찌 공존할 수 있는가"라고 묻는다.

우리는 빛의 자녀이므로 빛 가운데서 행해야 한다. 어두움은 죄와 거짓말을 만들어 내며, 빛의 열매는 착함과 의로움과 진실함을 산출한다. 빛은 어두움과 타협할 수 없다. 다만 드러낼 뿐이다(요 3 : 19～21 / 요일 1 : 5～10).

3. 주의깊게 행하라(5 : 15～17)

"주의하여"란 말에는 걸려 넘어지지 않도록 조심스럽게 주위를 살핀다는 개념이 들어 있다. 이것은 지혜롭게 행하려는 뜻이며 무지해서는 안 된다는 뜻이다. 얼마나 많은 그리스도인들이 생활에 걸려 넘어져 주님의 뜻을 알려고 하지 않는지 모른다. "정확하게""주의하여" 행하는 대신 목표를 잃고 길을 잃고, 마침내는 우회하는 괴로움을 당한다.

하나님은, 우리가 지혜로와서 우리의 삶을 위한 하나님의 뜻을 이해하기를 원하신다. 우리가 주님의 뜻에 순종하는 것은 우리가 "기회를 사는 것"(시간을 구속함)이다. 우리가 주님의 뜻에 순종할 때 시간과 힘과 재물과 재능을 낭비하는 일이 없으며, 이러한 일들은 모두 하나님의 뜻에서 빗나가는 것이다.

4. 조화있게 행하라(5 : 18～6 : 9)

이 부분은 6장에까지 이어져 있으며 남편과 아내, 부모와 자녀, 일꾼과 주인 사이의 조화에 대하여 다룬다. 가정과 직업에 있어서의 조화와 비결은 성령의 충만함에 있다. 교회의 일치와 가정의 조화는 둘 다 성령에 의존한다(4 : 3 / 5 : 18). 즉, 외적인 강압이 아닌 내적인 능력에 있는 것이다. 성령 충만한 삶의 증거는 기쁨(19절)과 감사와(20절) 희생적인 순종(21절)이다. 골로새서 3장 15～17절과 비교해 보면 하나님의 말씀으로 충만한 그리스도인의 삶이 그러한 증거를 가지게 될 것을 알 수 있다.

다른 말로 하면, 하나님의 영으로 충만하다는 것은 하나님의 말씀으로 조절을 받는다는 뜻이다. 성령으로 충만한 그리스도인의 표시는 감정적인 동요나 기적, 방언들을 뜻하는 것이 아니다. 유감스럽게도 교회에서 **신령하다고** 주장하는 어떤 그리스도인들이 가정에서는 그러한 증거들을 아무것도 가지고 있지 못한 경우가 있다.

머리됨의 원리가 가정을 통솔한다. "그리스도께 하듯"이 동기가 된다. 아내들은 그리스도께 하듯 남편들에게 순복해야 **하며**, 남편들은 그리스도께서 교회를 사랑하시듯 아내들을 사랑해야 하고, 자녀들은 주님께 하듯 순종해야 한다. 가정이 분열되는 것은 개인적으로 하나님과 올바른 관계에 있지 않기 때문이다. 여기서 **교회는 그리스도의 신부**로 묘사되고 있다. 교회가 성경의 첫 신부인 하와에 비유되고 있는 것은 흥미로운 일이다(창 2 : 18～25 참조). 그녀는 아담의 옆구리에서 취함을 받았으며, 그리스도의 옆구리는 우리를 대신하여 십자가

190

에서 찔림을 당했다. 그녀는 아담이 잠들어 있을 때에 만들어졌으며, 교회는 그리스도께서 죽음 가운데서 쉬고 계실 때에 형성되었다. 하와는 아담의 본성을 나누어 가졌는데, 교회는 그리스도의 본성에 참예한 사람들이 되었다(30～31절).

하와는 자기의 짝의 사랑과 관심을 받는 대상이었는데, 그리스도는 교회를 사랑하며 교회를 돌보신다(딤전 2 : 11～15). 아담은 아내에 대한 사랑 때문에 스스로 죄를 범하였고, 그리스도는 교회를 인한 그의 사랑으로 인하여 죄 있는 자가 되셨다. 하와는 죄가 인간의 가족에 끼어들기 전에 창조되어 아담에게 인도되었다. 교회도 창세 전에 하나님의 심중에 있었다. 로마서 7장 4절과 고린도후서 11장 2절을 살펴보면 이 결혼의 진리가 개별적인 신자에게, 그리고 지 교회에 적용되는 것을 보게 된다.

그리스도는 지금 교회에 어떤 사역을 하고 계신가? 그는 하나님의 말씀을 통하여 교회를 성결케 하시며 깨끗하게 하고 계신다. 주님은 그가 선택하신 종들을 통하여 성령의 사역으로 말미암아 이 일을 하신다(4 : 11～16). 그리스도께서 그의 교회를 영광으로 인도해 가실 때 교회는 완전하며 점도, 흠도 없을 것이다(요 17 : 22～24).

말씀은 교회를 정결케 할 뿐만 아니라 교회를 양육한다(29절). 이것은 신자들의 새로운 본성을 위한 영적인 음식이다.

6장 1～9절에서 바울은 자녀와 종들에 대해서도 똑같은 진리를 적용시킨다. 자녀가 부모에게 순종해야 할 이유는 충분하다. 즉, 순종함이 옳기 때문이며, 또한 그것이 명령이며 축복을 가져오는 것이기 때문이다. 하나님을 높이는 아버지는 자녀들로부터 사랑과 존경을 받으며, 아내의 충실한 사랑을 얻는 데에 별 무리가 없을 것이다. 바울은 4절에서 아버지에 대해 경고를 덧붙이고 있는데, 그의 자녀를 불필요하게 노엽게 꾸중하지 말라는 것이다. 황금율을 가정에 적용하며 자녀를 물건이 아닌 사람으로 대하여야 한다. 아버지는 자녀를 훈계(양육)하며, 주 안에서 조언(권고)을 주어야 한다.

종들은 그들이 모든 것보다 먼저 그리스도를 섬긴다는 것을 기억해야만 한다. 이중적인 마음을 가지거나 두 주인을 섬기려고 하면 문제를 일으키게 될 것이다(마 6 : 24). 한 마음을 갖는 것은 그리스도를 기쁘게 하는 일에 마음을 고정시키며, 세상적인 소득을 얻는 데 마음을 두지 않는 것을 뜻한다. "눈가림"이란 주인이 보고 있을 때에는 일하고 그가 없을 때에는 게으름을 피우는 것을 뜻한다. 우리가 직장에서 그리스도를 섬기는 것이라면 눈가림만 할 수는 없을 것이다. 그리스도는 언제나 우리를 지켜보고 계신다.

놀라운 전쟁

- 에베소서 6 장-

마지막 부분은 우리가 어떻게 승리 가운데서 행할 수 있는가를 말해 준다(6 : 10~24). 하나님께서 사단을 정복하고 승리를 얻기 위하여 어떤 대비책을 만들어 놓으셨는지를 모른다는 것은 슬픈 일이다. 그리스도는 완전히 사단과 그의 군대를 정복하셨는데(골 2 : 13~15 / 엡 1 : 19~23), 그의 승리는 믿음으로 말미암아 우리의 것이 된다.

1. 우리의 대적(6 : 10~12)

사단은 강한 적이므로 바울은 우리가 강해질 것을 권면한다. 그는 우리의 육신이 연약한 것과 그리스도의 능력 안에서만 승리할 수 있음을 알고 있다. 11절에서 바울이 우리에게 "일어서라"고 말하기 앞서 "강하여지라"(10절)고 명령하고 있음에 유의하자. 우리가 일어서기 위한 이러한 힘을 어떻게 받을 수 있는가? 우리는 모든 정사와 권세 위의 높은 하늘에서 그리스도와 함께 앉아 있는 것을 알며(1 : 19~23), 우리 안에 내주하시는 영으로 말미암아 하나님의 능력을 우리도 사용할 수가 있다(3 : 14~21). 우리가 걷고 서기 앞서서 우리는 앉아야만 한다. 우리가 영적인 능력을 가질 수 있기 앞서 우리의 영적인 지위를 이해해야 한다.

대부분의 성경학자들은 하나님께서 이 땅을 책임지도록 임명한 천사가 사단이 되었다고 생각한다(겔 28 : 11~19). 교만함으로 그는 타락하였고(사 14 : 9 이하), 지금 정사와 권세를 잡고 군대를 이루고 있는 천사들의 우두머리가 되었다. 사단은 하늘에 출입할 수 있었으나(욥 1~3장) 환란 기간 동안에 하늘에서 쫓겨날 것이다(계 12 : 9). 그는 속이는 자요(고후 11 : 3) 파괴자이며(계 9 : 11, 아바돈은 "파괴자"란 뜻이다) 뱀과 사자로 배회한다(벧전 5 : 8~9).

그리스도인은 혈과 육(방해하는 사람들)에 대하여 싸우고 있지 않음을 깨달을 필요가 있다. 그리스도인은 "지금 불순종의 자녀들 가운데서 역사하는 영"(엡 2 : 2)에 대항하여 싸우고 있는 것이다. 성령이 신자 안에서 역사하시며 그를 거룩하게 만드시는 것같이 불순종의 영(사단과 그의 귀신들)은 불신자들의 생활에서 역사한다. 진짜 적이 주님의 일을 방해하려고 혈과 육을 사용하고 있을 때 혈과 육을 상대로 싸운다는 것은 참으로 어리석은 일이다.

베드로가 동산에서 검으로 마귀를 이기려고 했을 때 이러한 실수를 범하였고(마 26 : 51), 모세는 애굽 사람을 죽였을 때 똑같은 실수를 저질렀다(행 7 :

23~29). 영적인 원수들에 대항하여 싸우는 유일한 방법은 "하나님의 말씀"과 "기도"라는 영적인 무기를 가지고 싸우는 것이다.

우리는 마귀의 궤계(엡 6 : 11), 즉 거짓된 책략, 마귀의 속임수(고후 2 : 11), 그리고 마귀의 올무(딤전 3 : 7) 등을 삼가야 한다. 그는 어두움의 주관자로서 자신의 목적을 조장하기 위하여 어두움(무지와 거짓말)을 사용한다(고후 4 : 1이하 /눅 22 : 53).

2. 우리의 장비(6 : 13~17)

그리스도인이 "마귀에게 자리를 제공하지" 않는다는 것은 중요한 일이다(4 : 27). 즉, 오점을 무방비 상태로 버려 두어 사단이 끼어들게 하는 일과 같은 것을 말한다. 바울이 설명하는 무장은 방어를 위한 것이다. 검(하나님 말씀)은 실제의 전쟁을 위한 것이다. 영적인 무장의 각 부분은 신자가 사단의 공격에서 보호를 받고자 할 때 그의 생활 가운데 지녀야 할 것들을 말해 준다.

① 진리 —사단은 거짓말장이지만, 진리를 아는 그리스도인들은 속지 않을 것이다.

② 의 —이것은 그리스도인의 지속적인 일상의 행실을 뜻한다. 사단은 "형제들을 고발하는 자"(계12 : 10)이지만 빛 가운데서 행하는 신자는 사단에게 공격할 기회를 주지 않을 것이다.

③ 평화 —사단은 분열시키는 자이며 파괴자이다. 신자가 평화의 복음으로 행할 때에 사단은 그에게 팔을 펴지 못할 것이다. 그리스도인의 발은 깨끗하고 (요 13장), 아름다워야 하며(롬10 : 15), 복음의 신을 신어야 한다.

④ 믿음 —사단은 불신앙과 의심의 근원이다. "하나님이 그렇게 말씀하시더냐?" 이것은 그가 가장 좋아하는 무기이다(창 3 : 1 참조). 믿음은 극복하며 이기는 일을 한다(요일 5 : 4). 신자가 믿음의 방패를 자기 앞에 둘 때에 불신앙의 불화살을 막을 수 있다.

⑤ 구원 —이것은 아마도 그리스도께서 돌아오실 때의 궁극적인 구원을 가리키는 것인 듯하다(살전5 : 8). 그리스도께서 곧 오실 것에 마음을 고정시킨 신자는 사단의 함정에 빠지지 않을 것이며, 복된 소망은 마음을 방어하는 투구와 같을 것이다. 사단은 신자들에게 그리스도가 돌아오지 않으실 것이라고 믿게 하거나, 또는 오늘은 오시지 않을 것이라고 믿게 하려 한다. 마태복음 24장 45~51절을 읽고 구원의 투구를 벗은 사람에게 어떤 일이 생기는지 알아보라.

이러한 무장들은 신자의 보호를 위한 것이다. 성령의 검은 사단의 근거를 공격하여 파하기 위한 무기이다. 그리스도인은 영적인 무기들로 싸워야 한다(고후 10 : 4). 그리고 하나님의 말씀은 우리에게 필요한 유일한 검이다. 하나님의 말씀은 생명과 능력이 있으며(히 4 : 12), 결코 무디어지지 않는다. 신자가 하나님의 말씀을 이해하고, 암기하고,. 순종할 때에 정복하게 된다.

3. 우리의 힘(6 : 18〜24)

갑옷과 무기만으로는 전쟁에서 이기는 데에 충분하지 않다. 군인에게는 힘이 있어야 한다. 우리의 힘은 기도로부터 온다. 우리는 성령의 검을 사용하며 성령 안에서 기도한다. 성령은 우리가 전투에서 이기도록 능력을 주신다. 에베소서 3장 14〜21절을 다시 읽고 담대히 믿으라! 하나님의 말씀과 기도는 적을 이기고 하나님의 영광을 위하여 영토를 확보하도록 하나님이 교회에게 주신 두 가지 무기이며 자원이다(행 20 : 32 / 행 6 : 4 / 삼상 12 : 23 참조).

그리스도인 군사들은 깨어 기도해야 한다. "깨어 기도하라"는 말씀은 세상(막 13 : 33)과 육신(막 14 : 38)과 마귀(엡 6 : 18)를 이기는 하나님의 비결이다. 우리는 또한 그리스도를 섬기기 위한 기회를 위해서도 "깨어 기도해야 한다" (갈 4 : 2〜3).

우리는 자신을 위해서만 아니라 우리의 동료 군사들을 위해서 기도해야 한다 (6 : 19 이하). 바울이 교만하여서 기도를 요청하지 않는 일은 결코 없었다. 그는 이 비밀을 나누어 줄 수 있는 능력을 가지기를 원하였으며(3 : 1〜12), 바로 이 비밀은 그를 감옥에 갇히게 했던 멧세지이다. "결박된 대사"는 색다른 칭호이기는 하지만 바울에게는 알맞는 것이었다. 여섯 시간마다 로마의 다른 군사들이 교대하였으므로 바울은 그리스도를 전파할 놀라운 기회를 얻었을 것이다.

바울은 몇 가지 개인적인 사항을 말하고 이 위대한 서신을 끝맺는다. 그의 교우들이 자기의 형편을 알고 싶어하기 때문이었다. 그들이 바울의 상태와 필요들을 안다면 그를 위하여 보다 현명하게 기도할 수 있을 것은 물론이다. 바울은 또한 그들을 위로하기를 원한다(22절). 바울은 참된 성도였으며 자기의 모든 필요에 대하여 하나님께서 공급해 주실 것을 의지하였다.

빌립보서
-개요와 서론-

빌립보서 개요

■ 주제 : 그리스도인의 기쁨을 가져다 주는 그리스도를 닮은 마음

1. 단일한 마음 / 1장
바울의 한 가지 관심사는 그리스도와 복음이다.

1 복음의 교제 / 1장 1～11절
2 복음의 진보 / 1장 12～26절
3 복음의 신앙 / 1장 27～30절

2. 순종하는 마음 / 2장

1 그리스도의 모범 / 2장 1～11절
2 바울의 모범 / 2장 12～18절
3 디모데의 모범 / 2장 19～24절
4 에바브로디도의 모범 / 2장 25～30절

3. 신령한 마음 / 3장

1 그리스도인의 과거-구원 / 3장 1～11절
2 그리스도인의 현재-성화 / 3장 12～16절
3 그리스도인의 미래-영화 / 3장 17～21절

4. 안정된 마음 / 4장

1 하나님의 임재-"가까우시니라" / 4장 1～5절
2 하나님의 평화 / 4장 6～9절
　　올바른 기도-생각-생활
3 하나님의 능력 / 4장 10～13절
4 하나님의 예비하심 / 4장 14～23절

빌립보서 서론

■ **도시** : 빌립보는 외국의 영토에 세운 로마의 식민지였으며, 로마의 법으로 치리되었고 완전히 로마의 지배에 종속되어 있었다. 마치 이 땅에서 교회가 "하늘의 식민지"인 것처럼 이 도시는 그리이스 문화로 둘러싸여 있는 "작은 로마"였다. 트라키아누스에게서 이 도시를 빼앗은 빌립왕의 이름을 따라 명명되었고, 본래 농업과 함께 금으로 유명한 곳이었다. 이곳의 토양은 매우 기름졌다. 지도를 보고 마게도냐에서 이 도시의 위치를 살펴보라.

■ **교회** : 유럽 최초의 교회는 바울이 제2차 선교여행 시 빌립보에 설립한 것이었다(행 16장). 바울이 데살로니가로 이동한 후에도 빌립보 신자들은 바울을 지원하였다(빌 4 : 15 / 고후 11 : 9). 5년 후 3차 여행 중에 바울은 고린도로 가는 길에 빌립보에 들렀으며, 돌아올 때에도 역시 들렀다(행 20 : 1~6). 바울과 빌립보 사람들 사이에는 깊은 사랑이 있었던 것처럼 보인다. 이 교회는 바울에게 거의 문제를 일으키지 않은 것이 확실하므로 그가 그들과의 교제를 즐겼음은 이상할 것이 없다.

■ **서신** : 이 교회는 바울이 예루살렘에서 체포되었다는 소식을 듣고 그를 돕고자 하였다. 또한 이들은 자기들 중에서 에바브로디도(아마도 장로였을 것임)를 보내어 로마에 있는 곤핍한 사도에게 헌금을 전하였다. 빌립보에서 로마까지의 여행은 그 당시로는 한 달 가량 걸렸을 것이다. 에바브로디도는 바울과 함께 로마에 머물며 바울을 섬겼는데, 사실상, 그는 너무나 일을 많이 하여 병이 났다(빌 2 : 25~30).
　바울이 이 교회에 감사의 편지를 쓸 때 친구의 병에 대해 언급하였는데, 이는 교회가 그에게 관심을 가지고 있었기 때문이다. 에바브로디도가 바울과 함께 수 개월의 너무 오랜 기간을 머물러서 교회가 이를 비판했을 가능성도 있다. 어쨌든, 에바브로디도가 그의 체력을 회복하자 바울은 빌립보서로 알려진 편지를 주어 집으로 돌려 보냈다. 이 편지를 쓴 데에는 몇 가지 목적이 있다.

1️⃣ 바울에 대해 관심을 가지고 있는 친구들에게 형편을 설명하기 위함.
2️⃣ 에바브로디도의 사역을 설명하며 그를 비판하는 데에 대해 변호하기 위함.
3️⃣ 그들의 관대한 지원에 다시 감사하기 위함.
4️⃣ 그리스도인의 생활에 대해 그들을 격려하기 위함.

■ **강조점들** : 빌립보서의 핵심 사상은 **기쁨**이다. "기쁨"과 "즐거움"이 간략한 네 장에서 여러 번 반복되고 있다. 또 다른 강조점은 **마음**이다. 빌립보서를 읽을 때 바울이 얼마나 여러 번 마음, 기억, 생각에 대해 말하는지 살펴보라.

우리는 이 책의 주제를 "그리스도인의 기쁨을 가져다 주는 그리스도를 닮은 마음"이라고 요약할 수 있다.

그리스도인이 생활 속에서 그리스도의 기쁨과 평화를 누리려고 한다면 마땅히 소유해야 할 마음의 종류들이 각 장에서 설명되고 있다. 우리의 생각이 우리의 생활에 큰 영향을 끼치는 것은 물론이다. 그리고 잘못된 생각은 잘못된 생활로 우리를 이끌어 간다. 앞에서 살펴본 이 서신의 개요를 통하여 빌립보서에 있는 네 가지 마음, 곧 단일한 마음, 순종하는 마음, 신령한 마음, 안정된 마음에 주목하게 될 것이다.

물론 우리는 이 강조점만이 이 서신을 통하여 얻을 수 있는 유일한 교훈이라고 결론을 짓는 것은 아니다. 바울은 이 서신에서 그리스도에 대해 많은 것을 가르치고 있다. 그리스도는 우리의 생명이시며(1장), 우리의 모범이시며(2장), 우리의 목표요(3장), 우리의 힘(4장)이시다. 빌립보서에서는 죄라는 말은 어디에도 없고 다만 슬픔에 대한 암시만이 3장 18절에 나오는데, 여기서 바울은 그리스도께 불순종하는 세상적인 마음을 가진 사람들로 인하여 울고 있다.

우리의 생명이신 그리스도
-빌립보서 1장-

물론 바울의 형편은 기뻐해야 할 만한 것이 없었다. 그는 체포되어 로마로 송치되었으며 재판을 기다리고 있는 중이었다. 그 곳 그리스도인들 사이에는 분열이 있었고(1 : 14~17), 어떤 이들은 사도에게 문제가 불리해지게 하려고 노력하고 있었다. 이러한 불편한 환경의 한복판에서 그는 어떻게 그와 같은 기쁨을 가질 수 있었을까?

그는 한 뜻을 가지고 있었으며, 그의 관심사는 자기 자신에 관한 것이 아니라 그리스도와 복음에 관한 것이었다.

본 장에는 복음이란 말이 다섯 번(5, 7, 12, 16, 27절), 그리스도는 일곱 번 언급되어 있다. 바울은 이러한 환경들이 그리스도를 높이기 위하여(1 : 20) 그리스도께로부터 왔다고 여기고 있다(1 : 13). 만일 바울이 이중의 마음을 가지고 있었다면 생활이 너무도 불편하여 불평을 했을 것이다(1 : 20). 오늘날 우리에게 단일한 마음이 얼마나 필요한가!

1. 복음의 교제(1 : 1~11)

"그리스도 안에" 있어 그리스도인의 교제에 참여하는 것은 일들이 어려울 때 기쁨의 근원이 된다. 바울은 여기서 로마의 죄수이지만 복음의 교제로 인하여 즐거워하고 있었다. 그의 즐거운 태도는 세 구절에서 요약되고 있다.

1 "내가 너희를 생각한다"(1~6절) — 바울은 자신에 대하여 생각하고 있는 것이 아니다. 그는 머나먼 빌립보에 있는 친애하는 성도들(성별된 사람들)에 대하여 생각하고 있다. 빌립보 감옥에서의 고통스러움까지도 포함하여(행 16장) 모든 추억은 그에게 축복이 되었으며 그는 그들을 위해 기도하면서 그들이 구원받는 것과 성장하는 것을 기뻐하고 있다. 바울은 그리스도께서 그들의 삶에 시작하신 일을 친히 온전하게 완성하실 것을 알고 있었다. 왜냐하면 그리스도는 알파와 오메가이시며, 믿음의 창설자요 온전케 하시는 분이기 때문이다(계 1 : 8 / 히 12 : 1~2).

2 "너희가 내 마음에 있다"(7~8절) — 빌립보 교회는 여러 부류의 무리가 혼합되어 구성되어 있었으나 사랑으로 묶여져 있었다. 부유한 루디아, 간수, 노예 소녀(행 16장)가 있었으며, 아마도 이방인이 대부분이었을 것이다. 이들은 바울과 함께 복음에 참여한 사람들이며, 그들의 마음은 그리스도를 향한 사랑

과 서로간의 사랑 안에서 연합되어 있었다. 고린도 교회와는 얼마나 다른가./
(고후 12 : 20~21)

③ **"내가 너희를 위해 기도한다"**(9~11절) —바울은 언제나 사람들을 위하여 기도할 시간을 필요로 하였다. 여기서의 기도는 그들이 온전한 생활을 하게 되기를 구하는 기도이다. 공허한 그리스도인이란 비극이다. 바울은 그들이 사랑과 분별에 있어 온전하기를 위하여 기도하였다. 그들이 일상생활에 충실하기를 기도했으며 그리스도인의 봉사 사역에서 열매맺기를 기도하였다. 이것은 그리스도인의 성숙, 곧 성숙한 사랑, 지혜, 성품, 봉사를 위한 기도였다.

2. 복음의 진보(1 : 12~26)

바울은 그가 통과해야 했던 모든 고난에 대해 설명한다. 그는 이 시련의 사건들을 "나의 당한 일"이라고 부른다. 우리들 대부분은 여러 가지 고난을 당해 왔을 것이지만 바울 만큼 많이 당하지는 못했을 것이다. 바울의 소망은 그리스도를 높이는 것이며 복음을 진척시키는 것이었다.

① **그는 그리스도를 첫 자리에 모셨다**(12~21절) — 그의 발목에 쇠사슬이 매여져 있었는가? 이것은 "그리스도 안에서 매임"이었다. 그의 원수들이 전도함으로서 문제를 야기시키고 있었는가? "그런들 어떠한가? 이들은 그리스도를 전파하고 있는 것이 아닌가./" 그의 친구들이 그를 염려하여 그를 위해서 기도하고 있는가? "잘하는 일이다./ 그리스도를 높이게 될 것이다." 그가 죽을 가능성이 있는가? "그렇다면 살거나 죽거나 그리스도가 영화롭게 될 것이다./" 그리스도와 복음을 모든 것 위에 두는 것, 이것이 한 뜻(마음)이다.

우리가 어떤 형편을 당하든지 그리스도를 모시면 기쁨을 소유할 수 있다. 바울은 로마의 죄수가 아니라 "예수 그리스도에게 갇힌 자"였다(엡 3 : 1 / 4 : 1). 그의 발목에 쇠사슬을 채우는 군인들은 경비병들이 아니라 그리스도께서 위하여 죽으신 영혼들이었다. 바울에게는 "포로로 잡혀 있는 청중"이 있었으며, 1장 13절과 4장 22절로 미루어 보아 그들 중에서 여러 사람들을 그리스도께로 인도했다고 결론을 내리게 된다.

한 뜻을 지닌 그리스도인들은 환경이 그들을 지배하도록 허락하지 않는다. 바울은 이러한 환경을 바꾸어 그리스도를 영광스럽게 하며 영혼을 인도하는 기회로 삼았다.

② **그는 다른 사람들을 다음 자리에 둔다**(22~26절) —이기심은 언제나 불행을 낳는다. 바울은 다른 사람들을 사랑하였기 때문에 기쁨을 소유하였다. 그는 다른 사람들을 위해 기도하였으며, 다른 사람들을 격려하였고 다른 사람들에게 기쁨을 가져다 주려고 노력하였다. 바울에게 있어서 "이 땅에 있는 천국"

은 다른 사람들을 돕는 것이었다. 그는 그리스도와 함께 있게 되기를 갈망하는 반면에, 이 신자들이 그리스도 안에서 성장하도록 돕게 되기를 열망하였다.

③ **그는 자신을 마지막에 둔다**—그의 몸은 자신의 것이 아니었고 그의 미래도 자신의 것이 아니었다. 그의 명성 또한 자신의 것이 아니었다. 우리 자신을 첫 자리에 두는 일은 언제나 비참함을 초래한다. "기쁨(JOY)"은 예수(Jesus)"— "다른 이(Others)"—"당신"(You)으로 철자가 이루어진다. 철자를 거꾸로 해서는 안 된다.

어려움이 우리의 생활에 닥칠 때는 언제나 "주님, 어떤 일이 닥치더라도 그리스도께서 영광받으시기를 원합니다"라고 말하는 한 뜻을 지니고 있는지 확인해야 할 것이다. 이것이 그리스도인의 기쁨의 비결이다.

3. 복음의 신앙(1 : 27~30)

그리스도인의 생활에는 싸워야 할 전투들이 있다. 여기서 바울은 우리를 공격하는 원수들에 대하여 경고한다. 새로운 그리스도인들은 다음의 세 가지 단계들을 거치게 된다.

● **가족에 속한 아들**—복음의 교제
● **종**—복음의 진보
● **군사**—복음의 신앙

사단은 교회를 망하게 하려고 나다니고 있다. 그리스도인은 사단과 맞닥뜨려 "믿음의 선한 싸움을 싸우기 위해" 한 뜻을 지녀야 할 필요가 있다. 바울은 여기서 그리스도인이 복음의 신앙을 방어하는 데에 도움이 되도록 몇 가지를 격려하고 있다.

① **너희는 혼자가 아니다**(27절)—우리가 생명의 싸움을 싸우고 있을 때 다른 이들이 우리와 함께 곧게 서 있다는 것을 알 때에 참으로 놀라운 축복이 된다. 그리스도인의 가족이 연합하고 조화를 이루는 것을 대신할 만한 일은 없다. 사단은 대단한 분열자이며 파괴자이나, 그리스도는 연합시키며 건설하는 분이시다.

② **너희는 승리하는 편에 있다**(28절)—"대적들을 두려워 말라./"고 바울은 조언한다. "사단은 그가 패하고 있으며 너희가 승리하고 있음을 안다." 신자들의 연합과 믿음은 원수가 패하고 있다는 데 대한 "명백한 증거"이다(명확한 징조 또는 표시).

③ **그리스도를 위하여 고난을 당하는 것은 특권이다**(29~30절) ─ 그리스도를 믿고 거저 주시는 구원의 선물을 받는 것은 놀라운 일이다. 그러나 또 다른 선물이 있으니, 곧 예수를 위한 고난의 선물이 그것이다. 빌립보서 3장 10절은 우리의 고난이 주님과 교제(참여)하는 것이라고 지적한다(행 5 : 41 참조). 우리가 예수를 위하여 고난을 당할 때 바울과 같은 성도들을 이어 따르는 것은 얼마나 놀라운 특권인가./

어떠한 상황이 벌어지든지 그리스도인은 언제나 그리스도인답게 행동해야만 한다. 바울은 1장 27절에서 "오직 너희는 그리스도의 복음에 합당하게 생활하라"고 경고한다. 어떤 사람이 간디에게 "인도에서 그리스도인의 선교에 방해가 되는 가장 큰 장애물은 무엇입니까?"라고 묻자, 간디는 "그리스도인이지요"라고 대답했다. 전쟁의 한복판에서도 우리는 그리스도인답게 행동해야 한다.

괴로움의 와중에 있으면서 바울은 평온한 확신을 보여 주었다. 바울은 빌립보 사람들이 그리스도인의 행보를 계속할 것임을 확신하고 있었으며(1 : 6), 그의 시련이 로마의 신자들에게 새로운 확신을 준 것을 기뻐하고 있었다(1 : 14). 그는 또한 이 시련이 거의 끝나가고 있으며 그의 친구들에게로 다시 돌아갈 수 있다는 것을 확신하고 있었다(1 : 25). 이것은 하나님이 환경들을 조절하고 계심을 알기 때문에 가질 수 있는 하나님 안에서의 확신인 바, 한 마음으로 인한 축복이다.

우리의 모범이신 그리스도
-빌립보서 2장-

환경은 우리의 기쁨을 빼앗아 가는 원인이 될 수 있으나 사람들 역시 마찬가지이다. 사람들의 말이나 행동으로 인해서 우리의 평안과 기쁨을 잃어버릴 때가 얼마나 많은가! 유일한 해결책은 순종하는 마음, 곧 그리스도만을 높이는 겸손한 마음이다. 교만은 불안과 말다툼의 원인이 되지만(약 4장 참조) 겸손은 평안과 기쁨을 준다. 바울은 순종하는 마음을 가지는 문제에 있어 우리가 따라야할 네 가지의 모범을 제시한다.

1. 그리스도의 모범(2 : 1~11)

빌립보 교회에 분열이 있었던 것 같다(4 : 1~3). 바울은 그들이 경험한 그리스도인으로서의 체험에 근거하여 마음을 연합하고 다른 이들을 자신보다 앞에 두라고 호소한다. 교회가 단합되는 동기는 무엇인가? 그리스도는 가장 강력한 자극을 주는 단합의 동기이다. 우리가 그리스도 안에 있다면 우리는 다른 이들과 동거할 수 있어야 한다. 사랑, 성령으로 말미암는 친교, 그리스도 안에서 우리가 가지는 뿌리 깊은 소망들과 다른 사람들에게 가져다 줄 수 있는 기쁨들, 이러한 것들도 단합의 동기들이다.

바울은 로마에서 대립과 이기적인 야심을 보고 있었는데(1 : 14~17) 그 곳 빌립보에서는 발견되지 않아야 함을 경고하고 있다. "마음을 낮추는 것", 이것은 자기 자신을 생각하지 않고 그리스도와 다른 사람들을 생각하는 순종적인 마음이다. "겸손은 자신에 대하여 예민하게 생각하지 않는 것을 두고 말하는 것이 아니라, 자신에 대하여 생각하지 않는 것이다."

바울은 주님이 육신으로 오시기 전의 마음가짐을 지적한다. 주님께서는 하나님으로서의 자신의 특권을 이기적으로 주장하려고 하셨던가? 아니다! 그는 기꺼이 자신의 영광을 제쳐 두시고 종의 형체를 "입으셨다." 그는 하나님 되심을 그만 두신 것이 아니라 그의 영광과, 또한 하나님으로서의 속성을 독자적으로 사용하시는 일을 제쳐 두신 것이다.

지상에 계실 때 신인(**God-Man**)으로서의 그의 생활은 완전히 하나님 아버지께 복종하는 것이었다. 주님은 요한복음 8장 29절에서 "나는 언제나 하나님을 기쁘시게 하는 일을 행한다"고 말씀하셨다. 예수님은 자신을 낮추셔서 육신이 되셨으며, 십자가를 향하여 기꺼이 가실 때는 죄인이 되셨다.

그러나, 그리스도의 경험은 항상 낮추어진 다음에 높임받는 것임을 입증한다. 베드로전서 5장 6절은 "그러므로 하나님의 능하신 손 아래서 겸손하라 때가 되면 너희를 높이시리라"고 약속하신다. 자신을 높이는 사람은 낮아질 것이다 (눅 14:11). 바로, 사울왕, 느부갓네살, 하만, 헤롯을 기억하라.

우리는 "구유에 누인 아기"나 "십자가에 달리신 회생자"를 예배하는 것이 아니라 우주의 보좌에 높이 올리워지신 주님을 예배한다. 그리스도의 삶과 죽음, 부활은 하나님 앞에서 자신을 겸손케 하는 것이 높아지는 길임을 영원히 입증한다. 교만과 이기주의에는 기쁨이나 평화가 없다. 그리스도가 지니신 순종하는 마음을 가질 때, 우리는 주님의 기쁨과 평화를 가질 것이다.

2. 바울의 모범 (2:12~18)

순종하는 마음이 있는 곳에는 희생과 봉사가 있다. 이것은 그리스도(2:7~8)와 바울(2:17)과, 디모데(2:21~22)와 에바브로디도(2:30)에게서 사실로 드러났다. 한 마음은 순종하는 마음으로 인도한다. 우리가 그리스도를 위하여 살려고 할 때, 우리는 다른 사람들을 위하여 살게 된다. 바울의 생애는 참으로 그러하였다.

그 비결은 무엇이겠는가? 하나님이 우리 안에서 일하시는 것이다. 육신은 겸손이나 헌신을 성취할 수가 없다. 이것은 성령의 능력으로 말미암아 안으로부터 와야 하는 것이다. 하나님은 우리를 통하여 일하시기 전에 우리 안에서 역사하신다. 그리고 주님은 말씀(살전 2:13)과 성령(엡 3:20~21)과 기도를 사용하신다.

바울은 **순복하는 마음을 가진 그리스도인**을 여러 가지 모습으로 제시한다. 하나님의 순종하는 자녀, 곧 아버지 하나님을 높이려고 애쓰는 자녀로 나타내며, 또한 어두운 이 세상을 비추는 별로 상징한다. 이 세상은 얼마나 어두운가, 그리고 그리스도의 빛이 얼마나 절실히 필요한가! 16절에서 그는 그리스도인을 올림픽 횃불을 들고 달리는 사람으로 나타낸다. 17~18절에서 바울은 자신을 제단에 부어진 관제(마시는 제물: drink offering)로 묘사한다. 순종하는 마음, 겸손한 마음이 있는 곳에는 반드시 희생과 봉사가 있기 마련이다.

3. 디모데의 모범 (2:19~24)

디모데는 바울의 "믿음의 아들"이었다. 왜냐하면 그가 이 젊은이를 그리스도께 인도하였기 때문이다(행 16:1~5 / 딤후 1:1~6 / 고전 4:15~17). 디모데는 자신을 위하여 살지 않고 다른 사람을 위하여 살았다. 빌립보서 1장 21절 대신에 빌립보서 2장 21절로 살아가는 그리스도인들이 너무도 많다. 디모데는 바울의 조력자요 대리자였으며, 자신이 주님께 충성스러운 것을 스스로 입증하였다. 그는 젊은이였지만 그리스도를 섬기는 법을 알고 있었으며, 주님을 위하여 자신을 기꺼이 희생하려고 하였다. 바울은 디모데를 곧장 봉사 사역으로 부르지는 않았으며, 집에 머물러 있어 4년 또는 6년간 성장하도록 하였다. 바울이 그를 선교 회원에 가입시켰을 때 디모데는 고향에서의 봉사 사역에서 선한 증거를 갖고 있었다(행 16 : 2 / 딤전 3 : 6∼7). 새로운 그리스도인에게 당장 중요한 임무를 맡기는 것은 위험한 일이다.

4. 에바브로디도의 모범 (2 : 25∼30)

1 **그는 균형잡힌 그리스도인이었다** (25절) — 그를 **"형제"** 라 함은 그가 복음의 친교를 알고 있다는 뜻이며, **"함께 수고한 자"** 라 함은 복음의 진보를 위해 자신을 헌신했다는 뜻이다. 또한 **"함께 군사된 자"** 임은 그가 복음의 신앙을 위하여 싸우는 법을 알고 있다는 뜻이다.

그리스도인이 이러한 면에 있어서 균형을 잃게 되기란 얼마나 쉬운 일인가./ 어떤 그리스도인들은 교제(형제애)만을 중요시하며, 영혼을 구원하거나 적과 싸우는 시간을 갖지 못한다. 다른 이들은 봉사 사역에 둘러싸여 교제를 잃는다. 마르다가 범한 실수가 바로 이것이었다(눅 10 : 38∼42). 또 다른 이들은 언제나 싸우기에만 바빠서 교제와 봉사를 소홀히 한다. 원수와 대적하여 전투를 하면서도 교회를 세우지 못하게 되는 일이 허다하다. 우리는 균형잡힌 그리스도인들이 되어야 한다.

2 **그는 부담감을 가진 그리스도인이었다** (26∼27절) — 그는 순복하는 마음을 가졌으며, 자신이 아니라 다른 사람들을 생각하고 있었다. 비록 그가 몸이 아파 거의 죽게 되었지만 바울과 빌립보 교회에 대하여 부담을 가지고 있었다. 우리는 부담감을 가지는 그리스도인들이 더 많이 필요하며, 이러한 사람들은 외국 선교를 위해서 뿐만 아니라 그들 자신의 지교회를 위해서도 필요하다.

3 **그는 축복받은 그리스도인이었다** (28∼30절) — 그는 바울에게 참으로 축복이 되었다./ 당시와 같이 어려운 실정에서 함께 기도하며 바울을 격려하고 그와 더불어 수고한다는 것은 참으로 놀라운 일이 아닐 수 없다./ 에바브로디도는 자신의 교회에도 축복이 되었다. 그가 있음으로 해서 그들은 바울의 사역에 동참할 수 있었다. 에바브로디도는 오늘날 우리에게도 축복이 된다. 우리는 지금 그에 대하여 연구하며 그의 생애와 사역을 통하여 유익을 얻고 있지 않은가./

그리스도의 충성된 종은 정당하게 존중을 받아야 한다. 바울은 "주 안에서 그를 영접하라"고 권면한다(살전 5 : 12∼13 참조). "이와 같은 자들을 존귀히 여기라"는 말은 2장 8절의 "자기를 낮추시고"라는 말과 모순을 일으키지 않는다. 2장 8절을 직역하면 그리스도께서 자신을 비우셨다는 뜻이다. 바울은 그들에게 교회의 지도자에 대해 적절한 존경을 표하라고 말하고 있는데, 이 사람은 바울을 섬기기 위하여 자기의 생명을 아끼지 않았다(30절—"자기의 생명을 돌아보지 아니한 것은").

 우리가 복종하는 마음, 곧 그리스도의 마음을 행사하는 것은 얼마나 다른가! 우리가 눈으로 보는 대로라면 낮아진다는 것은 잃는 것이라고 생각한다. 그러나, 하나님의 말씀은 가르치기를, 높아지는 유일한 길은 낮아지는 것이라고 하셨다. 그리스도는 복종하는 마음을 가지셨으며, 하나님은 주님을 높게 올리셨다!
 바울, 디모데, 에바브로디도는 복종하는 마음을 가졌으며, 이들은 그 희생과 봉사로 인하여 존경을 받고 있다. 사람들과 교만을 이기고 승리하는 유일한 길은 순종하는 마음, 그리스도의 마음을 통해서이다. 성령과 말씀으로 하여금 우리의 생활에서 역사하도록 허락할 때에만 우리는 이 마음을 받을 수 있다(2 : 12～13).

우리의 믿음의 대상인 그리스도
-빌립보서 3장-

"일들"에 둘러싸여 있어서 그 결과, 그리스도 안에서 마땅히 누려야 할 기쁨과 평화를 잃어버리는 그리스도인들이 너무도 많다. 이들은 "땅의 일들을 생각하여"(3:19) 헌신한 신자로서 가져야 할 신령한 마음이 결여되어 있다.

본 장에서 "일"(things)이란 말이 몇 번 사용되었는지 살펴보자. 여기서 바울은 신령한 마음을 설명하고 있는데, 이는 곧 하나님의 생각을 생각하며 하나님의 길로 인도해 가는 것이다. 로마서 8장 1~17절을 읽고 신령한 마음에 대하여 좀더 알아보자.

본 장에서 바울은 자신의 과거, 현재와 미래, 곧 그리스도인의 생활에 있어서 온전한 전기를 설명한다.

1. 구원-그리스도인의 과거(3:1~11)

구원받기 이전의 바울은 종교적인 사람이었으나, 그의 종교는 그를 구원할 수 없었다. 그가 영원한 생명을 발견하기 위해서는 자기의 종교를 잃어야 했다./ 바울은 3장을 시작함에 있어서, 그리스도를 떠난 종교에 대하여 신자들을 경고하는 일부터 시작한다. 유대인들은 이방인들을 "개들"이라고 불렀으나, 여기서 바울은 할례를 강조하는 유대 선생들을 "개들"이라고 불렀다. 사실 그는 "할례"라고도 부르지 않고 "베어냄"(육신을 다만 절단하는 것)이라고 말한다.

참된 예배는 성령으로 이루어지며(요 4:20~24) 육신으로 되는 것이 아니다. 참된 예배는 인간을 높이는 것이 아니라 예수 그리스도를 높이는 것이며, 육신의 힘에 달려 있는 것이 아니라 하나님의 은혜에 달려 있는 것이다. 이 세상에는 그리스도인의 믿음이라고 통용되고는 있으나 실상 육신의 종교인 것이 얼마나 많은가!

바울은 유대의 랍비로서 누릴 수 있는 최고의 명성을 지닐 수 있었다. 출생과 훈련에 있어서 그는 친구들보다 훨씬 뛰어났다(갈 1:11~24). 그는 또한 진지하여, 유대 종교는 그에게 있어서 생명이요 죽음을 의미할 정도였으며, 너무도 진지한 나머지 자기와 다른 사람들을 박해하기조차 하였다. 천국에 가야 할 사람이 있다면 그는 바울이었다.

하지만 그는 여전히 예수 그리스도에게서 멀리 떨어져 있는 잃어버린 죄인이었다./ 그리스도를 만났을 때 그는 세상과 육신의 모든 학식과 재능을 배설물로 여겼다./ "…로 여기다"라는 말로 그는 설명한다. 조심스럽게 측정해 보고, 스스로 평가해 보고, 그리스도를 떠난 그의 모든 종교와 세상의 명예는 그럴 만한 가치가 없는 것으로 결정을 내렸다. 그는 그리스도를 원하였다./

그리스도를 믿는 믿음을 통하여 바울은 무엇을 얻었는가? 그 한 가지로는 **의(義)이다(9절)**. 바울은 많은 법적인 의를 소유하고 있었으나(6절) 하나님이 요구하시는 참된 의가 결여되어 있었다. 회당에 다닐 정도로 종교적이라는 것과 천국에 들어갈 수 있을 정도로 의롭다는 것과는 별개의 것이다.

바울은 또한 그리스도에 대한 개인적인 지식을 얻었다. 구원은 **그리스도에 대하여** 아는 것이 아니라 **그리스도를** 아는 것이다(요 17 : 3). 바울은 또한 자기의 생활 가운데서 **부활의 능력**을 체험하였었다(엡 3 : 14 이하). 이 모든 축복들에 첨부하여, 그는 그리스도를 위하여 **고난을 받는 특권**을 가졌다(빌 1 : 29 참조). 마지막으로, 그는 그리스도를 통하여 **새로운 약속**을 얻었다. 곧 "죽음으로부터의 부활"이다. 구약 유대인들은 부활을 믿되 말세에 있을 일반적인 부활을 믿었다. 그러나, 그리스도는 죽은 자들 가운데서 부활하는 것을 소개하셨다. 이것은 첫번째 부활이다.

바울이 "어찌하든지……"라고 말한 것은 불확실함을 나타낸 것이 아니라 겸손을 나타낸 것이다. 살인자인 그가 영광스러운 부활에 참여한다는 것을 생각해 보라./

2. 성화 - 그리스도인의 현재(3 : 12~16)

처음 부분에서 바울은 얻은 것과 잃은 것을 따지는 "영적인 계산가"였다. 그런데 이 부분에서는 상을 향하여 땀흘리며 밀고 나가는 달리기 선수이다. 달리는 사람의 비유는 바울이 가장 좋아하는 것이다(고전 9 : 25~27 / 살전 2 : 19~20 / 히 12 : 1~3 / 딤후 2 : 5).

물론 바울의 말은 우리가 천국에 들어가기 위하여 달려야 한다는 것은 아니다./ 그리이스(헬라)의 경주자는 올림픽에서 그들이 대표하는 나라의 시민이어야 하며, 노예가 아닌 자유인이어야 했다. 구원받지 않은 사람은 노예이지만 그리스도인은 하늘의 시민이며(3 : 20), 그리스도로 말미암아 자유롭게 되었다.

그리스도인 각자는 봉사 사역에 있어 특정한 위치("track")에 서게 되며, 그리스도께서 각자에게 설정해 주신 목표를 갖는다. 삶에 있어서 우리의 임무는 "그리스도 예수께서 우리를 잡고 계신 그 목적을 우리도 붙잡는 것"이다. 바울은 구원에 대해 말하는 것이 아니라 성화, 곧 그리스도인의 생활과 봉사 사역에 있어서의 성장과 진보를 말하는 것이다.

우리는 하나님이 우리를 위하여 설정하신 목표를 **어떻게 달성할 것인가**? 그 한 가지는 자신에 대해 정직하여 우리의 현재 위치를 인정하는 것이다. "이미 얻었다함도 아니요. " 다음으로는 믿음의 눈을 그리스도께 유지하고 지나간 죄와 실패, 과거의 성공들도 잊어버리는 것이다. 우리는 그리스도의 능력으로 밀고 나가야 한다.

　그리스도인의 생활은 놀이가 아니다. "이 한 가지가 내가 할 일이다"라는 우리의 최선을 요구하는 경주이다. 조각 조각 나누어진 삶을 사는 사람들이 너무도 많다. 일부는 세상에 마음을 두고 일부는 주님을 위해 살며, "일"들에 대하여 야망을 갖게 되어 세상의 일들에 마음을 두기 시작한다. 우리의 부르심은 "높은 부르심"이며 "하늘의 부르심"이다. 만일 우리가 이 세상을 위해서 산다면 우리는 높은 부르심에 따른 상을 잃을 것이다.

3. 영화－그리스도인의 미래(3 : 17～21)

그리스도의 오심을 바라는 것과 같은 신령한 마음을 막을 수 있는 것은 아무 것도 없다. "세상적인 여러 사람들을 경계하라"고 바울은 그의 독자들에게 주의를 준다. 여기는 기쁨으로 가득 찬 본 서신 중에서 슬픔을 대하게 되는 유일한 부분이다. 왜냐하면 믿음을 고백하였으나 세상을 위하여 살고 있는 육신적인 그리스도인들을 위하여 바울이 울고 있기 때문이다. 바울은 그들을 이렇게 설명한다.

●이들은 이 땅의 일들을 생각하는데, 이 말은 이들이 세상적인 것만을 생각하며 세상이 제공하는 것만을 생각한다는 뜻이다.
●이들은 육신을 위하여 사는데, 이는 그들의 배가 그들의 신이기 때문이다.
●그들의 종말은 멸망이다./

　이러한 사람들은 그리스도의 십자가의 원수들이다. 십자가는 세상과 육신을 패배시킨다. 십자가는 희생과 고난을 말하지만, 이 사람들은 세상과 육신을 위하여, 자신을 기쁘게 하기 위하여 산다. 십자가의 원수가 된다는 말은 얼마나 무서운 일인가, 더구나 신앙을 고백한 그리스도인이 !

　우리의 시민권은 하늘에 있다. 죄인이 다시 태어나서 하나님의 가족의 일원이 될 때 그의 이름은 하늘에 기록되는 것이다. 이 말은 그가 하늘의 영광을 위하여 살 뿐, 이 땅을 위하여 살지 않는다는 뜻이다. 모든 시민은 자기 나라를 높이는 것이 당연하므로, 그리스도인은 물론 하늘을 높일 것이다./ 그는 하늘의 법으로 산다. 빌립보에 사는 사람들은 마게도냐법이 아니라 로마법에 의해 지배를 받고 있었다. 이들은 마게도냐에 있는 로마의 식민지였다.

　우리 그리스도인들은 이 땅에 있는 하늘의 식민이다. 그리고 우리는 하늘의 법에 따라 산다. 천국의 법이 이 땅의 법과 대립이 되는 일이 많으나, 우리의 책임은 인간들이 아니라 하나님께 순종하는 데 있다.

하늘의 시민은 참으로 놀라운 미래를 가지고 있다./ "우리는 그와 같이 될 것이다." 이 비천한 몸("타락한"은 "낮아진 몸"-"겸손한 몸"의 뜻)은 변화되어 그리스도의 영화로운 몸처럼 될 것이다. 데살로니가전서 4장 13~18절을 읽고 성도들에게 있어 그리스도의 재림이 참으로 놀라운 사건이 될 것임을 알아보자. 이 날은 부활의 날이요 재결합의 날일 것이다. 또한 이 날은 회계하고 상을 받는 날일 것이다. 주님께 충성된 자로 발견되어 주님이 오실 때에 부끄러움을 당하지 않기를 빈다(요일 2 : 28~3 : 3).

우리의 힘과 공급이 되시는 그리스도

-빌립보서 4장-

근심, 근심, 근심./ 근심 때문에 행복과 평강을 잃은 그리스도인들이 얼마나 많은가./ 본 장에서 바울은 안정된 마음, 곧 하나님의 평강으로 말미암아 보호를 받는 마음이 우리를 근심으로부터 자유롭게 한다고 말해 준다. 물론 한 마음(1장), 순종하는 마음(2장), 신령한 마음(3장)을 가지고 있지 않은 신자는 결코 안정된 마음을 가질 수가 없을 것이다. 우리는 마지막 장의 약속들과 조항들을 주장할 수 있기 앞서 바울이 앞의 세 장에서 말한 삶을 먼저 살아야 한다.

근심이란 무엇인가? 영어 단어의 "근심(worry)"이란 말은 "목을 졸라 질식시키는 것"을 뜻하는 고어에서 왔다. 근심이 사람들을 육체적으로, 정신적으로, 영적으로 목을 조르는 것은 확실하다. 성경 용어 "걱정하다" 또는 "조바심하다"라는 말을 직역하면 "찢겨지다"는 뜻이다. 우리의 정신과 감정에 들어 있는 생각이 우리의 마음 속에서 서로 다른 방향으로 잡아당겨 우리를 찢어 놓을 때 근심이 생긴다.

정신은 문제거리를 인식하는데, 이 문제거리들은 마음속에 감정을 더하여 불어넣어 결국은 그 사람을 찢어 놓는 순환논법이 형성된다. 마음으로는 우리가 신경질을 내서는 안된다는 것을 알고 있지만 우리 자신을 어떻게 할 수가 없다. 우리가 평강과 행복을 가질 수 있기 앞서서 우리는 이 근심이라는 순환논법을 부숴뜨려야 한다.

근심을 일으키는 요인은 무엇인가? 사람들, 환경들, 그리고 사물들에 대한 그릇된 생각이다. 4장에서 바울은 사람들과(1~5장), 환경들(10~13장), 또는 생활에 있어서의 물질적인 것들에 대하여 아무런 염려를 하고 있지 않는 것에 유의하자(14~19절).

물론 바울은 1장에서 한 마음을 가지고 환경을 극복하고 승리를 얻었으며, 2장에서는 순종하는 마음을 가지고 사람들을 이기고 승리하였다. 3장에서는 신령한 마음을 가지고 사물에 대하여 승리하였다. 따라서 그가 4장의 안정된 마음을 얻기란 쉬운 일이었다. 왜냐하면 그의 정신과 마음은 평화로웠으며, 사람이나 환경이나 사물에 의해 방해를 받지 않았기 때문이다./ 본 장에서 바울은 근심을 치료하는 네 가지 비법을 전해 준다.

1. 하나님이 함께 하심(4 : 1~5)

"주께서 가까우시니라"는 말은 그리스도의 재림이 가깝다는 뜻이 아니다. 그가 가까이 계셔서 지금 당장 우리를 도우실 수 있다는 뜻이다. 빌립보 교회의 이 두 여인은 서로 불화하고 있었으므로 바울은 그들이 바른 관계를 가지도록 격려하였다. 근심은 언제나 사람들과 관계를 바르게 하지 않을 때에 온다는 것을 기억하자. 우리는 정직하게 일들을 직면하고 하나님이 우리에게 원하시는 일을 해야 한다(마 18 : 15~17).

5절에서의 "관용"은 "친절한 분별력"을 뜻한다. 그리스도인들이 확신을 가질 수 있을 때 화해하기가 쉽다는 것은 중요한 일이다./ 만일 모든 환경에서 주님이 우리와 함께 하심을 명심한다면 주님께 순종하며 다른 사람들과 원만하게 지내는 일은 쉽게 된다. 만일 우리가 오직 주님 안에서 기뻐하며, 사람들에서 눈을 떼어 주께로 시선을 둔다면, 우리는 주님의 기쁨과 평강을 얻을 것이다.

바울의 권면을 눈여겨보라. "주 안에 굳게 서라. 주 안에서 한 마음을 품으라. 주 안에서 기뻐하라. 주께서 가까우시니라!" 이것은 생의 모든 환경 가운데서 주님을 보며 주님이 그의 완전하신 뜻을 성취하도록 하며 "그리스도의 현존(임재)하심"을 익히는 일이다.

2. 하나님의 평강(4 : 6~9)

"하나님과의 평화"는 그리스도를 믿는 믿음의 결과이다(롬 5 : 1). 신자가 바르게 생각하고 바르게 기도하며 바르게 살 때, "하나님의 평강"이 오며 "평강의 하나님"이 함께 하신다. 근심은 정신과 마음 사이의 긴장이다. 하나님의 평강은 그가 제시하는 조건에 우리가 응할 때 우리의 마음과 생각을 지킨다(수비한다).

1 **바른 기도**(6~7절) ─ 단지 "기도"만이 아니라 "바른 기도"이다. 어떤 종류의 기도라도 우리의 마음에 평강을 가져올 것이라고 말한 곳은 성경 어디에도 없다. 바른 기도란 **찬양**으로 시작한다. 왜냐하면 6절에서 기도라고 한 말이 바로 찬양을 뜻하는 것이기 때문이다. 이것은 하나님이 함께 하심을 즐기며 예배하는 중에 주님을 높이는 사랑이다. 주님 앞에 달려나가며 마음의 평강을 구한다면 결코 그 결과를 얻지 못할 것이다. 우리는 예배하며 주님께 머리를 숙이고, 우리의 마음과 생각을 살피시게 해야 한다.

그 다음으로는 **간구**가 있는데, 이는 정직하고 진지한 마음의 소원을 뜻하는 것이다. 참된 기도는 입술에서 오는 것이 아니라 마음에서 온다. 우리의 요청을 주님께 제시할 수 있다는 것은 얼마나 큰 기쁨인가!

마지막으로는, **감사**가 있다(엡 5 : 20 / 골 3 : 15~17). 불편한 환경에 대

해 하나님께 감사하거나, 요구 사항이 허락을 받지 못해도 감사를 드릴 수 있기

위해서는 믿음이 요구된다. 하나님은 그의 자녀들이 감사드리는 말 듣기를 좋아하신다. 다니엘 6장 10절을 읽으면 다니엘도 이런 식으로 기도한 것을 알게 될 것이다. 그가 사자굴에서 그와 같은 평강을 누릴 수 있었던 것은 이상한 일이 아니다!

2 **바른 생각**(8절) - 평강은 마음의 문제이다(26 : 3 / 롬 8 : 6 참조). 생각에는 힘이 있다. "대저 그 마음의 생각이 어떠하면 그 위인도 그러한즉"(잠 23 : 7). 그릇된 생각은 불안과 실의로 이끌어 갈 것이며, 신령한 생각은 평강으로 인도해 간다. 바울은 이 구절에서 무엇을 생각해야 하는지를 우리에게 말해 준다. 이러한 덕들을 시편 19편 7～9절과 비교한다면 하나님의 말씀이 이러한 모든 조건들에 맞는다는 것을 알게 될 것이다. 하나님의 말씀에 대한 묵상은 반드시 평강으로 인도한다(시 119 : 165).

3 **바른 생활**(9절) - 담대히 기도할 수 없게 하는 무엇인가가 내 생활에 있다면 나는 결코 평강을 가질 수 없다. 바른 생활은 언제나 평강을 가져다준다(사 32 : 17 / 사 48 : 18, 22). 성경을 기도의 근거나 약속을 주장하기 위하여 사용하는 것만으로는 충분하지 못하다. 생활의 기초로 사용하며 그 법도에 순종하기 위해 사용해야 할 것이다. 야고보서 4장 1～11절을 주의해서 읽고 그릇된 기도(4 : 3), 그릇된 생활(4 : 4), 평강 대신 그릇된 생각(4 : 8)이 싸움을 낳는다는 것에 유의하자!

3. 하나님의 능력(4 : 10～13)

바울은 결코 환경의 희생물이 아니었다. 그는 경험으로 평강의 비결을 배웠다. "내게 능력 주시는 자 안에서 내가 모든 일을 할 수 있느니라"는 구절이 다른 번역본에서는 "나는 내 안에서 사는 분의 힘을 통하여 무슨 일이나 할 수 있는 준비를 갖추고 있다"(Phillip's Translation)고 되어 있다. 빌립보서 2장 12～13절로 돌아가, 하나님이 먼저 우리 안에서 역사하지 않으시면 하나님은 우리를 통하여 역사하실 수 없으심을 보자.

하나님은 그의 말씀을 통하여(살전 2 : 13), 그리고 기도와 성령을 통하여(엡 2 : 14 이하) 우리 안에서 역사하신다. 우리가 우리 자신의 힘을 의지한다면 우리는 실패하지만, 그러나 그리스도의 능력을 의존할 때 우리는 그를 통하여 모든 일을 할 수 있다. 바울이 감옥에서도 기뻐할 수 있었던 이유를 알 수 있다. 그는 하나님의 능력을 통하여 안정된 마음을 얻는 비결을 배웠던 것이다.

4. 하나님의 예비하심(4 : 14～23)

"일"에 대하여 근심하게 되기는 얼마나 쉬운 일인가! 예수님은 산상 설교를   *215*

통하여 (마 6:19 ~ 34) "일들"에 대해서 우리가 염려해서는 안 된다고 우리에게 경고하시는데, 우리는 꼭 그런 일을 행한다. 바울은 그의 개인적인 필요들에 연관하여 마음에 평강을 누릴 수 있었다. 왜냐하면 하나님께서는 그들에게 필요한 모든 것을 공급해 주시겠다고 약속하셨기 때문이다!

그는 그들의 선물로 인하여 빌립보 사람들에게 감사했으며, 그에게 있어 그들의 선물이 지닌 영적인 의미는 선물 자체보다도 훨씬 더한 것이라는 확신을 준다. 하나님께 바친 우리의 선물이 우리뿐만 아니라 하나님의 마음을 기쁘시게 하는 영적인 희생 제물이 된다는 것을 우리가 알 때 참으로 축복이 된다.

바울은 하나님의 섭리를 믿었으며 하나님이 사건들을 조절하시고 계심과 모든 필요에 대처하실 수 있으심을 믿었다 (롬 8:28). 하나님의 자녀가 하나님의 뜻 안에 있을 때 모든 우주는 그를 위하여 일할 것이나, 그가 하나님의 뜻 밖에 있을 때는 모든 일들이 그에게 대항하게 된다. 이것이 하나님의 섭리인 것이다.

빌립보서의 적용

빌립보서와 같은 놀라운 복된 책을 연구하고 그 대략과 핵심 진리들을 배우고
는 자신의 길로 가버리기는 쉬운 일이다. 이렇게 한다면 성경을 연구하는 주된
이유 (곧, 보다 나은 그리스도의 삶을 사는 것)를 놓치는 것이다. "내적인 절
망의 삶"을 사는 그리스도인들이 너무도 많다. 이들은 근심하고 신경질을 낸다.
기도는 하지만 그들의 마음에 하나님의 평강은 결코 올 것 같지가 않다. 이들은
사람들, 환경들, 사물들에 대하여 신경질을 내며 모든 그리스도인들의 영적인
유업인 기쁨과 평강이 결여되어 있다.

   빌립보서는 일상적인 평화와 행복에 이르는 길을 우리에게 보여 준다. 우리들
중에는 이 놀라운 비결을 놓치는 사람들이 너무도 많으므로, 우리가 이 책을 복
습하고 우리의 마음속에 이 진리들을 적용하는 것은 중요한 일이다. 이 책에 나
오는 진리들이 당신의 생활에 실현되기 위해서는 따라야 할 몇 가지 간단한 단
계들이 있다.

1 당신의 문제들이 내적인 것임을 인정하라.

당신의 불안과 근심을 환경이나 다른 사람들이나 어떤 일들이 결핍된 탓으로 돌
린 일이 있는가? 당신이 근심하는 것을 교묘하게 변명하며 당신의 조절 능력
이 미치지 않는 환경 탓으로 돌린 일이 있는가? 만약 그렇다면 당신의 마음에
는 결코 하나님의 평강과 기쁨이 머물지 않을 것이다. 모든 문제거리들의 핵심
은 마음의 문제이다.
   근심은 "내적인 일"이며, 무엇 때문에 생겼는지를 정직하게 시인하고 고백해
야만 한다. 곧, 죄 때문인 것이다. 그리스도인으로서 행복해지기 위해 당신이
맨 먼저 해야 할 일은 핑계대기를 그치며, 외부적인 환경이나 사람들, 일들을
탓하는 것을 중단하고, 당신의 마음과 정신의 내적인 문제를 다루기 시작하는
것이다.

2 하나님께서 당신의 마음과 뜻을 살피시게 하라.

그리스도는 "마음과 뜻"을 살피신다 (계 2 : 23). 마음과 생각 사이에 갈등이
있을 때 근심이 생겨나는데, 근심은 환경, 사람들, 또는 사물들에 대한 그릇된
생각과 감정이다. 만일 하나님께서 나의 마음과 생각에서 그릇된 생각과 태도

를 보신다면 하나님의 평강을 주실 수가 없으시다. 원한, 복수심, 씁쓸함 등, 이 모든 일들은 마음과 생각에 해독을 끼치고 종국에 가서는 전 인격에 해악을 끼친다.

우리는 이렇게 기도해야만 한다. "하나님이여 나를 살피사 내 마음을 아시며 나를 시험하사 내 뜻을 아옵소서" (시 139 : 23). 자기의 마음과 생각에 있는 바를 시인하며 고백하기를 거절하는 그리스도인은 결코 행복할 수 없을 것이다.

③ 관계를 바르게 하라.

나와 다른 사람 사이에 무슨 일이 잘못되었으면 나는 그 일을 바로잡아야 한다. 바울은 유오디아와 순두게에게 그리스도인답게 견해 차이를 해결하라고 강권한다. 마태복음 18장 15～17절은 우리가 이러한 문제를 어떻게 다루어야 할 것인지에 대해 말해 준다. 과거는 그리스도의 피 아래로 가져가서 하나님과 인간들 사이의 문제를 바르게 하지 않는 한, 우리를 따라다니며 괴롭힐 것이다.

④ 한 마음을 가지라.

당신은 그리스도를 위하여 살면서 또한 세상을 위하여 사는가? 아니면, 죽거나 살거나 간에 그리스도를 위하여 살며 그를 영화롭게 하려는 것이 당신의 한 가지 큰 소망인가? "두 마음을 품은 자는 모든 일에 정함이 없는 자니라" (약 1 : 8). 주 예수님은 "두 주인을 섬길 수 없다"고 경고하셨다. 대부분의 그리스도인들이 불행하며 좌절하는 것은 그들이 정직하게 한 마음을 가지지 못한 때문이다.

이들은 그리스도와 복음을 그의 삶의 첫자리에 두지 않는다. 이 말은 "그리스도인의 봉사 사역"에 온전히 시간을 바치라는 뜻이 아니라, 온전히 그리스도인의 삶을 살라는 뜻이다. 즉, 목수는 그리스도와 그의 영광을 위하여 톱질을 하고, 점원은 고객이 미소를 받을 만하거나 않거나 예수를 위하여 그들에게 미소를 보내며, 학생은 그리스도를 기쁘게 하며 그리스도를 높이기 위하여 좋은 점수를 얻도록 열심히 공부하는 것을 뜻한다. "내게 사는 것이 그리스도니…!"

⑤ 순종하는 마음을 양성하라.

교만은 사람들 사이에 알력을 일으켜서 "나는 나대로, 너는 너대로"라는 식으로 어느 누구도 양보하지 않게 된다. 야고보서 4장에서 사람들이 교만하며 이기적일 때에 오는 생생한 혼란의 모습을 읽어 보자. 순복하는 마음은 그리스도와 다른 이를 자기 앞에 둔다. 순종하는 마음을 가지는 데에는 믿음이 필요하다. 왜냐하면 겸손이란 이 세상의 정신과는 너무도 반대되기 때문이다. 비록 보기에는 우리가 잃는 것 같지만, 그렇지 않다!

218

⑥ 신령한 마음을 양성하라.

당신은 재산, 안정, 쾌락, 성취 등의 일에 지나치게 얽매여 있는가? "세상의 일들을 생각하는" 사람들 중의 하나인가? 사실이 그렇다면 결코 행복할 수 없을 것이다. 왜냐하면 세상의 일이란 언제나 변하며 결코 만족을 줄 수가 없기 때문이다.

그리스도께서 당신을 구원하신 데에는 특정한 이유가 있다는 것을 인식하라. 당신이 아니면 어느 누구도 채울 수 없는 그러한 위치가 있다. 그리스도께서 당신에게 원하시는 한 가지 일을 발견하고, 그 일을 하라! 세상이 당신을 무시한다거나 비판하는 것은 문제가 안 된다. 오직 그리스도께서 "잘했다!"고 말씀하시는 것만이 문제인 것이다. 경주가 끝나면 모든 희생에 대해 그 값을 치러주실 것이다.

⑦ 근심하기 시작하면 멈추어서 당신 자신을 검토하라.

근심이란 사람들, 환경들, 그리고 사물들에 대한 잘못된 생각과 그릇된 자세이다. 만일 내가 근심하고 있는 것을 깨닫는다면 이것은 나의 마음이나 생각 (또는 둘 다)이 뒤로 한 걸음 후퇴한 것이다. 자기 자신에게 물어야 한다. "나는 한 마음을 가졌는가, 아니면 환경에 따라 요동하고 있는가? 그리스도와 복음을 위하여 살기를 멈춘 것은 어느 선인가?"

아마도 어떤 사람이 근심의 방아쇠를 당겼을 것이다. 나는 순복하는 마음을 갖기를 멈추었으며 나 자신을 내세우기 시작하고, 또는 내 길을 막는 사람에게 "보복을 하려고" 할 것이다. 또한 어쩌면 문제가 되는 것은 "일들"일 것이며 신령한 마음 대신에 세상의 마음을 가지기 시작했을 것이다. 나는 빌립보서 1, 2, 3장에 나오는 한 마음, 순종하는 마음, 신령한 마음을 가지지 않고서는 4장에 나오는 안정된 마음을 결코 소유할 수 없을 것이다.

⑧ 근심하는 것을 알고 그 원인을 안다면 그것을 시인하고 즉시 고백하라.

옛 본성은 자기 연민을 부채질해 주며 원한과 굳은 감정을 양육하기를 좋아한다. 근심을 깨닫게 되는 즉시, 그리고 그 근심의 요인이 무엇인지를 아는 즉시, 이것을 죄로써 하나님께 고백해야 하며, 요한일서 1장 9절이 작용하도록 해야 한다. 자신에 대하여 냉혹하라! 만일 자아를 버릇없이 기르며 근심을 키운다면 행복과 평화를 잃을 것이다. 환경, 사람들, 또는 일들에 핑계대기를 중단하고, 문제는 내부에 있는 것임을 시인하며 근심이 죄라는 것을 인정하자!

9 순종하는 그리스도인의 생활을 유지하라.

평강을 위한 공식을 암기하자. 즉, 바른 기도와 바른 생각, 바른 생활이다. 말씀과 기도에 매일 시간을 드리는 그리스도인, 그리고 자기의 모든 염려를 그리스도께 던져버리고 온종일 주님의 말씀에 순종하려고 하는 그리스도인은 그의 생활에 하나님의 임재하심을 소유할 것이며, 그의 마음에 하나님의 평강을 갖게 될 것이다. 우리가 하나님과 바른 관계에 있음을 안다는 것은 얼마나 큰 평강을 주는지 모른다.

다음의 구절들을 암기하자. "의의 공효(work)는 화평이요 의의 결과는 영원한 평안과 안전이라"(사 32 : 17). "주께서 심지가 견고한 자를 평강에 평강으로 지키시리니 이는 그가 주를 의뢰함이니이다"(사 26 : 3).

근심은 습관이요 생활 방식이다. 어떤 사람들은 근심하는 것을 즐긴다. 근심은 이들을 순교자가 되게 한다. 그들은 관심과 동정을 모으고 자신의 자아(ego)를 부풀린다. 바리새인들처럼 이들은 사람들에게 보이려고 자기의 문제와 골치거리들을 행진시킨다. 우리의 동기가 바르다면 우리의 짐을 동료 그리스도인들에게 나누어 지게 하는 일은 잘못된 일은 아니다. 하지만 우리가 관심과 동정을 바라는 것이라면 우리의 문제를 자신들이 간직하고 있는 편이 낫다. 근심이란 죄다. 따라서, 사람들 앞에 우리의 죄를 늘어놓는다는 것은 무가치한 일이다.

그리스도인의 기쁨과 행복은 문제들이나 곤경으로부터 자유로운 데에 있는 것이 아니라, 그러한 것들이 있음에도 불구하고 자유로운 것이다. 바울은 그가 감옥에 있는 것을 부인하지는 않으나, 그 감옥 생활에 대한 그의 마음 자세는 그에게 자유로움을 주었다./ 당신의 가정이나 혹은 당신의 직업이 감옥이 될 수도 있지만, 그것에 대한 당신의 마음과 생각의 자세가 올바르기만 한다면 당신은 여전히 기뻐할 수가 있다.

주님께 헌신함으로(순복함으로) 매일을 출발하라. 한 마음을 행사할 수 있게 해주실 것을 기도하라. 즉, 처해 있는 모든 여건에도 불구하고 그리스도와 복음을 위하여 살며, 복종하는 마음으로 그리스도와 다른 사람들을 첫자리에 두고, 이 땅의 것들이 아니라 하늘의 부르심에 집중하는 신령한 마음을 가지고 살자. 그리고, 하나님의 평화로 말미암아 보호를 받는 안정된 마음으로 살아가자.

골로새서

- 개요와 서론 -

■ 주제 : 그리스도는 탁월하시다 / 1장 18절

1. 교리 : 그리스도의 탁월하심을 선포함 / 1장

　　1 복음의 멧세지에서 / 1장 1~12절
　　2 십자가에서 / 1장 13~14절
　　3 창조에서 / 1장 15~17절
　　4 교회에서 / 1장 18~23절
　　5 바울의 사역에서 / 1장 24~29절

2. 위험 : 그리스도의 탁월하심을 변호함 / 2장

　　1 헛된 철학을 조심하라 / 2장 1~10절
　　2 종교적인 율법주의를 조심하라 / 2장 11~17절
　　3 인위적인 훈련(금욕주의)을 조심하라 / 2장 18~23절

3. 의무 : 그리스도의 탁월하심을 드러냄 / 3~4장

　　1 인격적인 순전함에서 / 3장 1~11절
　　2 그리스도인의 교제에서 / 3장 12~17절
　　3 가정에서 / 3장 18~21절
　　4 일상적인 일에서 / 3장 22절~4장 1절
　　5 그리스도인의 전도에서 / 4장 2~6절
　　6 그리스도인 봉사에서 / 4장 7~18절

골로새서 서론

■ **도시** : 골로새는 세 쌍둥이 도시 중의 하나였으며 (다른 두 도시는 히에라볼리와 라오디게아) 에베소 남동쪽으로 200km 가량 떨어진 곳에 위치해 있다. 이 지역은 광물이 풍성하고 상업이 발달하였으며 유대인들과 이방인들이 모여 살고 있어 인구가 많은 도시였다. 지도에서 위치를 조사해 보라. 이 도시들은 서로 바라볼 수 있는 거리에 위치해 있었다.

■ **교회** : 바울이 골로새를 방문한 일은 없다 (2 : 1 참조). 에베소에서 3년간 사역을 하는 동안 "모든" 아시아는 복음을 들었다 (행 19 : 10, 26). 에베소에 있는 바울의 회심자 중의 한 사람이 에바브라였는데 그의 고향이 골로새였다. 에바브라는 복음의 멧세지를 고향으로 가져왔으며, 그의 사역을 통하여 이 교회가 세워졌다 (1 : 4〜7 / 4 : 12〜13). 이 교회는 빌레몬의 집에서 모였을 것이다. 왜냐하면 빌레몬은 그의 노예들 중의 하나인 오네시모와 함께 골로새에서 살았기 때문이다 (골 4 : 9 / 빌레몬서 참조).

■ **위기** : 바울은 지금 로마에서 죄수로 있었다. 에바브라가 그를 방문하여 새로운 교훈이 교회로 침투하여 문제를 일으킨다는 것을 보고하였다. 오늘날 이 이단은 "영지주의" (Gnosticism) 라고 불리워지는데, 이 말은 "안다"는 뜻의 "g-nosis"라는 헬라어에서 왔다. 영지주의자들은 "알고 있는 사람들"이었다. 즉, 이들은 영적인 것들에 대하여 우월한 지식을 가지고 있다고 공언하였다.

　그들의 교리는 그리스도인의 진리와 유대인의 율법주의, 헬라의 철학을 혼합한 이상한 것이었으며, 오늘날로 말하면 접신론이나 크리스챤 싸이언스와 별다를 것이 없다.

　한 가지 예를 들면, 이들은 몸을 포함하여 모든 물질은 악하므로 하나님은 물질을 입고 오셨을 수가 없다고 가르쳤다. 그렇다면 세상은 어떻게 창조되었는가? 하나님으로부터의 연속적인 "유출"로 말미암은 것이라고 이들은 주장한다. 그리스도는 인간의 몸을 입으셨으므로 이러한 "유출"의 하나이고, 참된 하나님의 아들이 아니라고 한다. 영지주의자들은 하나님과 인간 사이에 "유출"의 복잡한 단계들(천사들을 포함하여)을 두고 있으며, 따라서 그리스도의 탁월성을 격하시키고 있다.

　이러한 체제는 신자들에게 다른 사람들이 가지고 있지 않는 "온전한 지식"을 특별히 준다는 생각을 가지게 하였다. 이들은 "온전함(충만함)"이란 말을 쓰기를 좋아하였으므로, 바울은 이 편지에서 이 단어를 여러 번 사용하는 것을 볼 수 있다.

그들의 교리는 율법주의적인 실천을 요구하였으나(2 : 16) 육신의 엄격한 훈련(금욕주의, 2 : 18~23)을 요구하지는 않았다. "붙잡지도 말고 맛보지도 말고 만지지도 말라"는 것이 이들의 규율 중의 하나였고, 오늘날 로마 카토릭처럼 어떤 날들을 정하여 거룩히 지키며 어떤 음식은 죄악되다고 가르쳤다. 이들의 종교적인 제도는 영성의 모양은 있으나 영적인 참된 가치는 없는 것이었다(골 2 : 21~23).

■ 상호 교신 : 바울은 오네시모와 에바브라를 두기고와 함께 골로새로 보내며 골로새서, 에베소서(엡 6 : 21~22), 친구 빌레몬에게 보내는 편지를 준 것 같다. 어떤 학자들은 라오디게아 사람들에게 보내는 편지(골 4 : 15~16)가 에베소서라고 생각하기도 한다.

■ 강조점 : 이 서신은 **그리스도의 탁월성**을 강조한다. 이 편지를 읽을 때 "모든"과 "충만함", "채워짐"이란 단어들이 반복되는 것을 알 수 있을 것이다(1 : 9~11, 16~20, 28 / 2 : 2~3, 9~10, 13, 19 / 3 : 8, 11, 14, 16~17, 20, 22 / 4 : 9, 12). 바울의 주제는 "그리스도는 만유시요, 만유 안에 계신다"(3 :11)는 것과 우리는 "그 안에서 충만하여졌다"(2 : 10)는 것이다. 신자는 그리스도 안에서 충만하게 되었으므로 그리스도는 신자가 필요로 하는 모든 것이다. 율법주의, 인간이 만든 철학, 식물, 성일들, 육신의 훈련, 이 모든 것들은 그리스도께 그 탁월한 지위를 드릴 때 물러가게 된다.
　　골로새서는 **영적인 성숙**을 탄원하는 편지이다(1 : 9~12의 기도에 유의). 의로운 의식이나 예배는 외적으로는 신령하게 보일지 모르지만 속 사람의 생활에는 아무런 가치가 없다. 복음적인 그리스도인조차 참된 영성 대신 인간이 만든 규율로 대체해 버리기란 얼마나 쉬운 일인가.

■ 대조점 : 에베소서가 그리스도의 몸된 교회를 강조하는 반면 골로새서는 그리스도께서 그 몸의 머리되심을 강조한다. 이 두 서신은 상호 보완적이며, 사실상 이들 사이에 유사성을 많이 발견할 것이다. 골로새서는 교회의 머리에 강조를 두고 있어서 그리스도는 우리의 모든 필요를 위해 충분하신 분이심을 보여 준다. 에베소서는 몸의 각 지체들이 머리이신 그리스도에게서 생명을 이끌어낸 것으로서, 그 지체의 삶을 더욱 많이 다룬다.

피로 말미암은 화목

-골로새서 1장-

오늘날 많은 사람들은 골로새의 거짓 교사들처럼 예수 그리스도께 그저 높은 지위를 드릴 뿐 그가 마땅히 받으실 탁월한 지위를 드리려 하지 않는다. 주님은 "위대한 사람들 중의 한 분"이 아니다. 그는 하나님의 아들이시며 모든 것 위에 탁월하신 분이시다. 본 장에서는 몇 가지 방법으로 그리스도의 탁월하심을 선포한다.

1. 복음의 멧세지 안에 나타난 탁월성(1:1~12)

거짓 교사들도 멧세지를 전하고 있었으나 그들의 멧세지에는 능력이 없었다. 이들은 천사들, 하나님께로부터의 "유출", 율법주의적인 규칙들, 육체의 훈련 등을 가르쳤다. 그러나 그들의 멧세지에는 삶을 변화시키는 능력이 없었다.

이 구절들에서 바울은 그리스도의 복음이 골로새 사람들에게 끼친 영향에 대하여 성찰한다. 그는 개인적으로 이 교회를 방문한 일은 없으나 에바브라로부터 그들의 구원에 관한 좋은 소식을 들었다(4, 7절).

① **그들이 구원받은 방법**-에바브라는 에베소에서 바울로부터 복음을 듣고 삶을 변화시키는 이 멧세지를 골로새로 가지고 왔다(7절). 전도는 집에서 시작되어야 한다(막 5:19). 에바브라는 영지주의의 거짓 교사들이 가르치는 거짓말과 반대되는 "복음의 진리의 말씀"을 전하였다(5절). 믿음은 들음에서 난다. 이 사람들은 말씀을 듣고 믿었으며 구원을 받았다.

② **그들이 구원받았다는 증거들**-구원의 증거는 믿음과 소망과 사랑이다(4~5, 8절). 예수 그리스도만이 사람에게 믿음을 줄 수 있으며 이기적인 마음을 사랑의 마음으로 변화시킬 수 있고, 장래에 대한 축복된 희망을 줄 수 있으시다. 말씀이 그들의 생활에서 열매를 맺었는데(6절), 실로 열매는 언제나 참된 구원의 증거로 나타난다(마 13:23).

③ **그들의 성장을 위한 바울의 기도**(9~12절)-구원은 예수 그리스도와 갖는 개인적인 경험이므로, 일단의 교리를 받아 들이는 것만이 아니라 매일의 성장과 발전이 있어야 한다. 이단들은 그 추종자들에게 신비적으로 "충만해지는 것"을 가르치지만 바울은 그리스도 안에 있는 모든 신자들이 충만해질 수 있다고 언급한다. 우리는 "그 안에서 충만하여졌다"(2:9~10). 이제 그는 우리의 일

상생활에서 이러한 충만함을 경험하게 되기를 위하여 기도한다. 그가 간구하는 것을 살펴보자.

● 하나님의 뜻을 너희가 알기를 원한다.
● 하나님을 기쁘시게 하는 행실을 하기를 원한다.
● 사역의 열매를 맺기를 원한다.
● 말씀을 더 잘 이해할 것을 원한다.
● 주님의 영광스러운 능력을 알게 되기를 원한다.

이러한 일들은 이단들이 그의 추종자들에게 약속하는 것들이지만 이러한 축복들은 그리스도 안에서만 발견될 수 있는 축복들이다. 그리스도는 탁월하시다.

2. 십자가에서 나타난 탁월성 (1 : 13~14)

역사상의 어떤 인물들보다 예수 그리스도를 각별히 두드러지게 하는 것은 십자가이다. 종교적인 지도자들은 죽었으나 그리스도, 하나님의 아들만은 세상의 죄를 위하여 십자가에서 죽으셨다.

이 구절에 나오는 묘사는 한 민족을 속박에서 해방하여 축복된 새로운 땅으로 이동시키는 종합적인 거대한 배경을 가지고 있다. 죄인들을 구속하려고 (자유케 하려고) 죽은 천사가 있는가? 종교적인 규율들이 사죄한 일이 있는가? 예수 그리스도를 모든 것 위에 올리운 것은 십자가이다.

3. 창조에 나타난 탁월성 (1 : 15~17)

영지주의자들은 하나님께서 자신으로부터 연속적으로 "유출"하심으로써 이 세상을 창조하셨다는 "유출설"을 주장하였다. 그리고 그리스도는 이러한 유출들 중의 하나라고 하였다. 바울은 그리스도께서 하나님으로부터 유출된 것이 아니라 하나님 자신이라고 주장한다. "형상"이란 "정확한 재생산"이란 뜻이다. 그리스도는 하나님의 피조물 중의 하나가 아니라 모든 피조물 중에서 가장 높으신 (먼저 난) 분이시다.

"처음 났다"는 용어는 그리스도가 하나님이 창조하신 것 중에서 처음이라는 식으로 시간을 나타내는 것이 아니라 지위를 나타내는 것이다. 만물이 그로 말미암아 창조되었으며 (요 1장 참조), 그를 위하여 창조되었고, 그가 모든 것을 붙들고 계신다./ ("구성하다"는 뜻은 "함께 붙들고 있다"는 뜻이다.)

4. 교회에 나타난 탁월성 (1 : 18~23)

교회는 그리스도의 몸이다. 그리고 그리스도는 그 몸의 머리이시다. 교회는 새로운 피조물이며, 주님은 "시작"이시고 새로운 피조물의 창조자이시다. 주님의 부활은 탁월함의 보좌에 앉게 하였으며 죽은 자들 중에서 처음난 분, 곧 죽은 사람들 중에서 부활하셔서 다시는 죽지 않는 첫사람이 되셨다. 본 장에서 "모든" 이란 말이 반복되는 것을 볼 수 있는데, 이것은 존재하는 만물을 예수 그리스도께서 우주적으로 통치하시는 것을 보여 주는 말이다.

"한 몸"이 뜻하는 바, 그리스도께서 어떻게 유대인과 이방인 사이에 평화를 이루어 이 둘을 "한 몸"인 교회로 화해시키셨는가에 대한 상세한 내용은 에베소서 2장 11절 이하에 나와 있다. 그러나 주님의 십자가는 유대인과 이방인들만을 화해시킨 것이 아니라 "만물", 곧 전 우주의 화해를 가능케 하였다. 바울은 이러한 사실을 신자들 개개인에게 적용시킨다(21~23절). 그리고 그리스도께서 그들의 생활을 완전히 변화시키셨으며 하나님께로 그들을 화해시키셨음을 기억나게 한다.

거짓 교사들은 천사의 교리, 그리고 "유출설"이라는 교리로 혼란하게 할지라도 그리스도는 여전히 교회의 머리이시며 탁월한 분이시다. 그는 피조물의 "처음난 분"이시며(15절) 죽은 자들 가운데서 처음 난 분이신데(18절), 이 말은 그가 가장 상석에 계시며 절대 주권을 가지고 계심을 뜻한다.

5. 바울의 사역에서 나타난 탁월성(1:24~29)

하나의 "유출물"에 불과한 그리스도를 위하여 고난을 당한다면 바울은 분명히 어리석은 자일 것이다. 예수 그리스도가 탁월한 분이 아니라고 말하기 위해서라면 위험을 무릅쓰지 않아도 된다. 바울이 영광스럽게 되신 구주를 처음 보았을 때 맨 먼저 한 말은 "주여 뉘시니이까?"였다. 그리스도의 주님되심, 만물 위에 탁월하심, 이것은 곧 바울의 생애와 사역에 있어서 심장의 박동이었다.

바울은 자신의 개인적인 고난을 그리스도를 위한 고난으로 여겼다. 24절에서 그는 예수께서 고난을 당하셨듯이 자신도 고난을 받았다고 말한다. 다시 말해서, 그의 고난은 십자가에서 그리스도께서 받으신 고난의 일부라고 말하고 있는 것이다. 그리스도께서 다른 사람을 위하여 고난을 당하셨듯이 그의 고난도 한 몸인 교회를 위한 것이라고 말하고 있는지도 모른다.

여기서 고난이란 단어는 십자가 상에서 당한 그리스도의 고난에 대한 개념으로 사용되고 있지 않다. 오히려 주님의 지상 사역 기간 동안 당하신 고난으로서, 헌신한 모든 성도들이 그리스도를 위하여 살려고 할 때에 당하는 고난을 말한다.

바울의 사역은 "비밀"(mystery)을 중심으로 하고 있는데, 곧 그리스도와 교회에 대한 비밀로서, 과거에는 숨겨져 왔으나 이제 계시된 것이다(엡 3장 참조). 실제로 바울은 교회에 대한 비밀(24~26절), 내재하시는 그리스도에 대한 비밀(27절), 그리고 그리스도의 인격, 하나님의 온전하심에 대한 비밀(2 : 2~3)인 삼중의 비밀을 얘기하고 있다.

바울은 균형잡힌 사역을 수행하였다. 설교하고, 가르치고, 경고하였으며, 몇몇 사람에게가 아니라 모든 사람들에게 진리를 전하려고 하였다. 그의 목표는 신자들에게 그리스도 안에서의 성숙(온전함)을 제시하는 것이었다. 그리스도인의 온전함이란 죄가 없음이 아니라 성숙함, 곧 모든 면에 있어서 그리스도의 수준으로 성장하는 것이다(엡 4장).

골로새서의 전체적인 주제는 "그리스도는 너희가 필요로 하는 모든 것이다" 라는 것으로 요약된다. 우리는 주님 안에서 온전하게 되었으므로 이것은 필요한 모든 것이다. 그리스도인들이 그리스도 안에서 갖는 충만함을 인간이 만든 규율과 훈련, 종교적인 의식으로 대신한다는 것은 얼마나 비극인가?

그러나, 바울의 사역은 자신의 능력에 제한된 것이 아니었다. 하나님이 그 안에서 역사하셨으며, 그가 하나님을 위하여 일하였다(빌 2 : 12~13 / 엡 3 : 20~21 참조).

그리스도의 완전하심
-골로새서 2장-

본 장에서는 문제의 핵심에 이르는데, 바울이 거짓 선생들을 탄핵하며 그리스도는 모든 필요에 대처하시기에 충분하심을 명확하게 주장하고 있다. 그는 세 가지 경고를 발하였는데, 이 경고들은 그 당시와 마찬가지로 오늘날에도 필요하다.

1. 공허한 철학을 삼가라 (2 : 1~10)

신자들을 곁길로 인도하려는 사단에 대항하여 기도로 씨름하며 바울은 대단한 부담을 느꼈으므로 영적인 전쟁을 하고 있다고 해야 좋을 것이다. 바울은 사단을 이기는 방도를 알고 있었다. 즉, 기도와 하나님의 말씀(엡 6 : 17~18)인 것이다. 그는 그리스도 안에서 부요함의 축복을 누리며 그리스도 안에서 연합한 성도들을 보기를 갈망하였다.

거짓 선생들은 매혹적인 철학을 가지고 있었으나 우리는 그리스도 안에서 "모든 지혜와 지식의 보화"를 가지고 있다. 그리스도를 대신할 수 없는 인간의 철학들은 우리가 생각할 가치도 없는 것이다. 우리는 주님 안에서 부유하다. 그런데 왜 인간이 만든 교리를 좇음으로써 우리 자신을 낮출 것인가. 종교적인 교사들로 하여금 그들의 "감추어진 교리들"을 가지고 나오게 하라. 우리는 그리스도 안에 숨겨진 모든 지혜를 소유하고 있다. 우리는 "하나님 안에 그리스도와 더불어 감춰져 있다"(3 : 3).

인간의 철학은 매력적이다. 그 철학들은 지혜와 지성을 과시하고 있어, 젊은 그리스도인들이 이러한 "꼬이는 말들"에 속임을 당하는 일이 너무나 많다(4절). 젊은 사람들이 세속적인 학파들에 말려들어 예수 그리스도와 성경을 부인하는 인간의 철학에 희생을 당하는 것은 참으로 비극이다. "누가 철학과 헛된 속임수로 너희를 노략할까(사로잡을까) 주의하라"(8절)고 이 사도는 경고한다. 신자가 이러한 철학들을 이기는 방법은 무엇인가?

① **그리스도 안에서 행하라**(6절)-"그러므로…했으니." 믿음으로 구원을 받았으니 믿음으로 행하라. 말씀으로 구원을 받았으니 말씀에 따라서 행하라. 성령의 역사하심으로 구원을 받았으니 성령 안에서 행하라.

② **그리스도 안에서 성장하라**(7절)-말씀의 풍요함에 깊이 뿌리를 내리라.

예수 그리스도 위에 놓여진 강력한 기반을 소유하라. 하나님의 말씀을 가르친다는 것은 얼마나 중요한 일인가? 그리스도인들이 만일 그리스도 안에 뿌리를 내리며 말씀에 기반을 다지며 성경 진리 안에서 세워지지 않는다면 종교적인 철학에 희생되고 말 것이다.

③ **그리스도를 시금석으로 삼으라** (8절) — 모든 어마어마한 종교적인 철학들이라도 다음의 질문으로 시험해 보라. "그 철학이 그리스도에게 탁월한 지위를 드리는가?" 오늘날 대부분의 종교적인 제도들이 그리스도에게 출중한 지위를 드린다. 그러나, 참으로 성경적인 기독교만이 탁월한 지위를 드린다.

④ **주님의 충만하심을 의지하라** (9~10절) — 그리스도를 대신할 만한 것이 없음을 알라. 그러므로 우리는 주님 안에서 우리가 필요한 모든 것을 소유하고 있다. 신자가 세상으로 가거나 인위적인 제도들의 먹이가 될 때, 그것은 예수 그리스도가 공급할 수 없는 그 어떤 것이 자기에게 결여되어 있다고 느끼기 때문이다. "너희도 그 안에서 느끼기 때문이다. "너희도 그 안에서 충만하여 졌다." 우리는 얼마나 놀라운 지위를 소유하고 있는가 !

2. 종교적인 율법주의를 삼가라 (2 : 11~17)

이 거짓 교사들은 동양의 신비주의와 헬라의 철학, 유대의 율법주의를 혼합하였다. 실로 대단한 혼합이기도 하다 ! 육신은 종교적으로 되는 것을 좋아하는데, 거기에는 육신을 못박는 십자가가 없기 때문이다. 골로새 신자들은 유대의 율법주의, 즉 의식, 식사법, 성일 들에 주입되어 있었다.
　바울은 "너희가 햇빛을 떠나 그늘로 들어가려 한다"고 바울은 외친다 (17절). "너희는 상징을 위해서 실재 (몸)를 버리고 있다." 아버지의 현존을 무시하며 아버지의 사진을 찬양하는 어린 아이처럼 이 그리스도인들은 그리스도의 충만하심을 떠나 세상의 초등한 것들을 향하였다 (2 : 8, 20).

　우리가 필요로 한 모든 것은 십자가상에서 그리스도로 말미암아 완성되었다. 11절의 할례는 어려서 받는 육체의 할례가 아니라 (눅 2 : 21), 십자가에서의 주님의 죽음을 뜻한다. 그리스도께서 물로 세례(침례)를 받으신 것이 십자가에서 고난의 세례 (침례)를 상징하는 것이듯 (눅 12 : 50), 유아로서 받은 주님의 할례는 갈보리에서 우리의 죄를 지셨을 때 "그의 몸을 벗어버리게 됨"을 미리 보여 주신 것이다.
　"그리스도 안에서 당신의 영적인 할례는 육체적인 의식보다는 훨씬 더 놀라운 것이다"라고 바울은 주장한다. "왜 그리스도를 모세와 대치하는가? 마음에 영적인 수술을 하는 대신 왜 육체를 베는 일을 하는가? 할례는 몸에서 육체의 한 부분을 떼어내는 것이지만, 그러나 그리스도와 동일시하는 것은 모든 육신의 본성을 벗는 일이다"

이 모든 일은 성령께서 우리를 그리스도의 몸(교회)에 속하도록 세례(침례)를 베풀 때 그리스도와의 연합을 통하여 가능해진다. 우리는 주님과 함께 죽었으며 주님과 함께 부활하였다. 구약 율법은 이제 제쳐졌으며 사단은 완전히 패배하였다(15절). 그러므로 당신이 그리스도 안에서 갖는 자유를 즐기라. "아무도 당신을 판단치 못하게 하라."

3. 인위적인 훈련을 삼가라(2 : 18~23)

종교적인 육신은 금식과 음식에 관한 규례와 육체의 훈련 등을 참으로 좋아한다. 종교적인 규례들을 지키며 수 많은 사람들이 신령하다고 느끼고 있다. "당신의 생애에 있어서 다른 어떤 사람도 심판자가 되게 하지 말라"(폄론하다, 16절). 일부러 겸손함을 삼가라. 신령한 체하는 종교적인 태도를 버리라.

로마 카토릭에서 금식을 하며, 검은 옷을 입고, 고행을 하는 것을 그리스도께서는 어떻게 생각하실까? "하지 않는 것"을 자랑으로 여기는 현대의 그리스도인에 대해서는 어떻게 느끼실까? 현대의 복음주의자들조차 참된 영성의 표시는 그리스도인들이 무엇을 하지 않는 것에서 나타난다고 생각하는 듯하다. 신자는 그의 자유를 남용하여 거치는 돌이 되어서는 안 된다는 것을 전심으로 믿지만, 어떤 습관을 버리거나 어떤 장소에 가지 않는 것이 자동적으로 신자를 신령하게 한다고는 한 순간도 믿지 않는다.

그리스도에 대한 우리의 관계는 살아 있는 연합의 관계로서, 그리스도는 머리이시며 우리는 몸의 지체들이다. 당신은 율법이 몸에 작용하게 해서는 안 된다. 몸은 양분을 공급함으로써 활동을 하게 되는 것이지 법으로 되는 것이 아니다. 누가 자기의 위에다 대고 "소화를 시작하라./ 아픔을 멈추라./"고 말할 수 있겠는가. 얼마나 어리석은 일인가!

그러나, 사람들은 그리스도인의 생활을 개인적으로 또는 교회적으로 육신의 규율로 말미암아 신령하게 될 수 있다고 생각한다. 우리는 기준("세상을 사랑하지 말라")을 믿지만 기준에 대한 외적인 순종이 반드시 내적인 영성을 산출한다고는 믿지 않는다. 우리는 세상적인 요소들에 대해 죽어 있는 사람들이다. 우리는 그리스도 안에서 살아 있다. 그는 우리가 필요로 하는 모든 것이다.

인간이 만든 종교적인 규율들에 순종하는 일은 (21~23절) 인간이 외적으로 보기에 매우 신령하게 보일지 모르겠다. 그러나, 바울은 이러한 것들이 육신을 조절하거나 극복할 수 없다고 명백히 서술하였다. 그렇다. 이런 규율들은 인간들에게 매력있게 보인다. 이들은 신앙심과 보다 우월한 영성을 나타내는 것처럼 보일 수도 있다. 그러나, 하나님과 관련된 한에 있어서는 소용이 없다.

이미 언급되었지만, 골로새서의 주된 주제는 당신이 필요로 하는 모든 것은 그리스도이시라는 점이다. 인간이 만든 제도와 규율들은 매우 신령하게 보이지만 다만 기초(초보)일 뿐이다(20절). "이것은 유치원의 생활이다. 이제는 졸업하고 기독교의 보다 높은 수준으로 나아갈 때이다"라고 이 사도는 말한다. 인간이 만든 금욕주의(훈련)는 매력적으로 보이지만 육신이 육신을 조절하거나 더 좋게 만들거나 완전하게 만들기란 불가능하다. "영으로 시작하고 이제 육으로 완성하려는가?"라고 갈라디아서 3장 3절은 묻는다.

우리가 그리스도와 맺은 연합은 살아 있는 연합이며, 생명이 율법으로 지배받을 수는 없다. 또다른 생명만이 생명을 다스릴 수 있으며, 따라서 우리는 주님의 생명을 우리 안에 가질 수가 있다. "너희는 그리스도 안에서 충만하여졌다.!" 할렐루야, 얼마나 놀라운 구주신가.!

우리의 지위와 상태를 조화시킴

-골로새서 3 장-

본 장은 이 서신의 실천적인 부분을 시작하고 있으며, 여기서 바울은 그가 우리들에게 나타낸 진리의 빛에 비추어서 우리가 져야 할 책임들을 요약하고 있다. 그리스도께서 탁월하신 것이 복음 안에서, 십자가에서, 창조에서, 그리고 교회에서만 탁월해서는 온전하지 못하며, 우리의 생활 가운데서 탁월하셔야 한다. 바울은 우리가 생활 속에서 "그리스도의 탁월하심을 실천해야 할" 몇몇 분야를 언급한다.

1. 인격의 순전함 (3 : 1~11)

"그러므로 너희가 그리스도와 함께 다시 살리심을 받았으면 위엣 것을 찾으라." 다른 말로 하면, 땅에서의 실천 생활이 하늘에서의 지위와 일치하게 되라는 것이다. 당신은 이전에는 죄 가운데서 죽었었지만 (엡 2 : 1~3), 그러나 이제 죄에 대하여 죽었다. 그리스도는 당신 안에 계시며 영광의 소망이시다 (1 : 27). 머지 않은 어느 날 그 영광이 나타날 것이다 (4절).

간단히 말해서, 바울의 말은 "그리스도께서 당신을 위하여 하신 일에 따라 행하라"는 것이다. 그리스도인의 삶에 있어서 이러한 단순한 원리는 인간이 궁리해 낼 수 있는 어떤 규칙이나 규율보다 더 힘이 있다. "너희는 그 안에서 충만하여졌다" (2 : 10). 이제 일상생활에서 그 충만함을 유지해가라.

동양의 종교나 그리이스 (헬라), 로마의 종교는 인격의 거룩함에 대해서는 거의 또는 전혀 말하지 않았다. 사람은 자기의 희생 제물을 가져오고 기도를 하며, 제단을 떠나서는 무서운 죄를 범하게 될 수 있다. 그리고는 이러한 일들에 대하여 아무 말이 없다. 그러나, 기독교는 그렇지 않다. 내면의 새로운 생활은 외부의 새 생활을 요구한다.

우리는 그리스도와 함께 죽었으므로 우리를 죄로 인도해 가는 몸의 지체를 (롬 6장) 죽음에 내주어야 한다 (극복하다, 5절). 바울은 이렇게 주의를 준다. "너희가 살던 대로 살지 말라. 그것은 구원받지 못한 무리가 사는 방식이다. 그리스도가 너희의 생명이시다. 그리고 너희는 그리스도와 함께 죽었다. 이제 주님의 생명이 너희를 통하여 매일매일 나타나도록 하라."

8~11절에서 바울은 새로운 생활을 옷을 바꾸어 입는 것으로 비유한다. "옛 죄, 곧 너희가 입은 불결한 더러운 옷을 벗어버리고 거룩함의 새 생활을 옷 입

으라." 우리가 이러한 일을 하기는 가능한 일이다. 왜냐하면 그리스도 안에서 우리는 이미 옛 사람을 벗어버렸기 때문이다(9절). 즉, 그리스도 안에서 육신의 몸 (죄악된 본성)을 십자가에서의 주님의 참된 할례를 통하여 벗어버렸다(2 : 11).

구약의 육체적인 할례는 유대인에게 있어 죄를 베어 버리고 하나님과의 언약의 관계로 들어간다는 뜻이었다. 그러나, 그리스도 안에서의 우리의 영적인 할례는 옛 본성이 베어냄을 받았고 우리는 이제 새로운 생활 가운데서 행할 수 있다는 뜻이다.

2. 그리스도인의 교제에서 (3 : 12~17)

그리스도 안에는 장벽이 없다(11절). 우리는 주님 안에서 하나이며 주님은 모든 것의 모든 것이 되신다. 만일 그리스도께서 우리의 생활에서 탁월하시다면 우리는 주님의 영광을 위하여 다른 사람들과 화목할 수가 있을 것이며, 의견의 차이가 있더라도 우리가 말씀을 먹으며 그리스도를 예배할 때 우리의 마음 가운데서 하나님의 평화가 다스릴(심판할) 것이다.

지교회에서의 그리스도인의 교제는 헌법으로 규정할 수가 없는 것이다. 내면에서, 신자들의 마음에서 와야 하는 것이다. 만일 어떤 신자가 다른 신자와의 교제에서 벗어난다면 이것은 둘 다, 또는 그 중 하나가 하나님과의 교제에서 벗어났기 때문이다. 바울은 "그리스도의 이름으로 모든 일을 하라!"고 권고한다. 야고보서 4장을 읽으면 그리스도인들이 자기들의 이기적인 동기로 일들을 할 때 다툼과 싸움이 생기는 것을 보게 될 것이다.

3장 15~18절과 에베소서 5장 18~22절을 비교해 보면, 말씀으로 충만할 때는 성령으로 충만할 때와 같은 축복을 받게 됨을 알게 된다. 성령으로 충만하다는 것은 말씀으로 조절을 받는다는 뜻일 뿐이다.

3. 가정에서 (3 : 18~21)

우리 그리스도인이 믿음을 행사해야 할 첫번째 장소가 있다면 그것은 가정이다. 디모데전서 5장 4절에 보면 "저희로 먼저 자기 집에서 효를 행하여 부모에게 보답하기를 배우게 하라"고 명령하고 있다. 만일 아내가 머리이신 그리스도께로부터 영적인 양분을 흡수한다면 순종적인 사람으로서 그리스도를 위하여 순종하게 될 것이다(엡 5 : 22·이하 / 벧전 3장 참조).

물론 남편 역시 아내와 가족에 대하여 사랑과 상냥함을 보여야 할 것이다. 가정에서 남편의 머리됨은 교회에서 그리스도가 머리되심을 반영하는 것이라고 에베소서 5장 23절 이하는 말하고 있다.

자녀들은 그리스도를 위하여, 주님을 기쁘시게 하기 위하여 부모에게 순종해야 할 것이다. 신앙을 고백한 그리스도인들이 부모에게 대항하여 반역하고 그리스도와 교회에 항거하여 죄를 짓는다면 슬픈 일이 아닐 수 없다. 그리스도인의 자녀들은 주의 몸의 지체로서 그리스도 안에 있는 높은 지위에 합당하게 살아가야 할 것이다.

만일 가정의 각 지체들이 "나는 그리스도를 기쁘시게 하며 모든 것보다 탁월하신 분으로 삼겠다"고 말한다면 우리의 가정은 얼마나 축복될 것인가! 이기심이 줄어드는 반면 사랑은 많아질 것이고, 인내하지 못하는 마음은 줄고 상냥함이 늘어날 것이다. 어리석은 일들에 돈을 낭비하는 일은 줄어들 것이며 가장 중요한 일들을 위하여 살게 될 것이다. 원한들이 사라질 것이며 가족들은 "미안합니다"라고 말하는 법을 배울 것이다. 우리 가정에 그리스도의 탁월하심이 얼마나 필요한가!

4. 일상생활에서 (3:22∼4:1)

물론 바울 당시에 노예는 한 가속이었다. 오늘날 우리는 이와 똑같은 진리를 그리스도인 고용주들과 고용인들에게 적용할 수 있다. 바울은 종들에게 이 땅에서의 육신적인 주인과 하늘의 주인이신 그리스도로 두 주인이 있음을 상기시킨다. 아무도 두 주인을 섬길 수가 없다(마 6:24).

그리스도인 고용인은 그리스도를 영광스럽게 하며 그리스도를 기쁘시게 하기 위하여 일한다. "눈가림"이란 고용주가 지켜볼 때만 일한다는 의미이다. 그러나, 하늘의 주인은 언제나 지켜보고 계시다! 우리는 인간을 기쁘게 하는 사람이 아니라 그리스도를 기쁘게 하는 사람들이다.

"단일한 마음"이란 그리스도를 영화롭게 하기 위한 한 가지 목표에 마음을 고정시키는 것이다! 기계를 작동시키거나 도구를 사용하거나 트럭을 몰거나, 무슨 직업에 종사하든지 그리스도인 고용인들이 사실상 그리스도의 사역자임을 안다는 것은 놀라운 축복이 아닐 수 없다.

일은 마음으로부터 진심으로 해야 한다. "마음을 다하여 주께 하듯 하고!" 마음을 반만 기울이는 일은 보잘것 없는 간증을 남긴다. 이 같은 태도의 불충성한 일꾼은 그리스도께서 돌아오실 때 심판을 받게 될 것이다. 그러므로 예수를 위하여 우리의 최선을 다하는 것은 우리 모두의 의무이다.

고용주들 역시 그리스도인답게 일들을 운영해 나가야 한다. 그리스도인 고용주들이 그의 그리스도인 노동자들을 불리하게 만드는 것은 옳은 일이 아니다. 이는 그들 모두가 그리스도 안에서 하나이기 때문이다. 정당하고 동등하게 그들을 대해야 한다. 오늘날과 같이 계약과 정부 차원의 규칙들과 혼란한 경제 조건 하에서는 그리스도인 고용자들이 사업에 있어서 그리스도를 첫자리에 둔다는 것은 어려운 일이다. 그러나, 하나님은 이렇게 하는 신자를 높이시겠다고 약속하신다. 만일 고용주가 그리스도를 첫자리에 두고 주님께 탁월성을 부여한다면   235

깨끗한 마음으로 주님을 대할 수 있을 것이다.

1～2장에 나오는 위대한 교리들을 즐거이 누리면서도 3～4장에 나오는 의무들에 항거하는 그리스도인이 너무도 많다. 얄팍하고 불순종하는 생활을 하는 신자는 그리스도의 모든 충만하심을 사실상 믿지 않는 것이다. 그리스도인이 일단 머리, 곧 부활하신 영광스러우신 구세주께서 영양을 공급하고 안내하시며 지혜를 주신다는 것을 의존할 때, 그는 충만함 가운데 있는 성숙한 그리스도인의 생활을 발견할 것이다.

그리스도인의 교제

- 골로새서 4장-

바울은 우리의 생활에 그리스도의 탁월하심을 계속 적용시키고 있다.

1. 그리스도인의 증거 (전도)를 통하여 (4 : 2~6)

바울은 로마에서 죄수로 있었지만, 그러한 처지가 그리스도를 위하여 증거하는 일을 멈추게 하지는 못했다. 그는 신자들에게 그리스도를 어떻게 증거하는지에 대하여 말한다.

1 **깨어 기도하라** – "깨어"는 경계한다는 개념을 전해 준다. 즉, 눈을 뜨고 기도하는 것이다. 이 진리가 처음으로 나타난 것은 유대인들이 예루살렘 성벽을 재건하려고 할 때 원수가 이들을 위협하던 느헤미야 4장 9절로 거슬러 올라간다. "우리는 기도를 하였고 파수꾼을 세웠다 !" 이것이 느헤미아의 해결책이었다. 그리고 이 방법은 적중하였다 !

우리 자신이 경계하는 일을 기도가 대신하는 것은 결코 아니다. 그리스도는 깨어서 기도하는 일은 유혹을 이기는 길이라고 우리에게 가르치신다 (막 14 : 38). 전도하고 봉사할 기회가 오면 우리는 깨어 기도해야 한다. 물론 바울은 빌립보 간수를 위하여 기도할 때 눈을 떴을 것이 분명하다. 왜냐하면 사도는 그 사람이 칼에 손을 뻗치는 것을 보고 소리를 질러 정지시켰기 때문이다.

만일 각 신자가 잃어버린 사람들을 위하여 기도한다면, 그리고 하나님께서 기회의 문을 열어 주시는 것을 지켜본다면, 우리는 보다 많은 사람들을 구세주께 인도할 수 있을 것이다.

2 **지혜롭게 행하라** – "외인"이란 물론 그리스도의 가족에 속하지 않은 잃어버린 사람들을 가리킨다. 그리스도 없이, 희망없이, 평화없이, 용서 없는 것 등, 밖에 있다는 것은 얼마나 슬픈 일인가. 그리스도인들이 잃어버린 사람들 가운데서 지혜로운 생활을 한다는 것은 참으로 중요한 일이다. 왜냐하면 구원받지 않은 사람들이 우리의 생활을 살펴보고 비판할 것을 찾으려고 하기 때문이다.

데살로니가전서 4장 12절은 밖에 있는 사람들을 향하여 정직하게 행하라고 권면한다. 그리스도인이 불신자에게 부정직하다면 이것은 참으로 비참한 간증이 아닐 수 없다 ! 신자가 간증을 잃고 그리스도의 이름에 욕을 돌리는 것보다는 빼앗기는 고난을 당하는 편이 훨씬 낫다. 그리스도인이 사업상 채무를 이행하지 못할 때 구원받지 않은 사람들은 그리스도와 복음을 어떻게 생각할 것인지

궁금하지 않을 수 없다.

3 거룩한 말을 하라 – 그리스도인들은 "대충 줄잡아 들으라"는 말을 해서는 안 된다. 우리가 말할 때는 언제나 거룩함이라는 소금이 있어야만 한다. 구약 유대인들은 희생제물에 소금을 사용하였는데, 이는 순전함과, 좋은 것을 보전한다는 상징이었다. 헬라어로는 소금을 채리타스(Charitas)라고 하는데, 은혜라는 뜻으로서 소금이 맛을 내기 때문이다. 우리의 말은 부패해서는 안 되며(엡 4 : 29), 소금은 부패를 막는다.

불신자들이 듣고 있을 때 그리스도인들이 자기의 말에 보초를 세우는 일은 얼마나 중요한가! 생각 없는 비판의 말, "수상쩍다"고 비판받는 것, 성난 말, 이런 일들은 다른 그리스도인들이 세워 놓은 그리스도인의 간증을 순식간에 무너뜨리게 된다.

"세월을 아끼라"(5절)는 말은 "기회를 사라"는 뜻이다. 그리스도인으로서 우리는 그리스도를 증거하고 다른 이들을 인도할 기회를 잡기 위하여 경계 태세를 취해야 한다.

2. 그리스도인의 봉사에 있어서 (4 : 7~18)

우리가 바울을 위대한 사도로 높이는 반면 바울의 사역에 조력했던 많은 헌신한 그리스도인들을 결코 잊어서는 안 된다. 혼자서 주님의 사역을 할 수 있는 목회자나 부흥사나 선교사는 없다. "우리는 하나님과 더불어 함께 수고하는 사람들이다."

1 두기고(7~8절) – 그는 여러 해 동안 바울과 함께 있었으며, 바울이 에베소에서 예루살렘으로 돌아갈 때 동행했었다(행 20 : 4). 아마도 그는 에베소의 시민이었을 것이며 바울과 더불어 3년간 거기서 수고했을 것이다. 두기고는 골로새서를 전달하였을 뿐만 아니라, 에베소서도 전하였다(엡 6 : 21~22).

이 사람은 자기 앞에 놓인 길고도 험한 여행을 하였다. 우리는 그가 말씀을 전하기 위하여 보인 충성에 대하여 얼마나 감사해야 할 것인가! 그가 없었다면 우리는 오늘날 성경을 연구할 수 없었을 것이다! (딤후 4 : 12 참조)

2 오네시모(9절) – 그는 빌레몬에게서 도망친 노예였다. 바울은 그를 그리스도께 인도하였으며 이제 골로새에 있는 집으로 돌려보내고 있는 것이다(빌레몬서 참조). 그와 두기고는 함께 여행했을 것이며, 오네시모는 그의 주인 빌레몬에게 귀중한 편지를 전하였을 것이다.

3 아리스다고(10절) – 이 사람은 에베소의 소요 사건에서 나타난다(행 19 :

29). 거기서 그는 지도적인 그리스도인으로 뽑혔었다. 그도 역시 바울과 동행하였으며 (행 20 : 4), 로마로 가는 길의 무서운 폭풍 때에 바울과 함께 있었다. 좋은 때나 나쁜 때나 바울에게 충실하였던 참으로 놀라운 그리스도인이다.

4 **마가** (10절) – 이 사람은 물론 마가 요한이다. 그는 바나바의 조카로 몇 년 전에 바울에게서 "떨어져 나갔었다"(행 13 : 13 / 15 : 36~41). 골로새 사람들이 마가의 실패를 알고 있었을 수도 있다. 그러나, 바울은 그들이 이 젊은이를 영접하고 사랑을 보이기를 원하였다. 마지막 편지를 쓰면서 바울은 마가가 사역에 "유익하다"고 시인하였다(딤후 4 : 11). 우리는 다른 사람들의 실패를 용서하며, 주님의 사역을 위하여 "유익한" 기회를 줄 필요가 있다.

5 **예수 – 유스도** (11절) – 그는 유대인 신자였다. 그의 히브리 이름은 여호수아였으며 헬라어로는 "예수"가 된다. 유스도라는 그의 다른 이름은 율법에 순종하는 사람이란 뜻이다. 그는 바울과 함께 일하였으며 바울을 위로(격려)하였다. 사도가 감옥에 있는 기간에 그가 얼마나 도움이 되었을까?

6 **에바브라** (12, 13절) – 그는 이방인으로서 골로새 교회를 창립한 목회자였다. 이 경건한 사람은 하나님의 말씀과 기도의 사역을 믿었다(1 : 7/4 : 12). 그는 참으로 기도의 투사였다./ 그는 단순히 말로 기도한 사람이 아니라 기도 중에 수고를 하였는데, 이 말은 기도하며 고뇌하는 것을 뜻한다. 이는 경기하는 사람이 선수들과 투쟁할 때 사용하는 말과 같은 단어이다. 만일 경기자들이 경기를 하듯 그리스도인들이 기도한다면 하나님의 축복을 좀더 보게 될 것이다.
    에바브라는 골로새 사람들이 하나님의 뜻 안에서 "성숙하고 온전해"질 수 있기를 위해 기도하였다(1 : 28~29 참조). 다른 말로 하면, 그는 그리스도 안에서 그들이 "충만하심"에 이르러 살기를 원하였다. 그러나, 그의 기도는 골로새 사람들만 위한 것이 아니었으며 아울러 이웃에 있는 도시들의 성도들을 위해서도 열심이었다. 그리스도인의 사랑이 참으로 놀랍다./

7 **누가** (14절) – 이 사람은 드로아에서 바울과 합세한 (행 16 : 10) 이방인 의사역이었으며, 말년에는 누가복음과 사도행전을 썼다. 누가와 데마는 디모데후서 4장 10~11절에서 다시 관계를 맺게 된다. "누가만 나와 함께 있느니라… 데마는 나를 버리고…".
    다음의 세 구절에서 데마의 생애를 요약할 수 있다. "나의 동역자 데마"(몬 24절), "데마…(골 4 : 14), "데마는 나를 버리고…(딤후 4 : 10). 골로새서와 빌레몬서가 동시에 기록되었기 때문에 데마의 타락이 반복해서 기록된 것이 분명하다. 참으로 비극이다./

    바울은 종결짓는 교훈을 통하여 몇몇 성도들에게 인사를 보내며 골로새와 라오디게아 사람들이 서로 편지를 나누어 보게 하였다. 라오디게아 사람들에게 보낸 서신이 오늘날 우리가 가진 에베소서인 듯하다. "모든 성경은 유익하며" 우리는 하나님의 말씀 중에서 어떤 것도 무시할 수 없다.

바울은 아킵보에게 기진해 하지 말고 주 안에서 그의 사역을 성취하라고 경고하며 끝을 맺는다. 아마도 그는 빌레몬의 아들이었던 것 같다. 왜냐하면 빌레몬서에서도 역시 언급되고 있기 때문이다(몬 2절).

바울은 일상적인 인사인 **은혜**로 이 편지를 끝내는데, 이것은 이 편지를 믿을 수 있다는 표시이기도 하다.

데살로니가전서
-개요와 서론-

데살로니가전서 개요

1. 개인적인 내용 : "우리가 …를 기억하며 감사를 드린다" / 1~3장

   1 교회가 어떻게 생겨났는가를 기억함 (이상적인 교회) / 1장
     (1) 선택된 무리 / 1장 1~5절
     (2) 모범적인 무리 / 1장 6~7절
     (3) 열정적인 무리 / 1장 8절
     (4) 기대하는 무리 / 1장 9~10절
   2 교회가 어떻게 양육되었는가를 기억함 (이상적인 목회자) / 2장
     (1) 충성된 청지기 / 2장 1~6절
     (2) 유순한 유모(어머니) / 2장 7~8절
     (3) 염려해 주는 아버지 / 2장 9~16절
     (4) 사랑하는 형제 / 2장 17~20절
   3 교회가 어떻게 세워졌는가를 기억함 (이상적인 양육) / 3장
     (1) 말씀을 통하여 / 3장 1~5절
     (2) 기도를 통하여 / 3장 6~13절

2. 실제적인 내용 : "우리가 너희에게 …를 권면한다" / 4~6장

   1 거룩하게 행하라 (가정) / 4장 1~8절
   2 사랑으로 행하라 (교회) / 4장 9~10절
   3 정직하게 행하라 (일) / 4장 11~12절
   4 소망을 갖고 행하라 (죽음) / 4장 13~18절
   5 빛 가운데 행하라 / 5장 1~11절
   6 감사하며 행하라 / 5장 12~13절
   7 순종하며 행하라 / 5장 14~28절

*   *   *   *   *

각 장은 그리스도의 재림에 대한 언질로 끝맺고 있다. 그리고 재림을 구원(1 : 9~10), 봉사(2 : 19~20), 안정성(3 : 13), 슬픔(4 : 18), 성화(5 : 23)와 연관시키고 있다.

데살로니가전서 서론

■ 도시 : 오늘날의 지도에서 근대 도시인 살로니카를 찾을 수 있는데, 이 도시가 고대의 데살로니가이다. 본래는 델마였으나 그리스도께서 오시기 300년 전에 마게돈의 왕 카산더가 알렉산더 대왕의 누이를 존중하는 뜻에서 다시 이름지웠다. 이 도시는 온천 지역으로, 자유 도시였으며 자치 정부를 가지고 있었고, 마게도냐의 수도였다. 데살로니가는 로마의 대로로서 중요한 에그나티아 가도상에 자리잡고 있었다.

■ 교회 : 사도행전 17장 1~15절에 이 교회에 대한 기록이 나온다. 바울, 실라, 디모데는 빌립보를 떠나 압비볼리까지 33마일 (약 53km) 거리를, 그리고 아볼로니아로 28마일을 더 여행하였다. 그런데 이 두 도시에서는 복음을 전하지 않았음에 유의하는 일은 흥미롭다. 다음으로 이들은 40마일을 여행하여 데살로니가로 갔는데, 바울은 이곳의 회당에서 약 3주 동안 사역을 하였으며, 많은 사람들이 회심하는 것을 보았다.

회당에는 이방인 개종자 ("헌신한 헬라인")가 많이 있었던 것으로 여겨지는데 (행 17 : 4), 약간의 유대인들과 함께 이 개종자들이 열정적인 반응을 보였다. 이러한 성공이 엄격한 유대인들을 격분시켰을 것은 물론이다. 이들은 폭도들 같은 무질서한 상황을 연출하여 그리스도인들을 당황하게 하였으며 바울의 사역을 방해하였다. 그러자, 신자들은 바울과 그의 일행을 위해서는 이들이 떠나는 것이 최선이라고 생각하였고, 이들은 이 의견에 따라 먼저 베뢰아로 갔다.

바울은 베뢰아에 이르러 조력자들을 거기 남겨 두고 혼자서 아덴으로 갔다. 디모데가 아덴에서 바울과 만났을 때, 사도는 그를 즉시로 데살로니가에 다시 보내어 새로운 교회를 격려하게 하였다(살전 3 : 1~3). 이 사람들은 마침내 고린도에서 합류하였으며 (행 18 : 5) 디모데는 이 어린 교회의 상태를 보고하였다. 바울은 50년 경 고린도에 있을 때에 데살로니가전서를 썼고, 데살로니가후서는 몇 개월 후에 기록하였다.

■ 서신의 목적 : 데살로니가전서는 그 배후에 몇 가지 목적을 지니고 있었다.
● 새로운 신자들에게 그리스도에 관한 일들을 확신시키며 격려하기 위함.
● 바울과 그의 사역에 대한 거짓 고발들에 답변하기 위함(2 : 1~12).
● 죽은 그리스도인이 그리스도의 재림에 관여한다는 것을 설명하기 위함.
● 이교의 부도덕에 대항하여 그리스도인들을 경고하기 위함(4 : 4 이하).
● 성도들에게 영적 지도자를 존중하고 따르도록 상기시키기 위함(5 : 12~13).
● 그리스도가 곧 오실 것이라는 생각으로 일하기를 포기하고 게으름을 피우는 교회원들을 경고하기 위함(2 : 9).

데살로니가후서는 몇 개월 후에 기록되었다. 교회에 대한 박해는 점점 더 악화되었고(1 : 4〜5) 사람들에게는 격려가 필요했다. 교회 내의 "게으름을 피우는 사람들"은 일터로 돌아가지 않았고(3 : 6〜12), 일을 더욱 악화시키는 것은 사람들이 주의 날(환란 시기)에 대하여 혼돈을 일으키고 있는 것이었으며, 그 날이 이미 임하였다고 생각하고 있었다.

이 교회는 바울에게서 왔음을 주장하며 주의 날(살후 2 : 22 - 교회가 휴거된 후에 이 땅에 올 환란의 시대)이 이미 임하였다고 가르치는 가짜 편지를 받았을 가능성도 있다. 따라서 바울이 데살로니가후서를 쓴 목적은 이러하다.

● 교회가 시련에도 불구하고 참고 견디도록 격려하기 위함.
● 주의 날로 이끌어가는 사건들을 설명하기 위함.
● 참견하기 좋아하는 사람들을 일터로 돌려보내기 위함.

3장 17〜18절에서 바울은 자신의 개인적인 "표식"을 붙임으로써 장차 위조 문서를 쉽게 간파할 수 있게 하고 있음에 유의하자.

■ **대조점** : 데살로니가전서가 교회를 위하여 그리스도께서 공중에 재림하시는 휴거 사건을 다루고 있는 반면에, 데살로니가후서는 그리스도께서 교회와 함께 이 땅에 재림하셔서 그의 대적들을 모두 파하시고 그의 왕국을 건설하시는 "나타남"의 사건을 다루고 있다. 데살로니가후서에서 언급된 "주의 날"은 교회가 휴거된 후에 이 땅에 임할 환란의 시기를 가리킨다. 데살로니가전서 1장 10절과 5장 9절은 교회가 환란을 통과하지 않을 것이라고 명백히 가르친다.

모범 교회
-데살로니가전서 1장-

목회자가 교회에 대하여 생각하며 "우리는 언제나 여러분 모두를 인하여 감사를 드립니다/"라고 말할 수 있다는 것은 놀라운 일이다. 바울은 데살로니가에 있는 교회를 사랑하였으며, 이 사람들이 그의 마음에 있어 바울은 그들의 영적인 복지에 대하여 관심을 가지고 있었다.

본 장에서 바울은 그 사악한 도시에 어떠한 교회를 남겨 두었는지를 말해 준다. 이 교회의 특징들을 살펴볼 때 우리는 자신의 생활을 검토하며 "나는 우리 교회를 주님 안에서 모범된 교회로 만드는 일에 협력하고 있는가?"라고 물어 보게 된다.

1. 이들은 선택된 사람들이었다(1:1~5)

"교회"라는 단어는 헬라어로 에클레시아인데, 이는 "불러냄을 받은 무리"라는 뜻이다. 교회는 사회적인 조직이 아니다. 교회는 하나님이 "불러내어 그의 기이한 빛에 들어가게" 하신 사람들로 구성된 영적인 조직체이며(벧전 2:9), 이 부르심은 순전히 은혜로 말미암은 것이다(엡 1:3이하). 비록 우리가 육체적으로는 세상 안에 있지만 속한 것은 아니다(요 15:19). 이 성도들은 데살로니가에 있지만 그리스도 안에 있는 사람들이었다.

바울은 데살로니가후서 2장 13~14절에서 이러한 부르심의 이적을 설명한다. 하나님은 바울과 실라를 부르셔서 하나님의 말씀을 가지고 데살로니가로 가게 하셨다. 이 사람들은 말씀을 듣고 믿어 구원을 받았다. 그리스도를 영접한 후에 이들은 하나님으로 말미암아 은혜를 통하여 그 안에서 선택을 받았다는 사실을 알게 되었다/ (벧전 1:1~4 참조)

하나님의 선택과 인간의 결정에 대한 비밀은 천국의 이편에서는 결코 해결되지 않을 것이다. 다만 성경이 이 두 가지를 진리로 가르치고 있음을 명심해야 할 것이다. 어느 날 스펄젼은 "당신은 이 두 가지 진리를 어떻게 부합시킵니까?"라는 질문을 받고 이렇게 답했다. "나는 친구들을 반드시 화해시켜야만 하는 것은 아닙니다."

선택과 결정이라는 이 두 가지 진리는 상호 모순적인 것이 아니라 상호 보완적이다. **성부 하나님이** 관계된 한에 있어서 우리는 창세 전에 그리스도 안에서 그가 우리를 선택하셨을 때 구원을 받았다. **성령이** 관계될 때는 우리가 그의 부르심에 응답하여 그리스도를 영접하였을 때 구원을 받은 것이다. **성자와**

의 관계에 있어서는 주님이 우리를 위하여 십자가에서 죽으셨을 때 구원을 받았다. 구원을 위해서는 모든 것이 진리이며 모든 것이 꼭 필요하다.

바울은 이 사람들이 구원받은 것을 어떻게 알았겠는가? 그것은 그들의 생활에서 나타난 증거들로 인하여 알았다.

① **믿음으로 행함** — 사람이 정직하게 그리스도를 믿을 때 그의 믿음은 그의 행위로 나타날 것이다. 행위가 구원하는 것은 아니지만 행위로 인도되지 않는 믿음은 구원하는 믿음이 아니다. 참된 그리스도인의 믿음은 변화된 생활을 낳게 마련이다(약 2 : 14~26 참조).

② **사랑의 수고** — 구원받지 않은 사람은 이기적인 삶을 산다(엡 2 : 1~2). 그러나, 참된 신자는 사랑으로 인하여 기꺼이 수고한다. 그는 삶에 대한 새로운 동기를 가진다. 곧 그리스도를 사랑하며 다른 사람들을 사랑하는 것이다(히 10 : 24~25 / 롬 8 : 35~39 참조).

③ **소망으로 인한 인내** — 잃어버린 사람들에게는 소망이 없다. 신자는 그리스도께서 다시 오심을 알기 때문에 견디며 시련의 때에 포기하지 않는다. 왜냐하면 그는 구세주께서 그를 구원하려고 오고 계심을 알기 때문이다(벧전 1 : 1~9 / 4 : 12~16).

9~10절은 구원의 세 가지 증거들을 말하는 것으로 지적되어 왔다. 즉, 우상에게서 하나님께로 돌아선 믿음의 행위와, 살아 계신 하나님을 사랑하여 섬기는 사랑의 수고와, 그리스도께서 돌아오시기를 기다리는 소망으로 인한 인내인 것이다. 믿음, 소망, 그리고 사랑은 언제나 구원의 참된 증거들이다(골 1 : 4 / 5 / 롬 5 : 1~4).

2. 이들은 모범적인 사람들이었다(1 : 6~7)

"청중"이 "추종자"가 되는 것은 참으로 놀라운 일이다. 이 사람들은 말씀을 듣고 기쁘게 받아 들여 믿었으며, 그들의 생활로 이것을 받아 들이기 위하여 고난을 당하였다./ 말씀은 믿음을 주며(롬 10 : 17) 언제나 기쁨을 가져온다(행 8 : 8, 39 / 렘 15 : 16).

믿음을 가진 후에 이 새로운 그리스도인들은 바울을 따르며 지교회의 친교에 참여하였고, 주위에 있는 모든 사람들의 모범이 되었다. 이들은 바울의 추종자들이었을 뿐만 아니라 교회에 속한 사람들이었다 (2 : 14). 왜냐하면 신약에서는 어떤 그리스도인이라도 지교회의 교제에서 떨어져 지내는 것을 바라지 않았기 때문이었다. 이들의 간증은 전 지역에 전해졌으며, 이들의 모범적인 생활을 통하여 다른 사람들을 그리스도께로 인도하였다.

3. 이들은 열정적인 사람들이었다(1 : 8)

이 사람들은 구원받은 지가 몇 개월 밖에 되지 않았고, 오늘날 대부분의 성도들처럼 교훈을 많이 받은 것도 아니었으나 그리스도를 전하는 데에 있어서는 열정적이었다. 이들은 그들의 행실로 증거하였으며("본", 7절) 말로도 전하였다(8절).

"퍼진다"라는 단어는 나팔을 불었다는 생각을 갖게 한다. 이 성도들은 그들을 본향으로 부를 나팔이 울리기를 기다리는 동안(4 : 16) 잃어버린 그들의 친구들에게 크고 명확하게 "복음을 불어 대고" 있었다. 우리는 바리새인들처럼 그리스도와 복음을 위하여 불어 대는 대신 우리 자신의 나팔을 불어 대는 때가 너무도 많다. 우리는 받은 것을 다른 사람들에게 전해야만 한다.

4. 이들은 기대를 가지고 있는 사람들이었다(1 : 9~10)

그리스도의 재림이 본 서의 근본적인 주제이다. 각 장은 그리스도의 재림을 그리스도인의 근본적인 진리에 연관시킨다(개요 참조). 본 장에서 우리는 그리스도의 재림이 구원받은 자들의 복된 소망임을 본다. 잃어버린 사람들이 맹목적으로 우상을 숭배하며 섬기고 있는 반면(오늘날 사람들은 얼마나 많은 우상들을 지니고 있는가!) 구원받은 사람들은 살아계신 하나님을 섬기며 그리스도께서 다시 오신다는 산 소망 가운데서 즐거워한다.

그리스도의 재림을 어떻게 기다려야 하는 것인가? 어떤 "신비주의자들"처럼 흰 종이를 휘 감고 산에 혼자 앉아서 기다리는 것은 아니다. 오히려 그가 오실 때 우리는 일을 하고 있다(마 24 : 44~51 참조). 5장 1~11절에서 바울은 성도들에게 깨어 경계하라고 주의를 준다. 세상 사람들처럼 잠을 자서는 안 되며 술취해서도 안 된다. 그리스도께서 재림하신다는 복된 소망은 우리의 신조에 있는 단순한 교리에 불과해서는 안 된다. 우리의 생활에서 하나의 동력이 되어야 한다.

그리스도께서 다시 오신다는 것을 어떻게 알 수 있는가? 하나님은 그리스도를 죽은 자 가운데서 일으키심으로 그의 아들이심을 증명하셨다. 사도행전 17장 22~34절을 읽고 바울의 논점을 알아보자. 만일 그리스도가 죽어서 그의 몸이 어떤 유대인의 무덤에서 분해되었다면 다시 오실 수가 없다. 산 소망과 살아 계신 그리스도를 분리시킬 수는 없다(벧전 1 : 1~5).

바울은 그리스도의 재림에 관하여, 그리고 그리스도를 거절한 세계에 보내겠다고 하나님께서 약속하신 **환란의 때**에 관하여 교훈을 한 일이 있었다. 그러나, 그는 교회가 그 환란에 참여하지 않을 것임을 주의깊게 지적하고 있다. 10절 *247*

에 나오는 "구원한다"(건지다)는 동사는 현재 시제로 되어 있어서 "우리를 구원하는 분" 또는 제목의 형식으로 "……하시는 구원자 예수"가 된다. 교회는 환란의 시기를 통과하지 않을 것이다(1 : 10 / 5 : 1∼9 / 살후 1, 2장 참조).

하나님의 일정표에 있는 그 다음 사건은 그리스도께서 공중에 재림하시는 일이며, 이 때 교회가 휴거되어 그를 만날 것이다. 그 다음으로는 이 땅 위에 환란의 7년이 임하게 될 것이다. 사악함의 잔이 넘쳐 흐를 때에 그리스도와 교회는 이 땅에 다시 돌아와 사단과 그의 군대들을 쳐부술 것이며, 그리스도의 천년왕국을 열게 될 것이다(계 19 : 11∼20 : 5).

모범된 종

-데살로니가전서 2장-

1장은 모범적인 교회를 설명하였고, 2장은 이상적인 목회자 또는 그리스도인 종을 묘사한다. 바울은 복음이 어떻게 데살로니가에 오게 되었는지를 말해 주었는데 이제는 그가 어떻게 신자들에게 사역했는지를 말해 준다. 이것은 바울의 "양육 프로그램의 요약"이라 할 수 있으며, 그의 회심자들이 주님께 진실하게 머물러 있었던 이유와 그의 교회들이 성장할 수 있었던 이유를 설명해 준다. 바울은 이상적인 일꾼의 네 가지 모습을 전해 준다.

1. 충성된 청지기 (2 : 1~6)

"복음 전할 부탁을 받았다"는 것은 얼마나 굉장한 특권인가 ! (2 : 4) 우리는 청지기 직분이라고 하면 흔히 물질적인 면에 대하여 말한다. 그러나, 우리 모든 신자는 복음과 하나님의 말씀의 청지기인 것을 기억해야만 한다.

예를 들어, 하나님은 바울에게 멧세지를 주셨으며(딤전 1 : 11) 바울은 이것을 차례로 디모데에게 위탁하였고(딤전 6 : 20), 디모데는 교회 안에 있는 다른 충성된 자들에게 이것을 맡기라는 부탁을 받았다(딤후 2 : 2). 청지기의 주된 책임은 충성되어야 하는 것이다(고전 4 : 1~2). 청지기 직분에 대한 근저에는 시험을 받게 될 것과 그리스도가 오실 때에는 보상을 받게 된다는 뜻이 들어 있다.

자신의 청지기 직분에 충성되기 위해서 신자는 고난을 기꺼이 당해야만 한다. 바울과 실라는 빌립보에서 수치스러운 취급을 받았었다(행 16 : 19~24). 따라서 이들은 온갖 종류의 핑계를 대고 휴가를 보낼 수도 있었다./ 그러나, 이들은 하나님께서 복음을 자신들에게 맡기셨음과 다른 도시들에도 이 멧세지를 가져가야만 한다는 것을 알고 있었다. 이들은 두려워하기는 커녕 좋은 소식을 전하는 데 담대하였다.

충성된 청지기는 인간들이 아니라 하나님을 기쁘시게 하기 위하여 살아야만 한다(4절). 친구들을 인도하기 위하여 멧세지를 타협하게 되기란 얼마나 쉬운 일인가. 그러나, 하나님은 신성한 방식에 따르지 않는 청지기의 멧세지나 사역을 축복하실 수가 없다. 3절에서 바울은 그의 멧세지가 속이는 것이거나 틀린 것이 아니며 참된 하나님의 말씀이라고 언급한다. 그의 동기는 순전하였으며 부정한 것이 아니었다. 또한 그의 방법은 정직하였고 간사하지 않았다("먹이를 잡으려고 미끼로 유혹하지 않았다").

5절은 바울이 아첨에 호소하지 않았음을 언급하는데, 아첨이란 개인적인 유익을 얻기 위하여 불성실하게 칭찬하는 것이다. 바울은 언제나 충성된 일꾼들을 높였으며 거기에 합당한 칭찬을 하였으되, 회심자나 추종자들을 얻기 위하여 아첨하는 데에 굴복하지는 않았다(갈 11 : 10 이하 / 요 8 : 29 / 행 4 : 18~21).

2. 유순한 어머니 (2 : 7~8)

7절에서 남성인 바울을 "유모"로 비교하는 것이 거리가 멀게 느껴지면 복음을 통하여 고린도 성도들을 낳은 영적인 부모라고 말해 주는 고린도전서 4장 14~15절을 생각해 보자. 2장 9~13절에서 바울은 아버지의 이미지를 사용하는데, 여기서의 주된 사상은 사랑으로 돌본다는 개념이다. 새로운 그리스도인들은 사랑과 음식과 부드러움과 돌봄이 필요하며, 이것은 마치 어머니가 자기의 자녀들에게 주는 것과 꼭같다.

새로 태어난 젖먹이들은 말씀의 젖(벧전 2 : 2)이 필요하며, 다음으로 젖을 떼고 나면 고기(고전 3 : 1~4 / 히 5 : 11~14)와 떡(마 4 : 4 / 출 16장의 만나), 그리고 꿀(시 119 : 103)을 먹게 되는 것이다.

어머니가 아이를 먹이는 방법은 무엇을 먹이는가와 거의 마찬가지로 중요하다. 연장자인 그리스도인들이 어린 그리스도인들에게 사랑과 인내의 태도로 먹이는 것은 얼마나 중요한지 모른다.

3. 염려해 주는 아버지 (2 : 9~16)

바울의 "아버지"로서의 사역을 살펴보자. 그는 수고하고, 설교하였으며 (9절), 점잖게 행동하였고 (10절) 권고하였으며 (11절), 고난을 당하였다 (14절). 아버지는 자기의 가족을 지켜야 하며 그들의 복지를 위하여 희생해야 한다. 젖먹이들은 대단한 모방가이므로 "영적 아버지들"인 우리가 모범적인 삶을 사는 것은 중요한 일이다.

바울은 사도로서의 권리를 주장하여 교회에서 지원해 줄 것을 요구할 수도 있었다 (2 : 6). 그러나, 그는 교회를 섬기기 위하여 희생적으로 손수 수고하였다. 아버지들은 자녀들에게 그들의 식비나 숙박비를 지불하게 하지 않는다. / 바울은 또한 하나님을 향해 거룩하고 인간을 향해 의로우며 자신에 대해 비난할 것 없는 삶을 사는 데에 유의하였다.

아버지들의 의무 중의 하나는 자녀들을 권고하고 교육하는 것이며, 바울은 데살로니가에서 이 일을 하였다. 교회를 위한 공정인 사역이 있듯이 또한 개인적인 가르침 ("너희 각자")도 있었다. 영적 지도자들은 공적인 사역에만 의존하고 있는 것은 아니다. 그들의 영적인 자녀들에게는 개인적인 격려와 상담이 또한 필요하다.

바울이 아버지로서 행한 삼중의 사역은 **"권고하는 일"** 또는 간청하는 일과

"**위로하는 일**" 또는 격려하는 일, 그리고 "**책임지우는 일**" 또는 증거하며 입증하는 일이었다. 바울은 그들에게 말씀을 가르쳤을 뿐 아니라 주님 안에서 그가 겪은 경험에 입각하여 그들을 격려하였다.

사도는 그의 영적 자녀들이 하나님의 말씀을 받은 것을 기뻐하였다. 그들이 말씀을 받고 믿었다면 하나님의 영이 그들의 생활 가운데서 역사하실 것임을 바울은 알고 있었다. 빌립보서 2장 12〜13절, 에베소서 3장 20〜21절, 데살로니가전서 2장 13절을 함께 묶어 보면, 하나님께서 그의 말씀과 성령과 기도를 통하여 우리 안에서 역사하신다는 사실을 알게 될 것이다.

마지막으로, 바울은 그의 영적인 가족에게 그들을 박해하는 원수들을 경고하였다. 만일 그리스도인이 주님의 추종자들이 되어 교회에 소속되면(1 : 6 / 2 : 14), 이들은 사단과 그의 추종자들에게서 박해를 받게 될 것임을 예측할 수 있다.

4. 사랑하는 형제(2 : 17〜20)

바울은 정말로 이들을 사랑하여 "형제들"이라고 부른다. 또한 자신도 이 가족의 일원이며 이들 중의 한 사람으로 여긴다. 17절에서 그는 마치 집 떠난 어린이 같이 잠깐이나마 고아가 되었었다고 말하였다.

바울은 그들을 사랑하여 그들을 위하여 기도하였고, 그들을 다시 보기를 간절히 원하였다. 결국 인간의 영적인 생활에 대한 시험은 그가 교회에 있을 때나 형제들과 함께 있을 때가 아니라, 교회를 떠나 있을 때 치르게 된다. 바울은 하나님의 집을 떠나 "휴가를 보내는" 종류의 교회원은 아니었다.

앞서도 언급하였지만 이 서신의 각 장은 그리스도의 재림에 대한 언질로 끝을 맺고 있다. 1장에서 그리스도의 재림은 구원과 연관되고, 여기 2장에서는 봉사와 연관된다. 바울이 이곳의 성도들에게 이처럼 충성스럽고 사랑스럽게 목회를 할 수 있었던 이유는 무엇인가? 왜냐하면 그는 그리스도의 재림이라는 빛 가운데서 이들을 보았기 때문이다.

그는 그리스도 앞에서 이들을 대하고 즐거워할 영광스러운 날을 내다보았던 것이다! 예수님은 "그 앞에 놓여진 기쁨을 위하여"(히 12 : 2) 십자가를 견디셨는데, 이 기쁨은 이 교회를 그의 아버지께 드리는 기쁨인 것이 분명하다(유 24절). 바울도 이와 똑같은 기쁨을 위하여 온갖 종류의 고난을 견디었다. 빈손으로, 기뻐할 영혼없이, 그리고 그리스도께 선물이 없이 그리스도 앞에 서게 될 그리스도인 형제들이 너무도 많다는 것은 참으로 비극이다.

모범된 형제

- 데살로니가전서 3장 -

본 장의 핵심 단어는 "세운다"는 말이다(2, 3, 8, 13절). 새로운 그리스도인들은 시련과 고난의 때를 통과하며(3, 5절), 그들이 그리스도 안에 세워지지 않는 한(1장) 마귀에 의해 움직여지게 될 것이다. 바울은 이 사람들이 구원을 받고(1장) 양육되는 것에서(2장) 만족하지 않고, 믿음 안에서 세워지며 믿음 안에서 다닐 수 있게 되는 것을 보고 싶어하였다(4장).

결국 어린이는 걸을 수 있기 전에 서는 법을 배워야만 하는 것이다! 바울이 이 신자들을 믿음 안에 세우는 데 어떤 방법을 사용하였는가?

1. 그들에게 사람을 보냈다(3 : 1~2)

젊은 디모데는 바울에게 얼마나 큰 자산이었던가! 바울과 같은 입장에 있는 모든 사람들은 디모데와 같은 조력자들이 있어야 하며, 나이 많은 사람과 젊은이가 함께 일해야 한다. 바울은 그리스도인 지도자들을 어떻게 선택해야 하며 어떻게 훈련시켜야 하는지 알고 있었고, 디모데는 그의 가장 훌륭한 제자 중의 하나였다.

이 젊은이는 자신의 지교회에서 여러 해 동안 자신을 입증해 보였으며(행 16 : 1~3), 결국 바울은 그를 조력자로 참가시켰다. 젊은 디모데는 (아마도 십대였을 것이다) 가르치는 일이나 설교하는 일로 시작한 것이 아니라 일상적인 여행과 생활의 책무를 맡아 그를 조력하는 바울의 "시종"으로 출발하였다. 사실상 디모데는 마가 요한의 자리를 대신하게 된 것인데, 마가는 일들이 거칠어지자 돌아갔던 것이다.

바울이 디모데를 평가한 내용은 빌립보서 2장 19~24절에서와 디모데에게 보낸 두 편지 전체를 통해 찾아볼 수 있다.

하나님은 교회를 강하게 만드시는 데에 사람을 사용하신다(엡 4장 / 행 14 : 21~23 / 행 15 : 32, 41 참조). 바울은 기꺼이 아덴에 혼자 남자 있기를 원하였으며 디모데로 하여금 데살로니가로 돌아가 신자들을 믿음 안에서 격려하게 하였다. 그리스도인은 특별히 소명을 받았거나 안받았거나 상관없이 다른 신자들, 특히 새로운 신자들이 믿음 안에서 세워지도록 해야 할 그 책임이 있다. 만일 모든 성도들이 새로운 그리스도인을 "양자로 맞아" 그를 격려하고 가르치며 그와 교제를 나눈다면 영적인 사상자는 거의 없게 될 것이다.

2. 그들에게 편지를 썼다(3 : 3~4)

신자는 하나님의 말씀으로 말미암아 세워진다(살후 2 : 15~17 / 롬 16 : 25~ 27 / 벧후 1 : 12). 바울이 그가 전에 가르쳤던 말씀을 어떻게 그들에게 상기 시키고 있는지를 살펴보자. 그는 고난이 닥칠 것이라고 경고를 했었지만 이들 은 그가 가르친 것을 잊어 버린 듯하다.

하나님의 말씀을 대신할 것은 없다. 성경에 대해 무지한 그리스도인은 교리 의 바람이 불 때마다 희생되며 결코 주님 안에서 세워질 수 없다(엡 4 : 11~ 16). 디모데는 바울이 그들에게 가르친 말씀을 생각나게 했으며, 이 일이 그들 을 격려하여 일으켜 세웠다.

사도행전 17장 1~4절에서 바울이 데살로니가에서 어떻게 말씀의 사역을 하 였는지 설명하는 것을 알아보자.

● 설득하였다 – 논쟁이나 토론의 방식이었을 것이다.
● 말씀을 열었다 – 그 뜻을 설명했다는 의미이다 (눅 24 : 32, 45).
● 확실한 진리들을 강력히 주장하였다 – 증거를 대거나, 모두 알 수 있도록 펼쳐 놓았다.
● 전파하였다 – 복음의 선포를 뜻한다.

목회자와 그리스도인 일꾼들은 말씀에 대해 균형있게 사역하여야 함을 명심해 야 한다. 말씀을 설교하거나 선포하는 것만으로는 충분하지 않으며, 가르치고 입증하고 설명하는 것이 있어야만 한다. "강력히 주장한다"는 말은 "식탁을 배 설한다"는 뜻도 되는데, 영적인 일꾼은 이처럼 "식탁에 음식을 차려 놓아서" 젊거나 늙었거나 모든 성도의 손이 닿게 하여 식탁에 참여하게 해야 한다.

3. 그들을 위하여 기도하였다(3 : 5~10)

하나님의 말씀과 기도하는 이중의 사역이 교회를 세운다. 가르치고 전파하는 것 이 전부라면 사람들은 빛을 소유하나 능력이 없을 것이며, 기도만 있고 말씀을 가르치는 일이 없다면 감정적인 광신자들의 단체가 되고 말 것이다.

자기의 사람들에 대하여 하나님께 고하고, 그리고 나서 자기의 사람들에게 하 나님에 대하여 말하는 목회자와 주일학교 교사, 선교사, 그리고 그리스도인 일 꾼들은 균형잡힌 확실한 사역을 하게 될 것이다. 그리스도의 사역이 이와 같이 말씀과 기도를 동반하는 것이었다 (눅 22 : 31~32). 사무엘 또한 이러한 방식 으로 사역하였으며(삼상 12 : 23), 베드로와 다른 사도들, 그리고 바울 자신도 이 렇게 하였다(행 6 : 4 / 행 20 : 32).

바울의 관심은 그들의 안전이나 행복에 있는 것이 아니라 그들의 믿음에 있다는 점에 유의하자. 사단은 우리 믿음의 적이다. 왜냐하면 하나님과 그의 말씀에 대하여 의심을 일으키도록 할 수만 있다면 사단은 우리가 그리스도 안에서 소유하고 있는 모든 축복을 훔쳐갈 것이기 때문이다.

바울은 그들이 성숙한 (온전한) 믿음을 갖게 되기를 원하였다 (10절). 믿음은 내부에 들어와 좌정하면 결코 변경되지 않는 예금과 같은 것이 아니다. 이것은 겨자씨와 같아서 작아 보이나, 그 안에 생명이 있어 성장할 수가 있는 것이다. 본 장의 종결 부분을 읽어 보면, 바울은 그들이 풍성한 사랑을 가지며 소망 안에 세워지고 믿음 안에서 성장하게 되기를 원하고 있다는 것을 알 수 있을 것이다. 곧, 믿음과 소망과 사랑인 것이다!

지속적인 기도 생활과 대체할 만한 것은 없다. 그리스도인들은 서로를 위하여, 그리고 잃어버린 자들을 위하여 기도하라는 명령을 받고 있다. 기도와 말씀이 잘 배합된 사역이 있음으로해서 사단은 패배하게 될 것이며, 교회는 든든히 세워질 것이다.

4. 주께서 속히 돌아오실 것을 상기시켰다 (3:11~13)

앞서도 언급했듯이 데살로니가전·후서의 주제는 그리스도의 재림이다. 신자를 이보다 더 빨리, 그리고 더 훌륭하게 세울 수 있는 진리는 없다. 시련과 환란의 한복판에서 이들은 스스로 확신을 가지며 그리스도께서 다시 오신다는 약속으로 스스로를 격려할 수가 있었다. 시련이 그들의 앞길에 다가올 때에 (이 이교도의 도시들에서는 일상적으로 시험이 닥치는 것이지만) 그리스도께서 바로 그 날에 오실지도 모른다는 생각으로 말미암아 자신들을 깨끗하게 유지할 수가 있었다.

만일 여러 가지 수고와 전도하는 일로 지쳐 있다면 그리스도의 재림을 기대함으로써 새로운 힘과 용기를 얻을 수가 있었다. 성경에 있는 그 어떤 진리라도 신자의 마음과 정신과 뜻에 그리스도의 재림에 대한 진리보다 더 큰 효과를 주지는 못한다.

누가복음 12장 42~48절을 읽고 **그리스도의 오심을 잊은 종**에게 어떤 일이 일어나는지를 알아보자. 이 사람은 공개적으로 무슨 말을 한 것은 아니었으며 다만 그의 마음에 "내 주인이 오시는 것이 늦어지는구나!"라고 말했을 뿐이었다. 그는 그리스도의 나타나심을 원하고 있지 않았다. 이 종이 타락하여 다른 일꾼들과 함께 할 수가 없었다는 것이 이상한 일이겠는가?

바울은 이들의 마음이 책망할 것이 없도록 일으켜 세워지는 일에 열심이었다

(5 : 23). 그리스도인은 흠이 없고 순전하도록 되어 있다(빌 2 : 15). 이 말은 죄가 없다는 뜻이 아니다. 왜냐하면 그리스도께서 돌아오시기 전까지는 완전함이란 있을 수 없기 때문이다. 칠판에 자기의 이름을 쓰는 작은 아이가 실수없이 쓸 수 없다. 왜냐하면 아직 그는 어린 아이이기 때문이다. 그러나, 만일 그가 최선을 다한다면 흠없이 (나무랄데 없이) 쓸 수는 있는 것이다.

만일 우리가 하나님께서 우리에게 주신 빛에 따라 살아가며 주님 안에서 성장하기를 노력한다면, 하나님 보시기에 흠 없는 생활을 살 수가 있을 것이다. 그리스도의 재림을 매일 기대한다는 것은 신자가 그의 생활을 깨끗하게 유지하는 일에 도움을 줄 것이다(요일 2 : 28~3 : 3).

신자의 소망

- 데살로니가전서 4 장 -

우리는 이제 그리스도 안에 있는 새로운 신자들을 위하여 실제적인 교훈들을 다루고 있는 후반부로 이동해 간다. 본 장의 핵심 단어는 **"행하라"**(walk — 4 : 1, 12)이며, 바울은 하나님의 말씀에 순종하라고 그들에게 간청한다(4 : 1, 10, 12, 14). 그리스도인의 행실이 걷는 것과 비교되는 데에는 몇 가지 이유가 있다.

1️⃣ 그리스도인의 행실은 **생명**이 있어야 한다. 죽은 죄인은 걸을 수가 없기 때문이다.
2️⃣ **성장**을 필요로 한다. 젖먹이는 걸을 수 없기 때문이다.
3️⃣ **자유**가 필요하다. 묶여 있는 사람은 걸어다닐 수 없기 때문이다.
4️⃣ **빛**을 필요로 한다. 왜냐하면 어두움 속을 걷고 싶어하는 사람이 없기 때문이다.
5️⃣ **숨겨질 수가 없으며** 모든 사람에게 목격된다.
6️⃣ 하나의 **목표를 향한 진보**를 의미한다.

바울은 신자가 지녀야만 하는 행실의 종류를 묘사한다.

1. 거룩하게 행하라(4 : 1~8)

여기서 바울은 결혼과 가정에 대해 다룬다. 이방 도시들에서의 결혼 서약은 순전함에 대해서는 아무런 말이 없었으므로, 새로운 그리스도인의 가정 생활에 있어서 부도덕은 큰 위험이었다. 물론 사랑과 순전이 보존된 이방 가정들도 많이 있었지만, 복음이 이르기 전의 이 민족들 중에 퍼져 있는 일반적인 분위기는 탐욕과 이기심으로 팽배해 있었다. 그리스도인의 첫번째 책임은 하나님을 영화롭게 할 그리스도인 가정을 세우는 것이었으므로, 바울은 이 점에서부터 출발하고 있다.

부도덕은 근본적으로는 이기심이다. 그러므로, 바울은 그들 자신이 아니라 하나님을 기쁘시게 할 목적으로 살아야 한다고 권면한다. 바울은 본을 세우고 (2 : 4) 이제는 그들이 따라오기를 기대하였다. 그는 하나님의 말씀에 있는 대로 그들을 명령하여 하나님의 능력으로 말미암은 거룩하고 순전한 삶을 살게 하였다.

그들의 삶에 대한 하나님의 뜻은 이들이 성결케 되는 것이었다. 성결하다는 단어의 뜻은 "어떤 목적을 위하여 따로 떨어져 있다"는 뜻이다. 당신은 워싱톤 시에 있는 제퍼슨 호텔을 빌릴 수는 있으나 백악관을 빌릴 수는 없다. 백악관은 특별한 목적을 위하여 따로 구별된 것이기 때문이다.

신자는 하나님을 위해 구별되어 있다. 그는 성도, 곧 따로 구별된 자이다. 그는 매일 더욱 더 하나님께 자신을 헌신해야 할 책임이 있으며, 결국은 그의 몸, 혼과 영, 이 모두를 완전히 주님께 넘겨드리게 된다. 몸과 영과 혼을 더럽히는 것 가운데 성적인 죄 이상의 것은 없다(고후 7 : 11 / 고전 6 : 13~20). 그리스도인이 결혼 서약을 위반할 때 그는 하나님께, 자신에게, 그리고 형제 그리스도인에게 죄를 범하는 것이다. 하나님은 진리 가운데서 그를 처리하실 것이다.

4절에 나오는 「거룩」은 신자의 몸을 가리키는 말일 수 있고, 또는 아내를 말하는 것일 수도 있다(벧전 3 : 7). 어떤 경우든지, 이 그릇들은 그리스도의 피로 값주고 산 바되었으며 성령으로 정결케 되었으므로(고전 6 : 9~11), 하나님의 영광을 위하여 사용되어져야만 한다. 성적인 죄에 대하여 하나님의 경고를 무시하는 것은 성령을 근심케 하는 것이며 징계를 자초하는 것이다. 다윗, 삼손, 유다, 그리고 이 외에도 이러한 죄에 빠졌던 많은 성경 인물들을 기억해 보라.

2. 사랑으로 행하라(4 : 9~10)

사랑에 대하여는 그들에게 쓸 필요가 없었다. 그가 사랑에 대해 가르쳤으며 하나님께서 친히 성령을 통하여 그들을 가르치셨다(롬 5 : 5). 신자에게 있어서 사랑은 날 때부터 찍혀 있는 점과 같다(요일 3 : 14 / 벧전 1 : 22 / 요일 4 : 9~12). 이교도들은 교회의 교제를 보고는 "보라, 이들이 정말로 서로를 사랑하는구나 !"라고 외쳤다.

그러나, 우리의 교제 안에 있는 사람들만을 사랑하는 것으로는 충분하지 않다. 데살로니가 사람들처럼 우리는 모든 형제들과, 그리고 잃어버린 사람들을 더욱 더 사랑해야 한다(3 : 12).

3. 정직하게 행하라(4 : 11~12)

이제 바울은 직장을 가진 신자와, 세상에서 구원받지 않는 사람들과 접촉해야 하는 신자들의 문제를 다룬다. 이 교회에 있었던 문제들 중의 하나는 많은 그리스도인들이 그리스도의 재림에 대한 약속을 오해하여 직장을 그만두고 다른 그리스도인들의 식객 노릇을 하면서 폐를 끼치며 살았던 점이다.

데살로니가후서 3장 5~15절에 이들에 대한 바울의 권고가 나와 있다. "종용하기를 힘쓰라"는 말을 직역하면 "종용하게 되는 것을 갈망하라"는 뜻이다. 즉, 세상에 속한 활동들의 한복판에서 좌절하며 근심하지 말라는 뜻이다. "자기 일을 하라." 그리하여 다른 사람들의 일에 참견하지 말고 지내라. 그리스도인들이 다른 사람들의 일에 참견자가 된다는 것은 대단히 나쁜 일이다./

일상의 일에 열심을 다하여 좋은 간증을 유지해 가는 데에 조심하는 그리스도인은 구원받지 않은 사람들을 그리스도께 인도하는 데에도 영향을 미칠 것이다 (골 3 : 22~25 / 골 4 : 5 참조). 만일 사람이 일하지 않으면 먹지도 말아야 한다(살후 3 : 10). 주님의 돈을 가져다가 "빈둥거리는 그리스도인"을 지원하여 부주의한 생활을 살도록 격려하는 식의 비성경적인 "인정"을 베풀지 말도록 하자.

4. 소망을 갖고 행하라(4 : 13~18)

본 장은 교회의 휴거에 관한 고전적인 부분이다. 성도들의 생활에 슬픔이 찾아 들었으며 그리스도인으로서 죽은 사람들이 그리스도께서 재림하실 때 뒤에 남게 되면 어쩌나 하고 의아해하였다. 바울은 그 죽은 자들이 먼저 일어날 것이며, 그리하여 모든 성도들이 함께 모여 공중에서 그리스도를 만나게 될 것임을 확신시킨다.

교회의 휴거(공중에서 그리스도와 만남)를 교회가 그리스도와 더불어 이 땅에 오게 되는 나타남의 사건(살후 1 : 7~12)과 혼동하지 말자. 휴거는 언제라도 일어날 수 있으며, 그리스도와 함께 돌아와 그의 적들을 패배시킬 "나타남의 사건"은 휴거가 있은 지 7년 후에 생기게 된다.

사랑하는 사람이 죽을 때 그리스도인들이 슬퍼하는 것은 당연한 일이다. 그러나, 소망이 없는 세상 사람들처럼 슬퍼하지는 않는다. 물론 그리스도는 우리가 골짜기를 통과할 때에 눈물을 흘리며 외로움을 느끼게 될 것을 예측하시나(요 11 : 33~36), 슬픔의 와중에서도 우리는 그리스도 안에 가진 바 산 소망을 간증해야만 한다(벧전 1 : 3). 슬픔의 때를 당하여 **신자들이 가지고 있는 위로**를 알아보자.

① **신자에게 있어서 죽음은 잠자는 것이다**─ 14절에서 말하는 "예수 안에서 잠든다"는 것은 직역하면 "예수를 통하여 잠이 들다./"로 해석된다. 신자가 어떻게 죽었거나 상관없이 예수 그리스도는 그를 잠들게 하시는 데에 계신다. 물론 영혼은 그리스도와 함께 있기 위해 가지만(빌 1 : 20~24 / 고후 5 : 6~8) 잠든 것은 영혼이 아니라 육신이다. "묘지"란 단어는 "잠자는 장소"라는 뜻으로서, 이곳은 부활을 기다리며 몸이 잠자는 곳이다.

② **하늘에서 다시 결합하게 된다**─죽음에서 가장 어려운 일은 우리의 사랑하는 사람들과 이별하는 것이다. 그러나, 그리스도가 오실 때 우리는 영원히 "주님과 함께 있게 될 것이다." 살아 있는 성도들은 죽은 자들을 앞서지(이끌지) 못

할 것이다. 모두들 그리스도를 만나기 위하여 함께 일으켜 올림을 받을 것이다.

③ **영원한 축복의 위로** – "주님과 더불어 영원히." 이것은 새로운 몸을 의미할 것이다(요일 3 : 1~3 / 빌 3 : 20~21). 우리가 무덤에 두게 될 몸은 추수를 기다리는 씨앗과 같다고 바울은 말한다(고전 15 : 35~58). 물론 몸은 흙으로 돌아가며 그 흙은 자연의 일부가 된다. 성경에는 신자의 몸의 각 부분을 다시 일으킨다고 가르치는 곳은 아무데도 없다.

성경이 가르치는 것은 부활한 몸이 묻었던 몸과 동일한 것임을 알아볼 수 있다는 것이다. 심겨진(땅 속에서 죽은) 한 씨에서 나온 씨들이 그 심겨졌던 씨와 동일하며 연속성이 있는 것과 같이, 부활한 몸은 장사지낸 몸과 동일시되며 연속성을 가지게 될 것이다.

"끌어 올려"라는 말은 뜻하는 바가 많다.
① 빠르게 채가다 – 경고가 없을 것이기 때문이다(5 : 1~10).
② 군대가 호위하다 – 사단이 우리가 하늘로 휴거되는 것을 방해하려 할 것이기 때문이다.
③ 자신의 것으로 주장하다 – 신랑이 신부를 주장하는 것과 같다.
④ 새로운 장소로 옮기는 것이다.
⑤ 위험에서 구하는 것이다 – 교회가 환란을 통과하지 않을 것이기 때문이다(5 : 9 / 1 : 10).

모범된 행실

-데살로니가전서 5 장-

마지막 장은 그리스도인이 그리스도의 재림의 빛 가운데서 어떻게 살아가야 할 것인지를 교훈하는 권고의 연속이다. 많은 권고들을 읽으면서 우리는 유아 상태의 교회에 몇 가지 뚜렷한 문제들이 있음을 보게 된다. 그리스도인들은 부주의하게 살아가고 있으며 어떤 이들은 그들의 교화 지도자들을 존경하고 있지 않다. 공적인 예배를 남용하기도 하고, 일반적으로 성도들 간에는 사랑과 조화가 필요하였다.

이 권고들은 지교회가 어떻게 조화와 순전함 가운데 살 수 있으며 그리스도께 영광을 돌릴 수 있는지를 지적한다.

1. 경계하라(5 : 1~11)

여기에 그리스도인들과 잃어버린 사람들 사이에서 생기는 일련의 대조점들이 나와 있다.

1 **빛과 어두움** – 세상이라는 면으로 볼 때 그리스도의 재림은 갑작스러웁고 기대하지 않은 때에 한밤중의 도적같이 임하게 될 것이지만, 그리스도인들에게는 그렇지 않다. 우리는 그가 오실 것을 기다리고 있다. 불신자들은 어두움 가운데 있어 이해력이 어두우며(엡 4 : 18 / 5 : 8), 어두움을 사랑한다(요 3 : 19~21 / 엡 5 : 11). 그는 어두움의 권세에 의해 조절당하며(엡 6 : 12) 영원한 어두움을 향하고 있다(마 8 : 12).

그러나, 그리스도인은 빛과 연합되어 있다. 왜냐하면 하나님은 빛이시며, 그리스도는 세상의 빛이시기 때문이다(요 8 : 12). 그리스도인은 한때 어두움에 속했을지라도 빛의 자녀이다(엡 5 : 8~14). 이러한 변화의 역사는 고린도후서 4장, 골로새서 1장 13절, 베드로전서 2장 9절에 묘사되어 있다. 이제 그리스도인은 낮에 속하였으므로 빛 가운데서 살아야 하며, 그리스도의 재림을 대비하여야 한다.

2 **지식과 무지** – 사단은 사람들을 어두움 가운데 두기를 좋아한다(행 26 : 18). 유다는 어두움 속에 있었고(요 13 : 27~30) 아나니아와 삽비라도 그러하였다(행 5장). 세상은 그리스도와 성경을 거절하였기 때문에 하나님의 계획에 대하여 알지 못한다.

이사야 8장 20절에서 세상의 지성적인 지도자들도 세상에 어떤 일이 일어날 것인가 하는 문제에는 어두운 이유를 알아보라. 이들은 나타난 것만을 보고 "그가 오신다는 약속이 어디에 있는가?"(벧후 3장 참조)라고 말한다. 그러나, 자기의 성경을 읽으며 눈을 뜨고 있는 그리스도인은 하나님께서 이 세상에서 일하고 계신 방법을 알고 있으며 무지하지 않다.

③ **기대와 놀라움** — 구원받지 못한 세상은 거짓된 안정에서 살고 있으며, 마치 1912년 "가라앉을 것 같지 않은 배"였으나 빙산에 부딪혀 침몰해 버린 타이타닉호에 탄 사람들과 같다. 해안 경비대는 타이타닉호에 빙산을 주의시키는 전보를 몇 차례나 보냈으나 무선사는 이 경고를 무시하였으며, 마지막에는 "나를 괴롭히지 마시오! 나는 바쁘단 말이오"라고 전신을 보내왔다. 그러나, 그로부터 한 시간도 안 되어 그 배는 가라앉고 있었다.

바울은 그리스도께서 오신다는 것을 두 가지로 묘사하였는데, 도둑의 예를 들어 깜짝 놀라게 됨을 나타내었고, 해산하는 여인의 예로 갑작스러움과 고통이 관여됨을 나타내었다. 그리스도께서 교회를 세상 밖으로 데리고 가실 때 "주의 날," 곧 7년간의 환란과 고난이 시작될 것이다. 이리하여 주의 날은 밤의 도둑처럼 세상에 임할 것이지만 신자에게는 그렇지 않다.

④ **근신함과 술취함** — 그리스도께서 오시기를 기다리는 그리스도인은 깨어 있어 경계를 하며, 세상 사람들처럼 술에 취하지는 않을 것이다. 여기서 "깨어 있다" 와 "잠들어 있다"는 말은 4장 13~18절에서와 같이 "살아 있다"와 "죽어 있다"는 뜻이 아니라, "경계하다" 또는 "주의하다"는 뜻이다. 그리스도인들은 예수님께서 오실 때 깨끗하고 헌신된 삶을 살고 있어야 한다.

2. 지도자들에게 존경을 표하라 (5 : 12~13)

교회의 가족은 반드시 영적인 지도력을 소유해야 하며, 이 지도력은 목회자에게 수여된다. 교회는 좋아할 만한 어떤 조직을 성경을 따르는 한도 내에서 세워도 되지만 목회자만이 양떼를 하나님께서 요구하시는 대로 인도할 수가 있다. 물론 그는 사람들의 기도와 조언을 필요로 하고 또한 원하는 것이 사실이며, 특히 선택된 지도자들의 도움을 필요로 한다.

그러나, 교회의 모든 사람들은 목회자의 지도력을 존중해야만 한다. 그리스도인들은 그들의 지도자들을 받아 들여야 하며(엡 4 : 7~ 11 / 벧전 5 : 1~5) 그들의 지도자들을 존중하고, 이들이 하는 일을 주시하며 지도자들을 사랑해야 하고, 지도자를 따라야만 한다(히 13 : 7~9, 14, 17).

교회가 단합하지 못하는 때는 대개 목회자가 지도자로서의 책임을 감당하지 않기 때문이라도, 성도들이 그에게 지도할 수 있도록 허락하지 않기 때문일 것이다. 지도력이 명령은 아니라는 것을 명심하라. 지도자는 모범을 보이고, 댓가를 지불하며, 그리스도인의 사랑 안에서 다른 사람들을 도우려고 노력한다. 그러나,

명령자는 사랑이 아니라 법을 사용하며, 지도하려고 하지 않고 몰고 가려고 한다. 그의 동기는 이기적이고 교회의 유익을 위하지 않는다.

3. 서로를 염두에 두라(5 : 14~15)

교회 지도력을 확보하는 것만으로는 충분하지 않다. 성도들 각 사람이 일을 나눠야 하며 동반자 의식이 작용해야 한다. 베드로전서 4장 7~11절은 우리 각 그리스도인이 신령한 은사를 소유한 청지기인 것과 이 은사를 다른 사람들의 유익과 주님의 영광을 위하여 사용해야 함을 상기시키고 있다.
  바울은 **도움이 필요한 그리스도인의 유형**을 몇 가지로 분류하고 있다.

●**규모없는 자들** : 부주의한 사람들, 성 밖에 있는 사람들-경고를 받아야 한다.
●**마음이 약한 자들** : 겁많고 무기력한 사람들-격려를 받아야만 한다.
●**힘이 없는 자들** : 주님 안에서 성숙지 못한 사람들(롬 14장)-주님 안에서 걸을 수 있을 때까지 지원해 주어야 한다.

  모든 사람들을 향한 우리의 태도는 인내와 사랑이어야 하며, 악을 악으로 갚아서는 안 된다(롬 12 : 17~21).

4. 감사하라(5 : 16~18)

"기뻐하고 기도하고 감사하라"는 말은 평범한 권고같이 들린다. 그러나, 여기에 부사를 첨부하면 참으로 도전이 된다. "**항상** 기뻐하라, **쉬지 말고** 기도하라, **범사에** 감사하라." 주님과 함께 걸으며 그와 지속적인 의사소통을 유지하는 그리스도인은 하루 종일 기뻐하고 감사할 여러 가지 이유들을 보게 될 것이다.
  "쉬지 말고 기도하라"는 말은 계속해서 기도의 말을 중얼거리라는 뜻은 아니다(마 6 : 7). 참된 기도는 마음의 태도이며 마음의 욕구이다(시 10 : 17 / 21 : 2 / 37 : 4 / 145 : 19). 우리의 마음이 하나님께서 원하시는 것을 원할 때 성령께서 우리를 위하여 우리 안에서 중재하시므로 하루 종일 기도를 하게 된다(롬 8 : 26~27).

5. 예배 시에 **주의하라**(5 : 19~21)

초대교회의 "예언"은 성령의 즉각적인 사역으로 선지자가 하나님으로부터 받은 멧세지를 전하는 것이었다. 그러나, 사단은 흉내장이이므로 그 멧세지를 검토해 볼 필요가 있었다(고전 12 : 10 / 고전 14 : 29~33). 감정을 남용하여 "지나치게 열중하거나", 이와는 반대로 주님의 계시를 거절함으로써 성령을 소멸하는 것은 위험한 일이다.

6. 일상적인 행동에서 신실하라 (5 : 22~28)

"악의 모양"이란 말은 "악에 속한 모든 형태"라는 뜻이다. 물론 성도는 생활에서 다른 사람들이 오해할 수 있을 만한 일을 해서는 안 된다. 우리가 주님에게 자신을 양도한다면 하나님은 우리를 거룩함 가운데 세우시는 일에 신실하시다. 기도, 형제의 사랑, 하나님의 말씀에 대한 관심은 성도를 성결케 할 것이며, 그리스도의 재림을 위한 준비를 갖추게 할 것이다.

데살로니가후서

데살로니가후서 개요

■ 인사 / 1장 1~2절

1. 고난을 견딤 / 1장

1. 고난은 우리가 성장하도록 돕는다 / 1장 3~5절
   믿음－사랑－인내
2. 고난은 우리가 받을 영광을 준비시킨다 / 1장 6~10절
3. 고난은 오늘날 그리스도를 영화롭게 한다 / 1장 11~12절

2. 주의 날에 대한 교화 / 2장

1. 배교가 생겨나야 한다 / 2장 1~3절
2. 성전이 재건되어야 한다 / 2장 4~5절
3. 막는 자들이 옮겨져야 한다 / 2장 6~12절
4. 교회가 완성되어야 한다 / 2장 13~17절

3. 그리스도인의 생활이 확고히 세워짐 / 3장

1. 기도와 인내 / 3장 1~5절
2. 일하는 것과 먹는 것 / 3장 6~13절
3. 듣고 말하기 / 3장 14~15절

■ 작별 인사 / 3장 16~18절

*   *   *   *   *

■ 데살로니가전·후서의 주제별 비교

데살로니가전서	데살로니가후서
① 그리스도께서 교회를 위하여 공중에 오심(4:13∼18)	① 그리스도께서 주님의 교회와 함께 이 땅에 오심(1:7∼10)
② 현재의 은혜 시대	② 장차 올 주의 날
③ 교회에서의 성령의 사역	③ 사단이 세상에서 일함-"불법의 비밀" (2:7)
④ 그가 가르친 일에 대하여 그들을 상기 시킴	④ 그들이 이미 들은 거짓 교훈들을 교정 시킴

고난당하는 자들에게 주는 위로
-데살로니가후서 1장-

이 편지는 데살로니가전서가 쓰인 지 얼마 안 되어 씌어졌으며, 그리스도의 재림과 연관하여 교회에 들어온 거짓 가르침들을 교정하기 위하여 기록되었다. 교회는 혹독한 박해를 통과하고 있었으며, 어떤 신자들은 구약에 약속되어 있는 무서운 환란의 때인 주의 날이 이미 임하였다고 생각하고 있었다. 바울이 쓴 것처럼 꾸며진 편지가 교회에 들어왔거나(2:1~2), 아니면 교회 선지자들 중의 누군가가 성령께서 주신 멧세지인 것처럼 제시했을 수도 있다.

어쨌든, 바울은 이 시대에 대한 하나님의 계획을 설명하며 이러한 고난을 당하는 그리스도인들이 주님 안에 참되게 머물러 있도록 격려하기 위하여 편지를 썼다. 바울은 그들이 받는 고난의 배후에 어떤 목적이 있는지를 세 가지로 지적하고 있다.

1. 고난은 우리를 성장하도록 돕는다(1:3~5)

"순교자의 피는 교회의 씨앗이다"라는 옛 말이 있다. 그리고 역사는 이것이 진실임을 입증한다. 최근에 중국의 어떤 헌신한 그리스도인은 "중국의 고난은 축복을 증대시켰다. 왜냐하면 고난이 교회를 정화시켰기 때문이다"라는 말을 하였다.

이 곳의 그리스도인들은 믿음과 소망과 사랑을 지닌 것으로 명망이 있었지만(살전 1:3), 이러한 어려운 경험은 그들의 믿음과 소망과 사랑이 성장하게 하는 동기가 되고 있었다./ 이들은 성장하는 믿음과 풍성한 사랑과 찬란한 소망을 가지고 있었다.

더구나 그들의 간증도 성장해 가고 있었다. 모든 교회들이 그들에 대하여, 그리고 그들이 주님을 위해 굳게 서 있는 데에 대한 소식을 듣게 되었기 때문이다. 바울은 모든 교회들 가운데서 그들을 자랑으로 여길 수가 있었다. 그들의 꾸준한 인내는 다른 신자들에게 격려가 되었다.

이들이 또한 인내에서도 성장하고 있었음에 유의하자(4절). "환란은 인내를 이룬다"고 로마서 5장 3절은 언급한다. 물론 신약에서의 "인내"는 "기다린다"는 뜻만 있는 것이 아니라 주님 안에서 꾸준히 견딘다는 뜻이다. 인내를 더욱 이루도록 기도하는 그리스도인은 더욱 많은 환란이 있을 것을 기대해야 한다. 왜냐하면 환란이란 하나님이 우리를 더욱 인내하도록 만들려고 할 때 사용하시는 도구이기 때문이다.

신자에게 고난이 닥칠 때, 고난은 그를 세우기도 하고 깨뜨리기도 한다. 신자가 그리스도 안에서 그 고난을 받아 들이며 하나님의 뜻에 굴복하고 믿음으로 말미암아 진실에 굳게 서 있다면 고난은 그를 성장하도록 동기를 부여할 것이다. 만일 그가 고난에 저항하고 하나님을 향해 불평하며, 불신앙 가운데서 자포자기한다면 고난은 그를 무너뜨릴 것이며 그의 간증을 파괴할 것이다 (벧전 4 : 12 ～19 참조).

2. 고난은 영광을 위한 준비이다(1 : 6～10)

바울은 고난을 짐으로 보지 않고 하나님의 축복이요 특권으로 보았다. 그리스도를 위한 고난은 선물이다 (빌 1 : 29). 바울이 고난을 하나님의 나라에 합당한 것"이라고 말한 것은 우리가 공을 세워서 천국에 가기 위한 준비를 스스로 한다는 뜻은 아니다. "합당한"이라는 단어는 공로를 뜻하는 말이 아니라, "알맞다"는 뜻이다.

하나님은 고난을 통하여 우리 앞에 놓여진 영광에 적합하도록 만드신다. 고난과 영광은 분리될 수 없다(마 5 : 10～12 / 벧전 4 : 12～14 / 벧전 5 : 1). 오늘날 이 세상에서의 우리의 고난은 아직 나타나지 않은 영광을 위한 예비이다 (롬 8 : 18 / 고후 4 : 16～18).

고난 중에 있는 이들의 인내는 잃어버린 세상에 대해서는 간증이 되기도 한다. 겉으로 보기에는 하나님께서 인간들의 죄를 심판하고 계신 것 같지가 않다. 그래서, "진리는 영원히 단두대에 있고 오류는 영원히 보좌에 있는 것 같지만" 사실은 그렇지 않다. 우리가 불신앙으로 행한다면 실망에 빠진 나머지 하나님께서 자기 백성을 옹호하지 않으신다고 생각하게 된다(시 73편 / 하박국 참조). 그러나, 하나님은 사악한 사람들을 위하여 심판을 준비하고 계시며, 이것을 앎으로써 우리는 확신 가운데 안식할 수 있다.

하나님은 심판으로 "보답하실 것이다." 즉, 하나님은 사악한 자들이 그리스도인에 대해 행한 것과 같은 종류의 측정 방법으로 그들을 벌하실 것이다. 바로는 이스라엘의 아기들을 물에 던졌었는데 하나님은 애굽의 군대를 홍해에 던지셨다. 유다는 예수님을 배신하여 나무에 달리시도록 하였는데 그도 밖에 나가 스스로 목매어 죽었다./ 또한 사울왕은 검으로 다윗을 죽이려고 하였는데 자기의 칼로 죽었다. 사람들은 그 뿌린 것을 거둔다./

그리스도께서 그의 교회와 더불어 지상에서 살게 되실 그 때에 이 땅에 살고 있는 사람들을 심판하실 것이다. 이들이 영원한 지옥에서 고난을 받게 되는 이유는 두 가지이다. 즉, 하나님을 알려고 하지 않았으며(고의적인 무지, 롬 1 : 18～32), 하나님께 순종하지 않았다는 점이다.

하나님은 사람들에게 회개할 것을 명하신다 (행 17 : 30). 그리스도를 거절하는 것은 불순종이다. 세상이 그리스도의 갑작스러운 재림과 심판에 예비하여 준비를 갖추지 못할 것임은 물론이며 (계 19 : 11~21), 사람들이 알지 못하는 때에 갑자기 나타나실 것이다. 사건들의 순서는 다음과 같다.

1. 그리스도께서 교회를 위하여 공중에 은밀히 임하심.
2. 이 땅에는 주의 날이 시작됨 (살전 5 : 1 이하).
3. 죄의 사람 (적그리스도)이 일어남.
4. 그리스도께서 교회와 함께 홀연히 재림하심.
5. 살아 있는 죄인들을 심판하시고 사단을 1,000년 동안 결박해 두심.

3. 고난은 오늘날도 그리스도를 영화롭게 한다 (1 : 11~12)

그리스도는 그 날에 그의 성도들에게서 영광을 받으실 것이다 (10절). 그러나, 신자들은 그들이 살고 있는 매일마다 하나님을 영화롭게 해야 한다. 바울이 기도하는 짐이 바로 이것이었다. 즉, 하나님께서 우리들의 삶 속에 그의 목적을 성취하시게 될 것과, 그리스도의 이름이 그들을 통하여 영화롭게 되는 것이다. 바울의 사역은 하나님의 말씀과 기도였다 (행 6 : 4). 그는 사람들에게 하나님의 진리를 가르치고 이들이 그 말씀대로 살기를 위하여 기도하였다.
　　신자는 하나님께서 그를 선택하셨고 결코 버리지 않으실 것이기 때문에 고난 가운데서도 확신을 가질 수 있다. 하나님은 시작하신 선한 일을 친히 완성하실 것이다 (빌 1 : 6). 비록 죄악된 세상이 오늘날 싸움에서 이기는 것 같지만 우리는 믿음 가운데서 안식을 얻을 수 있는데, 그들이 내일의 싸움에서 지게 되리라는 것을 우리가 알고 있기 때문이다. 본 장에 나와 있는 "쌍을 이루는 진리들", 즉, 믿음과 사랑 (3절), 믿음과 인내 (4절), 믿음과 능력 (11절)에 유의하라.

　　하나님의 뜻 안에서 시험과 시련을 통과하고 있는 그리스도인은 어떻게 해야 마땅한가?
1. 그가 받은 구원과 하나님이 그와 함께 하신다는 사실로 인해 하나님께 감사를 드리라.
2. 불평없이 하나님의 뜻에 굴복하라 (양도하라).
3. 하나님의 뜻을 이해하도록 지혜를 달라고 간구하라.
4. 주어진 상황 가운데서 하나님을 전하며 영화롭게 할 기회를 찾으라.
5. 하나님의 목적이 완성될 때까지 인내로 기다리라. 그러면 다시 "높여질" 것이다.

　　물론 그리스도인이 하나님의 뜻에서 벗어나서 고난이 온 것이라면 (오게 되어 있다./) 이것을 하나님의 징계의 손으로 받아 들여야 하며, 하나님께 순복하고　　　*269*

관계를 바르게 가지도록 해야 한다.

　이 첫번째 장은 오늘날과 같이 시련이 많은 시대에 사는 신자를 위하여 큰 격려가 된다. 세상은 브레이크가 파열된 속도로 지옥을 향해 언덕을 내려가는 자동차와도 같다. 인간들은 하나님의 말씀을 들으려 하거나 간직하려고 하지 않는다. 거룩하지 못한 불신자들이 승진이 되는 반면 충성스러운 그리스도인들은 고난을 당한다. 하나님께서 자기에게 속한 사람들을 버리신 것 같이 보인다. 그러나, 바울은 그렇지 않다고 말한다.
　신자는 "안식을 얻을 수 있는데"(7절), 안식이란 "긴장을 푸는 것"을 뜻한다. 하나님께서 이 세상에서 일하고 계시며, 어느 날 자기의 백성을 신원하시며 잃어버린 사람들에게는 복수를 하실 것이다.

죄의 사람
- 데살로니가후서 2장 -

바울은 이제 그의 편지의 핵심에 이르고 있으며, 주의 날과 죄의 사람(적그리스도)에 대하여 설명한다. 그리스도인들은 주의 날이 이미 임하였다는 거짓된 말을 들었으므로 일으켜 세워지는 대신 "흔들리고" 있었다. 2절에 "이르렀다"는 말은 "이미 임하였다"는 뜻이 된다. 바울은 저주와 심판의 날이 세상에 임하기 전에 생기게 되어 있는 몇 가지 사건들을 설명한다.

1. 배교가 일어나야 한다(2:1~3)

"배교"라는 단어는 "떨어져 나간다"는 뜻이다. 여기서는 하나님의 말씀에서 떨어져 나간다는 뜻이다. 바울 시대에도 거짓 선생들이 분명히 있었지만 크게 보아서 교회는 하나님의 말씀의 진리에 연합되어 있었다.

그리스도인이라고 하면 하나님의 말씀을 믿고, 그리스도의 신성을 믿으며 그리스도를 믿음으로 구원받음을 알고 있는 사람들이라고 생각했었다. 그러나, 오늘날은 반드시 그런 것 같지는 않다. 누군가 스스로 교인이라고 말하는 사람이 있다 해도 당신은 그가 무엇을 믿는지 알지 못한다. 우리는 "그리스도인의 불신앙" 시대에 살고 있다. 사람들은 그리스도인이라고 자처하지만 그리스도의 신성과 성경의 영감설 등을 부인한다.

이러한 배교, 곧 진리에서 떨어져 나가는 일은 디모데전서 4장과 디모데후서 3장에 약속되어 있는 사실이다. 우리는 지금 배교의 시대에 살고 있으며, 이러한 사실은 주님의 재림이 가깝다는 것을 시사해 주고 있다. 신앙을 고백하는 교회(기독교 세계)는 전에 성도들에게 전달된 믿음으로부터 떨어져 나왔다. 포스딕(Fosdick)과 같은 사람들은 "나사렛 예수를 예배하는 위험에 대하여"라는 식의 설교를 한다. 교수들은 성경이 하나님의 말씀을 포함하고 있는 것이지 성경이 하나님의 말씀인 것은 아니라고 말한다.

2. 성전이 다시 재건되어야 한다(2:4~5)

바울은 세계 독재자, "죄의 사람…멸망의 아들"이 일어난다고 약속하고 있다. 그는 세상의 어떤 제도에 대해서 말하는 것이 아니라 세상의 제도의 우두머리가 될 한 사람에 대하여 말하고 있다. 그는 그리스도께서 슬픔의 사람인 것과는 대조적으로 "죄의 사람"이다. 그는 멸망의 아들이나 그리스도는 하나님의 아들이시며, 그는 거짓말쟁이이나 그리스도는 진리이시다.

우리는 이 사람을 보통 적그리스도라고 부르는데, 이 말은 "그리스도에 대항하여" 그리고 "그리스도를 대신하여"라는 뜻이다. 이러한 세계 통치자는 마귀로 말미암아 힘을 공급받으며 유럽을 하나의 큰 연방으로 묶을 것이다 (다니엘의 신상에서 열 개의 발가락, 단 2장). 요한계시록 17장에 의하면, 적그리스도는 권력을 얻어 흥왕할 때에 로마 카토릭 교회와 협력할 것이며, 그런 다음 로마의 제도를 파괴할 것이다.

그 프로그램은 다음과 같다.

1 교회가 휴거될 것이다.
2 적그리스도가 평화로운 방법으로 흥왕하기 시작한다.
3 그가 유럽을 연합시킬 것이며 이스라엘을 러시아와 애굽으로부터 보호하기로 7년 계약을 맺는다.
4 3년 반 후에 그는 언약을 깨뜨리고 이스라엘을 침략할 것이다.
5 그는 로마와 유대의 모든 종교를 폐지하고 자신을 예배하도록 할 것이다 (계 13장).
6 7년 환란 시대의 종말에 (주의 날) 그리스도는 지상에 돌아오실 것이며, 적그리스도와 그의 제도를 파괴할 것이다.

구약과 신약은 모두 유대인들이 팔레스틴으로 돌아와 유대인의 성전을 재건한다고 예언한다. 적그리스도가 성전에 좌정하는 것이 곧 다니엘 11장 31절과 마태복음 24장 15절에서 말하는 "멸망의 가증한 것"이 될 것이다.

3. 막는 자가 옮겨질 것이다 (2 : 6~12)

사단이 불법의 사역을 하는 일은 이미 세상에서 진행되고 있어 사단의 지옥 같은 활동들이 매일 증가하고 있음을 볼 수 있다. 그렇다면 사단의 프로그램을 연기시키며 적그리스도가 일어나는 것을 늦추고 있는 것은 무엇인가? 하나님은 세상에 "저지하는 자"를 두고 계신데, 이분이 교회에 계신 성령님이라고 우리는 알고 있다. 하나님에게는 표시해 둔 "때와 시기"가 있으며 (살전 5 : 1), 사단조차도 하나님의 프로그램을 변경시킬 수 없다.

방해를 하는 사람 (7절의 막는 자) 은 성령님이시며, 그리스도께서 오셔서 교회가 들림받을 때까지 사단의 활동들을 방해하실 것이다. 물론 성령님은 여전히 이 땅에서 일하실 것인데, 휴거가 있는 후에도 사람들이 믿어 구원을 받게 될 것이기 때문이다. 그러나, 성령께서 그리스도의 몸 (교회) 을 통하여 하시는 방해의 사역은 끝날 것이며, 이로 말미암아 사단은 그 불법의 잔을 끝까지 채우도록 자유롭게 진행해 나갈 것이다.

사단은 적그리스도를 통하여 기적적인 능력으로 일할 것인데(9~10절) 이는 마치 애굽의 술객들이 모세의 기적들을 흉내내었던 것과 같다. 그는 그리스도의 능력을 흉내낼 것이며(행 2 : 22 참조) 세상이 그를 영접하여 예배하도록 만들어 놓을 것이다. 인간들은 진리보다도 거짓말을 믿으려 한다./ 물론 휴거 후에 구원을 받은 신자들은 속지 않을 것이다. 현혹당하여 지옥으로 가게 될 사람들은 잃어버린 바된 사람들이다.

이들은 하나님이 아니라 인간을 숭배하고 섬기는 거짓말을 믿을 것이다(롬 1 : 25). 이 시대 동안에 복음을 듣고도 복음을 거절한 사람들은 휴거의 사건이 발생한 후에는 구원을 받을 수가 없다고 믿는 교사들이 더러 있다. 본 구절들은 이러한 주장을 받아 들이도록 인도해 가는 것은 분명한 것 같다.

4. 교회가 완성되어야 한다(2 : 13~17)

주의 날은 이방 나라들과 유대인들에게 적용되는 것이지 교회에는 아니다. 이 날은 저주의 날인데, 교회는 하나님의 이러한 저주를 보지 않게 될 것이다(살전 1 : 10/살전 5 : 9). 환란의 목적은 이방인을 벌주는 것이며 불신앙 가운데 자기의 땅으로 돌아와 적그리스도를 따르는 유대 민족을 정화하기 위한 것이다. 그러나, 그리스도께서 교회를 무대로부터 데려가시기까지 적그리스도는 흥성하지 못할 것이며 권력을 행사하지도 못할 것이다.

교회와 적그리스도의 추종자들은 참으로 대조적이다./ 우리는 하나님으로 말미암아 선택되었고 그들은 마귀를 선택하였다. 우리는 진리를 믿음으로 구원을 받았으며 이들은 거짓말을 믿었기 때문에 저주를 받았다. 우리는 복음의 기쁜 소식을 믿었으며 그들은 마귀의 거짓 약속들을 믿었다. 우리는 영광을 향해 선택되었고 그들은 지옥으로 가도록 운명지워져 있다.

바울은 본 구절들을 놀랍게 **생활에 적용**시키고 있다. 굳게 서라./ 세상의 격동, 정치적인 대 변동, 또는 종교적인 변절 등으로 말미암아 동요되지 말라. 이 모든 일들은 반드시 일어나야 하는 일들이며 하나님은 여전히 보좌에 계시다. 시대의 종말이 가까이 다가옴에 따라 그리스도를 위하여 살며 그를 섬기기가 점점 더 어려워져 가고 있다.

그리스도인은 무엇을 해야 할 것인가? 하나님의 말씀을 굳게 붙들라./ 마귀의 거짓말들, 곧 이단의 교훈이나, 자유주의 설교자들의 사탕발린 약속들, 또는 로마 카토릭의 주장들에 귀를 기울이지 말라. 하나님의 말씀을 붙들라./ 우리는 그리스도와 그의 말씀 안에 영원한 격려와 좋은 소망을 소유하고 있다.

우리는 일을 계속해야만 한다. "모든 선한 말과 행위"는 이 어두운 시대에 있어 따라야 할 좋은 강령이다. 말씀을 계속해서 전파하며 그리스도를 위하여 일하기를 계속하라. 우리가 다른 사람들을 그리스도께 인도하는 것은 몸된 교회를 세우고 있는 것이며, 몸이 완성되면 영광 중에 들려 올라갈 것이다.

베드로가 "하나님의 날 보기를 간절히 사모하라(또는 서둘러라)"고 말한 의미가 바로 이것이다(벧후 3 : 11～12). 교회가 세상에 있는 동안은 사단의 사악한 계획이 지체되고 있으나 교회가 일단 사라지면 사단은 온전히 통치하며 이스라엘을 파괴하고 인류를 타락케 할 것이다.

이 날들은 크고 도전이 되는 날일 것이다. 디모데후서 3～4장을 읽고, 이 시대에 있어 신자의 책임들이 무엇인지 알아보자.

실제적인 충고

- 데살로니가후서 3 장 -

그리스도의 재림은 검토하여 연구하기 위한 교리가 아니라, 우리의 생활을 사로잡고 보다 나은 그리스도인들이 되게 하는 진리이다. 주님의 재림에 대하여 아는 것만으로나, 또는 그것을 믿는 것만으로는 충분하지 못하다. 일상생활에서 그것을 실천해야만 한다.

불행하게도 데살로니가에 있는 신자들 중에는 그리스도의 재림에 대한 교리를 남용하는 사람들이 있었는데, 이 마지막 장에서 바울은 그들의 길을 바꾸도록 권고하고 있다. 여기 나오는 세 가지 위대한 권면을 살펴보자.

1. 기도와 인내 (3 : 1~5)

신자는 기도 중에 참으로 굉장한 능력을 가진다./ 사단이 이 세상에서 일한다고는 하나 우리는 조용히 하나님께 기도하며 그의 응답을 볼 수 있다./ 바울은 말씀의 사역을 잘 감당해 나가도록 그들이 기도해 줄 것을 부탁한다. 사단의 거짓말에 대항하는 유일한 길은 하나님의 진리의 말씀으로 대항하는 것이다. 말씀은 살아 있으며 (히 4 : 12), 따라서 바울은 말씀이 "세상 전체에 두루 퍼지는 것"을 간절히 보고 싶어했다.

오늘날에는 말씀이 소홀히 되고 있으나, 바울은 말씀이 영광스럽게 되기를 열망한다. 말씀은 데살로니가 신자들 사이에서 자유로이 순환하고 있었으며 영광을 받고 있었다. 왜냐하면 그들은 말씀을 받았고 믿었기 때문이다 (살전 2 : 13 / 살후 2 : 13).

바울은 그들이 사악한 사람들에게서 구원을 받을 수 있게 해주실 것을 위해서 기도한다. 사단은 우리가 복음을 가지고 가는 곳은 어디다 따라다니며 비이성적이고 (심술궂은) 악한 사람들을 일으켜 우리를 반대하게 한다 (행 18 : 1~12). 이 불신자들은 스스로 말씀을 반대하며 말씀을 주는 사람들조차 반대한다./ 우리는 인간들을 신뢰할 수는 없지만 우리의 신실하신 하나님을 신뢰할 수는 있다./ "하나님은 신실하시다"는 말은 인내하는 그리스도인의 암호이며 표어이다.

신자는 기도할 때와 하나님의 말씀을 전할 때 인내해야 할 필요가 있다. 하나님은 그리스도를 향한 우리의 사랑이 성장해 감에 따라 이러한 인내를 우리에게 주실 수 있으시다. 주인을 기다리며 인내하지 못했던 청지기는 그의 마음에 문제를 일으켰다 (마 24 : 42~ 51). 바울은 주님의 나타나심을 사모하라고 말한다 (딤후 4 : 8). 사랑이 있는 곳에 인내와 소망이 있다.

2. 일하는 것과 먹는 것 (3 : 6~ 13)

그리스도의 재림에 관한 교훈을 잘못 적용시켰던 신자들이 더러 있었다. 이들은 만일 주께서 곧 오실 것이라면 그들의 직업을 포기하고 그가 오실 것을 기다려야 한다고 주장하였다. 오랜 세월을 내려오며 극단적인 무리들은 이와 똑같은 실수를 범했으며, 세상을 떠나 산으로 가서 주님께서 돌아오시기를 기다렸다. 하나님의 말씀의 명확한 교훈에 항거하는 사람들은 얼마나 어리석은가!
　바울은 하나님의 말씀을 불순종하는 이 게으른 그리스도인들에게서 참된 신자들이 떠남으로써 이 위반자들이 부끄러움을 느껴 그들의 길을 교정할 수 있게 하라고 권면한다 (6, 14절). 이들은 그들을 형제로 다루어야 하며 원수들로 대해서는 안 된다. 그러나, 이들의 죄를 묵인해 주어서는 안 된다.

　바울은 자신이 보여 주었던 모범과 전에 가르쳤던 내용을 지적한다. 그들과 함께 있을 때 바울은 손수 일해서 자신과 조력자들의 필요를 충당하였다 (살전 2 : 9~ 12 / 행 20 : 33~ 35). 바울은 그들이 그리스도인으로서 충성스럽게 일하며 자신의 필요를 돌보아야 한다고 가르쳤다. "만일 어떤 사람이 일하지 않는다면 그는 먹지 말아야 한다!" 이것은 바울이 따랐던 원리였다. 물론 교회는 진정으로 필요한 것들이 있는 사람들을 돌보았다 (행 6장 / 딤전 5장). 그러나, 일할 능력이 있으면서도 일하지 않는 사람들을 도울 책임이 교회에게 있는 것은 아니다.
　일하기를 거절하는 사람들은 참견을 잘 하는 사람이 된다. 이들은 자기의 수중에 있는 시간으로 다른 사람의 일에 개입하여 간섭하거나 방해한다. 비그리스도인들에게는 이것이 굉장히 나쁜 간증이 된다 (골 4 : 5 참조). 그리스도의 재림에 관한 진리는 더욱 열심히 일하도록 추진하는 것이며, 그의 말씀에 순종하도록 믿음을 가지게 한다.

　신실하지 못한 그리스도인들이 그들대로의 방식으로 사는 것을 볼 때 충성된 그리스도인들이 용기를 잃고 실망하는 때가 가끔 있다. 바울은 "무슨 소용이 있단 말인가!"라고 말하는 이들을 격려한다. "선한 일을 하다가 근심하지 말라. 포기하지 말라!" 예수님께서 오실 때 충성된 자로 발견되어야 하겠다.

3. 듣는 것과 행하는 것 (3 : 14~ 18)

하나님의 말씀은 듣고 순종해야 하는 것이다. 바울이 말해야만 했던 진리를 순종하지 않고 거절하는 사람은 신자들에게서 주목을 끌게 되고 이에 따른 취급을 받게 될 것이다. 이것은 공식적인 교회의 권징(고전 5장)은 아니지만 교회의 개개 회원들로 말미암은 개별적인 교정의 행위이다. 게으름을 격려해서는 안 된다. 만일 각 그리스도인이 하나님의 말씀에 순종한다면 우리는 훨씬 좋은 교회가 될 것이다.!

데살로니가 교회를 탁월하게 만든 일들 중의 하나가 하나님의 말씀에 대한 태도였다. 이들은 말씀을 듣고 받아 들였으며 믿었고(살전 1：5~6 / 살전 2：13), 다른 사람들과 나누었다. 그러나, 주일이 거듭됨에 따라 어떤 신자들은 말씀에 대해 마음을 굳히게 되었으며 듣기는 들어도 순종하지 않았다. 불신앙과 불신앙에 대한 증거가 그들의 생활 방식에서 드러났으며, 그들의 생활은 교회의 불명예가 되었다. 우리는 말씀을 듣는 사람, 그리고 행하는 사람이 되어야 한다(약 1：22~27).

바울은 끝맺는 축복 기도에서 평강과·은혜를 빈다. 이 신자들에게 평강이 얼마나 필요하였겠는가? 이들은 혹독한 박해를 통과하고 있었으며, 어떤 회원들은 이미 죽었고 어떤 이들은 무질서한 생활을 하고 있었다. 우리가 만일 그리스도께 순복하고 그의 약속을 믿으며 그의 재림을 바란다면 마음의 평강을 가질 수가 있다. 그리스도의 재림에 대한 기대처럼 시험받은 신자에게 격려가 되는 것은 더이상 없다!
이러한 평강은 주님의 임재로부터 온다. "주께서 너희 모두와 함께 계시기를!" 하나님의 평강을 우리에게 주시는 분은 평강의 하나님이시다(빌 4：4~9).

바울은 개인적인 서명과 은혜의 축사를 첨부한다. 바울은 이 같은 방식으로 그의 모든 편지들을 끝맺고 있는데, 이것은 이 편지가 바울에게서 온 진짜 편지임을 입증하는 것이었다. 사단은 모조품과 위조 문서들을 가지고 있으므로, 바울은 이 편지의 확실함과 그 권위를 수호하고 있는 것이다(고전 16：21 / 갈 6：11 / 골 4：18 참조).

디모데전서 개요

- 개요와 서론 -

■ 주제 : 지교회에서 행동하는 법 / 3장 15절

1. 교회와 그 멧세지 / 1장

1 건전한 교리를 가르침 / 1장 1~11절
2 영광된 복음을 전파함 / 1장 12~17절
3 믿음을 변호함 / 1장 18~20절

2. 교회와 그 구성원들 / 2~3장

1 기도하는 남자들 / 2장 1~8절
  (1) 치리하는 자들을 위하여 / 2장 1~3절
  (2) 죄인들을 위하여 / 2장 4~8절
2 단정한 여인들 / 2장 9~15절
  (1) 옷차림에서 / 2장 9~10절
  (2) 행실에서 / 2장 11~15절
3 헌신된 직원들 / 3장 1~13절
  (1) 목회자들 / 3장 1~7절
  (2) 집사들 / 3장 8~13절
4 행동하는 신자들 / 3장 14~16절

3. 교회와 그 사역자 / 4장

1 좋은 목회자 / 4장 1~6절
   말씀에 대해 설교하는 목회자
2 경건한 목회자 / 4장 7~12절
   말씀에 대해 실천하는 목회자
3 성장하는 목회자 / 4장 13~16절
   말씀에서 진보해 가는 목회자

4. 교회와 그 사역 / 5〜6장

1 연로한 성도들에 대하여 / 5장 1〜2절
2 과부들에 대하여 / 5장 3〜16절
 (1) 늙은 과부들 / 5장 3〜10절
 (2) 젊은 과부들 / 5장 11〜16절
3 교회 지도자들에 대하여 / 5장 17〜25절
4 종(노예)들에 대하여 / 6장 1〜2절
5 문제를 일으키는 사람들에 대하여 / 6장 3〜5절
6 부자들에 대하여 / 6장 6〜19절
7 "교육받은" 자들에 대하여 / 6장 20〜21절

디모데전서 서론

■ 배경 : 사도행전은 바울이 로마의 죄수로 있는 것으로 끝을 맺고 있다(28 : 30~31). 바울의 말년에 대해서는 신약에 확실한 설명이 없지만 대부분의 학자들은 다음의 연대기에 동의를 표한다. 바울은 2년 동안 투옥된 끝에 가이사 앞에서 무죄로 석방되어 로마를 강제로 떠나야 했다. 이 때가 62년 봄인 듯하다. 바울은 누가, 디모데와 함께 에베소를 방문하였는데 여기서 그는 "이리들"에 대한 자신의 예언(행 20 : 29~30)이 성취된 것을 발견하였다. 왜냐하면 에베소 교회에 거짓 선생들이 침투했기 때문이다.

디모데전서에 나오는 그의 경고들로 볼 때, 이 거짓 교훈들은 바울이 골로새서에서 공격하였던 영지주의와 비슷하다는 것을 알 수 있다. 바울은 그 곳에서 짧은 기간 동안 사역한 후에 빌립보로 갔다. 그는 디모데를 특별한 조력자로뒤에 남겨 두어 그 교회를 감독하며 거짓 선생들을 제거하도록 하였다. 디모데전서 1장 4절에 의하면 이들의 작별은 슬픈 것이었다.

■ 편지 : 바울이 젊은 디모데에게 이 첫번째의 편지를 썼을 때, 그는 골로새에 있으면서 미리 약속했던 대로 빌레몬을 방문하며 즐거운 때를 보내고 있었던 것 같다(몬 22절). 바울은 곧 에베소로 돌아갈 계획을 세우고 있었으나(딤후 3 : 14), 교회의 문제가 대단히 긴급하여 그의 조력자에게 조언하는 일을 감히 미루고 있을 수 없었다.

이 서신은 "큰 도시에서" 많은 어려운 문제들을 직면하고 있는 젊은 그리스도인 사역자에게 주는 격려로 가득 차 있다. 우리는 이러한 문제들을 다음과 같이 요약할 수 있다.

1 디모데는 연장자들을 대상으로 목회하려는 젊은이였다(4 : 12 / 5 : 1~2).
2 디모데는 몹시 바울을 그리워하였으며 그만두고 싶어하였다(1 : 3 / 딤후 1 : 4).
3 그는 목회자의 의무와 그리스도인 지도자로서 자신의 개인적인 헌신 생활을 소홀히 하는 경향이 있었다(4 : 11~16).
4 그는 어떤 성급한 결정을 해야 했으며 특별히 교회 직원들에 대해 결정을 내렸는데 이 일이 곤경을 초래하였다(5 : 17~22).
5 그는 금욕주의와 육체의 연습을 하는 경향이 있었는데, 사실상 육체를 상하게 하는 일이었다(4 : 7~8 / 5 : 23).
6 그는 "청년의 정욕"이 그에게 재앙이 되었음을 바울에게 시인하였다(딤후 2 : 22). 이러한 유혹적인 환경은 불경건한 에베소에서는 쉽게 볼 수 있는 것이었다.
7 침묵시킬 필요가 있는 거짓 선생들이 거기 있었다(1 : 3 이하).

8 디모데는 교회의 일을 운영해 나가는 데에 조언이 필요하였다. 특히 직원들과 과부들에 관하여 그러하였다(3∶1 이하 / 5∶3 이하).

■ **핵심 단어**∶디모데전서에 나오는 핵심 단어들 가운데 하나는 "명한다, 임무를 맡긴다"인데, 때로는 "경계하다"로 번역되었다(1∶3, 5, 18 / 4∶11 / 5∶7 / 6∶13, 17). 이것은 명령이 계통을 따라 내려오는 것을 가리키는 군사 용어였다.

하나님은 바울에게 복음을 맡기셨으며(1∶11), 바울은 이를 디모데에게 전하였다(1∶18∼19 / 6∶20). 디모데는 이 보물을 지키라는 "임무를 부여받았으며(딤후 1∶3∼14) 이것을 충성된 사람들에게 건네 주었고, 이들은 차례로 다른 사람들에게 맡기도록 되어 있었다(딤후 2∶2). 군사 용어가 디모데전후서 전체를 구성하고 있다(1∶18 / 5∶14 − 여기서 "기회"란 "작전의 근거"라는 뜻임 / 딤후 2∶3 / 딤후 3∶6).

■ **기본 주제**∶디모데전서의 기본적인 주제는 3장 15절에 요약되어 있다. "그 사람들이 ("네가"라는 말이 아님) 지교회의 회원들로서 스스로 어떻게 행동해야 하는지 알게 하라." 본 서는 젊은 목회자, 또는 교회 회원이 "어떻게 행해야 하는 것인지를 알려 주는" 책이다. 지교회는 "진리의 기둥이며 터전(기반)"이다. 그런데 사람들은 이것을 소홀히 여기고 하나님의 말씀을 불순종함으로써 지교회를 악용하고 있었다. 디모데전서를 연구할 때에 우리가 보다 나은 그리스도인, 보다 나은 교회원들이 되도록 기도하자.

바울의 생애와 사역에서 디모데가 얼마나 큰 역할을 담당하였는지 알기 위해서는 성경 사전에서 디모데의 일생을 읽어 보면 유익이 될 것이다.

책망받는 거짓 교리들
- 디모데전서 1장-

디모데가 사임하고 싶어했으므로, 바울의 첫번째 부담감은 디모데로 하여금 머물러 있어 임무를 완성하라고 격려하는 것이었다. 거의 모든 그리스도인 일꾼들은 그만두고 싶어했던 경험들을 가지고 있다. 하지만 휫튼 대학 (Wheaton College)학장이신 레이몬드 에드만 (V. Raymond Edman) 박사가 늘상 말씀하시듯 "그만둔다는 것은 언제나 너무 빠른 결정이다."

바울은 본 장에서 젊은 디모데에게 하나님 앞에서의 그의 지위와 하나님께서 그가 승리하는 것을 보고 싶어하신다는 사실을 상기시킴으로 격려한다.

1. 청지기 – 하나님은 너에게 사역을 맡기셨다 (1 : 1~11)

디모데는 바울이 그를 데살로니가에 보냈기 때문에 에베소에 있지 않았다. 그에게 그 중요한 교회에서 사역하도록 임무를 맡기신 분은 하나님이셨다. 하나님께서 바울을 신뢰하여 사역을 맡기신 것처럼 (1 : 11), 디모데에게 역시 특별한 청지기 직분을 주셨으며 충성을 다할 것을 기대하셨다.

4절에서 "하나님의 경륜" (또는 거룩한 교훈)이란 "하나님의 청지기 직분"으로 읽어야 마땅하다. 에베소에 있는 거짓 선생들은 그들 자신의 프로그램에 따라서 일하고 있었으며, 하나님이 그들에게 주신 청지기 직분은 아니었다.

청지기의 책임에 있어 **첫째**로 요구되는 것은 그의 주인에게 충성하는 일이다 (고전 4 : 1~7). 에베소에는 율법 교사들로서 이름을 내려고 하는 거짓 선생들이 있었는데, 이들은 자신들이 하는 말이 무슨 말인지도 몰랐다. 이들은 말씀의 진리에서 돌아섰고 우화 (신화)와 끝 없는 족보에 귀를 기울였으며, 그들이 대답할 수 있기보다는 질문을 더 많이 하고 있었다. 오늘날의 사이비 종교의 모습을 잘 보여 준다! 이들의 "사역"은 그리스도인이나 지교회를 양육하는 것이 아니라, 반대로 논쟁과 분열을 촉진한다.

5절에서 바울은 거짓 선생들과 그들의 사역을 하나님의 은혜에 속한 참된 청지기의 사역과 대조시킨다. 하나님께 속한 청지기가 목표로 하는 것은 사람들이 마음과 선한 양심과 진지한 믿음으로부터 우러나는 사랑으로 서로 사랑하는 것을 보는 일이다. 그러나, 거짓 선생들은 끝 없는 논쟁, 분열, 그리고 헛된 공론을 증진시킨다!

바울은 율법의 의의를 디모데에게 설명하는데, 그는 하나님께서 사람들을 구   *283*

원하시려고 율법을 주신 것이 아니라 구원이 얼마나 필요한가를 보여 주기 위하여 주신 것"이라고 지적한다. 율법을 정당하게 사용하는 일은 필요하다(롬 7 : 16). 9~10절에서 바울은 율법이 정죄하고 있는 죄인들의 명단을 열거하는데, 이 명단을 출애굽기 20장과 비교한다면 실제적으로는 모든 계명들이 포함되어 있음을 알게 된다.

하나님은 바울과 디모데에게 영광스러운 복음을 맡기셨던 것이지 율법의 제도를 맡기신 것은 아니었다! (고후 3~4장 참조). "건전한 교리"는 문자 그대로는 "건강한 교훈", 즉 영적인 건강을 증진시키는 교훈을 뜻한다. "위생학, 건강법"(hygiene)이라는 영어 단어는 헬라어 단어에서 왔으며, 여기서는 "건전한, 바른"으로 번역되었다(딤후 1 : 13 / 딤후 4 : 3 / 딛 1 : 9, 13 / 딛 2 : 1 ~2, 8 참조).

디모데후서 2장 17절에서 바울은 거짓 교훈들이 "썩은 것"을 삼킨다고 경고한다. 의사인 누가는 바울이 의학에 관해 많이 언급한 것을 인정하지 않을 수 없었다!

2. 종―하나님은 맡은 일을 감당할 능력을 주신다 (1 : 12~17)

여기서 바울은 은혜로 말미암아 효과적으로 봉사할 수 있게 된 자신을 하나의 본보기로 제시한다. 12절에 나오는 "직분"이라는 단어는 헬라어로 디아코니아인데, "종"이란 뜻을 가진 영어 단어 "디콘"(deacon)은 여기서 온 말이다.

디모데는 그가 어리다는 이유와 사역할 만한 자질이 결여되어 있다는 점으로 말미암아 장애를 일으키고 있는 것이 분명하였다. "나를 보라!"고 사도는 말한다. "하나님이 나를 구원하시기 전에 나는 훼방자요 살인자였다! 만일 하나님의 은혜가 살인자를 선교사로 만들 수 있다면 당신도 성공시킬 수 있다"(고전 15 : 10).

주님을 섬기는 모든 사람들은 (모든 신자들은 종이 되어야 한다) 하나님의 은혜를 의지할 필요가 있다. 우리는 은혜로 말미암아 구원을 받았으며 (엡 2 : 8 ~9) 또한 은혜를 통하여 봉사하게 된다(롬 12 : 3~6).

14절에서 바울은 그의 생애에 있어 동기를 부여한 세 가지 힘, 곧 은혜, 믿음, 사랑을 열거한다. 그리스도와 또한 잃어버린 사람들을 향한 그의 사랑은 수고를 하지 않을 수 없도록 그를 강압하였고(고후 5 : 14 이하), 그리스도를 믿는 그의 믿음은 그에게 능력을 주었으며 (엡 1 : 19), 하나님의 은혜가 그의 생활에 역사하심으로 그는 하나님을 섬길 수 있는 능력을 가지게 되었다(히 12 : 28).

바울은 자기가 구원받은 것을 하나님이 잃어버린 죄인들을 위하여, 특히 사랑하는 이스라엘을 위하여 하시는 일의 본보기로 여긴다. 오늘날 불신자들은 바울과 같이 빛을 보거나 음성을 듣는 방식으로 구원을 받지는 않는다. 하지만 우리는 우리의 죄에도 불구하고 믿음을 통하여 은혜로 구원을 받는다. 이스라엘은 바울이 다메섹 도상에서 구원을 받은 것처럼 장차 어느 날 그리스도를 보고, 회개하고, 믿으며, 구원을 받게 될 것이다.

바울은 "미쁘다 이 말이여"라는 구절을 여러 번 인용하고 있는데, 15절에서 그 첫번째로 사용한 것을 본다(3 : 1 / 4 : 9 / 딤후 2 : 11 / 딛 3 : 8). 이것은 초대교회의 신약 예언자들로 말미암은 예언의 말이라고 생각되는데, 교회의 주된 가르침을 요약한 말이다. 초대 그리스도인들은 참고할 만한 기록된 성경이 없었으므로 이 "말들"은 믿음에 대한 권위 있는 진술로서 그들에 의해 인용되었다.

3. 군사 - 하나님은 전쟁을 위해 너를 준비하셨다(1 : 18~20)

그리스도인의 생활은 경기장이 아니라 전쟁터였다. 디모데는 하나님께로 말미암아 그리스도인 군사로 등록되었다(딤후 2 : 3~4). 바울은 이 젊은 목회자에게 몇 년 전에 있었던 성직 수여식을 상기시킨다. 지교회에 있는 선지자들 중의 몇 명은 성령에 의해 미혼인 디모데를 불러 특별한 봉사 사역을 위하여 안수하라는 명령을 받았다(행 13 : 1~3 / 딤전 4 : 14 / 딤후 1 : 6).
"하나님이 너를 먼저 준비시키지 않고서는 너를 부르지 않으신다"라고 바울은 격려한다. "하나님의 영이 너에게 인을 치셨다는 사실은 하나님이 네가 전쟁을 뚫고 앞으로 전진하는 것을 보실 것이라는 증거이다"(빌 1 : 6 참조). 이러한 성령의 약속은 말에 지나지 않는 것이 아니라, 디모데가 종사하고 있는 영적인 전쟁의 무기들이었다. 그는 하나님의 말씀을 양날 가진 날카로운 칼처럼 사용하며 사단을 무찔러야 하는 것이다(엡 6 : 17 / 히 4 : 12).

그러나, 정확한 교리를 가지는 것만으로는 충분하지 않다. 그리스도인 군사들은 정확한 생활을 가져야만 한다(믿음과 선한 양심, 19절). 바울은 디모데와 디도에게 보내는 이 목회서신들에서 양심이라는 단어를 몇 차례 사용한다(딤전 1 : 5, 19 / 3 : 9 / 4 : 2 / 딤후 1 : 3 / 딛 1 : 15).
양심이란 단어는 라틴어에 기원을 두고 있으며, "함께 안다"는 뜻이다. 양심은 우리의 행위들을 증거하는 내적인 재판관이다(롬 2 : 15). 신자가 죄를 숨기고 살면서도 정통 교리를 유지해 가기란 가능하다. 그러나, 이것은 바로 영적인 파선으로 인도해 가는 방법이다. "양심을 버린다"는 것은 죄와 사단에게로 가는 문을 열어 놓는 것이다. "순전한 양심"은 "더럽혀진 양심"이 되며 궁극적으로는 영적으로 어떠한 느낌도 없는 "화인맞은 양심"이 된다.

바울은 에베소에서 디모데에게 문제를 일으킨 두 사람의 이름을 말하는데, 그들은 후메내오 (딤후 2 : 17)와 알렉산더 (딤후 4 : 14)이다. 이 두 사람은 분명히 에베소 교회의 회원들이었는데 훼방하는 것 (아마도 거짓 교리) 때문에 바울에게 징계를 당했을 것이다. 20절의 "배운다"는 말은 "징계로 말미암아 배운다"는 뜻이며, 사단이 불리한 환경들을 통하여 그들을 다루게 되는 것을 암시한다.

젊은 디모데가 하나님의 진리로써 이러한 사람들을 직면한다는 것은 쉬운 일이 아니었다. 그러나, 교회의 순전함과 능력을 보존하려고 한다면 이 일을 처리하지 않으면 안 되었다. 만일 그리스도인들이 어제의 거짓 교사들에게 저항하였더라면 오늘날 거짓 교리들은 훨씬 적었을 것이다.

교회에서의 기도 생활
- 디모데전서 2 장 -

2~3장에서 바울은 교회의 공적인 사역과 각기 다른 회원들이 맡아야 할 역할들에 대해 논한다. 1장에서는 말씀에 대한 사역을 다루었는데 본 장에서는 기도를 강조한다. 말씀과 기도는 목회자의 두 가지 주된 사역이다(행 6 : 4).

오늘날 대부분의 교회들이 어떤 프로그램을 추진하고 사람들을 기쁘게 하며 교회 정책을 실천하느라고 목회자들을 바쁘게 하여 이 중요한 사역을 하지 못하도록 한다는 것은 대단히 슬픈 일이다. 교회가 조직을 단순화하고 동기를 순화시킨다면 목회자들은 주님의 영광을 위하여 영적인 사역을 더 잘 할 수 있을 것이다.

교회가 하나님의 말씀에 대한 사역과 기도의 사역을 균형있게 행한다는 것은 중요한 일이다. 말씀은 교회를 가르치며, 기도는 말씀에 순종하도록 교회를 감동시킨다. 성경을 가르치는 일을 많이 하면서도 기도를 적게 하면 "빛은 많지만 온기는 없게 될 것이며", 이 교회는 정통이지만 차갑게 얼어붙게 될 것이다! 이와는 극단적으로 반대를 이루는 교회는 기도를 많이 하고 신앙의 열성은 많지만 말씀을 가르치는 일은 적은 경우인데, 이 교회는 열성은 있지만 지식은 없는 모임을 만들어 낼 것이다.

1. 지교회에서의 기도의 위치 (2 : 1~8)

1 **중요성** - 바울은 "무엇보다도 먼저" 기도를 열거한다. 지교회가 기도하는 것은 마땅히 하도록 되어 있어서가 아니다. 기도는 지교회의 생활에 있어서 생명적인 요소이다. 성령은 기도와 하나님의 말씀을 통하여 교회에 역사하신다 (살전 2 : 13 / 엡 3 : 20~21). 기도하는 교회는 능력을 소유할 것이며, 그리스도를 위한 지속적인 영향을 끼칠 것이다. 사도행전에서 신자들이 기도에 전심하여 그들의 원수들을 정복할 수 있었던 일을 살펴보자. 바울은 기도하라고 우리에게 권면한다. 이것은 중요하다!

2 **본성** - 바울은 교회의 기도가 다음과 같은 요소들을 포함하고 있어야 한다고 말한다.
● **간구** - 필요를 요청하는 것이다.
● **기도** - 예배와 경배를 암시한다.
● **도고** - 다른 사람을 위하여 요청하는 것이다.

● **감사** – 하나님이 행하신 일에 대한 진가를 평가하는 것이다(빌 4 : 6 / 단 6 : 10~11 참조).

우리는 교회 내의 가족을 위해 기도해야 하는 것은 물론이지만 거기서 멈추어서는 안 된다. "모든 사람들"이 우리의 기도를 필요로 한다.

③ **목표** – 2절은 기도가 그 사회의 평화를 유지하도록 돕는다는 사실을 암시한다. 그리스도인들이 통치자들을 위하여 **기도할** 때 하나님은 지배하시며 사악한 사람들로부터 자기 교회를 보호하신다. 3절은 무엇보다도 기도가 **하나님을** 기쁘시게 하며 그리스도를 **영화롭게** 함을 시사한다.

만일 우리가 자신들의 필요에 대처하기 위해서만 기도한다면 기도에 대한 관점이 낮은 것이다. 물론, 우리는 잃어버린 사람들의 구원을 위하여 기도해야 한다(4~7절). 그리스도는 모든 사람들을 위하여 죽으셨다. 하나님은 모든 사람들을 위하여 기도할 것을 신자에게 명령하신다.

④ **조건들** – 8절은 지교회에서의 공중 기도를 위한 세 가지 조건들을 서술한다.
● **"분노함이 없이"** – 서로 사랑함으로 해야 **한다.**
● 이들은 **거룩한 손**을 가져야 한다. 즉 깨끗한 삶을 살아야 한다.
● **믿음**을 가져야만 한다. 마가복음 11장 20~26절에서 이와 비슷한 구절을 읽어 보자.

물론 여자들끼리 모인 교제에서는 대중 기도를 해도 좋다. 그러나, 공적인 모임에서 남자들이 참석했을 때는 하지 말아야 한다.

2. 지교회에서의 여성들의 지위 (2 : 9~15)

다른 종교적인 신앙과는 달리 기독교는 여성과 어린 아이의 지위를 향상시켰다. 이러한 교훈을 했다고 해서 바울을 비판할 것이 아니라, 여인들은 그리스도인의 믿음이 온 세계의 여권 운동에 놀라운 축복이 되었음을 하나님께 감사드려야 한다.

바울은 다시 머리의 원리를 강조하고 있다(엡 5 : 22 이하 / 고전 11 : 1~16). 이 원리를 인정하기를 거절하는 지교회는 혼란을 초래하게 된다는 것은 극히 당연한 일이다.

교회에는 삼중의 머리가 있다. 즉, 몸에 대한 그리스도의 머리되심(골 1 : 18)과 양떼에 대한 목회자의 머리됨(행 20 : 28), 그리고 여인에 대한 남자의 머리됨(고전 11 : 1~16 / 딤전 2 : 12)이다. 목회자의 머리됨을 무시하는 교회원들, 또는 남자의 머리됨을 부정하는 여인은 둘 다 예수 그리스도의 머리되심을 부인하는 것이다.

바울은 교회에서의 **이상적인 그리스도인 여인의 특징**들을 말해 준다.

① **정숙 또는 아담함** (9절) – 바울은 그리스도인 여인들이 낡은 옷을 입으며 모양을 내지 말아야 한다고 말하고 있는 것이 아니라, 외모보다는 내적인 사람이 더욱 중요하다는 사실을 강조하고 있는 것이다. 정숙한 단장은 하나님을 영화롭게 하는 것이나, 극도로 모양을 내는 일은 몸을 강조하는 것이며 그리스도인을 세상적으로 보이게 하는 것이다. 신자는 현대적이면서도 여전히 단정할 수가 있다 (벧전 3 : 1~5 참조).

② **순전함** – 그녀는 "거룩함을 고백한다." 거룩함은 바울이 가장 *좋아하는* 단어들 중의 하나이다 (2 : 2, 10 / 3 : 16 / 4 : 7~8 / 6 : 3, 5, 6, 11 / 딤후 3 : 5/ 딛 1 : 1). "거룩함"(godliness)이라는 단어는 "하나님을 닮은"(god-likeness)이란 단어를 줄인 말인 것은 물론이다.

③ **근면** – 그녀는 선한 일을 실천한다 (10절). 이 편지의 후반부 (5 : 11~14)에서 바울은 이집 저집을 배회하며 사단에게 죄로 인도하도록 기회를 주는 게으른 여인들에 대한 경고를 한다. 그리스도인 여인들이 말씀을 전할 수 있는 최선의 방법은 그녀의 생활로써 전하는 것이다 (벧전 3 : 1~3, 베드로는 여기서 그리스도인 아내들에게 그녀의 잃어버린 자인 남편들을 그리스도께 인도하는 방법을 말해 준다).

④ **겸손** – 고린도전서 14장 34~40절에서 바울은 이 명령을 보충하고 있다. 마치 사단이 여인을 통하여 에덴에 발판을 얻은 것처럼 지교회에서도 진지하기는 하지만 잘못 지도된 여인을 통하여 사단이 발판을 굳히는 때가 가끔 있다. 거짓 이단들 (재림교회, 크리스챤 싸이언스, 접신론 등)에서는 오순절 운동에서와 같이 여인들이 큰 역할을 한다는 것은 의미심장한 일이다.

지교회가 모임을 가질 때 겸손한 침묵으로 앉아 있으며, 기도하는 마음으로 듣는 것이 여자의 위치여야 한다. 만일 무슨 질문이 있다면 집에서 남편에게 물어야 할 것이다 (집에만 있고 교회에는 참석하지 않는 남편들이 너무도 많다는 것이 비극이다).

이러한 역할은 여인들이 여인들에게 또는 아이들에게 가르치는 일을 못하게 막는 것은 아니며, 교회 아닌 다른 교제 모임 (방학 중의 성경학교, 어린이 복음 전도반 등)에서 지도력을 행사하지 못하게 막는 것도 아니다.

바울은 굳건한 교리적인 기반을 가지고 이러한 치리 방법에 띠를 두른다. 아담이 먼저 창조되었고 하와보다 우선권을 가지고 있었다 (고전 11 : 8~9 참조). 머리됨의 원리는 자연의 한 과정으로 기록되어 있고, 인간이 이러한 원리를 위반하면 그 결과는 언제나 혼란이다. 고린도교회가 혼란을 일으키며 육신적으로된 것은 여인들이 남자들보다 우선권을 행사하고 있었던 데에도 부분적인 이유가 있었다 !

바울은 이 원리의 두번째 이유를 설명한다. 즉, 사단은 남자들보다 여자들이 더 쉽게 속는다는 것을 알고 있다(14절 / 고후 11 : 3 참조)는 것이다. 하와는 사단에게 속아서 죄를 범하였으나, 아담은 눈은 뜨고 죄를 범하였다. 아담은 하나님을 사랑하는 일이든지 그의 아내와 함께 있는 것을 택하든지 둘 중의 하나를 선택해야만 했다. 아담은 죄인으로서 아내와 함께 있을 것을 의도적으로 선택하였다.

이러한 면을 고려할 때 아담은 마지막 아담이신 그리스도의 상징이다(고전 15 : 45). 왜냐하면 그리스도는 죄인들을 사랑하셨고 의지적으로 영광을 제쳐두고 우리를 위하여 죄인이 되셨기 때문이다(빌 2 : 5~8).

15절에 나오는 **"해산"**이란 말은 창세기 3장 16절의 저주를 가리키는 것 같다. 거룩한 여인은 위험한 해산에서 구원을 받을 것이라는 뜻이다. 어떤 이들은 이것이 그리스도의 출생을 의미한다고 해석한다. 헬라어 원어는 "그 해산을 통하여"라고 되어 있는데 즉, 매우 특별한 아이를 말하고 있다. 그러나, 첫번째 의미가 아마도 가장 좋은 해석일 것이다(5 : 14).

목회자들과 집사들
- 디모데전서 3 장 -

교회가 하나의 유기체로서 그리스도께 연합된 살아 있고 성장하는 몸이지만 또한 하나의 조직이기도 하다. 사실상, 모든 유기체는 조직을 갖추고 있어야 하며 그렇지 않으면 스스로를 파괴하게 될 것이다! 인간의 몸은 살아 있는 조직체이지만 또한 고도로 조직화된 기계이기도 하여 만일 지교회가 그 임무를 효과적으로 수행해야 하는 것이라면 지도권이 형성되어야 하며, 이것은 곧 조직을 의미한다.

1. 신약 목회자 (3 : 1~7)

목사, 장로, 감독이라는 용어들은 같은 직분을 가리킨다 (행 20 : 17, 28 / 딛 1 : 5, 7 참조). 장로는 헬라어 프레스부테로스 (presbuteros) 를 번역한 말이며, 장로회 (presbytery) 라는 단어도 여기서 파생되었다 (4 : 14). 이 단어는 단순히 나이 많은 성숙한 사람을 뜻한다. 유대인의 장로들은 (눅 22 : 66) 지도적인 성인 남자들이었으며 그들의 성숙을 인정받고 있었다.

초대 교회에서 목회자들은 교제 모임 가운데 성숙한 사람들로부터 선택되어졌다. 감독이란 말은 에피스코포스 (episkopos) 라는 말에서 왔으며 "감독하는 사람"이란 뜻이다. 현대의 성공회 (Episcopal Church) 는 이 단어에서 그 이름을 따왔다. 그러므로 지교회의 목회자는 영적인 성숙의 면에 있어서는 장로이며, 사역이란 면으로 볼 때는 감독이다. 그리스도께서 지교회가 그 구역을 담당하는 감독의 지배를 받기를 원하셨다는 증거는 없다.

빌립보서 1장 1절은 신약 교회의 구조를 성도들, 목사들, 집사들로 구성되었음을 알려 준다. 신약 교회들에 한 사람 이상의 장로나 목사가 있었던 것은 일반적인 사례였다.

① **목사의 개인적인 자격** (2~3절) - "흠이 없다"는 말은 죄가 없다는 뜻이 아니며 "비난받을 일이 없는"이란 뜻이다. 이 단어를 직역하면 "이해할 수 없는" 이란 뜻인데, 이는 그의 생활에서는 사역을 방해하거나 간증을 파괴하는 요소를 원수가 집어낼 수 없다는 뜻이다.

● 그 당시는 도덕적으로 이완되어 있어 문제가 생기고 있었기 때문에 목사는 한 아내를 둘 필요가 있었다. 다시 말하면, 목사는 **결혼의 표준**에서 어긋나는 일이 없어야 한다는 것이다. 바울이 일부다처 (한 명이 둘 이상의 아내를 갖는 것) 를 공격하는 것인지 아니면 이혼을 공격하고 있는 것인지에 대해서는 끝없는 논

쟁이 진행되어 왔다.

● "근엄"하다는 것은 "절제"를 뜻하며 엄격한 판단과 행동을 가리킨다. "건전함"이란 목적의 진지성과 자기 조절력을 시사하는 말이다. "선한 행위"는 "정돈된"이라고 번역되는 것이 마땅하다. 이는 **질서정연한 생활과 간증**을 암시한다. 그는 참된 신사가 되어야 하는 것이다.

● 사람들을 사랑하고 그들을 자기의 집에 맞아들이는 것을 즐거워해야 한다.

● "가르치기를 잘하며"는 "목회자와 교사"를 한 직분으로 보는 에베소서 4장 11절과 짝을 이룬다. 디모데전서와 디모데후서를 다시 읽고 바울이 **말씀을 가르치는 일**에 대하여 얼마나 많이 강조하였는지 알아보자.

● 성경에서는 완전한 **금주**를 명확하게 가르치고 있는 것은 아니지만 현대의 문제들은 교회가 어떤 형식으로든 알콜에 대해서 반대하는 입장을 취하도록 하고 있다. 신약 교회에서는 그렇지 않았지만 목회자가 지나치게 술을 마셔서는 안 된다는 사실이 강조되었다.

● "구타한다"는 말은 육체적인 힘을 사용한다는 뜻이다. 사람이 **성내는 것이** 하나님의 의를 이루지 못함이라"(약 1 : 20).

● 목회자는 돈에 굶주려서는 안 된다. 양들을 향해 인내해야 하며 다투기를 좋아해서는 안 된다(말다툼장이, 논쟁을 일삼는 것). 목회자는 **탐욕**에서 자유로워야 하며 그리스도와 교회를 그의 삶에서 첫자리에 두어야 한다.

2 **그의 가족의 자격** (4~5절) — 목회자는 (그의 아내가 아님) 가정의 머리가 되어야 하며 자녀들을 조절하여야 한다. 이 말은 목사의 자녀들은 진짜 어린이들이 되어서는 안 된다는 뜻은 아니며, 주님과 부모들을 존경하고 모든 그리스도인들이 그래야 하듯이 성장하여 본보기가 되어야 한다는 뜻이다.

3 **그의 교회의 자격** (6~7절) — 그는 새로 회심한 사람이어서는 안 된다. 만일 그가 새로운 신자라면 사단은 그를 교만으로 부풀게 하여 죄에 빠지게 할 것이다. 새로운 신자들을 그리스도인의 봉사에 밀어 넣는 것은 위험한 일이다. 그는 구원받지 않은 사람들(밖에 있는 사람들)에게서조차 좋은 간증을 소유하고 있어야 한다. 그렇지 않으면 그에 대한 좋지 못한 악평이 교회의 간증을 찢어 놓을 것이다. 목회자들이 나쁜 빚을 남기고 약속들을 이행하지 않고 떠난다는 것은 비극이다. 이러한 일은 공동체 내에서 교회의 간증을 손상시킨다.

2. 신약 집사(3 : 8~13)

"이와 같이"라는 말은 하나님께서 집사들에 대해서도 똑같이 중요한 기준을 가지고 계심을 시사한다. 왜냐하면 그는 목회자와 함께 교회의 일들을 지도하며 일하기 때문이다. "단정하고"는 "높이 존중을 받는 가운데 자제하다"는 뜻이다. "일구이언"하는 사람은 나쁜 소문을 퍼뜨리는 사람으로서, 이 사람에게는 이 말을 하고 저 사람에게는 저 말을 하는 사람이다. 교회 직원들은 자신의 말에 책임을 지는 사람이어야 한다. 포도주와 돈의 문제도 3장에서 다루어진다. 교회 자금을 개인적인 유익에 잘못 사용하는 일에 대한 암시도 나온다. 이들은 깨끗한 양심과 신앙을 고백한 대로 사는 사람들이어야 한다.

어떤 이들은 11절을 "여자 집사"라고 번역한다. 그러나, 이 단어는 단순히 "아내들"이란 말이다. 초대교회에 남자 집사들과 마찬가지로 여자 집사들이 있었다는 확실한 증거는 없다. 이러한 표준들과 집사들의 아내들에게 적용된다.

목회자와 집사들은 둘 다 임직되기 전에, 즉 그들의 은사들을 행사하도록 허락을 받기 전에, 여러 면에서 그 자격이 입증되어야 한다. 집사의 직분은 자리만 채우는 것이 아니라 사용되어져야 한다. 충성된 교회 직원들은 하나님과 인간들 앞에서 좋은 지위(등급)를 얻게 될 것이며, 그리하여 그리스도의 일을 촉진할 수 있을 것이다.

3. 신약 교회 (3 : 14~16)

"참된 교회" 또는 "보이지 않는 교회"에 대해서 성경 상에 많이 언급되어 있으며, 이 개념으로 볼 때 모든 신자들은 그리스도께 속해 있으며 주님 안에서 모두가 하나이다. 그런데 신약에서 강조하고 있는 것은 지교회로서, 이것은 우리가 대단히 많이 들은 바 "신비로운 그리스도의 몸"으로서의 "참된 교회"이다. 신약에서 그리스도인들은 교회의 모임에 연합하여 하나님을 위한 일들을 해나가도록 되어 있다. 이 구절에서 바울은 몇 가지 상징들을 들어 지교회의 중요성을 설명한다.

[1] **하나님의 집** – 즉, 이 땅 위에 있는 하나님의 가족이다. 모든 신자들은 하나님의 자녀들이며, 교회는 하나님의 가족이요 집이다 (갈 6 : 10 / 엡 2 : 19 참조). 바울은 하나님의 가족 중에서 어떻게 행동해야 할 것인가를 남자들에게 가르치기 위하여 이 편지를 쓰고 있다. 교회가 하나님의 가족일진대, 이 땅 위의 어떤 다른 조직보다도 더욱 중요한 것임이 분명하다.

[2] **진리의 기둥과 터** – 이것은 건축 용어이다. 바울은 교회가 이 세상에서 하나님의 진리를 붙들고 있음을 가르치고 있다. 터(땅)란 성채 또는 기반이란 뜻으로, 어떤 역본에는 "기초"라고 번역되어 있다. 지교회가 진리를 보존하고, 전파하고, 실천하는 일에 충성을 다할 때, 하나님의 일은 이 땅에서 번영한다. 반면에, 불충성한 그리스도인들은 이 세상에 있는 하나님의 기초를 헐고 있는 것이다.

[3] **그리스도의 몸** – 16절은 아마도 초대 그리스도인들의 찬송가였을 것이며, 예

배 시에 성도들이 이 구절들을 암송하였던 것 같다. 거룩함의 비밀은 이 세상에 거룩함을 가져오기 위한 하나님의 숨겨진 계획이다. 물론, 그리스도는 하나님의 위대한 비밀이시며 이 노래는 그리스도를 높이고 있는데, 육신으로 나타난 바되신 그리스도의 출생과, 그의 죽음과 부활(영으로 의로워짐, 롬 1 : 4 / 롬 3 : 4), 그의 지상 사역(천사들 또는 목격자들에게 보이고. 전파되셨으며 하늘로 올리우심)에 대한 것이다.

이 구절은 그리스도의 인격과 사역의 요약이며, 그 내용은 그가 시작하신 일을 지교회가 계속해간다는 것이다. 지상의 교회는 지상에 있는 그리스도의 몸이다(고전 12 : 12 참조 — 여기서는 우주적인 교회가 아니라 지교회에 대하여 말하고 있다). 지금은 그리스도인들이 지교회의 중요성을 믿기 시작하여 그들의 시간과 재능과 십일조로써 이 "진리의 기둥이요 터"를 지원하기 시작할 때이다.

참된 신자의 행실

-디모데전서 4 장-

본 장에서는 목회자 개인의 영적 생활과 수고를 다룬다. 여기서는 참된 목회자에게 필요한 세 가지 자격을 시사한다.

1. 좋은 목회자 - 말씀을 전파함(4 : 1~6)

1 위험(1~3절) -에베소 교회는 거짓 교리들이 들어온 것에 대하여 이미 경고를 받았었다(행 20 : 29~30). 성령은 바울의 편지를 통하여 교회에서 배교를 보게 될 것이며, 참된 신앙으로부터 떨어져나가는 일이 있을 것임을 "밝히" 말씀하신다(살후 2장). 헬라어에서 "떠난다"는 단어는 "배교"라는 말과 동의어이다. 바울은 배교의 원인을 "인간의 지성이 발달해서"가 아니라 사단의 영향력으로 인한 것이라고 지적한다./

세월을 통해 내려오며 사람들은 그리스도인의 믿음을 부정하며 성경의 근본적인 교리들을 공격하였는데, 이러한 행동은 현대인들의 지성이 더욱 발달하여서 이제 성경의 교훈에 "속지 않는다"는 데에 근거를 두고 있다. 문제는 머리가 아니라 마음에 있다./ 이들은 사단의 마귀적인 힘의 교묘한 영향력 아래 있으며 그들의 주인과 같이 거짓말장이요 살인자들이다.

이 **거짓 선생들의 표시**는 무엇인가? 한 가지 예를 들면, 이 지도자들은 이렇게 설교하고는 저렇게 행동한다. 이들은 대단한 위선자들이어서 하나님의 말씀에 대한 의도적인 불순종으로 말미암아 그들 자신의 양심에 "낙인"을 찍는다! 이들은 성경을 읽지만 해석할 때는 그들의 위선적인 거짓말로 설명한다. 이들은 거짓된 경건(금욕주의)을 가르쳐 결혼을 금하고 어떤 음식들을 먹지 못하게 하였다.

이러한 모습은 분명히 로마 카토릭 교회같이 느껴지지만 로마에만 제한된 것은 아니다. 골로새서 2장을 연구해서 육체의 연습이 영적인 생활을 진보시키지는 않는다는 것을 발견하지 못한 이른바 "그리스도인들"이 있는데, 거룩한 날이나 특별한 의무들을 지키며 결혼 생활보다는 독신 생활이 더욱 신령하다고 가르치는 이들을 조심해야 한다.

2 답변(4~6절) -"하나님의 말씀과 기도"는 문제를 해결한다. 하나님은 그의 말씀을 통하여 모든 음식이 정하다고 선언하셨으므로(창 1 : 29~31 / 창 9 : 3 / 막 7 : 14~23 / 고전 10 : 23~26 / 행 10장) 기도를 통하여 그리스도인은

하나님께 감사하며 주님의 영광을 위하여 그 음식을 헌납한다(골 10 : 31).

목회자는 그의 사람들에게 이러한 일들을 가르치고 "건강한"(건전한) 교리로 그들과 자신에게 영양을 공급해야 한다(1 : 10 참조). 좋은 목회자는 사람들에게 말씀을 먹일 수 있기 위해서 자신이 먼저 말씀을 먹을 것이다.

2. 경건한 목회자 – 말씀을 실천함(4 : 7∼12)

"건강한" 교리가 영적인 건강을 증진시키는 것과 마찬가지로, 거짓 선생들이 가르치는 어리석고 미련한 신화들은 영적인 질병을 산출할 것이다. 신령한 음식과 신령한 경험은 적절한 결합이다. 디모데가 금욕주의와 육체의 연습을 배워가고 있었다는 암시가 있으며, 바울은 여기서 영적인 훈련과 연습을 육체적인 것보다 더욱 강조하라고 디모데를 가르치고 있다.

만일 모든 그리스도인이 야구 경기에 쏟는 힘과 열정을 영적인 일들에 쏟는다면 교회가 얼마나 더 강해질 것인가! "육체의 연습은 약간의 유익이 있으나 영적인 연습(하나님의 말씀을 실천함)은 이 생과 오는 생을 위하여 유익하다!"(히 4 : 14 참조).

그리스도인, 특히 목회자는 하나님의 말씀을 실천해야 하며, 거룩함(하나님을 닮음)으로 알려져야 한다. 이 일은 짐을 지며 고난을 견뎌야 하는 것인지도 모른다(10절). 그러나, 그만한 가치가 있다! 젊은 사람들이라도 바울이 12절에서 권고하는 대로 말과 행위와(대화) 사랑과 마음(정열)과 믿음(충성심)과 순전함에 있어 본보기가 될 수 있다.

3. 성장하는 목회자 – 말씀에서 진보해감(4 : 13∼16)

"너희 진보를 모든 사람에게 나타나게 하라"(영적인 전진)는 말은 바울이 15절에서 세운 목표이다. 성장하는 목회자는 곧 성장하는 교회를 의미한다. 왜냐하면 누구도 자신이 가보지 못한 곳으로 다른 사람들을 인도할 수는 없기 때문이다. 디모데 또는 신자는 그리스도인으로서의 생활 중에 어떻게 진보를 나타낼 것인가?

1 **하나님의 말씀** – "읽는 일에 착념하라." 이것은 집회 시에 하나님의 말씀을 공적으로 읽는 것을 뜻한다. 말씀을 강해하고 적용해야 함은 물론이다. 말씀에 대한 사실들을 안다고 해서 충분한 것은 아니다. 그리스도인은 진리와 교리와 말씀에 대해서 알아야만 은혜 가운데서 성장하게 된다.

2 **영적인 은사들** – "모든 그리스도인은 어떤 영적인 은사를 지니고 있다(롬12 : 3∼8 / 고전 12장). 그런데 믿음으로 이 은사들을 행사하는 대신 소홀히 하

는 때가 너무도 많다. 장로들이 젊은 디모데를 안수하여 바울을 조력하게 하였을 때(딤후 1 : 6), 하나님은 그의 사역을 준비하도록 몇 가지 영적인 은사들을 주셨다. 그런데 디모데는 이러한 은사들을 소홀히 하고 있었으므로 꺼져가는 불을 뒤적거리듯 저어야 할 필요가 있었다. 사용하지 않는 것은 잃어 버리게 된다(히 2 : 1~3 참조).

③ 헌신—헌신은 오늘날 신자들 사이에서 잊혀진 것이다! 여기 해당되는 원어는 "이 일에 참석하다, 이 일 안에 있다"는 뜻이다. 다른 말로 하면, 이러한 일들에 자기 자신을 완전히 바치며, 타협하거나 마음이 흐트러지지 않음을 뜻한다. 물론 "묵상"도 이 일의 일부이다. 그러나, 바울의 명령은 훨씬 더 폭넓은 것이다. 영적인 일들에 의욕이 없는 그리스도인은 결코 진보를 이루지 못할 것이다.

④ 시험—"네 자신을 삼가라"는 말이 먼저 나온다. 자신을 검사하고 어디로 가고 있는지 알아내라. "반성하지 않은 인생은 살 가치가 없다"고 한 고대 철학자가 말하였다. 오늘날 많은 신자들은 교리는 정확하지만 교리대로 사는 데에 있어서는 정확하지 못하다. 만일 우리가 자신의 영적인 능력을 잃어버린다면 결코 다른 사람들을 구원할 수가 없을 것이다.

이 구절들을 복습해 보면 바울은 디모데가 성경 위에 교회를 세우기를 원했다는 사실을 발견할 수 있다. 즉, 성경을 전파하고, 성경을 가르치고, 성경을 실천하는 것이다. 성경은 교회를 위한 음식일 뿐 아니라 그 자신의 개인적인 음식과 지침이 되어야 했다. 말씀과 기도에 시간을 보내는 목회자는 스스로 성장하게 될 것이며 성장하는 교회를 목회하게 될 것이다.

이제 다음의 질문으로 결론을 내리기로 하자. "교회원이 그의 **목회자가 성장하도록 돕는 방법**은 어떠한 것인가?" 가장 좋은 방법 중의 하나는 **그의 시간을 보호해줌**으로써 연구하고 기도할 기회를 주는 것이다. 모든 가능한 핑계들을 만들어서 목회자와 전화를 하거나 연구 시간에 "예고없이 방문하는" 이기적인 교회원들이 너무도 많다. 모든 목회자들은 필요할 때 가까이 있어 주기를 원한다. 그러나, 시간을 낭비할 만큼 여유가 있는 신령한 목회자는 아무도 없다.
또다른 방법은 **그를 위하여 매일 기도하는** 것이다. 스펄전은 그가 설교하고 있을 동안에 그를 위해 기도하는 수백 명의 사람들이 있다고 말했다.
세번째 제안은 **그가 설교할 때 주목하여 듣는** 것이다. 듣기를 원하는 사람들에게 설교하는 일은 얼마나 축복인가! 교회원들이 성경 말씀에서 나온 멧세지를 따르려고 하지 않으며 생활에 적용하려 들지 않을 때 목회자는 얼마나 낙심되겠는가?
마지막으로, 교회원은 교회의 일을 일으켜 세우는 데 **필요로 하는 수단 (재정)을 공급**해야만 한다. 이것은 주님의 날에 주님의 집에 십일조와 헌금을 가져오는 충성된 청지기 직분을 뜻한다. 교회에 빚이 있거나, 보잘것 없는 재정 지출로 말미암아 하나님이 원하시는 일들을 해 낼 수 없는 경건한 목회자들이 많다. 십일조를 바칠 때 당신은 하나님의 말씀을 내는 일을 돕는 것이다.

참 신자의 사역
-디모데전서 5장-

이 마지막 두 장은 최소한 일곱 종류의 사람들에게 사역하는 문제를 다룬다(개요 참조).

1. 나이 많은 성도들에 대하여(5 : 1~2)

디모데는 젊은이로서 교회 내의 나이 많은 신자들에게 "주인 행세를 하지" 않도록 조심해야만 하였다. 목회자는 나이 많은 성도들을 책망하지 말고 권면하며 격려해야 한다. 바울은 "너의 부모를 대하듯 하라"고 충고한다. 디도서 2장 1~4절에서 바울은 이것을 명령하고 있다.

교회는 나이 많은 신자들의 필요와 문제들을 인식하고 이에 대처하는 데 도움을 주어야 한다. 이들은 교회에 중요한 사람들이다. 교회의 젊은이들은 나이 많은 이들을 필요로 하고 있으나, 다만 그 필요를 충분히 깨닫고 있지 못할 뿐이다(벧전 5 : 1~7).

2. 과부들에 대하여(5 : 3~16)

사도행전 6장과 9장 36~43절, 야고보서 1장 27절을 읽어 보라. 초대교회는 가난한 과부들을 돌보고 있었다. 3절의 "경대하라"는 단어는 "가격을 확정하는 것"이란 뜻인데, 이는 "사례금"과 같은 뜻으로 "강사에게 그 봉사로 인해서 지불되는 값"을 말한다. 디모데는 존경할 가치가 없는 과부들에게 돈을 지불하여 교회 자금을 오용하는 일이 없도록 조심해야 했다.

오늘날도 그렇지만 그 시대에도 종교라는 가면 아래 종교적인 사람들을 희생물로 삼아 돈벌이 하는 사람들이 있었다. 이들 건달들은 온유한 마음을 가진 성도들이 "예수를 위하여" 그들에게 손을 펼 것을 알고서 언제나 지교회를 찾는다.

그러나, 4절에 먼저 가족에게 책임이 있다고 말하는 것을 주목하자. / 자녀들과 손자들은 그들의 부모와 조부모를 공양해야(보답해야) 하며, 교회가 그들에게 자선을 베풀 것을 기대해서는 안 된다. 자기의 가족을 돌보지 않는 그리스도인은 불신자보다 더 나쁘다!(8절)

목회자와 집사들이 자선을 베풀 때에 각 경우들을 심사해야 하는 이유도 여기에 있다. 또한 이 때문에 교회 단체의 개개 회원들이 자선을 베풀기 전에 먼저 목회자와 상담해야 하는 것이다. 인심 좋은 그리스도인들이 하나님의 말씀대신 그들의 기분을 따름으로써 신실한 십일조 납부자들이 낸 하나님의 돈의 상당량이 낭비되어 왔다.

바울은 과부들을 등록시키라고 요청한다("數에 들게 하다", 9절 / 5절, 9 ～ 10절에 유의). 누가복음 2장 36～37절을 보고 이러한 종류의 여인에 대한 본 보기를 찾아보자. 먼저 이들은 참 과부로서 이 땅에서는 지원이나 돌봄을 받지 못하는 사람들이어야 한다(교회에서 지원을 받은 이 과부들은 도르가처럼 다방면에서 교회를 섬기고 있는 것 같다). 60세 이상이어야 하고, 이혼이나 또는 재혼을 하지 않은 여인이어야 했으며, 좋은 간증을 가지고 있어야 한다(10절).

11～16절에서 바울은 젊은 과부들을 다루며 그들을 명부에 등록하지 말라고 디모데에게 경고한다. 그 한가지 이유는 젊은 과부들이 그리스도와 교회를 섬기겠다고 충성을 맹세하였지만(12절에 나오는 "처음 믿음"이란 "처음 서약"이다) 남편을 찾기 시작한다. 11절에 나오는 "시집가고자 한다"는 말은 "결혼을 하게 될 것이다"란 뜻으로 이러한 소원은 그들의 삶에 타오르는 열정이 된다. 더구나 영적으로 식어지게 되면 다른 사람들을 섬기기를 그만두고 문제를 일으키기 시작할 것이다(13절).

이렇게 되면 그리스도의 이름에 수치를 가져올 것이며 교회의 간증을 손상시킬 것이다. 젊은 과부들은 결혼하여 거룩한 가정을 이루고 집에 거하며 사단에게 고발할 기회를 주지 않도록 하라는 것이 바울의 명령이다. 16절은 이 문제를 요약하고 있다. 친척들이 그 가난한 식구들을 돌보게 하고 교회가 짐(책임)을 지지 않도록 한다.

3. 교회 지도자들에 대하여(5 : 17～25)

디모데는 자신의 직원 몇몇 사람들로 말미암아 문제를 일으키고 있는 것이 분명하였다. 문제 중 하나는 디모데가 그들 중 몇몇을 너무 빨리 선택하여 기름을 부었다는 것이며(22절), 또다른 요인은 그들 몇몇에 대해 잘못 판단하고(24～25절) 다소 성급한 결정을 내렸다는 점이다. 목회자의 마음이 바르다 해도 실수한다. 그렇게 되면 직원들 역시 실수한다!

에베소에서 바울을 대신하여 디모데는 그 지역에 있는 여러 장로들의 일을 감독하고 있었다(22절). 이 사람들은 교회에서 봉급을 지불하고 있었으며 하나님의 명령도 말씀을 가르치는 사람은 말씀으로 살아가라는 것이었다(고전 9 : 1～14). 자기의 일을 하는 데에 충성스러운 장로들은 이중으로 보수를 받는 것이 마땅하다(명예와 돈, 3절 참조).

300   물론 이러한 이중적인 보수가 질서를 벗어난 것은 아닐 것이다! 바울은 신

명기 25장 4절과 누가복음 10장 7절에서 그리스도께서 말씀하신 것을 인용하여 그리스도인들이 교회의 종들에게 돈을 지불해야 하는 원리를 지지한다.

그러나, **문제를 일으킨 교회 지도자들**은 어떠한가? 무엇보다도 먼저 사실을 알아야 한다. 모든 교회가 디모데전서 5장 19절을 실천한다면 싸움과 분열은 훨씬 줄어들 것이다. 모든 송사는 최소한 두 사람의 목격자의 지지가 있어야 한다. 정직하게 문제를 심사해야 하며 편견이 나타나서는 안 된다(21절). 사실의 반만 듣고 다른 신자들을 심판하거나 결론을 끄집어내게 되기란 얼마나 쉬운 일인가!

송사 내용이 사실로 드러난 경우, 또는 증언들과 사실들을 죄가 있음을 지적할 때 그 위반한 직원은 공개적으로 다루어져야만 한다. 여기서 제안하고 있는 것은 위반자가 그의 죄들을 고백하고 용서를 구하는 것이다. 만일 그 직원의 죄를 아는 사람이 두 사람 이상이면 다른 사람들도 이 일을 알고 있다고 확신해도 좋다. 공적인 죄는 공적인 고백과 배상을 필요로 한다.

만일 모든 교회에서 죄의 사례들이 이러한 방식으로 처리된다면 교회의 젊은 사람들은 문제를 일으키기 앞서 두 번 생각하게 될 것이다. 그리고 교회 직원이 된다는 것은 단지 회원들보다 더욱 책임이 중한 지위라는 것을 확신할 수 있을 것이다.

23절은 대단한 관심을 일으켜 왔다. 양조업자들이 이 구절을 알콜 사용을 조장하는 데에 이용하며, 많은 육신적인 그리스도인들이 자신의 세속적인 성품을 지지하기 위해 이 구절로 도망쳐 가곤 하였다. 먼저 바울은 디모데에게 자기의 몸을 돌보라고 강권하고 있다. 상상력을 총동원하여도 현대의 맥주나 위스키 또는 알콜 음료를 마심으로써 우리의 몸이 더 좋아진다고 믿을 수는 없다!

음주가들은 대개 몸집은 큰데도 가장 약하고, 가장 병에 잘 걸리는 몸을 가지고 있다. 바울이 처방한 포도주는 디모데의 위장에 도움을 줄 것이다. 이것은 약이지 사회적인 음료가 아니다(어떤 이들은 디모데가 교회 직원들과 문제가 생겨서 이 때문에 그에게 궤양이 생겼다고 제안하기도 한다!

하나님께서 기도에 응답하시도록 그리스도인들이 방법을 취하는 것은 잘못된 일이 아니다. 바울은 디모데를 위하여 기도하였으며, 또한 그의 필요를 위하여 실천적인 치료법을 제시하였다. 아마도 디모데는 육체의 훈련과 금욕주의 등을 가르친 거짓 선생들에게 동요되고 있었으며, 이것이 디모데의 건강에 영향을 미쳤던 것 같다. 건강한 교리는 그리스도인을 영적으로 건강하게 할 뿐만 아니라 육체적으로도 건강하게 할 수 있다!

교회 직원과 지도자들은 목회자가 짐을 지는 것을 돕기 때문에 중요하다. 그러나, 목회자는 언제나 양떼의 목자가 되어야 한다. 교회 직원이 할 수 있는 최선의 길은 목회자로 하여금 그의 신령한 은사들과 직책들을 장애나 마음의 흐트

러짐 없이 수행할 수 있도록 하는 일이다. 그러할 때 교회는 성장할 것이다.✓

디모데와 다른 이들에게 주는 조언
- 디모데전서 6 장 -

본 마지막 장은 교회의 사역을 교제 모임의 여러 다른 그룹들에게, 특히 문제를 일으키는 사람들에게 계속 설명한다.

1. 노예들에게 (6 : 1~2)

노예 제도는 고대 생활에 있어서 하나의 활력소였다. 로마 인구의 25%가 노예들이었던 것으로 추정된다. 많은 노예들이 그리스도를 발견하였으나, 그들의 주인들은 불신자들이어서 그리스도인 노예들이 불순종하거나 그리스도 안에서의 자유를 주장하는 경향이 있었던 듯하다. 바울은 그들이 구원받지 못한 주인들에게 좋은 간증이 되어 주인들이 하나님의 이름을 존중하고 하나님의 말씀을 높이는 법을 배우게 하라고 강권한다.

믿는 주인을 둔 노예들은 그들에게서 이점을 누리려는 유혹을 받게 될 것인데, 바울은 이 일을 금하고 있다(엡 6 : 5 이하 / 골 3 : 22 이하).

2. 문제를 일으키는 사람들에게 (6 : 3~5)

현대의 어떤 설교자들은 "교리에 대해서는 염려하지 말라. 중요한 것은 영적인 단합이다./"라고 말한다. 그러나 바울은 여기서 이 거짓말을 논박하고 있다. 교회 안에 불화가 있을 때는 언제나 누군가 하나님의 말씀을 믿지 않고 하나님의 말씀을 실천하지 않았기 때문이다. 거짓 교리를 가르치는 사람들과 바울의 교훈들에 동의하지 않는 사람들은 주목하였다가 처리를 해야 했다.

사도는 교회에서 문제를 일으키는 사람들을 자세히 표현한다. 이들은 교만하며 교회에서 "중요한 사람이 되기"를 원한다. 그러나, 이들은 무지하여 "아무 것도 알지 못한다./" 더구나 이들은 병들어 있다. "좋아한다"(doting)는 말은 사실상 "병이 난, 병적으로"라는 뜻이기 때문이다.

건강한 (건전한) 교리를 거절하여 영적으로 병이 든 것이다./ 이들은 하나님의 말씀의 진리를 먹이는 대신 헛된 변론과 언쟁만으로 먹였으며, 이 모든 일은 투기와 분쟁과 지속적인 소란으로 몰고 갔을 뿐 거룩함으로 인도하지는 못하였다. 이 사람들은 "진리를 빼앗겼으며"(진리가 없으며), 이들의 유일한 관심은 개인의 유익에 있었다. 자신의 목표를 촉진하는 데에 종교를 사용할 수 있다면 그만인 것이다.

디도서 3장 10절은 문제를 일으키는 사람("이단자", 파벌과 분열을 일으키는 사람을 뜻함)에게 교회는 두 번의 경고를 준 다음 회원으로 받아 들이지 말라고 명령한 것에 유의하자. 교적을 옮겼던 문제의 사람들이 다시 돌아와 시시 때때로 더 많은 문제들을 야기시킨다면 두번째로 위반을 한 후에는 교회원으로 받아 들여서는 안 된다.

3. 부자들에게 (6 : 6~19)

5절에 나오는 "이익"이라는 개념은 바울로 하여금 그리스도인과 재물에 대해 토론하도록 인도해 간다. 이익을 얻기 위하여 거룩함을 사용하여서는 결코 만족을 얻지 못할 것이지만, 거룩한 생활은 만족한 생활이며 개인에게 있어서 큰 소득인 것이 분명하다. 바른 가치관을 가진다는 것이 얼마나 중요한 일인지 모른다.

9절과 10절은 오해하기 쉽다. 9절에서 바울은 부자가 되려고 하는 사람들, 곧 모든 관심을 재물에 고정시키는 사람들을 경고하고 있다. 이러한 부류의 사람은 유혹과 함정에 빠지게 되어 있으며, 결국은 파멸 속으로 가라앉고 만다. 롯이 풍성한 소돔의 평지에 눈을 고정시켰을 때 모든 것들을 잃었던 것을 생각해 보라! 또는 하만이 명예와 재물에 마음을 고정시켰을 때 그러했던 것을 생각해 보라!
사람이 만족을 얻기 위해 필요한 것은 무엇인가? 실상, 매우 적다. 음식과 의복과 거룩한 생활이다. 그리스도께서 가난하셨지만 많은 사람들은 부하게 하셨음을 생각해 보라 (고후 8 : 9).

10절은 돈이 모든 악의 뿌리라거나 아니면 돈을 사랑하는 것이 모든 악의 뿌리라고 가르치고 있는 것은 아니며, 여러 가지 근원들 중의 하나라는 말이다. 돈자체는 중립적이다. 다만 돈이 사용되는 방법, 그리고 그 배후에 깔려 있는 마음과 동기가 돈의 성격을 결정한다. 잃어버린 사람들을 그리스도께 인도하는 데에 돈을 사용함으로써 영원을 위하여 투자할 수 있는가 하면 돈이 그의 신이 됨으로써 그를 지옥에 보낼 수도 있다.
십계명의 하나 하나는 모두 돈으로 말미암아 깨어질 수도 있다. 돈을 위하여 사람들은 하나님을 부정하고, 하나님의 이름을 훼방하고, 훔치며 거짓말하고 살인하고 간음하며 온갖 일을 행한다. 가장 나쁜 것은 물질적인 것들에 대한 요구가 사람들을 믿음에서 떠나 방황하게 (실수하게) 하여 결국은 파선으로 인도해 간다는 것이다! 이들은 쾌락을 찾지만 고통과 슬픔을 발견하게 된다!

다음으로 바울은 디모데에게 경고한다. 왜냐하면 그리스도인 지도자들도 거짓된 가치와 물질적인 소득에 끌릴 수 있기 때문이다. 데마는 세상을 사랑하여 바울을 버렸고 (딤후 4 : 10) 유다는 은 30냥에 그리스도를 팔았다. 바울이 이 젊은 목회자에게 "하나님의 사람"이라고 부르는 것에 주목하자! 얼마나 격려가 되었을까?

다음의 세 가지 권면들에 유의하자. **도망하라, 따라가라, 싸우라!** 교만과 탐욕과 거짓 교훈들에서는 달아나야 한다. 때로는 그리스도인 군사들이 할 수 있는 가장 멋진 일이 달아나는 일일 때가 있다. 디모데후서 2장 22절에서 바울은 디모데에게 "젊은이의 육욕에서 도망하라"고 명령한다. 이것은 보디발의 아내가 요셉을 유혹하였을 때 취했던 행동이다.

그러나, 도망하는 것만으로는 충분하지 못하며, 우리는 또한 따라가야 하고 싸워야 한다. 바울은 이렇게 쓰고 있다. "우리는 왕 중의 왕을 섬기고 있다. 그가 오실 때 당신의 선한 행위를 보시고 당신을 높이실 것이다."

17 ~ 19절은 부자들에 대한 긍정적인 교훈이며, 하나님의 영광을 위하여 그들의 부를 사용하라고 말씀하신다. 바울이 그들을 "이 세상에서 부유한 자"라고 부르는 것에 유의하자. 이 세상에서 부유하면서도 하나님께는 부유하지 못할 할 수도 있다(눅 12 : 13~21 참조). 첫째로, 이 사람들은 겸손해야만 하며 그들의 부(富)를 하나님으로부터 받은 청지기로서 받아 들일 수 있어야 한다. 이들은 언제나 그 부(富)를 주신 분에게서 눈을 떼지 말고 있어야 하며, 자신의 재능을 믿어서는 안 된다.

하나님은 그의 백성이 생활의 축복들을 누리기를 원하신다. "누린다, 즐긴다"는 단어가 성경에 있다! 그리스도 안에서 우리는 "모든 것들을 즐기며" 모든 일들이 우리에게 "풍부하게" 주어진다! 그러나, 이러한 부(富)는 다만 즐거움만을 위하여 주신 것은 아니며 고용된 것이기도 하다. 이는 하나님의 영광을 위하여, 그리고 영혼들을 구원하는 데에 사용되게 하기 위함이다.

부(富)는 나누어져야 하며 (의사소통이 되다), 영원한 일들에 투자되어야 하고, 다가오는 때를 위한 좋은 기초를 놓는 데에 사용되어야 한다. "하늘의 보물"은 예수님께서 마태복음 6장에서 설명하신 방법이다.

4. "교육을 받은" 사람들에게 (6 : 20~21)

20절에 나오는 "지식"은 "과학"을 뜻한다. 하지만 바울에게 있어서 그것은 거짓된 지식을 가리킨다. 바울이 영지주의자들을 말하고 있다는 것은 의심할 여지가 없다(골로새서에 대한 본서의 설명 참조). 이들은 오늘날의 어떤 철학자들처럼 우주에 대하여 "온전한 지식"을 가지고 있다고 주장하였다.

에베소에 있는 이 거짓 선생들은 그들의 수준높게 들리는 이론들과 하나님의 말씀에 대한 의문들을 가지고 젊은 디모데를 교란시키고 있었다. 따라서 바울은 이러한 "망령되고 허탄한 말"에 개입하지 말라고 디모데를 경고한다! 이 세상의 지혜는 하나님께는 어리석은 일이다(골 1~2장 참조).

디모데의 책임은 무엇인가? 하나님께서 바울을 통하여 그에게 맡기신 것을 수호하는 것이다. 하나님은 복음의 멧세지, 곧 진리의 예탁을 바울에게 맡기셨는데(1 : 11), 바울은 차례로 이것을 디모데에게 맡겼다(1 : 18～19). 디모데는 이것을 수호하며(6 : 20) 다른 사람들에게 전해야 하는 것이다(딤후 2 : 2). 이것은 오늘날 교회의 임무이기도 하다. 우리도 이 예탁받은 것을 수호하며 다른 사람들에게 이것을 전하게 되기를 빈다.

디모데후서 개요

바울은 젊은 디모데가 그의 사역에 충성하도록 격려하기 위하여 네 가지로 호소한다.

1. 목회적인 면에서의 호소 / 1장

1. 하나님의 부르심에 대한 상기 / 1장 1~6절
2. 하나님의 은혜로 말미암은 자원 / 1장 7~11절
3. 하나님의 보좌에서 받는 상 / 1장 12~18절

2. 실천적인 면에서의 호소 / 2장

1. 고난을 견디는 방법 / 2장 1~13절
   (1) 이것은 너의 소명의 일부이다 / 2장 1~7절
       군사 - 운동 선수 - 농부
   (2) 이것은 그리스도께로 받은 특권이다 / 2장 8~13절
       교회를 위하여 - 주님을 위하여
2. 거짓 선생들을 다루는 방법 / 2장 14~23절
   (1) 말씀을 옳게 분변함 / 2장 14~15절
   (2) 거짓말과 우화를 거절함 / 2장 16~18절
   (3) 거룩한 삶을 지향함 / 2장 19~23절
3. 교회 문제들을 해결하는 방법 / 2장 24~26절
   온유함 - 인내 - 말씀을 사용함

3. 예언적인 면에서의 호소 / 3장

1. 장래에 대한 설명 / 3장 1~9절
2. 과거로부터의 모범 / 3장 10~13절
3. 현재를 위한 권고들 / 3장 14~17절

4. 개인적인 면에서의 호소 / 4장

1 말씀을 전파하라 / 4장 1~4절
　 "때가 이르리니……"
2 네 직무를 다하라 / 4장 5~8절
　 "내가 벌써 부음이 되었으니…… "
3 속히 로마로 오라 / 4장 9~18절
　 "다른 이들이 나를 버렸으니…… "
4 그리스도 안에서 내 친구들에게 문안하라 / 4장 19~22절

디모데후서 서론

■ **배경**: 바울은 잠시 동안 자유를 누린 후 재차 체포되었다. 그가 석방되었던 기간 동안의 여행에 대해서는 상세히 알려진 바가 없다. 디도서 3장 12절은 그가 니고볼리를 방문하였음을 시사한다. 거기서 그는 드로아로 간 것이 분명하며 드로아를 급히 빠져나오느라고 그의 집 주인인 가보에게 외투와 책들과 양피지들을 두고 왔었다(딤후 4 : 13).

우리는 그가 어디서 어떻게 체포되었는지는 알 수 없다. 그러나, 아는 것은 네로가 그리스도인들에 대해 무서운 박해를 가했다는 것과, 바울의 두번째 감금의 상태는 첫번째와는 매우 달랐다는 점이다(행 28장). 그는 이제 로마 감옥에 있는 미움받는 죄수였고, "자신이 빌린 집"에서 재판을 기다리는 피고가 아니었다.

바울의 마음에서 우러나온 이 마지막 편지를 읽을 때 우리는 그가 재판과 분명한 순교에 직면하여 외로움과 가슴아픔을 느끼고 있음을 감지할 수 있다. 그는 "누가만 나와 함께 있으며……"라고 쓰고 있는데, 이 말은 믿음의 아들인 디모데에게 가능한 한 빨리 그에게로 오라고 간청하고 있는 것이다.

디모데후서 4장 14절에 언급된 알렉산더가 사도행전 19장 33절에 나오는 사람과 동일 인물이라면, 바울이 에베소나 그 근처에서 체포되었을 가능성이 크다. 바울은 에베소 장로들에게 말하면서 "유대인들의 음모"에 대하여 언급하였는데(행 20 : 19), 아마도 은장색 알렉산더가 이 음모에 관련되어 있는 것 같다. 어떤 학자들은 알렉산더가 우상 제조업자들의 조합에 들어 있었으며, 바울이 전에 에베소에서 도망한 것을 인하여 기분이 상해 있었다고 추정한다.

디모데는 에베소에서 더이상 영적 지도자가 아니었다. 왜냐하면 그의 지위를 대신하도록 두기고가 파송되었기 때문이다(4 : 12). 아마도 디모데는 에베소 지역을 여행하며 사역을 하는 부흥사로 일하고 있었던 것이 분명하다. 바울은 디모데가 로마로 오기를 기대했던 것이 확실하였다. 왜냐하면 디모데에게 드로아(4 : 13)와 에베소(1 : 16~18)에 가라고 쓰고 있는데, 이 도시들은 로마로 가는 길에 위치한 도시들이기 때문이다.

■ **목적**: 이 편지는 퍽이나 개인적으로 씌어졌다. 바울은 로마에서 외로이 재판과 확실한 죽음을 기다리고 있었다. 그는 아들 디모데 보기를 갈망하고 있으며, 복음의 사역에 있어서 자기의 자리를 대신하도록 격려하고자 하였다. 바울은 그의 주변에서 배교와 좌절을 보고 있다.

시드로우 박스터(Sidlow Baxter) 박사는 "책의 폭발"이란 저서에서 디모데전서에 나오는 "몇몇"이라는 구절이 디모데후서에서는 "모든"으로 바뀌어졌다고 지적한다. "몇몇 사람들이 이에서 벗어나"(1 : 6), "어떤 이들이 파선하였느니라"(1 : 19), " 어떤 이들은 이미 사단에게 돌아갔으며"(5 : 15), "어떤 이들은 미혹을 받아 믿음에서 떠나"(6 : 10), "어떤 이들은 믿음에서 벗어났느니라"(6 : 21) 등, 이것이 그의 첫번째 편지의 주제이다.

그러나, 디모데후서에서는 "모든 사람이 나를 버렸다"(1 : 15), "다 나를 버렸으나"(4 : 16)와 같은 귀절들을 본다! 교회들이 믿음에서 돌아서고 있었으며, 바울은 젊은 디모데를 강권하여 소명에 충성을 다하고 자기의 사역을 완성하라고 부탁한다. 이 편지에 나타난 권면들의 여기 저기에서 이 위대한 사도의 개인적인 정취와 관심을 찾아볼 수 있다. 이 편지는 좌절 가운데 쓴 "백조의 노래"(최후의 작품)가 아니라 승리의 성가이다!

성경에 나와 있는 대로 장을 구분할 때 바울이 디모데에게 낙심되는 상황에서도 충성된 사역자가 되라고 격려하는 네 가지의 호소들을 보게 된다. 1장은 목회를 위한 호소이며, 디모데가 사역에로 소명받은 일을 상기시키고 이에 따른 책임과 특권을 말한다. 2장은 실천적인 호소로, 젊은 목회자의 문제들, 복음에 대한 박해, 거짓 교사들, 교회 문제들을 해결하려고 시도한다.

3장에서 바울은 예언적인 호소를 사용하여 사건들의 과정을 설명하며, 말씀을 굳게 붙잡는 것이 얼마나 중요한 것인지를 말한다. 끝으로 4장은 나이 많은 사도의 마음에서 우러나는 개인적인 호소이며, 자신이 곧 무대에서 사라질 것이기 때문에 디모데는 더욱 진실에 머물러 있어야 한다고 강권하고 있다. 바울은 디모데가 또하나의 데마가 되기를 원치 않았던 것이다.

개인적인 의견과 충고

-디모데후서 1장-

바울이 디모데에게 보낸 두 편지들을 읽어 보면, 이 젊은 사역자의 문제들이 무엇이었는지를 이해할 수가 있다. 한 가지 예로는, 그가 문제들을 공명 정대하게 직면하여 하나님의 말씀에 따라 문제들을 해결하기를 망설였다는 점이다. 그의 생활에는 "두려움"(비겁)이 있었는데, 아마도 "함정을 파는" 사람을 두려워한 것 같다. 그는 젊은이로서 일반적인 유혹들에 부딪히자 임무를 수행하는 데에 자신이 적합하지 않다고 느낀 것이 분명하였다.

바울은 그를 격려하기 위하여 편지를 썼는데, 여기 1장에는 디모데를 지탱케 하며 임무에 머물러 있도록 도움을 주는 다섯 가지의 놀라운 격려들이 나온다.

1. 기도 친구(1 : 1～5)

바울은 순교에 직면해 있었는데도 디모데를 위해 기도할 여유를 가지고 있었다! 디모데전서 1장 1절과 디모데후서 1장 1절을 비교하면 죽음에 직면한 바울이 "예수 그리스도 안에 있는 생명의 약속"에 대하여 생각하고 있음을 알게 된다. 이 얼마나 놀라운 약속인가! 바울은 디모데에게 자신의 사랑과 기도를 확신시키고 있으며, 밤낮 그를 많이 생각하고 있음에 대하여 알린다.

바울은 디모데가 비록 여러 가지 문제들을 당하고 있기는 하지만 그래도 감사해야 할 일들이 많다고 깨우쳐 준다. 그가 소유한 거룩한 유산과 하나님이 그에게 주신 믿음, 즉 구원을 위한 믿음만을 의미하는 것이 아니라, 일상생활과 그리스도인의 봉사를 위한 믿음이 그에게 있음을 상기시킨다.

디모데의 사랑하는 사람들이 그 당시 살아 있었는지는 알 수 없다. 그러나, 만일 살아 있었다면 기도로 그를 뒷받침해 주었을 것이 분명하다. 기도하는 친구를 소유한다는 것은 얼마나 축복된 일인가! 다른 사람들을 위하여 기도한다는 것은 참으로 격려가 되는 일이며, 그들의 영적 생활에 있어서 큰 도움을 주게 된다(삼상 12 : 23 참조).

2. 놀라운 선물(1 : 6～7)

디모데의 문제들 중의 하나는 비겁, 다시 말하면 문제들을 직면하는 데 있어서나 하나님의 일을 하는 데에 있어서 소심하다는 것이었다. 그가 아직 어리다는 것이 이렇게 작용하였을 것이다(딤전 4 : 12). 바울은 디모데에게 하나님께서 주셨던 은사를 무시하고 있음을 상기시켰으며(딤전 4 : 14), 꺼져 가는 불에 바람을 불어 넣어 불꽃을 일으키듯 하나님이 그에게 주신 은사를 새롭게 할 필요가 있음을 인식시켰다. 이것은 그의 구원을 잃어버리는 문제가 아니다. 왜냐하면 구원을 잃는다는 것은 불가능한 일이기 때문이다. 다만 주님을 향한 그의 열성을 잃어버리며 주님의 일에 대한 정열을 잃는다는 뜻이다.

바울은 7절에서 성령에 대하여 말하고 있는데, 성령은 우리 안에 두려움을 일으키지 않으신다(롬 8 : 15). 오히려 능력과 사랑과 훈련(근신하는 마음—자제력)을 주시며, 모든 그리스도인들이 이 세 가지를 모두 필요로 한다! 성령은 우리의 생활의 능력이시다(행 1 : 8/엡 3 : 20~21/빌 4 : 13). 바울은 빌레몬서를 제외한 그의 모든 서신들에서 "능력"이란 말을 사용하고 있다.

성령은 또한 우리에게 사랑을 주신다. 왜냐하면 성령의 열매는 사랑이기 때문이다(갈 5 : 22). 그리스도를 향한 우리의 사랑, 말씀과 다른 신자들에 대한 사랑, 잃어버린 사람들을 위한 사랑은 성령으로부터 오는 것임이 분명하다(롬 5 : 5). 성령은 또한 우리에게 훈련, 곧 자기 조절 능력을 주신다. 그러므로 우리는 감정이나 환경에 쉽게 포로가 되지 않는다. 성령이 조절하고 계실 때 그 어디서도 볼 수 없는 온전한 평강과 안정이 있다(행 4 : 1~22 참조).

3. 거룩한 부르심(1 : 8~11)

에베소에 있는 사람들은 디모데가 바울의 친구이며 함께 수고하는 사람임을 알고 있었다. 그러나, 바울은 로마의 죄수였다! 바울은 "나를 부끄러워하거나 복음을 부끄러워하지 말라!"고 권면한다. "우리의 고난은 우리를 사역자로 부르신 하늘의 소명의 일부분인 것이다." 그리스도인이 고난을 당할 때에는 그리스도와 함께 당하는 것이며, 우리를 구원하신 그 능력이 그 전쟁에서 승리하도록 우리에게 힘을 주신다고 언급하고 있음에 유의하자.

바울은 우리의 부르심이 은혜로 말미암은 것이라고 강조하고 있다. 우리는 구원을 받을 자격이 있는 것이 아니다. 만일 하나님께서 놀라운 구원을 주신 후에 약간 고난을 당하도록 허락하셨다면 우리가 불평하거나 그만두어야 할 권리가 어디 있겠는가! 바울은 다음과 같은 조언을 준다. "하나님은 심중에 목적을 가지고 계신다. 그가 목적을 성취하시도록 하자."

복음에 나타난 하나님의 놀라운 목적은 지나간 시대에는 숨겨져 있던 것이었으나 이제 바울을 통하여 계시되었다. 10절의 "패한다"는 말은 "아무 효과가 없도록 만든다. 무장을 해제한다"는 뜻이다. 하나님께서 십자가를 통하여 죽음을 제거하신 것은 아니다. 왜냐하면 사람들은 여전히 죽어가고 있기 때문이다. 그러나, 하나님은 신자를 위하여는 죽음의 무장, 곧 사망의 쏘는 것을 해제시키셨다.

그리스도는 생명과 불멸(결코 죽지 않는 조건)을 밝히셨다. 이러한 일들은 구약에서는 그늘에 감추어져 있었던 것이므로, 우리는 구약의 구절들만으로 불멸과 죽음과 부활의 교리를 세우는 일을 삼가해야 한다. 많은 거짓 이단들이 욥기, 전도서, 그리고 시편 중의 일부를 사용하여 영혼이 잠든다는 등의 이상한 교리들을 세운다.

4. 신실하신 구세주(1 : 12~14)

그리스도는 신실하시며, 보호하실 능력이 있음을 우리가 안다는 것은 얼마나 격려가 되는 일인지 모른다! "나는 내가 믿는 분을 안다"고 바울은 확신있게 말한다. "나는 바란다"거나 "나는 생각한다"가 아니다. 12절은 두 가지로 읽을 수 있는데, 두 가지 방식이 다 옳다. 바울은 그와 그의 영혼을 지키실 수 있음을 안다고 말하고 있는 것이며, 또한 그리스도께서는 그가 바울에게 맡기신 일을 지켜나가게 하실 것임을 안다고 말하는 것이기도 하다.

또는 이렇게 읽어도 된다. "그리스도는 그가 나에게 맡기신 일을 보호하실 수가 있다." 그리스도는 바울에게 복음을 위탁하셨으며(딤전 1 : 11), 바울은 그리스도께서 그 일을 지키시며 안전하게 보호하실 것을 확신하고 있었다(딤전 6 : 20 / 딤후 4 : 7 / 딤전 1 : 1~11의 "청지기 디모데" 참조).

13절의 "본"은 "체계"라는 뜻이다. 교회는 건전한(건강한) 교리의 체계를 지니고 있었으며, 이 체계에서 옆으로 벗어나는 것은 죄였다. 디모데는 성령의 능력을 통하여 교리의 근본적인 체계를 굳게 쥐고 있었다(14절). 12절과 14절은 병행되는 구절이다. 영광 중에 계신 그리스도는 우리가 그리스도께 드린 것을 지키실 수가 있으시며, 이 땅 위에 있는 성령은 그리스도께서 우리에게 주신 것을 지키도록 도우실 수 있다는 사실은 참으로 굉장한 격려가 아닐 수 없다!

5. 거룩한 본(1 : 15~18)

아시아에 있는 모든 이들이 바울을 버렸다(4 : 16). 그가 이름을 밝힌 두 사람은 아마도 에베소 교회의 회원들이었을 것이며, 디모데도 개인적으로 알고 있는 사람이었을 것이다. 그런데 진실을 지키고 있는 사람이 있었는데, 그는 오네시보로("유익" 또는 "이득을 가져오는 사람")였다. 이 경건한 사람은 아마도 에베소의 집사였던 것 같다. 왜냐하면 18절을 "…저가 에베소에서 얼마큼 집사의 일을 했는지 네가 잘 아느니라"고 번역할 수도 있기 때문인데, 헬라어에서 "섬긴다"는 단어는 집사이다.

이 사람은 로마에서 와서 바울을 찾아내어 두려움이나 부끄러움 없이 그를 섬겼다. "나의 사슬에 매인 것을 부끄러워 아니하여…"이는 참으로 디모데가 본

받아야 할 놀라운 본보기가 아닐 수 없다. 또한 우리 모두가 따라야 할 모범이다! 여기서 우리는 목회자보다도 더욱 열성과 사랑과 용기를 보인 교회의 집사를 본다!

17절에서 그가 "로마에 있었다"고 말하는 것을 눈여겨보자. 그가 더이상 거기에 없었던 것이 분명하며, 아마도 에베소로 돌아오고 있었을 것이며, 그가 이 편지를 디모데에게 전하였을 수도 있다. 어쨌든 바울은 19절에서 이 집사의 집 안에 문안한다. 로마 카톨릭에서는 오네시보로가 죽었으므로, 18절에 나오는 바울의 말은 죽은 자를 위한 기도라고 가르친다! 그러나, 그가 죽었다는 증거가 없으며, 또한 바울이 신자들에게 죽은 자를 위하여 기도하라고는 결코 가르치고 있지 않은 것이 분명하다.

신자의 완전한 모습
- 디모데후서 2 장 -

첫 장에서 바울은 디모데에게 목회 소명을 상기시켰다. 본 장에서 그는 지교회와 목회자의 사회적인 책임을 실천적인 면에서 다루고 있다. 그는 지교회를 몇 가지 비유로 제시하며, 하나님의 백성과 그들의 목회자를 위하여 하나님께서 행하신 여러 가지 사역을 보여 준다. 여기서 지교회에 대해 알아보자.

1. 하나님의 가족이다 (2 : 1)

"나의 아들"이란 말은 물론 디모데가 그리스도 안에서 믿음으로 말미암아 하나님의 가족으로 태어난 것을 암시한다. 고린도전서 4장 15절에서 바울이 쓰고 있는 것처럼 복음을 통하여 디모데를 "낳았던" 것이다. 바울은 지교회를 "하나님의 집"으로 불렀다(엡 2 : 19). 지교회는 성별된 지역 단체가 아니라, 교제와 예배와 봉사를 위하여 함께 모이는 하나님의 가족이다. 이 가족에 속하는 유일한 길은 성령(요 3 : 1~6)과 말씀(벧전 1 : 23)으로 태어나는 것이다.

2. 하나님의 보고이다 (2 : 2)

"의탁한다"는 말은 "예금하다"는 뜻이며, 바울이 하나님께로 받아(딤전 1 : 11) 디모데에게 위탁한 복음 진리의 보화를 가리킨다(딤전 6 : 20). 이것은 디모데전서 3장 15절에서 지교회를 "진리의 기둥과 터"라고 부르는 이유이기도 하다. 이 보물을 지키며 다른 사람들에게 전해 주는 것은 우리의 책임이다. 지교회의 임무는 박물관에서와 같이 진리를 보존하는 것이 아니라 진리대로 살며, 앞으로 오는 세대에게 진리를 가르치는 것이다.

디모데가 이 진리를 그저 아무 신자에게가 아니라 "충성된 사람들"에게 맡겨야 했던 것에 유의하자. 말씀에 충성한다는 것은 얼마나 중요한 일인가!

3. 하나님의 군대이다 (2 : 3~4)

봉사 사역에로의 디모데의 부르심은 사도행전 16장 3절에 나타나 있으며("바울이 그를 데리고 떠나고자 할새……"), "떠난다"는 말은 직역하면 군사로서 전장에 데리고가다"는 단어이다. 이것은 디모데의 병적 편입이었다! 모든 그리스도인은 이미 하나님의 군대의 군사이다. 다만 어떤 이는 충성스럽고 어떤 이는 그렇지 않을 뿐이다. 우리는 구원의 대장이신 그리스도로 말미암아 "입대되

315

었으며"(선택됨 - 4절), 그에게 명령을 받아야만 하는 것이다.

그리스도인들은 그리스도를 위하여 역경을 견디는 법을 배워야만 한다. 디모데는 그가 직면하고 있는 박해로 인하여 용기를 잃고 있었으나, 마귀로부터 반대받을 것을 기대했어야만 했다! 그리스도인의 생활은 운동장이라기보다는 전쟁터이다. 우리는 스스로 힘을 가지고 있지는 못하다. 그러나, 주님의 은혜로 우리는 견딜 수 있으며, 마귀의 책략에 대항하여 버틸 수 있다(엡 6 : 10 이하). 더구나 군사된 그리스도인은 세상에 빠져들어서는 안되며, 그리스도께 최고의 충성을 바쳐야 하는 것이다.

만일 모든 군사들이 시간제로 일하며 자기의 임무를 벗어나게 된다면 군대는 어디로 갈 것인가! 우리의 주된 임무는 그리스도를 기쁘시게 하는 것이며, 다른 사람들이나 우리 자신을 기쁘게 하는 것이 아니다.

4. 하나님의 팀이다(2 : 5)

바울의 편지에는 복싱, 레슬링, 달리기 등 경기자들에 대하여 많이 언급되어 있다. 헬라인과 로마인 들은 스포츠에 대하여 열정적이었으며, 바울은 이 구절에서 신자의 실천 생활을 예화로 설명하기 위해 올림픽 경기를 사용한다. 경기자가 얼마나 강한가에 상관없이 그는 경기의 규칙에 순종해야만 한다. 만일 그가 경기에 이기고도 규칙을 어긴다면 그는 자격을 박탈당하는 것이다.

"승리를 위해 싸운다"는 말은 "경기에서 겨룬다"는 뜻이다. 지교회는 달리기 하는 하나님의 팀이며, 하나님이 그들을 위하여 세워 놓으신 목표점을 향해 경주하는 것이다(빌 3 : 12~14). 승리자가 되기 위해서는 훈련과 헌신과 방향 설정이 필요하듯이 승리하는 그리스도인의 생활을 위해서도 이와 똑같은 요소들이 필요하다. 지교회에서는 협동 작업이 있어야만 한다. 빌립보서 4장 3절의 "나와 함께 힘쓴다"는 말은 직역하면 "나와 함께 팀의 짝이 된다"는 뜻이다.

5. 하나님의 정원이다(2 : 6~7)

"농부"는 머슴이란 뜻이며, 여기서의 비유는 농업적이다(고전 3 : 6~9 참조). 교회는 정원이며, 씨앗은 하나님의 말씀이다. 목회자는 씨를 심고 물주고, 계절에 맞추어 씨를 추수한다. 디모데는 임박한 추수에는 실패한다 해도 용기를 잃어서는 안 되는 것이다.

열매 맺는 정원으로 발전하는 데는 시간과 인내와 수고를 필요로 한다. 그러나, 충성된 농부와 같이 목회자는 하나님이 보내신 축복에 참여하게 될 것이다. "낙심하지 않으면 때가 이르러 거두게 된다!"

6. 지상에 있는 그리스도의 몸이다 (2 : 8~13)

바울은 그도 역시 고난을 당하고 있는 중임을 디모데에게 깨우친다. 그러나, 그들의 고난은 교회의 유익을 위한 것이었다. 11~13절은 초기 교회에서 찬송가로 쓰였거나 신앙 고백에 사용된 것인 듯하다. 이 구절은 신자가 그리스도와 하나된 것을 강조하고 있다. "그리스도가 죽으셨을 때 우리는 그의 몸의 지체로서 그와 함께 죽었으며, 그와 함께 일어났으며, 그와 함께 다스릴 것이다."

우리가 불충성한다고 해서 하나님의 신실하심이 바뀌는 것은 아니다. 한 불신자가 어떤 나이 많은 성도에게 이렇게 물었다. "당신은 하나님의 손가락 사이로 미끄러져 나가게 되는 것이 두렵지 않습니까?" 그러자 그녀는 "그런 일이 어떻게 생길 수 있을까요? 나는 하나님의 손가락 중의 하나인데!"라고 대답하였다.

7. 하나님의 학교이다 (2 : 14~18)

디모데는 거짓 선생들로 말미암아 공격을 받고 있었으며 오늘날의 교회도 그러하다. 우리는 어떻게 해야 하는가? 먼저 본질적인 일들에 달라붙어 있어야 함과, 헛된 말과 철학에 대해 논쟁해서는 안 된다는 것을 사람들에게 상기시켜야 한다. 둘째로 우리가 옳게 말씀을 분별하고 있는 것임을 확신하며 말씀을 부지런히 다루어야 한다. "옳게 분변하며"는 말씀 전체를 조심스럽게 잘라 놓아 각 시대들에 대한 하나님의 계획을 이해하는 것을 뜻한다.

바울은 거짓 교리가 "암처럼, 또는 궤양처럼 삼킨다"고 경고한다 (17절). 유일한 치료약은 하나님의 말씀에 속한 "건강한 (건전한) 교리"이다. 거짓 선생들이 들려 주는 어리석고도 헛된 전설에 귀를 기울이기 시작하면 신자들은 영적으로 병들기 시작한다. 모든 교회는 성경 학교가 되어서 하나님의 말씀을 정확하게 가르쳐야 한다.

8. 하나님의 집이다 (2 : 19~26)

바울은, 지교회를 든든한 반석 위에 세워진 집이며여러 가지 종류의 담는 그릇들이라고 묘사한다. 구약의 유대인들은 흔히 성경 구절들을 집에다 썼으며 (신 11 : 20), 이방인들도 집 안에 가훈을 써 놓는 것이 보통이었다. 하나님의 집인 교회에는 두 가지의 문구가 씌어 있는데, 하나는 하나님을 향한 것이고, 또 하나는 인간을 향한 것이다 (19절).

"하나님은 자기 백성을 아신다." "하나님의 소유된 백성은 그들의 거룩한 생활로 말미암아 사람들에게 알려져야 한다." 각 그리스도인은 큰 집에 있는 그릇이지만 어떤 그릇들은 더러워서 사용할 수가 없다. 디모데는 불명예스러운 그릇들로부터 자신을 깨끗이 하라 (정결케 하라)고 경고를 받는다. 그렇지 않으면 그들이 디모데를 더럽힐 것이다. 이것이 바로 분리에 대한 성경의 교리이다 (고후 6 : 14~7 : 1).

신자들은 그리스도께서 사용하시기에 적합하고 명예롭게 되기 위하여 분리되어 있는 그릇들이 되어야 한다. 젊은이의 정욕을 피하고 신령한 것을 따르면, 그리스도께서 그의 영광을 위하여 사용하실 수 있는 준비된 그릇이 되도록 디모데를 도와 주시는 것이다.

23~26절은 우리가 하나님의 집에서 문제들을 어떻게 해결해야 하는지를 설명하고 있다. 따라서 분쟁과 다툼이 있어서는 안 되겠다.

말세의 모습

- 디모데후서 3 장 -

이제 바울은 시대를 거슬러 내려가서 선지자의 눈으로 장차 어떤 일이 생길 것인지를 우리에게 말해 준다. 본 장은 디모데에게 보내는 바울의 예언적인 호소이며, 교회의 미래라는 빛으로 디모데를 훈계하고 있다.

1. 미래에 대한 설명 (3 : 1~9)

"말세"란 사실상 그리스도의 지상 생애와 사역으로 시작된 한 시대이다(히1:1~2). 그러나, 신약은 "말세", 특히 그리스도께서 오시기 직전의 교회 상태를 가리키는 것이라고 시사한다. 이 시기는 "위험한" 시기, 즉 "다루기 힘들고 어려운" 시기일 것이다. "고통하는"(모험적인) 때라는 단어는 마태복음 8장 28절에서 귀신들린 가다라인을 설명하는 데 사용한 것과 같은 단어이다!

인간들이 믿게 될 "귀신의 가르침"으로 인하여 (딤전 4 : 1 이하) 가다라 지방의 그 불쌍한 사람에게 하였듯이 이 세상을 "마귀의 묘지"로 바꾸어 놓을 것이다. 우리는 지금 그러한 시대에 들어와 있다!

이기심은 말세의 보증서이다. 이기심은 탐욕적인 태도와 뽐내는 마음으로 인도해 갈 것이다. "자랑하는 사람들"이란 사실상 허풍장이를 뜻한다! 참다운 애정은 사라지고 매일 신문에서 보는 바와 같이 부자연스러운 (일부러 꾸민) 애정이 유행하고 있다. "절재하지 못한다"는 말은 "비밀을 지키지 못한다"는 뜻이며, "사납다"는 말은 "앞뒤를 헤아리지 않다, 무모하다"는 뜻이다. 여행의 속도나 돈의 낭비나 인간의 생명들에 대한 부주의함을 볼 때 우리가 참으로 조급한 시대에 살고 있는 것이 분명하다.

5~8절은 말세에 많은 종교가 있을 것임을 시사한다. 그러나, 단순한 모조품에 불과하며 생명을 변화시키는 능력을 가지지 못한 채 경건의 모양만 지니고 있을 뿐이다. 바울이 데살로니가후서 2장에서 예언한 바, 믿음에서 떠나는 행위가 오늘날 우리에게 해당되고 있다. 이전의 어느 시대보다도 오늘날 종교가 많다!

성경은 여전히 가장 잘 팔리는 책이지만 범죄율은 증가 추세이며 이혼도 늘어나고 있다. 그리고 참된 기독교는 서서히 사라지고 있다! 이 거짓 선생들은 죄의 짐을 지고 정욕으로 말미암아 곁길로 인도된 여자들, 즉 "배우기는 했으나" 진리에 대한 이해에는 참으로 도달하지 못하는 이들을 희생제물로 삼고 있다. 어떤 이단이든지 방문해 보면 여자들이 지배권을 쥐고 있음을 발견하게 된다. 또한 많은 거짓 종교들이 의문스러운 생활을 살고 있다는 증거들도 보게 될 것이다.

바울은 배교한 교사들인 얀네와 얌브레를 모세가 행한 일을 흉내내어 그를 반대했던 (출 7 : 11 이하) 애굽의 마술사에 비교하고 있다. 사단은 모조가이며 그가 모조한 복음과 교회가 말세에 퍼지게 될 것이다. 그러나, 모세가 이러한 모조가들을 이겨낸 것처럼 그리스도는 궁극적으로 말세의 이 속이는 자들을 물리치고 승리하실 것이다.

"이 같은 자들에게서 돌아서라!"고 바울은 경고한다 (5절). 비록 미련하다고 낙인이 찍힌다 해도 디모데는 그리스도를 부인하는 사기꾼들 속에 관여되어서는 안 되는 것이었다.

2. 과거로부터의 모범 (3 : 10~12)

만일 얀네와 암브레가 사단의 일을 본보기로 보여 준 것이라면 바울은 우리에게 있어서 주님의 일을 위한 가장 훌륭한 본보기이다. 그는 아무것도 숨긴 것이 없었다. "네가 보고 알았거니와…" (행 20 : 17 이하 참조). 바울은 디모데의 고향 가까이에 있는 도시들의 이름을 말한다. 왜냐하면 디모데는 그 이름들에 친숙해 있을 것이기 때문이다.

디모데는 바울의 교리 (교훈)와, 생활 (행동)의 방식과, 바울의 생활에 동기를 부여했던 목적 (행 20 : 24 / 딤후 4 : 7), 그리고 시련 가운데서도 그를 지탱케 했던 믿음을 알고 있었으며, 박해를 당하면서도 바울이 보여 준 끈기, 사랑, 인내를 알고 있었다. 또한 이 모든 일에서 바울을 돌보신 하나님의 놀라운 방법 역시 알고 있었다. 바울은 젊은 디모데에게 있어서 거룩한 실물 교습이었으며, 우리도 마땅히 다른 이들에게 본보기가 되어야 한다.

박해는 그리스도께서 고의적으로 장려하시는 것은 아니지만, 신자가 거룩한 생활을 할 때에 박해는 자동적으로 오게 되는 것이다 (벧전 4 : 12~19). 12절을 가장 알맞게 번역한다면 "거룩하게 살려는 뜻을 가진 모든 사람들은 다…"라고 된다. 의지가 하나님께로 향하게 될 때 사단은 우리를 공격한다.

교회의 마지막 때에는 그리스도를 위하여 살기가 점점 더 어렵게 된다는 것을 확신해도 좋다. 그 어느 때보다도 우리에게는 바울처럼 온전히 그리스도를 위하여 살려는 의지를 가진 그리스도인들이 필요하다.

3. 현재를 위한 권고 (3 : 13~17)

이 사단의 미혹자들이 지속적으로 일할 것이라면 그리스도인들은 무엇을 해야 할까? 하나님의 말씀 안에 계속 머물러 있는 것이다! 사단의 거짓말에 대한 유일한 해결책은 하나님의 진리이다. 만일 모든 지교회들이 하나님의 말씀으로 돌아오고, 모든 목회자들과 주일 학교 교사들이 하나님의 말씀을 가르친다면 교회는 성장할 것이며, 사단의 제자들은 패배할 것이다.

디모데가 성경과 맺은 관계가 이 구절에 요약되어 있다. 그가 어렸을 때 관계를 맺기 시작하였으며, 그의 할머니와 어머니로부터 구약 성경을 배웠다는 것은 의심할 여지가 없다. 이들은 디모데에게 성경의 사실들만을 가르친 것이 아니라, 확신과 영적 이해력을 주었다. 디모데는 스스로 말씀의 진리를 알았으며, 다른 사람들이 그에게 말씀을 변호해 줄 것을 의지하지 않았다. 말씀이 그에게 믿음을 주었으며 (롬 10 : 17), 그리스도를 믿는 이 믿음이 구원을 가져왔다.

16~17절은 성경의 신적 기원과 성격에 대한 위대한 증거이다. 오늘날 어떤 이들은 "성경이 하나님의 말씀을 포함하고 있다" 또는 "성경은 셰익스피어 영감을 받은 식으로 영감된 책이다"고 말한다. 그러나 바울은 이러한 언급에 동의하지 않는다. 성경은 영감된 하나님의 말씀이다. "영감된"이란 단어는 "하나님이 숨쉰, 하나님의 숨으로 채워진"이란 뜻이다.

하나님의 영은 하나님의 사람으로 하여금 하나님의 말씀을 기록할 수 있게 하셨다(벧후 1 : 20~21). 왜냐하면 하나님의 영은 하나님의 숨이기 때문이다 (요 3 : 1~8 / 겔 37 : 1~14). 셰익스피어 같은 사람이 높은 자질의 문학적인 영감을 소유하였던 것은 물론이지만, 하나님의 말씀을 그대로 쓴 것은 아니었다. "모든 성경"이란 말은 하나님의 말씀의 각 단어들이 영감받았다는 뜻이다.

성경의 목적은 무엇인가? 물론 구원이 첫째 목적이다(15절). 그러나, 그리스도인의 생활도 포함된다. 말씀은 교훈 (교리)과 깨우침 (책망)과 바로잡음 (교정)과 훈련 (교육)에 유익하다. 성경은 하나님의 어린이를 하나님의 사람으로 되게 하며, 주님의 일에 성숙한 사람이 되게 한다. "온전케 한다"는 말은 "온전히 준비를 갖추게 한다"는 뜻이다. 결국 성경은 15절의 어린이를 성인으로 만들며, 성도들을 종이 되도록 준비를 갖추게 한다.

그리스도인들이 연구 과정을 밟으며 봉사의 방법을 배우는 것은 훌륭한 일이다. 그러나, 하나님께 봉사하기 위하여 자신을 가장 잘 준비하는 방법은 하나님의 말씀을 연구하고 실천하는 일이다. 연구 서적들은 우리에게 방법을 말해 준다. 그러나, 성경은 우리에게 동기를 주고 우리가 배운 것 대로 생활할 능력을 준다!

성경을 사용하는 것과 서신서들의 순서를 비교해 보면 재미 있다.
● **교리**- 로마서
● **책망**- 고린도전후서

●**교정** – 갈라디아서

●**의로 교육함** – 에베소서 ~ 골로새서

　　오늘날 교회들과 그리스도인들 사이에 가장 필요로 되는 것은 성경으로 돌아가는 일이다. 만일 교회들이 하나님의 말씀으로 돌아오지 않는다면 사단의 속이는 자들이 이들을 넘겨 받을 것이며, 수 백만의 사람들이 태만함으로 인하여 지옥으로 가게 될 것이다.

바울의 마지막 말

- 디모데후서 4장 -

본 장은 바울의 영감받은 펜에서 나오는 마지막 멧세지이다. 이 말씀을 받아 쓴 후 얼마 안 되어 그는 그리스도를 위하여 순교를 당하였다. 바울이 본 장에서 디모데에게 주님을 향한, 그리고 사랑하는 바울을 향한 충성을 강렬하게 개인적으로 호소하는 것은 놀랄 일이 아니다. 본 장에는 네 개의 교훈 또는 권면이 들어 있다.

1. 말씀을 전파하라! (4 : 1~4)

그는 앞 장에서 디모데가 개인 생활을 통해 말씀 안에 계속 머물러 있기를 권면하는 것으로 끝을 맺었는데, 이제는 다른 이들에게 말씀을 전하라고 권면한다. 우리가 나누기 위해서는 먼저 받아야 한다. 바울에게 있어서, 그리고 교회의 사역에 있어서 말씀을 전한다는 것은 너무도 중차대한 일이어서 디모데에게 말씀을 계속 전파하라는 한 가지 의무("군사적인 명령")를 부과한다.
　바울은 디모데에게 의무를 부과함에 있어 그리스도께서 증인이 되어 주실 것을 요청하였으며, 그리스도께서 돌아오셔서 그의 사역을 검사하실 것임을 상기시킨다.

　"말씀을 전파하라"는 것은 말씀을 옳게 분변하여 이해하게 만들며, 사람들의 생활에 적용하게 만든다는 뜻이다. 말씀을 전하여 그 말씀이 일하도록 하는 것이 아니라 말씀에 대하여, 또는 말씀으로부터 전하는 설교자들이 너무도 많다. 위대한 성경 강해자인 캠벨 몰간(G. Campbell Morgan)은 이런 말을 하였다. "우리의 첫 사업은 지식을 부여하는 것이며, 다음으로 우리의 목적은 우리가 가르치는 사람들이 순종하도록 인도하는 것이어야 한다." 그는 이런 말도 하였다. "전파란 이론의 선포가 아니며, 의심에 대한 토론도 아니다…설교란 말씀의 선포이며, 이미 계시되어진 진리의 선포이다."

　"항상 힘쓰라"는 말은 "준비를 하고 있으라, 끈기 있으라"는 뜻이며, 이와 같은 자세는 편안할 때나 불편할 때나 목회자의 자세가 되어야 한다(2절 / 3 : 16~17과 비교). 그러면 설교자의 의무들이 말씀을 주신 목적들과 유사하다는 것을 발견할 것이다. 말씀의 사역자는 자신의 말로 증명하고, 책망하고(경고하고), 권면하는 것이 아니라 하나님의 영감된 말씀으로 한다.

우리 그리스도인들은 **왜 하나님의 말씀을 선포해야 하는가?** 왜냐하면 사람들이 말씀을 원하지 않을 때가 올 것이기 때문이며, 그 때가 우리에게 해당된다! 교회에 다니는 사람들은 건강한 (건전한) 교리를 원하지 않는 대신 그들의 귀를 간지르는 그리스도인들 연기자들이 베푸는 종교적인 향연을 원한다.

우리는 오늘날 교회에서 정서적인 영화들, 화려한 행렬, 발장단을 맞추는 음악, 갖가지 색깔의 불빛 등 "귀족성"을 사랑한다. 성경을 펴는 사람은 거절을 당하고 얄팍한 종교적인 향연을 벌이는 사람은 명성을 얻는다. 4절은 사람들이 진리를 떠나 인간이 만든 우화들을 믿을 때에 근질근질하던 귀가 귀머거리로 될 것을 시사한다.

2. 네 **직무를 다하라** (4:5~8)

바울의 논점은 명확하다. 그는 이제 막 무대를 떠나려 하고 있으므로 누군가 그의 자리를 대신해야만 하였다. 우리 교회의 젊은이들은 미래의 교회인 것을 상기시켜 줄 필요가 있다. "관제와 같이 내가 부어질 준비가 되었고 닻을 거두고 돛을 달 때, 장막을 거두어 이동해야 할 때가 가까왔다."

바울은 영원에 직면하여 아무런 후회가 없었다. 그는 좋은 군사로, 충실한 경기자로, 복음의 보화를 맡은 충성된 청지기였다.

바울은 주님으로부터 면류관을 받을 것을 내다본다! 바울로 하여금 30년이 넘도록 고난과 고생의 이 길을 가도록 지속시켜 온 것은 무엇일까? 그는 그리스도께서 나타나심을 사모하였다! 이것이 그의 삶의 동기였다. "그리스도의 사랑이 나를 강권하시도다!" 주의 나타나심을 사모하는 모든 성도들은 지금 주님을 섬김에 있어 바울처럼 충성스러울 것이다.

영혼을 잃은 채 지옥으로 간 후에는 인생의 가장 큰 비극이 영원한 가장자리에 찾아들게 될 것이며, 우리가 하나님의 뜻에서 빗나갔다는 것과 열매 없는 일시적인 일들에 우리의 삶을 낭비했음을 발견할 것이다.

3. **빨리 로마로 오라!** (4:9~18)

왜 오라는 것일까? 데마가 그를 버렸으며 (골 4:14/몬 24절) 그레스게와 디도는 사역하러 떠났다. 두기고는 에베소서를 가지고 에베소로 파송되었고 의사인 누가만이 그와 함께 있었다. 바울은 주께서 본향으로 데려가시기를 인내로 기다리며 믿음의 아들과 그리스도인의 동료 의식을 나누기를 갈망하고 있었다. 21절에서 겨울이 오기 전에 오라고 강권하고 있는데, 이는 배편이 끊어지기 때문이며 너무 오래 기다린다면 바울이 죽게 될 것 같기 때문이었다.

우리가 의사인 누가를 처음 만난 것은 사도행전 16장 10절에서인데 그는 "우리가 힘쓰니…"라고 말하고 있다. 누가가 바울의 일행에 가담한 것은 이 지점에서였다. 그는 이방인으로서 누가복음과 사도행전의 저자임이 분명하다. 누가는 골로새서 4장 14절과 빌레몬서 24절에서 데마와 함께 언급되고 있는데, 그 대조점이 분명하다. 누가가 그리스도와 바울에게 충성스러웠던 반면 데마는 불충성하였다.

마가 요한은 사도행전 15장 37절 이하에서 바울에게 거절을 당하였으나 이제 영접되었다. 마가는 바나바와의 사역에서 자신을 입증하였으며, 바울은 기꺼이 잊기를 원하였는데 이러한 자세는 위대한 사람의 표지이기도 하다. 4장 11절에서 "유익하다"는 단어는 2장 21절에서 "쓰심에 합당하다"는 것과 똑같은 단어이다. 마가는 주인이 사용하시기에 "합당함"을 스스로 증명했던 것이다.

바울은 그가 드로아에 남겨둔 외투를 요청하였다. 겨울이 오고 있으며 로마 감옥에서 그것이 필요하였다. "책"이란 아마도 그가 쓴 것일 가능성이 있으며, 가죽 종이에 쓴 것이란 구약 성경의 사본이었을 것이다. 아마도 체포되어 급히 로마로 압송되는 바람에 뒤에 남겨 둔 것인 듯하다. 재판을 기다리는 동안에 바울은 그의 시간을 말씀을 연구하는 데 보냈을 것이다. 따라야 할 좋은 본보기이다.✦

바울은 그의 말에 저항하였던(3 : 8) 알렉산더를 디모데에게 경계시킨다(딤전 1 : 20 / 행 19 : 33). 바울의 첫번째 변호(대답)에서는 아무도 그의 편에 서지 않았으나 주님은 여전히 그와 함께 계셨다. 따라서 문제될 것이 없었다! 이 일은 언제나 어려운 시기에 처하여서 그에게 격려가 되었다(행 18 : 7~11 / 23 : 11 / 27 : 19~25).

4. 내 친구들에게 문안하라!(4 : 19~22)

죽음이 확실해졌으나 바울은 여전히 다른 사람들에 대하여 생각하였다! 그리스도께서 십자가에 달렸을 때와 참으로 비슷하다! 바울은 디도서 1장 8절에 주어진 "선한 사람들을 사랑하며"라는 목회자의 필수 조건을 성취하였다. 우리는 전에 브리스길라(브리스가)와 아굴라를 만나본 일이 있다(행 18 : 2, 18 참조).

에라스도는 사도행전 19장 22절에 나오는 인물이며, 드로비모는 사도행전 20장 4절과 21장 29절에서 언급된다. 바울이 드로비모를 고치지 않았다는 사실은 특별한 이적의 은사들이 무대에서 사라졌음을 시사한다. 이 경우는 모든 성도들이 치유를 받는 것은 아니라는 것을 증거하며, 또한 치유의 은사가 없다고 하여 반드시 영성이 결여된 것은 아니라는 사실을 입증한 셈이다.

"은혜가 너희에게 함께 있을지어다"라고 바울은 말하며 신약성경을 쓰는 그의 역할을 종결짓는다. "은혜"가 그의 사역에서 핵심 단어였듯이 또한 우리의 생활에서도 핵심 단어가 될 것이다.

디 도 서
-개요와 서론-

디도서 개요

■ 개인적인 인사 / 1장 1～4절

1. 교회 조직 / 1장 5～16절

1 장로들을 위한 자격 / 1장 5～9절
2 거짓 선생들의 특성 / 1장 10～16절

2. 그리스도인의 의무 / 2～3장

1 나이 많은 성도들 / 2장 1～3절
2 젊은 남자들과 여인들 / 2장 4～8절
3 종들 / 2장 9～15절
4 시민들 / 3장 1～11절

■ 끝맺는 권면들 / 3장 12～15절

디도서 서론

■ **인물** : 디도는 헬라인 신자로서 바울의 사역을 통하여 그리스도께 인도되어 졌다(갈 2 : 3 / 딛 1 : 4). 그의 배경에 대해서는 알려진 바가 많지 않으며, 사도행전에서는 한 번도 그의 이름이 언급되어 있지 않다. 아마도 이교도에서 회심한 사람 같으며, 바울 사도를 사모하여 성도들을 위한 헌금을 걷는 데 스스로 조력하였던 듯하다(고후 12 : 18 / 2 : 1∼9 / 7 : 8∼12). 드로아에서는 바울을 만나 고린도 교회의 상황에 대해 보고를 하였다(고후 2 : 12∼13 / 7 : 5∼16).

디도는 바울을 위하여 고린도후서를 전달하였다(8 : 16∼24). 디도는 바울을 돕는 사람이었고, 그레데에 남아 바울이 두기고와 아데마를 보낼 수 있기까지(딛 3 : 12) 교회를 재조직하였다(딛 1 : 5). 디도는 바울이 두번째 투옥되었을 때 로마에 함께 있었으며, 그 때 이 사도를 위하여 사명을 띠고 달마디아로 여행하였다(딤후 4 : 10). 디도에 대한 바울의 평가는 고린도후서 8장 23절에 나온다.

■ **편지** : 바울은 디도를 그레데에 남겨 두고 급히 떠나 왔으므로 그에게 편지를 써서 이 헌신한 동역자를 격려하며 교훈할 필요가 있었다. 그레데 사람들은 함께 일하기에 쉬운 사람들은 아니었으며, 디도서 1장 12∼13절에서도 이를 지적하고 있다! 그레데에 교회를 시작한 사람이 누구인지는 알 수 없으나, 우리가 아는 바는 다음의 사항들이다. 교회의 조직과 회원들의 생활이 수치스러울 정도로 떨어져 있었다.

교회는 두 가지 근원에서 고난을 당하고 있었던 것 같다. 즉, 율법과 은혜를 섞는 유대주의자들이 방문하였고, 또한 하나님의 은혜를 남용하여 그것을 방종으로 바꾸어 버린 무지한 그리스도인들이었다.

그가 이 편지를 쓸 때 그의 심중에는 몇 가지 목적들이 있었다.

1️⃣ 디도에게 교회를 재조직하는 그의 역할을 상기시키며 장로들을 임명하게 하기 위함.

2️⃣ 거짓 교사들에 대하여 디도를 경고하기 위함.

3️⃣ 교회의 여러 다른 류의 사람들을 목회함에 있어 그를 격려하기 위함.

4️⃣ 그리스도인의 생활에 있어서 은혜의 참다운 뜻을 강조하기 위함.

5️⃣ 교회에 문제를 일으키는 사람들을 처리하는 방법을 설명하기 위함.

■ **강조점들** : 이 간단한 편지에서 몇 가지 단어들이 반복되어 나오고 있는데, 이는 바울의 심중에 있는 부담감을 이해하도록 우리를 돕는다. **선한 일**이 주된 강조점인 것에 유의하자(1 : 16 / 2 : 7, 14 / 3 : 1, 5, 8, 14). 은혜로 말미암아 구원을 받는다는 것은 선한 일을 하기까지 구원을 받는다는 뜻이다!

그리스도인의 교리와 그리스도인의 생활은 건전해야만 한다(1 : 9, 13 / 2 : 1 ~2, 8). 거룩한 삶을 살아야 하며 세상적이어서는 안 된다(1 : 1 / 2 : 12). 하나님의 은혜는 사람이 거룩한 생활을 하도록 인도한다(1 : 4 / 2 : 11 이하 / 3 : 7, 15). 이 책의 핵심 구절은 3장 8절일 것이다. "……하나님을 믿는 자들로 하여금 선한 일을 힘쓰게 하려 함이라."

지교회에게 보내는 멧세지
-디도서 1장-

1. 디도는 말씀을 선포해야 했다(1 : 1∼4)

이러한 공식적인 인사는 편지를 시작하는 서두라는 것 이외에 더 큰 의미가 있다. 이 인사는 지교회의 생활에 있어서 하나님의 말씀의 위치를 서술하고 있다. 바울은 교회(하나님의 선택으로 택함받은 사람들)의 믿음에 따른 종이요 사도였다.

그의 사역은 교회와 동떨어진 것이 아니었으며, 직접적으로 교회와 연결되어 있었다. 유다서에서는 이 "믿음"을 "성도들에게 단번에 주신 믿음"이라고 부른다(유 3절). 이것은 하나님이 바울에게 주신 진리의 예탁이며(딤전 1 : 11), 바울은 차례로 디도와 디모데에게 주었다.

그레데에 있는 문제들 중의 하나는 하나님의 은혜를 남용하는 것이었다. "하나님은 은혜로 우리를 구원하셨으며 따라서 우리는 죄에서 자유하다"고 이 곳의 신자들은 주장하였다. 바울은 믿음을 정의함으로써 이에 응답하기 시작하는데, 그는 믿음을 "경건에 따른 진리"라고 정의한다. 경건은 바울에게 있어 친근한 단어이다(딤전 2 : 2 / 3 : 16 / 4 : 7∼8 / 6 : 3, 5∼6, 11 / 딤후 3 : 5). 경건이란 일상적으로 실천하는 거룩함이란 뜻이다(1 : 16과 비교).

나중에 2장 11∼15절에서 바울은 은혜가 우리를 구원하며, 또한 헌신한 생활을 살도록 훈련시킨다고 설명한다. 자기의 죄를 핑계대기 위하여 은혜의 교리를 사용하는 신자는 진실로 무슨 말인지 이해하지 못한다.

은혜의 멧세지는 그리스도의 재림이라는 축복된 소망을 지시한다. 2장 13절에 디도가 전해야 할 멧세지가 있다. 즉, 죄인들을 향한 하나님의 은혜, 그리스도 안에서 참된 믿음을 따르는 거룩한 생활, 주님이 돌아오실 것에 대한 일상적인 기대 등이다. 하나님의 놀라운 구원의 계획은 세상이 시작되기 전에 세워졌던 것이며 이제 전도(복음의 선포)를 통하여 나타난 것이다. 지교회에서 선교의 위치를 축소시켜서는 안 된다.

2. 그는 교회를 조직해야만 하였다(1 : 5∼9)

우리는 누가 그레데에 교회를 세웠는지 모른다. 그러나, 우리가 아는 것은 바울이 디도를 남겨 두어 교회를 조직하게 하였으며, 약한 곳을 치료하게 하였다는 것이다. 그의 사역에는 분명한 반대가 있었으며 사임하기를 원했다는 암시가 나온다. 바울은 이렇게 쓰고 있다. "그러나 내가 너를 그 곳에 남겨 둔 것이 바로 그 이유 때문이다. 만일 문제가 없었다면 그 교회는 너를 필요로 하지 않았을 것이다." "

그리스도인들이 육신의 몸에 있는 한 우리의 교회에는 문제들이 있을 것이다. 이러한 문제들이 생길 때 문제를 숨기는 것이나 직원들이 사임하고 다른 교회를 찾는다는 것은 문제의 해결이 되지 못한다. 그 해결 방안은 이 문제들을 정직하게 기도하는 마음으로 직면하는 것이며, 하나님의 말씀에 입각하여 해결해 나가는 것이다. "바로잡다"는 5절의 말씀은 의학 용어로서 "부러진 뼈를 맞춘다, 또는 구부러진 수족을 똑바로 펴다"는 뜻이 있다. 교회는 하나의 몸이며 목회자는 경우에 따라 영적인 의사가 되어 어떤 뼈들을 맞추어야 할 때가 있다!

디도는 장로들(감독 — 7절, 같은 직분을 가리키는 두 가지 이름임)을 선택해야 했던 것은 아니며 교회가 선택한 사람들을 안수하면 되었다. 5절에 나오는 "각 성에"라는 말은 복음이 한 곳에서 다른 곳으로 퍼져 나갔음을 시사하며, 이 일은 마땅히 이루어져야 하는 일이었다. 여기 나오는 자격들도 디모데전서 3장에 나오는 자격들과 흡사하다.

6절의 "충성된 자녀들"이란 말은 "믿는 자녀들"이란 말이다. "방탕"에 대해서는 누가복음 15장 13절을 참조하라. 감독은 물질적, 영적인 하나님의 축복에 대한 청지기이다(고전 4 : 1~2 참조). 그는 "미쁜 말씀"을 굳게 잡아야 한다. 디모데전서 1장 15절, 4장 9절, 디모데후서 2장 11절과 디도서 3장 8절에서 바울이 말한 미쁜 말씀을 마음에 새겨 보자.

감독은 두 가지 이유로 인하여 말씀을 알아야 한다. 즉, 성도들에게 사역할 수 있기 위하여, 그리고 거짓 선생들을 논박할 수 있기 위해서이다. "거스려 말하는 사람들"이란 반박하는 사람들, 모순된 사람들을 뜻한다.

3. 디도는 거짓 선생들을 반박해야 했다(1 : 10~16)

그리스도께서 좋은 씨(신자들)를 뿌리는 곳마다 사단은 모조 씨앗을 가지고 거짓 선생들과 더불어 뒤따라 다닌다. 그레데에는 바울의 가르침을 반박하며 유대인의 우화(율법주의)와 인간의 명령(전통)을 대신 가르치는 일단의 사람들이 있었다. 우리는 계속해서 거짓 선생들을 조심해야만 한다! "할례당"(10절)은 바울을 예루살렘에서 로마로 보내려고 싸웠던 사람으로서, 여전히 진리를 반대하고 있다. 은혜와 율법을 혼합시킬 때 우리는 거짓 교리로 끝나고 만다. 바울은 이러한 교사들이 헛된 말장이며 속이는 자들이며 무법한 자들이라고 묘사한다.

　　바울은 유명한 시인 에피메니데스의 말을 인용하기조차 하는데, 이 사람은 그레데인들을 거짓말장이요, 잔인한 동물이며 "게으른 족제비"라고 묘사하였는데, 과히 아름다운 묘사는 아니다./ 사실상 바울 시대의 사람들은 "그레데 사람"이라는 새로운 단어를 발명해 냈으며, 그 뜻은 "거짓말하다, 그레데인처럼 말하다"란 뜻이었다.

물론 바울은 모든 그레데인들이 다 게으른 족제비요 거짓말장이라고 말하는 것은 아니다./ 교회 내부와 외부에 예의바른 생활을 하는 사람들이 있었음에는 의심할 바 없다.

음식규정법과 금욕주의는 거짓 선생들의 핵심적인 교리들이었으며, 바울은 15절에서 그들을 공격한다. 15절이 잘못 배운 그리스도인들에 의해 크게 남용되고 있는 것은 불행한 일이다! 어떤 그리스도인들은 그들의 죄악된 관습을 지지하는 데에 이 구절을 사용하며 이렇게 말한다.

"순전한 사람에게는 모든 것이 순전하며……따라서 내가 하는 일은 그릇된 것이 아니다"라고 말한다. 바울이 이 말을 썼을 때 그의 심중에는 이러한 뜻은 없었다. 그는 디모데전서 4장 2～5절에서처럼 정결한 음식과 부정한 음식에 대한 문제를 취급하고 있었다. 바울은 하나님의 말씀을 아는 신자는 모든 음식을 깨끗한 것으로 받아 들일 수 있다고 가르치고 있다.

불신자와 거짓 선생들은 더러운 마음과 양심을 가졌으며, 따라서 아무것도 순전하게 보지 않는다. 사실상 순전하지 않은 음식이 인간을 더럽히는 것이 아니라 인간이 음식을 더럽히는 것이다./ 도덕적이고 영적인 순전함은 음식이 문제되는 것이 아니라 깨끗한 마음과 선한 양심이 문제이다. 예수님은 이 점에 대하여 마태복음 6장 22～23절에서 가르치셨다(롬 14：14 참조).

디도는 이러한 거짓 교사들을 어떻게 다루어야 하는가? 그가 이들의 관점을 알기 위하여 그들과 연합하여야 하는가? 아니다./ 그들의 입을 막고(11절) 그들을 날카롭게 꾸짖어야 한다(13절). 결국에 가서 그들의 가르침은 모든 가족들을 실의에 빠뜨릴 것이다(부패시킬 것이다, 11절). 이들의 동기는, 간단히 말해서, 돈을 얻는 것이며(더러운 이익) 주님을 영화롭게 하는 것이 아니었다.

16절은 이 상황을 명확하게 종합해 준다. 이 거짓 교사들은 이렇게 고백하고 저렇게 실천한다. 이들은 그들의 행위로 그리스도를 부정하고 있으며, 가증되고 불순종하였다. 이들은 결코 시험에 합격할 수가 없을 것이다(신에게 버림을 받게 된다).

우리는 오늘날 교회를 공격하는 거짓 선생들을 본다. 무지함 때문에 거짓 교리를 붙들고 있는 경우와, 거짓 교리를 붙들고 하나님의 진리라고 가르치는 것과는 다른 것이다. 무지한 사람들은 동정을 받고 진리를 배워야 하나, 고의적인 거짓 선생들은 책망을 받고 거절을 당해야 한다. 교회가 진리를 타협할 때 진리는 거짓말에게 삼키워질 것이다.

"건전한 교리", "건전한 믿음"을 강조하는 것에 유의하자(9, 13절). 이것은 바울이 디모데에게 보낸 편지들에서 살펴본 "건강한" 교리이다. 거짓 교리들은 그리스도의 몸(교회)에 영적인 병을 일으킬 뿐이다.

목회자들에게 보내는 편지(Ⅰ)
-디도서 2장-

만일 디도가 거짓 선생들을 논박하는 데에 시간을 다 썼다면 교회는 생기지 않았을 것이다! 목회자가 균형잡힌 사역을 하는 것은 중요한 일이다. 진리의 적들을 논박하는 것과 아울러 성도들을 가르치고 권고하는 일을 해야 한다. 본 장에서 바울은 교회 안에 있는 세 그룹의 사람들을 다루며, 주님에 대한 그들의 의무를 상기시켜야 한다고 디도에게 조언한다.

1. 나이 많은 성도들(2 : 1~3)

그레데에 있는 교회는 오순절에 있었던 베드로의 사역의 결과로 생긴 것이었다 (행 2 : 11 참조). 교제 모임에는 나이 많은 성도들이 있었다. 지교회의 가족 중에 주님과 함께 오랫동안 걸어 온 나이 많은 순례자들이 있다는 것은 축복된 일이다./ 이들은 그처럼 오래 살도록 특권을 부여받은 것이며, 이러한 특권에는 진지한 책임이 따른다.

　나이 많은 남자들은 근엄하며(방심하지 않고 주의깊으며), 무게가 있으며(진지한, 쉽게 존경이 가는), 절제하며(자기 조절), 믿음이 건전하다(건강하다). 영적인 건강은 육체적인 건강보다도 더욱 중요하다! 그들의 사랑과 인내는 모든 사람의 본보기가 된다. 그런데 "선배 성도들"이 젊은 무리들에게 인내심을 보인다는 것은 참으로 어려운 일이다!

　나이 많은 여인들은 그들의 행동에서 존경을 받아야 하며, 잡담이나 술취하는 일을 피해야 한다. 이들은 교회에서 교훈과 본보기로 젊은 여인들을 가르칠 놀라운 기회를 가진다.

　바울은 형제들로 말미암아 지원을 받는 몇몇 과부들을 교회에 두어 섬기게 하기를 심중에 기대했을 가능성이 있다.

2. 젊은 남자들과 여자들(2 : 4~8)

바울은 젊은 여인들에게 먼저 말하면서 나이 많은 여인들의 말에 귀를 기울이며 경건한 아내와 어머니가 되는 방법을 배우라고 격려한다. 여기서 우리는 하나님께서 젊은 그리스도인 아내들에게 기대하시는 것이 무엇인지를 알게 된다. 그녀는 근신하며, 결혼과 가정에 대해 진지한 자세를 가진다. 진지한 아내와 어머니가 되기를 원하지 않는 여인은 결혼해서는 안 된다. 가정은 놀이터가 아니다./

사랑은 행복한 가정의 활력소이다. 따라서 바울은 남편과 자녀들을 사랑하라고 상기시킨다. 에베소서 5장 22~23절에서 남편과 아내 사이의 사랑에 대한 세부 사항을 알아보라.

그리스도인 아내는 지각있고 신중하며 순결하고 정숙하여 조심스럽게 행동해야 한다. "가정 주부들"이란 "가정에서 일하는 사람들" 또는 "가정을 형성하는 사람들"이란 뜻이다. 그녀는 집에서 일해야 하며, "하나님의 말씀이 훼방을 받게 해서는 안 된다." 그리스도인의 가정이 불순종하며 부주의한 아내들과 남편들로 말미암아 그리스도를 위한 보잘것 없는 간증을 보이게 된다는 것은 참으로 무서운 일이다. 가정을 소홀히 하는 남편들과 아내들은 불신자들보다 더 나쁘다!

디도가 젊은 사람이었기 때문에, 바울은 교회에서 젊은이가 어떠해야 하는지를 가르치기 위한 본보기로 디도를 사용하신다. "모든 사람들이 따라해도 좋을 선한 일의 본이 되라!"는 것이 바울의 권고이다. 순결하고, 성실하며 진지하라! 이것이 바울의 권고들을 요약한 진술이다. 8절에서 그는 그리스도인답게 말해야 한다고 상기시키는데, 그렇지 않으면 적들은 비판할 것들을 찾아낼 것이다.

3. 종들(2 : 9~15)

우리는 앞서 디모데전서에서 이 그룹을 다루었으며 또한 에베소서와 골로새서에서도 다루었다. 바울은 노예들을 향한 뜨거운 마음을 가지고 있었으며, 그들의 일상적인 생활이 그리스도를 영화롭게 하기를 간절히 바라고 있었다. 그들의 일차적인 책임은 순종이었다. 이들은 "거스려 말하지" 말아야 했다("반박하는 사람"-9절). 순복하는 의지와 조절을 받는 혀는 그리스도를 위하여 놀라운 간증이 될 수 있다.

종들은 그들의 주인들을 기쁘게 하려고 노력해야 하며 단순히 그들에게 필요한 것만을 행해서는 안 된다. "십리를 가는" 행위는 구원의 실제를 사람들에게 입증하는 데에 도움을 줄 것이다.

10절에 "떼어먹다"는 말은 "훔친다"는 뜻이다. 노예들은 주인에게서 물품을 훔치라는 유혹을 받게 되는데, 주인들이 재산의 관리를 종들에게 맡기는 일이 종종 있기 때문에 이러한 유혹을 받기가 쉬웠다. "좋은 믿음"이란 "정직, 충성"을 의미한다. 바울은 10절에서 정직하게 봉사해야 할 보다 높은 동기를 말한다. 즉, 이들이 하나님의 교리를 빛나게 하기 위하여, 다시 말하자면 그들의 생활에서 "성경을 아름다운 것"이 되게 하기 위함과, 불신자들에게 매력있게 보이기 위함이다. 결국 우리는 5절과 10절에서 그리스도인의 삶에 대한 적극적이면서도 소극적인 동기를 본다.

"하나님의 은혜"는 그레데에서 남용된 교리였으며, 바울은 이제 잠깐 멈추어 교리적인 기반으로 그의 충고들에 띠를 두른다.

은혜를 방종으로 바꾸어 생각하며, 그리스도인은 더이상 율법 아래 있지 않으므로 죄 가운데 살 수 있다고 가르치는 사람들이 있다. 물론 신자는 율법 아래 있지 않지만 이것이 훨씬 더 큰 책임인 것이다! 그리스도인이 어떻게 하나님의 은혜와 친절에 대항하여 고의적으로 죄를 범할 수가 있는가! 바울은 그리스도인의 생활에 대한 세 가지 시제를 제시한다.

● **과거** – "모든 사람에게 구원을 가져온 하나님의 은혜가 나타났다"
● **현재** – "우리를 가르치시며…"
● **미래** – "복스러운 소망을 기다리게 하셨으니…"

다른 말로 설명한다면, 하나님의 은혜는 우리를 구속할 뿐만 아니라 우리를 개혁하고 우리에게 보상을 주신다. "복스러운 (행복한) 소망을 바라보며 위대하신 하나님의 영광이 나타날 것을 기다린다." 이것이 보다 정확한 번역이다. 하나님의 영광은 그리스도의 인격 안에서 이 땅에 거하였으나(요 1 : 14), 그가 승천하실 때 그 영광도 천국으로 돌아갔다(행 1 : 9). 이제 그의 영광은 신자의 생활 가운데 머문다. 그리스도께서 돌아오실 때 우리는 그의 영광을 볼 것이며, 주의 영광에 참여할 것이다(요 17 : 22~24). " 우리 안에 계신 그리스도는 영광의 소망이시다!"

그리스도는 자신을 우리를 위해 주셨다. 우리가 할 수 있는 최소한의 일은 그에게 우리 자신을 드리며 그가 오실 때까지 그리스도를 높이는 생활을 하는 것이다. "구속하다"는 말은 노예 생활에서 값을 치르고 벗어난다는 뜻이다. 우리는 주님의 "특별한 백성"이다. 즉, 우리는 그의 특별한 보좌이며, 그의 사랑받는 개인적인 소유물이다(출 19 : 5 / 벧전 2 : 9).

"특별한"이란 말은 "별난"이란 뜻이 아니라 그리스도께서 개인적으로 구입하셔서 그의 소유가 되었다는 뜻이다. 우리는 값으로 산 바된 사람들이며, 순전케된 사람들이요, "선한 일을 사모하는" 실천적인 사람들이다. 디도서 전체에서 "선한 일"에 대한 주제를 추적해 보라. 그러면 당신은 그것이 얼마나 중요한지를 알게 될 것이다.

그리스도인의 생활에는 두 개의 "기둥"이 있다. 즉, 십자가를 뒤돌아보며(14절) 그리스도의 오심을 내다보는(13절) 것이다. 이 두 개의 기둥이 우리로 하여금 그리스도인의 행실에 꾸준히 남아 있도록 도움을 준다. 이러한 사실들은 성만찬에 들어 있는 의미이며, 우리는 그의 죽으심을 그가 오실 때까지 기념하는 것이다.

목회자에게 보내는 멧세지 (Ⅱ)
-디도서 3장-

본 장은 지교회들을 사역하는 일에 관하여 디도에게 주는 바울의 연속된 권면이다. 그는 나이 많은 성도들, 젊은 남자들과 여자들, 종들에 대해 논의하였는데, 이제는 두 계층의 사람들을 첨부하여 다룬다.

1. 치리자들(3 : 1~7)

그리스도인은 좋은 시민들이 되어야 한다. 참으로 우리의 "시민권은 하늘에 있다"(빌 3 : 20). 그러나, 우리가 여기 지상에 있을 동안에는 실천적인 일상생활에서 그리스도인의 신앙을 적용하여야 한다. 교회는 정치와 혼합되어서는 안 된다. 그러나, 그리스도인 백성은 도시나 나라의 일에 있어서 그리스도인의 원리들을 적용하려고 노력해야만 한다는 것은 분명한 일이다(롬 13장 / 벧전 3 : 8~17 참조).

신자가 인간을 높일 수는 없지만 그 나라의 관리와 법을 존경해야 한다. 만일 그 법이 말씀에 모순된다면 그리스도인의 첫번째 충성은 하나님을 향한 것이어야 한다(행 4 : 19 / 5 : 29). "모든 선한 일 행하기를 예비하라"는 말은 정부의 계획 중에서 좋은 것들을 지원하는 것이 마땅함을 암시하고 있다.

과거를 돌이켜 볼 때 인간을 중히 여기는 위대한 개혁들이 그리스도교의 원리들을 따르는 사람들에 의하여 주도되어 왔음은 분명한 일이며, 우리가 선한 일을 행할 수 있는데도 다만 관망만 하는 그런 사람이 되어서는 안 된다. 그리스도인들은 이 땅의 소금이며 세상의 빛이다. 이 말은 정부의 선한 사업들에 우리 자신을 적극적으로 개입시켜야 함을 암시한다. 그렇다고 해서 우리의 신념을 타협하거나 또는 주님의 일을 방해해서는 안 된다. 우리는 먼저 그리스도인 시민이 되어야 하며, 정당의 회원은 그 다음인 것이다.

어떤 그리스도인들은 논쟁으로 그들의 목적을 달성할 수 있다고 생각한다. 2절에서 바울은 악한 의도로 거짓말을 퍼뜨리는 것이나 싸움을 벌이는 것을 경고한다. "사람의 분노가 하나님의 의를 이루지 못한다"(약 1 : 20). 양순과 온유는 법적인 권력보다도 더 강할 수 있다!

그리스도인은 죄와 싸울 때 여러 가지 다른 무기들을 의존한다(고후 10 : 1~6). 신자는 자기의 전투를 감행하기 위하여 성경적인 방법을 모두 동원한 후에 하나님을 의지하는 법을 알고 있다(롬 12 : 17~21). 온유함은 연약함이 아니며, 차라리 조절을 받고 있는 힘이라고 해야 할 것이다. 예수님은 온유하셨으나(마 11 : 29) 능력을 발휘하는 법을 알고 계셨다.

3~7절에서 바울은 **정직한 생활을 해야 하는 동기**를 상기시킨다. 곧, 하나님의 은혜이다. 하나님의 은혜는 우리를 구원하였을 뿐만 아니라 우리의 일상적인 생활을 조절하시며 더욱 그리스도를 닮아가게 한다는 것이 본 서의 강조점이다. 바울은 "너희가 구원받기 전에 가졌던 옛 생활을 생각해 보라!"고 쓰고 있다. 이렇게 함으로써 구원받지 않은 친구들을 이해하는 데 도움이 될 것이며, 그들에 대하여 동정심을 가지게 될 것이다.

"우리는 하나님의 친절과 사랑으로 말미암아 구원을 받았다." 하나님은 3절에서 열거하고 있는 죄들은 미워하시지만 죄인들을 사랑하신다! 그리스도께서 십자가에서 죽으심으로 말미암아 하나님은 세상과 화해하셨으며(고후 5 : 14~21), 그리하여 믿음으로 주님께 오는 모든 사람들을 구원하실 수 있게 되었다 (4절의 "사랑"은 "박애, 자선"과 비슷하다).

이것은 그런 자격이 없는 인간들에게 하나님이 베푸시는 은혜와 수여의 마음가짐이다. 하나님의 이 같은 사랑에 대한 놀라운 소식이 그리스도 안에서 그의 인격과 교훈과 죽음을 통하여 나타났다.

바울은 우리의 구원이 행위로 말미암은 것이 아니며, 다만 구원이 선한 행위를 초래하는 것이라고 매우 명백하게 밝힌다(8절 / 엡 2 : 8~10 참조). "씻음"이란 세례(침례)와는 아무 연관이 없다. 이것은 "대야"라는 뜻이며, 장막에 있던 구약의 대야를 가리킨다. 바울은 에베소서 5장 26절에서 같은 단어를 사용하며, 여기서는 말씀으로 말미암아 씻음이 이루어진다.

성경 전체를 통하여 씻을 물은 하나님의 말씀을 상징한다(요 15 : 3 / 시 119 : 9 / 5 : 26). 다른 말로 하면, 5절은 새로운 출생(중생)을 위한 두 가지 동인(動因)을 묘사하고 있는 것이다. 즉, 하나님의 말씀과 하나님의 영이다(요 3 : 5 / 벧전 1 : 23 / 약 1 : 18 참조). 성령은 모든 신자들 위에 "부어졌으며", 이때의 동사의 시제는 모두를 위하여 단번에 부어진 것임을 시사한다. 즉, 오순절에 신자들에게 성령의 세례(침례)를 통하여 성령이 부어진 것을 말한다.

신자는 은혜로 말미암아 의로워지며, 하나님의 상속자이다! 우리는 그리스도 안에서 참으로 축복된 지위를 소유하고 있다! 이러한 놀라운 구원은 우리로 하여금 보다 훌륭한 시민이 되려는 동기를 부여하며 우리 주위의 잃어버린 사람들이 우리 안에서 그리스도를 보며 주님을 알고 싶어지도록 만든다.

2. 이교도들(3 : 8~11)

"이교도"라는 단어는 "선택한다"는 뜻을 가진 말에서 온 것으로, 나쁜 의미에서 선택을 하고 분파를 일으키는 사람을 암시한다. 갈라디아서 5장 20절은 이

단(당을 지음, 분열)을 육신의 일의 목록에 포함시킨다. 이단(분당)이 고린도의 육적인 교회에 유행하고 있었다(고전 11∶19).

교회에서 문제를 일으키는 이러한 사람들은 단어들이나 족보를 가지고 논쟁하기를 좋아하였으며, 이들이 유대교의 배경을 가졌고 구약의 줄거리에 기반을 둔 진기한 교리들을 세우려고 했음을 암시해 준다. 우리는 골로새서를 연구할 때 이 사람들을 만났었다. 이처럼 유익이 없고 공허한 토론은 피해야만 한다. 이들은 결코 대적을 납득시키지 못하며, 다만 교회의 분열만을 초래할 뿐이다.

디도는 이러한 문제의 사람들을 어떻게 다루어야 하는 것인가? 한 가지 예를 들면, 그들과의 논쟁을 피해야 한다. 다음으로 두 번의 권면에도 불구하고 계속 문제를 일으키기를 고집한다면 (이것은 공식적인 경고를 의미한다), 이들은 교제로부터 배격되어야 한다. 문제를 일으키는 교회원이 다른 교회로 교적을 옮겨가려고 위임서를 원할 때는 가게끔 해야 하며, 만일 그가 돌아온다면 경고를 하고 이를 받아들여야만 한다. 만일 그가 다시 문제를 일으킨다면 두번째로 교적을 옮기는 편지를 써주어야 하지만 그가 다시 돌아오면 교제 가운데 받아들여서는 안 된다.

동정심 많으나 배움이 없는 어떤 성도들은 "그가 이번에는 변화되었을지도 모른다"고 말할 것이다. 바울은 11절에서 그 사람은 변화되지 않을 것이라고 지적한다. 그는 "뒤집혀졌으며"(붕괴되었으며) 지속적인 죄의 상태에 있어 결국은 치료할 수 없는 상태에 있는 것이다. 우리의 지교회들의 목회자들과 직원들이 이러한 중요한 원리를 관철한다면 분열이 훨씬 줄어들 것이다.

바울은 주의 사역에서 그를 조력하는 사람들의 여행에 대하여 알리면서 이 간단한 편지를 끝맺고 있다. 그는 그레데에서의 어려운 사역을 조력하기 위하여 "증원군이 오고 있음"을 디도에게 알린다. 아데마나 두기고가 디도를 대신함으로써 그가 니고볼리에서 바울과 합세할 수 있을 것이었다.

그러나, 그 동안 디도는 누군가 그의 사역을 지속하기 위해 올 때까지 그 일에 머물러 있어야 했다. 하나님은 한 가지 사역을 일으키기 위하여 다른 사역을 파괴하는 일을 하지 않으신다는 사실을 명심하는 것이 좋을 것이다. 하나님께서 인간을 움직이실 때는 발을 들여 놓을 준비를 갖춘 대리자를 예비해 놓고 계신 것이다. 만일 대리자가 준비되어 있지 않다면 이동할 시기가 아니라는 표시이다.

세나와 아볼로는 아마도 이 편지를 디도에게 전달할 사람들인 것 같다. 바울은 그들이 여행을 계속할 수 있도록 협조하라고 디도에게 조언한다. 아마도 그들의 여행은 바울을 대신한 특별한 사명이었을 것이 분명하다.

그리스도인들은 주님의 봉사에 임하여 서로를 도와야만 한다(고전 16∶6, 11 / 롬 15∶24 참조). 우리는 거짓 교훈을 가르치는 사람들을 지원하지 않도록   *341*

조심해야만 한다(요이 9∼11절).

14절은 지교회의 그리스도인들이 디도의 사역을 지원해야 하며, 다른 사람들을 돕는 디도의 일을 조력해야 한다는 것을 상기시키는 말이다. 목회자와 성도들이 이 사역에 동참해야 한다! "모든 선한 일에 열매를 맺는다"는 것은 모든 그리스도인들에게 해당하는 말이며 목회자나 직원들만 해당하는 것이어서는 안 된다.

그는 그의 사도적인 인사로 끝을 맺으며 사랑과 믿음을 연결짓고 있다. "은혜가 너희 무리에게 있을지어다!"는 바울의 친필 편지임을 표시한다(살후 3 : 17).

빌레몬
-개요와 서론-

빌레몬서 개요

■ 인사말 / 1~3절

1. 빌레몬으로 인한 바울의 감사 / 4~7절

   "내가 내 하나님께 감사하노니……"

2. 오네시모를 위한 바울의 호소 / 8~17절

   "내 아들을 위하여 네게 간구하노라……"

3. 보상에 대한 바울의 확신 / 18~25절

   "내가 갚으려니와……"

빌레몬서 서론

■ **인물** : 빌레몬은 골로새에 사는 부유한 그리스도인임이 분명하다(몬 2절 / 골 4 : 9, 16~17). 그의 아들 아킵보가 라오디게아 교회를 목회했을 가능성이 있으며(골 4 : 16~17), 빌레몬의 집에도 교회 모임이 있었다(2절). 빌레몬은 바울의 사역을 통하여 아마도 에베소에서 그리스도께 인도되었을 것이다. 이렇게 추론되는 이유는 바울이 개인적으로 골로새를 방문한 일이 없었기 때문이다.

■ **서신** : 오네시모는 빌레몬의 노예들 중 하나로서, 그의 주인에게서 도둑질을 하여 로마로 도망친 사람이 분명하다. 주님의 섭리적인 인도하심이 있어서 이 도망친 노예는 바울과 접촉하게 되었는데, 바울은 그를 그리스도께로 인도하였다./ 법대로 한다면 빌레몬은 불순종한 죄로 그의 노예를 죽일 수 있었다. 그러나, 바울이 개입하여 이 새로운 그리스도인을 위하여 중재하였으며 그의 생명을 구원하게 되었다.

이 간단한 편지가 우리들에게 말해 주는 바는 의미심장하다. 왜냐하면 이 편지가 위대한 이 사도의 마음을 생생하게 묘사하고 있기 때문이다. 이 편지에 나타난 그의 목적들은 다음과 같다.

● 빌레몬에게 그의 노예 오네시모가 안전하며 또한 구원받았다는 것을 알리기 위함.
● 빌레몬에게 오네시모를 용서할 것을 권하기 위함.
● 빌레몬에게 바울을 위하여 방을 하나 예비해 두라고 요청하기 위함(그는 곧 석방될 것을 기대하였다).

■ **교훈** : 이 서신의 주된 교훈은 그리스도에 대한 상징에 있다. 바울이 불순종한 오네시모를 위하여 값을 지불하고자 했던 것처럼 그리스도는 우리를 위하여 십자가에서 그 값을 지불하셨다.

바울은 우리가 "사랑하는 사람들에게 영접받는 것"을 상기시키며(엡 1 : 6 / 고후 5 : 21) "저를 영접하기를 내게 하듯 하고……"라고 쓰고 있다. 그리스도인은 결코 그 자신의 공로로 천국에 들어가는 것이 아니다. 신자가 아버지 하나님 앞에 서 있을 때 그리스도는 이렇게 말씀하실 것이다. "나를 영접하시듯 그를 영접하소서./" 우리가 그리스도의 의로 가리워지는 것을 하나님께 감사하라./

■ **노예제도** : 로마제국에서 노예제도는 용납된 관례였음을 기억해야 할 것이다. 로마와 헬라인들은 전쟁 후에 노인이든 젊은이든 많은 사람들을 노예로 본국에 데려왔으며, 노예를 팔고 사는 것은 그들의 일상적인 생활의 일부였다. 바울은 노예들에게 상냥한 관심을 지녔으며(고전 7 : 20~24 / 골 3 : 22~4 : 1 /

엡 6: 5∼9), 가능한 한 최선의 그리스도인들이 되도록 그들을 격려하였고 가능하다면 법적으로 자유를 얻으라고 하였다.

우리는 바울이 노예제도를 특정하게 공격한 것을 읽어 보지 못한다. 초대 교회에 전파되어 살아 있는 복음 그 자체가 궁극적으로 사회의 노예 문제를 무너뜨렸다. 바울이 빌레몬에게 쓴 편지는 그리스도께서 인간의 생활을 변화시키심으로써 가정과 사회를 변화시켜 나가는 것에 대한 고전적인 본보기이다. 바울이 노예제도의 문제를 회피한 것은 아니다. 오히려 참된 해결책은 사람들이 그들의 마음을 그리스도께 바칠 때에 내면으로부터 온다는 것을 깨달은 것이었다.

노예와 그의 주인
- 빌레몬서 -

1～3절에 나오는 바울의 인사는 그가 죄수임을 밝히고 있는데, 이것은 9,10, 13,22,23절에 반복해서 나오는 하나의 주제이기도 하다. 아마도 바울은 그가 치르고 있는 값에 대하여 빌레몬에게 상기시키려 하는 것 같으며, 빌레몬이 오네시모를 위하여 무슨 일을 하여도 비교될 것이 못된다고 암시하려는 것 같다.

물론 바울은 그리스도의 죄수이지 로마의 죄수가 아니다./ 그는 확실히 그의 쇠사슬을 부끄러워하지 않았으며, 우리가 자유로운 시민으로서 성취한 것보다도 더 많은 일을 로마 감옥 안에서 해냈다.

압비아는 "사랑하는 자", 또는 "자매"로 불리운다. 그녀는 빌레몬의 아내이며 아킵보의 어머니인 것이 거의 확실하다(골 4:17). 그녀는 오네시모에 대하여 관심을 갖고 있었을 것이 분명하며, 그들의 집에서 모이는 교회의 사역에서 중요한 역할을 하고 있었을 것이다.

1. 바울이 빌레몬을 인하여 감사함(1:4～7)

성령의 인도를 받는 사람은 분명히 덕스럽고 재치가 있을 것이므로, 바울은 달아난 노예에 관한 문제로 접근해 감에 있어 이러한 품성을 예로 들어 말한다. 그 사람의 생명을 즉각적으로 간구하는 대신 바울은 그의 친구 빌레몬을 위하여 진지한 감사를 표한다. 이것은 공허한 아첨이 아니라 그리스도인의 진지한 감사 표시이다. 바울의 마음에는 "하나님의 사랑"이 넓게 스며들어 있었다.

빌레몬은 우리들 모두가 알고 싶어하거나 또는 그렇게 되고 싶은 그런 종류의 사람인 듯하다./ 그는 사랑과 믿음의 사람이었다(딛 3:15). 왜냐하면 결국 형제에 대한 사랑이 그리스도를 믿는 믿음에 대한 최선의 증거이기 때문이다./ 5절에서 빌레몬의 생애에 대한 이중의 접근을 살펴보자. 곧, 그리스도께로 향한 상향 접근과 다른 사람들을 향한 외향 접근의 면이다(갈 5:6 참조).

그의 믿음은 자기만 간직하고 있는 것이 아니었고, 그는 다른 사람들과 나누었다(의사소통을 하였다). 그리스도를 믿는 믿음은 언제나 다른 사람들을 향한 우리의 관계에서의 충성스러움으로 나타난다. 7절은 빌레몬이 "신선케 하는 그리스도인"이며 다른 사람들이 그 진가를 인정하는 류의 그리스도인임을 시사한다. 이제 빌레몬은 그의 노예 오네시모가 회심했다는 소식을 들음으로써 그의 신앙과 사랑에 대한 심각한 시험에 직면하게 된 것이다.

그러나, 우리는 계속 진행하기에 앞서 잠깐 멈추고 물어보아야 할 것이 있다. "나는 신선케 하는 성도인가? 나는 다른 사람들에게 축복을 끼치는가?"

2. 오네시모를 위한 바울의 호소 (1 : 8~17)

바울은 그의 사도적인 권위를 사용하여 빌레몬에게 오네시모를 영접하라고 명령할 수도 있었으나, 이것은 옳지 않은 것이었다. 한 가지 예를 들면, 그렇게 하면 빌레몬이 그리스도 안에서 성장하는 일에나. 이러한 경험을 통하여 참된 축복을 받는 데에 도움이 되지 못하였을 것이다. 경험에 있어 법은 사랑보다 훨씬 저급한 것이며, 바울은 빌레몬이 그의 영적인 생활에 있어서 보다 높이 올라가기를 원하였다. 이러한 연유에서, 바울은 은혜의 위대한 단어인 "간구한다"는 말을 사용하고 있다.

바울의 호소는 몇 가지 요소들에 기초하고 있다. 그 한 가지는 빌레몬이 지닌 그리스도인의 사랑에 호소하고 있는 점인데, 이 사랑은 이미 칭찬을 받은 바 있다(5절). 다음으로 바울은 불순종하는 노예를 믿음 안에서 그의 아들이라고 부르며 오네시모가 이제는 그리스도 안에서 형제임을 상기시키고 있다.

11절의 "무익한"과 "유익한"이라는 말의 대조는 "무익한"이라는 뜻을 가진 오네시모의 이름을 두고 하는 것이다. 즉, 오네시모는 로마에 있으면서 그리스도인의 봉사 사역을 통해 바울에게 유익함을 스스로 입증했던 것이다. 그는 이제 예수 그리스도의 노예였다./ 바울은 오네시모를 그 자신의 동역자 (1절)의 하나로 두고 싶었으나 그의 친구가 이 사실을 알고 승낙하기까지는 아무것도 하려 들지 않았다.

동일시의 원리가 여기서 아름답게 나타나 있다. "내 자신의 내장(內臟)인 그를 영접하라./" 오네시모는 바울에게 있어서 그의 일부분이었으므로 본국으로 돌려보내기조차 고통스러운 일이었다. 17절은 예수 그리스도께서 모든 참된 신자에 대하여 말씀하시는 그대로다. "그를 나 자신인 것처럼 영접하라./" 우리는 "사랑을 받는 사람들"로 영접을 받고 있다(엡 1 : 6).

오네시모는 옛날과 똑같은 사람으로 귀향하는 것이 아니었다. 그는 그의 주인 앞에서 완전히 새로운 지위를 얻고 있었다. 그는 이제 바울과 동일시되는 사랑받는 형제이며, 따라서 영접을 받게 되었다./ 이것은 성경이 의로워진다고 할 때 뜻하는 바이다. 우리는 그리스도 안에 있으므로 하나님 앞에 영접을 받게 되는 것이다.

3. 바울의 지불 보증 (1 : 18~25)

그러나, 로마법은 어떠한가? 오네시모가 훔쳐간 돈은 어떻게 되는가? 반환이 되지 않으면 빌레몬은 어떻게 용서할 수 있는가? 이러한 종류의 용서는 그를 더욱 죄인으로 만들 뿐이다./ 연로한 사도는 이렇게 약속한다. "내가 갚겠다, 내게로 회계하라."

　이것은 재차 갈보리의 감동적인 모습을 다루는 것이다. 그리스도는 달아난 노예들, 법을 깨뜨리고 반역한 우리들을 찾아내어 용서하셨고, 우리를 자신과 동일하게 여기셨다. 다음으로, 그리스도는 십자가로 향해 가셔서 우리를 대신하여 빚을 갚아 주셨다./ 이것은 전가(轉嫁)의 위대한 교리이다.
　"전가하다"는 말은 "어떤 이의 구좌에 넣다"는 뜻이다. 우리의 죄가 그리스도의 구좌에 넣어지고는 그의 의가 우리의 구좌에 넣어졌다./ 참으로 놀라운 은혜이다./ "여호와께 정죄를 당치 않는 자는 복이 있도다"(시 32 : 2 / 롬 4 : 1〜8). 우리의 죄들은 죄 없으신 그리스도의 구좌에 넣어졌다(고후 5 : 21). 우리의 죄들은 그리스도 위에 펼쳐졌고, 주님의 의로운 옷이 우리들 위에 놓여졌다./

　그리스도인들은 **그리스도 안에 영접을 받는 것**과 **그리스도께 영접을 받을 만한 것**의 차이를 명심해야 한다. 구원받기 위해 그리스도를 신뢰한 사람은 그리스도 안에 영원히 영접을 받을 것이며, 하나님 아버지께로부터 거절당하는 일은 결코 없을 것이다. 참으로 놀라운 은혜이다./ 신자가 죄를 범할 때도 언제나 그는 영접을 받지만 영접받을 만하지는 못하다. 그 죄를 고백하고 그리스도의 정결함을 받아야 하는 것은 필수적이다. 나는 주님 안에 영접을 받았으므로 아들의 권리를 갖게 되었으며, 또한 주님께 영접을 받을 만한 삶을 살 때 주님과 교제를 갖게 되는 것이다.
　19절은 바울 당시의 공식적인 차용 증서이다. 바울은 정말로 오네시모의 빚을 자신이 떠맡고 있는 것이다./

　바울은 빌레몬과 그의 집안에 개인적으로 끝맺는 인사를 하며 그들이 바울에게 진 빚이 많다는 것을 그의 친구에게 상기시키고 있다. 사실 이들은 그들의 구원에 대하여 바울에게 빚을 지고 있었다./ 사도는 빌레몬이 그가 요청한 것 이상으로 더 많은 일을 할 것임을 확신하였다.
　바울이 그들의 기도와 감옥에서 석방된 후에 머물 수 있는 곳을 요청한 점은 감동적이다. 육체적, 영적인 필요에 관심을 가진 그리스도인 친구들을 가졌다는 것은 얼마나 놀라운 일인가!/

　이 간단한 편지는 바울의 마음을 드러낸 것으로서, 그리고 그리스도께서 신자를 위하여 행하신 일을 예증하고 있는 것으로서 귀중한 편지이다. 다음의 두 구절은 이 편지를 요약하고 있다. "저를 영접하기를 내게 하듯 하고"(우리를 그리스도와 동일시함). "내게로 회계하라"(전가 – 우리의 죄가 그리스도께 놓여짐).

히브리서
-개요와 서론-

히브리서 개요

■ 주제 : "우리가……완전한 데 나아갈지니라" /6장 2절
　　신자는 자기가 소유한 것을 깨달을 때 영적 진보를 나타낼 것이다.

1. 우월한 인간 – 그리스도 / 1~6장

　　1 선지자들보다 우월함 / 1장 1~3절
　　2 천사들보다 우월함 / 1장 4절~ 2장 18절
　　　(권면 – 말씀에서 떠나 표류함 / 2 : 1~4)
　　3 모세보다 우월함 / 3장 ~ 4장 13절
　　　(권면 – 말씀을 의심함 / 3 : 7~4 : 13)
　　4 아론보다 우월함 / 4장 14절~ 6장
　　　(권면 – 말씀에 대해 무딤 / 5 : 11~6 : 20)

2. 우월한 제사장 직분 – 멜기세덱 /7~10장

　　1 더 우월한 반차(순위) – 아론이 아닌 멜기세덱 / 7장
　　2 더 우월한 언약 – 옛것이 아닌 새것 / 8장
　　3 더 우월한 성소 – 땅에 있는 것이 아닌 하늘에 있는 것 / 9장
　　4 더 우월한 제물 – 짐승이 아닌 하나님의 아들 / 10장
　　　(권면 – 말씀을 업신여김 / 10 : 26~39)

3. 우월한 원리 – 믿음 / 11~13장

　　1 믿음의 본 / 11장
　　2 믿음의 인내 / 12장
　　　(권면 – 말씀에 불순종함 / 12 : 14~19)
　　3 믿음의 증거들 / 13장

히브리서 서론

히브리서는 성경을 연구하는 이들에게 몇 가지 흥미로운 문제들을 제시한다. 설교와 같이 시작해서 편지처럼 끝내는 책이며(13 : 22~25), 저자의 이름도 적혀 있지 않고 수신자도 명확하게 제시되어 있지 않다. 이 책에 나오는 몇몇 구절은 본래 권면과 격려를 위해 주어졌음에도 불구하고 그리스도인들을 당혹케 하는 데에 사용되어 왔다. 히브리서를 하나의 분리된 책으로서가 아니라 성경 전반의 조명 하에서 연구하는 것은 중요하다.

■ 멧세지 : 히브리서의 주된 멧세지는 6장 2절에 요약되어 있다. "우리가 … 완전한 데 나아갈지니라"(영적 성숙). 히브리서를 받아 본 사람들은 영적으로 성숙되어 있는 것이 아니라(5 : 11~14), 미숙한 상태에 머물러 있었다. 하나님은 성경을 통하여 말씀하셨으나 이들은 말씀에 성실하지 못했다. 이들은 말씀을 소홀히 하고 있었으며, 하나님의 축복으로부터 점점 떠나가고 있었다.

저자는 그리스도 안에서 그들이 가진 "보다 나은" 축복들을 보여 줌으로써 신령한 생활에서 전진해 나가도록 그들을 격려하는 데 힘쓴다. 그리스도는 "믿음의 주요 또 온전케 하시는 분"(완성자)이시다(12 : 2).

본 서는 그리스도인의 믿음과 삶을 유대교나 여타의 다른 종교 제도보다 더 우월한 것으로 보여 준다. 그리스도는 우월한 인간이시며(1~6장), 그의 제사장직은 아론의 것보다 우월하며(7~10장), 믿음의 원리 또한 율법의 원리보다 우월하다(11~13장).

■ 저자 : 이 책에는 저자의 이름이 나와 있지 않기 때문에 학자들은 여러 세기 동안 저자에 관하여 논쟁을 벌여 왔다. 초기의 전통은 바울을 저자로 지목하는데, 다른 견해들은 아볼로, 누가, 복음 전도자 빌립, 마가, 심지어는 브리스길라와 아굴라까지도 제시했다.

저자가 분명히 유대인일 것은, 그가 자기 자신을 그의 유대인 독자들과 동일시한다는 데에 근거한다(1 : 2 / 2 : 1,3 / 3 : 1 / 4 : 1 등). 또한 그는 자신을 디모데와 동일시하고 있는데(13 : 23), 이것은 바울만이 할 수 있는 일임이 분명하며, 끝맺을 때의 은혜의 축복 기도는 바울 서신의 전형적인 특징이다(살후 3 : 17~18). 저자는 감옥에 있었다(10 : 34 / 13 : 19).

이 문제는 베드로후서 3장 15~18절에서 해결이 나는 것 같다. 거기서 베드로는 그의 편지를 받는 사람들, 즉 흩어져 있는 유대인들에게 바울도 역시 편지를 썼다고 분명히 언급하고 있다(벧전 1 : 1 / 벧후 3 : 1). 더우기 베드로는 **바울의 편지를 성경**이라고 부르고 있다. 이제, 바울이 널리 흩어져 있는 유대인들에게 영감된 편지를 썼는데 그 편지가 없어졌다고 가정해 보자. 그렇다면 하나님의 영감된 영원한 말씀의 일부가 파기되었다는 것인가? 이러한 일은 있을 수 없는 일이다. 성경에서 유대인들에게 보내졌고 저자의 이름이 적혀 있지 않은 유일한 책은 히브리서이다.

결론을 내리자면, 바울이 히브리서를 쓴 것임이 분명하다. 문체와 어휘가 바울의 전형적인 것이 아니라고 주장하는 사람들은 저자가 독자의 필요에 따라 문체와 어휘를 자유롭게 구사할 수 있다는 것을 명심해야 할 것이다.

■ **"경고들"** : 베드로조차도 어떤 사람들이 히브리서를 가져다가 "알기 어려운 것"을 잘못 해석하며 스스로 멸망에 이르렀다고 우리에게 전해 준다(벧후 3 : 16). 이것은 그들이 성경을 왜곡시키거나 그 배경을 무시하고 그것을 곡해하기 때문에, 실제로 뜻하는 바가 아닌 것이 참인 것처럼 오용되고 있는 것이다. 우리는 하나님의 모든 말씀의 빛 가운데서 히브리서를 해석하도록 조심하지 않으면 안 된다.

다섯 가지 권면들이 (13 : 22 참조) 뒤에 요약되어 있다. 우리는 이 권면들이 신자들에게 주어진 것이라고 생각한다. 왜냐하면 저자가 자신을 수신자들과 동일시하고 있기 때문이다("우리가 삼갈지니……", "우리가 어찌 피하리요", "그러므로 우리는 두려워할지니……" 등). 6장 4~5절이 구원받을 뻔했던 사람을 묘사한다고 하는 것은 성경을 오해하는 것이다. 그렇게 말하는 신자는 하나님의 은혜와 영원한 안전성의 귀중한 교리를 심히 오해한 나머지, 하나님께서는 자기 백성이 죄를 범할 때에 그들도 역시 다루신다는 사실을 잊은 것이다.

히브리서에 대한 우리의 접근 방법은 하나님의 말씀에 대한 태도로 인하여, 영적 미성숙의 육적 상태에로 되돌아가는 배교의 위험에 처해 있는 신자들에게 본서가 씌어졌다고 보는 것이다. 그리 되는 것은 하나님의 징계의 손을 부르는 것을 의미했으며, 그리스도의 심판대에서 그들의 상급을 잃는 것을 뜻했다(10 : 35~36 / 11 : 26). 히브리서는 신자들에게 그들의 죄가 그들을 정죄할 것이라고 경고하고 있지는 않다. 왜냐하면 참 그리스도인은 영구히 버림받을 수 없기 때문이다.

■ **다섯 가지의 권면** : 신실하지 못할 때, 그 신자의 영적 생활이 어떻게 파멸되는지를 보여 주는 경고들에 나타난 영적 퇴보에 유의하자.
1 소홀히 함으로써 말씀에서 떠나 표류함(2 : 1~ 4).
2 마음이 강퍅하여 말씀을 의심함(3 : 7~ 4 : 13).
3 나태하여 말씀에 대해 무딤(5 : 11~ 6 : 20).
4 완고하여 말씀을 업신여김(10 : 26~ 39).
5 듣기를 거절함으로써 말씀에 불순종함(12 : 14~ 29).

각 경우마다 하나님의 백성이 영적으로 최선의 상태에 있지 않으면 그들을 징치하시는 것을 상기시키고 있음에 유의하자(2：2 / 3：15～19 / 6：8 / 10：27 / 12：25). 우리는 이러한 경고나 권면들이 신자들에게 적용되고, 또한 이 땅 위에서의 하나님의 징계와 그리스도의 심판대에서 상을 잃게 되는 일들과 관계가 있다고 본다. 그러나, 구원을 잃을 수도 있다든지, 혹은 이러한 권면들이 인간의 영원한 구원과 어느 정도 관계가 있다고는 보지 않는다.

■ 핵심 단어 : 히브리서에서의 핵심 단어는 "**더욱, 더 좋은**"(better— 1：4 / 6：9 / 7： 7, 19, 22 / 8：6 / 9：23 / 10：34 / 11：16, 35, 40 / 12：24)과, **온전한**(perfect — 2：10 / 5：9, 14 / 6：2 / 7：11, 19, 28 / 9：9, 11 / 10：1, 14 / 11：40 / 12：2, 23) 이다.

하나님이 그의 아들로 말씀하심
-히브리서 1장-

"하나님께서 말씀하셨다./" 이것은 히브리서의 위대한 멧세지이다. "하나님께서 말씀하셨다. 따라서 그의 말씀에 어떻게 반응할지를 주의해야한다./" 결국 우리가 하나님의 말씀에 반응하는 것이 곧 하나님의 아들에 대해 반응하는 것이 된다. 왜냐하면 하나님의 아들은 살아계신 말씀이기 때문이다. 제 1장에서 우리는 그리스도께서 선지자들과 천사들보다 우월한 분이심을 보게 되는데, 그들은 과거에 하나님의 말씀을 전달한 이들이었다.

1. 선지자들보다 더 나은 분이신 그리스도(1 : 1~3)

1 **그의 인격에 있어서** – 그리스도는 **하나님의 아들**이시나, 선지자들은 다만 종으로 부름받았던 인간일 뿐이었다. 그리스도는 온 세상을 지으셨으며 (또는 "모든 세계를 조성하셨으며"), 온 세상을 붙드시는 분이시다. 그의 말씀은 능력이 있으시다./ 그가 말씀하시자 온 세상이 있게 되었고, 이제는 그의 말씀이 세상을 다스리며 보존하신다.

그리스도는 또한 **만물의 상속자**이시다. "만물이 그로 말미암고 그를 위하여 창조되었다." 무엇보다도 그는 세상 죄를 담당하신 하나님의 제물이시다. 그는 십자가 상에서 죽으심으로 "우리의 죄를 속하셨다." 이제 그는 왕 같은 하나님의 제사장으로서 영광 중에 좌정해 계신다. 그의 사역이 완성되었으므로 그는 지금까지 좌정해 계시는 것이다.

2 **그의 멧세지에 있어서** – 옛 시대에는 하나님의 계시가 "여러 부분과 여러 모양으로" 주어졌다. 어떠한 선지자도 완전한 계시를 소유하지 못했다. 하나님께서는 사람의 입을 통해 하셨던 것처럼 이상과 꿈과 상징과 사건들을 통해 계시하셨다.

이 계시들 모두가 그리스도를 지목하였으며, 그리스도는 하나님께로부터 온 최종적인 계시이다. 그리스도는 세상에 보내신 하나님의 "마지막 말씀"이다./ 구약의 모든 계시는 그리스도, 곧 하나님의 최종적인 계시로 점차 이끌어졌다. 오늘날 "하나님으로부터 계시를 받았다"고 자랑하는 사람은 누구나 속임수를 쓰고 있는 것이다. 하나님은 오늘날 계시를 주지 않으신다. 그는 그리스도 안에서 단번에 주어진 모든 계시로 비추어 주신다.

2. 천사보다 더 나은 분이신 그리스도(1 : 4~14)

유대인의 종교에 있어서 천사들은 결정적인 역할을 담당했다. 신명기 33장 2 절, 사도행전 7장 53절, 갈라디아서 3장 19절에 따르면, 율법은 천사들에 의해 주어진 것이다(「성도」＝거룩한 이들, 천사들).

만일 유대인들이 천사들을 통해 주어진 율법에 관심을 기울였다면 천사들보다 더 위대하신 그리스도로 말미암아 주어진 멧세지에 대해서는 보다 더 큰 주의를 기울이는 것이 마땅한 일이다. 저자는 천사들보다 우월하신 그리스도를 보이기 위해 구약에서 일곱 군데를 인용하고 있다.

1 **시편 2편 7절과 사무엘하 7장 14절 인용**(4~5절)—만유의 후사이신 그리스도는 보다 큰 기업을 얻으시며, 따라서 보다 위대한 이름을 얻으신다. 시편 2편 7절에서 성부 하나님은 그리스도를 "내 아들"이라 부르시는데, 천사들에게는 이 칭호를 주신 일이 없으시다(구약에서 천사들이 집합적으로는 "하나님의 아들들"로 불리웠지만, 개별적으로는 그렇게 불리운 일이 없다).

이 진술은 그리스도의 부활에 관계된 말이지 그의 베들레헴 탄생을 가리키는 말이 아니다(행 13 : 33 참조). 그리스도께서 죽은 자들 가운데서 살아나셨을 때는 한 번도 장사지낸 일이 없는 처녀 무덤에서 "낳은 바 되셨다". 골로새서 1장 18절은 그리스도를 "죽은 자들 가운데서 먼저 나신 자"라고 지칭한다.

두번째 인용은 솔로몬을 언급한다. 사무엘하 7장 전체를 주의깊게 읽자. 왜 냐하면 다윗의 "집"이란 말이 히브리서에 다시 나타나기 때문이다. 다윗은 하나님을 위하여 집을 건축하고자 하였으나 하나님은 솔로몬이 그 일을 할 것으로 작정하셨으며, 또한 친히 솔로몬의 아버지가 되실 것을 다윗에게 약속하셨다. 히브리서 1장 5절은 이 일을 "솔로몬보다 더 큰 이"이신 그리스도께 적용한다 (마 12 : 42).

2 **시편 97편 7절 인용**(6절)—아마도 70인경이라고 불리우는 헬라어 역본으로는 신명기 32장 43절을 인용했을 것이다. 이 인용은 그리스도께서 지상에 돌아오심을 가리키고 있다("세상에 다시 들어오게 하실 때…"). 천사들이 그리스도의 초림 때에 경배를 드렸던 것처럼 재림 때에도 그리스도를 경배할 것이다. 이것은 그리스도께서 더 위대하시다는 증거이다.

3 **시편 104편 4절 인용**(7절)—천사들은 하나님의 종들로 지은 바된 영물들이다. 다음의 인용은 그리스도께서 종이 아니라 절대 주권자이심을 보여 준다.

4 **시편 45편 6~7절 인용**(8~9절)—시편 45편은 그리스도와 이스라엘의 관계를 그리고 있는 결혼의 시이다. 하나님은 그리스도께서 즉위하심을 명백히

밝히시며, 또한 성부께서는 성자를 "하나님./"이라고 부르신다. 그리스도의 신성을 부인하는 사람들은 자신들의 관점을 입증하기 위해 모든 가능한 방법으로 이러한 구절들을 왜곡시키고 있다. 어떤 "왜곡된 해석"은 심지어 "주의 보좌는 하나님……"이라고 하지만 그렇지 않다. 이 구절들은 담대하게 그리스도의 신성을 선포한다. 그는 하나님이시다./

⑤ **시편 102편 25~27절 인용**(10~12절)—여기서 다시 예수님은 "주님"으로 불리운다. 그는 태초부터 계신 우주의 창조자이시다. 우주는 오래된 옷과 같이 낡아져서 산산이 부서질 것이지만 그리스도는 결코 변함이 없으실 것이다. 그는 "어제나 오늘이나 영원토록 동일"하시다. 천사들은 피조물이나, 그리스도는 영원한 아들이시다.

⑥ **시편 110편 1절 인용**(13절)—이것은 히브리서에 나오는 핵심적인 시편이다. 왜냐하면 시편 110편 4절은 멜기세덱의 반차를 따른 그리스도의 제사장직을 선포하기 때문이다. 그리스도께서는 현재 하나님의 오른편에 앉아 계시는 제사장이신 동시에 왕(**Priest- King**)이시다. 베드로도 사도행전 2장 34절에서 이와 똑같은 구절을 인용한다. 그리스도의 원수들은 그리스도께 아직 절하지 않았으나, 어느날 무릎을 꿇게 될 것이다.

마지막 구절은 천사들의 지위를 요약한다. 이들은 보좌에 오른 아들들이 아닌 섬기는 영들이다. 그리고 그들의 사역은 그리스도의 놀라운 구원 안에서 그와 더불어 후사가 된 우리를 섬기는 것이다.

이 인용 구절들을 복습할 때 하나님의 아들의 위엄과 그 영광을 볼 수 있을 것이다. 4절에서 진술하듯이, 그리스도는 천사들보다 더욱 아름다운 이름을 가지고 계신다. 왜냐하면 고난과 죽음을 통하여 그리스도께서는 보다 큰 기업을 얻으셨기 때문이다. 그리스도는 그의 성품과 사역과 섬김에 있어서 최고의 위치를 점하신다. 오늘날 비록 그리스도의 왕국이 지상에 있지는 않지만 그는 여전히 왕으로 좌정해 계시며, 이 땅에 의를 세우기 위하여 언젠가는 돌아오실 것이다.

*   *   *   *   *

■ **부가적 연구**

① 3절에 나오는 **"형상"**(express image)이란 영어의 성품(character)이란 말의 근간이 된다. 그것은 "인"(印, imprint)이라고 번역될 수 있는데, 그리스도는 인간의 육신을 보증하는 하나님의 인(印)이시다. 이 단어는 마태복음 22장 20절에 나오는 "형상"과 똑같은 말인데, 동전에 새긴 가이사의 형상을 가리키고 있다. 우리가 그리스도를 보는 것은 곧 하나님을 보는 것이다./

357

2 "**더 나은**"(better)이란 단어(4절)는 히브리서의 핵심 단어이다. 성경에서 이 단어를 찾아 표시해 보라.

3 사무엘하 7장 14절을 그리스도께 적용함에 있어서 저자는 **솔로몬이 그리스도의 모형**이라고 언급하고 있다. 다윗과 솔로몬은 그리스도의 왕권에 대한 이중적 표상이다. 다윗은 추적당하고 거절을 당한 "도피하는 왕"이었다. 그러나, 마침내는 왕위에 오르게 되었다. 솔로몬은 큰 영광 중에서 왕위에 올랐는데, 이것은 그리스도의 재림을 말하는 것이다. 솔로몬의 통치는 평화로웠고 찬란했다. 솔로몬은 건축자였는데, 우리의 주님도 그러하시다. 솔로몬은 그의 지혜로 유명했는데, 그리스도는 하나님의 지혜이시다.

4 히브리서 1장 10~12절에서 인용되는 시편 102편은 그리스도의 배척과 고난과, 죽음을 나타낸다. 24절은 히브리서 5장 7절과 연관이 될 수 있으며 그리스도의 겟세마네 기도를 가리키는 것으로서, 죽음에서 구원되기를 바라시며 드린 기도였다.

5 저자는 확실히 구약을 알고 있었다. / 히브리서를 공부함에 있어서 한 가지 중요한 사실은 **말씀을 구약과 연관시키는 것**이다. 그는 시편에서 많이 인용한다. 그러나, 우리 중에서조차 시편에서 그리스도를 찾는 사람들은 거의 없다. 관련된 구절들이 들어 있는 시편을 다 읽어 보면 당신에게 무언가를 더 말해 줄 것이다.

우리의 큰 구원

-히브리서 2장-

본 장은 1장에서의 논점을 계속해서 다루고 있는데, 그리스도께서 천사들보다 나은 분이시라는 것이다. 그런데 저자는 논쟁을 중단하고 권면을 하는데, 이 권면은 본 서의 다섯 가지 권면들 중 첫번째 것이다 (개요 참조).

1. 권면 (2 : 1~4)

천사들로 말미암아 주신 말씀 (구약 율법) 이 견고했기 때문에 하나님의 아들로 말미암아 하신 말씀도 역시 견고한 것이었다./ 만일 하나님께서 구약의 날들 가운데서 그의 말씀에 불순종한 사람들을 처리하셨다면, 그의 아들로 말미암아 주신 하나님의 말씀을 경시하거나 거절하는 사람들도 처리하실 것이다./

　여기서의 위험은 말씀을 **"등한시함으로써 떠내려 가는"** 것이다. "…언제라도 그 말씀들을 벗어나는 곳으로 떠내려 가지 않기를" ("혹 흘러 떠내려 갈까") 이라고 번역하는 것이 가장 좋은 번역이다. 3절은 "불신자가 거절한다면 어떻게 피할 수 있을까?"라는 뜻이 아니라, "만일 우리 (신자들) 가 등한히 여기면……" 의 뜻이다.

　그리스도인들이 이 큰 구원을 등한히 여기기 시작하는 데에서부터 영적 퇴보가 시작된다. 10장 19~ 25절에서 주는 권면을 볼 때, 이 서신의 당시 대상자인 유대인들은 기도를 소홀히 하고 하나님의 백성과의 교제를 소홀히 하고 있었던 것 같다 (딤전 4 : 14 참조).

　불순종이란 말은 문자 그대로 **"듣기를 즐겨하지 않는"**이란 뜻이다. 하나님의 말씀을 듣고 마음에 새기지 않는 성도들은 불순종하는 자들로서, 하나님의 징계의 손길을 피하지 못할 것이다. 결국, 하나님은 "표적들과 기사들과 여러가지 능력"으로 그의 말씀을 확증하셨다 (4절 / 행 2 : 22, 43 참조). 이 말씀이 소홀히 취급되어서는 안 된다./ 사실상, "등한히 하다"는 말은 마태복음 22장 5절에서 "돌아 보지도 않고" (가볍게 여기고) 라고 번역되어 있다..

2. 해설 (2 : 5~18)

1장에서 제시한 바, 예수님이 천사들보다 뛰어난 분이라는 저자의 논증은 "예수께서 인간의 몸을 가지실 때에도 그가 어떻게 보다 뛰어날 수 있는가? 천사들은 자신을 제한하는 인간의 몸을 가지고 있지 않기 때문에 그리스도보다 더 뛰어난 존재가 아닌가?"라는 새로운 질문을 야기시켰다. 그는 예수께서 친히 육신의 몸을 입으셔야 하는 이유를 설명함으로써 이 물음에 답한다.

① **마지막 아담이 되기 위함**(5~13절)―성경의 그 어떤 곳에서도 하나님께서 천사들에게 장차 오는 세상을 다스리게 될 것이라고 약속하신 일이 없다. 창세기로 돌아가 보면, 하나님은 아담에게 온 땅을 다스리게 하셨다(창 1 : 26~31). 바울은 시편 8편 5~7절을 인용하는데, 여기서는 창세기에 나오는 하나님의 축복이 반복되고 있다. 하나님은 사람을 천사들보다 조금 못하게 지으셨는데, 혹은 문자적으로는 "잠깐 동안 하나님보다 못하게"라는 말이 된다. 이 말은 아담과 하와가 시련의 시기에 처해 있었다는 뜻인 듯하다.

이들은 하나님보다 못한 상태로 머물러 있도록 창조된 것이 아니므로, 만약 그들이 범죄하기를 거절했었다면 이들은 궁극적으로 하나님의 영광에 참여하였을 것이다. 사단은 그들이 "잠깐 동안"만 하나님보다 못한 상태로 머물러 있어야 한다는 것을 알았기 때문에 서둘러서 때가 되기도 전에 영광을 주겠다고 약속했던 것이다./ 그리하여 죄가 들어왔으며, 이 일은 아담에게서 세상을 통치할 모든 권한을 빼앗아 갔다. 그는 왕이 되기를 중지하고 노예가 되었다. 바로 그 점이 8절에서 "지금 우리가 만물이 아직 저(사람)에게 복종한 것을 보지 못하고"라고 말하는 이유인 것이다.

우리는 무엇을 보는가? "우리는 **예수**를 본다./" 그리스도는 마지막 아담이시며, 그의 죽음과 부활은 아담이 하나님께 불순종하였을 때 저질러 놓은 모든 것을 원상태로 회복하였다. 그리스도는 잠깐 동안 천사들보다 못한 자리에 이르셨고, 갈보리 밑바닥까지 낮아지셨다(빌 2 : 1~12). 그리스도는 세상 죄를 담당하여 죽으시기 위해 육신의 몸을 입으셔야만 했다. 사람들은 가시로 그에게 관을 씌웠으나, 이제는 영광과 존귀로 관을 쓰셨다(벧후 1 : 17).

세상에는 이제 새로운 가족 관계가 있다. 그리스도는 많은 아들들을 영광으로 인도하고 계신다. 아담은 그의 죄로 말미암아 그의 가족을 죄와 사망으로 몰아 넣었는데, 그리스도는 이제 아담의 자녀들을 하나님의 자녀들로 변화시키신다. 그는 우리 구원의 "개척자"(대장)이시며 우리가 따라갈 수 있도록 길을 닦아가시는 분이시다. 우리가 그리스도의 형제들인 것은 우리 모두가 그의 거룩한 본성에의 참여자가 되었고, 그의 죽으심을 통하여 하나님께로 구별된 한 가족이기 때문이다(10 : 10).

그는 시편 22편 22절을 인용하는데, 이는 갈보리에 관한 시에서 부활을 다룬 부분이다. 그는 또한 이사야 8장 17~18절도 인용한다. 이사야의 두 아이는 그 민족에게 보이는 징표였다. 스알야숩(사 7 : 3)은 "남은 자들이 돌아올 것이다"는 뜻이며, 마헬살랄하스바스(사 8 : 1)는 "서둘러 탈취하다, 약탈하는 데 재빠르다"는 뜻이다. 다른 말로 하면, 이사야 시대에 다른 사람들이 버림받을 때에도 구원받은 믿음을 가진 "남은 자"들이 있었다는 뜻이다.

말하자면 이들이 "이사야의 자녀들"인 것이다. 이처럼 그리스도는 믿는 자들로 구성된 한 가족, 곧 유대인 중의 남은 한 그루터기를 가지신다. 이들은 장차 다가올 진노에서 구원을 받게 될 것이다.

2 **마귀를 패배시키기 위함**(14~16절) ─사망과 또한 죽음에 대한 두려움은 아담의 죄의 결과였다(창 2 : 17 / 3 : 10). 사단은 **사망에 대한 두려움**을 가장 강력한 무기로 사용해 왔다. 사단은 "사망의 권세"를 전혀 갖지 못한다. 왜냐하면 욥의 경우와 같이 사단은 하나님의 허락이 없이는 아무것도 할 수가 없기 때문이다.

여기서 "권세"라는 단어는 권위라기 보다는 "힘"이라는 뜻이다. 사단은 죄인들과 어두움을 주관하는 권세를 가졌으나(눅 22 : 53), 그리스도께서 흑암의 권세로부터 성도들을 건져내셨다(골 1 : 12 ~ 13). 사단은 하나님의 피조물들을 주관하기 위하여 "사망의 권세"를 움켜쥐었으나, 그리스도께서는 십자가에서 죽으심으로써 이러한 권세의 효력을 깨뜨리셨으며, 죽음을 두려워하여 종노릇하는 사람들을 구원하셨다. 실로, 그리스도께서는 죽으심으로써 사단을 패배시키기 위하여 사람의 몸을 입으셔야만 했던 것이다(요일 3 : 8 참조).

16절은 그리스도께서 천사들의 본성을 입지 않고 아브라함의 씨를 입으셨다고 분명히 밝힌다. 다른 말로 하면, 그리스도는 천사가 되신 것이 아니라 사람이 되셨으며, 유대인이 되셨던 것이다. 그는 천사들을 위해 죽으신 것이 아니라 사람을 위하여 죽으셨다. 타락한 천사들은 결코 구원을 받을 수가 없으나, 타락한 인간은 구원을 받을 수 있다./

3 **동정적인 제사장이 되기 위함**(17~18절) ─이것이 그리스도께서 친히 사람의 몸을 입으신 세번째 이유이다. 하나님은 그의 자녀들의 약점을 돕기 위하여 동정심 많은 제사장이 필요하다는 것을 알고 계셨다. 하나님은 그의 아들로 고난받게 하셨으며 이러한 고난을 통하여 그의 제사장 직분을 준비시키셨다(10절).

그리스도의 인격은 숙달을 필요로 하고 있는 것은 아니었다. 왜냐하면 그는 하나님이시기 때문이다. 그러나, 신인(God-Man)으로서 그는 우리의 필요에 대처하기 위해서 고난을 견디셔야 했다. 그는 베들레헴에서 육신을 입으셨고(요 1 : 14) 이 땅에서 고난의 생을 사시는 동안 "그의 형제들과 같이 되셨다." 그리고 십자가에서 "죄로 여김"을 받으셨다(고후 5 : 21).

이제 그리스도는 인간 제사장과는 달리 **자비롭고 충성된 대제사장**이시다. 우리는 그를 의지할 수 있다. 우리가 도움을 받고자 하여 그 앞에 나오면 그는 우리를 도우실 수가 있으시다. "도우신다"는 말은 "부름을 받고 달려온다"는 뜻으로, 의사에게 사용되었다. 그리스도께서는 우리가 그를 요청하면 우리를 도우시려고 달려오신다./

이상으로 그리스도께서 천사들보다 우월하시다는 그의 논증은 완결된다. 이로써 저자는 그리스도가 아버지께서 그에게 주신 "모든 이름 위에 뛰어난" 분이신바, 그의 인격과 사역에 있어서, 그 이름에 있어서 우월하심을 보여 주었다. 결론은 명백하다. 그리스도는 우월하시기 때문에 우리는 그의 말씀을 간직하고 순종해야만 한다. 등한히 함으로써 흘러 떠내려가는 일이 있어서는 안 된다./

＊　　　＊　　　＊　　　＊　　　＊

■ 시편 8편에 대한 부기적 연구

시편 9편의 맨 처음에 나오는 주(註, "영장으로 뭇랍벤에 맞춘 노래")는 8편의 맨 끝에 속한 것이다. 그것은 싸움을 돋우는 자의 죽음에 붙여"라는 뜻이며, 사무엘상 17장에서 다윗이 골리앗을 무찌르고 승리한 것을 가리킨다. 골리앗은 하나님의 이름을 조롱하였으나(17 : 45) 다윗은 그 이름을 영화롭게 하였다. 하나님은 40일 동안 참람한 말을 했던 "원수를 잠잠케 하셨다"(시 8 : 2 / 17 : 16). 골리앗은 17장 4절과 23절에서 싸움을 돋우는 자로 불리우고 있다. 그러나, 다윗은 어린 아이와 젖먹이 같았을지라도(시 8 : 2) 하나님께로서 힘입어 원수를 무찔렀다(삼상 17 : 42 참조).

다윗은 크게 승리한 후 하나님께 고하려고 밤에 밖으로 나갔는데, 그로 인해 시편 8편이 씌어진 것이다. 이 시편을 사무엘상 17장과 함께 정성껏 읽고 어떤 새로운 의미를 주는지 알아보자.

모세보다 우월하신 그리스도
-히브리서 3장-

이제 우리는 그리스도의 우월성에 대한 세번째 논증으로 들어가, 그리스도께서 모세보다 뛰어나심을 다룬다. 물론, 모세는 유대 민족에게 위대한 영웅이었는데, 바울이 모세에 대한 그리스도의 우월성을 입증한다는 것은 그리스도인의 믿음이 유대주의보다 우월하다는 것을 입증하는 것이 된다. 그리스도께서 제공하신 것이 훨씬 더 위대한 것이었는데도 이 사람들이 어떻게 유대주의로 되돌아갈 수 있었을까?

1. 직책에 있어서 더 위대하신 그리스도(3 : 1~2)

모세가 비록 제사장의 기능과(시 99 : 6) 심지어는 왕의 기능을 담당하였지만(신 33 : 4~ 7), 본래는 선지자였다(신 18 : 15~ 19 / 행 3 : 22). 모세는 하나님께 부르심을 받았으나, 그리스도는 하나님으로 말미암아 보내심을 받은 "사도", 또는 "보내심을 받은 자"였다(요 3 : 17 / 5 : 36~ 38 / 6 : 57 / 17 : 3, 8, 21, 23, 25).

　그리스도는 또한 대제사장이셨는데 이는 모세가 결코 종사해 본 일이 없었던 직책이다. 더구나 그리스도의 직분은 이스라엘의 지상적 소명이 아닌 "천상적 소명"과 관련이 있다. 모세는 이 땅의 백성을 위해 사역하였으며, 이들의 소명과 약속들은 이 땅에 속한 것이었다. 그리스도는 이 땅의 나그네요 순례자들인 하늘나라 백성의 사도요 대제사장이시다.

　모세는 율법의 선지자인 반면에 그리스도는 은혜의 사도라고 부언할 수 있다(요 1 : 17 참조). 모세는 죄를 범하였으나 그리스도는 죄 없는 삶을 사셨다. 그러므로, 예수 그리스도를 "깊이 생각하라"(주의해서 관찰하라)는 말을 듣는 것은 이상한 일이 아니다.

2. 사역에 있어서 더 위대하신 그리스도(3 : 3~6)

하나님께서는 모세가 충성했던 것처럼(민 12 : 7) 그리스도께서도 그러하셨다고 분명히 밝히신다(3 : 2). 그러나, 이들의 사역도 바로 이 지점에서 나눠진다. **모세는 종으로서였으나 그리스도는 아들이시다.** 모세는 집 안에서 섬겼으나 그리스도는 집 전체를 관장하신다. "집"은 물론 성전이나 성막을 말하는 것이 아니라 "하나님의 전"을 말하는 것이다.

　모세는 하나님의 구약의 전인 이스라엘 안에서 종으로 있었으나, 그리스도는 *363*

오늘날 하나님의 집인 교회의 전반을 관장하는 아들이시다(히 3：6／히10：21／벧전 2：5／벧전 4：17／엡 2：19 참조). "집"이 "백성"을 뜻하는 데에 대한 한 예를 들자면, 사무엘하 7장 11절에서 하나님께서 "다윗으로 한 집을 이루고……"라고 약속하셨는데, 그것은 그의 가계와 그의 보좌를 영원히 세울 것에 대한 약속이었다.

이스라엘이 하나님의 지상의 전인 반면, 교회는 하나님의 하늘의 전이다. 우리는 하나님의 전이 언제나 믿음으로 결정지어 진다는 것을 명심할 필요가 있다. 구약의 백성들은 오늘날의 백성들과 마찬가지로 믿음으로 말미암아 구원을 받았다. 두 언약 하에서 하나님의 백성들을 서로 연결시켰던 것도 바로 이 믿음의 연속성이다. 갈라디아서 3장 7절에서 참된 신자들을 "아브라함의 아들들"이라고 부르는 이유도 그가 "믿음의 조상"이기 때문인 것이다.

모세와 그리스도 사이의 대조에 있어서 두 가지 다른 문제들이 남아 있다. 첫째로, **모세는 종**인 반면에 **그리스도는 아들**이시다. 이 말은 구약에서의 사역이 속박과 노예 상태에 대한 것인 반면, 새 언약 하의 그리스도의 사역은 해방과 기쁨에 대한 것임을 암시한다. 구약의 율법은 "종의 멍에"로 언급된다(갈 5：1／2：4／4장 참조). 우리가 하나님의 전에서 믿음으로 누리는 아들됨의 축복된 특권들이 옛 언약 하에서는 알려지지 않았다.

둘째로, **모세는 모형과 그림자로 섬겼으나, 그리스도는 이러한 것들의 성취**로 나타나신다(3：5－"장래의 말할 것을 증거하기 위하여……"). 그리스도 안에서 우리는 참된 밝은 빛을 가지나, 모세 안에서는 우리가 그림자 안에 있게 된다. 바울의 편지를 읽는 사람들이 유대주의로 돌아간다는 것은 성취를 모형과 그림자로 바꾼다는 것을 뜻했다.╱

3. 안식을 주시는 데 있어 더 위대하신 그리스도(3：7～19)

4장에서 안식이라는 말이 12회 사용되었는데, 반드시 같은 뜻으로 쓰이고 있지는 않다. 우리는 다음 장에서 이를 상세히 연구할 것이지만, 이 지점에서는 그 기본적인 개념을 소개해야 할 것이다. 저자는 영적인 진리를 예증하기 위하여 이스라엘 민족을 사용한다(고전 10：1～13 참조).

유대인들이 애굽에서 종되었던 것은 마치 죄인들이 세상에서 종된 것과 같으며, 하나님께서 어린 양의 피로써 이스라엘을 구속하셨던 것은 그리스도의 피로 우리를 구원하신 것과도 같다. 하나님께서는 축복의 땅을 유대인에게 약속하셨고, 자기 백성들에게 복된 삶을 약속해 오셨다.

그런데 이 지점에서 이스라엘은 불신앙으로 반역하였으며, 하나님을 따르기를 거절하였다(민 14장). 이로 말미암아 하나님은 여호수아와 갈렙만을 제외한 회중 전체를 심판하셨다. 이 두 사람은 하나님을 의지하며 백성의 결의를 반대한 이들이었다. 유대인들은 40년 동안 광야에서 방황해야 했는데, 이는 정탐군들이 그 땅에 갔던 하루를 1년으로 계산한 연수였다./ 달리 말하자면, 이 민족은 하나님께서 약속하신 안식에 들어가지 못했다(신 12 : 9 / 수 1 : 13~15).

여기서 저자는 그의 독자들에게 경고를 한다. 이 편지를 읽는 사람들은 그리스도의 피로 구속함을 받았으며 세상으로부터 자유함을 얻었다. 이제 이스라엘처럼 이들은 하나님께서 그들에게 약속하신 복된 삶으로 들어가지 않고 되돌아가려는 유혹을 받았다. 3장과 4장에는 **세 가지 다른 안식**이 나오는데, 다음 장에서 이를 상세히 다룰 것이다.

● 구원의 안식 : 4장 3, 10절
● 시련 가운데서의 승리의 안식—가나안으로 상징된다 : 4장 11절
● 미래의 영원한 안식—하늘의 안식 : 4장 9절

여기에 나오는 권면은, 하나님의 백성들이 여호수아와 갈렙처럼 어려움에도 불구하고 하나님을 의지하여 약속된 안식으로 들어가라는 것이다. 가나안은 하늘나라의 표상이 아님을 명심해야 한다. 가나안은 축복과 투쟁, 진보와 승리의 생활에 대한 표상인 바, 우리가 그리스도께 굴복하여 그를 믿고 의지할 때 그 안에서 소유하게 되는 것이다. 시험과 시련의 한복판에서조차 우리가 소유하게 되는 것이 바로 **현재의 안식**이다. 이 안식은 모세나 여호수아(4 : 8)가 줄 수 없는 것이었다.

바울은 시편 95편을 인용하여 이스라엘의 완악한 마음을 독자들에게 상기시킨다. 이스라엘이 진행하기가 힘들 때 어떻게 하나님을 힐난하고 시험하였는지를 잘 알기 위해서는 출애굽기 17장을 읽어 보라. 믿는 자들이 오늘날 이런 일을 하고 있다./ 여기서 우리는 히브리서의 근본적인 주제를 보게 되는데, "상황이 어려울 때 낙심하지 말고 원수들을 정복하며 온전한 데로 나아가자"는 것이다. 요단강을 건너가서 가나안이라는 우리의 기업을 주장하자./

12절에 나오는 이 경고를 신자들에게도 적용할 수 있을까? 물론 할 수 있다./ 불신앙도 그리스도인이 빠지기 쉬운 죄의 하나인데, 이것은 악한 마음에서 생겨난다. 구원을 위하여 하나님을 믿는 일이 있으면, 우리의 의지와 생활을 그에게 굴복시켜서 매일 인도하심을 받으며 봉사의 삶을 살게 되는 또 다른 일이 있다.

좌절과 불신앙의 "광야에서 방황하는" 그리스도인들이 여전히 너무도 많다. 이들은 애굽에서 구원은 받았으나 그리스도 안에서 그들의 기업을 주장하며 가나안으로 횡단해 들어간 일은 없었다. 유대인들은 피로써 값주고 산 바되었고 구름으로 가리움을 받았다. 그러나, 그들 대부분이 광야에서 죽었다./ 이것은

"구원을 잃게되는 문제"인가? 물론 아니다. / 이것은 하나님을 믿는 믿음의 결핍으로 말미암아 자신의 인생과 축복을 잃게 되는 문제인 것이다.

무엇이 이 같은 **불신앙의 악한 마음**을 일으키는가? 첫째는, 하나님의 음성을 듣지 않는 것(7, 15절)이며, 둘째는 죄에게 속도록 자신을 방치해 두는 것(13절)이다. 하나님의 말씀을 듣는다는 것이 얼마나 중요한 일인가. / 첫째로 우리는 말씀에서 떠나가며(2 : 1~4), 다음으로는 말씀을 의심한다(3 : 18~19). 우리는 우리를 돕기를 원하는 사람들의 권면을 거절하며(3 : 13), 말씀에 대해 둔감하게 될 때까지 고집부리며 계속해서 불순종한다(5 : 11~6 : 20, 서론 참조).

믿는 자의 삶에서 죄란 실로 거짓된 것이다. 작은 것에서 시작하나 점점 더 커지게 된다. 어떤 점에서는 하나님을 의심하는 일이 불신앙의 악한 마음으로까지 이끌어 갈 수 있지만, 자신의 신념에 따라 전진해 가며 그 신념을 굳게 붙들고 있는 사람들은 진실로 그들이 구원받았음과(3 : 6, 14), 하나님의 징계와, 마치 이스라엘이 그러했듯 이 생에서의 심판조차도 즐겨 받는 것을 입증해 보여 준다. 불신앙이란 심각한 일이다.

하나님의 백성을 위한 안식

-히브리서 4장-

본 장은 앞의 3장 11절에서 시작된 "안식"에 관한 주제를 계속해서 다루고 있는데, 사실상 이 "안식"(rest)이라는 말은 이 부분에서 다섯 가지의 다른 의미로 사용되었다.

● 하나님의 안식일 : 창세기 2장 2절 / 히브리서 4장 4, 10절
● 가나안 - 40년간 광야에서 방황하던 끝에 맞이한 이스라엘의 안식 : 3장 11절 등
● 신자가 그리스도 안에서 누리는 현재의 구원의 안식 : 4장 3, 10절
● 승리한 정복자의 현재의 안식 : 4장 11절
● 미래의 영원한 안식 : 4장 9절

하나님의 안식일의 안식은 우리가 현재 소유한 구원의 안식 곧 그리스도께서 십자가에서 완성하신 사역으로 말미암은 안식과, 장차 있을 영광된 "영원한 안식"의 모형이다. 이스라엘의 **가나안 안식**은 그리스도인이 믿음으로 행하며 그리스도 안에서 기업을 주장할 때 갖는 전투와 축복의 생활을 모형으로 보여 주는 것이다. 본 장에는 안식의 생활에 관한 네 가지 권면이 나온다.

1. 그러므로 우리는 두려워할지니(4:1~8)

하나님은 이스라엘 민족에게 안식을 주기로 약속하셨으나, 불신앙으로 인한 불순종 때문에 안식에 들어가지 못했다. 하나님은 오늘날도 자기의 백성을 위하여 안식을 주신다고 약속하셨는데, 외관상으로는 불가능한 문제임에도 불구하고 승리를 주시며, 시련의 한복판에서도 평화를 주신다는 약속이다.

우리의 신령한 가나안에서의 "안식의 생활"을 가리켜 6장 1절에서는 "완전(또는 성숙)한 데 나아감"으로, 11절에서는 "소망의 풍성함", 12절에서는 "약속들을 기업으로 받음"으로 일컫는다. 당시 히브리서의 독자들이 시험의 때를 통과하고 있었다는 사실(10:32~39 / 12:3~14 / 13:13)과, 옛날의 이스라엘처럼 옛 생활로 "돌아가자"고 유혹받는 일이 있었다는 것을 우리는 명심해야 한다.

하나님은 이들에게 승리의 안식을 약속하셨으나 이들은 거기에 미치지 못할 위험에 처해 있었다. / 하나님은 그들에게 말씀을 주셨으나 "믿음을 화합지" 않았으며(4:2) 그들의 생활에 적용하지도 않았다. 하나님의 말씀이 신자의 생활

에 얼마나 중요한 것인지를 다시 한번 보게 된다.

저자의 논증은 이렇게 전개된다. 하나님은 자기 백성에게 안식을 약속하셨으나(4：1), 이스라엘은 그 안식에 들어가는 데에 실패하였다(4：6). 하나님의 약속이 여전히 서 있는 것은, 여호수아가 비록 그들을 국가적 안식으로는 인도하였지만(수 23：1), 그들에게 이 같은 신령한 안식을 주지는 못했기 때문이다(히 4：8). 또 다른 예로서, 수 세기가 지난 후 시편 95편에서 다윗도 이 같은 안식을 말한 적이 결코 없었다.

결론은 "그런즉 안식할 때가 하나님의 백성에게 남아 있도다"는 것이다(4：9). 그는 이러한 안식을 하나님의 안식일에의 쉼과 연관시키는데(4：4, 10), 그것은 지쳐버린 후의 쉼이 아니라 만족한 상태에서의 안식인 것이다. 하나님께서는 온 세상을 창조하신 후 지치지 않으셨다. 창세기 2장 2절에서의 안식은 완성과 만족을 말해 주고 있다. 이것은 "영혼의 안식"이며, 또한 예수님께서 마태복음 11장 29절에서 "약속하시는 믿음의 안식"이다. "너희 마음이 쉼을 얻으리니…" 마태복음 11장 28절의 쉼은 구원이며 선물이다.

승리의 안식은 우리의 헌신과 순종을 요구한다. "그러므로 우리는 두려워할 지니……"라는 구절은 하나님의 경고이다. 왜냐하면 그의 자녀들 중에서 이러한 승리의 생활로 들어가지 못하는 자들이 많았기 때문이다.

2. 그러므로 우리가 힘쓸지니(4：9~13)

여기서 "힘쓰다"라는 말은 "부지런하다"는 의미로서, "이러한 안식에 들어가기 위해 부지런할지니"의 뜻이다. "부지런하다"는 말은 "흘러 떠내려감"의 정반대이다(2：1~3). 그리스도인의 생활에 있어서 부주의하거나 게으른 상태로 성숙에 이른 사람은 아무도 없다. 베드로후서 1장 4~12절과 3장 11~18절을 자세히 보면 베드로는 신자들에게 부지런하라고 세 번이나 권면한다. 만일 우리가 부지런하지 않으면 이스라엘의 실패를 반복하게 될 것이며, 약속된 안식과 기업에 들어가지 못할 것이다(이것은 구원이 아니며, 그리스도인의 생활에서의 승리임을 다시 주목하자).

이러한 안식에 들어가는 비결은 무엇인가? 하나님의 말씀이다./ 히브리서 4장 12절은 온갖 영적인 상황에 대한 해결을 제시해 준다. 만일 우리가 말씀이 우리를 심판하며 우리의 마음을 드러내도록 허용한다면 그 축복을 기업으로 받기에 실패하지 않을 것이다. 이스라엘은 말씀에 대적했고 "하나님의 음성을 들으려"하지 않았으므로(시 55편) 그들은 40년간 광야에서 좌절하며 방황하였다.

하나님의 말씀은 검이다(계 1：16 / 2：12~16 / 19：13). 그리하여 그 검은 마음을 찌른다(행 5：33 / 7：54—이스라엘이 재차 말씀에 순복하기를 거절함). 너무도 많은 신자들이 하나님의 말씀을 듣고, 삼가는 데에 실패함으로 인하여, 축복을 빼앗긴다. 영적으로 성숙하려면 부지런해야 하는데, 이는 하나님의 말씀을 신실하게 적용하는 방법이다.

3. 우리가 믿는 도리를 굳게 잡자(4 : 14)

이 말은 "우리의 구원을 굳게 붙들자"고 말하는 것이 아니다./ "믿는 도리"란 말은 실로 "동일한 내용의 신앙고백"인 바, 4장 14절에서와 같이 3장 1절, 10장 23절, 11장 13절에서도 사용되고 있다. 이것은 그리스도를 믿는 그의 믿음을 증거하는 것과 그리스도를 위해 사는 그의 신실함, 그리고 약속된 상급을 얻는 것과 관련이 있다(10 : 34~35 참조).

광야에서 방황한 유대인들은 구름 아래 있었고 애굽으로부터 구속함을 받았지만 간증이 될 만한 것을 잃었었다. 이들은 하나님의 능력에 대해 얼마나 보잘것없는 증거자들이었던가./ 하나님은 그들을 인도해 내셨으나 이들을 이끌어 들일 수는 없으셨다./ 그들의 불신앙이 그들에게서 하나님의 축복을 빼앗아갔다.

이 일은 바울이 11장에서 위대한 "믿음의 거성"을 그의 독자들에게 상기시키고 있는 이유를 설명해 준다. 이 사람들은 모두 다 역경과 시련에 직면했으나 그것들을 극복하고 선한 간증을 남겼다. 히브리서 11장 13절은 이 모든 사람들이 땅에서는 외국인과 나그네였던 것을 "증거하였다"고(4 : 14과 같은 단어임) 말한다. 에녹은 하늘로 들리워가기 전에 좋은 증거를 받았다(11 : 5).

그 장 맨 끝에 가서 그는 다음과 같은 말로 지금까지의 말을 종합한다. "이 사람들이 다 믿음으로 말미암아 증거를 받았으며……" 믿음이 있는 곳에는 좋은 증거가 있고(11 : 2) 불신앙이 있는 곳에는 증거가 없다.

믿음은 어디서 오는 것인가? "그러므로 믿음은 들음에서 나며 들음은 그리스도의 말씀으로 말미암았느니라"(롬 10 : 17). 구약시대의 이스라엘은 들으려 하지 않았으며, 따라서 믿음이 없었다. "오늘날, 너희가 그의 음성을 듣거든…"은 3장 7,15절과 4장 7절에서 반복되는 경고이다. 하나님의 말씀을 듣고 삼가는 그리스도인은 좋은 신앙고백을 유지할 것이며, 세상에서 그의 증거를 잃지 않을 것이다.

4. 은혜의 보좌 앞에 나아갈 것이니라(4 : 15~16)

이 구절들은 신자들이 그의 구원을 잃을 수 없다는 것에 대한 증거이다. 우리에게는 우리의 유혹과 연약함을 아시는 대제사장이 계시며, 그분은 우리가 결코 당하지 않는 시험들을 참으셨다. 시험의 때가 오면 우리는 그리스도만이 주실 수 있는 도움을 받고자 은혜의 보좌 앞으로 돌이킬 필요가 있다.

바울은 마지막 장들에서 본 주제를 더욱 세밀하게 다룬다. 그러나, 그가 여기서 이 권면을 첨부하고 있는 것은 독자들이 낙담하여 "계속한다는 것은 불가능해./ 계속 전진하는 데 필요한 것이 우리에게는 없어./"라고 말하지 못하게 하기 위함이다. 물론 당신은 이런 말을 하지는 않을 것이다. 어떤 신자도 요단강을 건너가 원수를 정복하기에 충분한 힘을 가지고 있지 못하다. 그러나, 우리에게는 자비로우시며 "때를 맞추어 돕는 은혜"를 주시는 대제사장이 계신다.

저자가 이 시점에서 "보좌"를 언급하는 이유는 무엇인가? 이 구절은 출애굽기 25장 17~22절에 나오는 황금으로 된 시은소와 관계가 있다. 법궤는 금으로 입힌 나무로 된 상자인데, 모세는 이 궤의 맨 위에다가 양쪽 끝에 그룹이 있는 황금 "시은소"를 두었다. 이 **시은소**가 **하나님의 보좌**였다./ 이것은 하나님께서 영광 중에 좌정하셔서 이스라엘 민족을 다스리셨던 곳이다. 그러나 구약의 시은소는 은혜의 보좌가 아니었다. 왜냐하면 이 민족은 율법의 멍에 아래 있었기 때문이다.

"율법은 모세로 말미암아 주신 것이요 은혜와 진리는 예수 그리스도로 말미암아 온 것이라"(요 1 : 17). 그리스도는 우리의 시은소이시다(요일 2 : 2-"화목제물"). 우리가 그리스도께 나아올 때는 심판의 보좌가 아닌 은혜의 보좌로 나오는 것이며, 그는 우리를 만나시고, 말씀하시며, 우리에게 힘을 주신다.

본 장을 다시 읽으면 우리가 구원을 잃으리라는 그런 경고가 아니라는 것을 알게 될 것이다. 그보다는 우리가 말씀과 기도 가운데 살 수 있도록 격려하기 위함이며, 그리스도께서 우리를 신령한 가나안으로 인도하셔서 안식과 축복을 받게 하기 위함인 것이다.

우리의 위대하신 대제사장
-히브리서 5장-

처음 두 장에서 바울은 그리스도께서 선지자나 천사들보다 더 위대하시다는 것을, 그리고 3~4장에서는 그리스도께서 모세보다도 크신 분이심을 보여 주었다. 이제 그는 이스라엘의 첫 대제사장인 아론을 가리키며, 그리스도께서 그보다 크신 대제사장이심을 입증한다. 만일 그의 독자들이 유대주의로 인하여 그리스도를 버린다면 이들은 위대하신 대제사장을 보다 못한 대제사장과 바꾸려고 하는 것이 된다. 그는 그리스도께서 아론보다 우월한 분이심을 세 가지 방면에서 보여 준다.

1. 그리스도는 더 뛰어난 반열에 속하신다(5:1, 4~6)

아론은 사람들 가운데서 뽑혀 대제사장의 직위에 오르게 되었다. 그는 이 영광을 그의 장자에게 물려 주었으며, 이와 같은 식으로 계통이 이어졌다. 아론은 레위 지파에 속하였는데, 이 지파는 이스라엘 민족을 위하여 제사장 지파로 따로 구별되었다.

그러나, 그리스도의 반열은 보다 뛰어나다./ 그 한 가지 예로서, 그리스도는 한갖 인간만이 아닌 육신을 입은 하나님이시며, 하나님의 아들인 동시에 인자(人子)이시다./ 그는 이러한 제사장직의 영광을 자기 본위적인 방식으로 취하지 않으셨다. 민수기 16장을 보면, 고라의 자손들이 이런 식으로 행하다가 그들의 죄로 인하여 죽었다.

그렇다, 하나님께서 친히 그의 아들을 임직시키셨다./ 여기서 저자는 시편 110편 4절을 인용하는데, 이 구절은 성부께서 성자에게 영원한 제사장 직분을 주시는 구절이다. 그는 이 구절을 5절에서 인용한 시편 2편 7절과 연결시키고 있는데, 그것은 그리스도의 제사장 직분이 그의 부활과 관계가 있기 때문이며, 시편 2편 7절은 그리스도의 부활을 다루고 있다(행 13:33).

멜기세덱의 제사장 직분은 히브리서 7~10장의 주제이므로 지금은 상세히 다룰 필요가 없겠으나, 그 배경을 알려면 창세기 14장 17~20절을 읽어 보라. 히브리서 7~10장의 논증은 그리스도께서 더 크신 제사장이심을 다루고 있는데 이는 그리스도의 제사장 직분의 반차가 더 위대하기 때문이다. 곧, 아론의 반차가 아니라 멜기세덱의 반차인 것이다.

"멜기세덱"이란 이름은 "의의 왕"이란 뜻이다. 그는 또한 살렘(Salem)의 제사장, 또는 "평강의 왕"이었다. 아론은 결코 제사장인 동시에 왕(priest-king)은 아니었다. 그러나, 예수님은 제사장이시며 동시에 왕이시다./ 그리스도는 보좌에 앉으신 제사장이시다.

　　그리스도의 사역은 3~4장에서 토론한 안식인 평강에 관한 것이다. 그리스도는 레위 지파가 아니라, 왕의 지파인 유다 지파 출신이셨으며, 멜기세덱은 창세기에서 갑자기 나타났다가 사라진다. 그의 시작이나 끝에 관한 아무런 기록도 없다. 따라서 멜기세덱은 그리스도의 영원한 아들되심을 표상한다. 왜냐하면 그리스도 역시 "시작과 끝"이 없는 분이시기 때문이다. 아론은 죽었고 그의 자리는 채워져야 했다. 그러나, 그리스도는 결코 죽지 않으시며 그의 제사장직은 영원하다./ 아론은 지상의 세대를 맡은 제사장이었지만, 그리스도는 하늘 백성을 맡은 제사장이시다.

2. 그리스도는 동정심이 더욱 뛰어나시다(5 : 2~3, 7~8)

대제사장은 하나님의 선택이 있어야 할 뿐 아니라 백성을 동정하고 그들을 도울수 있어야만 했다. 물론, 아론 자신도 한갓 인간으로서 자기 백성의 연약함을 어느 정도는 알았을 것이다. 사실상, 그는 자신과 자기 가족을 위해서 희생 제사를 드려야 했다.

　　그러나, 그리스도는 하나님의 백성의 필요와 문제들에 더욱 깊이 들어갈 수가 있으시다./ 7~8절에서는 그리스도께서 이 "고난"을 받으셨음을 말해 준다. 하나님으로서 그리스도에겐 아무것도 필요치 않으셨음을 기억하자. 그러나, 인자로서 대제사장이 되신 날에는 그리스도께서 연단과 고통을 겪어야 할 필요가 있었다. 이 점에 대해서는 이미 2장 10~11절에 언급되었다.

　　유대인들은 그리스도께서 고통을 겪어야 했던 것 때문에 그리스도를 경멸하며 그의 신성을 의심하였을 것이나, 이러한 고난들은 바로 그의 신성의 징표인 것이다. 하나님께서는 자기 아들이 그의 백성을 위해 동정심 많은 대제사장이 되도록 예비하고 계셨다.

　　7절은 겟세마네에서의 주님의 기도에 관한 언급이다(마 26 : 36~46). 그리스도께서는 "죽음으로부터"(흠정역에는 이렇게 되어 있음) 구원을 받게 해달라고 기도한 것이 아니라 "죽음에서"(out of death) 구해 달라고 기도한 것임에 주의하자. 그는 십자가에서 구해 달라고 아버지께 기도한 것이 아니라 무덤에서 그를 일으켜 달라고 기도하셨던 것이다. 이 기도는 응답되었다. 물론 그리스도께서는 기꺼이 십자가를 맞이하여, 하나님께서 그에게 주신 잔을 마실 준비가 되어 있었다(요 12 : 23~34).

　　어떤 사람은 이렇게 질문할지도 모른다. "하지만 하나님의 아들이 아론과 같은 인간이 했던 것보다도 우리가 당하는 시련을 정말로 더 잘 알 수 있을까?"

물론이다. 첫째로, 그리스도는 완전하신 분으로서, 모든 시련을 완전히 겪으셨다. 그는 사람들과 사단이 제공해야만 했던 온갖 유혹을 맛보시는 온전한 분량의 시험을 받으셨다.

이 말은 그리스도께서 그 어떤 도덕적인 인간이 견딜 수 있었던 것 그 이상의 것을 견디셨다는 뜻이다. 왜냐하면 우리들 대부분은 시험이 참으로 어려워지기도 전에 굴복하기 때문이다. 50톤의 무게를 지탱해 낼 수 있는 교각은 불과 2톤의 무게만을 감지할 수 있는 다리보다 시험에 대하여 더 알고 있는 법이다.

3. 그리스도는 더 뛰어난 제물을 드렸다(5 : 3, 9∼14)

아론의 주된 직분은 특별히 대 속죄일에 나라를 위하여 제물을 드리는 것이었다(레 16장). 제사장들과 레위인들은 그 해 내내 백성을 섬길 수 있었으나, 대 속죄일에는 모두가 대제사장만을 바라보았다. 왜냐하면 그만이 피를 가지고 지성소에 들어갈 수가 있었기 때문이다. 그러나, 무엇보다도 먼저 자신을 위하여 희생제물을 드려야 했다.

예수 그리스도는 그렇지 않았다./ 그리스도는 하나님의 죄없으신 어린 양으로서 죄 때문에 희생제물을 드려야 할 필요가 없었으며, 그 백성을 위하여 드려야 했던 제물은 짐승이 아닌 자기 자신이었다./ 이것은 반복된 제물이 아니었다. 자신을 드릴 필요가 있었지만 단 한 번이었고 이로 말미암아 문제는 해결되었다.

그리스도는 아론이나 그의 계승자들보다 참으로 크신 분이시다. 그리스도는 "영원한 구원의 근원"이시나, 아론은 이 일을 결코 할 수가 없었다. 수소와 염소 들의 피는 다만 죄를 가리울 뿐이었으나, 그리스도의 피는 단번에 모든 죄를 소멸하셨다.

저자는 이제 그리스도의 제사장 직분에 대한 보다 깊은 연구로 들어가고자 하나, 난점을 발견하게 된다. 문제는 그가 우둔한 설교자나 저자인 것이 아니라 청중들이 우둔하다는 점이었다. 그는 6장 1∼2절에 열거되어 있는 바, 그리스도인의 삶에서 단순한 일들인 젖을 먹는 상태에서 단단한 식물(그리스도의 하늘의 제사장 직분)을 먹을 수 있는 단계로 나아가기를 원한다. 그러나, 그의 독자들이 자각하고 성장하기 시작하지 않으면 이 일을 할 수가 없다.

젖(복음의 초보, 그리스도께서 이 땅에서 하신 일)으로 살며, 단단한 식물(그리스도께서 지금 하늘에서 하시고 계신 일)을 먹지 못하고 있는 그리스도인들이 대단히 많이 있다. 그들은 그리스도께서 구세주시라는 것은 알고 있으나, 그가 대제사장으로서 그들을 위하여 무엇을 하실 수 있는지는 깨닫지 못하고 있다.

이 사람들은 다른 사람들을 가르칠 수 있을 만큼 구원받은 지가 오래 되었다. 그러나, 영적으로는 "제2의 어린 시절"로 돌아가 있었다. 누군가 그들이 잊고 있는 것들을 다시 가르쳐야만 했다./ 이들은 말씀 안에서 "경험하지 못했다"(익숙하지 못함, 13절). 역시 하나님의 말씀의 문제가 다시 대두된다./ 하나님의 말씀에 대한 그리스도인의 관계는 그의 영적 성숙을 결정한다.

그리고 이 사람들은 말씀으로부터 멀리 떠내려갔고(2 : 1～3), 말씀을 의심하였으며(3～4장), 말씀에 대하여 둔하게 되었다. 이들은 믿음으로 말씀에 화합지 않았으며(4 : 2), 그들의 일상적인 생활에서 실천하지도 않았다(5 : 14). 이들은 "신령한 지각을 사용하지" 않았으며(5 : 14), 따라서 그들의 영적인 생활에 있어서 성장이 둔하고 비효과적이었다. 그들은 전진하는 대신(6 : 2) 후퇴하고 있었다.

은혜 안에서 자라가는 것은 지식에서 자라는 것에 의존한다(벧후 3 : 18). 우리가 자신과 그리스도에 대하여 더 알면 알수록 영적으로 더욱 잘 전진해 갈 수 있다. 당신의 영적인 달성은 어디에 와 있는가? 젖먹이의 단계에서 아직도 젖으로 살며 불신앙의 광야에서 방황하고 있는가? 아니면, 성숙하여 말씀의 단단한 식물을 먹으며 하나님의 말씀을 실천하는 것이 하나의 습성으로 되어 있는가?

새롭게 하는 회개
-히브리서 6장-

성경의 그 어떤 장도 히브리서 6장 만큼 사람들을 혼란하게 하지는 않을 것이다. 신실한 신자들조차 "타락"에 관한 교리로 다루게 되었던 것은 불행한 일이다. 이 구절들에 대해서는 해석들이 분분하다. 그 예를 들어보자.

● 이것은 배교의 무서운 죄를 묘사하는 것으로, 그리스도인이 구원을 잃을 수 있다는 의미이다.
● "거의 구원을 받을 뻔한 사람들"을 다루고 있다(스코필드 주석).
● 이것은 아직 성전이 파괴되지 않은 시기 동안에 생존해 있던 유대인들만이 범할 수 있는 죄이다.
● 이것은 "가상적인 경우" 또는 실제로는 일어나지 않을 사례를 제시하는 것이다.

우리는 다른 사람들의 견해를 존중해야 하지만, 위에서 열거한 견해들은 거절해야만 한다. 우리는 히브리서 6장이 이 책의 나머지 부분과 마찬가지로 신자들에게 쓰인 것이지만, 신자가 "그의 구원을 잃어버리게 되는 죄"의 문제를 다루고 있다고는 생각지 않는다. 이 책의 전체적인 문맥과 사용된 단어들을 주의 깊게 보면 본 장의 주된 교훈이 **회개와 확신**임을 발견할 것이다.

1. 호소(6 : 1~3)

저자는 독자들의 영적인 우둔함을 신랄하게 꾸짖었는데(5 : 11~14), 이제는 성숙한(완전한) 데 나아갈 것을 그들에게 호소하고 있다. 이는 물론 이 책의 핵심 주제이다. "완전"(성숙)이란 단어는 누가복음 8장 14절의 씨뿌리는 자의 비유에서 사용된 것과 같은 단어이다("……**온전히** 결실치 못하는……"). 이 단어는 히브리서 6장 7~8절에 나오는 밭의 예화와 연결되어 있으므로 이 뜻을 마음에 꼭 새겨 두자.

"나아갈지니라"는 호소는 직역하면 "지탱함을 받자, 또는 계속해서 나아감을 받자"는 뜻으로, 1장 3절에서 "붙드시며"라고 번역된 말과 같은 단어이다. 다른 말로 하면 저자는 자기 노력에 관하여 말하고 있는 것이 아니라 하나님의 능력, 곧 온 우주를 붙들고 계시는 바로 그 능력에 자신들을 굴복하라고 호소하고 있는 것이다./ 하나님께서 우리를 붙드시면 어찌 떨어질 수 있겠는가./

이 유대인들은 전진하는 대신 2~3절에서 설명하고 있는 "초보"를 다시 세우려는 유혹을 받았다. 이러한 초보에 들어 있는 여섯 가지 항목은 그리스도인의 신앙에 대한 언급이 아니라 오히려 유대주의의 기본적인 교리들을 가리키고 있다. 박해가 극렬해지자 이 히브리 그리스도인들은 그리스도에 대한 그들의 신앙고백을 버리고 "곁길로 빠지려는" 유혹을 받게 되었다(4 : 14 / 10 : 23).

이들은 이미 "유아시절"로 돌아가 있었고(5 : 11~14) 급기야는 유대주의로 돌아가려는 경향을 띠고 있었다. 그리하여 그리스도와 기독교의 충만한 빛을 드러내기 위해 길을 예비했던 그 기초를 다시 세우게 된다.

이들은 죽은 행실, 곧 율법 아래 있는 행위를 회개했었고(9 : 14), 하나님께 대한 신앙을 보였다. 이들은 씻음의 교리를 믿었는데 이는 신약적 세례가 아닌 레위기에서의 씻음이다(막 7 : 4~5 / 히 9 : 10 참조). 안수는 대 속죄일을 가리키며(레 16 : 21), 모든 참된 유대인은 장차 부활과 심판이 있다고 주장한다(행 24 : 14~15). 만일 이들이 앞으로 전진하지 않으면 후퇴할 수밖에 없을 것인데, 그것은 그림자를 위해 본체를 버리는 것을 뜻하는 것이었다.

2. 논쟁(6 : 4~9)

처음부터 문제가 된 것은 구원이 아니라 회개인 것에 유의하자. "다시 새롭게 하여 회개케 할 수 없나니"(4, 6절). 만일 이것이 구원에 관하여 말하는 것으로서 신자가 구원을 잃을 수 있는 것이라면 어떤 신자는 구원을 다시 얻을 수 없다고 가르치고 있는 결과가 된다./ "그런데도 구원을 잃는다"고 가르치는 교회들이 타락한 자들을 향해 주께로 돌아오라고 언제나 초청하고 있다./ 이것은 비논리적이다.

여기서의 문제는 회개인 것이다. 즉, **하나님의 말씀에 대한 믿는 자의 태도**이다. 4~5절은 참된 그리스도인들을 묘사하며(10 : 32 / 2 : 9, 14 참조), 9절은 저자가 그들이 참으로 구원받았다고 믿었음을 시사한다. 여기서는 "구원받을 뻔한" 사람들이 아니라 참된 신자들인 것이다.

6절에 나오는 두 개의 핵심 단어는 "타락한"과 "십자가에 못박아"이다. "타락하다"의 헬라어는 "배교"라는 말이 유래한 아포스타시아(apostasia)가 아니라 파라핍토(parapipto)로서, 이는 "벗어나다, 길을 잘못들어 방황하다"는 뜻이다. 이 말은 갈라디아서 6장 1절에 나오는 "범죄"라는 단어와 비슷하다("사람이 만일 무슨 범죄한 일이 드러나거든……"). 따라서 6절은 하나님의 영적인 축복을 맛보았지만 곁길로 벗어났거나 또는 범죄한 신자를 나타내고 있다.

그는 이와 같이 행하였으므로 이제 하나님의 징계를 받고(히 12 : 15~13) 영적으로 버려지게 될(고전 9 : 24~27) 위험에 처해 있는 것이다. 이 말은 상급을 잃는다는 것과 하나님의 비난을 받게 된다는 뜻이지 구원을 잃는다는 뜻은 아니다.

"십자가에 못박아"라는 구절은 "십자가에 못박고 있는 동안에"로 번역되어야 한다. 말하자면 히브리서 6장 4～6절은 죄짓는 성도는 전혀 회개에로 인도함을 받을 수 없다는 뜻이 아니라, 계속해서 죄를 지으며 그리스도께 욕을 돌리고 있는 동안은, 회개에로 인도함을 받을 수 없다는 뜻이다. 계속 죄 가운데 있는 신자는 그가 회개하지 않았다는 사실을 입증하고 있는 것이다. 삼손과 사울이 이러한 경우에 해당된다. 히브리서 12장 14～17절은 이와 마찬가지로 에서의 경우를 인용한다.

7～8절에 나오는 **밭의 예화**는 히브리서 12장 28～29절과 고린도전서 3장 10～15절에 주어진 진리, 곧 하나님의 시험의 불에 대한 개념과 연관된 진리이다. 하나님께서는 우리로 열매를 맺도록 하시기 위해서 구원하셨다. 우리의 삶은 언젠가 시험받을 것이며 인정받지 못한 우리의 행실은 불에 타게 될 것이다. 밭이 불에 타는 것이 아님을 주목하자. 불에 타는 것은 열매이다. 이러한 신자는 "불 가운데서 얻는 것 같은" 구원을 받는다.

결국 이 난해한 구절이 주는 전체 멧세지는 그리스도인들은 그들의 신령한 생활에서 후퇴할 수 있고 그리스도께 욕을 돌릴 수도 있다는 것이다. 그들이 죄 가운데 머물러 있는 동안 그들은 회개함으로 인도될 수가 없으며 하나님의 징계를 받을 위험에 처한다. 고집을 부린다면 그들의 생활은 불에 견디는 열매를 맺지 못할 것이며 그리스도의 심판대에서 "잃는 고통"을 겪어야 할 것이다. 신자들이 죄에 대한 핑계로 "은혜"를 헛되이 하는 일이 없도록 히브리서 10장 30절은 "주께서 그의 백성을 심판하시리라./"고 상기시킨다.

3. 확신(6：10～20)

저자는 독자들이 그의 권면을 오해하지 않도록(벧후 3：16) 성경의 어느 곳에서도 발견할 수 있을 만큼 영원히 보증받는 견고한 귀절로 종결한다. 그는 먼저 그들의 삶을 지적하고(10～12절) 참된 그리스도인으로서의 온갖 증거를 나타내야 할 것을 상기시킨다. 우리는 이 세 구절에서 믿음과 소망과 사랑을 발견하게 되는데, 이것은 참된 신자의 특성이다(살전 1：3 / 롬 5：5).

그러나, 그는 12절에서 "게으르지 말라"고 경고하는데, 게으르다는 말은 5장 11절에서 "듣는 것이 둔하므로"와 같은 단어이다. 하나님은 약속을 주셨으므로 그들은 축복을 받기 위해 다만 믿고 기다릴 필요가 있다.

다음으로 저자는 인내하는 믿음의 실례로서 아브라함을 든다. 물론 아브라함은 죄를 범하였으며, 같은 죄를 두 번이나 반복했다./ 그러나, 하나님은 그에게 하신 약속을 지키셨다./ 결국 하나님의 언약들은 확실성 있는 성도들의 믿음에 달려 있는 문제가 아닌 것이다. 이 약속들은 오직 하나님의 신실하심에 달려 있다.

하나님은 창세기 22장 16～17절의 약속을 친히 맹세하심으로써 확증하셨고, *377*

이루셨다./ 아브라함은 자신의 선함이나 순종으로 말미암아 약속된 축복을 받은 것이 아니라, 하나님의 신실하심으로 말미암아 받은 것이다. 아브라함은 히브리서의 독자들처럼 여러 가지 시련들과 시험들을 통과했고, 하나님은 그를 내내 보고 계셨다.

17절에서 저자는 하나님이 아브라함을 위하여 이 모든 일을 행하셨던 것은 "후사들"에게 그의 뜻과 약속의 불변함을 알게 하기 위함이라고 쓰고 있다. 18절에 의하면 이런 후사들은 우리들이다. 왜냐하면 우리는 믿음으로 말미암아 아브라함의 자녀가 된다고 믿기 때문이다(갈 3장 참조). 그러므로 우리를 확신시키는 "두 가지 변치 못할 사실"이 있는데, 곧 하나님의 약속(하나님은 거짓말할 수 없으시다)과 하나님의 맹세이다. 하나님의 변치 않는 말씀과 하나님의 변치 않는 인격은 우리가 구원받아 영원히 보존된다고 확신하는 데에 필요한 모든 것이다./

우리는 영혼의 닻 같은 "소망"을 가지며, 이 "소망"이 바로 그리스도 그분이시다(7 : 19~20 / 딤전 1 : 1). 우리가 그리스도 안에서 하늘에 닻을 내리고 있는데 어찌 표류할 수 있겠는가./ 우리는 확실하고 견고한 닻을 지니며, 우리를 위하여 길을 열어놓고 앞서 가신 "선두 주자"(그리스도)가 계신다. 또한 우리는 언젠가 영광 중에서 그와 함께 하게 됨을 볼 것이다.

본 장은 성도들에게 버림받는다는 생각을 들게 하여 두렵게 한다기보다는 회개치 않는 마음에 경고를 하며, 우리가 영원에 닻을 내리고 있음을 확신시키는 데 있다.

그리스도와 멜기세덱
-히브리서 7장-

본 장은 히브리서의 두번째 부분으로, 우월한 제사장 직분에 대해 소개한다. 이 부분에서의 저자의 목적은 그리스도의 제사장 직분이 아론이나 땅에서 봉사하던 그의 후계자들의 직분보다 더 낫다는 것을 보여 주기 위함인데(8 : 4), 이는 그리스도의 제사장 직분이 더 나은 반차(7장)를 따른 것이며, 더 나은 언약 아래서(8장), 더 좋은 성소에서(9장), 더 나은 제물로(10절) 사역을 하는 것이기 때문이다.

본 장의 핵심 인물은 신비로운 왕이며 제사장인 멜기세덱으로서, 그는 구약 전체를 통하여 단 두번 나올 뿐이다(창 14 : 17~20/시 110 : 4). 바울은 아론을 능가하는 멜기세덱의 우월성을 입증하기 위해 세 가지를 논증한다.

1. 역사적 논증-멜기세덱과 아브라함(7 : 1~10)

첫째로, 저자는 멜기세덱을 그리스도의 모형으로 본다(3, 15절). 그는 제사장인 동시에 왕이었으며, 예수께서도 역시 그러하시다. 아론 계통의 제사장으로서 보좌에 오른 자는 아무도 없다./ 사실상 영적으로 말하자면, 그들의 사역은 결코 완성되지 못했기 때문에 앉지 않았다(히 10 : 11~14). 더우기 멜기세덱은 살렘("평강")의 왕이었으며 예수께서도 우리의 평강의 왕이시다.

또한 멜기세덱의 이름이, 하나님의 의로운 왕이신 그리스도께 분명하게 적용되는 "의의 왕"이라는 뜻이다. 따라서 그의 이름과 직무상으로 볼 때 멜기세덱은 그리스도의 적절한 표상이다.

그뿐 아니라 저자는 또한 멜기세덱의 근원에서 그리스도를 묘사한다. 성경 기록에 관한 한 멜기세덱의 출생과 죽음에 대한 언급이 없다. 물론 이것은 멜기세덱이 부모가 없었다거나 죽지 않았다는 뜻은 아니다. 단지 구약의 기록은 이러한 문제들에 관하여 침묵을 지킨다는 뜻이다. 그리하여 멜기세덱은 그리스도처럼 "시작한 날도 없고 생명의 끝도 없다." 그의 제사장 직분은 영원한 것이다.

그의 제사장 직분이 자연적인 혈통에 의존되지 않았던 반면, 아론의 제사장들은 계보(系譜)의 기록들을 통해 그들의 직책의 정당성을 변호해야만 했다(느 7 : 64). 아론을 계승한 모든 대제사장은 다 죽었다. 그러나, 그리스도는 멜기세덱처럼 "계속해서 제사장으로 머물러 계신다"(8, 16, 24~25절).

다음으로 저자는 그리스도를 멜기세덱의 반차와 같이 봄으로써 이제 멜기세덱이 아론보다 더 우월하다는 것을 설명한다. 왜냐하면 아론은 아브라함의 허리에서 아직 태어나기도 전에 멜기세덱에게 십일조를 바쳤기 때문이다./ 멜기세덱이 아브라함을 축복하였을 때와 마찬가지로 레위도 축복받고 있었다. "낮은 자가 높은 자에게 복빔을 받는 것"은 물론이다. 땅에서, 유대인의 성전이 있는 곳에서, 제사장들은 십일조를 받았다. 그러나, 창세기 14장으로 돌아가 보면 제사장들은 아브라함을 통하여 멜기세덱에게 십일조를 바쳤다. 이것은 분명히 그들이 낮은 것을 보여 준다.

진정한 의미에 있어서, 오늘날 신자들은 대제사장이신 그리스도께 십일조를 바침으로써 아브라함을 본받고 있다. 저자는 십일조가 중단되었다거나 그리스도께 십일조를 바치면 그가 기뻐하시지 않는다고 가르치지는 않는다.

2. 교리적 논증 – 그리스도와 아론(7:11~25)

바울은 멜기세덱이 아론보다 더 탁월하다는 역사적인 기반을 굳게 세운 후, 이제는 교리적인 관점에서 멜기세덱의 우월성을 보여 준다. 여기서 그는 시편 110편 4절을 본 논증의 근거로 인용하며 세 가지 점을 제시한다.

1 **아론은 멜기세덱으로 대치되었다**(11~ 19절) –시편 110편 4절에서, 하나님께서는 그리스도께 "너는 멜기세덱의 반차를 좇아 영원한 제사장이다./"라고 말씀하셨다. 이로써 하나님은 제사장 직분을 폐지하시는 것이었다. 신적 제사장 직분이 두 가지로 병존한다는 것은 불가능한 일이다. 하나님께서 새로운 반차를 세우셨다는 사실은 아론의 옛 반차가 연약하고 비효과적인 것이었음을 입증하는 것이며, 이것은 또한 아론의 기능을 뒷받침해 주었던 율법 역시 폐지되었다는 것을 뜻했다. "율법은 아무것도 온전케 못할지라"(19절).

따라서 결론적으로, 제사장 직분도 역시 "아무것도 온전케 할 수가 없었으며"(11절), 저들이 드리는 제사로도 온전케 할 수가 없었다(10:1). 물론 히브리어의 "온전함"이란 "하나님 앞에서 온전히 선다"는 뜻으로서, 무죄함과는 아무 관련이 없는 단어이다. 아론은 육체에 상관된 계명에 의해 제사장이 되었지만 그리스도의 제사장 직분은 "무궁한 생명의 능력을 좇아"(16절) 그 기능을 발휘한다. 왜냐하면 아론과는 달리 그리스도는 결코 죽지 않으실 것이기 때문이다.

2 **아론은 맹세로 세움받지 않았다**(20~22절) –출애굽기 28~30장에 나오는 정교한 의식들을 통하여 아론과 그의 계승자들을 하나님께서 인정하셨지만 그들의 제사장 직분을 인치셨다는 신적 맹세에 대한 기록은 없다. 사실상 하나님은 그들의 사역이 어느 날 끝이 날 것임을 아셨기 때문에 맹세로써 그들의 반차를 인치지 않으셨던 것이다. 그러나, 하나님께서 그리스도로 하여금 제사장이 되도록 정하셨을 때는 불변하는 맹세로서 그 직분을 확증하셨으며, 이러한

사실이 그리스도께서 아론보다 더 우월하심을 입증한다.

3 아론과 그의 계승자들은 죽었으나 그리스도는 영원히 살아계신다(23~24절) ─율법 자체는 거룩하고 선하였으나 육체의 약함으로 인하여 제한을 받고 있었다. 아론은 죽었으며, 그를 뒤이은 자손들도 죽었다. 제사장 직분도 사람과 마찬가지로 영속되지 못한다.

그러나, 그리스도는 더이상 죽지 않으시며 살아 계신다. 그는 불변하는 제사장 직분을 가지시는데, 이는 그가 무궁한 생명의 능력으로 살아 계시기 때문이다. 그는 "영원히 살아 계셔서" 하나님의 백성을 위하여 중재하시며 이로 말미암아 그들을 온전히 구원하실 수가 있으시다. 대체로 25절을 잃어버린 자들에게 적용시키지만 사실상 그것은 주로 구원받은 사람에게 적용되는 것이며, 이들을 위해 그리스도께서 매일 중재하시고 계신다.

3. 실천적인 논증─그리스도와 신자(7:26~28)

"이러한 대제사장은 우리에게 합당하니"라는 말은 우리에게 알맞으며, 우리의 필요에 대처하며, 우리의 환경에 적합하다는 뜻이다. 아론의 어떤 후손도 이 구절들에서 그리스도께 주어진 묘사에 적합하지 않다. 그들은 "거룩하고, 악이 없고, 더러움이 없는……" 사람들이 아니었다. 아론 자신도 금송아지를 만들어 이스라엘을 우상 숭배로 이끌어갔으며, 또한 엘리의 아들들도 탐식과 부도덕의 죄가 있었다./

그러나 우리에게는 완전한 대제사장이 계신다. 그는 지상의 어떤 제사장보다 거룩하시며 하나님의 존전의 하늘 장막에서 섬기는 그 어떤 직분보다 높으시다. 아론과 그의 후손들은 먼저 자신들을 위해, 다음으로는 백성들을 위해서 날마다 제사를 드려야 했다.

그리스도는 죄가 없으시기에 자기 죄를 위하여 속죄하는 제사를 드릴 필요가 없었다. 그가 드린 단번의 제사가 죄 문제를 영원히 해결하였다./ 그뿐만 아니라 그는 염소와 황소의 피가 아니라 자기 자신을 제물로 드리셨다. 우리는 얼마나 위대한 대제사장을 모시고 있는가./ 아론과 그의 아들들은 이런 저런 종류의 약점들을 가지고 있었으나 그리스도는 모든 죄와 연약함으로부터 자유하신 분이다.

이제는 멜기세덱의 반차가 아론의 반차보다 우월하다는 것이 쉽게 이해될 것이다. 이것은 아브라함이 레위보다 멜기세덱을 더 높였기 때문에 **역사적으로** 입증되었고, 시편 110편 4절에서 하나님께서 제사장직을 변역하심으로 율법도 변역하셨다고 명확히 언급하는 것으로서 **교리적**으로 입증되었다. 그리고 어느 누구도 예수 그리스도 외에는 대제사장이 되는 자격을 지닐 수 없기 때문에 **실천적**으로 입증되었다. 다른 식으로는 생각해 볼 필요도 없다. 우리는 그리스도를 모시고 있으며, 그는 우리가 필요로 하는 모든 것이 되신다.

아론보다 더 위대하신 그리스도

-히브리서 8장-

저자는 그리스도의 하늘 제사장직이 더 나은 반차에 속하는 것임을 입증한 후, 이제 이 직분이 더 나은 언약을 통하여 수행되는 것임을 보여 준다. 레위 계통의 제사장들이 행한 모든 일이란 시내산에서 그 민족과 체결하셨던 옛 언약에 입각한 것이었다. 하나님께서 "새 언약"을 소개하심으로써 그것을 "옛 언약"이라고 부르신 사실은 옛 레위 계통 제사장 직분이 이 십자가로 폐하여졌음을 입증하는 것이다.

이 서신을 읽는 독자들이 아론에게로 되돌아간다는 것은 옛 언약으로 되돌아간다는 것을 뜻한다. 이미 옛 언약은 새 언약으로 대치되었으며(본 장에서), 저자는 새 언약이 더 나은 것임을 입증하였다. 그렇다면 새 언약은 어떻게 옛 언약보다 더 나은 것인가?

1. 더 나은 제사장이 사역함(8 : 1)

이 구절은 이전에 제시된 논증들의 "종합"이다. "이러한 대제사장(7 : 26~28에 묘사된 대제사장)이 우리에게 있는 것이라"는 말로써 아론보다 더 우월한 대제사장이 있음은 이미 입증되었다. 우리의 대제사장이신 그리스도는 그의 구속 사역이 완성되었기에 보좌에 앉아 계신다. 그러나, 아론 계통의 제사장은 어느 누구도 보좌에 앉아 있지 않았다./ 그리고 레위 계통의 그 어떤 제사장도 보좌에 앉은 일이 없다./

그리스도는 영광 중에 계신 우리의 왕이시며 대제사장이시다. 그리고 더 나은 대제사장이시기 때문에 더 나은 언약으로 우리를 중재하신다. 그가 하늘에서 옛 언약을 수행하지 않으실 것은 분명하다. 새 대제사장은 새롭고 더 나은 언약을 요구하신다.

2. 더 나은 장소에서 사역함(8 : 2~5)

그리스도께서 만일 땅에 계시다면 그는 제사장으로 사역하실 수 없으실 것이다. 왜냐하면 그는 레위 지파가 아닌 유다 지파에서 나셨기 때문이다. 당신은 그리스도께서 세상에 계실 때 성전 뜰에 계신 것은 보았지만 성소나 지성소에 계신 것은 결코 보지 못했을 것이다. 그러나, 이 일은 오직 새 언약의 우월성을 입증한다. 새 언약은 땅에서가 아니라 하늘에서 수행되는 것이다.

바울은 또 다른 논증을 덧붙인다. 즉, 하늘의 장막이 본래적인 것이며, 세상의 장막(성전)은 모사일 뿐이다. 모세는 하나님께서 산에서 그에게 계시하신 본을 좇아 장막을 지었다(출 25 : 9, 40). 유대인들은 그들의 성전과 기구들과 의식들을 존중하였으나 이러한 것들은 다만 그림자들인 것이다. 실체는 하늘에 있었다. 옛 언약으로 돌아간다는 것은 땅에 있는 모형들을 위해 하늘에 있는 실체들을 버린다는 뜻이다.

하늘의 성소에서 섬기시는 하늘의 대제사장이 있다는 것이 어찌 위대한 일이 아니겠는가./ 불행하게도 오늘 날 선의의 그리스도인조차 옛 언약과 새 언약을 서로 혼합하며 지상적인 것 때문에 천상적인 것을 버리며, 그림자로 인해서 본체를 버리는 일이 있다. 촛대, 분향, 의복, 제단, 세상의 제사장들 등은 모두 옛 언약에 속하는 것이며 그리스도의 천상 사역에 속하는 것이 아니다.

3. 더 좋은 약속 위에 세워짐(8 : 6~13)

새 언약의 약속들이 옛 언약의 약속보다 훨씬 낫다는 것이 본 장의 핵심적인 논거이다. 결론적으로 말해서, 더 좋은 언약에 기초한 그리스도의 제사장 직분이 더 나은 제사장 직분임에 틀림없다. 사실 그러하다./ 먼저 예레미야 31장 31~34절을 읽고 더 나은 약속들이 무엇인지 살펴보자.

① 은혜의 약속(6~ 9절) – 8~ 13절에서 여섯 번이나 하나님은 "내가…… 하리라./"(I will) 고 말씀하신다. 이것이 은혜이다./ 옛 언약은 백성들에게 순종을 요구하는 종의 멍에였다. 그러나, 새 언약은 하나님께서 그의 백성을 위해 하실 바를 강조하는 것이며, 그들이 하나님을 위해 해야 할 바를 강조하지 않는다. 하나님은 옛 언약에서 무슨 잘못을 찾으시는 것이 아니라 백성들 자신에게서 잘못을 찾으신다는 점에 주의하자.

율법은 신령한 것이나 사람들은 육신에 속한다. 로마서 7장 14절은 "죄 아래 팔렸도다"라고 말하며, 로마서 8장 3절은 율법이 "육신으로 말미암아 연약하여졌다"고 분명히 밝힌다. 다른 말로 하면, 이스라엘의 실패는 옛 언약의 연약함 때문이 아니라 인간 본성의 연약함 때문인 것이다. 바로 여기서 은혜가 개입하게 된다. 하나님께서는 인간의 연약함으로 인하여 율법이 할 수 없는 바를 십자가를 통하여 행하셨다./

② 내적 변화의 약속(10절) – 새 언약에 속한 약속을 알아보기 위하여 예레미야 31장 31절을 읽고, 여기에 마음의 내적 변화가 포함된다는 것에 유의하자. 고린도후서 3장에서는 이 놀라운 주제에 관하여 부인하는 설명을 볼 수 있다. 옛 언약은 돌비에 하나님의 손가락으로 쓰인 것이지만, 새 언약은 인간의 마음과 그 정신에 성령으로 말미암아 기록되었다./

외형적인 율법은 결코 인간을 변화시킬 수가 없다. 만일 율법이 사람의 행위를 변화시킬 수 있었다면 그것은 속 사람의 일부가 되어야 한다(신 6 : 6 ~ 9 참조). 이것이 로마서 8장 4절이 뜻하는 바이다. "율법의 요구 (의)가 우리에게서 이루어지게 하려 함이라." 물론 이것은 우리로 하여금 하나님의 말씀에 순종할 수 있게 하시는 성령으로 말미암은 것이다.

③ **한없는 축복의 약속** (11절) – 개인 전도가 필요없게 될 날이 올 것이다. 왜냐하면 모든 사람들이 주님을 알게 될 것이기 때문이다./ 물론 이러한 약속의 궁극적인 성취는 왕국의 설립을 기다린다. "다 나를 앎이니라"는 말씀은 구약에서 "하나님을 아는 지식이 세상에 충만할 것임이라"는 반복된 약속과 유사하다. 여기에는 유대인처럼 이방인도 이 지식을 갖게 되리라는 뜻이 들어 있다.

④ **사죄의 약속** (12절) – 히브리서 10장을 보면, 옛 언약 하에서는 죄를 생각하게 하였을 뿐 죄를 없게 하지는 못했다고 한 것을 볼 것이다. 염소와 수소의 피가 죄를 덮어 가리울 수는 있었으나 오직 하나님의 어린 양의 피만이 "세상 죄를 지고 갈" 수 있었다(요 1 : 29). 새 언약은 짐진 죄인에게 참으로 놀라운 약속을 주신다./ 그의 죄가 용서되며 잊혀진 바되는 것이다./

⑤ **영원한 축복의 약속** (13절) – 하나님께서 "새 언약"이라고 부르신 사실 자체가 옛 언약은 쇠하고 지나가 버릴 것임을 뜻한다. 히브리서가 기록될 즈음에는 로마의 군대가 주후 70년에 팔레스틴을 침략할 채비를 갖추고 있었다. "없어져가는 것이니라"는 구절은 잠깐만 지나면 성전과 제사장의 활동이 영원히 멈추게 될 것임을 시사한 것이었다. 그러나, 새 언약은 그리스도의 제사장 직분처럼 영원히 있을 것이다. 하나님께서 자기의 새 언약의 백성을 다루심에 있어서는 아무런 변화도 없을 것이다.

이 새 언약은 언제 들어오게 되었는가? 누가복음 22장 20절 이하와 고린도전서 11장 23 ~ 26절은 새 언약이 그리스도께서 십자가에서 피흘리심으로 세워졌다고 명백히 말씀한다. 히브리서 12장 24절에 의하면 그리스도는 오늘날 새 언약의 중보이시다.

그러나, 예레미야 31장 31절 이하는 하나님께서 유대인들에게 이 새 언약을 약속하셨다고 언급한다./ 우리는 이 언약을 교회에 적용시켜야 할 무슨 권리를 가지고 있는가? 그 대답은 사도행전의 경륜적인 특성에 놓여 있다.
당신은 사도행전 1 ~ 7장이 하나님께서 유대인들에게 왕국을 제공하시는 내용임을 회상할 것이다. 성령께서 오순절에 신자들 안에 거하시려고 강림하셨을 때 새 언약은 강력히 이행되었다. 만일 이 민족이 그리스도를 못박은 죄를 회개하고 그를 메시야로 영접하였다면 새 언약의 모든 축복들과 약속들의 뒤따랐을 것이다. 그러나, 이스라엘은 멧세지를 거절하였고 성령을 거스렸다. 그리하여 이 민족은 제외되었다.

　바로 이 지점에서 하나님은 이방인들을 새 언약에로 인도하셨으며, 믿음을 가진 유대인과 이방인들로 된 놀라운 새 일, 곧 그리스도의 몸인 교회를 이룩하셨다. 그래서 오늘날 우리들은 그리스도의 몸 안에서 새 언약에 참여하지만, 이스라엘 민족은 장래의 어느 날 "저들이 찌른 자를 보게 될 것이며", 왕국이 설립되면 이와 같은 동일한 축복을 누리게 될 것이다.

옛 제사보다 나은
그리스도의 제사
-히브리서 9장-

우리는 그리스도의 제사장 직분이 아론의 직분보다 더 나은 것임을 보았다. 그것은 그리스도의 제사장 직분이 더 나은 반열인 멜기세덱의 반차에 속하며(7장), 더 좋은 언약 곧 새 언약 하에서 직무를 수행하는 것이기 때문이다(8장). 본 장에서는 그리스도의 제사장 직분이 더 좋은 성소로부터 수행되는 까닭에 더 우월한 것으로 나타나게 된다.

1. 옛 언약 하의 열등한 성소(9 : 1~10)

저자는 옛 언약의 성소(Sanctuary)가 열등했다는 이유를 다섯 가지로 제시한다.

1 **그것은 세상에 있었다**(1절)-"세상에 속한"이라는 말은 "이 세상 것으로 된, 땅에 있는"의 뜻이다. 하나님께서는 모세에게 하늘에 있는 원형을 제공하셨으나, 모세는 땅 위에 세상의 재료로 장막(성막, 그리고 솔로몬의 성전)을 세웠다. 성소를 정하신 분이 하나님이시며 그 곳에서의 섬김도 하나님의 지시대로 이행되었지만, 그 모든 것들은 여전히 땅 위에 있었다. 본 장의 후반부에서 볼 것이지만, 새로운 성소는 하늘에 있다.

2 **그것은 장차 올 일에 대한 그림자에 불과하다**(2~5절)-여기서 저자는 구약 장막의 배치와 그 기구들에 대해 기술한다. 2절과 6절에 있는 "첫장막"이란 성막에서의 첫번째 구역인 성소(the holy place)를 뜻한다. 그리고, 7절의 "둘째 장막"이란 모세가 만든 두번째 장막이란 뜻이 아니고, 성막의 두번째 구역인 지성소(the holy of holies)이다.

놋단과 물두멍은 바깥 뜰에 있었고, 첫 휘장(3절에 유의)이 바깥 뜰과 성소 사이에 드리워 있었으며, 성소에는 촛대, 떡상, 향단이 놓여 있었다. 둘째 휘장 뒤에는 지성소가 있었고 거기에는 오직 대제사장만이 매년 대속죄일에만 들어갈 수 있었다(레 16장). 지성소에는 언약궤(법궤)가 놓여 있었다. 이 모든 것들이 그리스도의 모형이었고, 하나님께서 새 언약 하에서 주고자 하셨던 위대한 영적인 실제의 그림자였다.

3 **그것은 백성들이 가까이 할 수 없는 것이었다**(6~7절)-제사장들만이 뜰과 성소에서 섬길 수 있었으며, 대제사장만이 지성소에 들어갈 수 있었다. 앞으로 나오겠지만 하늘의 성소는 하나님의 모든 백성에게 열려져 있다.

4 그것은 잠정적인 것이었다 (8절) – 사람들과 하나님 사이의 휘장은 하나님의 존전으로 가는 길이 아직 열려 있지 않다는 것을 백성들에게 알려 주었다. 9절은 휘장이 가리워져 있는 동안은 장막이 두 부분으로 나뉘어져 있다는 것으로, 이것은 이스라엘과 하나님 사이의 관계를 모형(표상, 비유)으로 말해 주는 것이다. 그리스도께서 죽으셨을 때 휘장이 찢어짐으로써 지상의 성소가 필요없게 되었다.

5 그것은 마음을 변화시키는 효과가 없었다 (9~10절) – 날마다 제사장들은 같은 제사를 드렸다. 피는 죄를 가리웠으나 죄를 씻어내지는 못했다. 동물들의 피가 제사를 드리는 사람들의 마음과 양심을 변화시킬 수 없었다. 이것은 "육체의 예법", 곧 영혼이나 양심이 아니라 몸을 다루는 의식이었다. 이 의식은 십자가에 달리신 예수 그리스도 안에 나타난 충만한 하나님의 은혜의 계시를 기다리는 잠정적인 것이었다.

2. 새 언약 하의 우월한 성소 (9 : 11~28)

"그러나 그리스도께서./" 여기서 장면이 바뀌어, 바울은 새 언약의 성소(Sanctuary)가 왜 우월한지를 설명하며 그리스도의 제사장 직분이 아론의 직분보다 왜 더 우월한가를 설명한다.

1 그것은 하늘에 있는 성소이다 (11절) – 그리스도는 "드디어 실현된" 좋은 일들의 대제사장이시다. 그의 하늘 성소는 모세에게 제시되었던 원형으로서 더 위대하고 더 완전하다. 왜냐하면 이것은 손으로 지은 것이 아니기 때문이다. 그것은 새 창조에 속한 것이기 때문에 "이 창조에 속하지 않는다." 땅의 장막은 옛 창조, 옛 언약에 속하였으나, 그리스도의 성소는 새 창조, 새 언약에 속한다 (24절).

2 그것은 생활을 변화시키는 데 효과적이다 (12~23절) – 참으로 대조적이다./ 대제사장은 그의 생애 동안에 여러 번 다른 피를 가지고 지성소로 들어갔다. 그러나, 예수님은 자신의 피를 가지고 단번에 하나님의 존전으로 나아가셨다./ 구약의 제물들은 의식으로 몸을 정결케 했으나(13절) 결코 마음과 양심에게까지는 이를 수가 없었다.

그러나, 모두를 위하여 단번에 흘리신 그리스도의 피는 양심을 깨끗케 하며, 믿는 자에게 불변하는 완전한 신분을 하나님 앞에서 갖게 한다. 유대인의 제반 의식은 새 언약 하에서의 하나님과의 살아 있는 관계와 대조해 볼 때, 단지 "죽은 행실"에 지나지 않았다.

15~23절은 유언의 예를 사용한다. 어떤 사람이 자기 재산을 어떻게 분배

할 것인지 뜻을 정하고 결심을 한다. 그러나, 그 유산은 그 사람이 죽기까지는 어느 누구에게도 돌아가지 않는다. 그리스도는 그의 교회에게 줄 영원한 기업을 가지고 계셨으며, 이 기업은 그리스도의 "최종적인 뜻이며 유언"인 새 언약에서 판명된다.

그러나, 그 뜻이 효력을 발생하기 위해서는 그가 죽어야만 했다. 그런데 놀라운 일은 그리스도께서 이 뜻의 효력을 발생시키기 위하여 죽으셨으며, 그리고서 그것을 몸소 시행하기 위하여 죽은 자로부터 다시 되돌아오셨다./ 물론 모세 아래 있는 첫 언약도 피로써 인쳐졌으며(출 24 : 6~ 8) 땅의 성소가 세워졌을 때도 피로써 바쳐졌다. 그러나, 이 짐승들의 피는 단지 의식적 정결은 가져올 수 있었을 뿐, 내적 깨끗함을 주기란 불가능했다.

23절은 그리스도의 죽음이 하늘에 있는 것들도 역시 정결케 한다고 암시한다. 이는 그리스도의 피로 말미암아 정결케 된 하늘에 있는 하나님의 백성(12 : 22 이하 / 엡 2 : 22)을 가리키는 것 같기도 하고, 하늘에 사단이 나타남으로 인해서(계 12 : 3 이하) 하늘 성소를 특별히 정결케 해야 했던 바를 암시하는 것 같기도 하다.

3 그것은 그림자가 아니라 성취이다(24절)—아론의 제사장들은 임시적인 장막에서 섬겼는데 그것은 장막이 장차 올 그리스도를 가리키는 것이었기 때문이다. 그리스도는 모형들로 가득 찬, 사람이 만든 장막에서 섬기지 않으신다. 그는 이러한 구약의 모형들의 성취인 하늘 성소에서 섬기고 계신다. 대제사장은 백성들을 위해 시은소에 피를 뿌렸으나, 그리스도는 하나님의 존전에서 우리를 대표하신다./ 사람들이 감각을 기쁘게 하는 종교적인 의식들에 매달려 그리스도의 위대하신 하늘 사역을 믿음으로 붙들지 못한다면 이는 참으로 비극이 아닐 수 없다.

4 그것은 완전한 제물에 근거한다(25~ 28절)—그리스도께서 드린 제물의 우월성은 10장의 주제인데도 저자는 여기서 이에 대해 언급한다. 제사장의 사역은 그들의 제물이 확정적인 것이 아니기 때문에 결코 끝나지 않았다. 그러나, 그리스도의 죽으심은 최종적인 것이었다. 그리스도는 죄를 단지 가리우는 것이 아니라 죄를 없게 하시려고 "세상 끝"에 나타나셨다.

이것은 휘장이 찢어져 모든 신자들이 하나님의 존전으로 나아가는 길이 열렸다는 뜻이다. 그리스도는 우리를 위하여 하늘에 나타나시며, 우리는 하나님 앞으로 나아간다. 구약의 유대인은 하나님께 가까이 나아가지 못했으며 감히 지성소에 들어갈 생각도 못했으나, 그리스도의 십자가의 완전한 사역으로 인해서("다 이루었다./") 하나님께로 나아가는 열린 길이 우리에게 있게 된 것이다.

24~ 28절에서 "나타나다"라는 단어가 세 번 사용된다는 점에 주목하자. 그 *389*

리스도께서 죄를 없게 하시려고 과거에 나타나셨던 일(26절)과 우리를 위하여 현재 하늘에 나타나신 것(24절)과, 우리를 영광으로 인도하시려고 미래에 나타나실 것(28절)이 있다. 대제사장이 대 속죄일에 장막 안으로 사라지면 사람들은 그가 다시 나타나기를 기대하며 밖에서 기다렸다. 하나님께서 제사를 거절하셨다면 그는 죽을 수도 있는 것이다./ 그가 다시 나오면 거기에는 큰 기쁨이 있었다.

　　우리의 대제사장이 영원한 지성소로 우리를 데리고 가시어 함께 거하려고 나타나신다면 우리는 참으로 큰 기쁨을 누리게 될 것이다./

온전한 제물이신 그리스도
-히브리서 10장-

본 장은 그리스도의 제사장 직분이 자신을 제물로 드리신 우월한 제물에 기초하고 있다는 점을 지적하여 우월한 제사장 직분에 대한 부분(7~10장)을 종결짓는다. 저자는 그리스도의 희생제물이 구약의 제물보다 더 우월하다는 세 가지 이유를 제시한다.

1. 죄를 없게 함(10 : 1~10)

① **구약의 제물들은 비효과적이었다**(1~4절) –그 한 가지 예로, 그것들이 모형과 그림자의 시대에 속한 것이었으므로 마음을 변화시킬 수 없었다는 점이다. 이 제사는 "해마다" 반복되었으며(1절) "날마다"(11절) 행하여졌다. 이같은 사실은 구약의 제물들이 죄를 없게 할 수 없었다는 것을 입증하고 있다. 그렇지 않았다면 대제사장과 그의 조력자들이 제사를 반복할 필요가 없었을 것이다.

9장 10~14절에 나타난 대로 구약의 의식들은 육체에 관한 일들과 의식적으로 부정함만을 다루고 있었다. 따라서 그것들은 결코 마음이나 양심에 이를 수가 없었다. 이러한 의식들은 "죄를 기억나게" 했으나 죄를 사하지는 못했던 것이다(9 : 22 참조). 주의 만찬에서 우리는 그리스도를 기념하는 것이며 우리의 죄를 기념하지 않는다(고전 11 : 24 / 눅 22 : 19). 왜냐하면 주님께서 우리의 죄를 기억하지 않으시기 때문이다./(8 : 12)

② **그리스도의 희생제물은 효과적이다**(5~20절) –여기서 저자는 시편 40편 6~8절을 인용하는데, "주께서 나의 귀를 통하여 들리시기를"이란 구절을 성령께서 "나를 위하여 한 몸을 예비하셨도다"는 말로 바꾸신다. 여기 관련된 참고 구절은 아마도 출애굽기 21장 1~6절이었을 것이다. 안식년이 되면 유대인은 그들의 히브리 종을 자유하게 하라는 율례를 받았다. 그러나, 만일 종이 그 상전을 사랑하여 그와 함께 유하기를 원하면 송곳으로 귀를 뚫어 구멍을 냄으로써 표를 삼고, 그 순간부터 종의 몸은 영영히 그의 상전에게 속하였다.

그리스도께서 세상에 오셨을 때 성령은 한 몸을 예비하셨으며, 그리스도는 그의 아버지의 뜻을 따라 그의 몸을 온전히 바치셨다. 그 몸은 세상의 죄를 위해 십자가에서 희생되어야 할 몸이었다. 시편 51편 10,16절과 사무엘상 15장 22절, 이사야 1장 11절 이하와 같은 구절들은, 하나님께서 짐승들의 피로부터 완성된 사역이라고는 아무것도 보지 못하셨다는 점을 명백히 하고 있다. 하나님은 믿는 자의 마음을 원하셨다.

8~9절에서 저자는 그리스도의 말씀을 취하여, 하나님께서 그리스도를 통하여 짐승의 제물로 세우신 첫 언약을 폐하시고 그 자신의 피로 새 언약을 세우셨음을 보여 준다. 그리스도께서 하나님의 뜻에 순종하심으로써, 우리는 그에게로 단번에 구별되었다(성별되었다).

2. 결코 반복될 필요가 없음(10 : 11~18)

서로 상이한 점들을 살펴보자. 구약 제사장은 매일 서지만 그리스도는 앉으셨으며, 구약 제사장은 같은 제물을 자주 드렸으나 그리스도는 한 제물(자신)을 단번에 드리셨다. 한 제사로 말미암아 하나님은 그리스도를 믿는 믿음을 통해 따로 구별된 자들에게 의로운(온전한) 신분을 영원히 허락하셨다. 10절에서는 우리가 단번에 거룩하게 되었다는 것을, 그리고 14절에서는 날마다 우리가 거룩하게 되어간다는 점을 말한다. 이것이 신분적, 점진적 성화이다.

구약의 제물들은 죄를 생각나게 했으나 그리스도의 희생 제물은 죄의 용서를 가능하게 한다. "용서"란 "멀리 옮김"을 뜻한다. 우리는 죄 용서를 받았고 그 죄는 영원히 멀리 옮겨졌다./(시 103 : 12/ 미 7 : 19) 매년 대 속죄일에(레 16장) 대제사장은 속죄 염소의 머리에 손을 얹고 민족의 죄를 고한 다음 그 염소를 광야로 끌고가 길을 잃게 하였다. 이것은 그리스도께서 우리의 죄를 처리하셨던 바이다. "더이상 죄를 생각나게 할 것이 없기" 때문에 "더이상은 죄로 인한 고난도 없다." 성령께서 우리의 마음에 증거하시며, 우리에게 약속된 새 언약의 축복이 있다(14~17/렘 31 : 33 이하).

3. 하나님께로 나아가는 길을 열어 놓음(10 : 19~31)

1 **설명**(19~21절) - 저자는 그리스도께서 단번에 죽으심으로써 믿는 자가 갖게 되는 축복들을 재고찰한다. 우리는 그리스도 안에서 완전한 신분의 보장을 받기 때문에 그의 존전으로 나아갈 담력(문자적으로는 "말할 자유")을 가질 수 있다./ 우리와 하나님 사이에는 어떠한 휘장도 드리워 있지 않다. 그 장막의 휘장은 그리스도의 몸을 상징했는데, 그것은 하나님의 영광이 그 몸으로 가리워졌기 때문이다(요 1 : 14).

그의 몸이 제물로 드려졌을 때 휘장은 찢어졌다. 우리가 가진 이 길은 새 언약에 근거하고 있기 때문에 **새로운 길**이며, 또한 우리에게 살아계신 대제사장이 계시기에(7 : 25) 그 길은 **산 길**이다. 하나님의 집(교회)에는 영광 중에 거하시는 위대한 대제사장이 계신다./

2 **초청**(22~25절) - 여기에는 "……하자"라는 진술이 세번 나온다(6 : 2).
● 흘러 떠내려가지 말고 "하나님께 나아가자."

● 시련으로 인하여 흔들리지 말고 우리가 믿는 도리의 소망을 "굳게 잡자."
● 모범을 보임으로써 다른 신자들이 그리스도께 진실하도록 격려하며 그들을 "돌아보자."

만일 우리가 서로 책망하려면 사랑으로 해야만 한다(고전 13 : 5). 하늘에서 오는 우리의 담력은, 땅에서 영적인 성장과 헌신으로 연결되어야 한다. 이러한 신자들은 시련들로 인해서, 그리스도인의 교제와 서로 필요로 하는 상호 격려를 소홀히 하고 있었던 것 같다.

그리스도께서 우리의 대제사장이시며 우리는 제사장 나라이므로(벧전 2 : 9), 예배와 가르침과 봉사를 위해 우리는 함께 모여야만 한다. 교회에 출석하는 것은 중요하다./ 구약의 유대인은 성막에 들어갈 수가 없었고, 대제사장 역시 원하는 때면 언제라도 지성소에 들어갈 수 있었던 것은 아니었다. 그러나 그리스도의 희생을 통하여, 우리에게는 하늘로 나아가는 산 길이 있다./ 우리는 아무 때나 하나님께로 나아갈 수가 있는 이러한 특권을 이용하고 있는가?

③ **권면**(26~39절) —이것은 다섯 가지 권면들 중에서 네번째 것이다(개요 참조). 이 권면은 의도적인 죄를 경고하고 있다. 부디 기억해야 할 것은 이 권면이 신자들에게 하는 것이며 구원받지 못한 사람에게 하는 것이 아니라는 점과, 이전의 세 가지 권면에 잇따른 권면이라는 점이다.

부주의한 그리스도인은 말씀을 등한히 여김으로 인해서 떠내려 가기 시작하고, 다음으로 그는 말씀을 의심하며 그 다음으로는 말씀에 대해 점점 무디어진다. 그 다음 단계는 고의적으로 죄를 범하며 자기의 영적 유산을 업신여긴다. 이런 특이한 죄에 관한 몇 가지 중요한 사실을 살펴보자.

이 죄는 한 때 범한 한 번의 죄가 아니다. 26절에 나오는 "짐짓 죄를 범한즉"이란 말은 "고의적으로 죄를 계속 범한즉"으로 읽어야 마땅하다. 이 말은 요한일서 3장 4~10절에 나오는 동사의 진행형 시제와 같다. "지속적으로, 습관적으로 죄를 짓는 자마다 하나님께로 나지 아니하였다."

그러므로 이 구절은 "용서받지 못할 죄들"을 다루고 있는 것이 아니라 하나님께서 고의적인 반역이라고 보시는 하나님의 말씀에 대한 태도에 관해 말하고 있는 것이다. 구약에서는 고의적이며 뻔뻔스러운 죄들(출 21 : 14 / 민 15 : 30)에 대해 희생제물을 드리지 않았다. 모르고 지은 죄와 갑작스러운 충동으로 지은 죄는 덮여졌으나 짐짓 지은 죄는 당연히 형벌을 받았다.

29절은 우리의 구원과 그것을 값주고 사신 보혈을 하나님께서 중요하게 여기신다는 사실을 상기시킨다. 성부께서는 그 아들을 귀히 여기시고, 성자께서는 그의 피를 흘리셨으며 성령께서는 믿는 자에게 십자가의 공로를 적용시키신다. 우리가 짐짓 죄를 범하는 것은 성부와 성자와 성령께 죄를 범하는 것이 된다.

저자는 신명기 32장 35~ 36절을 인용하여 구약의 하나님께서 자기 백성에게 (믿지 않는 자들이 아님) 그들이 심은 것을 거두게 하셨고 고의적으로 불순종하였을 때는 심판하셨다는 것을 보여 준다. 그들이 하나님의 언약의 백성이었다는 사실은 그들로 하여금 훨씬 더 큰 의무들을 지게 하였다(암 3 : 2).

하나님은 자기 백성을 심판하신다(롬 2 : 16 / 고전 11 : 31~ 32 / 벧전 1 : 17 등). 물론 이것은 영원한 심판이 아닌 이 생에서의 징계와 내생에서의 상급의 상실을 말하는 것이다. 34~ 35절에서는 구원이 아닌 충성에 대한 상급에 관하여 강조하고 있음을 유의하자(고전 3 : 14 ~ 15 / 5 : 5 / 9 : 27 / 11 : 30 참조).

32~ 39절에서 저자는 6장 9~ 12절에서처럼 그들이 진정 거듭났는지는 그들의 생활이 입증할 것이라는 놀라운 확신을 준다. 이들은 그리스도를 믿는 믿음에 그 기초를 둔 사람들 중에 있으므로(합 2 : 3~ 4), 진실로 구원을 받지 못한 자들이 하듯이 "뒤로 물러설" 수는 없는 것이다(요일 2 : 19). 그들의 운명은 파멸에 있지 않고 온전함에 있다. 왜냐하면 그들은 그들의 마음 속에 그리스도를 모시고 있으며 그의 재림을 기다리고 있기 때문이다.

믿음의 영웅들
-히브리서 11장 -

본 장은 히브리서 10장 32∼39절에 대한 실례로서, 역사를 통해 사람들이 불가능한 것을 믿음으로 성취했던 사례를 보여 준다. 10장 38절은 "의인은 믿음으로 말미암아 살리라"고 진술하며, 본 장은 믿음이 어떠한 형편이라도 이겨낼 수 있다는 것을 증명한다.

1. 믿음의 정의(11 : 1∼3)

참된 성경적 믿음은 "그러기를 바란다"는 정서적인 감정이 아니라 하나님의 말씀에 근거한 참된 확신이다(롬 10 : 17). "실상"이란 말은 "보증"을 의미하며 증거란 "증명"을 뜻한다. 그러므로 성령이 말씀을 통하여 어떤 사람에게 믿음을 줄 때, 그의 마음에 믿음이 생겼다는 사실이 그가 필요로 하는 모든 보증과 증거가 된다.

오스왈드 샌더스(J. Oswald Sanders) 박사는 "믿음이란 믿는 영혼으로 하여금 미래를 현재처럼, 그리고 눈에 보이지 않는 것을 보이는 것처럼 할 수 있게 한다"고 말했다. 믿음을 통하여 사람들은 다른 사람들이 볼 수 없는 것을 본다(1, 3, 7, 13, 27절에 유의). 마음에 참된 믿음이 있으면 하나님은 그의 영으로 그 마음에 증거하신다(2, 4, 5, 39절에 유의).

믿음으로 노아는 장차 올 심판을 보았으며 아브라함은 장래의 한 도성을 보았다. 요셉은 애굽으로부터 탈출할 것을 보았으며 모세는 하나님을 보았다. 반스 하브너(Vance Havner) 박사는 이렇게 말했다. "믿음으로 그들은 보이지 않는 것을 보았으며, 멸망치 않을 것을 택하였고 불가능한 것을 성취했다."

3절에서 창조로 예증된 것처럼, 하나님의 말씀에는 능력이 있기 때문에 믿음은 어떤 사실들을 성취시킨다. 하나님이 말씀하시매 그대로 되었다./ 하나님은 여전히 우리에게 말씀하시며, 그가 하신 말씀을 우리가 믿을 때 말씀의 능력이 우리의 생활에서 어떠한 일을 성취한다. 옛 창조시에 역사했던 그 말씀이 새 창조에서도 역사하는 것이다.

2. 증거된 믿음(11 : 4∼40)

☐ **아벨**(4절 / 창 4 : 3 이하)-하나님은 피 있는 제물을 요구하셨는데(9 : 22) 아벨은 하나님의 말씀을 믿었으나, 가인은 믿지 않았으며 거절하였다. 하나님

께서 아벨의 제물을 받으심으로써 그의 믿음을 증거하셨고, 이 증거로 말미암아 아벨은 여전히 사람들에게 말하고 있다.

☑ **에녹**(5~6절/창 5 : 21~24)—사악한 시대에 에녹은 헌신의 삶을 살았다. 그는 하나님의 말씀을 신뢰함으로써 이같이 행하였다(유 24절). 그는 자신의 믿음이 보상받을 것을 믿었고, 하나님께서 그를 하늘로 데려가심으로써 그는 죽음을 보지 않았다. 히브리서에 있어서 믿음에 대한 보상의 문제는 매우 중요하게 다루어진다(10 : 35/11 : 26/12 : 11).

☑ **노아**(7절/창 6장 이하)—아무도 비로 말미암는 심판을 본 사람이 없었으나 노아는 하나님의 말씀을 믿는 믿음으로 그것을 보았다. 믿음은 행동을 이끌어 낸다. 노아의 태도와 행위는 그를 둘러싼 믿지 않는 사악한 세상을 정죄하였다.

☑ **아브라함**(8~19절/창 12장 이하)—여기서 우리는 위대한 "믿음의 조상"을 보는데, 그는 구약에서 가장 위대한 믿음의 본을 보인 이들 중 한 사람이다. 아브라함은 어디로 가야 할지(8~10절), 어떻게 해야 할지(11~12절), 언제 해야 하는지 모를 때에(13~16절), 그리고 왜 해야 하는지 모를 때에(17~19절) 하나님을 믿었다. 그로 하여금 고향을 떠나게 했던 것, 순례자로 살게 했던 것, 하나님이 명하신 곳이면 어디든지 가게 했던 것은 하나님의 말씀을 믿는 믿음이었다.

　그와 사라가 "죽은 자와 방불한" 상태에 있었을 때에 믿음은 그들에게 잉태할 힘을 주었다. 아브라함과 그의 순례의 후손들은, 히브리서의 독자들이 유혹을 받고 행한 것과는 달리 뒤로 물러서지 않았으며, 오히려 그들의 눈을 하나님께 고정시키고 승리를 향해 전진해 나갔다(13~16절/10 : 38~39).

☑ **이삭**(20절/창 27장)—그는 아브라함에게서 물려받은 말씀을 믿었으며, 야곱을 축복하였다.

☑ **야곱**(21절/창 48장)—그의 실패들에도 불구하고 야곱은 하나님의 말씀에 대한 믿음을 가지고 있었다. 그는 죽기에 앞서 에브라임과 므낫세에게 축복하였다.

☑ **요셉**(22절/창 50 : 24 이하/출 13 : 19/수 24 : 32)—요셉은 이스라엘이 어느 날 애굽으로부터 해방되리라는 것을 알고 있었다. 왜냐하면 이것은 하나님께서 아브라함에게 약속하셨던 바이기 때문이다(창 15 : 13~16). 요셉이 그처럼 많은 시련들을 통과하고 자기 생애의 대부분을 이방 애굽에서 살았지만 전혀 믿음이 흔들리지 않았다는 것은 놀라운 일이다.

⑧ **모세** (23~29절 / 출 1~15장) – 모세의 부모들이 모세를 숨길 만한 믿음이 있었던 것은 하나님께서 그들에게 그가 특별한 아이라고 말씀하셨기 때문이다(행 7 : 20). 모세 자신의 믿음이 애굽에서의 그의 지위를 거절하고 이스라엘과 자신을 동일시하게 하였다.

다시 말해서 그는 잠시 누릴 죄악의 낙을 거절함으로써 믿음의 상급을 바라보았던 것이다(26절). 말씀을 믿는 믿음이 유월절의 구원이 있게 했고(애굽 사람들은 문에 바른 피를 보고 얼마나 조롱하였을까!) 또한 홍해를 건너게 하였다.

⑨ **여호수아** (30절 / 수 1~6장) – 하나님은 여호수아에게 여리고를 주시겠다고 약속하셨고, 그 약속을 믿는 믿음이 그를 승리로 이끌었다. 이스라엘은 7일 동안 그 성을 두루 돌았는데 그 성 사람들에게는 그것이 어리석게 보였을 것이었다. 그러나 그들의 믿음은 보상을 받았다!

⑩ **라합** (31절 / 수 2장 / 수 6 : 22~27절) – 그녀의 믿음의 고백은 여호수아 2장 11절에 나와 있다. 그녀의 믿음은 정탐군들을 구원하여 준 행동으로 옮겨졌다(약 2 : 25). 그녀는 기생이었지만 믿음으로 구원을 받았으며 그리스도의 조상에까지 들게 되었다(마 1 : 5). 그녀가 또한 자기 가족도 구원하였던 것을 보면 그녀의 믿음은 전파하는 믿음이었다(수 6 : 23).

⑪ **"다른 이들"** (32~40절) – 어떤 이들은 이름이 나와 있고 또 어떤 이들은 이름이 나와 있지 않다. 그러나, 이 모든 사람들은 믿음의 거장에 속한다. 저자는 구약의 전 역사를 믿음의 승리에 관한 기록으로 본다. 어떤 승리들은 죽음에서 구원을 받는 것과 같이 공개적이며 기적적이었으나, 다른 어떤 것들은 "연약함에서 벗어나 강하여지고……의를 이루는" 것과 같이 개인적이며 평범한 것이었다. 어떤 이들은 믿음으로 구출되었으며, 다른 이들은 고난을 피하지 않았는데 이러한 경우는 믿음으로 말미암아 고난을 이겨낼 은혜를 주었다.

믿지 않는 세상은 이러한 신자들을 "찌꺼기, 병약한 사람들, 골치거리"로 보았으나, 하나님은 그들에 대하여 이렇게 말씀하신다. "이런 사람은 세상이 감당치 못하도다." 비록 사람들이 그들을 거절했어도, 그들 모두는 하나님께로부터 그들을 칭찬하는 믿음의 증거를 받았다(39절). 그들은 모두 축복의 상급을 맛보았다.

비록 믿음이 이 사람들로 약속들(복수형)을 받게는 하였지만, 그 약속의 성취(39절)는 받지 못했다. 그러나, 그 약속은 이제 그리스도 안에서 성취되었다(13절 / 벧전 1 : 11~12 참조). 40절은 이러한 구약 성도들을 위한 하나님의 계획이 그리스도로 말미암아 새 언약에 참여하는 현재의 신약 그리스도인들도 포함한다는 것을 시사한다. 히브리서에는 "더 좋은 것"이 더 좋은 제사장, 희생

제물, 성소, 언약 등으로 나타나 있었다.

　진정한 의미에 있어서 오늘날의 그리스도인들은 그리스도를 믿음으로써 그 약속의 상속자가 된다(6 : 17～18). 왜냐하면 우리의 영적인 축복들은 모두 하나님께서 아브라함과 다윗에게 하신 약속들의 결과이기 때문이다 (롬 11 : 13～29). 물론 이러한 약속들이 그리스도 안에서 이제 영적으로 성취되었지만(갈 3장) 그것들은 "장차 오는 세상"에서 이스라엘에게 문자적으로 성취될 것이다(히 2 : 5～9).

　본 장이 주는 **교훈**은 여러 가지이나 몇 가지만을 언급해도 도움이 될 것이다.
1 하나님은 믿음을 통하여, 오직 **믿음만을 통하여 역사하신다.** 이것이 주님을 기쁘시게 하며 그의 축복을 받는 유일한 방법이다.
2 믿음은 말씀과 성령을 통하여 **하나님께로부터 오는 선물**이다. 이것은 우리가 "만들어 내는" 어떤 것이 아니다.
3 믿음은 **언제나 시험을 받는다.** 때로는 하나님을 신뢰한다는 것이 어리석게 보이지만, 결국은 언제나 믿음이 이긴다.
4 **불신앙은 언제나 심판을 받는다.** 이스라엘의 불신앙의 40년에 대해서는 언급되지 않았다(29～30절에 유의).
5 하나님의 시대는 변화한다. 그러나, **믿음의 원리**에 있어서는 구약과 신약이 동일하다.

구름같이 둘러싼 증인들
-히브리서 12장-

본 장의 핵심 단어는 인내이다(1~3, 7, 20절). 이 단어는 "시련 아래서 견디다, 진행이 곤란한 때에도 계속되다"는 뜻이다. 이 그리스도인들은 시험의 때를 통과하고 있었고(10:32~39) 포기해 버리려는 유혹을 받았다(12:3). 이들 중에 어느 누구도 그리스도를 위해 죽도록 부름받은 자는 없었지만,(4절) 더 쉬운 상황은 아니었다. 바울은 이들이 그리스도를 위하여 계속 강건하도록 지원하려고 세 가지의 격려의 말을 상기시키고 있다(5절에 유의).

1. 하나님의 아들의 모범(12:1~4)

11장에서 그의 독자들은 구약의 위대한 성도들이 어떻게 믿음을 통하여 생의 경주에서 승리하였는지를 회고하여 살펴보았다. 이제 그는 "예수를 바라보자"고 하며 그들의 믿음과 소망을 굳게 하라고 훈계한다. 여기에는 경기장의 모습이 묘사되어 있는데, 관중들은 이전 앞 장에서 열거한 믿음의 영웅들이며, 경주자들은 시련을 통과하고 있는 신자들이다(하늘나라에 있는 사람들이 우리를 지켜보고 있다거나, 여기 이 장에서 일어나고 있는 일을 알고 있다고 생각할 필요는 없다. 이것은 하나의 예화이다).
만일 그리스도인이 경주에서 이기려고 한다면 달리는 데에 힘들게 하는 무거운 것들과 죄를 제거해야만 한다. 무엇보다도 이들은 목표가 되시는 그리스도께 눈을 고정시켜야만 한다(빌 3:12~16 참조). 그리스도는 이미 믿음의 경주를 마치셨으며 우리를 대신하여 이기셨다./ 그리스도는 믿음의 주요, 새 길을 닦는 개척자요, 온전케 하시는 분이시다. 알파와 오메가이시며 시작과 나중이시다. 그리스도께서 일을 시작하시고 그가 마치신다./ 그는 우리로 승리하도록 내내 지켜보신다.

물론 그리스도께서 세상에 계실 때 많은 시련을 통과하셨다. 그리스도께서 승리하시는 데 도움을 준 것은 무엇이었는가? "그 앞에 있는 즐거움"이었다. 이것이 그리스도의 목표였는데, 그것은 어느 날 하늘에서 아버지 앞에 그의 교회를 서게 할 기쁨이었다(유 24절/ 요 15:11/ 16:20~24/ 17:13).
죄에 대항한 그리스도의 전투는 그를 십자가로 이끌어 갔고 그 생명을 값으로 지불하게 하였다. 우리들 대부분은 피흘리기까지 경주하지는 않을 것이다. 우리의 임무는 그리스도를 위하여 죽는 것이 아니라 그리스도를 위해 사는 것이다. "그를 생각하라./" "예수를 바라보자./" 이것이 경주가 어려워질 때 격려와 힘을 주는 비결이다. 우리는 자신과 다른 사람들, 그리고 우리의 환경에서 눈을 돌려 오직 그리스도에게만 고정시켜야 할 것이다.

2. 하나님의 사랑의 확신 (12 : 5〜13)

5장 12절에서 언급한 대로 이런 그리스도인들은 말씀의 기본적인 진리들을 이미 잊었다. 5절은 그들이 하나님께서 고난에 관하여 말씀하신 바조차 잊었다고 전해 준다. 그는 잠언 3장 11절 이하를 인용하여 그리스도인의 생활에 있어서 고난은 형벌이 아닌 징계임을 상기시킨다.

징계라는 단어는 문자 그대로는 "아이들을 훈련시킴, 훈육"이란 뜻이다. 그들은 영적인 갓난아이였고, 하나님께서 그들을 성숙시키시는 한 방법은 시련을 과하게 하는 것이었다. 형벌은 재판관의 일이지만 징계는 아버지가 하는 일이다. 형벌은 율법을 세우는 일이나, 징계는 자녀를 더 나아지게 하기 위한 사랑의 증거이다.

우리가 하나님의 사랑하시는 징계의 손길에 순복하여 성장해야 할 때에 도리어 거스리는 일이 종종 있다. 사단은 우리가 시련을 당하는 것은 하나님께서 우리를 사랑하시지 않는다는 증거라고 말한다. 그러나, 하나님의 말씀에는 고난이야말로 하나님께서 우리를 사랑하신다는 최선의 증거라고 말해 준다./

신자의 삶에 고난이 닥쳐 올 때에는 몇 가지의 다른 반응이 나타난다. 환경에 저항하며 하나님의 뜻과 맞설 때에는 환경이 더욱 어렵고 힘겹게 된다. "왜 내게 이런 일이 일어났는가? 하나님은 더이상 날 돌보지 않으신다./ 이것은 그리스도인이 당할 일이 아니야./" 이러한 태도는 영혼의 슬픔과 쓰라림만을 더해 줄 뿐이다.

바울은 "우리 육체의 아버지가 우리를 징계하여도 공경하였거든 하물며 모든 영의 아버지께 더욱 복종하여 살려 하지 않겠느냐?"고 논술한다. 결국, 우리가 하나님의 자녀들이요 사생자가 아니라는 최선의 증거는 하나님께서 우리를 단련하신다는 사실에 있다. 9절에서는 우리가 우리 자신을 하나님께 순복시키지 않으면 우리가 죽을 수도 있다고 말해 준다. 이것이 **죽음에 이르는 죄**이다.

또는 그리스도인이 포기하고 중단하기도 한다. 이것은 그릇된 태도이다(3, 12〜13절). 하나님의 징계는 우리를 성장하도록 돕는 것이지 우리를 쓰러뜨리려는 매질이 아니다. 바른 태도는 믿음으로 견디며(7절) 하나님께서 그의 온전한 계획을 이루시도록 허락하는 데에 있다. 11절의 "후에"라는 축복이 있기 때문에 우리는 계속 전진하게 된다. 징계는 우리로 하나님의 거룩하심에 참예하는 자가 되게 하는, 우리의 유익을 위한 것이며, 또한 하나님의 이름을 더욱 영화롭게 하는 것이다.

3. 하나님의 은혜의 능력 (12 : 14~29)

이 부분은 히브리서에 나오는 다섯번째 권고이며, 그 중심 사상은 은혜이다(15, 28절). 여기서는 모세와 그리스도, 시내산과 시온산, 옛 언약과 새 언약 사이의 대조점이 나온다. 율법 하에서는 연기와 불로 뒤덮인 산으로 인해 두려움과 공포가 있었고, 하나님께서 말씀하셨을 때 사람들은 두려워 떨었다./

그러나, 오늘날 우리는 이스라엘이 시내산에서 가졌던 경험보다 더 위대한 영적인 체험을 가지고 있다. 왜냐하면 우리에게는 하늘의 제사장, 하늘의 집, 하늘의 교제, 그리고 은혜와 사랑의 멧세지를 전해 주는 하늘의 음성이 있기 때문이다.

22~24절의 묘사는 그리스도 안에 있는 새 언약의 축복들에 관한 것이다. 시온산은 곧 멸망될 운명에 처했던 지상의 예루살렘과 대조되는 천성이다(13 : 14 / 갈 4 : 26). 거기에는 세 부류의 사람들이 있다. 곧 성도를 섬기는 천군 천사와 장자들의 총회(1 : 6), 그리고 구약 성도들이다.

"온전케 된"이란 말은 영광 중에 있는 신자들이 지금 완전한 부활의 몸을 입고 있다는 뜻이 아니라, 도리어 그리스도의 죽으심과 부활로 인하여 이제 온전케 된 구약 성도들을 가리키는 말이다(11 : 40 / 10 : 14). 구약의 성도들이 그러했던 것처럼 하나님의 말씀을 믿는 사람들은 누구나 하늘나라에 간다. 그러나, 하나님의 사역의 온전함은 그리스도의 십자가 상의 죽음이 있기까지는 이루어지지 않았다.

명부의 맨 위에는 새 언약의 중보자이신 예수 그리스도가 기록되어 있다. 이 사람들이 어떻게 곧 파괴될 지상의 도성과, 역시 파괴될 지상의 성전, 지상적 제사장들과 제물들로 되돌아갈 수 있었겠는가? 그리스도의 피는 모든 것을 해결하였다./ 아벨의 피는 복수해달라고 땅에서 부르짖는다(창 4 : 10). 그런데 그리스도의 피는 구원과 용서를 위해 하늘로써 말씀하신다. 이것이 은혜이다./ 그리스도는 은혜의 사역자이시며, 새 언약은 은혜의 언약이다./ 우리가 하나님의 은혜에 실패하는 일은 있을지 모르지만 하나님의 은혜는 실패하는 일이 없다(15절).

바울은 신령한 일들을 업신여기다가 축복을 잃은 한 예로서 에서를 든다. "망령되다"는 말은 "성전 밖에 있다" 또는 "세상적인, 일반적인"이라는 뜻이다. 에서는 회개하지 않았으므로 하나님의 은혜에 대해 실패하였다(6 : 6에 유의). 신자들은 말씀과 성령의 사역을 의지하지 않음으로써 하나님의 은혜에 실패할 수도 있다.

"진동케 하시는 하나님./" 이것이 본 장을 종결짓는 구절들의 주제이다. 우리들은 아무도 사물들이 진동케 되는 것을 좋아하지 않는다. 우리는 견고함과 안전을 즐거워한다. 그러나, 하나님은 유대인의 경영을 혼돈케 하고 계셨으며 예루살렘 성전을 헐고자 하시는 것이었다. 물질적인 것들은 신령한 실재들이 제자리를 차지하도록 물러나야만 한다. 하나님께서 그의 교회인 새성전을 짓고 계셨으므로 옛 성전은 물러나야만 했다. 저자는 하나님께서 어느 날 세상 자체를 진동케 하여 새 하늘과 새 땅으로 이끄실 것을 보이기 위해 **학개** 2장 6절을 인용한다.

여기에 **실제적인 적용**이 있다 "그러므로 은혜를 받자 !" 어떻게 우리가 은혜를 받는가? 은혜의 보좌에서 우리의 영원한 대제사장께서 우리를 위해 중재하신다 ! 우리는 하나님을 섬겨야 하지만 옛 율법이나 제도로써가 아니다. 우리는 진동치 않을, 또는 옮겨지지 않을 한 **나라의** 일부가 되었다. 우리는 그리스도 안에 있는 영원하고 불변한 신령한 실재 위에 우리의 생활을 쌓고 있는 것이다.

그러므로, 경건하게 하나님을 섬기자. 그의 말씀을 간직하고 듣기를 거절하지 말자. 왜냐하면 그의 말씀 안에 우리가 필요로 하는 은혜와 생명이 있기 때문이다. 25절의 경고는 우리의 영원한 운명을 다루고 있는 것이 아니다. 이 책의 다른 경고와 마찬가지로 그것은 이 생에서의 하나님의 징계를 다루는 것이지 내생에서의 심판을 다루는 것이 아니다. 그리스도인들은 "하나님께서 말씀하셨다"는 이유로 경건함과 경의를 표해야 한다.

종결과 실천을 위한 말
- 히브리서 13장 -

여기서 우리는 이 서신의 마지막 호소를 대하게 된다. 그는 교리적인 진리를 설명했는데, 이제 신자들을 위한 실천적인 권면들로 종결짓고 있다. 그들의 원수들은 이렇게 말하고 있었다. "만일 너희가 그리스도 안에 진실하게 거한다면 모든 것, 즉 친구들, 물질적인 유익들, 성전의 종교적 유산들, 제물들, 제사장 직분 등을 잃을 것이다!" 그러나, 여기서 바울은 신자가 아무것도 잃는 것이 없다고 지적한다.

믿음으로 말미암아 그리스도인들은 이 세상의 "물리적, 종교적 제도"에 등을 돌린다(이 경우는 유대주의임). 그리고 그의 시선과 마음을 그리스도 안에 있는 하나님의 참된 신령한 예배에 고정시킨다. 비록 그리스도인이 이 세상에서 모든 것을 잃을지라도 그가 소유하고 있는 신령한 축복들을 주목해 보라.

1. 신령한 사랑의 친교(13 : 1~4)

형제를 사랑함은 참된 신자의 표지이다(요 13 : 35 / 요일 3 : 16 / 살전 4 : 9 등). 그리스도인들은 세상에서 미움을 받으며(요 15 : 17~ 27), 상호간에 형제의 사랑을 필요로 한다. 이러한 사랑은 시련 가운데 있는 사람들에 대한 동정심(3 절 / 고전 12 : 26 참조)과 친절과 같은 실제적인 방법으로 나타난다. 저자는 구약에서 천사들이 아브라함(창 18장)과 기드온(삿 6 : 11 이하)과 마노아(삿 13 장)를 방문한 사실을 언급한다.

물론 그리스도인의 사랑은 무엇보다도 먼저 가정에서 나타나야 한다. 따라서 저자는 성적인 죄를 경고하고 있다. 혼인이 대단히 가볍게 여겨지고 있는 이 시대에, 우리는 신자나 불신자를 불문하고 하나님께서 부도덕을 심판하신다는 사실을 기억해야 할 필요가 있다.

2. 신령한 보화(13 : 5~6)

1세기 당시 그리스도인이 되려고 했을 때는 그 값을 치러야만 했다. 이 사람들은 그들의 산업을 빼앗기는 고난을 당했으나(10 : 34) 그들의 증거를 위해서 기쁨으로 그 값을 지불하고 있었다. 그리스도인들도 욕심에 사로잡혀 세상의 것들을 탐하게 되기란 참으로 쉬운 일이다(딤전 6 : 6 이하 / 눅 12 : 15). "족한 줄로 알라"는 말씀을 읽기는 쉬우나 그대로 살기는 어렵다! 참된 만족은 많은 것들을 소유함에서가 아니라 우리의 삶을 온전히 그리스도께 맡길 때 온다.

저자는 하나님께서 모세(신 31 : 6~ 8)와 여호수아(1 : 5)에게 주신 구약의 약속을 인용하여 이것을 우리에게 적용시킨다. 그리스도께서 언제나 우리와 함께 계시므로 우리는 필요로 하는 모든 것을 가지고 있는 셈이다./ 우리는 어떤 물질적인 것을 탐낼 필요가 전혀 없으며(빌 4 : 19), 사람들의 비난을 두려워할 필요도 전혀 없다. 그리스도께서 우리의 도움이시므로 결코 두려워할 필요가 없는 것이다(시 118 : 6). 하나님의 자녀가 하나님의 뜻 안에 있고, 하나님의 말씀에 순종할 때, 그에게는 아무것도 부족할 것이 없으며 또한 결코 해를 당할 수도 없다.

3. 말씀 안에서의 신령한 식물(13 : 7~ 10)

본 장에는 지교회, 목회자와 성도들의 위치에 관한 세 가지 명령이 나온다.

1 "너희를 인도하던 자들을 생각하라"(7절)—아마도 이전에 그들을 인도하였으나 지금은 가고 없는 목회자들을 말하고 있는 것 같다. "인도하던"이란 말은 목회자가 교회의 신령한 지도자가 되어야 한다는 것을 기대하게 한다. 그는 어떻게 인도하는가? 하나님의 말씀을 통해서이다. 이는 양떼를 위한 신령한 식물이다.

신자들은 그들의 신앙의 모범을 본받아야 하나, 그 지도자들은 그리스도를 나타내는 것이 바람직하다. 이 구절들은 "그들의 행실의 종말(목표)이 예수 그리스도였음을 깊이 생각하라"고 읽을 수 있다. 목회자들은 오고 가지만 그리스도는 변함없이 동일하시다. 여기서 우리는 예수 그리스도의 변함없는 제사장 직분을 본다.

2 "너희를 인도하는 자들에게 순종하라"(17절)—그리스도인들은 그들의 영적 지도자들이 가르치고 생활로 보여 준 바대로 하나님의 말씀에 순복해야 한다. 목회자가 되어 사람들의 영혼을 지켜본다는 것은 엄숙한 일이다. 당신의 목회자가 당신에 대하여 자신의 일을 분명히 하는데도, 만일 당신이 말씀에 불순종한다면 그로 인한 슬픔은 당신의 것이 될 뿐 그의 것이 되지는 않을 것이다. 목회자의 지도력을 존중하며 하나님의 말씀에 순종한다는 것은 대단히 중요한 일이다.

3 "너희를 인도하는 자에게 문안하라"(24절)—사람들은 그들의 지도자들에게 말해야 하며 그들과 "말하는 사이"가 되어야 한다. 그리스도인들이 그들의 목회자에게 화를 내게 되어 그와 말하기를 거절한다면 그것은 비극이다. 이것은 하나님의 말씀에 대한 불순종이다.

404   만일 믿는 자가 말씀을 먹지 않으면 "여러 가지 다른 교훈"을 먹게 되어(9절)

영적으로 병들게 된다. 성장하고 성숙해지는 유일한 방법은 오직 하나님의 말씀을 통하는 길밖에 없다(엡 4 : 14 이하 / 히 5 : 11~14). 우리의 마음은 율법이나 세상의 종교로 말미암지 않고 은혜로 말미암아 세워진다. 그리스도인의 "제물"은 죄를 위하여 단번에 희생이 되신 그리스도이시며, 우리가 그의 말씀을 먹는 것은 그를 먹는 것이 된다.

4. 신령한 제물들(13 : 11~16)

그리스도께로 향한 히브리인들은 성전과 그것의 제사장 직과 희생제사를 잃었으나, 그들은 그리스도 안에서 잃은 것보다 훨씬 나은 것을 얻었다./ 그리스도는 성전을 거절하셨고 그것을 "강도의 굴혈"이라고 부르셨다. 또한 예수님은 성문 밖에서 십자가에 달리심으로 예루살렘 성을 거절하셨다(요 19 : 20).

바울은 그리스도의 죽음을 대 속죄일의 제물을 불사르는 것에 비교한다(레 16 : 27). 왜냐하면 둘 다 "영문 밖에서" 고난을 당했기 때문이다. 독자들은 유대주의로 돌아가려는 유혹을 받고 있었다. 바울은 "아니다, 되돌아 가는 대신 그리스도와 함께 그 능욕을 지고 영문 밖으로 나아가자./"고 말한다. "휘장 안"(그리스도와의 친교)과 "영문 밖"(그리스도에 대한 증거) 이란 두 어귀는 히브리서의 이중적인 멧세지라고 요약할 수 있다. 그리스도인은 어떠한 지상의 성읍도 바라보지 않는다. 그것은 믿음의 옛 영웅들이 했던 것처럼 앞에 놓인 천성을 소유하고 있기 때문이다(14절 / 11 : 10 / 12 : 27).

제사장들의 왕국에서처럼 그리스도인들은 신령한 제사를 드려야 한다(벧전 2 : 5). 신령한 제사란 그리스도의 이름으로 그의 영광을 위하여 행하여 지거나 주어진 그 어떤 것이다. 15절에서 저자는 입술로 말미암는 찬미도 그러한 한 제사라고 주장한다(엡 5 : 18~19 / 시 27 : 6 / 시 69 : 30~31). 선행과 물질적인 축복을 서로 나누는 것 역시 신령한 제사이며(16절), 신자의 몸(롬 12 : 1~2), 제물(빌 4 : 18), 기도(시 141 : 2), 상한 심령(시 51 : 17), 그리스도께로 인도받은 영혼(롬 15 : 16) 등도 역시 신령한 제사이다.

5. 신령한 능력(13 : 17~24)

20~21절의 축복 기도는 이 사악한 세상에서 그리스도인이 어떻게 그리스도를 위하여 살 수 있을지를 설명한다. 그리스도께서는 그리스도인 안에서 하늘로써 역사하신다. 그리스도께 주어진 목자로서의 칭호에는 서로 다른 세 가지가 있다.

● 선한 목자-양을 위하여 죽는다(요 10 : 11 / 시 22편).
● 큰 목자-양을 온전케 한다(히 13 : 20~ 21 / 시 23편).

● 목자장 – 양을 위하여 돌아오실 것이다(벧전 5 : 4 / 시 24편).

우리의 대제사장은 우리의 목자이시며 우리를 돕는 분이시다. 그리스도는 우리 안에서 역사하사, 그를 위하여 살며 그를 섬길 수 있도록 은혜와 능력을 우리에게 부어 주신다. 우리는 그리스도와 언약 관계 때문에, 성숙과 능력을 위해 필요로 하는 모든 것을 소유하고 있다.

"온전케 하라"는 것이 **히브리서의 주제**이다. 6장 2절은 "온전한 데로 나아갈지니라"고 말한다. 성숙이란 바란다거나 희망한다고 해서 오는 것이 아니다. 그것은 그리스도께서 하나님의 말씀을 통하여 우리 안에서 역사하시도록 할 때 오는 것이다. 이것은 빌립보서 2장 12~16절, 에베소서 3장 20~ 21절과 평행을 이룬다. "너희 안에서 행하시는 이는 하나님이시니 자기의 기쁘신 뜻을 위하여 너희로 소원을 두고 행하게 하시나니."
하나님은 그가 먼저 우리 안에서 행하시기 전까지는 우리를 통하여 행하실 수 없다. 하나님은 또한 그의 말씀을 통하여 우리 안에서 행하신다(살전 2 : 13). 당신은 하늘의 목자로 하여금 당신을 먹이고 당신을 인도하시도록 허락하고 있는가? 만일 그렇다면 당신은 그리스도인의 삶에 있어서 성숙하는 가운데 있을 것이며, 하나님께서 영광을 받으실 것이다.

끝맺는 인사는 초대 교회의 신자들을 함께 묶는 사랑을 보여 준다. 끝맺는 은혜의 축복 기도는 저자가 바울임을 확인하게 해 주는 것이다(살후 3 : 17 ~ 18).

야고보서
-개요와 서론-

야고보서 개요

■ 주제 : 온전한(성숙한) 그리스도인의 실천적인 믿음
　(1 : 4, 17, 25 / 2 : 22 / 3 : 2에서 "온전한"이란 성숙을 의미한다.)

1. 온전한 사람과 고난 / 1장

　1 온전한 행위―하나님의 목적 / 1장 1~ 12절
　2 온전한 선물―하나님의 선하심 / 1장 13~ 20절
　3 온전한 율법―하나님의 말씀 / 1장 21~ 27절

2. 온전한 사람과 봉사 / 2장

　1 믿음은 사랑으로 입증됨 / 2장 1~ 13절
　2 믿음은 행위로 입증됨 / 2장 14~ 26절

3. 온전한 사람과 말 / 3장

　1 권면 / 3장 1~ 2절
　2 사례들 / 3장 3~ 12절
　　(1) 재갈과 사공의 키 / 3장 3~ 4절
　　(2) 불과 짐승 / 3장 5~ 9절
　　(3) 샘과 나무 / 3장 10~ 12절
　3 적용 : 참된 지혜 / 3장 13~ 18절

4. 온전한 사람과 성별 / 4장

　1 우리가 싸워야 하는 원수들 / 4장 1~ 7절
　　(1) 육체 / 4장 1~ 3절
　　(2) 세상 / 4장 4~ 5절
　　(3) 마귀 / 4장 6~ 7절

야고보서 서론

■ **저자** : 신약에서 야고보라는 이름을 가진 사람은 셋이나 된다. 즉, 세배대의 아들이며 요한의 형제인 야고보와, 알패오의 아들이며 사도 중의 하나인 야고보, 그리고 주님의 동생인 야고보이다. 이 편지를 쓴 사람은 아마도 주님의 형제 야고보인 듯하다 (막 6 : 3 / 마 13 : 55).

그리스도께서 사역하시는 동안 야고보와 그의 형제들은 불신자들이었다 (막 3 : 21 / 요 7 : 1 ~ 10). 야고보는 그리스도께서 부활하신 후에 특별한 방문을 받았는데 (고전 15 : 7) 이 일이 그를 구원으로 인도했음에 틀림없다. 그리고 그가 다락방에 모인 신자들과 함께 있었던 것을 보게 되는데 (행 1 : 14), 베드로가 무대에서 사라지자 (행 12 : 17) 야고보는 예루살렘 교회의 지도자가 되었다. 사도행전 15장에 나오는 유명한 회의를 인도했던 사람이 야고보로서, 그가 최종적인 결정도 내렸다.

바울은 갈라디아서 2장 9~10절에서 야고보의 지도력을 인정하였으나, 갈라디아서 2장 11~14절에서 그는 야고보의 율법주의적 영향력에 대해 비평한 것 같다. 사도행전 22장 17~26절은 야고보가 유대인의 율법면으로 상당히 기울어 있다는 사실을 증거한다.

■ **서신** : 이러한 율법주의적 유대적 강조점이 야고보서에 명백히 나타난다. 이 편지는 분산되어 "널리 흩어진" 유대인들에게 보내진 것이다 (1 : 1 ~ 2 / 벧전 1 : 1 / 요 7 : 35 참조). 전문적인 용어로 "흩어진 유대인"이란 팔레스틴에 살고 있지 않으나 "모국"과의 지속적인 관련을 맺고 있어 가능할 때는 절기에 본국으로 돌아왔던 유대인들을 말한다. 사도행전 2장에서, 세계 각국으로부터 예루살렘에 온 경건한 유대인들이 많이 있었다는 사실을 주목하라.

이러한 유대인 공동체들 중의 몇은 이스라엘의 박해와 추방으로 인한 결과로 이루어졌거나 또는 사업적인 이유로 인해 자생적으로 형성되었다. 물론, 사도행전 11장 19절은 많은 유대 그리스도인들이 예루살렘의 박해로 인하여 해외로 흩어졌다는 것을 알려 준다. 이 유대인들은 구별된 공동체를 이루어 외국땅에서 유대인의 생활 방식을 지켜갔었을 것이다.

야고보가 편지를 보내는 대상은 로마제국(특히 수리아 지방) 내에 흩어져 있는 유대 그리스도인들이며, 주후 약 50년 경에 기록되었다.

야고보서의 유대적 색채는 여러 면에서 나타난다. 한 가지 예를 들자면, 5장 14절에서 교회(에클레시아 — 불러냄을 받은 몸) 라는 말이 나오면서도 2장 2절에서는 회당이라는 단어를 사용하였다. 그리스도의 이름은 두 번 언급되었으며 (1 : 1 / 2 : 1), 예화들은 모두 구약에 나오는 것들이거나 아니면 자연에서 비롯된 것이다. 야고보서는 율법에 대한 그리스도의 영해(霛解) 였던 산상설교와 유사한 구절들이 많다. 야고보서와 베드로전서 간에도 많은 병행 구절들이 있다 (이것 역시 흩어진 유대인들에게 씌어진 것이다).

이 유대 그리스도인들은 참된 신자들이었으나 유대인 공동체 안에 살면서 유대인의 방식을 따르고 있었다. 이들은 거듭났으며(1 : 18) 주의 재림을 기대하고 있었다(5 : 7). 이 서신에서는 바울 서신들에서 발견되는 바와 같은 잘 발전된 교회의 교리들을 기대하지는 말라. 성전이 여전히 서 있었고 유대인의 많은 회당들은 그리스도인의 회당이 되었다. 그리고 여전히 한 몸에 대한 온전한 이해가 모든 사람들에게 깨우쳐지지 않고 있었다.

■ 기본적 주제 : 본 서신 전반에 걸쳐 드리워진 두 주제가 있다. 곧, 외부로부터의 박해와 내부로부터의 문제들이 그것이다. 신자들은 시련을 통과하고 있었고 야고보는 그들을 격려하려 하였다. 그러나, 공동체 내부에는 분열과 죄들이 있었으므로 야고보는 이들이 죄를 자백하고 버리도록 도우려 하였다.

핵심 사상 중의 하나는 완전함, 또는 영적인 성숙(개요 참조)이다. 이 사람들은 주 안에서 자라야 할 필요가 있었으며, 그들이 당면하는 여러 가지 시련들은 그들이 하나님께 순종할 때 그들을 성숙하도록 도울 것이다.

■ 야고보와 바울 : 믿음으로 말미암아 의롭게 되는 문제에 관해서, 야고보와 바울 사이에는 아무런 상충이 없다. 야고보서는 갈라디아서가 아직 기록되지 않았을 때 씌어졌으므로 모순을 일으킬 수도 없는 것이었다. / 바울은 사람이 믿음으로 말미암아 의롭게 된다고 설명하며(롬 3 ~ 4장), 야고보는 사람의 믿음이 행위로 증명되지 않는다면 죽은 것이라고 설명한다.

우리는 행위로 구원받은 것은 아니지만, 우리를 구원한 그 믿음은 선한 행위로 우리를 이끌어 가는 것이다.

믿음의 시련
-야고보서 1장-

그리스도인의 성숙을 시험하는 가장 좋은 것 중의 하나는 환란이다. 그리스도인이 개인적인 시련들을 통과할 때 그가 참으로 소유하고 있는 믿음이 어떤 종류의 것인지를 알게 된다. 하지만 시련은 우리의 **믿음을 나타내는 것**만이 아니라, 우리의 믿음과 그리스도인으로서의 **성품을 발전시킨다**. 야고보서의 대상자였던 그 유대인들은 시련을 경험하고 있는 중이었으며, 그는 그들을 격려하고자 하였다.

이상한 일은 야고보가 그들에게 기뻐하라고 말하고 있는 점이다. 1절에 나오는 "문안"이란 단어는 "기뻐하라"는 뜻이다./ 그리스도인은 문제들의 와중에서도 어떻게 기뻐할 수 있을까? 야고보는 제1장에서 그리스도인이 환란의 때에 갖게 되는 확고부동함을 보임으로써라고 이에 대답한다.

1. 하나님의 목적을 확신할 수 있다(1:1~12)

하나님의 자녀가 되는 경험은 우연한 일이 아니다(롬 8:28). 우리는 이 세상 일들을 관할하시며 모든 사건의 배후에 목적을 가지고 계시는 사랑의 하늘 아버지를 모시고 있다. 그리스도인들은 시련들이 밀어닥칠 것을 예상해야 한다. 야고보는 "만일 너희가 여러 가지 어려운 시험에 빠지면"이라고 말하지 않고 "만나거든"이라고 말하고 있다 1장 2절에 나오는 "시험"이란 "검사, 연단"의 의미가 있는 반면, 1장 13절의 시험은 "악을 행하도록 유혹함"이라는 뜻이다.

시련에 대한 하나님의 목적은 무엇인가? 그것은 그의 자녀들에게 있어서 그리스도인의 성품을 온전케 하는 데에 있다. 하나님은 그의 자녀들이 성숙(온전)하기를 원하시며, 성숙함은 인생이라는 실험실을 통해서만 이루어진다. 시련들은 견딤을 뜻하는 인내를 산출하며(롬 5:3), 인내는 다시 믿는 자로 하여금 그리스도 안에서 보다 깊이 성숙하도록 인도한다.

하나님은 요셉을 통치자로 세우시기 위하여 그에게 13년간이라는 시험의 기간을 두셨다. 베드로는 모래에서 반석으로 변화하기까지 시험의 학교에서 3년간을 보냈다./ 바울은 많은 시험들을 통과하였으며, 그 모든 시험들은 그의 성품을 성장시키는 데 도움을 주었다. 물론 그리스도인에게 있어서 여러 가지 시험을 당하는 중에 하나님을 신뢰하기에는 믿음이 필요하다. 그러나, 하나님께서 심중에 거룩한 목적을 지니고 계심을 알게 되면 우리는 하나님께 더욱 순복하게 다.

5～8절에서 야고보는 이러한 믿음의 문제를 다루며, **믿음이 기도 중에 표현된다**고 본다. 우리가 언제나 하나님의 목적들을 이해하고 있지 못하기 때문에 사단은 "하나님은 정말 돌보시는가?"라는 물음으로 우리를 자주 유혹한다. 바로 이 지점에서 기도가 개입한다. 우리는 우리 아버지께 지혜를 구할 수 있으며, 하나님은 우리에게 지혜를 주실 것이다. 하지만, 우리가 두 마음을 품어서는 안 된다.

그 말은 망설임, 또는 의심을 암시하며, 문자적으로는 "두 영혼을 품다"라는 뜻이다. 두 마음을 품은 그리스도인들은 시련을 겪는 동안 안정을 찾지 못하고 이리 저리 요동한다. 한 순간은 하나님을 의지하고 다음 순간에는 하나님을 의심한다. 시련 중에 하나님을 믿는 믿음은 반드시 안정을 찾게 한다(벧전 5 : 10).

야고보가 편지를 보내는 회당들에는 가난한 사람도, 부자도 있었으나(2 : 1～9 / 5 : 1), 야고보는 시련들이 그들 모두에게 유익을 준다고 지적한다. 가난한 사람에게 시련은 주 안에서 그들이 부요하다는 것과 더이상 아무것도 잃을 것이 없다는 것을 상기시키며, 부자에게는 감히 부를 위하여 살거나 부를 의지해서는 안 된다는 사실을 상기시킨다. 12절은 우리가 시험과 시련의 때에 주장할 수 있는 놀라운 축복과 약속이다.

2. 하나님의 선하심을 확신할 수 있다(1 : 13～20)

많은 사람들이 하나님은 선하시기 때문에 그의 백성에게 고난을 허락하시거나 시험당하도록 하지 않으실 것이라는 생각을 가지고 있는 것 같다. 그들은 하나님께서 그의 자녀들이 성장하며 하나님의 은혜의 새로운 축복을 경험하기를 원하신다는 사실을 잊고 있다. 이들이 이같이 될 수 있는 유일한 길은 시련들과 시험들을 통과하는 데에 있다. 이 구절들에서 야고보는 하나님의 선하심을 강조하며 시련의 때에 하나님께 대하여 반항하는 그리스도인을 경고한다(1 : 13, 20).

우선, 야고보는 **시련과 시험(유혹)**을 조심스럽게 구분하고 있다. 하나님은 시련들을 보내셔서 우리 안에 가장 좋은 것을 가져다 주신다(아브라함의 예─창 22 : 1). 그러나, 사단은 유혹을 보내어 우리 안에 가장 나쁜 것을 가져다 준다. 어느 누구도 하나님께서 시험하시는 것이라고 말해서는 안 된다. 왜냐하면 범죄케 하는 시험(유혹)은 우리의 본성으로부터 생겨나기 때문이다.

야고보는 죄를 "낳는다"고 묘사한다. 외부로부터 미혹됨으로써 내부에 욕심이 일어나며, 욕심이 잉태하면 죄를 낳게 되고, 결국 죄는 죽음을 초래한다./ "끌다"와 "꾀다"는 사냥 용어들이며 그 말들은 무엇인가 잡기 위해 유혹의 미끼를 사용하고 있는 사냥꾼이나 낚시꾼을 상상케 한다.

412

다음으로 야고보는 하나님은 좋은 은사만을 주시며, 좋은 은사는 하늘로부터 오는 것임을 상기시킨다. 하나님은 빛이시다. 그의 선하심은 멀리 떨어져 있는 별과 같이 깜박거리는 것이 아니며, 일식에서처럼 회전함으로 인해 생기는 그림자도 없다.

우리는 하나님의 자녀들이다. 하나님은 말씀으로 우리를 낳으셨으며, 우리는 하나님의 피조물들 가운데 첫열매들로서 그리스도께서 오실 때 일어날 일의 "본보기"이다(롬 8 : 23). 그러므로, 그리스도인은 시련이 올 때 말하거나 불평하는 데 빨라서는 안 된다. 오히려 말씀을 듣는 데 빠르고, 말하는 데 더디며 성내는 데에도 더디어야 한다. 결국, 하나님은 우리가 인내할 때, 그리고 화를 내지 않을 때에 우리의 삶을 통하여 그의 뜻을 성취하신다.

3. 그는 하나님의 말씀을 확신할 수 있다(1 : 21~27)

"듣기는 속히 하라"는 구절은 그리스도인이 하나님의 말씀을 듣고 순종하는 문제를 대두시키며, 이 문제는 이 부분의 주제가 된다. 야고보는 "첫열매"와 "심긴 도(말씀)에 대하여 말할 때 농사에 대한 예화를 들고 있다. 그는 마음이 밭에 비유되며 말씀이 심겨진 씨로 비유되는, 씨 뿌리는 자의 비유를 가리키고 있는 것일 수도 있다(마 13 : 1~9, 18~23).

만일 그리스도인이 말씀을 받고 시련 가운데서 말씀으로부터 힘을 얻으려 한다면 가라지들을 뽑아내야만 한다./ "넘치는 악"은 가라지, 곧 "무성하게 자라난 사악함"으로 번역될 수 있다./ 마음의 밭은 말씀을 받을 준비가 되어 있어야 한다. 만일 그리스도인이 그의 생활에서 죄를 짓고서도 시련으로 인해 하나님께 대해 통분히 여긴다면 그는 그것으로 인해서 말씀과 축복을 받을 수 없다.

22~25절에서 야고보는 비유를 바꾸어, 도(말씀)를 거울(유리)로 묘사한다. 하나님의 말씀은 마치 거울이 하는 것처럼 우리가 어떠한지를 나타낸다. 그리스도인이 말씀을 살필 때에 그는 자신을 바라보게 되어, 마음을 살피고 죄를 고백할 수 있게 된다. 그러나, 말씀을 들여다보고 읽는 것만으로는 충분하지 않다. 읽은 말씀에 순종해야만 한다.

23절에서 그는 거울을 무심결에 힐끗 쳐다보아 자신의 얼굴이 더럽다는 것을 알고서도 자기 일을 계속하는 사람을 묘사한다. 많은 그리스도인들이 성경을 이런 식으로 읽는다. 그들은 성경을 잠깐 훑어보고 그들의 삶에서 일어난 죄들을 살핀 후에도 그대로 성경을 덮고 자기의 일을 계속한다. 이러한 태도는 자기 기만이다. 실제로 그들은 스스로를 해치고 있는데도 자신이 영적으로 더 나아졌다고 생각한다./

25절은 우리가 말씀을 조심성없이 힐끗 들여다 볼 것이 아니라 주의깊게 주시하고 연구하며, 그것을 통하여 자신들을 볼 수 있어야 한다고 말한다. 다음으로는 말씀이 하라는 대로 순종해야 할 것이다. 그렇게 한다면 우리에게 복이 될 것이다. 사람을 복되게 하는 것은 성경을 읽는 일이 아니라 말씀하시는 대로 순종하는 것이다. 야고보는 말씀을 "자유하게 하는 온전한 율법"이라고 부르고 있다. 왜냐하면 말씀에 대한 순종은 영적 자유를 산출하기 때문이다(요 8 : 30∼32). 그리스도인의 삶을 영위한다는 것은 속박이 아니라 놀라운 자유인 것이다.

22∼25절은 말씀을 들여다 보는 것으로 신자의 사적인 생활을 묘사했고, 26∼27절에서는 말씀을 실천하는 것으로 신자의 공적인 생활을 묘사한다. "경건하다"는 말은 "종교의 외적 실천"을 뜻한다. 성경의 그 어느 곳에서도 그리스도인의 신앙을 "종교"라고 말하고 있지 않다. 그리스도인의 신앙은 하나의 기적이요, 새로운 출생이며, 신성한 생활이다. "만일 자신이 경건하다고 생각하는 사람이 있다면 생활로써 그것을 입증하라"고 야고보는 말한다.

순전한 종교의 특징은 무엇인가? 그것은 절제(재갈물린 혀 - 3 : 2)요 다른 사람들에 대한 사랑이며, 정결한 생활 등이다. "돌아 본다"는 말은 필요에 처한 사람들을 희생적으로 돌본다는 뜻을 암시한다. 참된 종교는 형식이나 의식의 문제가 아니라 통제받는 혀, 희생적인 봉사, 그리고 정결한 생활의 문제인 것이다.

야고보는 본 장에서 여러 번 "온전한"이란 단어를 사용하고 있다. 1장 1∼12절에서 우리는 하나님의 온전한 사역을, 1장 13∼20절에서 하나님의 온전한 선물을, 1장 21∼27절에서는 하나님의 온전한 율법을 본다. **하나님의 온전한 사역**은 우리를 성숙케 하는 하나님의 사역이며, **하나님의 온전한 선물**은 시험의 때에 우리에게 베푸시는 그의 선하심이며 그의 **온전한 율법**은 우리를 강하게 할 뿐만 아니라 우리를 붙들어 주는 말씀인 것이다.

사랑과 믿음

-야고보서 2장-

갈라디아서 5장 6절에서 바울은 그리스도인의 생활을 "사랑으로써 역사하는 믿음"이라고 설명한다. 믿음의 이러한 양면성이 본 장에서 논의된다. 근본적인 개념은 진정한 성경적 믿음이란 죽은 것이 아니며 사랑으로 나타나고(2 : 1〜13) 행함으로 나타난다(2 : 14〜 26)는 데에 있다. 너무도 많은 사람들이 그리스도를 머리로 믿지 가슴으로 믿지 않는다. 이들은 기독교의 사실을 믿는 **역사적인 신앙**은 가지고 있으나, 그리스도를 인격적으로 믿는 **구원받는 신앙**은 가지고 있지 못하다.

1. 믿음은 사랑으로 입증된다(2 : 1〜13)

"가지고 있지 않다"는 말은 사실상 "실천하고 있지 않다"는 뜻이다. 우리는 단순히 믿음을 소유하고 있기만 한 것이 아니라 우리의 일상생활에서 그것을 실천해야만 한다. 신앙을 고백한 그리스도인들 중에도 이렇게 믿는 사람들이 많으며, 사단도 일반적인 의미로는 "하나님"을 믿는다(19절). 그러나, 여기서 말하는 믿음이란 특별히 예수 그리스도를 믿는 인격적인 믿음을 말한다. 영혼을 구원하는 "하나님을 믿는 믿음"이란 어떻게 되기를 바라는 것이 아니라 하나님의 아들 예수 그리스도께 대한 명확한 위탁인 것이다.

여기서 그리스도께서는 "영광"(원문에는 "영광의 주"로 되어 있지 않음)으로 불리우고 있는데, 이는 그리스도께서 바로 하나님의 영광이시기 때문이다(히 1 : 3). 이 서신을 읽는 유대인들에게 있어서, "영광"이라 하면 구약에서 성막과 성전에 거했던 하나님의 영광인 바 신적 현현(Shekinah)의 영광과 그리스도를 동일시하는 것이 되었는데, 이제 그 영광은 믿는 자와 교회 안에 거한다(골 1 : 27 / 골 3 : 4 / 롬 8 : 30 / 요 17 : 22).

우리가 **다른 사람들에게 사랑을 나타내는 방법**은 무엇이겠는가? 그들을 있는 그대로 받아 들이며 또한 그들을 위해 그리스도께서 돌아가셨다고 생각함으로써 사랑을 표할 수 있다. 우리는 다른 사람들을 심판하거나 다른 사람들을 정죄해서는 안 된다. 가난한 사람들보다 부자들을 더 존중하는 것은 그리스도인에게 있어서는 무서운 죄이다. 왜냐하면 그리스도께서 우리로 하여금 그 안에서 부요하도록 하시기 위해 가난하게 되셨기 때문이다(롬 2 : 11 / 딤전 5 : 21 참조).

야고보는 가난한 사람이 회당에 오면 사랑으로써 영접해야 할 것과 부자에게 한 것과 같은 그런 똑같은 은혜를 보여 주어야 할 것임을 담대하게 주장한다. 사람은 외모로 판단할지 모르나, 하나님은 마음을 보신다(삼상 16 : 7). "금가락지를 낀 사람"(여러 개의 "번쩍거리는" 금가락지를 끼고 있음을 암시한다)이 초라한(더러운) 옷을 입은 사람보다 하나님 보시기에 더 훌륭한 것은 아니다. 유대인들은 높임을 받는 자리(눅 14 : 7~11)와 칭찬받는 사람들이 되는 것을 좋아했는데, 불행하게도 많은 그리스도인들 역시 이를 좋아한다.

과연 **사람을 외모로 취한다는 것**은 그처럼 죄악된 일인가? 한 가지 예로, 그렇게 하면 우리가 판단하는 자가 되나, 하나님만이 사람을 정직하게 판단하실 수 있다(4절). 여기서 "구별한다"는 말은 "나눈다"는 뜻이며, 그것은 1장 8절에서 제시한 두 마음을 가진 사람으로 우리를 되돌아가게 한다. 이런 류의 판단은 거짓된 가치관을 보여 준다(5~6절). 왜냐하면 그리스도께서 가난한 자가 나라를 유업으로 받을 것이라고 분명하게 언급하셨기 때문이다(눅 6 : 20 / 마 5 : 3).
야고보는 부자들이 성도들을 압제하며 그들을 법정으로까지 끌고간다고 상기시킨다. 가난한 자를 높이지 않음으로써 이 신자들은 하나님이 사랑하시는 가난한 자를 멸시하였다(잠 14 : 31).

7절에서 야고보는 부자가 "너희에게 대하여 일컫는 바 그 그리스도의 이름을 훼방하기조차 한다고 상기시킨다. 더구나 신자를 위한 "최고 법"(황금률)은 사랑의 법이다. 야고보는 레위기 19장 18, 34절을 인용하나, 마태복음 22장 34~40절에 있는 그리스도의 말씀을 말하고 있는 것이 분명하다(롬 13 : 8~10 / 갈 5 : 14 참조).
사람을 외모로 취하는 것은 죄이며, 계명 하나를 어기는 것은 율법 전체를 범하는 죄가 된다. 동일한 하나님께서 모든 계명을 주셨으며, 모든 계명을 순종하고 실천해야만 한다. 물론, 야고보는 그리스도인을 모세의 율법 아래로 다시 얽매이게 하려는 것이 아니며, 새 언약 하에서도 여전히 지속되는 도덕법을 가리키고 있는 것이다. 우리는 심판을 받을 자처럼 말하고 행동해야 하는데, 이는 우리가 모세의 법으로서가 아니라 성령으로 말미암아 우리 마음에 기록된 사랑의 법, 보다 준엄한 "자유의 법"으로 심판을 받게 되기 때문이다.

2. 믿음은 행함으로 입증된다(2 : 14~26)

야고보가 바울과 모순을 일으키고 있는 것은 아님은 말할 것도 없다. 로마서 4장 1~5절에서, 그리고 갈라디아서 3장에서 바울이 하나님 앞에서 어떻게 의롭게 되는가(의로운 신분을 가지게 되는가)를 말하고 있는 반면에, 야고보는 우리의 구원을 사람들 앞에서 어떻게 입증할 것인가를 말하고 있다.

416   우리의 생활에 나타난 변화를 보지 않고서는 우리가 구원받았다는 사실을 세

상은 믿을 수가 없는 것이다. 죄인이 구원을 받는 것은 행함이 아니라 믿음으로 말미암는 것이지만(엡 2:8~9), 행함으로 인도해 가는 것이 믿음이다(엡 2:10). 그리스도인이 된다는 것은 우리가 말하는 바에 달려 있지 않고 생활에서 어떻게 행하느냐에 달려 있는 문제인 것이다. 14절에서 "그 믿음이 능히 자기를 구원하겠느냐"는 말은 "그와 같은 종류의 믿음이 그를 구원하겠느냐?" 고 해석될 수 있다.

우리는 위대한 업적을 이룬 행위로 말미암아 그리스도를 믿는 우리의 믿음을 보여 주는 것이 아니라, 날마다 작은 일, 실제적인 행위로 말미암아 믿음을 보여 주게 된다(14~16절 / 요일 3:16~18). 행위로 인도하지 않는 믿음은 살아 있는 믿음이 아닌 죽은 믿음이다(17, 26절).

18절에 하나의 도전이 나온다. "행함이 없는 네 믿음을 내게 보이라!" 이것은 보일 수 없는 것이다! 그리스도인의 생활에 있어서 믿음이 표현되는 유일한 길은 하나님의 말씀에 대한 실천적인 사랑의 순종으로 말미암는 데에 있다. 마귀도 죽은 믿음은 가지고 있다(19절). 마태복음 8장 29절과 사도행전 16장 17절을 읽고 귀신이 그리스도를 무엇이라고 인정했는지 알아보자. 그러나, 이러한 류의 믿음은 그를 구원할 수가 없다!

야고보는 구약으로 돌아가 **행함으로 이끄는 믿음의 실례를** 두 가지로 제시한다. 첫째는 **아브라함**이다(창 22:1~19). 아브라함은 아들 얻기를 열망했었는데 하나님께서 그에게 아들을 주기로 약속하셨다. 아브라함이 하나님의 약속을 믿으매 이것이 그를 구원하는 데 필요한 의가 되었다(창 15:1~6 / 롬:1~5).

하나님은 아브라함에게 약속하시기를 이삭을 통하여 그가 바다의 모래와 하늘의 별들과 같은 수 많은 자녀들을 갖게 된다고 하셨다. 그런 다음 하나님께서는 아브라함에게 이삭을 제단에 바치라고 요구하셨다. 아브라함은 하나님을 믿었으며 따라서 하나님께 순종하는 것이 두렵지 않았다. 아브라함은 하나님께서 이삭을 죽은 자로부터 일으키실 수 있음을 믿었다고 히브리서 11장 17~19절은 말한다!

간단히 말해서, 아브라함은 그의 행위로 말미암아 자기의 믿음을 입증하였다. 말씀에 대한 그의 순종은 말씀을 믿는 믿음의 증거였다. 그의 믿음은 그의 순종의 행위로 온전해졌다(성숙하게 되었다). 역대하 20장 7절과 이사야 41장 8절에서 "하나님의 벗"이라고 한 것을 보라.

야고보의 두번째 예화는 **라합**이다(수 2장 / 6:17~27). 이 여인은 소문난 죄인이었으나, 그 이름이 그리스도의 계보에 들게 된다(마 1:5)! 히브리서 11장 31절은 그녀가 믿음의 여인이었음을 지적한다. 그녀는 저주받은 여리고 성에 살았는데, 하나님께서 이스라엘의 모든 원수들을 심판하셨다는 소식을 들었다. 그녀는 하나님께 대하여 자세히 전해 들은 그 보고를 믿었는데(수 2 : 10~11), 이는 "믿음이 들음에서 나기" 때문이었다. 그녀가 또한 확신을 가지고 있었다는 데에도 유의하자(수 2 : 9, 21).

라합은 두 정탐군이 그녀의 집에 들어오기 전에 이미 이스라엘의 하나님을 믿고 있는 신자였음을 명심하라./ 그녀는 두 정탐군을 받아 들이고 보호한 행위로 하나님을 믿는 믿음을 입증하였다. 그녀는 이스라엘과 자신을 동일시함으로써 생명의 위협을 감수해야 했다. 그러나, 행위로 입증된 믿음 때문에 여리고의 심판과 불로부터 구원을 받았다.

24절은 전체의 문제를 요약한다. 행함으로 이끌지 않는 믿음은 구원하는 믿음이 아니다. 비통한 일이지만, 이런 "죽은 믿음"을 가지고 입술로만 신앙을 고백하는 그리스도인, 즉, 교회 회원들이 너무도 많이 있다. 이들은 그들의 입술로는 고백하지만(14절) 생활로는 고백한 것을 부인한다. 이것은 바울이 디도에게 편지를 쓸 때 설명한 것과 똑같은 진리이다. "저희가 하나님을 시인하나 행위로는 부인하니"(딛 1 : 16). 참된 그리스도인들은 "선한 일에 열심하는 친 백성이다"(딛 2 : 14). 이것이 바로 "너희가 믿음이 있는가 너희 자신을 시험하고 너희 자신을 확증하라"(고후 13 : 5) 고 바울이 경고하는 이유이다.

이 말은 참된 그리스도인들이 결코 죄를 짓지 않는다거나, 하나님께 순종함에 있어서 실패하는 일이 없다는 뜻은 아니다(요일 1 : 5~10). 이것은 참된 그리스도인들이 그의 생활에서 습관적으로는 죄짓지 않는다는 뜻이다. 참된 그리스도인은 하나님의 영광을 위하여 열매를 맺으며 하나님을 기쁘시게 하는 한에서 행보한다.

이 전반의 문제가 에베소서 2장 8~10절에 요약되어 있다.

● **하나님께서 우리를 위해 하신 일** : 구원－"너희가 그 은혜를 인하여 구원을 얻었나니 … 행위에서 난 것이 아니니 …."
● **하나님께서 우리 안에서 하신 일** : 성화－"우리가 그의 만드신 바라 …."
● **하나님께서 우리를 통하여 하시는 일** : 봉사－"선한 일을 위하여 지으심을 받은 자니 …."

혀
-야고보서 3장-

그리스도인의 성숙은 고난에 대한 태도(1장)와 하나님의 말씀에 대한 순종으로써(2장) 말할 수 있다. 이제 야고보는 그리스도인의 언어가 그의 성숙성에 대한 또다른 시험이라고 말해 준다. 우리는 매일 너무도 많이 보고 듣고 하여, 말이 얼마나 놀라운 것인가를 잊고 있다./

하나님께서 인간에게 언어의 기능을 주셨을 때, 이는 건설을 위한 도구를 준 것이기도 하고 파괴를 위한 무기를 준 것이기도 하다.

1. 권면(3 : 1~2)

이 교회들에서는 **가르치는 문제**로 맞서 있었던 것이 분명한데, 야고보가 "너희는 많이 선생이 되지 말라"고 경고하고 있기 때문이다. 그 이유는 무엇인가? 가르치는 자들은 듣는 자들보다도 더 엄격한 심판을 받을 것이기 때문이다. 미숙한 그리스도인들이 채 준비도 되기 전에 선생이 되려 하는 것은 슬픈 일이다. 이들은 복된 큰 지위를 얻었다고 생각하지만, 사실은 하나님께 보다 준엄한 심판을 요청하고 있기 때문이다.

야고보는 우리 모두가 다방면에서, 특히 우리가 말하는 데서 걸려 넘어진다는 점에 동의하는 데 주저하지 않는다. 사실상 자기의 혀를 조종할 수 있는 사람은 자신의 온몸을 어거한 자로 입증하는 셈이다./ 1장 26절을 다시 읽고, 성구사전을 사용하여 잠언에 나와있는 혀에 대한 많은 관련 구절들을 살펴보라. 베드로는 이 진리의 좋은 사례이다. 복음서에서 우리는 그가 성숙하지 못한 육적인 제자였던 동안에 자기의 혀나 몸을 관할하지 못했던 것을 보게 된다. 그러나, 오순절 이후에 그가 받은 영적인 훈련은 잘 조절되는 언어구사로 나타나게 되었다.

2. 예증(3 : 3~13)

야고보는 혀의 위력에 대한 예를 들기 위해 세 쌍의 비유를 사용한다.

① **방향을 결정하는 힘 : 재갈과 키**(3~4절)-4절에 있는 "키"는 물에서 방향을 잡는 배의 기구이다. 우리는 말이 중요하지 않다고 생각하는 때가 흔하지만, 그릇된 말은 듣는 이를 그릇된 길도 인도할 수가 있다. 게으른 말, 의심스러운 이야기, 반만 진실인 것, 또는 의도적인 거짓말은 삶의 경로를 변경시킬 수 있으며 파멸로 이끌어 갈 수 있다.

다른 한편, 성령으로 말미암은 바른 말은 한 영혼을 죄에서 벗어나 구원으로 향하게 할 수 있다. 말(馬)에게는 마부가 필요하며 키는 키잡이를 필요로 하듯, 우리의 혀에는 우리를 다스릴 주님이 필요하다./

② **파괴하는 힘 : 불과 짐승**(5~8절)―물건의 크기가 그 가치나 그 위력을 나타내는 것은 아니다. 혀는 몸에서 작은 지체이지만 큰 파멸을 불러올 수 있다./ 혀는 자랑하기를 얼마나 좋아하는가./ 혀가 말하는 바가 마음에서 나는 것임은 물론이다(마 12 : 34~ 35). "작은 불이 거대한 숲을 태우고 만다./" 해마다 수많은 목재들이 부주의한 캠프자들과 흡연자들로 인해 유실된다. 작은 불꽃이 온 숲을 불로 휩싸이게 할 수 있다.

혀는 불꽃과 같다. 거짓말과 잡담과 미워하는 말들로 인해 온 가족이나 교회가 흥분될 수 있는 것이다(잠 16 : 27). 불에서 생긴 "검댕"으로 연루된 모든 사람을 더럽힐 수 있다. 오순절에 성령이 임했을 때 그리스도인들로 증거케 할 능력을 주는 불의 혀같이 갈라지는 것이 있었다. 그러나, 그것은 또한 "지옥불을 붙이는" 그런 것이 될 수도 있다.

야고보는 혀를 길들일 수 없는 사납고 유해한 짐승에 비유한다. 혀를 길들일 수 있는 사람은 아무도 없다. 다만 하나님만이 그의 영을 통하여 혀를 어거하실 수 있다. 혀는 침착하지 못하고 제멋대로 군다. 이것이 얼마나 독을 퍼뜨리는지 알 수 없다./ 신령한 혀는 양약 같아서(잠 12 : 18) 상하게 하지 않고 낫게 해 줄 것이다.

③ **기쁘게 하는 힘 : 샘과 나무**(9~12절)―한 샘이 신선한 물과 소금물을 동시에 낼 수 없으며, 한 혀가 축복과 저주를 동시에 말할 수도 없다. 우리는 기도와 찬양을 통하여 "하나님께 축복을 돌리면서" 또한 분노와 인내하지 못하는 것으로 "사람들을 저주하는" 때가 얼마나 흔한가./ (잠 18 : 4 참조)

그리스도인들은 그 혀를 통하여 말씀의 "생수"가 흘러가도록 하게 할 필요가 있다. 혀가 일관성이 없을 때는 마음에 무슨 잘못이 있는 것임과 마찬가지로 한 나무가 두 종류의 열매를 맺을 수는 없다(잠 13 : 2 / 18 : 20~ 21 참조). "입술의 열매(히 13 : 15)는 반드시 신령한 것이어야 한다.

이제 여섯 가지 비유를 살피고 난 신자는 사단이 그의 혀를 주장하게 해서는 안 된다는 것을 깨달았을 것이 분명하다. 그릇된 시간의 그릇된 말은 마음을 상하게 할 수도 있고 사람을 타락시킬 수도 있다. 시편 141편 1~ 4절은 우리의 매일의 기도가 되어야 한다.

3. 적용(3 : 13~18)

420 야고보서의 핵심 주제들 가운데 하나는 **지혜** 또는 **하나님의 말씀으로 말미암**

아 인도를 받는 실천적인 생활이다(1 : 5 참조). 그리스도인들이 개인적으로
나 또는 교회에서 그들의 문제들을 처리하는 데에 있어 이러한 실제적인 지혜
가 결핍되어 있다는 것은 비극이다.

"신령하다"는 것을 비실용적이라는 뜻으로 생각하는 사람들이 너무도 많다. 이
는 진리에서 거리가 먼 말이다. 성령께서 우리를 이끄실 때 그는 우리의 마음을
사용하시며, 우리가 하나님의 말씀의 빛으로 사실을 보며 문제의 중요성을 따지
게 되기를 기대하신다. 야고보는 여기서 두 종류의 지혜가 있음과 신자가 이를
분별해야 함을 시사한다. 믿는 자의 혀는 위로부터 난 참 지혜로 채워지거나 아
니면 아래로부터 난 거짓 지혜로 채워질 수 있다.

1 **거짓 지혜**(14~ 17절)—마음에 쓸쓸함과 질투심이 생길 때 이것은 혀로 표
현될 수 있다. 이것은 그 사람의 가르침이 얼마나 신령한 것인가의 문제가 아니
다. 만일 그의 혀가 사랑하는 마음에서 난 성령의 통제를 받고 있지 않다면 거짓 지혜
를 전하고 있는 것이다. 그리스도인들이 이러한 거짓 지혜를 믿으며 심지어는 그것을
자랑하기까지 한다면 이는 얼마나 비극적인 일인가./ 이들은 그 지혜가 성경과 모순
되는 것을 알며, 그래서 하나님의 말씀의 진리에 위배되는 거짓말조차도 한다./
거짓 지혜는 세상에(지상적), 육신에(감각적), 마귀에게(마귀적) 속한 것으로, 이
셋은 믿는 자의 큰 적들이다. 한 교회나 한 가족이 거짓 지혜를 따를 때에는 반드시
시기와 분열과 혼란이 일어난다. 슬픈 일이기는 하지만 이것이 오늘날 많은 그
리스도인 사역자들이 처해 있는 상황이다. 성령과 말씀에 겸손히 의존하는 대신
이들은 아이디어를 얻기 위하여 세상을 바라보며, 힘을 얻기 위해 육신을 바라
봄으로써 마귀의 수중에서 놀아나게 된다.

2 **참 지혜**(17~ 18절)—진실로 현명한 사람은 스스로 현명하다고 선전하는 법
이 없다. 그의 일상생활(좋은 대화나 행동)과 태도(온유함) 등을 보면 알 수가
있다. 지식은 사람을 교만하게 하지만(고전 8: 1) 신령한 지혜는 그를 겸손하
게 하며 오만해지지 않도록 지켜 준다. 거짓 지혜가 세상과 육신과 마귀에게 그
근본을 두고 있는 반면, 참 지혜는 "위로부터 내려온다"(1 : 17 참조). 이것은
하나님으로부터, 성령으로 말미암아 오는 것으로, 인간의 정신에서 창출되는 것
이 아니다.

이러한 참 지혜는 성결하므로 하나님의 말씀에는 오류가 없다. 그것은 화평하
다. 그래서 그것은 화평과 화합으로 이끌어가며, 결코 불화로 이끌어 가는 법
이 없다(4 : 1~ 10 참조). 화평과 화합을 얻으려는 인간의 방법은 성결함을 희
생해야만 했다. 사람은 성결함보다 평화를 앞에 둔다. 그러나, 하나님은 그렇
게 하지 않으신다. 사람들이 하나님의 순전한 말씀에 엎드리기만 하면 거기에는
언제나 화평이 깃들 것이다.

위로부터 난 지혜는 또한 관용적이다. 이것은 인내와 삼가하는 것을 뜻한다.

육신이 혀를 조절할 때에는 절제나, 또는 다른 이의 말에 경청하려는 뜻이 없어 말이 홍수처럼 넘치게 된다. 잠언 29장 11절은 "어리석은 자는 그 노를 다 드러내어……"라고 말하고 있다. 지혜로운 사람은 인내로써 관용하며 설득하는 방법을 사용하지만 위협하거나 고발하지 않는다.

"양순하며"는 의지를 양도한다거나 또는 온당한 것에 기꺼워한다는 것을 뜻한다. 지혜로운 사람은 판단하거나 정죄하는 데 빠르지 않고, 긍휼로 가득차며 그의 생활에는 선한 열매들이 가득하다. 그는 요동함(편파적임 1 : 6 / 2 : 4)이 없다. 비록 양도하기는 기꺼이 하지만 진리에 대해 타협하는 데는 기꺼워하지 않는다.

마지막으로, 참 지혜는 위선을 허락하지 않는다. 그가 하는 말은 진실하며 참된 동기로 뒷받침된다. 18절은 혀의 또다른 비유를 첨부하는데, 혀는 자라서 열매를 맺게 되는 씨를 심는다. 만일 혀가 하나님의 조절을 받는다면 의와 화평의 열매를 맺을 것이다.

세상적인 것들
-야고보서 4장-

본 장은 신자들 사이에 육적인 분열과 논쟁이 있었음을 분명히 밝히고 있다. 한 가지 원인은 많은 사람들이 선생이 되려고 이기적인 욕심을 부린 것이다(3:1). 그러나, 그 근본적인 원인은 영적인 것이었다. 사람들의 생활에는 진정한 성별됨이 결여되어 있다. 형제들이 연합하는 대신 불화하여 동거하는 것은 비극이다 (시 133편)./

1. 우리가 직면해야 하는 원수들(4:1~7)

우리는 그리스도인이 세상, 육신, 마귀와 싸우고 있음을 3장 15절에서 살펴보았다. 에베소서 2장 1~3절도 이와 똑같은 내용을 열거하고 있는데, 구원받지 못한 사람의 생활이 묘사되어 있다. 구원받지 못한 사람은 세상과 육신을 위하여 살며 마귀에 의해 지배를 받는다. 사람이 구원을 받으면 그는 성령을 받게 되어 새로운 본성을 가지게 된다. 그러나, 그는 여전히 이러한 대적들과 싸워야 한다.

① **육신**(1~3절) - "정욕"이란 단어는 감각적인 열정만을 의미한다고 볼 수는 없다. 그것은 전적으로 욕심을 뜻한다. 이러한 욕심들은 몸의 지체를 통하여 일하며 육신을 자극시켜 문제를 일으킨다. 몸 자체가 죄악된 것이 아님을 명심하라. 몸을 지배하는 타락한 본성이 죄악된 것이다.

육신이란 하나님에게서 멀어진 인간의 본성이며, 이것은 마치 세상이 하나님으로부터 소원한 인간 사회인 것과 같다. 이것이 바로 로마서 6장이 우리 몸의 지체를 성령께 굴복시키라고 권면하는 이유이다(롬 8장/갈 5장 참조). 1장 5절에서는 우리의 욕심에 대하여 어떻게 말하고 있는지를 보라.

2절에서 야고보는 그들의 죄악된 행위들을 묘사하고 있는데, 그들은 욕심을 내며, 얻기 위하여 죽이며(갈 5:15), 그들의 욕심을 채우기 위한 노력을 멈추지 않는다. 이들은 기도했을 때에도 하나님께 영광을 돌리기 위해서가 아니라 즐거움을 더하려고 이기적으로 구했다. 육신은 사람을 기도하도록 격려할 수도 있다./ 그러나, 사람이 내적으로 자신과 싸울 때는 외적으로 다른 사람들과 화평할 수 있을 것 같지 않음은 물론이다.

② **세상**(4~5절) - 그리스도와 결혼하고서도(롬 7:4) 여전히 세상을 사랑하는 것은(고후 11:2~3) 영적인 간음이다. 구약에서 하나님은 이스라엘의 우

상 숭배를 "간음"이라고 하셨다. 왜냐하면 우상이 그들의 헌신을 하나님에게서 빼앗아 갔기 때문이다. 그리스도인들이 세상에서 불러냄을 받았다면 어떻게 세상과 벗될 수 있겠는가? (요 15 : 18∼19)

우리는 세상에 대하여 십자가에 못박혔으며 세상은 우리들에 대해 그러하다(갈 6 : 14). 신자들이 세상과 가지는 관계에는 네 가지의 위험한 단계들이 있다. 즉, 벗됨(약 4 : 4)과 사랑(요일 2 : 15∼17), 본받음(롬 12 : 1∼2)과 세상으로 판단받음(고전 11 : 32)이다. 이러한 예가 롯의 경우이다(창 13 : 10∼13/ 19장 참조).

믿는 자가 세상과 벗이 되면 하나님과는 원수가 된다. 그는 우리 안에 내주하시며 우리의 사랑과 충성을 시기하기까지 사모하시는 성령을 근심케 하는 것이다. 많은 그리스도인들이 세상 속에서, 세상을 위해 살아가고 있는 방식을 보기란 슬픈 일이다. 사실상, 그들이 구원을 받았는지 안받았는지를 말하기조차 어렵다./

③ 마귀 (6∼7절) - 그리스도인이 세상과 육신을 위하여 살 때 교만해지며, 마귀는 이 지점에서 역사하게 된다. 그것은 교만이 마귀의 가장 좋은 무기 중 하나이기 때문이다. 하나님은 보다 많은 은혜를 주고자 하신다. 그것은 사단이 줄 수 있는 것보다 더 많은 것이다./ 그리스도인은 사단을 대적하는 데에 말씀을 사용해야만 하며(눅 4 : 1∼13), 성령께서는 이렇게 대적할 수 있도록 힘을 주신다.

그러나, 하나님은 죄를 회개하고 자신을 낮추기를 거절하는 교만한 사람을 도우실 수가 없다. 은혜는 높은 자들을 위하여 있지 않고 낮은 자들을 위하여 있다. 우리는 먼저 하나님께 순복해야 하며, 그리고는 마귀에게 효과적으로 대적할 수 있어야 한다.

이러한 원수들 중의 어떤 하나라도 진행하고 있는지를 알기 위하여 그리스도인이 자기의 마음을 검토해 보는 것은 중요하다.

2. 우리가 간직해야 하는 권면들(4 : 8∼17)

그는 이제 세 가지 중요한 경고들로 전환하여 이 그리스도인들에게 회개할 것을 촉구한다. 교회에서 각 사람마다 하나님과 바른 관계를 맺고 있지 않으면 화평이란 있을 수 없다.

① 교만에 대한 경고 (8∼10절) - 전쟁과 싸움이 있는 곳에는 어디나 교만이 있기 마련이다. 때문에, 지혜로운 그리스도인은 화평의 씨앗을 뿌린다(3 : 13∼18). 교만은 하나님으로부터 우리를 멀어지게 하며 우리의 마음과 손을 더럽힌다. 이것은 또다시 두 마음을 품는 죄가 되며, 근본적으로는 항복하지 않은 것이다.

"마음을 성결케 하라"는 말은 세상을 사랑하거나 성령을 근심케 하지 않으며 정조를 지키는 충성된 마음을 가지라는 개념을 내포한다. 이러한 신자들은 웃음과 세상적 기쁨을 가지고 유쾌한 가운데 살고 있었는데 이들은 건전하고 진지하게 되어 그들의 삶에서 죄를 물리쳐야 할 필요가 있었다. 야고보는 그들이 스스로 낮추기만 한다면 하나님께서 그들을 높이실 것이라고 약속한다(마 23 : 12 / 눅 14 : 12 / 벧전 5 : 6 / 잠 29 : 23 참조).

2 **비판에 대한 경고**(11~ 12절) —사람이 세상적인 마음, 교만을 가질 때는 반드시 다른 사람들을 판단하는 데 빠른 법이다. 이 그리스도인들 사이의 싸움도 그 기원을 여기에 두고 있었다. 그들은 서로를 판단하며 피차 비방하고 있었다. 여기서 다시 혀의 문제가 나온다./ (1 : 19~ 20, 26 / 3 : 5~ 6) 얼마나 많은 교회들이 증오하며 비판하는 혀로 인해 분열되고 수치를 당하였는지 알수 없다./

성경은 우리가 그리스도인의 분별력을 지녀야 한다고 가르친다(살전 5 : 21~ 22 / 요일 4 : 1~ 6). 그러나, 이 말은 우리가 다른 사람들의 마음이나 동기를 판단할 수 있다는 뜻은 아니다. 마태복음 7장 1~ 5절에서 예수님은 신자들이 먼저 자신의 죄들을 판단하기만 한다면 다른 사람들의 죄에 대해서 도움을 줄 권리를 가지게 된다고 가르치신다.
만일 내 눈에 들보를 가지고 있다면 다른 사람의 눈에 티끌이 들어 있다고 비판할 권리가 어디 있겠는가? 먼저 내 자신의 장애를 제거하기까지는 다른 사람을 도울 수 있을 만큼 명확하게 볼 수가 없다./ 사랑과 긍휼이 없이 다른 그리스도인들을 판단하면 우리는 자신을 입법자로 세우는 것이 되지만, 하나님만이 유일한 입법자이시다.

우리는 하나님의 형상으로 화하여 가는 중에 있다./ 만일 모든 그리스도인들이 다른 사람들은 얼마나 잘 순종하는지를 보지 않고 법에 순종하는 데에 자신을 온전하게 바쳤다면 우리의 교회들은 화합과 화평을 소유하게 되었을 것이다. 야고보는 12절에서 판단할 권리를 가지신 유일한 분은 형벌을 내릴 권세도 가지신 분임을 암시하고 있는데, 하나님만이 이러한 능력을 가지고 계신다.

3 **자기 신뢰에 대한 경고**(13~ 17절) —교만, 비판, 자기 신뢰는 모두 함께 다닌다. 겸비한 사람은 범죄하는 형제를 위해 기도할 뿐만 아니라 그를 그리스도께로 돌이키려고 사랑하기까지 한다. 겸비한 사람은 매일 매일 계획을 짜면서 "주께서 허락하시면"이라고 말할 줄 안다. 그러나, 다음과 같은 신자들은 그들의 계획을 자랑으로 여기며 그들이 얼마나 성공적인가를 보이려고 애쓰고 있다. 이들은 큰 도시로 가서 사업을 일으켜서 부자가 되어 돌아올 작정이었다.
야고보는 이러한 육신적인 자랑과 자기 신뢰는 위험한 것이라고 경고한다. 우선 첫째로 그들은 내일 일도 알지 못하는 자들이다. 하나님만이 아실 뿐이다. 내일을 자랑하는 사람은 하나님이 되겠다고 주장하고 있는 것이다./ 더구나 삶 자체는 확실하지가 않아서 떠도는 구름과 같다(욥 7 : 7 / 시 102 : 3). 우리는 생애가 언제 끝날른지도 모르는 것이다./

우리는 "주께서 허락하시면 살리라"고 말해야 한다. 모든 신자들은 인생이 짧다는 사실에서 눈을 떼지 말아야 할 필요가 있다. "우리에게 우리 날 계수함을 가르치사 지혜의 마음을 얻게 하소서"(시 90 : 12). 알지 못하는 미래에 대하여 자랑하는 것은 죄이다.

그러나, 아직도 많은 그리스도인들이 기도하거나 하나님의 마음을 알아보지도 않은 채 계획을 세울 뿐만 아니라 하나님은 전혀 고려에 넣지도 않고 있다. 이들은 미래에 대해 안전하다고 생각하는 세상의 죄인처럼 살고 있지만, 결국 그는 모든 것을 상실했다는 사실을 알게 된다(눅 12 : 15～ 21).

17절은 본 장의 요약이 되기도 하며 고의적인 행위로도 범죄하지만 소홀히 함으로도 범죄할 수 있음을 지적한다. 우리가 행하는 것만이 죄가 되는 것이 아니라 하지 않는 것도 죄가 된다. 옛 청교도들이 "범하는 죄"와 "행치 않는 죄"에 대하여 말했던 이유가 바로 여기에 있다. 인생은 너무도 짧은 것이어서 낭비하도록 버려둘 수가 없는 것이다. 우리는 그가 재림하시기 전에 그리스도를 위하여 우리의 삶을 계산해야만 한다. 이제, 본 서신의 마지막 장에서는 그리스도의 재림이 주제로 다루어진다.

마지막 때

-야고보서 5장-

본 마지막 장에는 몇·가지 잡다한 문제들이 있기는 하지만, 핵심 사상은 그리스도의 재림인 것 같다(7~9절). 그리스도인이 그리스도의 재림을 진심으로·고대할 때에는 그의 매일의 삶에서 그 증거들을 보게 될 것이다.

1. 부당한 때에 인내함(5 : 1~11)

그 당시는 부자와 가난한 자들 사이에 큰 격차가 있었음을 명심해야 한다. 오늘날 우리가 알고 있는 바 "중류 계층"이 주류를 이루는 사회가 아니었다. 복음은 가난한 대중에게 호소한 듯하며, 몇몇 예외는 있었지만 부자들은 그리스도를 거절하였고 가난한 그리스도인들을 억압했던 것 같다.

1 **부자들의 죄**(1~6절) -야고보는 몇 가지 죄를 열거하면서 부자들이 앞으로 닥칠 심판을 위해 준비하고 있을 뿐이라고 말한다.

첫째로, 그는 **재물 쌓음**을 지적하고(1~3절), 부자가 재물을 쌓는 것은 쇠잔해질 것을 위함일 뿐이라고 한다. 그들의 금과 은과 옷(마 6 : 19~20)은 단지 녹슬고 삼킨 바될 것이다. 그 부유함이 쇠잔해짐으로써 오늘날 자기 본위적인 부자들에게 증거가 되며, 심판날에 다시 그들에게 불리한 증거가 될 것이다. 이들이 재물을 쌓았지만 그들은 "마지막 때"임과 심판이 다가오고 있었다는 것을 잊고 있었다. 야고보는 아마도 예루살렘의 멸망과 로마의 침략을 가리키고 있는 것 같다.

야고보가 열거하는 두번째 죄는 **삯을 훔치고 있다**는 것이다(4절). 왜냐하면 이러한 부자들은 가난한 자들의 정직한 삯을 보류해 두었기 때문이다(레 19 : 13). 이들은 사기수법으로 삯을 훔치고 있었으나, 그들의 죄가 그들을 들추어 낼 것이었다. "돈이 말해 준다.!"는 이야기가 있다. 이 경우에 있어서는, 훔친 삯이 공의 때문에 하나님께 소리질렀으며 또한 가난한 일꾼들이 하나님께 부르짖었다. "만군의 주"라는 말은 하나님께서 "전투하시는 면"에서의 칭호이다(사 1 : 9 / 롬 9 : 29). 하나님은 자기 군대와 함께 오시어 이런 도적들을 심판하신다.!

세번째로 언급된 죄는 **낭비하는 생활**이다(5절). 물론 하나님은 우리가 생활의 축복을 누리기를 원하신다(딤전 6 : 17) 그러나, 하나님은 우리가 궁핍한 자들에게서 훔치면서 낭비하고 사치스럽게 되는 것을 원하지 않으신다. 이러한 사람들은 낭비스럽게 사치하고 제멋대로 소비하며 살고 있었다. 그들은 정당하지 못하게 돈을 사용하고 있었던 것이다. 야고보는 이들을 단지 도살당하기 위해 살찌우고 있으면서도 무감각하게 한정 없이 먹어 대는 가축에 비유하였다./

마지막의 죄는 **부당함**이다(6절). 부자들은 권력을 이용하여 가난한 자들을 능욕하고 죽이기까지 하였다. 이러한 그리스도인들은 대항하지 않았으며, 그들의 경우를 의로우신 재판장의 손에 맡겼다(롬 12：17～21).

2 가난한 자들의 인내(7～11절) —야고보는 그리스도의 강림에 대한 약속에 시선을 고정시키라고 이러한 그리스도인들을 격려한다. "인내"라는 말은 신자들이 게으르게 앉아서 아무 일도 하지 않는다는 뜻이 아니다. 오히려 견디다, 즉 짐을 지며 주께서 오시기까지 전투를 한다는 개념을 수반한다. 야고보는 이런 인내의 교훈으로 경종을 울리는 몇 가지 예화를 사용한다.

● **농부**(7～8절) : 농부가 씨를 뿌리고 그 땅을 가꾸지만 즉시로 곡식을 거두는 것은 아니다. 하나님께서 그 땅에 비를 내려 물을 대시면 그 때에야 비로소 추수를 하게 되는 것이다(이른 비는 10～11월에, 늦은 비는 4～5월에 왔다). 그렇다 하더라도, 그리스도인은 "낙심하지 말찌니 때가 되면 거두리라"는 것을 알고서 인내해야만 한다.
● **심판자**(9절) : 그들이 당한 시련들은 몇몇 그리스도인들을 분명히 비판적이 되게 했고, 교회 내에 원망하는 사람들이 있게 하였음에 분명하다. 야고보는 그들이 심판하지 말았어야 한다고 상기시킨다. 심판자이신 그리스도께서 문 밖에서 계신다./ 주님은 호소하는 말을 듣고 속히 오셔서 일들을 바로 잡으실 것이다. 하나님의 백성에게 있어서 투덜대며 원망하는 것은 심각한 죄이다. 우리 모두가 그리스도께서 임하고 계시다는 것을 기억하고 있다면 우리는 원망이나 비판을 그처럼 많이 하지 않을 것이다.
● **선지자들**(10～11절) : 야고보는 죄인들의 수중에서 고난을 당했으나 그들의 문제를 하나님의 손에 맡겨 승리를 거둔 구약 신자들에 대해서 말한다. 욥은 그 전형적인 표본이다. 하나님께서 욥에게 시련을 당하도록 허락하셨을 때, 비록 욥은 하나님이 행하고 계신 일을 이해하지 못했으나 하나님께서는 그 심중에 놀라운 목적(목표)을 가지고 계셨다.

우리의 삶에 어떤 시련들이 닥치더라도 하나님은 사랑과 자비로 충만하시며 모든 것들이 합력하여 선을 이룬다는 사실을 우리는 알고 있다.

2. 말에 순전함(5：12)

야고보는 법적인 맹세는 금하지 않았는데, 이는 예수님이시라도 심문받으실 때 맹세하셨기 때문이다(마 26：63～64). 야고보는 모두가 정직한 말, 곧 맹세로 약속을 "뒷받침"할 필요가 없는 그런 말을 하라는 뜻이다. 부자들은 그들의 약속들을 지키지 않았다. 그러나, 그리스도인들은 개인적으로 손해가 나는 일이라 해도 자기의 말을 언제나 지켜야 한다.

3. 시련 중에 기도함 (5 : 13〜18)

성경의 그 어느 곳에서도 그리스도인이 안일한 생활을 하게 될 것이라는 약속은 없다. 다만 성경은 시련이 올 때에 어떻게 하라는 말을 해준다. 어떤 그리스도인들은 고난을 당하는데, 즉 하나님이 특별히 계획하신 시련을 통과할 것이다. 그들은 어떻게 행해야 할 것인가? 기도하라./ 야고보는 하나님께서 그 고난을 옮기실 것이라고 약속하지는 않으나 그 시련을 견디는 데에 필요한 은혜를 주실 것이라고 제시한다. 바울을 기억하라 (고후 12장).

다른 그리스도인들은 병이 들 것인데 15절에 나와 있는 바로는 이 병이 죄의 결과로 되어 있다 (고전 11 : 30 참조). 이들은 어떻게 행해야 마땅한가? 교회의 지도자들을 불러 기도를 요청하라. 로마 카톨릭은 이 제안을 그들의 "종부성사"(임종시에 성유를 바름) 의식으로 바꾸어 놓았다. 사람이 죽기 직전에 사제가 그에게 기름을 바르고 그를 위하여 기도를 한다. 이것은 그의 영혼이 영원에 임할 준비로 간주되는 것이다.

그러나, 야고보는 장로들이 그 사람의 **몸을 치료하는 것**으로 이 사역을 말하고 있다. 인간의 죄를 사하는 데에는 제사장과 관련될 일이 아무것도 없다. 더우기, "기름을 바르다"는 단어는 "안마"(massage)를 나타내는 일반적인 말로서, 마가복음 16장 1절에서는 사람들이 그리스도의 몸을 장사하기 위해 준비하는 데에서 사용되었다. 기름은 당시 보편적인 약품이었고, 의사들은 흔히 기름을 바르고 환자를 맛사지했다 (눅 10 : 34). 우리는 전신을 문지르는 카톨릭 사제를 본 적이 없다./ 그렇다. 여기서의 모습은 성도들이 서로를 위하여 기도하되 하나님이 건강을 위하여 공급하신 수단들을 사용한다는 묘사이다.

야고보는 16절에서 교훈을 요약하고 있다. 그리스도인들은 서로 범죄하였을 때 그들의 죄를 고백해야 했고 서로를 위하여 기도해야 했다. 다시 말해서, 여기서는 신자들이 그들의 죄를 사제에게 고백해야 한다는 경미한 암시조차도 나와 있지 않다 (요일 1 : 9 참조).

야고보는 기도를 믿었다. 사실상, 전승에 의하면 그가 너무도 기도에 시간을 많이 보내어 그의 무릎은 딱딱해지고 못이 박혔다고 한다. 하나님은 기도를 통하여 효과적으로 역사하시지만, 그 기도는 깨끗하고 헌신된 마음으로부터 나와야만 한다. 야고보는 기도의 능력에 대한 모범으로서 엘리야를 든다 (왕상 17장 이하 참조).

"성정이 같은"이란 말은 "다른 사람들과 같은 본성을 지닌"이란 뜻이다 (행 14

: 15 참조). 엘리야가 위대한 기도의 사람이 된 것은 그의 타고난 은사가 아니라 그의 헌신과 믿음이었다. 하나님은 그리스도인들이 시간을 내어 기도하는 시간으로 삼기만 하면 그들을 위하여 오늘날도 경이로운 일들을 이루실 것이다.

4. 끈기있게 구령(救靈)함(5 : 19~20)

우리는 자기 자신의 시련에 뭉러싸인 나머지 잃어버린 사람들과 곁길로 나간 형제들에게 필요한 것들을 잊어 버릴 수가 있다. 이 구절들의 근본적인 의미는 성도들이 방황하는 형제들을 주께로 돌이키도록 해야 한다는 것이다. "회심하다"는 말은 "다시 되돌린다"는 뜻이다. 성도가 진리로부터 미혹되기란 참으로 쉬운 일이다.

불순종하는 그리스도인들은 심각한 징계와 죽음을 맞기까지 할 위험에 처할 수 있다(고전 11 : 30). 사랑으로 우리는 그를 위험에서 벗어나게 하여 하나님과 바른 관계를 맺도록 힘써야만 한다. 이렇게 할 때에 우리는 그를 죽음(하나님의 징계)에서 구하고 있는 것이며, 사랑으로 그의 죄가 가리워지는 것을 보는 것이다(벧전 4 : 8 참조).

그러나, 우리는 이 말을 또한 잃어버린 자들에게 적용시킬 수도 있다. 머지않은 장래에 임할 그리스도의 재림을 볼 때, 우리는 증거하는 일에 헌신해야 할 필요성이 얼마나 큰지를 느끼게 된다. 그리스도의 재림을 진실로 믿는 그리스도인은 다른 사람들을 구령하지 않을 수 없다.

베드로전 · 후서
-개요와 서론-

베드로전서 개요

■ 주제 : 하나님의 은혜 / 5장 12절

■ 인사말 / 1장 1~2절

1. 구원에 나타난 하나님의 은혜 / 1장 3절~2장 10절

   1 소망 가운데 사는 삶 / 1장 3~12절
   2 거룩한 삶 / 1장 13~21절
   3 화합된 삶 / 1장 22절~2장 10절

2. 복종에 나타난 하나님의 은혜 / 2장 11절~3장 12절

   1 권위에 대한 순복 / 2장 11~17절
   2 주인에 대한 순복 / 2장 18~25절
   3 가정에서의 순복 / 3장 1~7절
   4 교회에서의 순복 / 3장 8~12절

3. 고난 중에 나타난 하나님의 은혜 / 3장 13절~5장 11절

   1 그리스도를 삶의 주인으로 삼으라 / 3장 13~22절
   2 그리스도와 같은 마음을 품으라 / 4장 1~11절
   3 그리스도의 이름을 영화롭게 하라 / 4장 12~19절
   4 그리스도의 재림을 바라라 / 5장 1~6절
   5 그리스도의 은혜를 의지하라 / 5장 7~11절

■ 문안과 축도 / 5장 12~14절

베드로후서 개요

■ 주제 : 하나님의 진리에 대한 지식, 거짓 선생들의 위험

1. 설명 : 그리스도에 대한 지식 / 1장

1️⃣ 이 지식의 은사 / 1장 1～4절
2️⃣ 지식의 성장 / 1장 5～11절
3️⃣ 지식의 터전 / 1장 12～21절

2. 검토 : 거짓 선생들 / 2장

1️⃣ 그들의 정죄 / 2장 1～9절
2️⃣ 그들의 특성 / 2장 10～17절
3️⃣ 그들의 주장 / 2장 18～22절

3. 권면 : 참 그리스도인 / 3장

1️⃣ 사랑하는 자들아 …… 기억하라 / 3장 1～7절
2️⃣ 사랑하는 자들아 …… 잊지 말라 / 3장 8～10절
3️⃣ 사랑하는 자들아 …… 힘쓰라 / 3장 11～14절
4️⃣ 사랑하는 자들아 …… 삼가라 / 3장 15～18절

베드로전 · 후서 서론

■ **저자**: 사도 베드로는 그의 이름으로 된 두 서신서의 저자이다. 이 서신들에서 베드로는 그리스도께서 그에게 주신 바, 양떼와 어린 양들을 "치라"는 명령을 계속해서 수행하고 있었다(요 21:15~17). 베드로전서 5장 13절에 나오는 "바벨론"은 아마도 로마일 것인데(계 17:5, 18) 그는 죽기 직전에 고통받는 교회들을 돌보기 위해 그 곳에 갔었다(벧후 1 / 12~15). 로마 카토릭의 주장처럼, 베드로가 로마에 교회를 설립하고 "교황"으로서 25년간 섬겼다는 데에는 성경적으로나 역사적으로 아무런 근거가 없다.

바울이 로마서를 쓸 당시 로마에는 몇 개의 교회들이 있었다(16장을 보면, 몇 개의 "집에서 모이는 단체들"이 언급되어 있다). 만일 베드로가 먼저 거기에 가 있었다면 바울은 결코 목회하기 위해 로마에 가지 않았을 것이다. 그의 방침은 다른 사도들이 가지 않은 곳으로 가는 것이었다(롬 15:20).

■ **주제**: 베드로전서의 주된 주제는 **은혜**(5:12)로서, 이 "은혜"라는 단어는 각 장마다 사용되었다(1:2, 10, 13 / 2:19~20 / 3:7 / 4:10 / 5:5, 10, 12). 2장에서 "아름다우나"와 "아름다우니라"의 헬라 원어는 "은혜"이다. 베드로가 의도하는 바는 하나님의 은혜의 충분하심에 대하여 경험으로부터 증거하는 것이었다.

베드로는 첫 편지를 쓴 후에 체포되어 시련을 당하였으며, 사형 집행을 기다리면서 두번째 편지를 썼다(벧후 1:13~21). 두번째 편지의 주제는 **확신과 신령한 지식에서 자라가는 것**이다. 그는 교회 내에 거짓된 교리의 위험이 있음을 보고 조심하라고 신자들을 경고한다(3:17). 다른 말로 하면, 두 편지는 모두 교회의 위험을 강조하고 있다. 사단은 박해로 사자처럼 다가올 수 있으며(베드로전서), 또는 거짓 교리로 뱀처럼 올 수도 있다(베드로후서). 그는 거짓말장이요 살인자이다(요 8:44~45).

그리스도인은 불 시험을 통과하는 동안 그를 살피고 계시는 하나님의 은혜를 의존하면 된다. 그리고 진리에 대한 지식은 교회에서 일어날 거짓 선생들을 정복할 것이다(벧후 2장). 베드로전서는 은혜로, 베드로후서는 "지식"으로 요약된다.

■ **상황**: 주후 64년 10월, 네로 치하의 무서운 박해가 시작되었다. 이 박해는 로마에서 가장 극심했고, 심지어 네로는 자기 정원을 장식하기 위해 밤에 그리스도인들을 산 채로 불태우기까지 하였다. 몇몇 연구자들은 바울이 64년 봄에 석방되자, 그 도시의 신자들을 베드로에게 맡긴 후 서바나로 갔다고 생각한다(롬 15:28). 실라와 마가가 베드로와 함께 언급되어 있으므로(벧전 5:12~

13), 바울은 그들을 떠나 다른 동료들과 함께 서바나로 여행한 것이 틀림없다.
네로는 7월에 로마를 불사르고 10월에 성도들을 박해하기 시작하였다. 베드로는 "불 시험"(4：12 이하)이 로마시로부터 로마의 각 지방에 퍼져 나갈 것을 알았으며, 그래서 그 곳에 있는 성도들을 격려하고자 하였다. 바울은 이 일을 할 만큼 가까이에 있지 않았기 때문에 베드로가 성령의 감동하심을 받아 바울이 소아시아에 세운 교회들에게 이 두 서한을 썼다(벧전 1：1 / 벧후 3：1). 이 신자들은 이미 지역적으로나 개인적으로 핍박을 겪어 왔지만(1：6～7 / 3：13～17), 그는 그들이 이제 시작될 맹렬한 시련에 대비하게 하려는 것이었다(4：12 이하 / 5：9, 10).

■ 에베소서와의 비교：소아시아의 교회들에게 씌어진 **베드로전서**와 **에베소서**를 주의깊게 읽어 보면 그 교훈과 단어들에 있어 백 가지 이상의 **유사점**을 보게 된다. 베드로와 바울이 신령한 진리들에 대하여 일치한다는 사실을 성령께서 우리에게 말씀해 주시는 듯하다. 사실상, 베드로 자신이 바울의 글들을 지적하고 있다(벧후 3：15～16 / 히브리서를 가리키는 듯함). 예를 들어, 두 개의 송영을 비교해 보라(엡 1：3 / 벧전 1：3). 그리고 다른 유사점들도 비교해 보자.

베드로전서			**에베소서**	
1장	12절	———	3장	5, 10절
4장	11절	———	3장	6, 21절
1장	8절	———	3장	8절
3장	9절	———	4장	2절
4장	10절	———	4장	7, 11절
2장	2절	———	4장	13, 15절

그리스도의 고난
-베드로전서 1장-

1～2절에 있는 인사는 사도(보내심을 받은 자) 베드로가 저자임을 밝힌다. 그는 자신에게 아무런 다른 칭호를 붙이지 않으며 5장 1절 이하에서도 그렇다. 베드로가 로마 교회를 창설하였으며 초대 "교황"으로 봉직했다는 것이 확실하다면 여기서 그 사실을 우리에게 말했음 직하다 !

그의 독자들은 "나그네들", 즉 이방나라에 사는 외국인들이었다. 이것은 정치적으로도 사실이었다. 왜냐하면 이들은 팔레스틴에서 멀리 떨어져 사는 유대인이었기 때문이다. 그러나, 이것은 영적으로도 진리였다. 왜냐하면 그들의 시민권이 하늘에 있었기 때문이다. "흩어진"이란 말은 농부가 씨를 뿌리듯 "분산시킨다"는 뜻이다. 신자들은 하나님의 씨이며(마 13：38), 하나님은 그 뜻에 따라 원하시는 곳에 그들을 심으신다. 때때로 하나님은 씨를 흩뜨리기 위하여 박해를 사용하신다(행 8：1/11：19 이하).

2절은 구원의 계획을 요약한다. 우리는 아버지 하나님께 선택을 받아 성령으로 말미암아 믿음에로 구별되며, 그리스도의 피로 말미암아 정결케 되는 것이다. 하나님은 창세 전에 그리스도 안에서 당신을 택하셨다(엡 1：4). 성자 하나님이 관련된 한에 있어서는 그가 당신을 위하여 죽었을 때 당신을 구원해 놓으셨다. 하지만 이러한 일을 보증하기 위해서는 성령께 대한 당신의 복종이 필요하였다.

베드로는 이제 이 대적하는 세상에서 어떤 류의 삶을 살아야 할지에 대하여 기록한다.

1. 소망 중의 생활(1：3～12)

구원받지 못한 사람은 "소망이 없다"(엡 2：12). 그러나, 신자는 **산 소망**을 가지고 있다. 왜냐하면 살아 계신 구세주를 모시고 있기 때문이다. 그리스도는 우리의 소망이시며(딤전 1：1), 우리는 그의 임박한 재림을 기다리고 있다. 그리스도인은 이 소망을 얻기 위하여 일하는 것은 아니다. 이 소망은 그의 신령한 상속권에 속한 일부이다. 우리는 이 산 소망에로 다시 태어나는 것이다(요 3：5).

이 소망은 살아 있는 소망일 뿐만 아니라 또한 **지속적인 소망**이다(4～5절). 이 소망은 하늘에 간직되어 있으며 그곳에서는 부패하거나 더럽혀지지도, 그 아름다움과 즐거움을 빼앗기는 일이 없다. 이 소망이 간직되어 있을 뿐만 아니라 신자들은 또한 병사에 의해 보호를 받듯 주님의 보호하심을 받는다./ 우리는 그에게 뿌리를 내린 믿음으로 인하여 하나님의 능력으로 말미암아 보호하심을 받는다.

영원한 안전이란 사람들의 믿음에 근거하는 것이 아니라 하나님의 신실하심에 근거한다. 믿는 자는 구원을 받는다. 그는 매일 구원을 받고 있다(성화). 그는 그리스도께서 돌아오실 때 완전하게 구원받을 것이다(롬 8 : 15~25). 우리의 믿음의 목표(완성, 안전)는 믿는 자의 완전한 구원일 것이다(9절).

그러나, 그리스도께서 오실 때까지 믿는 자는 시험받는 것을 통과해야만 한다. 시험을 견딜 수 없는 믿음이란 신뢰할 수 있는 믿음이 되지 못한다. 우리의 고난은(필요하다면) 주께서 우리에게 필요하다고 생각하시는 "잠깐"일 뿐이다. 영광은 영원하다. 7절은 우리 믿음의 시련을 금을 제련하는 것과 비교한다.

"시련"이란 단어는 "승인"이란 뜻이다. 케네트 위스트(Kenneth wuest) 박사는 이것을 탐광자가 시험해 보려고 금광석을 가지고 오는 것으로 설명한다. 분석가는 그 광석이 금을 함유하고 있다고 그에게 감정해 준다. 그 감정서는 그 광석을 인준하는 것으로서 시험을 거친 소량의 견본 광석 이상의 많은 가치가 있다.

이처럼 우리의 믿음은 한때 하나의 견본으로 시험을 받는 것이며, 우리의 믿음이 승인을 받는다는 것은 이에 따르는 부요함이 있기 때문에 우리에게 많은 의미를 부여한다. 여기서 우리가 견디어야 하는 고난은 그리스도께서 오실 때 받을 보다 많은 영광을 뜻한다. 이것을 알 때 우리는 주님을 더욱 사랑하게 된다. 믿음, 소망, 사랑은 모두 서로 연결되어 있다./

10~12절에서 베드로는 구약 선지자들이 우리가 지금 누리고 있는 이 구원에 대하여 말했음을 상기시킨다. 그러나, 그들은 구원이 나타날 때나 그 시대의 특성에 대하여 온전히 이해하고 있지 못하였다. 이들은 십자가와 왕국은 보았으나 그 사이에 있는 "계곡", 즉 현 교회 시대는 보지 못하였다.

2. 거룩한 생활(1 : 13~21)

복된 소망은 우리로 하여금 거룩한 삶을 살도록 할 것임이 분명하다(요일 3 : 1~3). 우리는 "우리의 생각을 모아야"만 하며 이러한 생각이 느슨해지지 않도록 마치 동양인이 달릴 때에 자기의 옷을 챙기듯이(출 12 : 11) 해야 한다.

구별된 삶을 살게 되는 또다른 동기는 **말씀의 명령** 때문이다(레 11 : 44 /19 : 2 / 20 : 7). "거룩한"은 죄가 없는 완전함을 뜻하지 않는다. 이것은 이 생을 사는 동안은 불가능한 조건이다(요일 1 : 8~10). 이것은 따로 떨어져 있다는 뜻이며, 하나님을 향해 구별되어 있다는 말이다. 우리가 하나님의 자녀들이라면 우리 아버지 하나님의 특성을 지녀야만 한다.

세번째의 동기는 **하나님의 심판**이다(17절). 하나님은 오늘날 그의 자녀들을 징계하시며, 그리스도의 심판대에서는 그들이 행한 것을 심판하신다(고전 3 : 1 이하). 그는 "편애"가 없으시며 모두를 똑같이 다루신다.

18~21절은 헌신한 생활에의 네번째 동기를 제시한다. 즉, **그리스도께서 십자가에서 치르신 값**이다. 구원을 받기 전의 우리의 생활은 공허하고 무의미한(헛된) 것이었다. 그러나, 이제 우리의 삶은 그로 말미암아 충만하며 행복하다! 우리의 구원은 값주고 산 것이 아니며, 하나님의 흠 없는 어린 양이신 예수 그리스도의 피를 필요로 하였다(요 1 : 29). 그리스도의 죽으심은 우리가 태어나기 오래 전에 하나님으로 말미암아 계획된 일이었다.

그런데 하나님은 그의 은혜로 우리를 그 계획에 포함시키셨다. 우리는 더욱 감사해야 한다! 그리고, 우리의 모든 것을 그분께 양도하는 것보다 우리의 감사를 표현하는 더 좋은 방법이 어디 있겠는가!(고전 6 : 15~20)

오늘날 그리스도인에게 크게 필요한 것은 그들이 하나님의 영광을 위해 구별되게 드려진 삶을 사는 것이다. 대단히 세상적인 그리스도인들이 많아서 그들의 간증은 있다고 해도 의미가 없다. 그리스도께서 재림하시면 그들은 무슨 말을 할 것인가?

3. 화합된 삶(1 : 22~25)

구원은 우리에게 산 소망과 거룩한 삶을 살려는 욕망, 그리고 하나님의 백성과의 놀라운 교제를 가져다 준다. 하나님의 영은 우리를 사랑하사 그리스도에게로 우리를 인도하셨고, 동일한 영이 하나님의 백성에 대한 사랑을 우리에게 심으셨다(롬 5 : 5 / 요일 3 : 16 이하 참조).

베드로는 22절에서 사랑에 대한 두 단어를 사용한다. 형제 사랑과 신적인 사랑이 그것이다. 그리스도인은 형제 사랑을 소유하지만 신령한 힘을 발휘하여 하나님께서 그를 사랑하신 대로 다른 사람을 사랑할 필요가 있다. 구원받지 못한 사람들도 형제 사랑을 보여 줄 수 있지만 신적인 사랑을 보여 주기 위해서는 성령으로 조절을 받는 그리스도인이어야 한다.

베드로는 "거듭난"이란 말을 좋아하여 1장 3절과 23절에서 그것을 사용한다. 우리는 하나님의 자비하심으로 말미암아 소망에로 거듭나게 되며, 하나님의 말씀으로 말미암아 형제에의 사랑에로 거듭나게 된다. 베드로는 예수님께서 씨뿌리는 자의 비유에서 하신 것처럼(마 13 : 1~9, 18~23), 말씀을 씨에 비유한다. 씨앗처럼 말씀은 작아서 중요하지 않은 것같이 보이지만 그 속에 생명과 능력을 소유하고 있다.

말씀은 효과를 보기 위하여 심겨져야 하는데 마음에 심겨지면 열매를 맺게 된다. 하나님의 말씀은 영원하며 말씀이 산출하는 열매도 영원하다. 그러나, 육신의 일들은 지속되지 않는다. 베드로는 여기서 이사야 40장 6∼8절을 언급한다. 우리가 하나님의 말씀에 순종하여 행하는 것은 무엇이든지 영원히 지속되지만, 육신의 힘으로 행하는 것은 무엇이나 잠시 동안은 아름답게 보이나 곧 사라지고 만다.

그리스도인의 화합은 주님과 교회에, 그리고 신자 자신들에게 축복이 된다(시 133편). 만일 모든 신자가 말씀에 순종하며 사랑을 실천하고 있다면 거기엔 화합이 있을 것이다.

우리는 누구인가
-베드로전서 2장-

1절의 "그러므로"는 이 부분을 1장 23절의 주제, 곧 "거듭남"과 연결시킨다. 2장 1절~ 3장 7절의 핵심 사상은 "순복"이다(2 : 13, 18 / 3 : 1, 5).

1. 우리의 하늘 특권(2 : 1~10)

1 **하나님의 가족의 자녀들**(1~3절) - "갓난 아이들"이란 말은 누가복음 2장 16절에서 아기 예수께 사용된 말과 같다. 죄인이 분명 거듭났으면, 그는 젖을 필요로 하는 유아이다(고전 3 : 1~3 / 히 5 : 13~14). 사실상 신령한 생활의 증거들 중의 하나는 신령한 양식인 하나님의 말씀에 대해 굶주려 있는 것이다.

우리가 주님 안에서 성장했다면 우리는 젖에서 단단한 음식으로 바꾸게 되며(마 4 : 4), 가족 내에서 "청년들"과 "아비들"이 된다(요일 2 : 12~14). 우리의 양식은 인간의 철학이나 교훈이 섞이지 않은(고후 2 : 17) 순수한 말씀이어야 한다. 한번 주님의 축복을 맛본 사람이면(시 34 : 8) 육신의 옛 죄들, 곧 적의, 속임수, 위선, 시기 등을 벗어버리려 한다.

2 **하나님의 성전의 돌들**(4~8절) - 베드로는 교회를 세우는 "반석"이 될 것이라고 주장한 일은 결코 없다(마 16 : 18). 그는 그리스도를 돌이라고 분명하게 언급한다(돌이신 그리스도에 대한 자료는 스가랴서 주해 참조). 그리스도는 사람들에게는 버린 바되셨으나 하나님께는 택하심을 입었다(마 21 : 33~46 / 사 28 : 16 / 행 4 : 11 / 시 118 : 22~23 참조).

우리는 산 돌이신 예수 위에 놓여진 산 돌들로서(1 : 3) 하나님의 영광을 위하여 신령한 성전을 이루어 가고 있다(엡 2 : 19~22). 우리는 또한 이 성전의 제사장이신 그리스도를 통하여 신령한 제사를 드린다(히 13 : 15~16). 돌이신 그리스도께서 사람들에게 버린 바되셨으나, 그를 믿는 자는 누구든지 부끄러움을 당치 않을 것이다. 불신자들은 이 돌에 걸려 넘어져 언젠가 그것에 의하여 분쇄될 것이지만, 우리에게 있어서 그는 보배이시다.

3 **새로운 나라의 시민들**(9~10절) - 신령한 의미에서 교회는 이제 하나님의 백성이며 거룩한 나라요 그의 "이스라엘"이다(출 19 : 6 / 갈 6 : 16 참조). 이것은 구약의 약속들이 왕국에서 문자적으로 성취되지 않는다는 뜻은 아니다. 다만 천상적이고 신령한 의미에서, 하나님께 대한 오늘날의 교회의 관계는 이스라엘이 옛 언약 하에 있던 것과도 같은 것이다.

그리스도께서 우리의 왕되신 제사장이시므로, 우리는 왕 같은 제사장이다. "소유된"은 "자신에게 속한"이라는 뜻이다(엡 1 : 4). 하나님의 자녀가 되어 하늘의 시민권을 가진다는 것은 얼마나 큰 특권인가.✔

2. 우리의 지상적 책임 (2 : 11 ~ 25)

[1] **제도에 대한 순복** (11 ~ 17절) - 나그네와 행인(외국인과 추방자) 같은 우리는 이 땅의 정부에 대하여 어떤 책임을 느끼지 않을 수도 있겠지만 베드로는 우리에게 법에 순종해야 할 훨씬 더 큰 의무가 있다고 말한다. 구원받지 못한 세상은 그리스도인을 지켜보고 있다. 그러므로, 우리는 성령의 능력으로 말미암아 죄를 삼가야 하고 우리의 행동(대화)은 정직해야 한다(알맞고 적당해야 한다). 왜냐하면 이것은 악한 말을 잠잠케 할 수 있는 유일한 방법이기 때문이다.

12절은 우리의 선한 일이 실제로 잃어버린 자들을 그리스도께 이끌 것이라고 가르친다. 그리고 하나님께서 그들을 권고하셔서 구원하시는 날, 하나님을 찬양할 것이다. 관직에 있는 사람들을 우리가 존경할 수 없을지는 모르나 직분은 존중해야만 하며 법에 순복해야만 한다. 그렇다. 그리스도인은 자유하지만 그의 자유는 방종이 아니다(갈 5 : 13). 로마서 13장을 읽고 바울이 이 문제에 대하여 권고하는 것을 보자.

[2] **사환들과 주인들** (18 ~ 25절) - 그는 여기서 구원받아 지교회의 회원이 된 가정 노예들에게 말한다(엡 6 : 5 ~ 8 / 골 3 : 22 참조). 베드로나 바울이 제도적인 면에서 노예 제도를 비난하는 것이 아님을 보게 되는데, 참으로 흥미로운 일이다. 오히려 그들은 노예들에게 헌신적인 그리스도인이 되며, 할 수 있거든 자유를 얻으라고 격려한다.

사환들은 주인들에게 순복과 존경을 표해야 하며, 비록 주인이 부당하여 따르기가 힘들지라도 그리해야 한다. 이와 같은 원리는 오늘날 고용된 일꾼들에게 적용된다. 구원받지 못한 감독들은 흔히 그리스도인 종업원들에게 "까다롭게" 굴거나 여러 가지 다른 방법으로 그들을 박해하기를 좋아한다. 이럴 때에 가장 하기 쉬운 일은 돌아서서 다투는 것인데, 이것은 잘못된 일이다.

베드로는 구원받은 자나 잃어버린 자 누구를 막론하고 자기의 잘못으로 형벌을 받는다면 이를 "감수해야" 하지만 그리스도인만은 애매히 고난을 받아도 이를 "견딜 수가 있다"고 설명한다. 이런 중요한 말씀에 유의하라. 왜냐하면 베드로는 고난을 회피할 길을 찾으라고 우리에게 말하고 있지 않기 때문이다. 그는 그리스도의 이름을 위하여 당하는 고난에 관해 말하고 있는 것인데(마 5 : 9 ~ 12 참조), 빛을 발한 것 외에는 아무런 잘못이 없는데도 당하는 고난을 말한다.

19 ~ 20절에 나오는 "아름다우나"와 "아름다우니라"는 말은 사실 은혜라는

말이다. 만일 우리가 우리의 잘못으로 인해 고난을 참아야 한다면 무슨 은혜가 되겠는가? 당신이 옳을 때 참는 것이 참된 은혜가 된다. 이와 비슷한 개념을 누가복음 6장 32~36절에서 찾아보라.

베드로는 **애매하게 고난을 당하는 이유**의 한 가지로 하나님을 향한 양심을 들고 있다. 21절에서는 두번째 이유로서, 그리스도인들은 고난을 위하여 부름을 받았다고 말한다. 우리는 안락한 삶이 되기를 기대해서는 안 되며 또한 시련이 올 때 놀라서도 안 된다(4∶12 이하). 예수님은 그의 추종자들이 주님의 이름을 위하여 박해를 받을 것이라고 예고하셨다.

이제 베드로는 **고난에 있어서 우리의 모범**으로 그리스도를 지적한다. 베드로는 사람이 그리스도를 따름으로써 구원받게 된다고 가르치지는 않는다. 죄인은 죽은 자이므로, 죽은 자는 어느 누구도 따를 수가 없는 것이다! 그리스도께서는 지상에서 고난당하심으로 어떻게 견디며, 어떻게 하나님을 영화롭게 하였는지에 대한 우리의 모범이 되신다. 베드로는 그리스도의 고난에 대한 증인으로서(5∶1), 주님은 죄를 범치 않으셨으나 무고하게 학대당하신 것을 알고 있었다.

말씀과 태도와 행위에 있어서 주님은 완전한 본을 세우셨다. 그는 논쟁하지 않으셨으며 돌이켜 싸우지도 않으셨고, 욕을 욕으로 갚지도 않으셨다. 그는 단순히 자신을 그의 아버지께 부탁하셨고 결과를 하나님께 맡기셨다. 그는 우리 안에 살아 계시기 때문에(갈 2∶20), 세상이 우리를 핍박할지라도 그가 행하셨던 대로 우리도 행할 수 있게 하신다.

베드로는 다시 십자가로 나아가(24~25절) 그리스도께서 우리를 위하여 죽으신 것과 우리가 그와 함께 죽었다는 것을 상기시키고 있다(롬 6장). 우리가 죽음과(2∶24) 부활(1∶3)에서 그리스도와 동일시된 것이 우리로 의로운 생활을 할 수 있게 한다. 그의 십자가에서의 희생으로 말미암아 죄의 질병을 치유받게 되었다. 24절은 육체를 치료하는 일과는 관계가 없다. 영혼의 치료를 말하는 것이다.

목자와 양의 비유(25절)가 베드로에게는 더욱 의미가 컸을 것이다. 왜냐하면 예수님께서 선한 목자에 대하여 가르치시는 것을 들었고(요 10장), 그리스도께서 양을 치라고 그에게 명하셨기 때문이다(요 21장). 잃어버린 죄인들은 곁길로 간 양들이며(사 53∶6 / 눅 15∶3~7), 목자이신 그리스도는 그를 찾아서 구원하신다. "감독"이란 말은 "위에서 보는 사람"이란 뜻이다. 그리스도는 우리를 구원하시며 또한 악에서 우리를 보호하시려고 파수서신다.

베드로는 믿는 자에 대한 인상적인 표현들로 본 장을 가득 채우고 있다. 우리는 하나님의 말씀을 먹는 갓난 아이이며 성전의 돌들이고, 제사장이며, 택하신

족속이요, 소유된 백성, 거룩한 나라며, 하나님의 백성이다. 또한 나그네와 행인이며 주의 본을 따르는 제자들이요, 목자의 돌보심을 받는 양들이다.

어떻게 살 것인가
- 베드로전서 3장 -

본 장은 순복에 대한 주제를 계속해서 다루고 있으며 (3 : 1, 5, 22). 그리스도 인들은 삶의 세 영역에서 복종해야 한다는 것을 보여 준다.

1. 가정에서의 순복 (3 : 1~7)

1 구원받지 못한 남편 - 이것은 분열된 가정이다. 아내는 그리스도를 신뢰하는데 남편은 신자가 아니다. 아내는 구원받지 못한 남편을 어떻게 주께로 인도할 수 있을까 ?

2 그리스도인 아내 - 그녀는 남편에게 순복해야 하며, 그에게 경의와 존경을 표해야 한다 (엡 5 : 22 / 골 3 : 18). 잔소리를 하거나 설교를 해서는 안 된다 ! 그녀는 헌신된 생활을 하여 "아무 말 없이도" 구원얻을 수 있도록, 즉 설명하지 않아도 인도함을 받을 수 있도록 살아야 한다. 구원받지 못한 사랑하는 사람들은 우리의 생활을 지켜보고 있으므로, 만일 우리가 그리스도께로 향하여 있으면 그들을 인도할 수 있을 것이다.

　이러한 아내의 행동은 정숙해야만 하므로, 곧 "마음에 숨은 사람"에 강조를 두어야 하고 외적인 치장으로 해서는 안 된다. 베드로는 여인들에게 어떤 보석도 사용하지 말라고 금지시키고 있는 것이 아니라, "유행을 따라" 극단적으로 세상적이 되는 경우를 금지시키고 있는 것이다 (딤전 2 : 9~12 참조). "머리를 꾸미고"는 머리 모양을 이채롭게 하여 금으로 장식을 하는 것 등을 말한다. " 아름다운 옷"이란 일반적인 옷을 말하는 것이 아니라 특히 화려하게 장식한 옷, 이목을 끄는 "특별히 사치스러운 옷"을 뜻한다.

　그리스도인 여인들은 세상적이지 않아도 매력적일 수 있다. 사실상, 세상의 극단적인 패션은 헌신된 그리스도인을 난처한 입장에 빠지게 하였고 증거하는 일을 어렵게 만들었다.

　참된 아름다움은 내적인 것이며 (4절), 그 모범으로서 아브라함의 아내 사라를 들고 있다. 그녀는 아리따운 여인이어서 여러 왕들이 그녀를 남편으로부터 탈취하려고 했었다./ 그러나 그녀는 여호와께, 그리고 주 안에서 남편에게 헌신했다. 창세기 18장 12절은 그녀가 아브라함을 "주님, 주인"으로까지 불렀다고 말하고 있다. 물론 이것은 맹종을 뜻하는 것이 아니라 사랑에 근거한 순복을 표현하는 것이다.

그리스도인 여인이 주님과 남편에게 헌신적일 때는 무슨 일이 일어나더라도 두려워할 필요가 전혀 없다. 왜냐하면 하나님이 다스리시며 관여하시기 때문이다(6절에 나오는 ":놀라다"는 말은 "공포"를 뜻한다). 물론 그리스도인 미혼 여성은 그녀로부터 사랑과 존경을 받을 만하지 못한 사람과 결혼해서는 결코 안 된다.

③ **그리스도인 남편** – "이와 같이"는 남편의 입장에서도 사랑과 존경의 같은 태도를 지녀야함을 시사한다. 결혼이란 쌍방 통행로이다. 남편들은 그들의 결혼이 무지함에 의거해서는 안 되며, 주님에 대하여, 그리고 상대방 짝에 대한 지식이 성장한 데에 근거해야만 한다.

남편은 아내를 귀히 여겨야 한다. 그들은 생명의 은혜를 유업으로 함께 받을 자들인데, 그것은 자녀들이 주님의 기업이라는 것을 뜻하는 바이다. 그리스도인 배우자 사이에 무슨 잘못된 일이 있으면 그들의 기도가 방해를 받을 것이며, 그 일은 가정에 문제를 일으킬 것이다. 베드로는 부부가 단순히 함께 살 뿐만 아니라 함께 기도해야 한다고 생각한다./

2. 고난당할 때의 순복(3 : 8~14)

8절은 그리스도인 가족이 서로 사랑하는 것을 묘사한다. 야고보서 4장과 대조해 보라. 9~14절에서 베드로는 세상에서 그리스도인이 고난을 당하는 것에 대하여 다룬다. 이것은 우리가 견뎌야 하는 매일의 고난으로, 4장에서 다루고 있는 특별한 고난인 "불 시험"이 아니다. 세상이 그리스도인을 박해할 때 그는 어떻게 행동해야 할 것인가?

① **복을 끼쳐야 한다**(9절 / 눅 6 : 22~28) – 우리는 사랑으로 미움을 정복한다. 중상가들과 박해자들에 대처하는 최선의 방법은 인내와 은혜로 대처하는 것이다. 남은 일은 하나님께 맡기자./

② **순전함을 유지해야 한다**(10~11절 / 시 34 : 12~16) – "금한다"는 말은 "피한다"는 뜻이며, "좇으라"는 말은 "분투하라"는 뜻이다.

③ **하나님이 살피고 계심을 기억해야 한다**(12~14절) – 하나님은 우리의 문제들을 알고 계시며 우리의 간구를 듣고 계신다. 하나님은 자신을 위하여 우리를 핍박하는 자들을 어떻게 하실 것인가를 알고 계신다. 그러므로 불평하기보다는 하나님을 위해 고난당하는 것을 기뻐해야 한다(마 5 : 11~12).

3. 그리스도께 대한 순복(3 : 15~22)

그리스도를 당신의 마음의 보좌에 모시라./ 그가 우리의 생활을 관할하시면 우리가 그분 안에서 가지는 소망에 대하여 사람들이 물을 때 언제나 대답할 수가 있을 것이다(막 13 : 11). 사람들이 우리를 욕하고 비방할지라도 순복하는 마음과 선한 양심은 합력하여 평강을 가져다 줄 것이다.

사람들은 우리를 비방할지 모르나 하나님은 마음을 아신다. 그래서 우리는 하나님을 두려워하나 사람들을 두려워하지 않는다(사 8 : 12~13). 베드로는 그리스도께서 무고하게 고발당하셨으나 아버지께 그 문제를 맡기셨던 그의 고난을 그들에게 다시 상기시킨다.

"옥에 있는 영들"의 문제는 오랜 동안 연구자들을 혼란하게 했다. 이 구절에 있는 주된 교훈을 꼭 명심하자. 그리스도는 부당하게 고난을 당하셨으나 하나님은 그를 높이셨고 그에게 영광을 주셨다(22절)./ 그리고 나머지부분은 하나님을 향한 신자의 선한 양심을 다루고 있는 삽입 구절이다.

이 문제 구절에 대해서는 여러 가지 설명이 있어서, 어떤 이들은 그리스도께서 지옥에 있는 죽은 자들에게 구원받을 두번째 기회를 주었다고 생각하나, 이것은 성경 전체와 모순된다. 다른 이들은 베드로가 여기서 말하고자 하는 바가 죽은 자들로부터 그리스도를 일으키신 동일한 성령이 노아를 통하여 전파하였으며, 그리스도는 그의 죽음과 부활 사이에서 옥(죽은 자들의 세계)에 있는 잃어버린 사람들의 영을 찾아가셔서 그가 승리하신 것을 알리셨던 내용이라고 생각한다. 그러나, 왜 예수님은 이 사람들은 찾아가셨으나 다른 사람들은 찾아가지 않으셨는지에 대해서는 다른 설명이 없다.

"옥에 있는 영들"에 대한 최선의 설명은 사람의 딸들과 어울린 창세기 6장에 나오는 타락한 천사들로서, 유다서 1장 6~7절에서 언급하는 대로 "다른 색을 따라가던" 자들이라는 설명이다.

3장 19절의 "옥"이란 말은 베드로후서 2장 4절에 나오는 심판의 장소인 "어두운 구덩이"를 가리킨다. 홍수를 일으키게 한 까닭이 하나님의 질서를 이처럼 위반한 데 있었으며, 베드로가 노아를 언급했던 이유도 이 때문이다. 또한 베드로의 주제가 천사들이 그리스도께 순복하였음을 말하려는 것임에도 주목하자 (22절). 이 천사들은 하나님께 순복하지 않아 심판을 받았던 것이다.

그리스도께서는 그의 죽으심과 부활하심 사이에 옥에 있는 이런 천사들을 찾아가셔서 그가 사단에 대해 승리하신 것을 알리셨다. 3장 19절에 나오는 "전파하다"는 말은 "복음을 전파하다"는 말이 아니라 "선전하다"는 뜻이다. 그리스도는 그들의 운명과 또한 모든 천사들과 권위들에 대한 그의 승리를 알리셨다.

그리스도는 이 때에 "사로잡힌 자를 사로잡고"(엡 4 : 8), 신자들이 머물던 낙원을 비우시고(눅 16 : 19～31) 이들을 하늘나라로 데리고 가셨다. 어떤 사람에게도 사후에 구원받을 제 2의 기회가 주어진다는 것에 대해서는 단 하나의 언질도 나와 있지 않다.

다음으로 베드로는 **노아와 세례(침례)**를 연결시킨다. 홍수는 사실상 세상을 물로 세례(침례)를 베푼 것이었고(벧후 3 : 5～7) 이제 세상은 불의 세례(침례)를 받기 위하여 예비되는 중에 있다. 베드로는 세례(침례)가 우리를 구원할 것이라고 말하거나, 물이 죄를 씻는다고 말하는 것은 아니다. 사실 그는 세례(침례)가 육체의 더러운 것을 제하여 버릴 수 없는 것이라고 분명히 밝힌다. 세례(침례)를 통해 주님께 순복하는 것은 내면의 문제, 곧 하나님을 향한 선한 양심의 문제이다.

성경에서 세례(침례)는 죽음과 장사지냄과 부활을 표상한다. 그리스도께서 요한에게 물로 세례(침례)를 받으신 것은 그가 십자가에서 고난당하실 것을 예고한 것이었다(눅 3 : 21～22 / 눅 12 : 50). 그리스도께서는 친히 그의 죽음과 장사지냄과 부활의 표적으로서 요나의 예를 드셨다. 악한 세상을 장사지냈던 물은 노아를 안전하게 하였다. 그러나, 물이 그를 구원한 것이 아니라, 방주가 그를 구원하였다.

창세기 8장 4절에 의하면 방주는 일곱째 달의 17일에 땅에 닿았는데, 유대인의 민력은 9～10월에 시작되므로 이 날은 4월 17일이 되며, 바로 예수님께서 죽은 자들 가운데서 부활하신 날이다./ 그러므로, 노아는 그리스도의 죽으심과 장사지냄과 부활의 표상이요, 이 사건은 기독교 세례(침례)에 대한 모형이다. 노아가 비둘기를 내보냈던 것과 그리스도께서 세례(침례)를 받으셨을 때 비둘기가 그 위에 머문 것에 또한 유의하자.

이 장은 매우 복잡한 장이어서 주된 교훈을 명심하도록 하자.
1 그리스도는 만유의 주시므로 우리는 그에게 순복해야 한다.
2 선한 양심이 시험 중에 있는 당신을 강하게 한다(16, 21절).
3 기독교의 세례(침례)는 홍수로써 표상되는데, 그것은 죽음과 장사지냄과 부활을 예증하는 것이지 영혼을 구원하는 것은 아니다.

446

경고 · 위로 · 소망
- 베드로전서 4장 -

4장과 5장에서는 **고난 중에 나타나는 하나님의 은혜를** 다룬다. 베드로는 이미 그리스도인이 당면하는 일상적인 고난의 문제(비난, 논쟁 등)를 다루었으나 이제는 공식적인 로마의 박해로 말미암은 "불 시험"이 곧 닥치게 된다고 말하고 있다. 본 장에서 베드로는 그리스도인이 하나님의 뜻 안에서 고난을 통과할 때 그에게 임할 수 있는 놀랍고 복된 세 가지 결과들을 말해 준다.

1. 고난은 성도를 순전케 한다(4 : 1~6)

삶이 안이하면 우리는 부주의함과 죄 가운데로 빠지게 되지만, 고난은 우리의 가치관과 목표를 변경시킨다. "불 시험"이란 금을 정련하는 용광로이며 하나님께 불순물을 제거하시도록 해준다(시 66:10). 고난이 우리를 위하여 하는 바는 다음과 같다.

1️⃣ **고난은 그리스도와 우리를 동일시하게 한다**(1절) – 그리스도께서 우리를 위하여 고난을 당하신 것은 우리를 죄에서 구원하시기 위함이었다. 우리가 주님을 위하여, 그리고 그와 함께 고난을 당하면 우리는 죄를 미워하고 그를 더욱 사랑하는 것을 배우게 된다. 베드로는 "그리스도의 마음"을 품으며, 또한 그리스도와 동일시하는 것이 죄에 대한 승리임을 알게 하려고 그들을 격려한다. 그리핏 토마스(Griffith·Thomas)의 표현을 빌리자면, 이것은 "로마서 6장에 대한 베드로 역본"이다.

2️⃣ **고난은 인생이 짧다는 것을 알게 한다**(2~3절) – 우리는 생명을 당연한 것으로 여기다가 고난이 닥치면 그 가치관이 변하고 만다. 그리스도인이 세상과 짝하여 죄를 짓다가, "남은 때"를 낭비한다는 것은 얼마나 어리석은 일인가! 죄악된 인간의 뜻 안에서 살기보다는 하나님의 뜻 안에서 삶을 영위해야만 한다.

3️⃣ **고난은 하나님의 심판을 미리 알려 준다**(4~6절) – 그리스도인들은 사람의 판단에 따라 살거나, 아니면 하나님의 판단에 따라 산다. 세상은 우리가 더이상 죄 중에서 그들과 달음박질하지 않는 것을 이상히 여겨 우리를 비방한다. 하지만 이들의 비방이 우리를 낙심시키지 못하는 것은 하나님께서 어느 날 그들을 심판하실 것이기 때문이다. 그들은 하나님께 계산을 해야 한다!

447

6절은 다음과 같이 의역할 수 있겠다. "지금은 육체적으로 죽어 있으나 영으로는 하나님과 더불어 살아 있고 이 생에서는 세상에게 심판을 받았던 사람들이 있다. 그러나, 이들은 죽기 전에 복음을 듣고 믿었다. 이들은 그들의 믿음을 인하여 고난을 당하고 죽었지만 하나님과 함께 살아 있다./ 그리스도를 위하여 고난받다가 하나님과 함께 하기 위해 떠나가는 것이 세상을 좇다가 잃어버린 바되는 것보다 낫다." 4장 6절과 3장 19~20절 사이에 어떤 연관이 있는 것은 아니며, 또한 사후에 잃어버린 자를 위한 제2의 기회가 있다는 어떠한 암시도 없다.

그리스도인들이 세상과 죄와 고난에 대하여 예수님께서 이 땅에 계실 때 취하신 바와 같은 태도로 "자신들을 무장한다"는 것은 중요한 일이다. 만일 신령한 태도를 갖지 못한 채 고난을 맞게 된다면, 그 고난은 우리를 순전하게 하는 대신 비참하게 만들 것이다.

2. 고난은 교회를 결속시킨다(4 : 7~11)

베드로는 "근신하라, 진지한 마음을 지니라"고 권면하기를 좋아한다(1:13/ 5: 8). 그는 그리스도께서 곧 오실 것과(5:4), 고난 가운데서도 성도들이 피차에 책임을 져야 한다는 것을 상기시킨다. 기도는 이러한 책임들 중의 하나이다. 열심 있는 사랑도 이러한 책임 중의 하나이며, "열심으로"라는 말은 "손을 내뻗친"이란 뜻이다. 그리스도인의 사랑은 한계점이 있을 수 없다./ 세상은 성도들을 비방하는 것만으로는 족하게 여기지 않으나, 성도들은 피차 비방해서도 안 된다. 사랑은 성도들의 허다한 죄를 덮을 것이다.

베드로는 그들의 마음과 마찬가지로 가정도 개방하도록 권면하고 있다. 그리스도인의 친절이 급속도로 사라져 가는 미덕으로 되어가고 있는데, 우리는 이것을 활성화할 필요가 있다.
마지막으로, 그리스도인들은 박해에도 불구하고 하나님의 각양 은혜를 맡은 선한 청지기로서, 은사들을 발휘하며 주님을 섬겨야 할 필요가 있다. "각양"이란 말은 "여러 색깔의 다채로운"이란 뜻이다. 하나님의 은혜는 어떠한 필요에도 대처할 수 있으며 어떠한 "색상"과도 잘 어울려 되살아나게도 한다./ 하나님은 우리에게 은사들을 주시며 그의 영광을 위하여 그 은사들을 사용할 수 있는 힘도 주신다.

3. 고난은 주님을 영화롭게 한다(4 : 12~19)

① **시련들을 기대하라**(12절) - 그리스도인의 삶에 있어서 고난은 낯선 객이 아니라, 기대되던 바였다. 하나님의 뜻 안에서 받는 시련은 우리가 하나님께 불순

종하고 있다는 경고가 아니라 자기 백성을 온전케 하시려는 하나님의 방편이시다.

2 시련 중에 기뻐하라(13~14절) - 오직 그리스도인만이 이 일을 할 수 있다./ 그 한 가지 예로, 시련이 올 때 우리는 주님을 위하여 고난을 당하며 주님과 함께 고난을 나눈다(빌 1:29 참조). 우리가 지금 견디는 고난은 그가 오실 때 우리가 나누어 받을 영광의 서곡일 뿐이다.

더군다나 하나님의 영은 고난받은 신자 위에 "새롭게 하는 능력으로 머물러 계신다." 세 명의 히브리 자녀들은 극렬히 타는 풀무 가운데 던져졌을 때 하나님께서 그들을 구원하실 것이라는 믿음을 가지고 있었다(단 3:19~30). 하나님은 그들을 구원하셨을 뿐만 아니라 불 가운데서 그들과 함께 다니셨다./ 우리는 그리스도를 위하여 고난을 당할 때 결코 홀로 있는 것이 아니다. 왜냐하면 주님이 모든 시련을 극복하는 데 필요한 은혜를 주시며 우리와 함께 하시기 때문이다.

3 시련 중에서 부끄러워하지 말라(15~16절) - 로마의 법은 시민들에게서 황제에게 충성하겠다는 서약을 요구하였다. 일 년에 한 번씩 시민들은 분향하며 "가이사는 주님입니다"라고 말했으나, 그리스도인은 "그리스도는 주님이시다"라고 고백하여(3:15 참조) 가이사 앞에 엎드리는 것을 거절하였다.

로마의 관리가 땅이나 벽에 그리스도의 이름을 쓰고 거기에 침을 뱉으라고 강요하는 경우도 있었는데, 만일 거절하면, 체포되어 재판을 받고 죽임을 당하였다. 또한 그리스도의 이름을 지님으로써(그리스도인) 그들의 친구들 앞에서 부끄러움을 당하였으나, 얼마나 영광스러운 이름을 갖고 있는 것인가./ 다른 어떤 이름보다 더 높은 이름이다./ 부끄러워할 필요가 없다.

4 시련 가운데서 증거하라(17~18절) - 만일 하나님께서 지금 교회에 시련을 보내신다면 이것은 어느 날 잃어버린 자를 심판하시리라는 증거가 된다. 우리는 지금 시련을 당하나 후에 영광을 받는다. 그러나, 잃어버린 자들은 지금 영광을 받으나 후에는 고난을 받는다. 잃어버린 죄인이 알게 될 유일한 하늘나라는 오늘날 여기 이 땅인 것이다./

하나님은 그의 집(교회)에서 시작하신다(겔 9:6 참조). 만일 그리스도의 이름을 위하여 박해를 받는 것이 시련의 시작이라면, 잃어버린 자들이 심판을 받을 때에는 무슨 일이 일어날 것인가./ 의로운 사람들(신자들)이 "어렵게" 구원을 받는다면 불경건한 사람들에게는 무슨 소망이 있겠는가? (잠 11:31 참조)

5 자신을 하나님께 위탁하라(19절) - 여기서 "부탁한다"는 말은 공식적인 은행 용어로서 안전하게 보관하기 위하여 일정 금액을 예금으로 맡긴다는 뜻이다. 이 말은 1장 7절에 나오는 "금"의 예화와 절묘하게 연결된다. 하나님은 불순물

을 제거하시기 위하여 불시험을 보내시며 우리는 안전하게 보호받기 위해 자신을 주님께 맡기는데, 우리는 주님이 실패하실 수 없음을 안다.

그런데 우리가 "선을 행하는 가운데" 이 일을 하는 것임을 주목하자. 즉, 그의 말씀에 순종함으로써 자신을 그에게 맡기는 것이다. 이것은 매일 매시간 자신을 양도하는 생활이다. 우리는 주님을 기쁘시게 하기 위해 사는 것이지 우리를 비난하는 잃어버린 자들을 위하여 사는 것이 아니다.

그리스도인들은 그리스도께서 돌아오시기 전에 불 시험을 통과하게 되는 듯하다. 세상의 형편은 나아지지 않은 것이며, 종교적인 상황도 개선되지 않을 것이다. 사람들은 언제나 그리스도의 이름을 싫어해 왔을 뿐만 아니라 계속해서 미워할 것이다. 만일 우리가 그리스도의 이름을 자신과 동일시한다면, 사람들은 우리를 미워할 것이다(요 15 : 18~21). 만일 우리가 타협한다면 박해는 피하게 될 것이지만 그리스도의 고난에 참여하는 축복과 영광은 잃을 것이다.

그리스도의 강림으로 비추어 본 봉사 사역
- 베드로전서 5 장 -

베드로는 그의 격려 편지를 마침에 있어서 성도들에게 세 가지로 권면한다. 본 장에서는 베드로가 그리스도와 함께 하던 때의 복음서에 나타난 경험들을 몇 군데 참고하고 있는 것을 보게 된다. 베드로는 그리스도의 고난을 목격하였으며(1절), 양을 돌보라는 사명을 받았다(2절 / 요 21 : 15~ 17). 그리스도께서 친히 종처럼 제자들의 발을 겸손하게 씻기신 것을 보았으며(5절 / 요 13장), 사단이 배회하고 있었을 때 그는 깨어 있지 못했음을 알고 있었다(8절 / 막 14 : 37).

이는 마치 하나님의 영이 성도들에게 증거하시기 위해 베드로의 기억을 더듬어서 과거의 이런 경험들을 사용하시는 듯하다(12절). 베드로는 하나님의 은혜가 그에게 적절했음을 발견하였고, 하나님의 은혜가 또한 그들도 보존하시라는 것을 알리고 싶었다.

1. 충성하라(5 : 1~4)

이 권면은 일차적으로는 목회자들에게 준 것이다. 목사(목자), 감독(감찰하는 사람), 장로(성숙한 지도자)가 모두 같은 직분을 가리키는 것임은 앞에서 보았다(행 20 : 17, 28 / 딤전 3 : 2/ 딛 1 : 5~ 7). 베드로는 자신을 교황이라고 부르지 않는다. / 오히려 그는 자신을 "함께 장로된 자"라고 부르며, 의도적으로 권면을 듣고 있는 사람들 중에 자신을 포함시키고 있다. 베드로는 왕국에서 자기의 지위 문제로 염려했던 때가 있었다. /

베드로는 목회자들이 사람들의 지도자들로서 보다 큰 고난을 통과하게 될 것임을 알고 있었다. 그래서 그는 두 가지 면으로 그들을 격려한다. 즉, 그리스도께서 그들을 위하여 고난을 받으셨으니 그들을 보존하실 수 있다고 상기시키는 것과, 영광은 언제나 고난에 뒤따르는 것이라고 상기시킨다. 사실 이 두가지 주제가 베드로전서를 수놓고 있다.

1 **그들의 사역** - "양무리를 치라." 이 일은 먹이는 일, 인도하는 일, 격려하는 일, 징계하는 일, 지키고 보호하는 일을 포함한다. 목자는 감독을 하며 인도자가 되어야 한다. 만일 양이 목자를 인도한다면, 또는 양들이 각기 제 길로 간다면 양떼는 어떻게 될 것인가. /

2 **그들의 동기** - "부득이함으로 하지 말고 자원함으로 하라". 목자는 자원하는 마음으로 주님을 섬겨야만 한다. 왜냐하면 그리스도를 사랑하고 양떼를 사랑하

기 때문이다. 해야 할 직업이라는 이유만으로 봉사하여서는 안 된다. 결코 돈이나 명성이나, 권력이나 이기적인 소득이 되는 "더러운 이"를 위하여 봉사해서는 안 된다. 자신의 일에 열심(준비된 마음)이 있어야 하며 의욕이 없거나 게을러서는 안 되는 것이다.

3 그들의 자비 — 지도력이란 독재권을 뜻하지 않는다. 목회자들은 감독자이지 대군주가 아니다./ "맡기운"이란 문자적으로는 "당신에게 부과된 몫"이란 뜻이다. 일정 지역에 사는 모든 신자들은 교회에 속했지만 그러나 다른 장로들의 지시에 따라 이곳 저곳으로 옮기는 양무리는 거의 없었다. 신약에는 한 성읍에 있는 모든 교회들이 하나의 대교회를 이루기 위해 연합한 예는 한 경우도 없다.
　제도적 일치를 갖지 않아도 신령한 연합은 가능하다. 목회자들은 본이 되어야만 하는데, 그것은 결국 사람들을 따라오게 할 최선책이 그 스스로 모범을 보이는 데 있기 때문이다./ 목회자들은 존경을 요구해서가 아니라 자기의 경건한 생활과 희생적인 봉사 사역으로 얻는 것이다.

4 그들의 상급 — 땅에서는 많은 영광이 없을 것이나, 하늘에서는 영광이 있을 것이다. 각각의 목자는 목자장이신 예수 그리스도께 순복해야만 한다. 무엇보다도 주님을 기쁘시게 하며 영화롭게 하는 것이 더욱 중요한 일이다.

2. 겸손하라(5 : 5～7)

"젊은 자들"은 문자 그대로 교회의 젊은이들을 가리킨다. 하지만 우리는 이것을 영적 지도자들을 따르는 모든 회원들에게 적용시킬 수 있겠다(히 13 : 17). 여기서 베드로는 예수님께서 다락방에서 제자들의 발을 씻겼던 날 저녁을 언급한다. "겸손으로 허리를 동이라"는 말은 겸손한 정신으로 통제받는다는 것, 곧 종이 된다는 뜻이다.
　하나님은 거만한 자, 이기주의자들을 물리치시되 겸손한 자들에게 은혜를 주신다(잠 3 : 34/약 4 : 6). "하나님의 능하신 손 아래서 겸손하라"고 그는 권고한다. "이 고난의 때에 하나님 앞에서 낮추라 그리하면 그 준비됨을 보시고 그가 너희를 높이실 것이다."
　"저가 너희를 권고하심이니라"는 말은 제자들이 예수님께 "우리의 죽게 된 것을 돌아보지 아니하시나이까?"(막 4 : 38) 라고 요청했던 배 위에서의 밤을 생각나게 한다. 물론 예수님이 돌보신다./ 사단은 "불 시험"이 하나님의 무관심에 대한 한 증거라고 믿게 하려 하였다. 그러나, 베드로는 "염려를 다 주께 맡겨버리라"고 말한다.

3. 깨어 있으라(5:8~11)

사단이 우는 사자와 같이 두루 다니는 것을 베드로보다 더 잘 아는 사람이 어디 있겠는가./ 예수님은 몇 번이나 사단이 그를 따라 다닌다고 베드로에게 경고하셨으나 이 경고를 마음에 간직하지 못하였다. "잠에 빠짐으로써" 사단에게 역사할 기회를 주었던 그리스도인들이 너무도 많다(마 13:25,39).

사단은 "대적"이라고 불리워지는데, 그것은 "법정에서 참소하는 자"란 뜻이며, "마귀"라는 말은 "비방자"란 뜻이다. 사단은 하나님 앞에서 우리를 참소한다(욥 1~2장 / 슥 3:1~5 / 계 12:10). 사단은 구원받지 않은 사람들의 입을 사용하여 거짓되이 우리를 비방한다(벧전 2:12 / 3:16 / 4:4,14). 사단은 속이는 뱀처럼(창 3장), 또는 삼키려는 사자처럼 다가온다. 사단은 거짓말장이요 살인자이다(요 8:44).

그리스도인이 **사단을 무찌르기 위하여 해야 할 일**은 무엇인가?
1 **경계하라** - 눈을 크게 뜨고, 경계를 느슨하게 풀지 말라. 다윗이 이완되어 전선에서 물러나자 죄에 빠져버렸으며, 베드로가 자신감을 갖자 그는 잠에 빠져 사단의 함정에 떨어졌다.
2 **대적하라.**/ - 이것은 모두가 적을 향해 대진하고 서 있는 군대의 모습이다. 그리스도인들은 사단을 대항하는 데에 연합해야 한다(빌 1:27~30). 이러한 행렬에 끊어진 곳이 있으면 사단은 공격할 기회로 삼는다.
3 **믿으라.**/ - 우리는 믿음으로 마귀를 대적한다. 즉, 그리스도의 승리를 신뢰하는 것이다. 사단은 거짓말을 제일의 무기로 사용하므로, 신자는 하나님의 진리로 사단의 거짓말을 대결해야 한다. 예수님은 광야에서 성령의 검을 사용하셨다(마 4장).
4 **기억하라.**/ - 다른 그리스도인들도 같은 시련들을 통과하고 있음을 기억하고 결코 혼자가 아니라는 것을 기억하라. 만일 사단이 우리에게 오직 우리뿐이며 하나님께서 우리만 뽑아내셨다고 믿게 할 수만 있다면 우리를 실의에 빠뜨려 패배시킬 것이다.

베드로의 주제는 은혜였는데(5:12), 따라서 성도들에게 그들의 하나님은 모든 은혜의 하나님이심을 상기시킴으로써 끝을 맺는다./ 그리스도인은 "은혜에서 은혜로" 향하여 간다(요 1:16). 그리스도인의 생활은 구원하시는 은혜로 시작한다(엡 2:8~10). 그리하여 그것은 봉사하는 은혜로 계속되고(고전 15:9~10), 다음으로는 성결케 하시는 은혜로 이어지는데(롬 5:17 / 롬 6:17), 하나님은 희생적인 은혜(고후 8:1~9), 노래하는 은혜(골 3:16), 말하는 은혜(골 4:6), 강하게 하시는 은혜(딤후 2:1), 그리고 고난받는 은혜(고후 12:9)를 주신다. 야고보서 4장 6절은 "하나님이 더 큰 은혜를 주시나니"라고 약속하고 있다.

10절은 은혜가 생활의 훈련을 통하여 공급된다고 시사하고 있다. 하나님은 우리로 고난을 당하도록 **허락하심으로** 그의 은혜를 우리에게 부으실 수 있다. 왜냐하면 우리가 고난당할 때 우리는 자기 자신의 한계에 이르고 주님을 의지하는 법을 배우기 때문이다. 은혜는 필요를 느끼는 사람에게만 공급된다. 먼저 우리가 고난을 당하면 다음에는 고난당할 때에 무장하게 하시며, 확신을 주시며, 우리의 터를 견고히 세우고 계신다.

"온전케 **하시며**"라는 말은 마태복음 4장 21절에서 베드로가 "그물을 깁고" 있을 때에도 사용되었다. 이 말은 "봉사를 위하여 준비를 갖추다"라는 뜻이다. 고난은 신자를 성장하도록 도울 뿐만 아니라 미래의 봉사를 위하여 준비를 갖추게 한다./ 때로는 하나님께서 "우리의 그물을 깁게"하시는 최선책이 우리로 하여금 고난을 받게 하는 데 있는 것이다.

베드로는 결론지으면서(5:12~14) 실라와 마가가 그와 함께 있음을 시사한다. 실라는 바울의 조력자 중의 일인이었으며(행 15:22 이하), 우리가 추측한 대로 바울이 로마에 없었다면 베드로와 실라가 함께 일했으리라고 생각할 수도 있을 것이다. 마가 요한이 있었다는 것은 바나바와 마가, 그리고 실라가 연루된 "과거의 불화"가 용서받고 잊혀졌다는 것을 나타낸다. "바벨론"은 아마도 로마를 칭하는 다른 이름일 것이지만, 어떤 이들은 베드로가 고대 바벨론에서 편지를 쓰고 있었다고 생각하기도 한다.

그리스도인과 성경
- 베드로후서 1장 -

베드로후서의 핵심 단어는 **지식**이며, **거짓 교훈의 위험**에 대하여 쓰고 있다. 베드로전서에서 사단은 우는 사자로 나타났는데 그것은 성도들에게 곧 임할 불 같은 박해를 주제로 다루고 있기 때문이다. 그러나, 베드로후서에서 사단은 속이려 하는 뱀으로·나타난다 (요 8 : 44~45). 교회 내부에서 일어나는 거짓 교훈은 외부로부터 오는 박해보다 훨씬 위험한 것이다 (행 20 : 28~32).

박해는 언제나 교회를 정결케 하고 강하게 했다. 그런 반면에 거짓 교훈은 교회를 약화시키며 그 증거를 파괴한다. 거짓 교훈과 마귀의 거짓말에 대항하여 싸우기 위한 유일한 무기는 하나님의 말씀이다. 따라서, 베드로가 지식을 강조한 이유가 여기에 있다.

1. 지식의 은사 (1 : 1~4)

구원은 믿음을 통하여 예수 그리스도를 아는 자리에 이르는 인격적인 체험이다. 요한복음 17장 3절에서 구원에 대하여 그리스도께서 정의하신 바를 살펴보라. 그리스도에 관하여 단순히 아는 것만으로는 충분하지 않다. 우리는 그를 인격적으로 알아야만 한다 (빌 3 : 10). 우리가 그를 믿으면 그는 자기의 의를 우리에게 주시며 (고후 5 : 21) "우리의 구원"이 되어 주신다.

베드로는 하나님의 말씀을 강조한다. 하나님은 우리에게 그의 말씀, 곧 하나님의 "보배로운 믿음"과 "보배로운 약속"을 주셔서 경건한 삶을 살게 하셨다. 이 말을 기록했을 때 베드로는 요한복음 6장 68절에 나오는 그의 고백을 생각했을 것이 분명하다. "주여, 영생의 말씀이 계시매 우리가 뉘게로 가오리까?" 우리는 성경에서 우리가 필요로 하는 생명과 경건함 모두를 갖게 된다. 사람의 저작물들이 성경을 잘 이해할 수 있도록 도울 수 있을지는 모르나, 사실상 성경만이 우리의 영혼에 생명을 부여할 수 있다.

4절에 나와 있는 그리스도인에 대한 정의를 살펴보라. 그리스도인은 신의 성품에 참예하는 자이다. 그리스도인은 하나님의 가족으로 태어났으므로 하나님의 성품을 지닌다. 외적으로 "그리스도처럼" 살려고 애쓰나, 내적으로 이러한 신의 성품을 결여한 죄인들은 잃어버림을 당하며 속임을 당한다. 베드로후서 2장 20~22절과 비교해 보라. 거기에는 **거짓 그리스도인에 대한 묘사**가 나와 있다.

● 이들은 세상의 오염은 피하였으나 타락은 피하지 못하였다. 즉, 단지 외적으로만 씻기워졌을 뿐, 내적으로는 변화되지 않았다.
● 그리스도에 대한 지식을 "머리"로는 가지고 있으나 마음에서의 믿음은 없다.
● 이들이 진실로 구원받은 것이 아닌 것은 그들이 잠시 후에 옛 생활로 돌아갈 것이기 때문이다.

이러한 거짓 그리스도인들은 씻김받았던 "개"나 "돼지"와 같다. 이들은 결코 새로운 성품을 받아 양이 되지는 못한다.

2. 지식에서의 성장(1:5~11)

"이러므로(이외에)……". 이는 구원 이외에 무엇이 더 있다는 뜻이다. 하나님의 가족으로 태어나는 것만으로는 충분하지 않다. 신령한 것에서 또한 성장해야 한다. 그러려면 힘쓰거나 열심을 내야 한다. 게으르고 부주의한 그리스도인은 성장하지 못한다. 베드로는 신자의 생활에서 나타나게 되어 있는 신령한 특성들을 열거한다.

줄에다 구슬을 끼우는 식으로 이러한 미덕들을 "더해 가라"는 제안이 아니다. 그보다는 하나가 성장하여 다른 것이 되도록 우리를 돕는다는 뜻이다. 이것은 "미덕들의 꿰미"가 아니라 망원경의 부분들과 같은 것이다. 한 부분이 또다른 부분으로 인도해 가는 것이다.

우리는 믿음(구원하는 믿음)에 덕 또는 찬양을 공급한다. 우리는 하나님의 아름다운 덕을 선전하기 위하여 구원받았다. 우리의 믿음을 입증하는 유일한 방법은 덕을 끼치는 삶을 사는 것으로 가능하다. 우리는 덕에, 지식 또는 도덕적인 분별력을 공급한다. 많은 그리스도인들이 옳고 그른 것을 모른다는 사실은 참으로 비극이 아닐 수 없다. / 지식에 이어 절제 또는 자기 통제가 나온다. 자기 통제는 인내 또는 참음으로 이끌어 간다. 이것은 시련의 때에 그리스도인이 "지탱하는 능력"이 된다.

우리는 인내에 경건을 공급한다(3절). 이 단어는 "바른 예배" 또는 헌신된 생활을 나타내는 하나님께 대한 의존성을 뜻한다. 형제 우애가 그 다음의 덕인데, 형제들에 대한 사랑을 뜻한다. 마지막 덕은 자비 또는 사랑이라고 베드로는 말한다.

그리스도인이 성장하지 않으면 언제든지 사실을 알아차릴 수가 있다. 이러한 사람에게는 세 가지 특성이 있다.

● 그는 게으른 자이다. 즉, 그리스도를 위하여 힘쓰지 않을 것이다.
● 그는 열매가 없다. 즉, 그리스도에 대한 그의 지식은 그의 생활에서 열매를 맺지 못한다.

●그는 소경이다. 영적인 통찰력이 없다. 그는 영적으로 근시안이며, 신령한 발전이 결여된 배후에는 보잘것 없는 기억력이 도사리고 있다./ 그리스도인이 하나님께서 그를 위해 행하신 일을 잊는다는 것은 슬픈 일이다. 그러나, 베드로 자신도 잊었던 일이 있었다. "베드로는 주의 말씀이 생각나서……"(눅 22 : 61).

따라서, 그는 "더욱 힘쓰라"고 두번째로 말한다. 당신이 구원받았다는 사실을 명심하라./ 그리스도인은 스스로 구원하거나 그 구원을 스스로 지킬 수가 없다. 그러나, 참된 신자의 표지를 소유하고 있다고 확신하는 것은 자신의 책임이다(살전 1 : 4~5). 이러한 사실이 그에게 하나님의 나라에 "넉넉히 들어가게 하시리라"는 확신을 갖게 할 것이다. 이것은 "불 가운데서"(고전 3 : 15) 구원을 받기보다 훨씬 나은 것이다.

3. 지식의 근저 (1 : 12~21)

"하지만 이것이 참된 하나님의 말씀이라는 것을 어떻게 확신할 수가 있는가?" 라는 질문에 대하여 베드로는 변화산 상에서 그리스도와 함께 가졌던 그의 경험을 언급함으로써 답한다(마 17 : 1~13 / 눅 9 : 27~36). 베드로는 그가 몸 (장막)에 더이상 오래 머물지 않을 것임을 알고 있었다(요 21 : 18 참조).
"벗어나다"라는 말은 실제로는 "탈출"이란 뜻이다. 누가복음 9장 31절에서는 이와 동일한 단어가 "별세"라는 표현으로 사용되었다. 그리스도인이 죽으면 그것으로 끝나는 것이 아니다. 도리어 이 세상에서 다음 세상으로 들어가는 승리의 탈출인 것이다.

복음의 멧세지는 사람들이 다른 사람들을 속이기 위해 만든 꾸며낸 이야기가 아니다. 복음은 그리스도의 죽음과 장사지냄과 부활의 진리에 근거한 것이다. 베드로는 여기서 영광 중에 그리스도께서 재림하실 것을 가리키고 있으며, 산상 변화는 이것을 상징적으로 나타내고 있는 사건이다. 그 산에서 그리스도는 자기의 영광을 나타내셨으며, 그가 이 땅에 다시 오실 때 그 영광을 나타내실 것이다. 모세와 엘리야가 거기 있었는데, 이들은 죽은 신자들(모세)과 죽지 않고 데려감을 받은 사람들(엘리야)을 대표한다. 그리고 제자들은 그리스도께서 다시 오실 때 그의 영광을 볼 믿는 유대인을 대표한다.

베드로의 사역이 일차적으로는 이스라엘에 대한 것이었던(갈 2 : 7~8) 반면, 바울의 사역은 이방인에 대한 것이었음을 명심하자. "지상에 설립된 영광스런 왕국에 대해 유대인들에게는 하나님의 어떤 약속들이 있는가?"라는 질문이 일어났다. 베드로는 이 질문에 대하여 예언의 말씀은 버려지지 않았으며 도리어 보다 확실하게 되었다고 대답한다. 그는 이렇게 말하고 있는 것이다. "우리에게 그리스도의 변형은 왕국이 임할 것이라고 확신케 하는 것이 되며, 또한 그의 변형으로 말미암아 입증되었던 확실한 예언의 말씀을 우리는 소유하게 된다."

그리스도인들은 구약 예언을 "영해"하거나 이 예언들을 교회에 적용시켜서는 안 된다. 신약 말씀처럼 문자 그대로 그것들을 받아 들여야 하는데, 이는 하나님께서 어느 날 이 예언들을 성취하실 것이기 때문이다.

베드로는 예언의 말씀을 어두운(더러운) 데 비취는 빛에 비유한다. 그에게 있어서 세상이란 어둡고 음침한 지하 감옥이며, 하나님의 말씀은 우리가 이 세상에서 가지는 유일한 빛이다./ 우리는 인간의 사상이 아니라 이 말씀을 간직해야 한다. 머지않은 어느 날 샛별이신 그리스도께서 떠올라 자기 백성을 집으로 데려가실 것이다. 교회에게는 그리스도가 동트기 직전 가장 깜깜한 때에 나타난 샛별이 되시며, 이스라엘에게는 의로운 해로서 심판과 치료를 가져 오시는 그런 분이시다(말 4장).

로마 카톨릭은 20~21절을 남용해 왔다. 이 구절들은 그리스도인이 성경을 읽거나 해석해서는 안 된다고 가르치지는 않는다. 왜냐하면 말씀은 읽혀져서 순종하고 다른 사람들에게 건네 주도록 우리에게 주어진 것이기 때문이다. "사사로이"는 "단독으로"라는 뜻이다. 성경은 "단독으로" 해석되어서는 안 된다. 즉, 하나님의 여타의 말씀과 상관없이, 그리고 처음에 그 말씀을 주신 성령님과 상관없이 해석되어서는 안 된다.

예언은 사람의 뜻으로 낸 것이 아니므로 자연인의 생각으로는 해석되어 질 수가 없다. 성령께서 말씀을 주셨으니 그가 우리에게 말씀을 가르쳐야만 한다(고전 2 : 9~16 / 요 14 : 26 / 요 16 : 13~14). 우리는 하나님께 우리의 성경이 확실함을 감사한다./ 우리는 하나님께서 성경을 우리에게 주셨기 때문에 성경을 신뢰할 수 있는 것이다.

거짓 교훈들에 대한 경고

- 베드로후서 2장-

본 장은 복잡한 장으로서 유다서와 비교될 만한데, 똑같은 구절들이 많이 사용되고 있다. 거짓 교훈의 위험은 너무도 큰 것이어서, 성령께서는 우리를 경고하시기 위하여 베드로와 유다를 사용하셨다./

거짓 선생은 몰라서 거짓 교리를 가르치는 사람이 아니라는 점을 명심해야 한다. 사도행전 18장 24~28절에서 우리는 아볼로가 모르고 거짓 교리(요한의 세례)를 가르쳤던 것을 보는데, 그는 거짓 선생은 아니었다. 수 세기 전 교회의 위대한 지도자들 중에서도 우리가 성경적인 것이 아니라고 믿는 교리들을 주장한 사람들이 많았다(교회와 국가의 결합 등). 그러나, 우리는 그들을 거짓 선생들이라고 불러서는 안 된다.

거짓 선생은 진리를 알면서도 고의적으로 거짓말을 가르치며 그의 동료들로부터 재정적인 이득을 얻으려 하여 자신을 선전하는 자들이며(2 : 3 / 14절), 그는 마음대로 범죄하며 살 수 있는 자들이다(2 : 10, 13~14, 18~19). 속임수를 쓰며(2 : 1, 3), 자기의 공상들을 짜맞추기 위하여 하나님의 말씀을 왜곡시킨다.

1. 그들의 정죄(2 : 1~9)

베드로는 거짓 선생들이 궁극적으로는 하나님에 의해 심판을 받아 결박될 것이라는 점을 단언함으로써 이 부분을 시작한다. 1절은 거짓 선생들의 방법을 완전히 요약하고 있다.

● 이들은 교회의 회원들로서 사람들 중에 나타난다.
● 이들은 위선의 탈을 쓰고 은밀히 역사한다.
● 이들은 참된 교훈과 나란히 거짓 교훈을 들여오며 나중에는 자기들의 말로 대신한다.
● 그들의 삶은 자기들의 입으로 가르친 바대로 살지 않는다.

다른 말로 해서, "이단"은 그저 거짓 교훈일 뿐만 아니라 거짓 교훈에 기초한 거짓 생활인 것이다./ 그리스도께서는 이러한 사람들을 "양의 옷을 입은 이리들"이라고 표현하신다(마 7 : 15 / 고후 11 : 13 / 고후 4 : 1~2). 불행히도 거짓된 길은 참된 길보다 더욱 인기가 있다(2절).

그런데 예수님은 또한 누룩이 온 덩어리에 퍼진다고도 하셨다(마 13 : 33). 사람들은 거짓 선생들을 선택하여 따를 것인데 그것은 거짓 선생들이 자신들을 그리스도보다 더 높이기 때문이며, 또한 사람들이 인기 있는 성공한 사람들을 숭배하려 하기 때문에 그렇다. 거짓된 길은 신앙 생활하는 중에서도 죄 가운데 빠져 살게 하기가 십상이다./

2장 3절에 나오는 "지은 말"이란 "흉내내는 말" 혹은 "만들어낸, 짜 맞춘 말"이란 뜻이다. 헬라어로는 "플라스토스"인데, 여기서 영어의 "플라스틱"(pl-astic)이라는 말이 파생되었다. 베드로는 거짓 선생들이 성경에 있는 성령께서 주신 말씀을 떠나(고전 2:9~16) 그들의 이론에 적합하도록 그들 자신의 말들을 만들어 낸다고 한다. 또는 오늘날 복음주의자인 것처럼 위장하는 "신정통주의자"들과 같이 우리가 사용하는 성경 말씀들을 사용하여 새로운 의미들을 만들어 낸다. 이들은 우리의 어휘들을 사용하지만 우리가 사용하는 사전은 사용하지 않는다. 중요한 것은 그 사람이 하는 말이 아니라 그 의미이다.

창세기 6장에 죄를 범하여 지금은 타르타루스(깊은 구렁)에 갇혀 있는 천사들(4절에서는 지옥으로 번역되었지만, 지옥에 가 있는 자는 아직 아무도 없다)과 홍수 이전의 세계, 그리고 소돔과 고모라를 인용한다. 이러한 경우들에 연루된 사람들은 종교의 형태는 가졌지만 활력을 불어넣는 참된 믿음은 갖지 못했다(딤후 3:5).

그리스도께서 돌아오시기 앞서 세상에는 굉장히 많은 "종교"가 있게 될 것이지만 주님을 믿는 참된 믿음은 아닐 것이다. 그러나, 베드로는 또한 하나님께서 노아와 그의 가족, 롯과 같이 그의 참된 성도들을 보존하시고 구원하실 수 있다는 점을 지적한다. 노아는 환란을 통과하여 보존을 받게 될 믿는 유대인들의 표상이며, 롯은 멸망이 임하기 전에 "데려감을 받을" 교회의 성도들을 표상한다. 이 거짓 선생들은 성공한 것처럼, 그리고 안전한 것처럼 보일지 모르지만 어느날 하나님은 그들을 멸하실 것이다./

2. 그들의 특성(2:10~16)

1 **교만**(10~11절) —이들은 어떤 종류의 지배나 통치라도 경멸한다. 하나님은 인간의 정부, 여자에 대한 남자의 머리됨, 자녀들에 대한 부모의 머리됨, 목회자의 지도력 등 이 세상에 "통치권"을 세우셨다. 그러나 거짓 선생들은 그들 자신의 길로 "달리고" 싶어한다. 천사들조차 하나님께서 주신 권위들을 경멸하지는 않는다(유 1:8~9).

2 **무지함**(12절) —오늘날 거짓 선생들이 성경의 가르침에 대해 의도적으로 얼마나 어두운 체하는지 놀라지 않을 수 없다(벧후 3:5). 그러나, 이들은 복음적인 그리스도인들을 가리켜 "무지한 자들이여!" 또는 "구시대인이여!"라고 한다.

③ **탐욕** (13∼14절) ─ 그릇된 교훈과 그릇된 삶은 잘 조화된다. 이 사람들은 사치스럽게 살았고 굳세지 못한 사람들을 그들의 가르침으로 "유혹하였다." 다른 사람들에게는 주님을 발견하도록 도우면서도 자신은 죄 가운데 살았던 "종교적인 지도자들"로 말미암아 그리스도의 이름이 수치를 당해 왔던 것은 (2절) 비극이 아닐 수 없다.

④ **탐심** ─ 그 어느 때보다도 오늘날 종교적인 "돈벌이"가 성행하고 있다. 3절은 그런 선생들이 사람들을 상품화하기 위하여 그럴 듯한 말을 사용한다고 지적한다. 18절은 그들이 "허탄한 자랑의 말"을 사용한다고 말한다. 불행하게도 이러한 종교적인 수다장이들이 사실은 그들의 주머니를 터는 소매치기인 것을 깨닫지 못하고 그들을 따르기를 기뻐하는 견고하지 못한 사람들이 너무도 많다./" 베드로는 한 예로서 발람의 경우를 든다 (민 22∼25장). 그는 자기의 은사를 돈을 버는 데에 사용했고 이스라엘을 죄 가운데로 인도했던 하나님의 선지자였다.

3. 그들의 주장들 (2:17∼22)

이들은 그 추종자들에게 만족을 주겠다고 약속하지만 그들의 영적인 갈증을 해소시키지는 못한다. 물 없는 우물보다 더 쓸데 없는 것이 또 어디 있겠는가./ 허탄한 자랑의 말(종교적인 선전)을 하는 이 선생들은 겉으로 보아서는 진실한 것 같고 도움을 줄 것 같지만 바람에 떠도는 구름, 곧 아름답긴 하지만 목마른 사람에게 어떠한 도움도 주지 못하는 구름으로 드러나게 된다. 오늘날 수 백만의 사람들이, 도움을 주겠다고 약속은 하나 아무런 도움도 주지 못하는 그런 거짓 종교들을 따르고 있다.

이들은 자유를 약속하지만, 사람들을 속박으로 인도해 간다. 베드로는 여기서 약간 빈정거리는 수법을 사용한다. 자신들이 죄의 노예들이면서 어떻게 그 누구를 자유롭게 할 수가 있는가./ 12절에서 그는 이러한 사람들을 "이성없는 짐승"이라고 불렀고, 이제 그들을 개, 돼지들로 칭한다./

베드로가 "구원을 잃은" 어떤 사람에 대하여 말하는 것이 아님을 명심하라. 만일 그가 그런 뜻으로 말한 것이라면 그가 베드로전서 1장 3∼5절에 쓴 것과 모순을 일으키고 있는 것이다. 베드로전서 2장 25절에서 그는 그리스도인들을 양으로 비유하지 개나 돼지들로 비유하지는 않는다. 그리스도인은 새로운 성품을 받았으며 (벧후 1:4) 세상의 부패와는 무관하게 되었다. 양이 토한다거나 더럽혀질까 걱정하지 않아도 될 것은 양이 깨끗한 동물이라는 이유 때문이다.

베드로는 **거짓 그리스도인들**에 대해 묘사하기를, 그들이 외적으로는 불결한 것을 씻어냈으나 (종교적인 개혁) 내적으로는 새로운 성품을 받지 못한 자들이라

461

고 하고 있다. 사실상, 개나 돼지를 씻을 수는 있어도 그 본성을 바꿀 수는 없다. 이 사람들은 의의 길을 알며 그리스도의 사역에 대한 지식을 가지고는 있었으나 그들의 마음에 하나님을 인격적으로 영접하지는 못하였다.

이들은 외적인 불결함은 씻어냈으나 내적인 부패는 여전히 지니고 있었다. "신앙을 고백한 사람들이기는 하나 신앙을 소유한 사람들이 아닌" 이런 자들은 구원을 경험한 것 같았지만 때가 되면 그들의 본성에 맞는 생활로 되돌아가 표류하였다. 개는 토한 것을 도로 먹으며 돼지는 다시 진창으로 돌아가야만 한다(잠 26:11 참조).

우리는 거짓 선생들의 시대에 살고 있다. 그들은 그리스도 대신에 자신을 높이며 흉내내는 말과 "허탄한 자랑의 말"을 함과, 돈버는 것을 강조하고, 사람들을 변화시킬 수 있다고 과대한 주장들을 하며, 그리고 정욕과 죄가 감추어진 삶을 사는 것으로 그들을 간파할 수 있다. 우리는 하나님의 말씀을 성실하게 가르치는 길 외에는 달리 이들과 싸울 수가 없다. 그러나, 어느 날 하나님께서 그들을 밝히 드러낼 것이며 심판하실 것이다.

주의 날

- 베드로후서 3장 -

본 장에서 베드로는 어린 양들과 양떼를 돌보는 사랑의 목자로 나타난다. 그가 "사랑하는 자들아"란 말을 네 번이나 사용하기 때문이다. 이 말이 나올 때마다 엄숙한 권고의 말이 나온다.

1. 사랑하는 자들아…기억하라 (3 : 1~7)

본 서신에서는 "생각하게 함"이란 단어가 핵심 단어였다(1 : 12~15). 베드로 자신은 잊어버리는 죄를 범했었기 때문에(눅 22 : 61), 하나님의 말씀을 잊지 말라고 독자들에게 경고하고 싶었던 것이다. 그는 그들이 "진실한" 마음을 갖게 되기를 원하였다. 즉, 2장에서 말하고 있는 거짓 교훈들과 섞이지 않은 마음을 원하였다. 그는 구약의 예언자들과 신약의 사도들을 지적하고 있는데, 이것은 하나님의 말씀 전체를 뜻하는 것이다(1 : 19~21).

베드로가 변호하고 있는 교리는 그리스도께서 이 땅에 돌아오셔서 그의 왕국을 세우시며 1,000년이 차면 새 하늘과 새 땅을 맞아들이신다는 것이다. 베드로는 교회의 휴거, 즉 그리스도께서 공중에 은밀하게 돌아오시는 것을 말하고 있는 것이 아니다(살전 4 : 13~18).

물론 세상은 그리스도의 재림을 비웃을 것이며(유 18절), 모든 역사가 그 방향으로 움직여가고 있다는 것도 알지 못한다. 오늘날의 지도자들에게서 우리가 듣는 말은 "만사가 있는 그대로 계속된다. / 하나님은 역사를 단절시키고 시간의 과정에 개입하시지는 않으실 것이다. /"는 생각이다.

그러나, 베드로는 하나님이 분명히 역사를 끊고 인간들을 심판하실 것임을 증명하기 위하여 구약의 예들을 인용한다. 그는 창세기 1장 1절을 인용하여 하나님이 말씀으로 세상을 창조한 데에서부터 시작한다(5절). 그리고서 그는 창세기 1장 2절의 세상을 소개하는데, 이 세상이 하나님께 심판을 받았다는 것이다(6절).

이를 창세기 6장의 홍수 사건이라고는 볼 수 없다. 왜냐하면 홍수는 사람들을 멸망시켰지 땅을 멸망시킨 것은 아니기 때문이다. 오히려 이것을 창세기 1장 1절과 2절 사이에 있는 사단의 심판을 가리킨다고 볼 수 있다. 7절은 세상이 이제 "불을 저장하고" 있어 심판을 위한 준비가 이미 끝났음을 시사한다. / 현대 원자론이 가르치는 것을 보라! 만약 6절을 홍수와 연관지어 버리면 "인간이

463

아무 일도 일어나지 않았음을 확실히 알고 있는데 하나님은 죄를 심판하신다"
는 것과 같은 주장을 하게 될 것이다.

2. 사랑하는 자들아 …… 잊지말라(3 : 8∼10)

사람들의 역사관은 날수나 햇수의 개념으로 보지만, 하나님께 있어서 시간은 언
제나 영원한 현재이다. 천 년이 그에게는 하루에 지나지 않는다(시 90 : 4). 그
러나, 하나님은 느린(더딘) 분이 아니시며, 적절한 때가 되면 행하실 것이다./
하나님은 왜 그의 심판, 곧 주의 두려운 날을 연기하고 계신가? 그것은 사람들
이 구원받기를 원하시기 때문이다./

　"주의 날"은 **대환란**이라고 알려진 심판의 시기이며, 교회가 하늘로 올리워간
후 이 세상에 임할 것이다(계 3 : 10 / 살전 5 : 8∼9). 밤에 도둑은 어떻게 오
는가? 사람들이 전혀 생각지 않은 때 갑자기 온다(마 24 : 43 / 눅 12 : 39 / 살
전 5 : 2 / 계 3 : 3 / 계 16 : 15).
　사람들이 "평안하다 안전하다"할 그 때에 하나님의 진노가 그들 위에 임할 것
이다(살전 5 : 3). 그리스도인은 그리스도께서 그를 데리러 공중에 임하실 때
미비된 상태로 있지는 않을 것이나, 세상은 그리스도의 진노가 부어질 때 방심
한 채로 맞이하게 될 것이다.

3. 사랑하는 자들아 …… 힘쓰라(3 : 11∼14)

이것은 베드로가 힘쓸 것에 대하여 세번째로 언급한 곳이다. "너희가 구원받은
바를 굳게 하라(1 : 12), 더욱 힘쓰라(1 : 5 이하), 예수님이 오실 때를 위하여
준비하기를 힘쓰라(3 : 14)." 베드로는 요한이 요한일서 3장 1∼3절에서 적고
있는 내용인 바, 그리스도의 재림이 경건한 삶을 살도록 크게 자극한다는 것을
강조하고 있다. 모든 것이 불타버릴 것인데 왜 세상과 세상 것들을 위하여 사는
것인가? 이것은 롯이 소돔으로 옮겼을 때 범한 실수였다.
　그리스도인은 이 세상에서 어떤 소망이나 평화를 찾지 않는다. 그는 현 세상
이 더욱 나빠질 것과 마지막에는 심판을 받을 것임을 알고 있다. 그렇다. 그리스
도인은 새 하늘과 새 땅을 바라고 있다./ 우리는 그리스도께서 어느 날 이 땅에
돌아오셔서 그의 원수들을 심판하시고, 1,000년간의 통치를 시작하실 것이며,
그렇게 한 후 약속된 새 하늘과 새 땅을 이룩하실 것이다(계 21 : 1 이하). 우리
의 책임은 그분 안에서 점도 없고 흠도 없이(2 : 13), 평강 가운데 세워지는 것
이다.

4. 사랑하는 자들아 삼가라(3 : 15~18)

베드로는 하나님의 계획이 늦추어 지는 것처럼 보인다고 설명하면서 상세한 내용을 위하여 바울의 글을 참고하게 한다. 베드로가 바울의 편지들을 성경이라고 부르는 것에 주목하면 흥미롭다./ 베드로는 왜 바울을 언급하는 것일까? 그것은 베드로의 사역이 일차적으로는 이스라엘을 향한 것이었고 이스라엘의 소망이 지상 왕국을 건설하는 데 있기 때문이다. 바울의 사역은 이방인들과 교회를 위한 것이었으며, 이 시대를 위한 하나님의 계획을 계시한 것은 바울로 말미암아 주어졌다.

세상은 2,000여 년 간 그리스도의 재림을 기다려 왔다. 그리스도는 왜 늦어지시는 것일까? 바울은 그의 편지에서 그 이유를, 외관상으로는 늦어지는 것 같지만 그 동안에 하나님은 그의 교회를 세우고 계신다고 밝힌다. 그것은 예수님께서 이러한 일들이 노아의 때와 비슷하다고 말씀하셨듯이, 노아 이전의 상황과 비슷하다(벧전 3 : 20).

유감스럽게도 바울의 멧세지에서 이 세대를 위한 하나님의 프로그램을 보지 못하는 사람들은 성경을 왜곡시켜 성경이 말하지 않는 바를 조작해 낸다. 예를 들면, 로마 카톨릭은 바울의 것을 베드로에게 몰래 갖다 놓는다./ 이들은 이스라엘부터 떨어져 나온 한 독립된 실재인 그리스도의 몸에 관한 교리를 거부하고서 로마 교회를 "하나님의 지상 왕국"이라고 부르는 것이다./

불행하게도 어떤 진실한 그리스도인들도 구약의 모든 예언들을 유대인들에게서 교회에로 옮겨 그리스도의 문자적 지상 통치에 관한 진리를 제거하고 있다. 물론 베드로는 일차적으로 하나님의 말씀을 가지고 사람들을 곁길로 인도하여 결국 자신만이 아니라 그 추종자들까지 정죄에 이르게 하는 거짓 선생들에 관해 말하고 있다.

우리 그리스도인들은 그리스도의 강림에 대하여 알며 거짓 교훈의 위험을 알아서 조심해야만 하며, 그렇지 않으면 말씀 안에 있는 우리의 굳건한 태도가 불법과 불순종으로 빠지게 될 것이다. 이 경고를 유다서 1장 24~25절에 나와 있는 놀라운 약속과 비교해 보라.

우리는 어떻게 해야 떨어지지 않을 것인가? 성장하는 것뿐이다./ 어린 아이들은 일어설 만큼 강하지 못하고 성숙해 있지도 않기 때문에 자꾸만 넘어진다. 말씀을 먹지 않아 주님 안에서 성장하지 않으려는 "어린 그리스도인들"은 흔들리기 쉽다. 이 악한 세상에서 그들은 말씀을 먹고 기도하며 영적 근육을 단련시킬 시간을 반드시 가져야 한다.

베드로전서의 주제는 은혜였고, 베드로후서의 주제는 지식이었다. 따라서, 베드로는 은혜와 지식에서 자라가라고 우리를 권면함으로써 이 두 책을 종합하고 있다. 이것은 단순한 성경 지식만이 아니며, 성경을 통하여 얻는 그리스도에 대한 지식인 것이다. 우리는 그를 더 잘 아는 자리에 이르러야만 한다(빌 3 :10).

불행하게도 지식에서는 자라가면서도 결코 은혜 안에서 성장하지 못하는 경우도 있다. 즉, 성경 진리를 머리로는 익히면서도 생활에서 성경 진리를 보여 주지 못하는 것이다. 베드로는 균형잡힌 생활을 하라고 경고한다. 말씀을 배우며, 말씀대로 생활하라는 것이다.

요한일서
-개요와 서론-

요한일서 개요

■ 주제 : 참된 그리스도인의 생활에 대한 시험
"너희로 하여금 너희에게 영생이 있음을 알게 하려 하노라……" (5 : 13).

■ 서론 : 예수 그리스도의 실재 / 1장 1~4절

1. 사귐 – 하나님은 빛이시다 / 1장 5절~2장 29절
   ● 핵심 구절 – "하나님은 빛이시라" (1 : 5)
   ● 핵심 단어 – "사귐" (1 : 3, 6, 7)
   ● 핵심 사상 – "빛은 어두움과 사귈 수 없다.✓"

   참된 그리스도인의 사귐에 대한 세 가지 시금석

   ① 순종 / 1장 5절 ~ 2장 6절
      진리를 말함 대 (vs.) 행함 (1 : 6, 8, 10 / 2 : 4, 6, 9)
   ② 사랑 / 2장 7~17절
   ③ 진리 / 2장 18~29절

2. 아들됨 – 하나님은 사랑이시다 / 3장 1절~5장 21절
   ● 핵심 구절 – "하나님은 사랑이시라" (4 : 8)
   ● 핵심 단어 – "하나님께로서 난 자" (3 : 9 / 4 : 7 / 5 : 1, 4, 18)
   ● 핵심 사상 – 하나님께로서 난 자는 하나님의 자녀답게 살아야 한다 (3 : 3,
              7 / 4 : 17)

   참된 아들인지를 시험하는 시금석

   ① 순종 / 3장
   ② 사랑 / 4장
   ③ 진리 / 5장

＊　　　　＊　　　　＊　　　　＊　　　　＊

요한일서는 "빛 대(vs.) 어두움, 사랑 대 미움, 진리 대 오류"라는 **세 가지 주요 주제**가 반복되는 방식에 기초하고 있다. 이 세 가지의 "요소들"이 본 서신의 안팎으로 짜여져 있어 간단하게 요약하는 일을 어렵게 만들고 있다. 위의 개요는 각 부분마다의 주요한 교훈들에 근거한 것이지만, 주의깊게 살펴보면 그 세 가지의 주제들이 혼합되어 있음을 알게 될 것이다.

요한일서 서론

■ **저자** : 성령께서는 사도 요한을 사용하셔서 우리에게 요한복음과 서신서들, 그리고 요한계시록을 주셨다. 이 세 가지는 사실상 상호 보완하며, 그리스도인의 삶의 모습을 충분하게 제시한다.

	요한복음	요한서신	요한계시록
강 조 점	구 원	성 화	영 화
내 용	과거의 역사	현재의 체험	미래의 소망
그리스도	우리를 위해 죽으심	우리 안에 살아계심	우리를 위해 돌아오심
말 씀	육신이 됨	우리 안에 실재가 됨	정복함

■ **목표** : 요한은 그의 첫 서신서를 기록함에 있어 다섯 가지 목적을 우리에게 제시한다.

1 우리로 사귐이 있게 하려 함 (1 : 3) – "사귐"이란 이 서신의 핵심 단어들 중의 하나로, 여러 군데에서 사용되고 있다 (1 : 3,6~7 / 요이 1 : 11 – 참예하는 자). 사귐은 신자가 그리스도와 가지는 친교와 관련이 있는 것으로서, 그리스도와 연합하는 것, 곧 아들됨과 관련이 있는 것은 아니다. 우리의 일상적인 사귐은 변하나 우리의 아들됨은 그대로 존속한다.

2 우리로 기쁨을 갖게 하려 함 (1 : 4) – "기쁨"이란 단어는 이 서신에서 여기에만 사용되었지만 기쁨의 축복은 서신 전체에 나타나 있다. 기쁨은 그리스도와의 밀접한 사귐으로 인하여 생기는 결과이다.

3 우리로 범죄하지 않도록 하기 위함 (2 : 1~2) – 죄의 형벌은 죄인이 그리스도를 신뢰할 때 해결받는다. 그러나, 일상적인 생활을 지배하는 죄의 세력은 또 다른 문제이다. 요한일서는 죄인이 어떻게 죄를 이기고 승리의 생활을 할 수 있는지에 대한 방법을 설명하며, 또한 죄가 그의 생활에 들어올 때 어떻게 용서받을 수 있는지를 설명한다.

4 우리로 오류를 이기도록 하기 위함 (2 : 26) – 요한은 그 시대의 거짓된 가르침에 직면하고 있었는데, 이는 우리가 오늘날 거짓 선생들을 직면하는 것과 마찬가지다 (벧후 2장). 요한 시대의 거짓 선생들은 다음과 같이 주장하고 있었다.
● 물질은 악하다. 따라서 그리스도는 육신을 입고 오지 않으셨다.
● 그리스도는 실제 인간으로 보였을 뿐이다.

● 진리에 대한 지식이 진리대로 사는 것보다 더 중요하다.
● "신령한 소수의 사람"만이 신령한 진리를 이해할 수가 있다.

　　요한일서를 읽으면 요한이 다음의 사실을 강조하고 있음을 보게 될 것이다.
● 물질이 악한 것이 아니라 인간의 본성이 죄악된 것이다.
● 예수 그리스도는 실재하는 몸을 가지셨고, 참으로 죽음을 경험하셨다.
● 우리가 믿는 바를 "말하는 것"으로는 충분치 못하다. 그것을 실천해야만 한다.
● 모든 그리스도인들은 하나님께 감동하심을 입어 그분의 진리를 알게 된다.

⑤ **우리로 확신을 갖게 하기 위함**(5 : 13) – 요한은 그의 복음서에서 어떻게 구원을 받는 것인지를 말해 준다(요 20 : 31). 그러나, 여기서 그는 우리가 구원받는 것을 어떻게 확신할 수 있는가를 말해 준다. 본 서신은 그리스도인이 자신의 **사귐**(1～2장)과 **아들됨**(3～5장)을 진단할 수 있도록 사용할 일련의 "시험 방법들"로 되어 있다. 3～5장에서는 **하나님께로서 난 자**에 강조를 두고 있음에 유의하자(3 : 9/ 4 : 7/ 5 : 1, 4, 18).

　■ **분석** : 개요 부분을 보면 본 서신이 두 부분으로 나뉘어 진다는 것을 알게 될 것이다. 1～2장은 사귐에 강조를 두고 있으며, 3～5장은 아들됨에 강조를 두고 있다. 각 부분에서 요한은 세 가지 기본적인 시금석을 제시한다. 즉, 순종(빛 가운데서 행함)과 사랑(사랑 가운데서 행함), 진리(진리 안에서 행함)가 그것이다.
　　다른 말로 하면, 내 생활에 알려진 죄가 없다면, 주님과 형제들을 사랑하고 있다면, 진리를 믿고 사단의 어떠한 거짓말도 믿지 않는다면, 그는 그리스도로 말미암아 하나님과의 사귐 가운데 있는 것이다. 나아가서 이와 똑같은 방법으로 자신이 하나님의 아들이라는 점도 알 수 있다. 만일 내가 그의 말씀을 순종하며, 그분과 형제들을 사랑하고 진리를 믿어 그대로 살고 있다면 하나님의 아들인 것이다.
　　자신이 진실로 구원을 받은 것인지 시험해보지 않는 그리스도인들이 너무도 많다. 요한은 이러한 시금석들을 사용하여 충만한 분량에 이르기까지 그리스도인의 생활을 영위하기를 부탁하고 있다.

　　오늘날 많은 그리스도인들이 하나님과 교제하고 있다고 생각하지만 사실은 그렇지 않으며, 또한 많은 종교인들이 자신을 참된 하나님의 아들들로 여기지만 그렇지 못하다. 우리가 이러한 시금석들을 사용하여, 우리 자신의 생활을 조심스럽게 검토해 보는 것은 중요하다.

　■ **연구** : 요한일서를 현대어 번역으로 읽으라고 추천하는 바이다. 윌리암스

(Williams) 신약성경이 좋다. 본 서신에서는 헬라어 동사가 중요한데, 흠정역은 가끔 그 뜻을 충분히 전하지 못하고 있다. 요한일서 3장 9절이 바로 그런 경우 이다.

하나님과 사람을 향한 사귐

-요한일서 1~2장-

이 두 장은 사귐에 대해서 다루고 있는데, 요한은 참된 사귐에 대한 세 가지 시금석을 제시한다. 말하는 것과 생활하는 것과의 대조점을 주목하자. "만일 우리가…있다 하고"(1:6, 8, 10 / 2:4, 6). 말은 하면서도 행치 않는 그리스도인들이 너무도 많다./

1장 1~4절에서 요한은 자기의 주제를 소개하고 있는데, **말씀이신 그리스도께서 아버지 하나님을 계시하셨다**는 점이다(요한일서 서론 참조). 그는 그리스도께서 참 사람이셨으며 환영이 아니었음을, 그리고 실제 몸을 가지셨음을 설명한다(눅 24:39). 요한 시대의 거짓 선생들은 예수께서 육신으로 오셨다는 것을 부인하고 있었다. 만일 우리에게 실재하는 그리스도가 계시지 않는다면 어떻게 참된 죄사함을 받을 수 있겠는가./

요한은 그가 듣고 본 바를 말함으로써 목격자가 되고 있다(행 4:20 참조). 그리스도는 하나님을 계시하시기 위하여 나타내신 바되었으며, 우리로 하나님과 사귀도록 하기 위하여 육신을 입으신 것이라고 설명한다. 3장 5, 8절과 4장 9절을 보고, 그리스도께서 오신 다른 이유들을 살펴보라.

1. 순종의 시금석(1:5~2:6)

요한은 우리에게 빛의 형상에 대해 처음으로 가르친다(요 1:4 참조). 하나님은 빛이시며, 사단은 어두움의 권세자이다(눅 22:53). 하나님께 순종하는 것은 빛 가운데 행하는 것이며, 불순종하는 것은 어두움 가운데서 사는 것이다. 사귐은 빛과 어두움의 문제이며, 아들됨은 생명과 죽음의 문제(3:14 / 5:11~12)라는 것을 명심하라. 요한은 사람들이 빛 가운데 있다고 하면서 어두운 가운데 살고 있을 수 있음을 지적한다. 여기 나오는 네 가지 "거짓말"에 유의하라.

● 사귐에 대하여 거짓말함(6~7절).
● 우리가 죄 없다고 말함으로써 우리의 본성에 관하여 거짓말함(8절).
● 우리가 범죄하지 않았다고 함으로써 우리의 행위에 대하여 거짓말함(10절).
● 그의 계명을 지키지 않고서도 계명을 지켰다고 함으로써 우리의 순종에 대하여 거짓말함(2:4~6). 슬픈 일이기는 하지만, 신령한 일들에 관하여 말할 수는 있으나 그것을 실천하지 않는, 입으로만 고백하는 그리스도인들이 많이 있다.

그리스도인들은 죄를 범하지만 이것은 그들이 모두 다시 구원을 받아야 한다는 뜻은 아니다./ 신자의 생활에 있어서의 죄는 사귐을 깨뜨리지만 아들됨을 깨뜨리지는 않는 것이다. 참된 그리스도인은 용납되지 않을 것 같을지라도 언제나 용납된다. 하나님은 성도들의 죄에 대해서 어떤 대비책을 가지고 계시는가? 그리스도의 천상의 사역을 통해서이다. 우리는 주의 죽으심으로 말미암아 죄의 형벌에서 구원을 받으며(롬 5 : 6~9), 그의 생명으로 말미암아 죄의 세력으로부터 매일 구원받는다(롬 5 : 10).

"대언자"란 말은 "그 경우를 대변해 주는 사람"이란 뜻으로, 요한복음 14장 16절에 있는 "보혜사"란 말과 같은 단어다. 땅 위에 있는 우리에게는 성령이 그리스도를 제시하고, 천상의 하나님께는 성자께서 우리를 제시하신다./ 그의 상처는 그가 우리를 위하여 죽으셨다는 증거이며, 따라서 하나님은 우리가 우리의 죄를 고백할 때에 용서하실 수 있다. 로마서 8장 31~34절을 주의깊게 읽자.

"자백하다"는 말은 "똑같은 것을 말하다"란 뜻으로서, 죄를 자백한다는 것은 하나님께서 말씀하시는 것과 동일한 것을 말한다는 뜻이다. 그리스도인들이 범죄했을 때 고해성사를 하거나 희생제사를 드리거나, 스스로를 벌해야 할 필요는 없다. 이것은 십자가에서 모두 처리가 된 것이다./ 그렇다면 이것이 우리가 범죄해도 되는 자격증이 되는 것인가? 물론 아니다./ 거룩한 생활을 위하여 하나님이 설정하신 대비책을 진실로 이해하는 그리스도인은 고의적으로 하나님께 불순종하려 하지 않는다.

2. 사랑의 시금석 (2 : 7~17)

1 **새 계명**(7~11절/요 13 : 34) —사람이 하나님과 사귐 가운데 있을 때, 빛 가운데서 행할 때, 그는 또한 사랑 안에서 행하게 된다. 그리스도인들이 하나님과의 사귐에서 떠나 있으면 그들이 하나님의 백성들과도 어울릴 수 없다는 것이 기본적인 영적 원리이다. 우리는 모두 하나님의 가족의 지체들이므로 서로를 사랑해야만 한다. 이것은 레위기 19장 18절의 "옛 계명"에까지 거슬러 올라간다./

2 **새 가족**(12~14절) —사랑에 찬 아버지처럼 요한은 성도들을 "자녀들아"라고 부른다. 하나님의 자녀들은 모두 용서를 받았다. 하지만 우리는 주님 안에서 성장해야만 하며 믿음 안에서 강한 젊은이가 되어야 하고, 궁극적으로는 "아비들"이 되어야 한다. 그리스도인의 체험에 있어서 이 같은 각각의 단계들이 지니는 특징을 살펴보자.

3 **새로운 위험**(15~17절) —아버지에 대한 사랑과 세상을 향한 사랑 사이에는 갈등이 있다. "세상"이라고 할 때에 요한은 그리스도를 반대하는 우리 생활에 속한 모든 것을 뜻한다. 세상은 사단의 체제이다. 만일 우리가 세상을 사랑

하면 아버지의 사랑을 잃게 되고, 그의 뜻 행하기를 중단하게 될 것이다./ 생활에 있어서 신령한 일들에 대한 사랑을 둔화시키거나 쉽사리 죄에 빠져들게 하는 것들은 그 어느 것이나 세상적인 것이며, 버려야 할 것이다.

요한은 세 가지 특정 문제를 언급하는데, 곧 육신의 정욕, 안목의 정욕, 이 생의 자랑이다. 세상 사람들은 이러한 것들을 위하여 살아가고 있지 않는가? 세상을 위하여 사는 것은 모든 것을 잃는다는 뜻이다./ 롯에게 일어났던 바가 바로 이 점이다./ 우리가 하나님을 위하여 살면 우리는 영원히 거하게 된다.

사랑이 없이는 아무런 참된 사귐도 있을 수 없다. 만일 하나님을 사랑하지 않으며 하나님의 자녀들도 사랑하지 않는다면, 우리는 빛 가운데서 행할 수 없고 하나님과 사귈 수도 없다.

3. 진리의 시금석 (2 : 18~29)

우리가 하나님에 관하여 아는 모든 것이 진리인 그의 말씀 안에 계시되어 있다. 그러므로 우리가 거짓말을 믿고서는 하나님과 사귐을 가질 수 없다. 요한은 적그리스도 선생들이 이미 세상에 있다고 경고하며, 이들을 어떻게 알아볼 수 있는지에 대하여 말해 준다.

● 이들은 진리의 사귐을 그만두었다 (19절).
● 이들은 예수 그리스도가 하나님의 아들로서 육신을 입으신 것을 부인한다.
● 이들은 신자들을 미혹한다 (26절).

요한이 말하는 바는 베드로가 쓴 바와 일치한다 (벧후 2장). 즉, 이 거짓 선생들은 언젠가 교회 안에 있었으나 진리에서 떠나갔다. 오늘날 우리에게는 이러한 교사들이 대단히 많이 있으므로 그리스도인은 조심해야만 한다./

여기서 성령이 개입하신다. 성령은 우리에게 진리를 가르쳐 주시기 위한 하늘의 기름부음이시다. 하나님의 성령은 우리에게 하나님의 진리를 전해 주시려고 영감받은 하나님의 말씀을 사용하신다. "너희는……모든 것을 아느니라"는 20절의 말씀은 "너희 모두가 아느니라"로 번역되어야 한다.

27절의 말씀은 그리스도인에게 목사나 선생이 필요없다는 뜻이 아니다. 만일 이 뜻이라면 에베소서 4장 8~16절은 신약에 없어야 할 것이다. 그가 말하고자 하는 바는, 신자들이라면 성령께서 말씀을 통하여 개인적으로 그들을 가르치시도록 해야 하며, 언제나 사람들에게 의존해서는 안 된다는 뜻이다. 하나님과 교제하는 중에 있는 그리스도인은 성령으로 가르침을 받으므로 성경을 읽고 이해하게 될 것이다.

28~29절에서 요한은 베드로가 가르친 대로 거짓 교훈과 거짓된 삶이 함께 다닌다는 점을 암시한다. 만일 우리가 성심으로 진리를 믿는다면, 그리고 자신을 거기에 맡긴다면, 사람들 앞에서 거룩한 생활을 하게 될 것이다. 물론 거룩한 삶을 유발시키는 가장 큰 동기 중의 하나는 예수 그리스도께서 속히 오신다는 사실이다. 그리스도와 함께 거하지 않았던(교제하지 않는) 그리스도인들은 그가 돌아오실 때 부끄러움을 당하게 될 것인데, 이것은 참으로 비극이다./

이 두 장에는 우리가 살펴보아야 할 세세한 부분들이 많이 있지만 **주된 교훈**은 뚜렷하다. 만일 그리스도인이 매일 그리스도와 사귐이 있기를 원한다면 그는 말씀에 순종해야 하며, 형제를 사랑하고, 진리를 믿어야 한다. 죄가 들어올 때는 언제나 즉시로 그것을 자백하고 하나님의 용서를 구해야 한다. 그는 말씀에서 진리를 배우는 것과 진리가 그의 마음과 생각과 뜻을 사로잡게 하는 데에 시간을 보내야 한다.

하나님의 말씀을 부정적으로 보며 고의적으로 하나님의 말씀에 불순종하고, 말씀을 소홀히 하며 하나님의 백성과 어울릴 수 없는 사람은 하나님과 사귐 가운데 있지 않고 어두움 가운데 있는 자이다./ 그리스도인의 생활에 관하여 말하는 것만으로는 충분하지 않다. 그것을 실천해야 한다.

*   *   *   *   *

■ "화목제물"에 대한 연구(2 : 2 / 4 : 10)

그리스도의 죽음은 하나님 편에서, 그리고 인간 편에서 각기 의미를 지닌다. **인간 편에서** 그리스도의 죽으심은 사죄를 가져왔다. 그러나, **하나님 편에서**는 허물된 죄인을 용서하실 수 있기 전에 하나님의 공의가 만족케 되어야만 하였다. 여기에 화목제물이 개입된다. 그 말은 대속의 죽음을 통하여 하나님의 거룩하심을 만족시킨다는 개념을 전해 준다.

하나님께서 너무나 진노해 계시므로, 그가 죄인들을 사랑하시기 위해서는 그리스도가 죽어야만 했다는 뜻은 아니다. 그리스도의 죽음은 하나님의 법이 요구하는 바를 충족시켰으며, 사람들과 하나님 사이의 장벽을 헐고 하나님께서 죄를 없애는 일을 가능케 하였다.

히브리서 9장 5절에 나오는 "속죄소"라는 말은 "화목제물"과 동의어이다(출 25 : 17~22 참조). 속죄소(시은소) 위에 뿌려진 피는 법을 어긴 것을 덮어 가리워 주며, 하나님께서 이스라엘을 처리하실 수 있게 하였다.

하나님의 자녀와 죄
-요한일서 3장-

이제 우리는 "아들됨"에 대해 다루고 있는 본 서신의 두번째 부분으로 나아간다. 여기서는 "사랑"이라는 단어가 전혀 나오지 않는 대신 **"하나님께로 난 자"**에 강조를 두고 있다(3 : 9 / 4 : 7 / 5 : 4 참조). 이것은 요한복음 3장과 연결되어 있으며, "하나님은 사랑이심이라"는 주제를 강조하고 있다(4 : 8). 본 장에서 요한은 하나님의 참된 자녀는 하나님의 말씀에 순종함으로써 영적인 출생을 입증할 것이라고 언급한다. 그는 순종을 위한 다섯 가지 동기를 제시한다.

1. 하나님의 놀라운 사랑(3 : 1)

문자 그대로 보자면, 그는 "보라, 참으로 낯선 종류의 사랑이로다.!"라고 쓰고 있다. 바울은 로마서 5장 6~10절을 쓸 때 이러한 심정으로 썼다. 사랑은 세상에서 가장 훌륭한 동기이며, 우리가 하나님의 사랑을 이해한다면 그의 말씀을 순종할 것이다. "만일 너희가 나를 사랑한다면 내 계명을 지키라." 물론 세상은 이 사랑을 이해하지 못하며, 우리를 미워한다. 세상이 그리스도를 알지 못하므로 그리스도의 소유도 알 수가 없는 것이다.

2. 그리스도의 약속된 재림(3 : 2~3)

우리가 지금 어떤 사람인가 하는 것은 사실 놀라운 일이다. 그런데 장래에 어떻게 될 것인가는 더욱 놀라운 일이다. "우리는 그와 같이 될 것이다.!" 이 말은 주님의 몸처럼 영광스러운 몸이 될 것을 가리킨다(빌 3 : 20~21). 곧 그의 영원한 영광에 참여할 것을 말한다(요 17 : 24). 그러나, 그리스도께서 돌아오시기를 진실로 바라는 성도는 주님의 말씀에 순종할 것이며, 그의 생활을 깨끗하게 할 것이다.

　우리는 "그의 계신 그대로" 볼 것이지만 또한 "그의 행하시는 대로" 우리도 행해야 하며(2 : 6) "그의 의로우심과 같이 의롭게" 되어야 한다(3 : 7). 성도는 자신을 정결케 해야만 된다. 즉, 자신의 생활을 정하게 유지하는 것이다(고후 7 : 1).

3. 십자가에서의 그리스도의 죽으심(3 : 4~8)

요한은 그리스도께서 나타나신 이유를 몇 가지로 제시한다.

● 아버지 하나님을 계시하고 사람들이 그와 사귐을 가질 수 있게 하기 위함(1 : 2~3).
● 우리의 죄를 없애기 위함(3 : 4, 5).
● 마귀의 세상을 멸망시키기 위함(3 : 8).
● 하나님의 사랑을 나타내며 하나님의 생명을 주시기 위함(4 : 9). 죄가 그리스도께 고난과 죽음을 가져왔다는 사실은 그리스도인이 죄를 미워하고 죄에서 떠나야 한다는 충분한 이유가 되는 것이다.

요한은 죄를 불법이라고 정의한다. 그리스도 안에 거하는(1 ~ 2장에서의 사귐) 그리스도인들은 하나님의 법을 고의적으로 범하지는 않을 것이다. 모든 그리스도인은 죄를 범하며, 죄인 것을 모르고 범하기도 한다(시 19 : 12). 그러나 참된 그리스도인은 고의로, 그리고 거듭해서 하나님의 말씀을 무시하거나 그에게 불순종하는 일은 없다.

에베소서 2장 1~3절을 보면 구원받지 못한 사람은 육신과 마귀를 위하여 살기 때문에 지속적으로 죄를 범한다고 명백히 밝힌다. 그러나, 그리스도인은 안에 새로운 성품을 소유하고 있으므로 더이상 사단의 노예가 아니다. 이러한 사실이 다음의 항목으로 이끌어 간다.

4. 새로운 내적 본성(3 : 9~18)

3~5장에 나오는 핵심 사상은 아들됨이며, 이것은 믿는 자의 내부에 있는 새로운 본성을 뜻한다. 하나님은 옛 본성을 파괴하거나 뿌리째 뽑으시는 것은 아니다. 그보다는 믿는 자에게 신령한 것들을 바라게 하는 새로운 본성을 심으신다. 9절은 이런 말이다. "하나님께로 난 자는 어느 누구나 습관적으로나 고의적으로 죄를 짓지 않는다. 왜냐하면 그 안에 새로운 본성의 씨앗을 지니고 있기 때문이다. 이 새로운 본성은 죄를 범할 수 없다!" 물론 신자가 옛 본성에 굴복한다면 걸려 넘어지게 될 것이다(갈 6 : 1~2 참조).

요한은 가인과 아벨을 예로 들어, **하나님의 자녀**와 **마귀의 자녀**를 대조시킨다. 아벨은 믿음을 지녔고 용납되었으나, 가인은 믿음이 없었고 행위로 구원얻으려 한 나머지 결국 용납되지 못하였다(창 4장). 가인은 마귀와 같은 거짓말장이요 살인자였다(요 8 : 44). 그는 자기의 형제를 살인하였으며 이 일에 관하여 하나님께 거짓말을 하였던 것이다.

창세기 3장 15절은 사단의 씨(자녀들)가 하나님의 씨를 반대할 것이라고 언급한다(마 3 : 7 / 마 24 : 33 참조). 마지막 날에는 그리스도와 적그리스도의 대결이 그 최고조에 달할 것이다! 그러나, 사단의 자녀들이 종교적이라는 데에 유의하라. 가인도 제단을 쌓았으며, 바리새인들도 그들 당대에는 최고의 종교인들이었다. 올바로 판별해 낼 수 있는 시금석은 종교심이 아니라, 다만 하나님과 하나님의 자녀들에 대한 참된 사랑이다./ 참된 그리스도인들은 미워하거나 살인하지 않는다. 오히려 이와는 대조적으로 사랑을 나타내 보이며 다른 사람들을 도우려 한다. 이는 중생할 때 심겨진 새로운 본성으로 인한 것이다.

5. 성령의 증거 (3 : 19~24)

참된 기독교는 마음의 문제이지 머리나 혀의 문제가 아니다. 성령께서는 우리가 하나님의 자녀임을 마음속에서 증거하신다(롬 8 : 14~16). 물론 19절은 2장 28절과 연관되어야 한다. 그리스도께서 돌아오실 때 마음에 확신을 가진 신자들은 부끄러움을 당하지 않을 것이다.

　그리스도인들은 확신을 신장시켜야 할 필요가 있다. 베드로는 "더욱 힘써 너희 부르심과 택하심을 굳게 하라"(벧후 1 : 10)고 말한다. 19절은 우리가 진실로 형제를 사랑하며, 진리에 속해 있고 구원을 받은 것임을 확신시킨다(3 : 14 참조). 구원받지 않은 사람들이 그리스도인들의 개인적인 자질들로 인하여 그들을 좋아할 수가 있으나, 거듭난 그리스도인들만은 전혀 낯선 사람이라도 그가 그리스도인임을 알면 사랑할 수가 있다./ 로마서 5장 5절의 말씀이 바로 이런 말씀이다.
　슬픈 일은 우리의 마음(양심)이 우리를 정죄한다는 것이다. 왜냐하면 마땅히 해야 하는데도 우리가 늘 형제를 사랑하지 못했음을 스스로 알고 있기 때문이다. 그러나, 요한은 우리의 느낌이 어떠하든지 우리를 아시는 하나님을 바라보게 함으로써 우리를 돕는다. 구원과 확신이 마음의 느낌에 근거하고 있지 않다는 것을 하나님께 감사드리자./

　21절은 확신을 가진 그리스도인은 담대하게(확신을 가지고) 기도할 수 있다고 약속한다. 만일 마음에 죄가 있다면 확신을 가지고 기도할 수가 없다. 그러나, 내주하시는 성령께서 이 죄를 깨닫게 하시면 그것을 자백함으로써 다시 아버지와의 사귐이 있게 된다. "신자가 다른 그리스도인들과의 교제에서 떠날 때는 언제나 마땅히 해야 하는 기도를 할 수가 없다"는 사실은 실로 굉장한 계시이다.

　베드로전서 3장 1~7절을 읽고, 이 일이 그리스도인의 가정에서 어떻게 적용되는 것인가 살펴보라. 응답받는 기도의 비결은 하나님께 순종하고 그를 기쁘시게 하려고 힘쓰는 데에 있다. 이렇게 함으로써 우리는 주님 안에 거하게 되는 것이며, 우리가 그 안에 거하면 우리는 능력있게 기도할 수가 있다(요 15 : 7).

　믿음과 사랑은 늘 수반된다(23절). 만일 우리가 하나님을 신뢰한다면 우리 　　　479

는 서로 사랑하게 된다. 우리는 모두 그리스도 안에서 하나이며, 아버지 하나님을 기쁘시게 하려고 힘쓰기 때문에 성도들을 사랑하는 것이다. 이 땅의 부모들도 자녀들이 서로 사랑할 때 얼마나 기뻐하겠는가./ 내주하시는 성령께서는 모든 신자들이 놀라운 사랑의 교제로 연합하는 것, 즉 그리스도께서 요한복음 17장 20～21절에서 기도하셨던 그러한 신령한 연합을 이루기를 갈망하신다.

하나님은 성령으로 말미암아 우리 안에 거하신다. 우리는 성령께 굴복하고 말씀에 순종함으로써 주님 안에 거해야 한다. 하나님께로서 났다고 주장하면서도 거듭거듭 말씀에 불순종하고 하나님을 기쁘시게 하려 하지 않는 그리스도인은 그가 진실로 하나님의 자녀인가를 알아보기 위하여 그의 마음을 진단해 보아야 한다.

하나님의 자녀와 세상
-요한일서 4장-

당신은 요한이 같은 말을 되풀이하고 있음을 알아차렸을 것이다.. 빛, 사랑, 그리고 진리에 대한 주제는 이 짧은 서신 전체를 통해 교차되어 나타난 듯하다. 4장은 누구든지 하나님께로서 난 자라면 그의 사랑으로 그것을 입증할 것이라고 언급한다. 재미있는 사실은, 요한이 3장에서는 순종의 동기로 내세운 것을 본 장에서는 사랑의 동기로 같이 사용하고 있다는 점이다. 참된 신자들은 다음과 같은 이유로 서로 사랑할 것이다.

1. 우리에게는 새로운 성품이 있다(4 : 1~8)

요한은 세상에 있는 거짓 영들에 관하여 경고하는 데서부터 시작한다. 이 당시에는 신약이 완성되지 않았을 뿐더러 널리 알려지지도 않았음과, 신약 성경이 완성될 때까지는 지교회들이 신령한 은사를 가진 사람들의 사역에 의존했음도 아울러 잊지 말자(고전 12장).

믿는 자는 어떤 설교자가 하나님께로 난 자인지 아니면 마귀에게서 난자인지를 어떻게 알 수 있겠는가? 아뭏든, 사단은 모방자이다./ 요한은 거짓 영들이 예수께서 그리스도이심을 고백하지 않는다고 말한다(고전 12 : 3 참조). 거짓 이단들은 오늘날 그리스도의 신성을 부인하며 그를 인간에 지나지 않거나 영감받은 선생이라고 한다. 그러나, 그리스도인은 성령께서 내주하시고 새로운 성품을 소유하고 있어서, 이러한 요인들이 그에게 이길 힘을 준다.

오늘날 세상에는 두 가지 영이 있다. 곧, 영감된 진리의 영과, 거짓말을 가르치는 사단의 영이 그것이다(딤전 4장). 하나님의 사람들은 하나님께로서 온 말씀을 말할 것이며, 하나님의 자녀들은 그것들을 알아볼 것이다. 반면에 사단의 일꾼들은 세상의 지혜에 의존하여 세상에서 들은 말을 말할 것이다(고전 1 : 17 ~2 : 16).

참된 양은 목자의 음성을 안다(요 10 : 1~5, 27~28). 또한 서로를 알며 서로를 사랑한다. 사단은 분열을 일으키는 자이며 파괴자이나, 그리스도는 사랑으로 그들을 하나 되게 하신다.

2. 그리스도는 우리를 위해 죽으셨다(4 : 9~ 11)

세상은 하나님이 사랑이심을 진실로 믿지 못한다. 이들은 세상에서 죄가 저지르는 무서운 파괴의 맹위를 보고는 "사랑의 하나님이 어떻게 이러한 일들이 일어나도록 허락하시는가?"라고 말한다. 그러나, 하나님의 사랑을 의심할 필요가 결코 없다. 하나님은 그 사랑을 십자가에서 입증하셨다./

성경은 우리로 생명을 얻게 하려고 그리스도께서 죽으셨다고 진술한다. 즉, 우리로 하여금 그로 말미암아 살며(요일 4:9), 그를 위하여 살며(고후 5:15), 그와 더불어 살 수 있도록(살전 5:9~10) 하기 위해서라는 것이다. 논리는 명백하다. "하나님이 이같이 우리를 사랑하셨은즉 우리도 서로 사랑하는 것이 마땅하도다./" 우리는 하나님이 우리를 사랑하시는 것과 동일한 방법으로 서로 사랑해야 한다.

십자가는 "더하기" 기호이다. 십자가는 사람들을 하나님과 화해시키며, 사람들을 서로간에 화해시킨다. 만일 두 사람의 그리스도인이 서로를 사랑하지 않는다면 이들은 이미 십자가에서 벗어나 있는 것이다.

3. 성령이 우리에게 증거하신다(4:12~16)

사람들은 하나님을 볼 수 없으나 사랑함으로써 하나님을 드러내 보이는 하나님의 자녀들을 볼 수는 있다. 이 사랑은 우리가 성취하는 어떤 것이 아니라 내주하시는 성령의 사역으로 인한 것이다(롬 5:5). 하나님의 사랑은 우리가 성령께 굴복할 때에 우리에게서 넘쳐나게 된다. 그리스도인들은 우리가 지니고 있는 좋은 특성 때문에 서로 사랑하는 것이 아니라, 우리의 나쁜 특성에도 불구하고 사랑하는 것이다. 우리가 하나님의 사랑 안에 거하면 다른 그리스도인들을 사랑하는 데에 아무런 문제가 없다.

4. 그리스도께서 우리를 위해 임하신다(4:17~18)

하나님께 순종하는 그리스도인들은 이제 하나님께 대해 담대함을 갖는다(3:21~22). 서로를 사랑하는 그리스도인들은 그리스도께서 돌아오시는 때에도 담대할 것이다. 그러나, 어떤 이들은 그가 강림하실 때 부끄러움을 당할 것이다(2:28). 그리스도인들은 하늘나라에서 서로 나란히 마주 대하게 될 것인데, 여기 있을 때부터 서로 사랑하기를 시작하지 못할 이유가 있겠는가?

하나님과 그의 백성에 대한 참된 사랑이 있는 곳에는 미래의 심판을 두려워할 여지가 없다. 하나님은 이 생에서 사랑으로 우리를 마땅히 징계하실 수는 있으나, 그가 돌아오실 때 그분 대하는 것을 두려워할 필요는 없는 것이다. 우리가 부끄러워할지는 모르나 두려워할 필요는 없다.

하나님의 사랑은 우리를 향하여(4:1) 우리 안에서(4:12), 그리고 이제 우리와 더불어 나타나게 되었다./ 이것은 하나님의 사랑에 흠뻑 젖어 있는 생활이다./ 이러한 류의 사랑은 아버지 하나님을 기쁘시게 하려 하며, 세상에 대해 아무런 흥미도 가지고 있지 않다. 우리는 심판의 날을 두려워할 필요가 없다. 왜냐하면, 우리의 사랑의 증거가 "우리는 하나님의 자녀들이요 결코 심판을 받지 않을 것"이라는 사실을 입증할 것이기 때문이다.

17절의 끝에 나오는 놀라운 진술에 주목하자. "주의 어떠하심과 같이 (현재 하늘에서) 우리도 그러하리라(현재 이 땅에서)./" 주님은 하늘에 계시며 하나님 앞에서 나를 대신하고 계시는데, 이 땅에 있는 죄악된 사람들 앞에서 주님을 대신하고 있다. 주님이 하늘에 계시는 한 우리는 아무것도 두려워할 필요가 없다. 우리는 그리스도께서 영광 가운데서 하시는 것처럼 이 땅에서 일을 잘 하고 있는가?

하나님은 결코 사람들이 두려워해야 할 분은 아니다. 사단과 죄가 등장하기까지는 이 땅에 두려움이 없었다(창 3 : 10). 아담은 두려워서 숨었었는데, 오늘날 사람들도 두려워한다. 두려워해야 마땅하다. 심판이 임하고 있는 것이다./ 그러나, 그리스도인은 주님을 만나게 되는 것을 결코 두려워할 필요가 없다(딤후 1 : 7 / 롬 8 : 15).

5. 하나님은 우리를 사랑하신다(4 : 19~21)

3장을 시작한 이유가 바로 여기에 있는데, 이 말로 본 장을 끝맺고 있다. "우리가 사랑함은 그가 먼저 우리를 사랑하셨음이라." 죄인들은 사랑에 대하여 거의 아는 바가 없다. 하나님은 십자가에서 그 사랑을 보여 주셨고(롬 5 : 8) 우리 마음에 사랑을 심으셨다(롬 5 : 5 / 요일 4 : 10). "하나님을 찾는 자도 없고"라고 로마서 3장 11절은 말한다. 따라서 하나님은 에덴동산에서(창 3장), 그리고 그리스도의 사역을 통하여(눅 19 : 10) 사람을 찾으러 오셨다.

요한은 우리가 하나님을 사랑한다고 말하면서 이와는 반대로 다른 그리스도인들을 미워하는 것이 모순이라고 말한다./ 우리가 여기 이 땅에서 사람들을 사랑하지 못하는데 어떻게 저 하늘나라에 계신 하나님을 사랑할 수 있겠는가? 요한은 본 서신에서 "형제들" 또는 **"형제"**라는 말을 17회나 사용하였다. 그리스도인들은 그들의 마음속에서 하나님의 사랑을 경험했기 때문에 서로 사랑하지 않으면 안 된다.

하나님은 우리에게 서로 사랑하라고 명령하신다(3 : 11 / 요 13 : 34~35 / 요 15 : 17 / 골 1 : 4 참조). 우리의 마음이 이처럼 냉냉해서 주님께서 우리에게 이러한 의무를 다시 말씀하시게 한다는 것은 참으로 안된 일이다!

그리스도인의 사랑이란 어떤 형제가 생각하거나 행하는 모든 것에 동의해야만 한다는 뜻이 아님을 명심하라. 우리는 그의 개인적인 성격의 어떤 면을 좋아하지 않을지도 모른다. 그러나, 그가 그리스도 안에서 형제된 자이기 때문에 우리는 예수님을 보고서 그를 사랑하는 것이다. 사랑대신 이기심이 다스릴 때 무슨 일이 일어나는지 알아보려면 야고보서 4장을 참조하라.

하나님의 자녀들과 그리스도
-요한일서 5장-

5장은 아들됨에 대한 세번째 시험, 곧 진리의 시험을 다룬다. 이 부분에서 **"우리가 아느니라"**는 말이 핵심 구절인데(2, 15, 18~20절), 본 장에서는 "우리가 아는 바"에 대한 몇 가지 확실한 점들이 발견된다.

1. 그리스도인이 어떤 존재인가에 대하여(5 : 1~5)

세상에 사는 대부분의 사람들은 그리스도인이란 어떠한 존재이며, 또는 어떻게 그리스도인이 되는가에 대해 알지 못한다. 그들은 종교적인 활동과 선한 취지들을 신뢰하며, 언제나 육신적인 힘에 의존한다. 하나님은 그리스도인이 다시 태어났다고 말씀하신다./ 불순종의 자녀를 하나님의 자녀로 만드는 것은 그리스도께서 완성하신 사역을 믿는 믿음에 있다(요 1 : 12~13 / 약 1 : 18 / 벧전 1 : 3). 요한은 여러 군데에서 "하나님께로 난"이라는 구절을 사용했는데, 이는 "믿는 자의 모반"(母斑)을 가르치는 것이다.

● 의를 실천함(2 : 29).
● 죄를 행하지 않음(3 : 9).
● 다른 그리스도인을 사랑함(4 : 7).
● 세상을 이김(5 : 4).
● 사단에게서 자기를 지킴(5 : 18).

요한은 다시 참된 아들됨에 대한 시금석으로서 사랑과 순종과 진리를 강조한다. 만일 우리가 하나님을 아버지로 모시고 그를 사랑한다면 하나님의 다른 자녀들을 사랑하게 되는 것은 자명한 일이다. 이러한 사랑은 순종으로 이끌어 갈 것이다(요 14 : 21 / 15 : 10). 사랑이 있는 곳에는 다른 사람들을 섬기며 기쁘게 하려는 자발성이 있다.

하나님의 명령은 우리에게 진절머리나는 것이 아니다. 왜냐하면 우리는 그를 사랑하기 때문이다. 모든 도시마다 부모들이 그들의 자녀들을 돌보아야 한다는 것을 법으로 정하여 그렇게 하지 않으면 감옥에 갇히게 된다. 그런데, 부모들이 자녀들을 돌보기 위하여 희생하는 것은 짐이 되는가? 또는 부모들은 이 법을 두려워하는 것인가? 물론 아니다./ 이들은 그들의 자녀들을 사랑하기 때문에 법에 순종한다./ 하나님의 말씀이 짐이라고 불평하는 그리스도인은 사랑의 의미를 모르는 것이다(마 11 : 30 참조).

그리스도인은 세상을 사랑하지 않으며 세상에 속하지 않고 세상에 굴복하지 않는다. 그는 정복자로서, 세상을 이기며 마귀를 이기고(2 : 13~14) 거짓 선생들을 이긴다(4 : 4). 그는 자신의 지혜나 힘으로써가 아니라 믿음으로 정복하는 것이다.

2. 예수님이 누구신가에 대하여(5 : 6~13)

죄인이 구원을 받고 하나님의 가족으로 태어나기 위해서는 "예수는 그리스도시요 나 자신의 죄를 위하여 죽으셨음"을 믿어야 한다. 5절은 그리스도의 인격을 강조하며, 6~7절은 십자가에서 이루어진 그의 사역을 강조한다.

"물과 피"에 대해서는 몇 가지 설명이 있다. 이것을 요한복음 19장 34~35절과 연관시킬 수도 있는데, 이 구절에서 요한은 그리스도의 옆구리에서 피와 물이 나오는 것을 보았으며, 이것은 그가 세상의 죄들을 위하여 정말로 죽으셨다는 것을 입증한다. 또는 요한이 이 말을 할 때에 거짓 선생들을 염두에 두었었는지도 모른다.

어떤 학파는 예수님이 단순한 인간이었지만 세례(침례)를 받을 때 "그리스도"가 예수님 위에 임했고 그가 "왜 나를 버리시나이까?"라고 십자가 상에서 외쳤을 때 그를 떠나갔다고 가르쳤다. 이 말은 우리에게는 전혀 구세주가 없다는 뜻이 된다. 그러나, 이런 말이 아니다.

요한이 말하는 바는 우리 구주 예수 그리스도께서 세례(침례)를 받으실 때에 하나님의 아들이심이 선포되었으며(마 3 : 17) 십자가에서 하나님의 아들이심이 입증되었다는 뜻이다(요 8 : 28 / 12 : 28~33). 물론 구약의 성막에 나오는 놋제단(피)과 물두멍(말씀의 물)을 상징적으로 말하는 것일 수도 있다. 성령께서는 기록된 하나님의 말씀을 통하여 예수께서 그리스도이심을 증거하신다.

삼위께서 예수를 그리스도라고 동의하시며 지상에서는 성령과 말씀(물)과 십자가(피)가 같은 내용을 증거한다. 하나님은 예수께서 자기의 아들이심을 세상에 증거하고 계시지만, 사람들은 믿지 않는다.! 이들은 사람의 증거는 받으면서도 하나님의 증거는 거부한다. 그런데 우리가 이 증거를 거절한다면 하나님을 거짓말쟁이로 만드는 것이 된다. 하나님께서 요구하시는 모든 바는 그의 말씀을 믿고 신뢰하라는 것이다. 물론 성령께서 하나님의 말씀을 사용하시는, 하나님의 내적 증거가 있다(10절 / 롬 8 : 16).

11~13절은 그리스도 안에서 우리가 갖는 확신, 곧 영생이 그리스도 안에 있다는 것을 가능한 한 명확히 요약한다. 그리고, 하나님께서 이를 증거하셨다. 만일 우리가 하나님의 증거를 믿는다면 이 생명은 우리 안에서 진실이 된다. 그리스도인의 확신은 종교적인 감정을 일으키는 것이 아니며 단순히 하나님의 말씀에서 하나님을 받아 들이는 것이다.

3. 담대히 기도하는 법에 대하여 (5 : 14 ~ 17)

기도는 하나님의 싫어하시는 것들을 극복하는 것이 아니라 하나님이 원하시는 바를 붙드는 것이다(죠지 뮬러). 우리가 하나님의 뜻을 알면 대담하게 기도할 수가 있다. 이것이 "**성령으로 기도하는 것**"인데(유 1 : 20), 하나님의 말씀의 외적 증거를 받아 성령께서 하나님의 뜻과 내적 증거를 우리에게 허락하시는 것이다.

요한은 특히 범죄하는 형제들을 위하여 기도할 것을 언급한다. 이들의 죄는 징계와 죽음을 초래할 수 있다(고전 11 : 30). 만일 성도가 **사망에 이르는 죄** 를 지었다면 그를 위하여 간구하는 것은 하나님의 뜻이 아니다. "사망에 이르는 죄"란 한 성도가 경솔하게 범한 "용서받지 못할 죄"와 같은 것이 아니라는 데에 유의하자.

사단은 그리스도인들에게 그들이 죄를 너무 많이 지어서 하나님께서는 이를 용서하지 않으실 것이라고 말하는 것을 무척 좋아한다. 그러나, 1장 9절 ~ 2장 2절을 보라. 사망에 이르는 죄도 있는데, 그것은 완고한 반역이 그 절정에 이르는 죄이다(히 12 : 9 참조).

참된 기도는 하나님께 말하는 것 이상의 일이다. 그것은 말씀을 상고하고 하나님의 일들을 성령으로 살피게 하는 것이며(롬 8 : 26 ~ 28), 또한 하나님의 뜻에 굴복하는 것이다. 이것은 시간이 걸리고 영적인 훈련을 필요로 하는데, 이러한 값을 지불하려는 그리스도인이 많지 않다.

4. 그리스도인이 어떻게 행동해야 하는가에 대하여 (5 : 18 ~ 19)

다시 헬라어 동사의 도움을 받자. "하나님께로서 난 자마다 범죄치 아니하는 줄을 우리가 아노라…". 사단은 믿는 자의 옛 성품을 통하여 기회를 얻을 수 있다는 것을 알고 있다. 그리스도인 자신이 자기의 구원을 지키는 것은 아니나, 마귀의 함정에서 자신을 지킨다. 유다서 21절은 "하나님의 사랑 안에서 자기를 지키며"라고 말한다. 어떤 이들은 "하나님께로서 나신 자"란 하나님의 독생자이신 그리스도를 두고 하는 말이며, 그가 믿는 자를 사단에게서 안전하게 지키신다는 뜻으로 생각한다.

둘 다 맞는 말일 수도 있다. 왜냐하면 주님이 우리에게 승리를 주시려면 우리가 그리스도께 굴복해야만 하기 때문이다. 그리스도인은 승리를 위하여 싸우는 것이 아니다. 그는 승리한 상태 곧, 십자가에서의 그리스도의 승리로부터 싸우는 것이다!

그리스도인은 방심하지 말고 있어야 한다. 왜냐하면 온 세상이 악한 자의 수중에 놓여 있기 때문이다. 대부분의 사람들은 이러한 사실을 부인할 것이며 모든 것들이 점점 좋아지고 있다고 말할 것이다. 그러나, 하나님의 말씀은 사단이 이 세대의 신이며 흑암의 권세여서 어두움과 거짓말로 덮여 있는 온 세상을 그가 소유하고 있다고 분명하게 진술한다.

5. 진리에 대하여 (5 : 20~21)

5장 7절에서 요한은 "성령은 진리니라"고 말한다. 요한복음 17장 17절에서 그는 "아버지의 말씀은 진리니이다"고 말한다. 성령과 말씀은 언제나 일치한다. 마음에서의 성령의 증거는 성경에 있는 성령의 말씀과 결코 모순될 수 없다. 우리는 성령을 부음받음으로써 말씀을 이해하게 된다(2 : 27). 요한이 반대하고 있는 거짓 선생들은, 사람이 하나님의 지식을 가지기 위해서는 먼저 "영적인 집단" 안에 들어가 있어야 한다고 가르쳤다. 요한은 가르치기를 어떠한 그리스도인이라도 하나님께 순종하기만 하면 진리를 알게 된다고 한다.

참되신 하나님은 우상이나 거짓 신들에게 반대를 받으신다. 우상은 인간의 신 개념이다. 하나님은 자기의 형상을 따라 사람을 만드셨는데 이제 사람들은 자신의 형상에 따라 신들을 만들고 있다./ 사람들은 진리를 알지 못하기 때문에 거짓으로 향한다. 로마서 1장 21절 이하를 읽고 무지함이 우상 숭배로, 그리고 우상 숭배가 부도덕으로 인도해 간 것을 주목하자. 사람들이 한때 참 하나님을 알았지만 진리에 순복하는 것을 거절하고 나면 결과는 죄와 심판이 왔다.

순종, 사랑, 진리, 이것은 **요한일서의 세 가지 핵심 사상**이다. 이것은 아들됨을 증거하는, 그리고 사귐을 위한 세 가지의 필수 요건이다. 당신의 삶에 이러한 것들이 있는가?

문안과 교훈
– 요한이서와 삼서 –

요한이서

만년의 요한은 지교회에 속한 택하심을 입은 한 여인에게 이 간단한 개인적인 편지를 썼다. 어떤 연구자들은 "택하심을 입은 부녀"를 한 개인을 지칭함으로 생각하나, 다른 이들은 교회 전체를 상징하는 것이지 어떤 개인을 말하는 것이 아니라고 본다.

2〜3절은 소개하는 구절로, 이 여인이 진리 (하나님의 말씀)를 실천하므로 널리 알려져서 사랑을 받고 있다고 묘사한다. 진리와 사랑이 함께 하는 것임을 유의하자. 그리스도인들은 거짓 교훈과 거짓말이 거하는 곳에서는 사귐을 가질 수가 없다. 요한은 두 가지 주된 문제를 다룬다.

1. 진리를 실천함 (요이 4〜6절)

행한다는 단어가 반복되는 것에 주목하자. 진리는 우리가 연구하거나 믿는 어떤 것이 아니다. 우리의 삶에 동기를 부여하는 힘이다. 진리를 아는 것으로는 충분하지 않다. 우리는 어디에서든지 우리의 행동을 통하여 진리를 나타내야만 한다. 요한은 이 여인의 자녀가 진리 안에서 행하고 있는 것이 확실함을 알고 기뻐하였다. 이것은 요한일서 1장에서 논의했던 "빛 가운데서 행함"과 동등한 것이다.

그리스도인의 사랑은 우리가 성취해야 할 어떤 감정이 아니라, 하나님의 말씀에 대한 단순한 순종이다. 자녀들이 그들의 부모를 사랑할 때 이들은 부모에게 순종한다. "만일 네가 나를 사랑하면 나의 계명을 지킬지니라."

그리스도인들이 성경을 사랑하면서도 형제를 미워하는 때가 너무도 많다. 성도들이 성경의 어떤 구절들에 대하여 해석을 달리한다 할지라도 서로 사랑하는 데 있어서는 일치해야 한다. 성경에 대한 진지한 사랑이 거하는 곳에는 하나님의 백성들에 대한 사랑도 있을 것이다. 진리를 사랑한다는 것과 형제를 사랑한다는 것은 분리될 수가 없다.

2. 진리를 수호함 (요이 7〜11절)

1 **속이는 자들** (7절) – 여기서 요한은 그의 첫 서신에서 논의했던 거짓 선생들

을 언급하고 있는데, 거짓 선생들을 가려내는 시금석은 그들이 예수 그리스도에 대하여 어떻게 믿느냐 하는 것임을 상기시키고 있다. 만일 그가 예수 그리스도께서 육신을 입고 오신 것을 부인한다면 그는 거짓되며 적그리스도로부터 난 자이다. 마지막 때에 한 큰 죄의 사람(적그리스도)이 나타날 것이지만 적그리스도의 영은 이미 세상에 있는 것이다(요일 4 : 3).

② **소멸하는 자들**(8절) —요한은 여기서 그리스도 안에서 성취된 일들을 소멸하는 일이 없도록 그리스도인에게 경고한다. 그리스도인의 행보에서 우회하며, 이미 얻은 신령한 모든 기초를 상실하는 최적한 방법은 거짓 교훈과 제휴하는 것이다. 사단은 파괴자이며, 성도들에게서 그들의 축복을 빼앗아 가려고 거짓 말하는 자이다.

③ **떠나가는 자들**(9절) —여기서 "지내쳐"란 말은 "벗어나다"는 뜻이다. 즉, 이 거짓 선생들은 하나님의 말씀의 한도 내에 머무는 것으로 만족하지 못하며, "진보적이고 현대적"이어서 성경으로부터 떠나는 것과 하나님이 쓰신 것에서 벗어나기를 좋아한다. 이것은 그릇된 종류의 진보이다./ 그리스도인이 그의 행실에서 진보해 가는 동안 성경의 한계를 벗어나는 일이 있어서는 결코 안 된다. 우리는 하나님의 말씀의 근본적인 것들을 확증하는 교리 안에 "거해야" 한다.

　요한은 거짓 선생들을 가정에 영접하지도 말며, 혹은 인사조차도 하지 말라고 경고한다./ 거짓 선생들에게 주는 도움은 그 어떤 것이라도 그들의 악한 행위에 참여하는 것이 된다. 집에 들여 보내기 앞서, 또는 어떤 기부금을 내기 전에 그 사람이 무엇을 믿는지 알아야만 한다. 만일 어떤 의문이 생기거든 목회자와 상의하라

요한삼서

요한삼서는 문제들을 안고 있는 지교회의 한 회원에게 씌어졌는데, 이 편지는
세 사람을 다룬다.

1. 가이오 - 잘 되어가는 그리스도인 (요삼 1~8절)

우리에게 가이오와 같은 성도들이 있다는 것은 참으로 감사할 일이다./ 요한은
그를 지칭하면서 "사랑하는"이란 말을 네 번이나 사용하고 있다(1, 2, 5, 11절).
2절은 그의 건강이 좋지 않거나, 또는 그가 병에서 막 회복된 후일 수도 있다
는 것을 암시하고 있다. 그러나, 우리는 그가 강건한 신령한 삶을 살았다는 것
을 알 수 있다. 그 사람의 외적인 형편이 어떠하든지 내적인 사람은 잘 되어 갔
었다./

가이오는 다른 사람들이 즐겨 거론했던 그리스도인이었다. 형제들(아마도 여
행하는 전도자들이나 선교사들)이 가이오를 만나 그의 가정에서 환대를 받았다.
이들은 가이오가 진리 가운데서 행하고 있다는 것과, 그에게 찾아왔던 다른 그
리스도인 사역자들을 돕는 데 신실히 행하고 있다는 것을 보고했다.
    요한의 시대에는 호텔이나 여관들과 같은 숙박 시설이 없었다는 것을 염두에
두자. 당시 여행하는 복음 전도자들은 음식과 숙박에 있어서 성도들의 도움을
받았다. 가이오는 형제들을 대접하고서 그들이 이곳에서 저곳으로 옮길 때 "저
회를 전송하는" 것을 좋아했던 그런 그리스도인이었다.

가이오는 왜 형제들을 도왔는가? 그것은 그가 그들을 사랑했기 때문이며, 또
한 한 가지 다른 이유는 그들의 사역에, 더 나아가서는 진리에 참여하기를 원했
기 때문이다. 누구나 직접 복음 전파자가 될 수는 없다 해도 다른 사람들이 전
파하는 데 도울 수는 있다./

2. 디오드레베 - 교만한 그리스도인 (요삼 9~10절)

이 사람은 회중들 내에 없어야만 할 부류의 사람이다./ 그는 교회의 "우두머리"
가 되고자 했고, 모든 면에서 으뜸이 되는 것, 곧 첫째가 되기를 좋아했다. 골
로새서 1장 18절은 오직 그리스도만이 으뜸으로서의 대우를 받을 만하다고 기
록하고 있으며, 세례(침례) 요한은 "그는 흥하여야 하겠고 나는 쇠하여야 하리
라"고 말했다(요 3:30).

이 사람은 어떻게 행동했는가? 그 한 가지로는 요한의 지도력을 인정하기를

거절한 것이었다. 어떤 교인이 지위나 특권을 원할 때는 은밀하든 공개적이든 목회자를 비난하는 것이 보통이다. 그는 보통 "중상 운동"으로 출발하여 목회자의 성품과 사역을 훼손시키려 한다. 구약에 나오는 압살롬처럼 "현재의 지도력은 유능하지 않으나(삼하 15 : 1~6) 자기는 일들을 더 잘 처리할 수 있을 것이라"고 암시한다. 히브리서 13장 7, 17절은 이 문제를 단번에 해결짓는다.

디오드레베는 요한에 관하여 거짓말을 하였다. 10절에 나오는 "폄론하다"는 뜻은 "거짓으로 고소하다"는 뜻이며, 디모데전서 5장 13절에 나오는 " 망령된 폄론"과 유사한 말이다. 현장의 증거가 없이는 목회자에 대한 고발에 귀를 기울이지 말아야 할 것을 교인들이 기억한다면 입에 오르내리는 문제는 해결될 것이다(딤전 5 : 19). 그는 또한 형제들을 돕기를 거절하였으며, 교회를 지배하고 교인들 중의 얼마를 내쫓기까지 하였다./ 신약 성경은 어떤 권징의 경우에는 교인들을 내보내야 한다고 가르치고 있지만, 디오드레베는 그들에게 자신을 변호할 기회를 주지도, 회중의 말을 듣지도 않고 사람들을 내보냈다./ (벧전 5 : 3 참조)

교회를 파괴하는 교인들은 이러한 자들이다. 그는 권세와 권위를 열망한 나머지, 진리를 짓밟고 성경을 멸시하며, 성령을 근심케 하고 양떼를 흩어지게 한다.

3. 데메드리오 - 상냥한 그리스도인 (요삼 11~12절)

디오드레베에서 데메드리오로 전환하는 것은 참으로 신선한 감동을 준다./ 그는 다른 사람들이 본받기를 (흉내내기) 원하는 그런 사람이었다. 그는 형제들로부터, 그리고 말씀 자체로부터 좋은 평가를 받고 있었다./ 당신은 그의 생활을 성경으로 진단해 볼 수 있는데, 그의 생활은 시험에 통과했다.

오늘날 교회는 가이오와 데메드리오와 같은 사람들과, 성경을 사랑하고 형제들을 사랑하며 사람의 영혼을 사랑하는 사람들을 더욱 필요로 한다. 우리는 디오드레베가 없이도 지낼 수 있다./

믿음을 위한 싸움
-유다서-

저자는 마가복음 6장 3절에서 유다라고 불리우는 그리스도의 형제였다. 부활하신 그리스도는 야고보(그리스도의 또다른 형제)에게 나타나셨다(고전 15:7). 따라서 야고보와 유다가 거의 동시에 신자가 되었다는 것은 의심의 여지가 없다. 그리스도의 형제들이 오순절 전에 기도회에 참여한 것에 관해서는 사도행전 1장 14절에 기록되어 있다. 유다가 그리스도와의 지상적 관계를 자랑하지 않은 것에 주목하자. 그는 자신을 "예수 그리스도의 종"이요 야고보의 형제라고 부르기를 더 좋아한다.

비록 이 서신에서 유다가 심판에 대하여 말하지만, 참된 신자는 그리스도 안에서 보호를 받는다는 점을 지적하는 데에 세심한 주의를 기울인다(1, 24절). 우리는 구원받은 것을 지키는 것이 아니라, 하나님의 말씀에 순종하여 하나님의 사랑 안에서 자신을 지켜가야 하는 것이다(21절).

1. 서신의 목적 (유 3~4절)

유다는 "구원"에 관한 멧세지를 쓰는 것으로 시작하지만 그 주제를 그만두고, 당시 교회 내에 있는 거짓 선생된 신자들을 경고하는 방향으로 이끌어 갔다. 아마도 유다서에서 베드로후서 2장과 비슷한 점이 많이 발견될 것이다. 유다서가 나중에 기록되었다는 것은 베드로가 이러한 거짓 선생들이 들어올 것이라고 예언했는데(벧후 2:1 / 벧후 3:3) 유다는 이들이 지금 행동하고 있다고 언급하고 있기 때문이다.

유다는 베드로가 이미 그들의 유죄함을 알린 바 있다고 상기시킨다. 그는 이 사람들을 베드로가 묘사한 이들과 동류의 사람으로 말하고 있다. 그들은 가만히 들어온 자들이요 거짓 교훈을 들여온 자들이며, 죄 중에 사는 사람들이다. "하나님의 은혜를 도리어 색욕거리로 바꾸고"란 말은 그들이 사람들에게 "좋아하는 대로 살 수 있도록 은혜의 문이 열렸다"고 말했다는 것을 의미한다(롬 6:1 참조).

그리스도인들은 이러한 위험에 처하여 어떻게 대처해야 할 것인가? "믿음의 도를 위하여 힘써 싸우라"고 유다는 명한다. 성경이 "믿음의 도"라고 한 영감된 진리의 본체를 옹호해야 한다. 우리는 어떤 값을 치르더라도 성채를 지키는 군사가 되어야 한다.

2. 논쟁(유 5~16절)

이 부분에서의 주제는 이러한 거짓 선생들과 그들을 따르는 사람들을 정죄하는 것이다. 그는 자기의 요지를 증명하기 위하여 일곱 가지 구약의 예를 인용한다.

1 **이스라엘**(5절) —하나님은 이들을 애굽에서, 그리고 그 재앙에서 구원해 내셨지만, 후에 믿지 않는 자들을 멸하셔야 했다. 유다는 이 사람들이 믿는 자들이 아니라고 분명히 밝힌다. 19절은 이들에게는 성령이 없다고 언급한다. 단지 "교회 안에" 있다는 것이 구원받았다는 증거는 아니다. "그 민족 가운데" 많은 유대인이 있었으나 자기들의 죄로 인해 멸망했다.

2 **타락한 천사들**(6절 / 벧후 2 : 4) —유다는 창세기 6장에 나오는 사람의 딸들과 어울린 천사들을 가리키는 것 같다. 이것은 사단이 인류를 부패케 하여 약속된 후손의 탄생을 저해하려는 것이었다(창 3 : 15). 하나님께 대항한 이 천사들은 심판을 받아 지옥의 특정한 곳인 흑암에 갇히게 되었다.

3 **소돔과 고모라**(7절) —"같은 모양으로"라는 말은 이 도시들의 죄가 6절에 나오는 천사들의 죄, 곧 간음과 유사하다는 것을 제시한다. 베드로후서 2장 6~8절은 이 문제를 다룬다. 유다는 이 도시들의 심판이 지옥의 한 예라고 말한다.

4 **미가엘과 모세**(8~10절) —미가엘 천사장은 이스라엘에게는 특별한 천사이다. 여기 나오는 관련 구절은 모세의 장례식에 관한 것인 듯하다(신 34 : 6). 하나님은 환란의 때에 모세를 유대인들에 대한 증인의 한 사람으로 세우실 것이다. 그런데도 사단은 그 시체를 찾으려고 애썼다.
유다의 요점은 천사장이 사단을 꾸짖지 않았다는 것인데, 이런 일을 하려면 그가 가진 권위보다 더한 권위가 필요하므로, 따라서 하나님께서 그 일을 하시도록 맡긴 것이다. 이 거짓 선생들은 교만하여 권위를 경멸하고 그들의 죄와 무지로 인하여 거룩한 일들을 비방한다.

5 **가인**(11절) —이 사건은 창세기 4장으로 우리를 데리고 간다. 가인은 피의 제물이 없이 제단에 나타난다. 가인의 길은 인간이 만든 종교의 길로서 하나님의 계시를 거부하고 대속의 피를 거절한다(요일 3 : 11~12 / 히 11 : 4 참조).

6 **발람**(11절 / 벧후 2 : 15~16) —발람의 실수는 개인의 이득을 위하여 다른 사람들을 죄 가운데로 이끄는 데 연루되었다. 발람은 진리를 알고 있었으나, 왕으로부터 돈을 얻어 내려고 고의적으로 이스라엘을 죄가운데로 이끌었다(민 22~25장 / 특히 25 : 1~9 참조).

7 **고라** (11절 / 민 16장) – 고라와 그의 추종자들은 모세의 신적 권위를 거부하고서 스스로 권위있는 체하였는데, 이러한 거짓 선생들도 스스로 높이며 하나님의 종들을 거절하였다. 그들도 고라와 그의 추종자들처럼 심판을 받을 것이다.

12~13절에서 유다는 생생한 단어들로 이 사람들을 묘사한다. 정확한 묘사를 위해서 현대어 번역판을 읽어 보라. 물이 없는 구름, 열매 없는 나무, 유리함으로 여행자에게 아무런 도움을 주지 못하는 별들이 무슨 가치가 있는가? 그는 역사의 초기에 저들의 운명을 예언했던 에녹을 인용함으로써, 그의 주장을 끝맺고 있다. 이 구절들에 있는 "경건치 않은"이라는 말이 반복되는 것에 유의하자.

3. 권면(유 17~25절)

그리스도인들은 이러한 환경에 비추어 볼 때 어떻게 행동해야 하는가? 첫째로 **말씀을 기억해야 한다**(벧후 3장 참조). 그리스도는 기롱하는 자들이 올 것이라고 말씀하셨는데, 이제 그들이 여기에 와 있다. 배교의 증대는 하나님의 말씀의 진실성을 입증하는 또하나의 증거이다.

그렇다면 그리스도인은 **영적으로 성장해야** 하되 주 안에서 스스로 세워야 한다. 이들은 성령 안에서 기도함으로(성령이 인도하심으로, 롬 8 : 26~27) 말씀을 순종하고 하나님의 사랑 안에 거하며, 그리스도의 재림을 고대함으로써 그러한 일을 행하게 된다. 기도와 성경, 그리스도의 재림에 대한 기대, 이는 승리하는 그리스도인의 생활과 조화를 이룬다.

그리스도인들은 이 거짓 선생들을 따르고 있는 자들을 향해 어떻게 대처해야 할 것인가? "다르게 하라"는 것이 그의 권면이다. 다시 말해서, 각 경우를 분리해서 다루라는 말이다. 어떤 이들에게는 동정을 나타내야 할 필요가 있고 다른 이들은 불에서 구원받아 간신히 건짐받을 수도 있다./ 어떤 이들은 도움을 받기에는 너무도 멀리 가버린 사람들도 있다.

유다는 우리가 다른 사람들을 도우려고 할 때에 그들로 말미암아 우리 자신들을 더럽히지 않도록 스스로 살펴야 한다고 경고한다. 구약의 제사장들은 자기의 의복을 더럽히지 않아야 했는데, 신약의 그리스도인(역시 제사장임)도 세상에서 오염되는 일이 없도록 자신을 지켜야만 한다.

유다는 놀라운 축복 기도로 끝을 맺고 있는데 자기의 백성을 보호하시는 그리스도의 능력을 강조하고 있다. 그리스도인들이 스스로 구원을 지키는 것이 아니라 그리스도께서 끝 날까지 그들을 지키신다. 1절은 우리가 "예수 그리스도를 위하여 지키심"을 입는 자들이라고 하는데, 이는 아버지 하나님께서 우리를 보존하시는 일에 개인적인 관심을 가지고 계심을 가리킨다. 그리고, 24절은 우리가 "예수 그리스도로 말미암아 보호를 받는다"고 언급한다./ 그리스도인이 이보다 더한 안전을 어찌 바랄 수 있겠는가?

히브리서 12장 2절에서는 그리스도께서 "그 앞에 있는 즐거움을 위하여" 십자가를 참으셨다고 말한다. 유다는 그 즐거움이 무엇인지를 말해 주는데, 그것은 영광 중에 계신 아버지 앞에 그의 교회를 서게 하는 특권이다./ 신랑은 어느 날 흠이 없는 자기의 신부를 영광 중에 서게 할 것이며, 그 날은 참으로 놀라운 날이 될 것이다./

이 서신을 읽으면 그리스도인은 믿음을 지켜야 하며 거짓 선생들을 반대해야 한다는 것을 깨닫지 않을 수 없을 것이다. 그리스도께서 우리를 보호하고 계시지만 또한 그가 우리에게 맡기신 일에 깨어 있어 지키기를 바라신다(딤후 1 : 13~14 / 딤전 6 : 20). 무서운 심판이 그리스도를 거절하고 사단의 거짓말을 가르치는 자들을 기다리고 있다. 어떤 이들은 우리가 구할 수 있으며, 다른 이들은 다만 불쌍히 여길 수 있을 뿐이다. 하나님께서 우리를 도우셔서 주께서 오실 때까지 신실한 자들이 되기를 기원한다.

요한계시록
-개요와 서론-

요한계시록 개요

■ 핵심 구절 : 1장 19절

1. 너 본 것 / 1장
왕이요 제사장으로서 영화롭게 된 그리스도에 대한 요한의 환상

2. 이제 있는 일 / 2~3장
일곱 교회들은 오늘날 교회의 영적 상황을 드러내는 것으로, 사도 시대로부터 휴거될 때까지의 교회 역사를 예언적으로 묘사한다.

3. 장차 될 일 / 4~22장

1 교회의 휴거 / 4~5장
　요한이 들림받음 - 어린 양이 그의 하늘 보좌에 앉으신다.

2 7년 대환란 / 6~19장
　(1) 환란의 전반부 / 6~9장
　　적그리스도의 발흥 - 유대인과 그의 언약 - 열방에 임하는 무서운 심판 - 인 맞은 144,000명의 유대인 - 하나님의 두 증인들의 전파 - 본토로 돌아온 이스라엘
　(2) 환란의 중반부 / 10~14장
　　더이상 지체하지 않으리라. / 적그리스도가 자기의 언약을 파함 - 성전이 이방인에게 점령됨 - 두 증인이 살해당하나 되살아남 - 사단이 하늘에서 내던져짐 - 짐승이 자기의 무서움을 나타냄
　(3) 환란의 후반부 / 15~19장
　　마지막 일곱 재앙 - 바벨론의 멸망 - 아마겟돈 전쟁 - 그리스도께서 땅으로 돌아오심

3 그리스도의 천년왕국 / 20장

4 새 하늘과 새 땅 / 21~22장

* * * * *

■ 미래에 이루어질 사건의 개요

[1] **교회의 휴거**가 아무 예고도 없이 일어날 것이다.

[2] 일단 교회가 휴거되면 **"불법의 비밀"**이 급속히 증가할 것이다(살후 2장). 적그리스도가 이미 나타나서 마치 평화로운 정복자처럼 일하고 있다. 그는 유럽 연맹 정부를 세우도록 촉진시킬 것인데, 이는 다니엘의 이상(단 2장)에서 보여진 로마 제국을 다시 재현시키는 것이다. 아직은 적그리스도가 세계 지도자로 부상하지 않았으며 또한 그의 사단적인 특성을 나타내지도 않았다.

[3] 이스라엘은 그 본토에서 안전하기는 하나 애굽(남방의 왕)과 러시아(북방의 왕)에 의해 위협당하고 있다. 적그리스도는 이스라엘을 7년간 보호해 주겠다는 **조약**을 체결한다(단 9：26~27). 이 언약은 우리가 "야곱의 환란의 때" 또는 "대환란"으로 부르는 7년 시기인 바, 시작될 70이레에 대한 징조이다. 우리는 교회의 휴거로부터 이 언약 체결까지의 기간이 얼마나 되는지는 알지 못하지만 그렇게 오래 걸릴 이유는 없다. 적그리스도는 휴거가 일어나기 전에 족히 유럽에서 강력한 지도자가 될 수 있다.

[4] 하나님께서는 이제 세상에 **심판**을 내리셨다(계 6~9장에 나오는 인과 나팔들). 그는 이방인들을 벌하시며 유대인들을 깨끗케 하고 계신다. 이 때 하나님은 그의 멧세지를 유대인에게 전하시려고 두 증인을 보내신다(아마도 모세와 엘리야, 계 11：1~7).
  이 두 사람은 삼 년 반 동안 하나님의 은혜로 보호를 받을 것이며(환란의 전반기), 환란의 중반기에는 적그리스도에게 살해당할 것이다. 그러나, 그들의 사역으로 144,000의 유대인이 그리스도께 인도될 것이며, 인맞고 보호받은 종들의 사역으로 수 많은 이방인들이 그리스도께 인도될 것이다.

[5] 이제 몇몇 **세력권**이 뒤따르는데, 곧 짐승을 우두머리로 하는 유럽 연맹국, 남방의 애굽과 북방의 러시아, 그들 사이에 사로잡힌 이스라엘, 중국을 포함한 "동방의 왕들"(단 11：44)이다.

[6] 애굽과 러시아가 팔레스틴을 침략하는데(단 11：40), 이것은 에스겔 38~39장에 기록된 **곡과 마곡의 전쟁**이다. 에스겔 38장 13절에서 우리는 다른 나라들이 이런 움직임을 "저지하는" 것을 보게 되는데, 그것은 국제연합이 여전히 활동하겠지만 아무런 성과도 거두지 못할 것을 나타낸다는 뜻이다.

7 **짐승**이 약속을 지켜 싸우기 위하여 팔레스틴으로 간다. 그러나, 하나님은 이스라엘의 산들에서 러시아를 패배시키신다(겔 39 : 1~4, 12). 그리고 짐승이 할 수 있는 모든 일이란 싸워서 애굽을 패배시키는 일뿐이다.

8 우리는 지금 7년 환란기의 중반에 와 있다. 짐승은 이스라엘이 부유한 것을 알고서 그것을 탈취하려고 결심한다. 그리하여 그는 언약을 깨뜨리고서 예루살렘 성전에 앉아 자기를 보여 하나님이라 한다. 이 사건은 요한계시록 10~14장에서 볼 수 있다. 짐승은 두 증인을 죽이고서 그 죽은 시체들은 텔레비젼을 통하여 전 세계에 보이게 될 것이다./ 그러나, 삼 일 후에 이들은 다시 살아나 하늘나라로 올리워질 것이다.

  짐승은 이제 가던 길을 선회하여 러시아와 함께 **전 세계적인 독재**를 시작할 것이며, 세상으로 하여금 그에게 순종하며 예배할 것을 강요할 것이다. 이스라엘은 박해를 받을 것이며, 많은 신자들이 그들의 믿음으로 인해 죽임을 당한다.

9 그런데 이제 동방 왕들이 제휴하고 나타나서(단 11 : 44 / 계 16 : 12 / 계 9 : 14 이하) 짐승의 통치에 도전한다. 환란의 후반부 동안에 열방의 이동이 있을 것이며, 우리는 이것을 **"아마겟돈 전쟁"**이라고 부르게 될 것이다. 왜냐하면 여기에 관여된 사람들이 대단히 많을 것이기 때문이다.

  환란의 후반부 기간 동안에 이 동방 연맹군은 짐승에 대항하여 팔레스틴으로 진군할 것이며 그 군대가 2억이나 될 것이다(계 9 : 16)./ 짐승과 그의 군대들은 므깃도 대 평원에서 동방 왕들 및 그 군대들과 접전하게 될 것이다(욜 3장 / 계 16 : 13~16 참조).

10 그런데 그 때에 **"인자의 징조"**가 나타날 것이며(마 24 : 30), 열방들은 그를 대항하여 싸우나 서로간에는 싸우지 않기로 결정할 것이다(슥 14 : 1~3 / 계 19 : 11~21 참조). 그리스도께서는 능력 중에 다시 이 땅에 돌아오셔서 짐승과 그 동맹군을 무찌르시고 그들을 심판하실 것이다(단 11 : 45).

11 짐승과 거짓 선지자는 지옥으로 던져질 것이며(계 19 : 20), 사단은 **천 년 동안 결박**될 것이다(계 20 : 1~3). 그 때 그리스도는 심판하시기 위하여 이방 나라들을 모으실 것이며(마 25 : 31~46). 또한 그는 환란 기간 중에 그들이 그의 형제들인 유대인들을 대했던 것에 관하여 그들을 시험하실 것인데, 이 심판은 어떤 사람들이 왕국에 들어갈 것인가를 결정짓게 될 것이다.

12 그리스도는 예루살렘을 중심으로 하여 그의 **왕국**을 세우실 것이며 1000 년 동안 세상을 다스리실 것이다. 이 기간 동안에 구약에 약속된 왕국이 성취될 것이다.

13 천년왕국이 끝나면 사단은 얼마간 풀려나게 될 것이며, **그리스도께 대한 마지막 반역**으로 이끌어 갈 것이나, 그는 패배하여 지옥으로 던져지게 될 것이다.

14 구원받지 못한 죽은 자들 모두가 큰 **흰 보좌** 앞에서 심판을 받기 위하여 일으켜질 것이며(계 20 : 11~15), 이들은 지옥으로 던져지게 될 것이다.

15 새 **하늘과 새 땅**이 나타나게 될 것이다.

요한계시록 서론

■ **배경** : 사도 요한은 주후 70년 경에 에베소의 목회 사역을 이어받았는데, 그 주변에 있는 교회들, 즉 요한계시록 2~3장에 나오는 "소아시아에 있는 일곱 교회들"도 여기에 포함되었다. 로마 황제 네로는 로마에 있는 그리스도인들을 박해했으나 베드로가 약속한 "불시험"은 아직 시작되지 않고 있었다. 그러나, 도미티아누스가 황제가 되자 (주후 81~96년) 박해는 맹렬해졌다.

도미티아누스는 역사의 어떤 페이지에서도 볼 수 없는 냉혹한 살인마였다. 그는 "황제 숭배"를 장려하였으며, 그의 포고문은 "우리의 주시요 하나님이신 도미티아누스가 명령하노니…"라는 말로 시작되었다. 그에게 말하는 모든 사람은 그를 "주시요 하나님"이라고 인사해야 했다. 그는 유대인들과 그리스도인들을 다루는 데 있어서 혹독하였으며, 요한을 밧모섬에 유배시킨 것도 그의 명령이었다.

밧모섬은 에게해에 있는 바위 섬으로서 길이가 16 km였고 너비는 약 10 km였다. 로마는 죄수들이 광산에서 노역했던 그 곳에 유배 주둔지를 두었다. 요한은 사랑하는 그리스도인 친구들로부터 멀리 떨어진 고립된 이 곳에서 요한계시록을 이루고 있는 환상들을 받았으며, 본 서는 주후 95년 경에 기록되었다.

■ **특성** : 요한계시록은 다음과 같은 특징들을 지닌 독특한 책이다.

1 예언적이다—예언의 책이다(1 : 3 / 10 : 11 / 19 : 10 / 22 : 7, 10, 18~19).

2 그리스도 중심적이다—이 책은 단순히 예언적 계획에 관한 계시가 아니라 예수 그리스도의 계시이다. 1장에서는 부활하신 제사장이자 왕으로서, 2~3장에서는 교회를 진단하시는 분으로서, 4~5장에서는 창조의 권리 증서를 받으시는 분으로, 6~19장에서는 세상을 심판하시며 영광 중에 다시 오시는 분으로서 20~22장에서는 영광과 능력 가운데 통치하시는 분으로서 나타난다.

3 공개적이다—"계시"라는 말은 "베일을 벗긴다"는 뜻이다. 다니엘은 그의 책을 인봉하라는 말을 들었으나(단 12 : 4), 요한은 "인봉하지 말라"는 말을 듣는다(22 : 10). 계시록은 어려운 예언을 모아 놓은 책이 아니라 그리스도에 대해서, 그리고 그리스도께서 사단과 죄와 세상의 체제에 대해 최종적으로 승리하실 것에 대하여 합리적이고도 질서있게 벗겨가는 책이다.

4 상징적이다—"하나님이 ……보내어 지시하신"(1 : 1)이란 말은 이 책이 그 멧세지를 전달하기 위하여 징표와 상징을 사용하고 있다는 것을 제시한다. 어떤

것들은 설명되어 있고(1 : 20 / 4 : 5 / 5 : 8 / 12 : 9) 어떤 것들은 설명되어 있지 않으며(4 : 4 / 11 : 3), 어떤 것들은 구약과 관련되어 설명된다(2 : 7, 17, 27~28). 이러한 신령한 상징은 이 책을 받아 들이는 그리스도인들에게는 명확했겠으나 그들의 로마 박해자들에게는 아무런 의미가 없었을 것이다.

상징들은 실제에 대하여 말하고 있다는 사실을 명심하자. 예를 들자면, 국기란 그러한 나라가 존재한다는 것을 말해 준다. 1장 12~16절에 나오는 그리스도의 모습은 문자 그대로의 뜻은 아니지만, 각각의 이러한 상징들이 신령한 진리를 전하고 있다.

5 **구약에 근거하고 있다**—이 책은 구약 성경들을 계속해서 참고하지 않고는 연구할 수 없는 책이다. 요한계시록의 404구절 중에서 278구절은 구약에 대한 관련 구절을 포함한다. 요한계시록에는 구약에 대한 관련 구절이나 암시가 500개도 넘는다고 집계되고 있으며, 그 중에서도 시편, 다니엘, 스가랴, 창세기, 이사야, 예레미야, 에스겔, 요엘 등이 가장 빈번히 언급되고 있다.

6 **숫자로 나타낸다**—성경의 어떤 다른 책에서도 이처럼 상징적인 숫자를 많이 사용한 곳이 없다. 이 책에는 일곱 교회, 일곱 인, 일곱 나팔, 일곱 대접, 일곱 촛대 등 일곱이란 숫자가 계속 나온다. 또한 일천 이백 육십(한 때와 두 때와 반 때, 마흔 두달, 11 : 2~3 / 12 : 6 / 13 : 5)이라는 숫자와 십 사만 사천의 인맞은 이스라엘 자손, 열 두 별(12 : 1), 열 두 문(21 : 12), 열 두 기초석(21 : 14) 등을 찾아볼 수 있다.

7 **우주적이다**—요한계시록은 온 세상을 다루고 있다./ 요한은 열국, 백성, 무리를 본다(10 : 11 / 11 : 9 / 17 : 15 등). 이 책은 세상에 대한 하나님의 심판과 자기 백성을 위한 새로운 세상의 창조에 대한 요약이다.

8 **장엄하다**—이 책은 "보좌의 책"이며, 4장으로부터 마지막 장까지 왕과 그의 통치에 관하여 읽게 된다. 보좌라는 말이 44회, 왕, 왕국 또는 통치라는 말이 37회, 능력과 권위는 40회 사용되고 있다. 여기서 우리는 하늘 보좌에서 다스리시며 우주의 절대 주권자이신 그리스도를 본다.

9 **동정적이다**—이 책 전체를 통하여 우리는 하나님의 백성의 고난과 땅에 있는 백성에 대한 하늘의 동정을 본다. 요한은 유배되어 있고(1 : 9), 안디바는 순교를 당하였으며(2 : 13), 서머나는 투옥될 위기에 처해 있었고(2 : 10), 제단 아래 있는 영혼들이 하나님의 신원하시는 심판을 호소하였다(6 : 9). 시련의 때가 임하고 있으며(3 : 10), 큰 음녀가 성도들의 피에 취하였다(17 : 6 / 18 : 24 / 19 : 2). 이제 머지않아 하나님은 세상을 심판하실 것이며 자기 백성을 구원하실 것이다.

10 **절정적이다**—요한계시록은 성경의 절정이며, 우주에 대한 하나님에 계획과 목적의 성취를 보여 준다.

■ 해석 방법 : 이 책의 세부적인 사항들에 대해서는 많은 사람들이 의견을 달리하고 있으나, 넓게는 네 가지 다른 접근 방법이 있다.

1 **과거적 해석 방법**—이 접근 방법은 이 책에 있는 모든 일들이 1세기에 일어났던 일이라고 주장하며, 로마와의 싸움을 다룬다고 한다. 요한은 성도들이 박해 중에 있을 때 그들을 위로하고 격려하기 위해서 이 편지를 썼다는 것이다. 그러나, 요한은 그가 예언을 적고 있다고 일곱 번이나 말한다./ 물론 이 책이 로마의 박해를 견디고 있는 사람들에게 특별한 가치가 있었지만, 그 가치가 사도 시대의 종국과 더불어 종식된 것은 아니다.

2 **역사적 해석 방법**—이 부류에 속하는 해석자들은 계시록의 상징들을 통하여 교회사의 성취를 본다고 주장한다. 이들은 이 책이 사도 시대로부터 세상 끝까지의 역사의 과정을 요약한 것이라고 믿는다. 이들은 계시록에 있는 것들과 병행하는 사건들을 찾아내려고 역사서들을 탐구하지만 그 결과는 종종 비참하다.
어떤 해석자는 한 상징에서 루터와 종교개혁을 보는데 다른 연구자는 그 부분을 인쇄기의 발명으로 생각한다./ 만일 계시록이 미리 기록된 세상의 역사에 불과하다면 요한 당대의 신자들에게 무슨 가치가 있었겠는가? 그리고 오늘날 우리에게는 무슨 가치가 있겠는가?

3 **영적 해석 방법**—이런 학자들은 완전히 예언이라는 생각을 배제하고서 계시록을 다만 그리스도와 사단, 선과 악의 대결을 상징적으로 제시한 것으로 본다. 이들은 요한이 실제적인 사건들에 관하여 기록한 것이라는 생각을 거부하고, 그가 다만 기본적인 영적 원리들을 다루고 있는 것이라고 주장한다.
그러나, 요한은 그가 예언을 쓰고 있다고 말한다./ 우리는 계시록에 많은 기본적인 영적 원리들이 상징의 형식으로 분명히 들어 있다는 것을 인정하지만, 또 한편으로는 이 책은 어느 날 세상에 발생할 실제 사건들을 다루고 있다는 것도 용인해야만 한다.

4 **미래적 해석 방법**—이 학파는 요한계시록이 예언임을 강조한다. 4장부터 계속해서 우리는 교회가 휴거된 뒤에 땅과 하늘에서 일어날 사건들에 대한 예언을 본다. 그리고 또한 2~3장에 교회에 대한 예언의 역사가 나온다고 믿는다. 우리는 이 책의 영적인 교훈들을 기꺼이 인정하면서도 또한 미래 역사에 있을 실제적인 사건들을 다루고 있는 것으로 인정한다.
만일 계시록이 예언으로 해석되지 않는다면 하나님은 세상의 미래, 역사의 과정, 교회의 승리, 죄의 심판, 구약에서 발견되는 약속들과 예언들의 성취 등을 설명할 한 책을 신약 성경에 주시지 않는 셈이 된다./ 이러한 생각은 상상도 할 수 없다./ 계시록은 바로 그러한 책이다. 이 책을 교회가 휴거된 이후에 발생할 사건들을 예언한 책으로 경건하게 접근하는 연구자는 그의 수고로 인하여 상급을 받게 될 것이다.

■ **창세기와 요한계시록** : 성경의 최초의 책과 마지막 책은 상호 보완적이다.

창 세 기	계 시 록
천지의 창조 (1 ~ 2장)	새 하늘과 새 땅의 창조 (21 ~ 22장)
땅을 다스리는 첫 아담 (1 : 26)	영광 중에 다스리는 마지막 아담 (21 : 5)
밤과 바다의 창조 (1 : 5, 10)	밤도 바다도 없음 (21 : 1, 25)
아담에게 데려온 신부 (2 : 18 ~ 25)	그리스도를 위하여 단장한 신부 (19 : 7 이하)
에덴에 있는 생명나무 (2 : 9 / 3 : 22)	새 창조에서의 생명나무 (22 : 2)
죄가 죽음과 저주를 가져옴 (3 : 14, 17 ~ 19)	더이상 저주나 죽음이나 눈물이 없음 (22 : 3)
그리스도와 사단의 대결 (3 : 15)	사단의 마지막 운명 (20 : 10)
죄로 인하여 하나님의 면전에서 쫓겨난 인간 (3 : 23 / 4 : 16)	사람들이 영광 중에 주님의 얼굴을 봄 (22 : 4)
신자들이 믿음으로 한 성을 바라봄 (히 11 : 13 ~ 16)	영광 중에 나타날 거룩한 성 (21 : 10)
"어린 양은 어디 있나이까 ? " (22 : 7)	어린 양이 보좌에 계신다 (22 : 3)
사단이 첫 거짓말을 함 (3 : 1)	거짓말하는 어떤 것도 그 성에 들어가지 못함 (21 : 27)

그러므로, 요한계시록은 인간의 역사에 대한 하나님의 계획을 요약하고 있다. 오래 전에 첫 창조에서 시작된 일들이 궁극적으로는 새 창조에서 완성될 것이다. 이 책은 "축복을 담고 있는 책"이다 (1 : 3 / 14 : 13 / 16 : 15 / 19 : 9 / 20 : 6 / 22 : 7, 14절에서 여섯 개의 다른 "축복들"을 찾아보라).

이 책은 "역사(history)가 주님의 이야기"(His story)인 것, 곧 인간사는 승리자이신 그리스도의 손 안에 달려 있음을 보여 준다. 이 책을 연구함으로써 우리는 그가 다시 오시는 때를 예비하기 위해 격려를 받아야 하며, 섬기도록 영감을 받으며, 정결한 생활을 할 수 있도록 능력을 받아야 한다.

네가 본 것

- 요한계시록 1장 -

■ 서론 : 1장 1～3절

여기서 우리는 이 책의 특징들을 보며 이 책이 어떻게 씌어졌는지를 알게 된다. 성부 하나님께서 이 책의 내용을 그리스도께 주셨으며, 주님은 이것을 그의 천사에게 주어 사도 요한에게 주도록 하셨다. "그의 천사"는 "그의 사자"라고 번역되어도 된다. 왜냐하면 헬라어로 앙겔로스(천사)가 "사자"를 뜻하기 때문이다. 22장 16절을 읽고서 22장 8～9절은 이 특별한 사자가 구약 예언자들 중의 하나일 수도 있었음을 암시하고 있다는 데에 유의하자.

"지시하다"는 말은 이 책이 신령한 진리를 전하기 위하여 징표나 상징들을 사용하고 있다는 것을 가리킨다. 요한은 사실상 그의 눈 앞에 펼쳐져 있는 책의 내용을 실제로 보았다. 육체적으로 그는 밧모섬에 있었으나(1 : 9) 하나님은 그로 하여금 이런 사건들을 목격하고 우리를 위해 그것들을 기록하게 하시기 위하여 그를 하늘로(4 : 1), 광야로(17 : 3), 산으로(21 : 10) 옮기셨다.

이 책을 소리내어 크게 읽는 자들과 마음을 기울여 경청하는 자들에게는 복이 있다. 그러나, 3절은 요한계시록이 공연한 호기심으로 연구할 책이 아님을 시사하고 있다. 이 말씀들은 지켜져야 하는 것이다. 순종하고 실천해야 할 것이다!

"가까움"과 "속히 될"이란 말은 이러한 예언들이 요한의 시대에 당장 성취되어야 했다는 뜻이 아니다. 그보다는 그것들이 성취되는 때의 신속함을 나타낸다. 오늘날 하나님은 사람들에게 회개할 기회를 주시며 이들을 위해 오래 참고 기다리고 계신다. 그러나 이러한 심판들이 임할 날이 올 것이며, 더이상 연기되지 않을 것이다.

1. 요한이 아는 그리스도(1 : 4～8)

요한은 11절에서 명령을 받은 대로 소아시아의 교회들에게 그의 안부를 보낸다. 그는 삼위일체의 위(位)를 각각 언급하면서 신성의 경이로움을 개관한다.

1 성부 – "이제도 계시고 전에도 계시고 장차 오실"이란 뜻은 하나님의 영원하심을 뜻한다(1 : 8 / 4 : 8). 하나님은 역사를 초월하여 계시며 시간의 제한   *505*

을 받지 않으신다.

2 **성령** – "일곱"이란 완전을 나타내는 수로서, 성령의 충만함을 뜻한다. 4장 5절에서 우리는 일곱 영이 일곱 등불로 상징되는 것을 본다. 또한 5장 6절에서는 일곱 눈으로 되어 있다. 그리스도는 일곱 영을 가지고 계시며 (3 : 1) 영은 그리스도를 가리키고 있다.

3 **성자** – 그리스도는 선지자 (충성된 증인), 제사장 (죽은 자들 가운데서 먼저 나신 자, 즉 죽은 자들 가운데 살아난 자 중 가장 높은 자), 왕 (땅의 임금들의 머리)이라는 삼중 인격으로 제시되어 있다. 다음으로 요한은 그리스도께서 십자가에서 이루신 삼중 사역으로 인하여 하나님을 다음과 같이 찬양한다. "그는 우리를 사랑하사 우리 죄에서 우리를 해방하시고 우리를 제사장 나라로 삼으셨도다! 아담에게서 잃었던 통치권을 그리스도 안에서 다시 획득하였다!"

7절은 요한계시록에 나타나는 그리스도의 재림에 관한 일곱 구절들 가운데 첫 번째 것이다 (2 : 25 / 3 : 3, 11 / 22 : 7, 12, 29 참조). 이 재림은 공개적이며 (단 7 : 13 / 행 1 : 8 이하) 교회의 은밀한 휴거는 아니다 (살전 4 : 13 이하). 이방인들은 그로 인해 애곡할 것이며 유대인들은 그들이 찌른 자를 볼 것이다 (슥 12 : 10~12 / 마 24 : 27~30).

2. 요한이 들은 그리스도 (1 : 9~11)

요한은 그가 소아시아 교회들을 보살피고 있었던 에베소에서 약 110 km나 떨어진 곳에 위치한 섬에 유배되어 있었다. 마가복음 10장 33~35절에서 야고보와 요한은 보좌에 대해 질문하였었는데, 그 수년 후에 이들 둘에게 환란이 닥쳐왔다. 야고보는 목베임을 당했으며 (행 12장), 요한은 유배되는 고난을 겪었다. 요한은 그가 전파한 하나님의 말씀으로 인하여 유배되었다.

요한이 바다를 25회나 언급하고 있는 것은 흥미있는 일이다. "섬에……성령에," 참으로 경이로운 국면이다! 우리의 지리적인 위치가 우리의 신령한 축복들을 결코 빼앗아 갈 수는 없다.

요한은 나팔 소리 같은 그리스도의 음성을 들었다. 요한계시록에서 나팔은 중요하다. 4장 1절에서 나팔 소리가 요한을 하늘로 불러올렸는데, 이는 휴거를 표상한다. 또한 8장 2절 이하에서는 나팔을 불자 하나님의 진노가 세상에 쏟아졌다. 구약에서 유대인들은 총회로 모이는 때, 전쟁을 알리는 때, 특별한 날을 선포하는 데에 나팔을 사용하였다. 하나님의 나팔은 교회를 본향으로 불러갈 것이며 (살전 4 : 16), 이스라엘을 모을 것이고 (마 24 : 31), 세상에 전쟁을 선포할 것이다 (계 8 : 2 이하).

음성은 요한에게 이 책을 기록하라고 말했고, 그것을 그와는 떨어져 있는 교회들에게 보내라고 했다. 지도에서 이 교회들의 위치들 확인해 보라. 이 지역에는 일곱 개 이상의 교회가 있었으나 그리스도는 자기 백성의 영적인 필요를 묘사하기 위하여, 그리고 장차 올 교회들의 신령한 역사를 개관하기 위하여 이 일곱 교회들을 선택하셨다.

3. 요한이 본 그리스도 (1 : 12〜20)

요한은 더이상 "그리스도를 육체대로 알" 수 없었다 (고후 5 : 16). 그리스도는 이제 부활하시고 높이 올리우신 왕인 제사장이시다! 요한은 일곱 촛대 사이에서 계신 영화롭게 된 그리스도를 보았으며, 촛대는 일곱 교회를 상징하였다 (1 : 20). 우리는 세상의 빛이며 교회는 그 빛을 창조하는 것이 아니라 다만 붙들고서 그것을 비치게 한다. 우리는 거대한 등불 하나를 보는 것이 아니라 따로 따로 있는 일곱 촛대를 갖는다.

여기서 영화롭게 된 그리스도를 나타내고 있는 상징들을 연구하려면 관주를 이용하면 된다. 그의 옷은 제사장으로서 왕의 옷이다. 흰 머리는 그의 영원성을 말한다 (단 7 : 9). 그의 눈은 빠짐없이 두루 보며 그 본 대로 심판한다 (단 10 : 6 / 히 4 : 12 / 계 19 : 12). 교회들 가운데 계시는 그리스도는 진행되고 있는 일들을 보며 심판하신다. 주석으로 된 발은 심판을 나타내는데, 죄가 심판받았던 장소가 놋제단이었다.

"많은 물소리와 같은" 그의 음성은 두 가지 것을 암시했는데, 곧 바다와 같은 주의 말씀의 능력과, 그리스도 안에 모여진 신적 계시의 "시냇물"인 것이다 (시 29편 / 겔 43 : 2 참조). 그는 손에 일곱 별을 쥐고 계시는데, 이 별들은 일곱 교회의 천사들 또는 사자들 (목회자들)이다. 이 교회들로부터 요한에게로 온 사자들이 이 계시록을 그에게서 개인적으로 받아갔을 가능성이 있다. 별들은 사자들이다 (1 : 20). 그리스도는 자기의 종들을 그의 장중에 붙드신다 (단 12 : 3).

이 입에서 나오는 검은 심판하는 그의 말씀이다 (사 11 : 4 / 49 : 2 / 계 2 : 12, 16 / 19 : 19〜21). 해같이 비취는 그의 얼굴 빛은 그의 영광을 말한다 (말 4 : 2 참조). 22장 16절에서 그는 광명한 새벽별로 나오는데, 그것은 하나님의 진노가 임하기 직전인 가장 어두운 때에 교회를 위하여 나타나실 것이기 때문이다.

그리스도께서 지상에 계셨을 때 요한은 그의 가슴에 기대었으나 (요 13 : 23) 이제 그는 그리스도의 발 앞에 엎드린다 (단 8 : 17 / 계 22 : 8 참조). 오늘날 성도들은 그들의 언어와 태도에서 그리스도와 "격이 없는" 것처럼 된 듯한 것을 삼가야 할 필요가 있다. 왜냐하면 그는 모든 권위와 찬양을 받으시기에 합당하신 분이기 때문이다.

그리스도께서는 요한을 안심시키시고 그의 두려움을 평온케 하신다. 그리스도
는 처음이요 나중이시다(1 : 8 / 22 : 13). 따라서 우리는 두려워하지 않는다!
그는 음부, 곧 죽은 자의 영역의 열쇠를 가지고 계신다. 음부는 어느 날 잃어버
린 영혼들을 내놓고 텅비게 될 것이다(20 : 13〜14).

그리스도는 1장 19절에서 우리를 위하여 요한계시록을 개관하신다(개요 참
조). 다른 개요를 따르는 것은 그리스도께서 하시는 것보다도 이 책에 관하여
우리가 더 많이 알고 있다고 가정하는 일이 될 것이다!

2〜3장에서 그리스도는 일곱 교회들을 다루신다. 그는 그 한복판에 서서 그
의 불꽃 같은 눈으로 그들의 영적 상태를 살피신다. 주님은 오늘날도 이 일을
행하고 계신다. 사람들이나 교파들이 교회에 대하여 어떻게 생각하느냐가 문제
가 아니라 그리스도께서 어떻게 생각하시느냐가 문제인 것이다.

당신은 13〜16절에 있는 그리스도의 묘사에 대한 각기 다른 부분들이 일곱
교회에 보내는 편지에서 반복되는 것을 주목하게 될 것이다. 교회에 적용시킬
그리스도의 속성이 언급된다. 교회들에 대한 위험은 그리스도께서 그들의 증거
를 옮기시는 것이다!(2 : 5) 그는 그의 신적 의지를 벗어나 있는 촛대를 가지
시기보다는 어두움 가운데 있는 한 성읍을 가지려 하실 것이다!

본 장에 나오는 많은 상징들이 이 책의 후반부에 반복되어 나온다. 연구할 때
관주를 살펴야 한다는 것은 아무리 강조해도 지나칠 수는 없다.

소아시아의 일곱 교회

만일 요한계시록 1장 19절이 영감된 이 책의 요약이라고 할 수 있다면 2∼3장은 **"이제 있는 일"**을 제시하고 있는 것이다. 다른 말로 하자면, 그리스도께서는 그의 특정한 멧세지를 전하기 위하여 소아시아의 많은 교회들 중에서 일곱 교회를 선택하셨던 것이다. 확실히 다른 교회들에게 죄들이 있었지만 이 일곱 편지들에서 논의되는 문제들은 가능한 모든 상황을 망라한다. 달리 말하자면, 그리스도는 이 일곱 교회들을 택하여 주님이 돌아오실 때까지 있을 수 있는 교회의 형편들을 예증하며, 사도 시대로부터 세상 마지막까지의 예언적 교회사를 예증한다. 일곱은 그저 아무렇게나 정한 숫자가 아니다. 교회들이 관련된 한에 있어서 일곱이란 역사의 완성을 말하고 있는 것이다.

그런데, 여기서 우리는 예언적 교회사에 나타난 일곱 단계를 보게 된다.

1 **에베소** : 사도 시대 – 그리스도에 대한 처음 사랑을 잃기 시작함.
2 **서머나** : 초기의 박해받는 교회 (주후 100∼300년)
3 **버가모** : 교회가 로마와 결탁함 – 국가 교회가 됨 (주후 312년).
4 **두아디라** : 로마 카톨릭 시대 – 간음과 우상 숭배
5 **사데** : 개신교회 – 살았다는 이름은 가졌으나 실상은 죽어 있음.
6 **빌라델비아** : "형제 사랑" – 이 마지막 시대의 선교하는 교회
7 **라오디게아** : 마지막 시대의 배교하는 교회 – 미지근한 교회이며, 그리스도는 밖에 있음.

이 일곱 교회들은 교회사를 요약하고 있으며, 고백의 2대 주류인 로마 교회와 개신교의 발전을 요약한다.

에베소 – 사도적 교회	
서머나 – 로마가 교회를 박해함 **버가모** – 로마가 교회를 받아 들임 **두아디라** – 로마가 교회를 조종함	**사데** – 교회들이 로마에서 이탈함 **빌라델피아** – 현대의 선교 운동 **라오디게아** – 미지근한 거대한 교회
결과 – 로마 카톨릭	결과 – 무기력한 개신교회

각 교회의 "이기는 자"에 대해 특별한 말씀을 하고 계심에 유의하자 (2 : 7, 11, 17, 26 / 3 : 5, 12, 21). 이 "이기는 자"들은 각 교회에 있는 "초월적인 성도들"로서 그리스도로부터 특권을 부여받게 되는 특별한 부류인가? 아니다. "이기는 자"란 이러한 각 교회들에 있는 참된 신자들이다. 우리는 역사의 매 시대의 각 지교회에 속한 모든 사람들이 하나님의 참된 자녀들이라고 섣불리 믿을 수는 없다. 그리스도께 속한 사람들이 "이기는 자들"이다 (요일 5 : 4~5).

역사의 매 시대에서 고백 교회 내에 참된 성도들이 있었다. 심지어는 로마 카톨릭 주의를 나타내는 두아디라 교회 내에서조차 그러했다! 그리스도께서는 각 시대에 사는 그들에게 격려하는 특별한 말씀을 하시기도 하며, 또한 우리는 오늘날 우리 자신들에게 이 말씀을 적용할 수도 있다.

사단도 네 교회와 연관되어 언급된다는 점에 주목하자. 그는 서머나 교회를 박해하는 배후에 있으며 (2 : 9), 버가모에 그의 "보좌" (거하는 곳) 를 두고 있고 (2 : 13), 두아디라에서 그의 "깊은 교훈"을 가르치며 (2 : 24), 그리고 빌라델비아에서 구령 사업에 전력하는 것을 반대하기 위하여 거짓 그리스도인들의 "회" (회당) 를 사용한다 (3 : 9).

그리스도는 이런 교회들에게 몇 가지 위험을 지적하신다.

1 **니골라당** (2 : 6, 15) – 이 말은 "하층 계급을 정복하다"란 뜻이며, 교회에서 "성직자"와 "평신도"의 분리를 암시한다. 이것은 에베소에서 "행위"로 시작하여 버가모에서 교훈으로 되었다. 따라서 그것은 다음과 같이 진행된다. 사람들이 교회에 거짓 활동들을 소개하고 오래지 않아 이러한 활동들은 용납되고 즐거워하게 된다.

2 **사단의 회** (2 : 9 / 3 : 9) – 이것은 아마도 신자들이라고 주장하지만 실제로 마귀의 자녀들인 그런 사람들로 구성된 총회를 말하는 듯하다 (요 8 : 44). 회 (회당) 라는 단어는 단순히 "함께 모이다"란 뜻이며, 그것이 사람들의 총회인 것이다. 그렇다면 사단도 교회를 소유한다!

3 **발람의 교훈** (2 : 14 / 민 22~25장) – 발람은 이스라엘이 이교도와 혼합되어도 이들이 하나님의 언약민이므로 심판을 받지 않을 것이라고 말함으로써, 그들을 죄 가운데로 인도해 갔다. 그는 그들을 저주할 수는 없었으나, 육으로 유혹할 수는 있었다. 그러므로, 이 교훈은 교회가 세상과 짝할 수 있다는 사상인 것이다. 이러한 사상은 로마의 황제가 박해를 중단하고 기독교 신앙을 공식적인 로마의 종교로 받아 들인 시기에 따다난 것임에 유의하자! 교회와 세상이 결합했고 거짓 선지자들이 가르친 발람의 교훈이 이를 가능하게 하였다.

510 4 **이세벨** (2 : 20) – 이 구절은 우리를 열왕기상 16장에서 열왕기하 10장까지

를 회고케 한다. 이세벨은 아합왕의 이교도 아내였으며 이스라엘을 사악한 바알 숭배로 인도해간 여인이었다. 그녀는 그녀의 거짓 가르침으로 이스라엘을 타락시켰다. 신약에서는 이세벨이라고 하면 거짓 가르침을 소개하는 여인을 말한다. 이세벨은 로마 카톨릭 주의가 발전하고 있던 시기에 마리아를 하늘의 여왕으로, 그리고 우상들에 관하여 강조함으로써 나타난다.

■ 개인적인 멧세지

우리는 이 일곱 편지들에서 교회의 예언적인 모습을 보는 것도 중요하고우리의 지교회들이 거짓 교훈의 희생물로 떨어지지 않도록 조심해야 하는 것도 중요하지만 우리는 또한 이 서신들에서 개인적인 멧세지를 보아야만 한다. 교회는 사람들로 구성되므로, 회원들에게 일어나는 일들이 교회에 영향을 미치게 되어 있다. 이런 교회들에 있었던 **영적인 문제들**을 살펴보자.

① **에베소** – 주님을 위하여 분주하기는 하지만 그리스도를 향한 진지한 사랑은 없다. 열정이 없는 프로그램인 것이다 ! 이런 교회는 통계는 훌륭하지만 그리스도로부터 표류하는 분주한 교회이다.

② **서머나** – 주님으로부터 아무런 비판도 받지 않았으나 위험은 역시 존재한다. 이 교회는 가난하고 고난받는 교회였다. 타협하며 부요하게 되며 박해를 피하게 되기란 참으로 쉽다 ! 라오디게아 교회 만큼 "부자"가 아니어서 얼마나 용기를 잃었겠는가 !

③ **버가모** – 이 교회는 그리스도를 고백할 뿐만 아니라 동시에 죄의 삶을 살기에도 쉽게 했던 거짓 교훈을 붙든 회원들이 있는 교회였다 ! 또한 이 사람들은 주님이 아니라 그들 자신을 선전하고 있었던 영적인 독재자들의 수중에서 견디기 힘든 상태에 있었다.

④ **두아디라** – 한 여인이 교훈하는 과정에서 자기 위치를 떠났다. 그녀의 교훈은 백성의 죄 가운데로 이끌었다. 여기서는 일차적으로 로마에 강조를 두고 있으나 어떤 지교회라도 이러한 오류에 빠질 수가 있는 것이다.

⑤ **사대** – 생명이 없는 명성 ! 그 교회의 미래는 지나간 일에 지나지 않는다. 과거에는 명성을 떨쳤으나 오늘에는 아무런 사역도 없는 "시대에 뒤진"교회에 불과하다. 사멸되는 것만 남아 있는 것이다 !

⑥ **빌라델비아** – 문호를 개방하고서 복음을 세상에 가져가는 교회이다. 이 교회는 말씀을 붙들고 그리스도의 이름을 높이는 교회이다. 그러나, 사단의 회가

멀리 있지 않아서 언제나 타협의 위험이 도사리고 있다.

7 **라오디게아** – 예산은 많지만 어떠한 복도 가지지 않은 미지근하고 변절된 교회이다. 이 교회는 물질적으로는 부유하나 영적으로는 가난한 교회로서, 그리스도는 교회 밖에 계시며 그에게 순복할 단 한 사람이라도 초청하시고 계신다.

교회들에게 보내는 그리스도의 멧세지

- 요한계시록 2장 -

1. 에베소 교회 – 타락하는 교회 (2 : 1~7)

높아지신 그리스도의 손과 발이 여기서 강조되고 있다. 그는 별들(교회의 사자들)을 붙잡고 계시며 교회들(촛대들)을 심판하시러 다니신다. 그는 밧모섬에서 가장 가까운 에베소 교회로부터 시작하신다. 이곳은 거대한 상업 중심지로서 수로 및 교통의 요지에 위치해 있었다. 로마는 에베소를 자유 도시로 만들었으며, "아시아 제일의 대도시"라는 말을 들었다.

가장 중요한 것은 거대한 다이아나 신전이 있었던 것인데, 이것은 고대의 7대 불가사의 중의 하나이다. 그것은 길이 약 120미터, 너비 66미터, 높이 18미터쯤 되는 신전으로, 대문들과 127개의 대리석 기둥들이 있었고 이들 중의 더러는 금으로 싸여 있었다. 다이아나(아데미) 숭배는 최악에 달해 있는 "종교적인 부도덕" 그것이었다(행 19~20장 참조).

에베소 교회는 행위와 수고와 인내는 있었지만 사랑은 없었다. 그러나, 대조적으로 데살로니가 교회는 "믿음의 역사와 사랑의 수고와 소망의 인내로 칭찬을 받았다. 중요한 것은 그리스도를 위하여 우리가 행하는 일이 아니라 그 배후의 동기인 것이다.

이 교회는 분주한 교회였으며 표준을 가지고 있었던 교회였다. 그 표준이 "무가치한 사람들"(악)을 용납할 수 없었고, 거짓 선생들을 경청치 못하게 했다. 일은 힘들었지만 무기력하지는 않았다. 모든 면에 있어서 성공적인 교회였다. 오늘날, 줄잇는 각종 행사와 지친 일꾼들로 가득찬 분주한 교회들은 아마도 이 설명에 적합할 것이다.

그러나, 교회들 가운데 계시는 이는 무엇이 잘못인지를 보셨다. 이들은 **첫사랑에서 떠났다**(렘 2 : 2). "잃은 것"이 아니었다. 지교회는 그리스도와 **결혼**한 것이며(고후 11 : 2) 사랑이 점점 식어갈 위험도 항상 있는 법이다. 마르다처럼 그리스도를 위해 분주하게 일하다가 주님을 사랑할 시간을 갖지 못할 수도 있다(눅 10 : 38~42).

그리스도는 우리가 주님을 위하여 무엇을 하는 것보다는 주님과 함께 하는 것에 더 많은 관심을 가지고 계신다. 수고가 사랑을 대신할 수는 없다. 일반에게는 에베소 교회가 성공적으로 보였지만 그리스도께서는 실패한 교회였다.

그들에게 주는 **주님의 권고**는 세 마디였다. "생각하고 회개하여 처음 행위를 가지라." 만일 우리가 처음 사랑으로 돌아간다면 우리는 처음 행위를 반복할 것이다. 이러한 사랑의 수고가 그리스도와의 처음 만남을 생각나게 하였다. 만일 교회가 그 중심을 바른 상태로 돌이키지 않는다면 촛대가 옮겨지게 될 것이다! 지교회는 세상에서 빛을 비춰야 했다. 그리스도에 대한 참된 사랑이 없이는 그 빛은 꺼지고 말 것이다.

주님은 그들이 니골라당의 행위를 미워한 것으로 인하여 그들을 칭찬하신다. 니골라당의 헬라어 어의는 "하층 계급을 정복하다"는 뜻이다. 이것은 교회 내의 제사장 특권 계급(성직자)의 발달을 가리키는 것이므로 일반 신자들이 외면당한다는 말이 된다. 교회 내에서 목사의 지도력은 있어야 하지만 "성직자"와 "평신도"라는 구분이 있어서는 안 된다.

역사적으로 볼 때, 에베소는 교회가 늘 분주했던 때인 사도 시대를 방불케 하지만 그리스도에 대한 처음 사랑은 쇠미해지고 있었다. 이 일이 다른 실패의 길을 걸을 여지를 남겨 놓았다.

2. 서머나 교회 – 고난당하는 교회 (2 : 8~11)

그리스도에 대한 각각의 서술이 1장 13~16절의 묘사를 어떻게 회고케 하는지 살펴보고, 또한 각각의 서술이 그 교회의 특별한 필요를 어떻게 만나고 있는지에 대해서도 살펴보라. 서머나는 박해당하는 교회였다. 따라서 그리스도는 그 자신의 고난, 죽음, 부활을 그들에게 상기시키고 계신다(2 : 8). 서머나는 "씁쓸한"이란 뜻이며 "몰약"이란 말과도 연관된다. 어떤 이는 짓밟는 박해로 인하여 향기를 생각해 낸다. 교회는 언제나 고난의 때를 통과하고 있었을 때 가장 순전하고 향기로웠다.

이 교회에 대해서는 비난하는 말이 없다! 고난에도 불구하고 성도들은 충성스러웠다. 이들은 그들이 가난하다고 생각하였으나 실상은 부요하였다. 이는 실상은 가난하면서 부자라고 생각한 라오디게아와는 대조를 이루고 있다!(3 : 17) 성도들은 거짓 그리스도인들(사단의 회, 마귀의 자녀들, 요 8 : 44 / 빌 3 : 2)로 말미암아 모독을 받고 있었다(중상을 받고 있었다). 사단은 모든 박해의 배후에 도사리고 있으며 종교의 이름으로 행해지는 일에서조차 그렇다.

그리스도는 더 많은 박해가 오고 있음을 그들에게 약속하시는데, "십 일"이란 초기 교회에 있었던 열 가지의 큰 박해를 말하고 있는 것 같다. 서머나는 주후 100년으로부터 300년에 이르기까지 박해받는 교회를 나타낸다. 사단은 삼킬 자를 찾고 있는(벧전 5 : 8) 사자와 같이 달려왔으나 박해는 교회를 더 강하게 했을 뿐이다.

사람들은 몸을 죽일 수는 있다. 그러나, 성도들은 둘째 사망 곧 지옥(20：14 / 21：8)을 두려워할 필요는 전혀 없다. 두 번 태어난 사람들은 한 번만 죽으면 된다. 그러나, 한 번 태어난 사람은 두 번 죽을 것이다./

3. 버가모 교회 – 세속적인 교회(2：12~17)

버가모는 "결혼한"이란 뜻이며 이 교회는 국가와 결혼한, 곧 로마 제국과 결합했던 시기인 주후 312년 이후의 시기를 묘사하고 있다. 전설에 의하면 콘스탄티누스 황제가 십자가 환상을 보고 기독교를 채택하였으며, 제국에 이 새로운 믿음을 받아 들이도록 강요하였다고 한다. 이것은 충성된 교회에 대한 파국의 시작이었다./ 버가모에는 중대한 세 가지 잘못이 있었다.

① **사단의 보좌가 있었다** – 이것은 바벨론의 "비밀 종파"가 그 곳에 총본부를 두고 있음을 가리킨다. 그것은 또한 이런 이교 도시에서 핵심 역할을 한 황제 숭배를 포함한다.

② **발람의 교훈이 있었다**(민 22~25장) – 발람은 그가 받은 부와 특권의 답례로 이스라엘 백성을 죄 가운데로 인도해간 삯군 선지자였다. 그는 이스라엘이 이방 우상들을 섬기게 하여 간음에 빠지게 하였다. 여기서 우리는 세상의 유익을 얻으려고 세상과 짝한 교회를 본다. 로마제국이 교회 지도자들에게 부와 세상의 권력을 제공함으로써 그들을 "매수하였다." 오늘날 우리들에게도 이러한 일들이 있다./

③ **니골라당의 교훈이 있었다**(2：6) – "행위"에서 정착된 교훈에로 점차 나아간다. 우리는 이제 "성직자들"과 "평신도들"로 분리된 교회를 가지게 된다. 이것이 바로 로마 카톨릭주의의 시작이다.

4. 두아디라 교회 – 회개하지 않은 교회(2：18~29)

로마 카톨릭이 이제 완전한 성장을 보여 주는 때이다. 불꽃 같은 눈과 주석으로 된 발이 보고서 심판하러 오신다. 그러나, 사악한 교회는 회개하지 않을 것이다./ 이 교회는 사업과 섬김과 인내를 가지고 있었으나(병원과 학교 등 로마교의 활동을 잘 묘사하고 있다./) 죄로 가득 차 있었다.

우리는 여기서 일곱 편지들 중 유일하게 언급되는 여자의 이름을 보게 되는데, 이는 아합왕의 아내인 사악한 왕비 이세벨을 가리키고 있다(왕상 16~ 왕하 10장). 그녀는 이방 여인으로 바알 제사장의 딸이었으며 이스라엘에게 바알 숭배를 소개하였다. 그녀는 우상 숭배, 살인, 사기, 사제술(司祭術)과 마찬가지로 매음과 마법의 죄를 지었다(왕하 9：22). 오늘날 로마의 모습이 아닐 수

없다./

교회의 이 거짓 여선지자는 하나님의 백성을 타락시키기 위해(속이기 위해) 거짓 교훈을 사용하고 있었다는 것에 주목하자. 그녀는 그들에게 죄를 지어도 되는 면허를 주었다./ 로마교 이상으로 거짓 교훈과 우상과 죄의 면허를 가진 종교 제도가 어디 있겠는가? 로마교 이상으로 여인의 주변을 맴돌고 있는 제도가 어디 있겠는가? 이들은 마리아를 하늘의 여왕이라고 한다./

오늘날 로마는 배교자라 부른 신교 교회를 향해 우정의 손짓을 하고 있지만 하나님은 21절에서 로마가 회개하지 않을 것이라고 명백히 밝히고 계신다. 예배에서의 몇 가지 것들을 고칠지는 모르지만 그 불경건한 제도를 바꾸지는 않을 것이다./ 그 결과로 로마는 요한계시록 6～19장에 나오는 대환란에 들어가게 될 것이며, 요한계시록 17장에서는 이 땅을 타락시킨 큰 음녀로 나타나고 있다.

그녀는 자기의 교훈을 "하나님의 깊은 것들"이라고 부르지만 그리스도는 "사단의 깊은 것"이라고 부르신다(24절). 하지만 24～29절은 카톨릭주의 안에서 조차 참된 신자들(이긴 자)이 있을 것을 분명히 밝힌다. 로마의 자녀들(22～23절 - 이 제도로 말미암아 태어난 자녀들)은 심판을 받을 것이지만 교회의 참된 성도들은 그리스도께서 오실 때까지 "굳게 잡을" 것이다.

교회들에게 보내는
그리스도의 멧세지
-요한계시록 3장-

1. 사데 교회 - 죽어가는 교회 (3 : 1~6)

사데라는 이름은 "도피한 자들"이란 뜻이다. 이 교회는 하나님의 백성들 중의 더러가 로마의 타락을 피하였던 때인 종교개혁 시대 (1500~1700 주후)의 교회를 묘사한다. 이 교회는 행위는 가지고 있으나 생명은 그리 대단치 않았으며, 살았다 하는 이름은 가졌으나 죽은 교회였다./ 이것은 거대한 교단적인 프로그램과 세계적인 지도자들, 그리고 눈길을 끄는 건물을 가진 "죽은 개신교주의"를 참으로 생생하게 묘사하고 있다. 명성뿐이고 실제가 없는 교회이다./ 그리스도는 성도들을 경고하신다.

● 깨어있으라, 경계하라.
● 그 남은 바 죽게 된 것을 굳게 하라.
● 네가 받고 들은 말씀을 생각하라.
● 그것을 굳게 잡고 내가 올 때 준비가 되어 있도록 하라./

마틴 루터와 다른 개혁자들은 사람들의 마음을 하나님의 말씀에 되돌려 놓았으나, 현대 개신교는 말씀에서 떠나 그리스도의 재림을 가르치는 일을 그만두기조차 하였다./ 그리스도는 하나님 앞에서 "완전한 (충실한) 결실을 맺은" 개혁자들의 행위를 찾지 못하셨다. 이는 옳은 말이다./ 루터는 사람들을 로마로부터 데리고 나왔으나 이들을 충분히 멀리 데리고 가지는 못하였다. 그는 여전히 정교의 연합, 촛대, 법의 등을 그대로 붙들고 있었다. 그의 행위는 완전한 것이 아니었으며 하나님의 목표에는 미치지 못했다.

5절은 사람들을 괴롭혀 왔다. 왜냐하면 이 구절은 불충성한 그리스도인들의 이름을 생명책에서 지우겠다는 것을 암시하는 듯하기 때문이다. "생명책"은 출생한 모든 사람들의 이름을 담고 있다. 그리스도를 대적한 자들은 그들의 이름이 그 책에서 지워졌고, 참된 신자들의 이름이 어린 양의 생명책에 기록되었다 (13 : 8 / 21 : 27). 생명책에 이름이 없는 사람은 지옥에 갈 것이다 (20 : 15). 물론 사람이 교회 명부에는 이름이 올라 있으나 구원은 받지 못했다는 것으로 적용해도 된다.

"책들이 펼쳐질" 때 (20 : 12) 얼마나 놀라운 일들이 일어날 것인가!/ 오늘날의 교회나 그리스도인들은 살았다는 이름은 가질 수 있으나 죽은 것이나 다름

없다. 죽은 정통이상으로 더 악화될 수는 없다./ 오늘날 얼마나 많은 교회들이
참 생명을 지니고 있지 못한가./

2. 빌라델비아 교회 – 섬기는 교회 (3 : 7~13)

이 이름은 "형제애"란 뜻이다. 그러므로 우리는 곧장 서로를 사랑하고 주님을
사랑하는 구원받은 사람들을 다루고 있는 것이다. 이 교회는 과거 250년 간의
선교하는 교회를 나타내고 있다. 드물게 있던 선교 모험을 제외한다면 중세기
의 교회들은 복음을 퍼뜨리는 일을 거의 하지 않았다. 이들은 종교전쟁을 하며
통치자들과 정치 유희를 하는 데에 시간을 더 많이 보냈다.

이 시대의 교회들이 필연적으로 크거나 강하지는 못하지만 (8절) 이들은 분
명히 그리스도께서 그의 열쇠로 열어 놓으신 봉사의 문을 지나가는 믿음과 사랑
을 지닌 교회들이다. "다윗의 열쇠"란 다윗의 아들로서의 주님의 권위를 가리
킨다. 이사야 22장 22절에 보면 열쇠는 권위를 상징한다. 세상 도처에서 문들
을 닫고 있다. 따라서 우리가 아직 문이 열려 있는 사람들에게 가야 한다는 것
은 중요한 일이다. 그리스도께서 문을 여시거나 닫을 때는 아무도 이를 방해할
수가 없다./

이 교회는 거짓 교회 (사단의 회), 곧 거짓말 하는 자들로부터 반대를 받고 있
다. 이 거짓 형제들은 교회임을 주장하나 하나님의 백성의 사역을 반대한다. 그
러나, 그리스도는 그들로 무릎을 꿇게 하시겠다고 약속하신다./ 거짓 교회는 인
기와 영향력과 돈을 가지고 있으나 이 세대의 어느 날 세상에 진리를 전하는 하
나님의 소수의 성도들 앞에 절을 해야만 한다.

10절은 교회가 환란을 통과하지 않을 것이라는 가장 강력한 증거들 중의 하
나이다. 오늘날 참된 신자들은 빌라델비아 교회의 일원이며 이 땅에 임할 무서운
7년 심판으로는 들어가지 않을 것이다 (살전 5 : 8~9 참조).

요한계시록의 요약도 또 하나의 증거가 된다. 왜냐하면 계시록 3장 이후부터
22장 13절까지에는 교회에 대한 아무런 언급도 없기 때문이다./ 2~3장은 교
회 시대를 개괄하며, 4장은 환란기로 인도한다. 만일 우리가 휴거하기 전에 임
박한 환란을 기다려야만 했었다면 22장 20절의 기도는 기도드리기가 불가능
했을 것이다.

3. 라오디게아 교회 – 변절하는 교회 (3 : 14~22)

이 이름은 "사람들의 법"이란 뜻이다. 하나님의 말씀의 권위에 속한 영적인 지
도자들을 더이상 따르지 않는 민주적인 교회를 암시한다. 이 교회가 진리를 외
면한 개신교이다. 교회는 미지근하다. 이는 뜨거운 것과 찬 것을 섞었을 때 일

어나는 상태로서, 진리에 오류를 섞어 약화된 진리를 지니고 있는 혼합된 교회이다.

이 교회는 부요하다고는 하나 실상은 가난하고 불쌍하며 눈멀고 벌거벗은 것을 알지 못하는 교회이기에 참으로 비극이다./ 오늘날 명성과 부와 정치적 권력을 쥐고 있는 신앙을 버린 세상의 모습이 아닐 수 없다. 그러는 동안은 영적으로 가난할 뿐이다./

라오디게아 시는 양모와 부와 의술로 알려졌다. 따라서 그리스도께서는 18절에서 이러한 표상을 사용하셨다. 주님은 하나님의 말씀과 은혜의 의복과 영적인 것들을 볼 수 있는 능력의 참된 부요함을 그들에게 주고자 하셨다. 그들의 가치관, 의복, 그들의 환상이 무언가 잘못되어 있었다. 만일 그들이 회개하지 않는다면 주님은 사랑으로 그들을 징계하셨을 것이다.

20절은 자주 복음에의 초청에 사용된다, 이러한 적용은 좋은 것이다. 그러나, 근본적인 해석은 그리스도께서 변절한 교회 문 밖에서 계신다는 것이다./ 이 교회는 부와 권력은 있으나 그리스도는 없다./ 주님은 어떤 사람이 주님을 초청만 한다면 그 사람의 생활에 기꺼이 들어가려고 하신다.

교회가 대단히 미지근하고 교만하여져 그리스도께서 떠나 밖에 서 계셔야 한다면 얼마나 비극적인 일인가./ 이들은 전적으로 그리스도에 대하여 냉담한 자들이다./ 이 변절한 교회들은 그들의 교단 지도자들을 높이며 경건치 못한 세상을 높이기는 하지만, 그리스도를 높이지는 않았을 것이다./ 주님은 그들의 계획과 프로그램을 떠나 계시며 또한 그들의 마음에서도 떠나 계신다.

물론 이와 같은 모든 교회들이 요한의 시대에도 존재했던 것과 같이 오늘날에도 모두 존재한다. 이러한 일곱 교회 전체는 요한의 시대로부터 세상 끝까지의 교회들의 역사를 나타낸다. 이와 같이 그것들 모두는 오늘날 존재하는 교회들에서 찾아질 수 있을 것이다.

우리는 처음 사랑을 버렸고(에베소) 마침내는 그리스도를 향해 미지근한 교회로 끝마치는(라오디게아) 그런 분주한 교회를 갖는다. 거짓 교훈들은 미미하게 시작되나 장성한 후에는 교회에 전체 영향을 미친다. 하지만 각 교회에는 참 신자들(이기는 자들)의 그루터기가 남아 있어서 그가 돌아 오실 때까지 그리스도께 충성스럽게 책임을 질 수 있다.

성경 학자들은 본 장에 나오는 이기는 자들에게 주는 약속들을 구약사에서 찾아볼 수 있음을 지적했다. 에덴의 생명나무(2 : 7), 사람이 동산에서 쫓겨나 죽게 된 것(2 : 11), 광야를 방황할 때의 만나(2 : 17), 이스라엘의 왕국 시대(2 : 26~27), 제사장 직분(3 : 5), 성전(3 : 12), 솔로몬의 영광스러운 보좌(3 : 21) 등 이것은 그리스도께서 이스라엘의 역사를 한데 모으셔서 오늘날 그의 백성에게 적용하시는 것 같다.

마지막으로, 하나님의 말씀이 교회들에게 얼마나 중요한 것인지를 살펴보자. 그리스도는 일곱 번이나 교회들에게 "성령이 하시는 말씀을 들을찌어다"라고 하신다. 교회가 성령의 음성에 귀기울이기를 멈추면 사람의 소리를 듣기 시작하며 진리로부터 돌아서기 시작한다.

우리가 비록 생명을 값으로 지불하는 일이 있을지라도 믿음을 부인해서는 안 된다(2 : 23). 주의 말씀을 지켜야 하며(3 : 8, 10) 주의 이름을 부인해서는 안 된다./ 하나님의 말씀을 떠나고서는 교회에 생명이나 소망이 없다.

하늘나라를 들여다봄
-요한계시록 4 장-

본 장에 나오는 핵심 단어는 "보좌"로서 12회 사용되며, 이 책 전체에서는 37회 사용된다. 요한계시록은 우주를 다스리는 것이 인간들의 보좌들이 아니라 하나님의 보좌임을 분명히 밝힌다(시 103 : 19 참조).

1. 보좌로부터의 소환장(4 : 1)

여기서 우리는 교회의 휴거에 관한 생생한 모습을 본다. 요한계시록 1장 19절이 이 책에 대한 신적으로 주어진 요약이라는 것을 기억하자. 그러므로, 우리는 이제 "이후에 마땅히 될 일"을 보려고 한다. 4장 1절로부터는 계속 예언이 나온다. 요한이 이 시점에서 "들리움받는" 것은 교회가 환란을 통과하지 않을 것이라는 또다른 증거이다. 이제 이 경험이 어떻게 휴거를 나타내는지 살펴보자.

●하늘나라는 하나님의 자녀를 영접하도록 열려 있다.
●나팔 소리 같은 음성이 있다(살전 4 : 16 / 고전 15 : 52).
●그것은 갑작스러운 사건이다.
●그것은 2~3장에서 요약하고 있는 "교회 시대"가 끝날 때 생긴다.
●그것은 요한에게 하늘의 보좌가 있는 곳을 소개한다.
●그것은 세상에 임할 하나님의 심판의 시작을 알리는 신호가 된다.

요한계시록에 여러 가지 다른 문들이 나오는 것을 볼 수가 있는데, 봉사의 문(3 : 8), 그리스도께 대항하여 닫혀진 문(3 : 20) 하늘나라로 들어가는 문(4 : 1), 하늘나라로부터 나오는 문(19 : 11) 등이다.

2. 보좌의 영광(4 : 2~3)

보좌에 앉으신 이는 분명 성부 하나님이신 듯하다. 왜냐하면 성령은 보좌 앞에 있는 등불로 표현되며(4 : 5) 성자는 5장 6절에서 보좌로 나오기 때문이다. 요한은 성부의 영광을 상징하는 데에 진귀한 보석들을 사용한다. 벽옥은 투명한 돌로서 하나님의 순전하심을, 홍보석은 붉은 것으로서 하나님의 진노와 심판을, 녹보석은 초록색으로서 은혜 및 자비와 관련된 색이다.

이 보석들은 모두 대제사장의 아름다운 흉패에 있는 것들이다(출 28 : 17~21). 보좌 주위에는 녹보석 같은 무지개가 있었다. 이는 하나님께서 세상을 물로 멸망하지 않을 것을 인류와 자연계에 언약하셨을 때인 창세기 9장 11~17절로 우리를 데려간다. 무지개는 하나님의 약속과 하나님의 자비로우신 언약에 관해 말하고 있다. 하나님의 보좌로부터 무서운 심판이 인류 위에 내려지는 그 진노 중에서도 하나님은 여전히 자비를 보이신다(합 3 : 2 참조).

계시록 10장 1절에서 우리는 그리스도께서 그 머리 위에 두르신 무지개를 보는데 그것은 은혜와 자비가 세상에 들어온 것이 그리스도를 통한 일이기 때문이다. 이 무지개와 노아 시대의 무지개 사이에는 한 가지 다른 점이 있다. 즉, 노아는 하늘에 있는 활 모양의 무지개를 보았을 뿐이지만 요한은 보좌를 둘러싸고 있는 원형의 완전한 무지개를 보았다. 오늘날 하나님의 자비에 대하여 우리가 보는 바는 "거울로 보는 것같이 희미하게 안다." 그러나, 우리가 하늘나라에 갈 때 전체의 원형(原形)을 보게 될 것이다.

3. 보좌 주위에 있는 장로들(4 : 4)

이 장로들은 다음과 같은 이유 때문에 천사로 볼 수가 없다.

1 우리는 보좌에 앉은 천사들을 본 일이 없다.
2 면류관을 쓴 천사들을 본 일이 없다.
3 7장 11절에서 장로들은 천사들과 구별된다.
4 5장 8~10절에서 장로들은 찬양의 노래를 부르는데, 천사들이 노래를 부른다는 기록은 아무데도 없다.
5 그들의 노래에서 그들은 구속받았다고 주장하는데, 이 말은 천사들이 할 수 있는 말이 아니다.
6 6장 12절에서 천사들은 말하고 한편 장로들은 노래한다.
7 천사들은 결코 계수되지 않는다(히 12 : 22).
8 "장로"라는 명칭은 성숙을 뜻하나, 천사들은 시간을 초월한 존재이다.

구약의 성전에는 제사장들의 24 반차가 있었다(대상 24 : 3~5, 18 / 눅 1 : 5~9). 이 24장로들은 휴거되어 영광 중에 그리스도와 함께 다스리고 있는 성도들을 의미하는 것 같다. 다니엘이 왕좌가 "높이는" 것을 보았을 때(단 7 : 9) 그것들은 비어 있었다. 그러나, 요한은 채워진 보좌들을 보는데 그것은 이제 하나님의 백성이 본향으로 부름받았기 때문이다. 우리는 그와 함께 누리는 왕들이요 제사장들이다(1 : 6).

4. 보좌로부터의 심판(4 : 5)

이것은 은혜의 보좌가 아니라 심판의 보좌이다. 천둥과 번개는 폭풍우가 오고

있다는 경고들이다./ 하나님은 시내산에서 율법을 주실 때 천둥을 치셨으며(출

19 : 16), 하나님은 그의 법을 어긴 사람들을 심판하시기 위하여 다시 천둥을 치실 것이다(시 29편 / 시 77 : 18 참조).

하나님은 이와 같은 방법으로 애굽을 경고하셨고(출 9 : 23～28), 그리고 또한 이 사악한 세상도 경고하실 것이다. 그의 보좌는 심판을 위하여 예비되었다(시 9 : 7).

5. 보좌 앞에 있는 것들(4 : 5～11)

1 등불–이 등불들은 성령을 상징하는 것들이며(1 : 4), 불로 소멸하는 성령을 나타낸다(사 4 : 4). 그리스도는 성령의 충만하심을 입고 계신데, 이는 일곱이 완전을 나타내는 수이기 때문이다(3 : 1). 은혜 시대에는 성령이 평화의 비둘기로 묘사되지만(요 1 : 29～34) 교회가 들림받은 이후에 성령은 불의 재판관이 될 것이다.

2 유리 바다–우리는 여기서 구약 성전과 비슷한 하늘의 성전을 본다(11 : 19 / 히 9 : 23). 일곱 등불은 일곱 개로 된 촛대와 상응하며, 유리 바다는 물두멍과 상응하고, 보좌는 하나님께서 영광 가운데서 통치하셨던 곳인 법궤와 상응한다. 요한계시록 6장 9～11절은 하늘에 희생제사를 드리는 제단이 있음을, 8장 3～5절은 향단이 있음을 시사한다.

24장로들은 성전에 있는 제사장들과 상응되며, 생물들은 휘장에 수놓아진 천사들과 상응한다. 성전의 물두멍(또는 "바다")에 대해서는 열왕기상 7장 23～27절을 참조하라. 하늘의 바다는 하나님의 거룩하심을 나타내며, 불은 그가 거룩하시기 때문에 죄에 대한 그의 심판을 나타낸다.

3 생물들–넷은 땅의 수이며, 따라서 우리는 여기서 하나님의 피조 세계와 맺으신 언약을 보게 된다. 창세기 9장 8～13절을 보면 하나님께서 사람과 새와 가축과 짐승과 언약하셨음을 보게 될 것이다. 이런 피조물 각각이 생물의 얼굴에 나타난다. 하나님께서는 사람에게 피조 세계를 다스릴 권세를 주셨으나 죄로 말미암아 이 권세를 잃었다(창 1 : 28～31 / 시 8편). 그러나, 그리스도 안에서 왕국이 건설될 때 그 권세를 다시 얻게 될 것이다(사 11 : 6～8 / 사 65 : 25 참조).

네 생물(피조 세계를 상징함)이 하나님의 보좌 앞에 있다는 것은 그가 피조 세계를 통제하고 계심을 우리에게 가르쳐 주는 것이며, 또한 그가 피조물을 한 날에 죄의 속박으로부터 구하시겠다는 그의 약속을 지키실 것을 가르치고 있다(롬 8 : 19～24).

이 네 생물은 이사야 6장에 나오는 천사와 에스겔 1장과 10장에 나오는 피조물들의 결합이다. 이 생물들에는 이름이 없다. 에스겔의 환상에서는 각 생물이 네 얼굴을 가지고 있는데, 요한계시록 4장 7절에 나오는 넷에 상응한다. 보좌 앞에 있는 이런 피조물들은 하나님을 찬양하고 그에게 영광과 존귀를 돌린다. 시편 148편은 모든 피조물이 하나님을 어떻게 찬양하는지를 보여 주고 있다. 죄악된 사람들이 주님을 찬양하기를 거절한다는 것은 비참한 일이다.

이 찬양에 장로들이 함께 하여 그 보좌 앞에 자기의 면류관을 던진다. 이 면류관들은 땅에 있을 동안에 봉사한 것을 인하여 받은 상급을 상징한다. 우리가 하늘나라에 가면 모든 찬송이 오로지 하나님께만 속한다는 것을 생생한 방법으로 깨닫게 될 것이다. 11절은 요한계시록에 나오는 몇 개의 송영들 중 첫번째 것이다. 하나님이 만물의 창조주이시기 때문에 하늘의 존재들이 하나님을 찬양한다.

요한 계시록 5장 9~10절에서 생물과 장로들은 그리스도의 피로 말미암는 구속으로 인해 하나님을 찬양하는 데에 함께 한다. 왜냐하면 피조물이라도 십자가로 말미암아 구속받기 때문이다. 요한계시록 11장 16~19절에서 하나님은 세상을 그 죄로 인해 공평히 형벌하실 재판장이시기 때문에 하늘이 하나님을 찬양한다.

무대가 이제 마련된다. 교회는 하늘로 취한 바되었고 주님은 보좌에 계신다. 하늘의 모든 것이 주님을 찬양하며 그의 진노를 쏟으시기를 기다리고 있다. 여기서 사용하고 있는 하나님의 명칭이 "주 하나님 곧 전능하신 이"(4 : 8)인 것은 흥미 있는 일이다. 역사는 이 명칭이 도미티아누스 황제가 사용하였던 공식 칭호였음을 말해 준다. 그 황제는 요한을 밧모섬에 보냈던 박해에 책임이 있는 사람이다.

사람들은 스스로 존귀를 취하려 할지 모르지만, 크거나 작거나 간에 모든 사람들이 예수 그리스도가 만물의 주이심을 인정할 날이 올 것이다.

일곱 인으로 봉한 책

-요한계시록 5 장-

1. 인봉한 책(5 : 1~5)

"책"이라는 말은 물론 **두루마리**를 의미한다. 왜냐하면 그 당시에는 제본한 책이 없었기 때문이다. 이 두루마리는 강가에서 자라난 갈대로 만들어졌으며 값이 비쌌다. 이 두루마리는 창조에 대한 그리스도의 권리 증서이다. 로마인은 언제나 일곱 인으로 봉했다. 이 두루마리는 그리스도께서 그의 죽으심의 공로로 인해 창조를 주장할 권리를 허락받는 유언장 또는 유서이다(9절).

유언장은 상속자에 의해서만 개봉될 수 있는데 그리스도는 "만물의 후사"이시다(히 1 : 2). 어떤 연구자들은 6~9장에 나오는 심판이 이 두루마리에 포함되어 있다고 생각한다. 두루마리 양면에 씌어졌다는 사실은 아무것도 더이상 첨부되거나 변경될 수 없다는 것을 보여 준다. 죄악된 세상의 운명은 정해졌다.

이 장면의 배경은 땅을 소유하는 유대인의 제도에 근거하고 있다. 만일 어떤 사람이 가난하여 자기의 땅이나 자신을 팔게 되면 친척에 의해 구속을 받을 수가 있다. 룻의 이야기는 이 법에 근거하고 있다(렘 32 : 6~15 / 레 25 : 23~25 참조). 이 구속자는 그 사람의 친척으로서 그의 재산을 구입하여 그 친척을 해방시키기를 원해야 하며 또한 그럴 능력이 있는 사람이어야 했다. 모든 피조물은 죄와 사단과 죽음의 속박 아래 있어 왔으나 이제 우리의 친족 구속자이신 그리스도께서는 피조물을 자유롭게 해방하시려고 하신다!

하나님은 그리스도만이 구속하실 수가 있다고 분명히 밝히신다. 영광 중에 있는 어떤 성도나 땅의 어떤 사람이나, 또는 죽음의 세상에 있는 어떤 영혼도 이책을 취할 수가 없었다. 아무도 그럴 만한 자격이 없었다! 이러한 사실은 기도할 때 성인들의 이름으로 기도하는 것이 어리석은 일임을 가르쳐 준다. 우리에게는 의지할 높아지신 그리스도가 계시는데 왜 성인들을 의존해야 하겠는가! 요한은 다음의 몇 가지 이유 때문에 울었다.

① 그는 피조물이 속박으로부터 해방되는 것을 보고자 갈망하였다.
② 그는 4장 1절의 약속이 성취되기를 원하였다.
③ 그는 이스라엘에 대한 구약의 약속들이 이 두루마리가 펼쳐지기까지는 결코 성취될 수 없다는 것을 알고 있었다.

요한은 로마서 8장 23절에 나오는 "탄식"에 동참하고 있었다. 천사가 그리스도를 가리킴으로써 그의 눈물을 마르게 했다. "사자"라는 이름이 우리를 창세기 49장 8∼10절로 데리고 가며, 그것이 다윗의 계보에서 그리스도의 왕권을 나타낸다. "다윗의 뿌리"라는 말은 주님의 신성을 말하며, 다윗으로 말미암아 나신 자임을 뜻한다(사 11 : 1, 10). 그리스도는 우세하셨기 때문에 이 책을 펼 자격이 있으시다. 우세하다는 말은 이기는 것(2 : 7, 11, 17, 26, 등), 정복(6 : 2) 또는 승리하는 것(15 : 2)을 뜻한다. 어린 양이 승리하셨다./(17 : 14)

2. 죽임당한 어린 양(5 : 6∼10)

요한은 사자를 찾고 있었는데 어린 양을 보았다./ 사자와 양이라는 두 이름에서 우리는 구약 예언의 이중적인 강조점을 본다. 사자로서 그리스도는 정복하고 다스리시며, 어린 양으로서 그는 세상 죄를 담당하시고 죽으신다. 우리는 고난과 영광을(눅 24 : 26 / 벧전 1 : 11), 그리고 면류관과 십자가를 떼어 놓을 수 없다.

그리스도가 요한계시록에서 29회나 어린 양으로 불리우고 있다는 것은 주목할 가치가 있다. 사실상 성경 전체는 "어린 양"이라는 주제로 추적, 요약될 수 있었다. 창세기 22장 7절에서 이삭은 "어린 양은 어디 있나이까?"라고 물었고, 세례(침례) 요한은 "보라 하나님의 어린 양이로다"(요 1 : 29)고 응답하였다. 이제 요한은 "어린 양이 합당하시도다./"고 쓰고 있다(출 12장 / 사 53 참조).

"죽임을 당한"이란 말은 문자 그대로 "희생제물이 되기 위하여 목이 잘린"이란 뜻이다. 그리스도는 단순히 죽임을 당하신 것이 아니라 희생제물로 바쳐졌다. 그의 죽음과 부활은 그가 피조계의 상속자가 되시며 이 책을 취하여 인봉을 떼시기에 합당하다는 증거이다.

그리스도께서 이 책을 취하실 때 장로들(영화롭게 된 교회)은 주를 찬양하는 노래를 부르며 멸망할 피조계를 구속하기 위한 그의 죽으심을 찬미한다. 하늘은 십자가에 대하여 노래한다./ 향을 담은 대접은 하나님의 백성의 기도를 모형으로 보여 준다(시 141 : 2 / 눅 1 : 10). 이 말은 이 땅의 그리스도인들이 하늘에 있는 성도들을 통하여 기도할 수 있다는 뜻이 아니다. 이것은 하나님이 자기 백성의 기도, 곧, "나라이 임하옵시며"라고 기도하는 것을 기억하신다는 상징적인 교훈이다.

6장 9∼11절과 8장 1∼6절에서 하나님은 믿음으로 인하여 박해와 시련을 당한 자기 백성의 기도에 어느 날 응답하실 것에 대해 살펴보자. 기나긴 세월 동안 하나님의 백성들은 그리스도의 다시 오실 것과 세상의 잘못을 곧게 하실 것에 대해 기도해 오고 있었다. 하나님은 어느 날 이 기도들에 응답하실 것이다. "저희가 땅에서 왕노릇하리로다./"는 그들이 고대하는 바이다. 이것은 그리스도께서 어느 날 문자 그대로 지상에서 왕노릇하실 것에 대해 말하는 또하나의 증거이다(20 : 4).

3. 큰 음성으로 외치는 무리들(5 : 11〜14)

장로들은 노래부르나 천사들은 "큰 음성으로 말한다." 천사들이 노래한다는 성경의 증거는 한 군데도 없다. 욥기 38장 7절은 창조시에 "하나님의 아들들(천사들)이 다 기쁘게 소리하였었느니라"고 언급한다. 누가복음 2장 13〜14절에 나오는 "크리스마스의 천사들"은 노래함으로써가 아니라 "말함으로" 하나님을 찬양하였다.

하늘에 있는 허다한 천사들은 어린 양이 이 책을 취할 때 큰 소리로 찬양하는 데에 그들의 음성을 합했으나 노래하지는 않았다. 노래는 구원의 기쁨을 맛본 하나님의 성도들이 차지할 특권이다. 성도들이 할 수 없는 것을 천사들이 할 수 있는 일들은 많다. 그러나, 천사들은 구원받을 수 없으며 성도들과 더불어 어린 양을 찬양하는 노래도 부를 수 없다./ 천사들의 수에 대해서는 다니엘 7장 10절을 참조하라.

그리스도만이 찬양을 받으시기에 합당하시다. 다음의 송영을 그리스도의 지상 생활과 대조해 보는 일은 흥미로운 일이다.

지상에서의 그리스도	하늘에 계신 그리스도
"저가 당연히 죽을 것이로다"(요 19 : 7)	"그는 찬송을 받으시기에 합당하도다!"
"그는 사단의 능력으로 일한다"(마 12 : 24)	"그는 능력을 지니시기에 합당하도다!"
"우리를 위하여 그가 가난하게 되었다" (고후 8 : 9)	"그는 부유하시기에 합당하도다!"
"십자가의 도가 멸망하는 자들에게는 미련한 것이요"(고전 1 : 18)	"그는 지혜를 지니시기에 합당하도다!"
"그리스도께서 약하시므로 십자가에 못박히셨다"(고후 13 : 4)	"그는 강함을 소유하시기에 합당하도다!"
"너희가 나를 무시하는도다"(요 8 : 49)	"그는 높임을 받으시기에 합당하도다!"
"나는 내 영광을 구치 아니한다"(요 8 : 50)	"그는 영광을 받으시기에 합당하도다!"
"그리스도께서 우리를 위하여 저주를 받으셨다"(갈 3 : 13)	"그는 축복을 받으시기에 합당하도다!"

천사들이 찬미의 말을 마치자 모든 피조물들이 주 예수 그리스도를 높이는 일에 합세한다. "모든 만물"은 그리스도께서 최종적으로 원수를 이기시고 그의 왕국을 설립하실 때 임하게 될 구속을 모든 피조물이 고대하고 있다고 암시한다 (13절 ─ 빌 2 : 10∼11 / 골 1 : 20 비교). 모든 피조물이 성부 하나님과 성자 하나님을 찬양한다 (요 5 : 23 참조).

많은 사람들이 "나는 하나님을 예배하지 예수 그리스도를 예배하지 않는다"고 말한다. 그리스도를 무시하는 것은 아버지를 모욕하는 것이다! 하늘에서는 모든 천사와 모든 휴거된 성도가 성부와 성자를 높이며 찬양할 것이다.

그리스도는 이 인봉한 책을 떼실 작정이시며 세상에 심판이 임할 것이다. 환란의 이중 목적을 명심하자. 곧, 그들의 죄로 인해 열방을 벌하시는 것과, 이스라엘을 깨끗케 하시어 그리스도께서 영광 중에 임하실 때 믿는 남은 자들로 그를 영접하도록 예비케 하시는 것이다 (계 19 : 11).

이 땅의 거민들은 하늘에서 벌어지는 이 영광스러운 장면에 대해서는 알지 못한다. 사람들은 먹고 마시고 범죄하고 하나님의 말씀을 무시하는 데로 나아간다. 이 때 어린 양은 책을 펴기 시작하실 것이며 심판이 임할 것이다! 아직 기회가 있을 때에, 지금 당신이 구원받게 된 것은 참으로 뜻깊은 일일 것이다!

인봉한 책을 펴다
- 요한계시록 6장 -

우리는 이제 다니엘의 70 이레 (단 9 : 27), 곧 7년 환란기의 전반부에 들어서고 있다. 어린 양이 인봉한 책을 취하셨으며 (피조물에 대한 그의 권리증서) 인을 떼시고 불경건한 세상에 전쟁을 선포하시려는 순간이다. 하늘에 있는 인(印)들을 하나씩 뗄 때마다 중요한 사건들이 일어난다. 이 인들을 마태복음 24장에 나와 있는 마지막 때에 관해 그리스도께서 가르치신 바와 비교하는 것을 잊지 말라.

1. 첫째 인 - 적그리스도가 일어나 권력을 잡는다 (6 : 1~2)

첫번째 네 인들을 떼자 보좌 앞에 있는 네 생물 중의 하나가 (4 : 6~11) 말탄 자와 말을 "오라"고 부른다. 처음 말은 흰색이고 그 말을 탄 자는 활과 면류관을 가졌다. 이 말을 요한계시록 19장 11절에 나오는 말과 혼동하지 말라. 그곳에서는 분명하게 그리스도께서 말을 타고 정복하시는 것으로 되어 있다.

　여기서 말한 자는 적그리스도이며 거짓 그리스도로서 이 땅을 정복하는 자이다. 그가 화살이 아닌 활을 가지고 있다는 사실을 그가 평화롭게 열방을 정복할 것을 시사한다. 교회가 휴거된 후에 적그리스도가 승리 가운데 행진할 수 있도록 길이 열릴 것이다 (살후 2장). 일시적으로 거짓된 평화가 있을 것이지만 그가 유럽을 연합시키고 유대인과 조약을 맺게 할 것이다 (살전 5 : 2~3). 이 일은 마태복음 24장 5절과 평행을 이루며 요한복음 5장 43절에 나오는 그리스도의 예언을 성취한다.

2. 둘째 인 - 전쟁 (6 : 3~4)

세계적인 평화는 오래 지속되지 않을 것이다. 왜냐하면 사람들이 "평안하다, 안전하다!"고 할 때 무서운 전쟁은 발발할 것이기 때문이다. 이것은 마태복음 24장 6~7절과 평행을 이룬다. 붉은 색은 공포나 죽음과 관련된 색이다. 요한계시록에는 전쟁하는 붉은 말 (6 : 3~4), 붉은 용 (12 : 3), 붉은 빛 짐승 (17 : 3)이 나온다.

　하나님께서 적그리스도에게 이 땅의 평화를 빼앗아갈 권위를 주시는 것에 유의하자. 이것은 모두 하나님의 계획의 일부이다. 하나님은 화살이 없는 활을 큰 검으로 바꿔 주신다. 그리고, 사람들은 서로 죽이기 시작한다. 이것은 국제 간의 협상이나 토론이라는 방식으로는 지속적인 평화를 가져오지 못한다는 사실을 명백하게 말해 준다.

3. 세째 인 – 기근 (6 : 5~6)

기근과 전쟁은 함께 다니기 마련이다 (마 24 : 7 참조). 검은 색은 기근을 생각하게 한다 (렘 14 : 1~2 / 애 5 : 10 참조). 말탄 자 (여전히 적그리스도임)가 저울을 가지고 있는데, 이는 정부가 식량 소비를 통제하는 것을 가리킨다. 밀 한 되는 1리터가 약간 더 되며, 한 데나리온은 일꾼의 하루 임금에 해당한다. 달리 말하자면, 식량이 너무도 귀하여 곡식 1리터를 구하려면 남자가 하루 종일 일해야 한다는 뜻이다.

그러나, 부자를 위하여는 감람유나 포도주가 부족하지 않는 것에 주목하자. 우리는 여기서 부자는 더 부요하게 되고 사치를 즐기지만 가난한 사람들은 더욱 가난하여져서 연명하기조차도 어렵게 되는 것을 보게 된다.

이러한 사실은 사람들에게 생활 필수품만은 주겠다는 모든 인위적 계획이 실패하리라는 것을 가리킨다. 곡식과 감람유와 포도주가 이스라엘의 주 생산품이라는 점에 주목할 만한 가치가 있다 (호 2 : 8). 적그리스도는 이스라엘과 언약을 했으므로 그 자원을 보호하고자 원했을 것이다.

4. 네째 인 – 사망 (6 : 7~8)

"청황"이란 색은 문둥병의 병색 (病色)을 나타낸다 (레 13 : 49). 사망이 이 말을 탔고 "음부" (지옥이 아님)도 그와 함께 타고 있다. 사망은 시체를 요구하고 음부는 영혼을 요구한다. 하나님은 땅의 인구 사분의 일을 죽일 권세를 그들에게 주신다!

네 가지 방법이 사용되는데, 검 (폭력과 전쟁)과 흉년 (기근)과, 사망 또는 흑사병 (전쟁과 기근에 동반하는 질병)과 짐승들 (자연은 문명이 타락할 때 이 권한을 인계받는다)이다. 이와 평행을 이루는 귀절인 에스겔 14장 21절을 읽어보라. 들짐승들조차 굶주려 사람들을 해칠 것이다! 교회가 하늘로 데려감을 당한 후에 그리스도를 거절하는 세상이 맞이할 심판이란 얼마나 무서운 것인가! (마 24 : 7)

5. 다섯째 인 – 순교자들 (6 : 9~11)

구약의 제사장은 놋제단 아래 희생제물의 피를 부었다 (레 4 : 7). 피는 생명 (또는 영혼, 레 17 : 11)을 말하는 것이므로 하늘의 제단 아래는 순교자들의 영혼이 있다. 이들은 휴거 이후에 구원받은 사람들이며, 그들의 생명으로써 증거를 나타낸 사람들이다. 그들을 죽인 자들은 그 당시까지도 여전히 지상에 생존해 있었고 아직 심판을 받지 않고 있었다.

이 순교한 성도들은 신원해 줄 것을 기도한다(시 74 : 9~19 / 79 : 5 / 94 : 3~4 참조). 이 세대에 사는 성도들은 그들을 박해하는 자들을 위하여 기도하라는 말을 듣고 있는 것은 사실이다. 이는 그리스도와 바울과 스데반이 그렇게 했던 바이다(눅 23 : 34 / 행 7 : 60 / 딤후 4 : 16).

그러나, 지금 이 시기는 하나님께서 자기 백성의 기도, 곧 구원해 줄 것과 신원해 줄 것을 바라는 기도에 응답하실 때인, 심판이 때일 것이다. 결국 하나님께서는 그들이 기도할 때 세상을 심판하시는 중에 계시며, 따라서 그들은 하나님의 뜻대로 기도하고 있는 것이다. 이는 마태복음 24장 9절과 평행을 이룬다. 하나님께서는 친히 그들의 기도에 응답하실 것이라고 약속하신다.
그러나, 먼저 그들의 형제들이 좀더 죽임을 당하게 될 것이다. 우리는 12장 11절, 14장 13절, 그리고 20장 4~5절에서 죽임당한 다른 성도들을 본다. 죽임을 당한 사람들 중에는 그 때까지도 땅에서 사역하고 있었던 하나님의 두 증인 모세와 엘리야도 있을 것이다(11 : 1~7). 요한계시록 20장 4절은 이 환란의 순교자들이 천년왕국 동안에 부활하여 왕노릇할 것임을 시사한다.

6. 여섯째 인 – 세상의 혼돈 (6 : 12~17)

이 귀절은 누가복음 21장 25~26절과 평행하다(욜 2 : 30~31 / 욜 3 : 15 / 사 34 : 2~4 / 사 13 : 9~10 참조). 계시록에는 세 지진이 지적되어 있다(6 : 12 / 11 : 13 / 16 : 18~19). 문자 그대로의 지진인 것은 의심의 여지가 없으나, 이 지진들과 더불어 이 땅과 하늘에 소동들이 생겨서 크건 작건 간에 깜짝 놀라게 될 것이다.
어떤 학자들은 이 귀절들이 원폭전의 결과, 곧 해와 달이 어두워지고, 큰 땅이 옮기워지고, 사람들은 땅의 굴을 찾아 핵 방사선을 피할 것을 묘사하고 있다고 생각한다. 그럴 수도 있으나, 우리가 특히 주목해야 할 것은 사람들이 그리스도로부터, 그리고 그의 진노로부터 피하여 숨는 것이지 사람이 만든 장치로부터 피하여 숨는 것이 아니라는 점이다.

15절은 환란의 전반 삼 년 반 동안의 생활이 어떠할 것인가에 대한 생생한 묘사이다. 한 가지 예를 들면, 왕국들이 다시 회복될 것이다. 오늘날은 민족주의나 민주주의를 지향하고 있으나 이것은 변할 것이다(16 : 12~14).
적그리스도는 그를 따르는 하찮은 많은 왕들을 거느린 "유럽 연맹국"(The United States of Europe), 곧 회생한 로마 제국을 통치할 것이다(17 : 12~14). 환란 날의 또다른 특징은 군주주의이다. "장군들"이 나타날 것이다. 이는 로마의 칭호로서(사단 사령관) 적그리스도에게 속한 부활한 로마 제국에 줄곧 따라다니게 될 칭호이다. 노예들(종들)도 있을 것이다. 18장 13절을 보면 "종들과 사람의 영혼들"이 바벨론의 상품에 포함되어 있다. 또한 큰 부와 큰 빈곤

이 있을 것이며 열방의 경제를 파산시킬 부의 재분배가 있을 것이다.

그렇다면 여섯째 인의 심판은, 마치 열방의 경제적 정치적 제도들을 뒤흔들어 놓은 것과 마찬가지로, 하늘과 땅에서 문자적인 물리적 파괴를 포함할 것으로 보인다. 이 모든 일들은 적그리스도가 그의 통치를 확장하는 데 용이하게 할 것이다.

땅에 거하는 사람들은 그리스도가 심판을 내리고 계시다는 것을 알 것이지만 그들은 그를 영접하지 않을 것이다! 그들은 반석이신 그분 안에 피하려 하지 않고 오히려 바위틈에 숨으려 할 것이다. 환란의 처음 삼 년 반은 후 삼 년 반을 위한 준비 과정이며, 후반기는 하나님의 진노의 기간으로 알려져 있다 (11 : 18 / 12 : 12 / 14 : 10 / 18 : 3 참조).

그런데 여섯째 인과 일곱째 인 사이에는 휴거가 있는 것은 (여섯째와 일곱째 나팔 사이에도 있다, 10 : 1〜11 : 13) 환란기 중에 구원받게 될 두 부류의 구속받은 큰 무리를 볼 것이기 때문이다. 우리는 다음 연구에서 이 부류를 검토할 것이다.

요약컨대, 적그리스도는 평화로운 정복자로서 그의 역할을 시작할 것이나, 열방을 통제하기 위하여 전쟁과 경제적인 통제로 호소할 자라는 것을 주목하자. 세상은 평화의 왕이신 예수 그리스도를 거절하였으므로 적그리스도의 거짓 평화를 받아 들일 것이다.

구원받은 두 무리

- 요한계시록 7장 -

여섯째 인과 일곱째 인을 떼는 것 사이에 하나의 휴지가 있다. 하나님께서 그의 멧세지를 땅 끝까지 전할 십 사만 사천의 유대인 선교사들을 인치시는 잠시 동안은 심판을 멈추신다. 우리는 하나님의 진노의 날이 오고 있음에 대하여 살펴보았다(6 : 15~17). 따라서 하나님은 폭풍우를 가라 앉히시고 유대인이나 이방인에게 똑같이 하나님의 자비를 뻗치신다. 우리는 여기서 두 그룹의 구속받은 백성을 본다.

1. 인맞은 유대인들(7 : 1~8)

하늘의 바람은 하나님의 심판을 말하며, 여기서 심판은 특별히 땅과 바다와 초목에 임하는 심판이다. 사방의 바람을 붙잡고 있는 네 천사들은 처음의 네 나팔을 부는 천사들이다. 왜냐하면 심판이 서로 비슷하기 때문이다(8 : 6~12 참조) 동쪽으로부터 온 천사는 하나님의 인을 붙들고 있다. 인은 소유와 보호를 뜻한다(9 : 4).

오늘날 그리스도인은 성령으로 말미암아 인쳐진다(엡 1 : 13~14). 성령의 인침은 그리스도를 믿는 그 순간에 즉시로 일어난다. 또한 이 인침은 하늘에 있는 영원한 생명과 유업을 확신케 한다. 인치는 천사는 바람의 천사들에게 하나님의 종이 아무리 불순종했다 해도 상관치 않고 그가 구원받을 때까지 그들의 심판을 보류할 것을 명령한다. 이와 비슷한 장면을 에스겔 9장에서 찾아보라.

하나님의 천사들이 주께서 택하신 자들을 모으는 데 일익을 담당한다고 그리스도께서 가르치셨던 것을 기억하자(마 24 : 31). 바람의 천사들과 더불어 우리는 또한 불의 천사(14 : 18)와 물의 천사(16 : 5)를 본다. 이 천사들은 자연의 활동에 자주 관여되고 있는 하나님의 특별한 사역자들이다.

이 인맞은 종들은 모두 유대인으로, 이스라엘 열 두 지파들로부터 각각 일만 이천씩이다. 어떤 악의가 없는 그리스도인들이 십 사만 사천은 교회(새 이스라엘)를 상징한다고 가르쳤는데, 이는 불행한 일이다. 왜냐하면 역사의 이 시점에서 교회는 더이상 등장하지 않기 때문이다.

이 기간에 지상에 생존해 있는 참 유대인으로서 십 사만 사천을 가르치고 있는 본 장을 여호와의 증인은 오용했다. 그들은 아마도 모세와 엘리야의 사역을 통하여 그리스도께 인도될 것인데, 이 두 증인은 환란의 처음 삼년 반 동안에 말씀을 전파할 사람들이다(11 : 1~12 참조). 이들은 복음을 온 족속에게 전하기 위하여 하나님이 선택하신 보호받은 선교사들, 곧 144,000명의 "사도 바울들"일 것이다!

이렇게 되면 마태복음 24장 14절의 그리스도의 예언이 성취될 것이며, 그 결과 수 많은 이방인들이 구원받게 될 것이다(7 : 9 이하). 바울이 그의 사역 기간 동안에 얻은 많은 사람들에 대하여 생각하면 십 사만 사천의 그런 선교사들이 과연 어떤 일을 할 것인가 상상할 수 있을 것이다!

단 지파가 명단에서 빠지고 그 대신 므낫세 지파가 그 자리에 든 것에 흔히들 주목하게 되는데 그 이유는 다음과 같다.
[1] 단은 이스라엘을 우상 숭배로 이끌어갔다(삿 18 : 30 / 왕상 12 : 28~30).
[2] 하나님은 우상 숭배자들의 이름을 지우겠다고 약속하셨다(신 29 : 18~21).
[3] 적그리스도는 단 지파로부터 나올 수도 있다(렘 8 : 16).

2. 구원받은 이방인들(7 : 9~17)

유대인들은 계수되었으나 이 무리들은 셀 수가 없다. 이 이방인들은 십 사만 사천 인이 수고한 결실이며 하늘 아래 있는 온갖 족속으로부터 난 자들이다. 이들은 교회의 일부가 아니다. 왜냐하면 우리는 보좌 앞에 있는 그들을 보지만 장로들처럼 보좌 위에 앉아 있는 것을 보지는 않기 때문이다.

14절은 이들이 큰 환란으로부터 나오는 것임을 명백히 밝힌다. 요한은 여기서 이들이 하늘 보좌 앞에 서서 하나님과 어린 양을 찬양하는 것을 본다. 그들이 든 "종려가지"는 이스라엘이 여호와의 축복을 즐거워했던 구약의 장막절을 암시한다(레 23 : 40~43). 이 절기에 이들은 흰 옷을 입는데, 이것은 어린 양으로 말미암은 그들의 의로움을 가리킨다.

14절은 이 이방인들이 그리스도를 믿는 믿음으로 말미암아 구원받았다는 것을 명백히 한다. 왜냐하면 이것은 어느 누구나 구원받을 수 있는 유일한 길이기 때문이다.

15~17절은 이 이방인들이 땅에서 참아야 했던 시련들을 암시한다. 이들은 먹을 양식이 부족했기 때문에 굶주리고 목말라했다. 이들에게는 낮의 뜨거운 열기를 피할 어떠한 곳도 없었다. 눈물과 시험들이 있었을 것이다. 이 이방인들은 마태복음 25장 31~46절에 나오는 "양"에 속하는 것 같다. 그들은 환란의 때에 유대인들에게 사랑과 친절을 베풀었던 이방인들이다.

이 신자들은 짐승의 표 받기를 거절했을 것이며(13 : 16~18), 따라서 사거나 팔 수가 없었을 것이다. 미움과 핍박을 받은 유대인들과 친교를 맺은 것이 통치자들의 진노를 일으켰을 것이므로, 이들은 음식의 배급(13 : 17), 물이 피로 바뀜(16 : 4), 그리고 열(16 : 8~9) 등과 같은 환란의 무서운 심판을 참아야 했을 것은 물론이다.

십 사만 사천 인이 환란을 통과하는 한편, 큰 무리의 이방인이 환란의 때에 자기의 생명을 바칠 것임에 주목하자. 6장 9～11절에 나오는 제단 아래 있는 영혼들을 기억하자. 하나님은 이러한 이방인 신자들을 상주실 것이며 그들의 고난을 보시고 그들에게 영광을 주실 것이다. 많은 학자들은 14～17장의 약속들이 하늘나라가 아니라 천년왕국에서 성취될 것이라고 믿는다.

요한계시록 20장 4절은 이 환란의 순교자들에 대한 특별한 부활을 가리키며 왕국 시대 동안에 살아서 왕노릇할 것을 약속한다. 그러나, 우리에게는 14～17절을 영광 중에 계신 하나님의 성도들로 이루어진 축복받은 국가에 적용해야 할 적절한 이유가 있다. "우리가 예수님을 볼 때 이 모든 고난은 헛되지 않을 것이다!"

요약하면, 우리는 이스라엘이 불신앙 가운데 그들의 땅으로 돌아와서 성전 예배를 시작했다는 것에 주목한다. 적그리스도는 유럽 연맹국을 다스리고 있고, 세상에는 전쟁과 기근과 혼돈이 있다. 두 증인(모세와 엘리야)이 이스라엘에서 전파하고 있고 하나님은 이 민족 중의 남은 자들, 곧 이방인들 중에서 그의 증인이 될 십 사만 사천의 유대인들을 인치셨다.

물론, 이들의 사역에는 박해가 따를 것이며 이들 중에서 많은 사람들이 옥에 갇히게 될 것이다(마 25 : 36). 그러나, 이방인 회심자들은 그들을 지원할 것이며, 그들의 공개적 증거로 인하여 이방인 중의 많은 사람들이 자기들의 목숨을 내놓게 될 것이다.

데살로니가후서 2장 11～14절은 은혜 시대 동안에 복음을 거절한 사람들은 교회가 이동된 후에 구원받을 수 없을 것을 가르치는 것이라고 생각하는 학자들이 많다. 이들은 진리는 믿지 않으려 했지만 거짓말을 믿으려 할 것이다. 이는 사람들이 말씀을 듣고 이해했으나 그것을 고의적으로 거절했다는 뜻이다.

그러나, 교회가 사라진 후에도 복음을 믿을 큰 무리의 이방인들이 있을 것이며, 이들은 그리스도를 위하여 기꺼이 자기의 생명을 내놓을 것이다. 우리는 환란 기간 동안에도 사람들이 구원을 받게 될 것임을 알고 있다. 그러나, 오늘날 그리스도를 영접하는 것은 더욱 현명하다!

우리는 본 장을 다음과 같이 요약할 수 있을 것이다.

제1 그룹 (7 : 1～8)	제2 그룹 (7 : 9～17)
① 유대인들	① 이방인들
② 계수됨-십 사만 사천 명	② 아무도 셀 수 없을 만큼 큰 무리
③ 인맞고 보호받음	③ 인맞지 못함-많이 죽을 것임
④ 땅에서 증거하는 일을 보임	④ 하늘에서 예배하는 것을 보임
⑤ 하나님의 특별한 선교사들	⑤ 그들의 증거를 완수한 사람들
⑥ 왕국으로 들어감	⑥ 이스라엘과 함께 왕국에 참여함

처음의 여섯 나팔(Ⅰ)

-요한계시록 8장-

이제 일곱째 인을 뗌으로써 그 다음에 나오는 연속된 심판이 소개된다. 곧, 일곱 나팔의 심판이다. 구약에서 나팔은 전쟁을 알리거나(민 10 : 5~9) 진을 이동할 때(민 8장), 절기를 알릴 때(민 10 : 10), 심판하는 경우에 사용되었다(수 6 : 13 이하). 나팔 소리는 능력과 권위의 상징이다(출 19 : 16).

15~16장에 나오는 일곱 나팔과 일곱 대접 사이에 분명한 평행이 있음을 유의하자.

	나 팔	심 판	대 접
1	8장 1~7절	땅	16장 1~2절
2	8장 8~9절	바다	16장 3절
3	8장 10~11절	강	16장 4~7절
4	8장 12~13절	하늘	16장 8~9절
5	9장 1~2절	인류-고통	16장 10~11절
6	9장 13~21절	군대-유브라데	16장 12~16절
7	11장 15~19절	진노 가운데 있는 열방	16장 17~21절

일곱 대접은 나팔의 심판에 잇따른 심판이다. 나팔이 처음 삼 년 반에 속하는 반면 대접은 후 삼 년 반에 쏟아지는데, 그 시기가 "하나님의 진노"로 불리워졌다(14 : 10 / 15 : 7).

1. 하늘의 예비(8 : 1~6)

1 고요함(1절) -이것은 폭풍 전의 고요이다(슥 2 : 13 / 합 2 : 20 / 사 41 : 1 / 습 1 : 7 / 습 1 : 14~18 참조). 7장 10~12절에서 우리는 천군의 큰 찬양 소리를 듣지만, 여기서는 심판이 곧 임하게 될 순간의 숨막힐 듯한 하늘의 고요를 본다.

2 탄원(2~6절) - 4장에서 우리는 하늘의 성소가 있음을 살폈는데, 여기서는 기도를 상징하는 향단을 본다(레 16 : 12 / 시 141 : 2 참조). 이 천사는 하늘의 제사장이신 그리스도일 수도 있다. "성도들의 기도"는 영광 중에 있는 성인의 이름으로 하는 기도가 아니다. 5장 3절에서 예수 그리스도 외에는 이 책을

펼 만한 사람을 아무도 찾지 못하였다. 그렇다면 다른 이름으로 기도해야할 이유가 어디 있겠는가?

이 기도들은 "나라이 임하옵시며./"라고 하는 하나님의 백성의 기도이다. 이 향은 특히 환란의 순교자들이 외치는 기도를 나타낸다(6 : 9~11 / 20 : 4). 시편에 나오는 원수 갚음의 많은 기도들은 그런 고난의 날 동안에 이스라엘에 의해 정당하게 사용될 것이다.

제단으로부터 땅에 쏟아진 불은 불신자들에게 부어질 하나님의 진노를 말한다. (5절-4 : 5 / 11 : 19 / 16 : 18 비교). 따라서 천둥은 언제나 폭풍이 오고 있다는 것을 경고하는 것으로 생각하게 될 것이다. 일곱 천사들은 행동을 취할 자세를 갖추고서 하나씩 하나씩 소리를 낸다.

2. 땅에 임한 황폐(8 : 7~11)

첫째 심판은 애굽의 일곱째 재앙과 평행을 이룬다(출 9 : 18~26). 애굽은 세상의 모형이거나 또는 모사(模寫)이며, 따라서 모세시대의 재앙들이 환란의 때에 세계적인 규모로 반복된다는 것은 논리적인 생각이다. 우박을 동반한 폭풍은 혹독한 손상을 입힐 수 있다. 그러나, 우박에 불이 섞일 때 그 황폐함이란 어마어마할 것이다.

수목과 푸른 풀의 삼분의 일은 이 **첫째 나팔 심판**으로 파멸될 것이다. 요한계시록 8~9장에는 "삼분의 일"에 대한 언급이 13회 나온다. 어떤 학자들은 이것이 다만 적그리스도에 의해 통치되는 부활한 로마제국이 차지한 지역만을 가리킨다고 생각한다.

둘째 나팔은 바다에 영향을 미쳐 삼분의 일을 피로 변하게 할 것이며 피조물의 삼분의 일을 죽일 것이고 삼분의 일의 배를 깨뜨릴 것이다. 이것은 애굽에서의 첫 재앙과 비교된다(출 7 : 19~21). 떨어지는 불타는 물체는 문자 그대로의 산이 아니라 큰 산과 "같은 것"이었다. "바다"는 여기서 지중해만을 의미할 수도 있겠으나 지구상의 모든 바다가 포함되는 것 같다.

세째 나팔은 강에 영향을 끼치며, 그 물을 쓰게 만든다. 10절의 큰 별은 별들의 이름을 부르시는(욥 9 : 9~10) 하나님께서만 아시는 별이다. 예레미야는 어느 날 이스라엘이 쓴 물을 마셔야만 할 것을 예언하였다(렘 9 : 14~15). 이 쓴 맛은 천년왕국이 건설될 때까지 계속될 것 같다. 왜냐하면 에스겔 47장 6~9절에 치료하는 물이 환란의 심판으로 생긴 쓴 결과들을 이기게 될 것으로 예언되었기 때문이다.

이 심판들은 문자 그대로 이해되어야 하는가? 우리는 그렇게 생각한다. 하나님께서 모세 시대에 이와 같은 심판들을 내리셨다면 온 세계에 임할 이러한 심판을 보내시는 하나님을 어떻게 막을 수 있겠는가? 우리가 단지 상상할 수 있는 바는 농장(목장)과 물을 잃음으로 말미암아 생기는 무서운 경제적 결말뿐이다. 인류는 자연에 나타난 하나님의 선하심의 축복들을 감사하는 일이 결코 없었다. 하나님께서 축복의 일부를 가져가셔도 사람들은 여전히 회개하지 않을 것이다(9 : 20~21).

3. 하늘의 동요(8 : 12)

네째 천사가 나팔을 부니 하늘에 굉장한 일이 일어난다. 그것은 천체계의 빛 삼분의 일이 어두워지기 때문이다./ 이것은 누가복음 21장 25~28절에 나오는 그리스도께서 예언하신 바의 성취이며 또한 아모스 8장 9절에 나오는 아모스의 예언이 성취되는 바이다. 하나님께서는 천체계를 창조의 네째 날에 만드셨는데, 네째 나팔로 그 빛을 잃게 하실 것에 대해 주목한다는 것은 흥미롭다.

결과는 어떻게 될 것인가? 그 한 가지 것은 땅에 공포가 있게 될 것이다. 사람들은 하늘의 징후를 항상 두려워했다. 그러나, 이 공포도 사람들을 회개시키지는 못할 것이다. 식물에게서 햇빛을 빼앗는 짧아진 낮으로 인해서 식물계에는 엄청난 결과가 일어나게 될 것이다. 물론, 예수님은 환란의 때에 그 날들의 감하심이 생명의 구원을 뜻한 것으로 말씀하셨다(마 24 : 22).

그러나, 낮이면 어두움이 일찍 찾아오며, 밤이 어느 때보다도 더 어둡게 될 때, 거리에 발생할 죄와 못된 짓과 가공할 일을 상상해 본다는 것은 그리 어려운 일이 아니다. "악을 행하는 자마다 빛을 미워한다"고 요한복음 3장 19~20절은 말한다. 땅에는 전에 없던 범죄의 물결이 있을 것은 분명한 일이다.

4. 천사의 선포(8 : 13)

이는 하나님께서 보내신 문자 그대로의 사자로서, 다음의 세 가지 심판들이 더욱 혹독할 것임을 세상에 경고한다./ 당신은 사람들이 하나님의 부르심을 마음에 새기고서 회개할 것으로 생각했을지 모르나, 이 경우는 그렇지 않다.

"땅에 거하는 자들"이라는 구절은 여러 곳에서 발견된다(3 : 10 / 6 : 10 / 11 : 10 / 13 : 8, 14 / 14 : 6 / 17 : 8). 그것은 단지 땅에 사는 사람들을 말하는 것이 아니라 이 땅을 목적으로 하여 사는 사람들을 말한다. 이들은 속칭 "속물들"이다. 곧, 하늘나라와 그리스도를 거절하고 이 세상을 위하여 살기를 더 좋아하는 사람들이다.

이들은 빌립보서 3장 18~20절에 잘 묘사되어 있다. 이들은 출애굽기에 나오는 "잡족"으로 묘사되는데, 그들은 애굽의 음식을 탐하고 하늘의 만나를 거절했던 자들이다. 이러한 류의 사람들은 환란을 지나야 할 것이며(계 3 : 10) 하나님의 성도들을 살해한 책임을 져야 할 것이다(계 6 : 10). 이들은 하나님의 두 증인이 죽임을 당하게 될 때 기뻐할 것이다(11 : 10). 그러나, 12장 12절에서는 대조적으로 하늘이 사단의 추방을 기뻐한다.

요한계시록 13장 8절은 이런 땅의 거민들이 짐승을 예배할 것으로 분명히 밝힌다. 이것은 그들이 그리스도를 완전히 거절할 것을 뜻한다. 의심할 여지없이 이들은 외적으로는 종교를 위장할 것이지만 구원하는 믿음의 내적 경험은 갖지 못할 것이다. 그들은 진리를 거절한 연고로 거짓을 믿을 것이다.

영혼마다 각자가 대답해야 한다. 나의 시민권은 하늘에 있는가, 아니면 나는 이 세상에 속해 있는가?

처음의 여섯 나팔 (Ⅱ)

-요한계시록 9장-

유명한 성경 학자이며 요한계시록의 전문가인 윌버 엠 스미스(Wilbur M. Smith) 박사는 이렇게 쓰고 있다. "17장과 18장에 나오는 바벨론에 대한 정확한 정체를 밝히는 것은 뒤로 하더라도, 본 장에 나오는 두 가지 심판의 의미를 밝히는 것도 요한계시록에 있어서 최대의 주된 난제일 것이다."

8장 13절에 나오는 천사는 이 땅에 세 가지 "화"가 있을 것을 약속했으며, 이 화들은 **다섯째**(9 : 1~12), **여섯째**(9 : 13~21)와 **일곱째**(11 : 15~19) **나팔 소리**와 더불어 보내진다. 요한계시록의 개요를 확인해 보면 우리는 이제 환란의 중반기에 접근하고 있음을 보게 될 것인데, 이 시기에 몇 가지 위기의 사건들이 발생한다.

1. 풀려난 음부의 군대(9 : 1~12)

1 **별**(1, 11절)-요한은 별이 떨어지는 것을 보지는 못했다. "내가 보니 하늘에서 땅에 떨어진 별 하나가 있는데…" 즉, 과거의 어느 때 떨어졌다는 뜻이다. 이것은 사단을 가리키는 말인 듯하다. 그는 "계명성"이라고 불리워지며 그것은 "밝음" 또는 "새벽별"을 뜻한다. 이사야 14장 12절 이하는 연대를 모르는 과거에 사단이 떨어진 것을 묘사하며, 에스겔 28장 11~19절은 이 광경을 보완해 준다(눅 10 : 18 참조).

하나님은 사단에게 "무저갱의 열쇠"를 주신다. 이 무저갱은 음부나 지옥은 아니며 지하 어딘가에 있는 감옥으로, 귀신들이 하나님에 의해 붙들려 있는 곳이다. 누가복음 8장 26~36절을 읽고 귀신들이 이 못에 보내지는 것을 얼마나 무서워하는지 알아보자. 1장 18절에서 우리는 그리스도께서 모든 열쇠를 쥐고 계심을 본다. 따라서 사단은 그 권세를 그리스도로부터 받았을 것이 틀림없다.

이 떨어진 별(사단)이 11절에서는 또한 파괴자로 묘사되어 있다. 그는 음부의 귀신들을 다스리는 왕이며, 그의 파괴적인 목적을 위하여 그들을 사용한다.

2 **연기**(2절)-연기는 귀신들로 이루어진 것이 아니다. 왜냐하면 3절은 이것들이 연기로부터 나왔다고 분명히 밝히고 있기 때문이다. 저승은 어두움과 불의 장소이다. 하나의 큰 용광로로 비교되는 곳이 이 곳이다./ 지옥에 관하여 농담을 하는 사람은 그 고통이 어떠한지를 조금도 깨닫지 못하는 사람들이다.

이 무서운 어두움은 애굽에서의 재앙(출 10 : 21~29)을 생각나게 하는데, 그 때 이 어두움을 느낄 수가 있었다. 사단은 어두움의 왕이다. 이 "무저갱"은 어느 날 짐승을 내놓을 것이며 (11 : 7/17 : 8), 마귀는 어느 날 이 곳에 던져질 (20 : 1∼3) 것이므로 주목할 점이 있다.

3 **전갈 같은 피조물** (3∼10절) ─전갈의 길이는 6인치 (약 15cm) 정도이며 여러 가지 종류가 있는데, 성지 (이스라엘)가 본산지이다. 전갈의 주요 무기는 꼬리 끝으로 쏘는 것인데 성경에서는 고통스러운 심판의 상징으로 사용되고 있다 (신 28 : 38, 42 / 왕상 12 : 11∼14). 연기로부터 나온 이 지옥의 조물들은 또한 메뚜기와도 비교되는데, 그것은 메뚜기 재앙이 이스라엘에 있어서 일반적인 벌이었기 때문이다 (욜 2장 참조).

이것들이 문자 그대로의 메뚜기가 아니라는 것은 4절에 나오는 경고에서 (8 : 7), 그리고 그들에게 왕이 있다는 사실에서 분명히 밝혀진다 (11절 / 잠언 30 : 27 참조). 이것들은 인맞은 유대인들을 괴롭게 굴지 못하도록 금해지며 (7 : 1∼3), 이것들의 기간은 다섯 달로 제한된다. 이것들의 목적은 사람들을 괴롭히는 것이지 죽이는 것이 아니다. 사실상 사람들은 죽고 싶을 것이지만 하나님은 허락지 않으실 것이다 (렘 8 : 3 참조).

메뚜기 모양에 대한 설명은 심판의 공포를 더하게 한다. 아마도 이것들은 사람들을 괴롭게 하기 위해 무저갱에서 풀려나온 눈에 보이지 않는 귀신들인 것 같다. 이 심판은 애굽의 여덟번째 재앙과 비교된다 (출 10 : 3∼20). 이것들이 짐승 (7절, 말), 사람, 그리고 들짐승 (8절)의 특징을 가지고 있다는 사실은 4장 7절에 나오는 하늘의 생물을 사단이 모방하고 있다는 것을 암시한다.

이것이 첫째 화이며, 사람들은 고통의 때를 참아야만 할 것이다./ 오늘날 그리스도를 앎으로써 다가오는 진노를 피할 수 있다는 것은 대단히 좋은 바이다./

2. 강에서 풀려난 천사들 (9 : 13∼21)

이것은 8장 13절에 약속된 세 가지 "화" 중의 두번째 것이다. 향단으로부터 음성이 나는 것은 성도들의 기도가 하나님께 올리워져 그들의 피를 신원해 줄 것을 요청하였기 때문이다 (6 : 9∼11 / 8 : 3). 7장 1절에서 우리는 감금하도록 한 네 천사들을 보았는데, 여기서는 풀려나게 된 네 천사들 (타락한 천사들이 분명하다)을 본다.

유브라데강은 역사에 있어서 언제나 주목거리가 되어 왔다. 이 강은 에덴에서 발원하였는데, 여기서 역사가 시작했고 또한 여기서 역사의 절정을 이룰 사건들을 나타낼 것이다 (16 : 12 이하). 바벨론은 유브라데에 위치해 있다 (계 17∼18장).

이 네 천사들은 하나님의 계획에서 "그 때" (년, 월, 일, 시)를 예비하였고 또한 사람의 삼분의 일을 죽이는 것이 그들의 임무이다./ 6장 8절에서 우리는 사람 사분의 일이 죽임당한 것을 보는데 그것은 오는 심판을 위해서 사람 사분의 삶을 남긴 것이다. 만일 이 천사들이 삼분의 일을 멸망시킨다면 결국 세계 인구의 반 이상이 죽임을 당했다는 뜻이다./

이 천사들이 풀려나면 2억의 기병대를 전쟁터로 보낸다. 이 사단의 기병대는 모양이나 사용하는 무기에 있어서 다른 군대와는 다르다. 불과 유황과 연기가 그들의 주된 무기이며, 이들은 뱀같이 꼬리도 갖는다.

이것은 1~12절에 나오는 군대를 달리 묘사한 것이 아니다. 왜냐하면 그 군대는 죽이지 말라는 금지의 명령을 받았으나 이 군대는 사람의 삼분의 일을 죽이라는 명령을 받았기 때문이다. 이것은 6장 9~11절에 나오는 순교자들의 기도에 응답하시는 유일한 방법이다.

허다한 사람들이 그들의 죄를 회개하고 그리스도께로 돌아올 것이라고 생각하는 사람이 있을 것이지만 이번은 그런 경우가 아니다. 하나님의 자비하심으로 살아 남은 사람들은 그들의 무서운 죄를 계속할 뿐이다./ 그들을 남겨 두신 하나님의 선하심이 그들을 회개로 이끌지는 못하였다(롬 2 : 4~6). 따라서, 이들은 장차 올 날들에서 더욱 큰 심판을 받아야만 할 것이고, 최종적으로는 불못에 들어가게 될 것이다.

20~21절은 교회가 하늘로 데려감을 받은 후에 어떤 생활이 전개될 것인지에 대한 생생한 모습을 보여 준다. 우상 숭배가 널리 퍼질 것인데 우리는 이러한 일이 이미 일어나고 있는 것을 본다./ 물론 우상 숭배는 마귀를 섬기는 것이다(고전 10 : 16~22). 사단은 언제나 예배를 원하였으며(마 4 : 8~10), 이제 그는 예배를 받을 것이다. 우상 숭배가 있는 곳마다 무지와 부도덕이 있을 것이다. 21절은 그 날들에 발생할 무서운 죄들과 범법 행위에 대하여 말해 준다.

"복술"이란 말은 헬라어로 파르마케이아(Pharmakeia)인데, 영어의 "약제사"(Pharmacist)와 "약학의"(Pharmaceutical)라는 말이 여기에 어원을 두고 있다. 그 말은 "약과 관계됨"이란 뜻이다. 이와 똑같은 단어가 갈라디아서 5장 20절에서는 "술수"로 번역되며, 21장 8절과 22장 15절에서는 "술객들"로 번역된다(18 : 23 참조). 술객들이 마귀적 행위를 하면서 약과 독약을 사용했다는 사실은 이 단어들 사이에 연관이 있음을 보여 주는 것이다.

환란 후반기 날들에 술수가 재흥할 것이며 약의 사용이 증가할 것이라는 암시이다. 세상에는 이미 마법사들의 조직체가 몇 개 있으며 강신술이 증가하고 있다. 약의 사용이 증가하고 있다는 데 대해서는 우리의 약 상자를 열어 보면 알 일이다./

본 장은 요한계시록 전체 구조와 어떻게 조화되는가? 이 거대한 2억의 기병대가 환란의 중반기 바로 전에 나타나는 것 같다. 짐승은 이미 부활한 로마

제국의 머리가 되어 있어 로마 카톨릭 교회와 국제 연합에 협력하고 있다. 하나님은 사단으로 하여금 이 거대한 군대를 소집토록 하실 것인데, 아마도 러시아로부터일 것이다.

우리는 에스겔 38~39장을 통하여 러시아가 환란기 중반쯤에 팔레스틴을 침략할 것으로 알고 있다. 러시아는 점령하려고 시도하나 짐승이 유대인들을 구원해낼 것이며, 7년 동안 그들을 보호하겠다는 언약을 지킬 것이다. 에스겔은 하나님께서 러시아를 심판하시며 패전한 군대를 본국으로 돌려보낼 것을 분명히 밝히고 있다. 성지에서는 한때 짐승이 그의 언약을 어기고 성전으로 이동하여 세계적인 능력을 지닌 것으로 나타나기 시작할 것이다.

요한계시록 11장 1~2절은 이방인들이 예루살렘에 재건된 성전을 소유하고 있음을 시사한다. 11장의 나머지 부분에서는 짐승이 환란의 처음 삼 년 반 동안에 말씀을 전파하고 있었던 증인들을 죽일 것을 보여 준다. 이 거대한 군대는 이스라엘을 침략한 러시아 군대가 아니다. 그러나, 여섯째 나팔 소리는 군사적인 정복이 흥왕할 것을 시사하며, 이 시점에서 발생하게 될 곡과 마곡의 전쟁을 가리킨다. 서론에 있는 예언의 예정표를 복습하자.

때의 마지막과 두 증인들(Ⅰ)
-요한계시록 10장-

본 장은 환란 기간의 중반으로 우리를 안내한다(개요 참조). 다니엘 9장 27절에 의하면 이 때가 짐승이 이스라엘과 맺은 그의 언약을 깨뜨릴 때이며, 스스로 사단의 광포를 나타낸다. 다음의 사항들에도 유의하자.

● 두 증인이 처음 삼 년 반 동안 사역한다(11：3).
● 유대의 남은 자는 마지막 삼 년 반 동안에 하나님에 의해 보호를 받는다(12：6, 14).
● 짐승은 마지막 삼 년 반 동안 세계적인 권세를 갖는다(13：5).
● 사단은 삼 년 반 동안 신자들을 무섭게 박해하도록 땅에 던져진다(12：12).
● 예루살렘은 삼 년 반 동안 이방인들에게 짓밟힌다(11：2).

여섯째와 일곱째 나팔 사이에 하나의 삽입구가 있다(10：1～11：14). 일곱째 나팔은 하나님의 진노의 일곱 대접을 소개할 것이며, 삼 년 반의 환란("하나님의 진노")은 내리막길로 접어든다.

1. 천사의 출현(10：1～4)

이 하늘의 사자는 분명 여호와의 사자, 곧 예수 그리스도이신 것 같다. 요한은 5장 2절에 보면 "힘있는 천사"를 보았었는데 이제는 "힘센 다른 천사"를 본다. 여기서 사용된 상징들은 1장 12～16절에 나오는 영화롭게 된 그리스도를 설명한 곳으로 우리를 데려간다.

구름과 무지개는 1장 16절을, 불의 발은 1장 15절을, 해같이 빛나는 얼굴은 1장 16절을 가리킨다. 사자와 같은 음성은 분명히 5장 5절을 가리킨다(호 11：10 / 욜 3：16 참조). 이것은 은혜로운 초청의 음성이 아니며 심판이 임하고 있음을 알리는 음성이다. 아마도 이 천사가 그리스도라는 최선의 증거는 11장 3절일 것이며, 여기서 그는 "내가 나의 두 증인에게 권세를 주리니…"라고 말한다. 따라서 여기 계신 분은 여호와의 사자이신 예수 그리스도로서 하나님께서 속히 행하셔서 그의 목적들을 마치려 하신다고 알리러 오신 자이시다.

작은 책은 5장 1절에 나오는 두루마리와 대조를 이룬다. 이것은 작고 그 책은 보다 크다. 이 두루마리는 펼쳐져 있고 5장 1절의 책은 봉인되어 있다. 10장 9～11절을 볼 때 이것은 예언의 책이다. 7절은 책의 내용이 예언으로 선포된 것임을 분명히 하고 있다. 구약의 예언자들은 교회 진리를 다루지 않았기 때문에 이 예언들이 이스라엘, 유대인, 그리고 예루살렘과 관련된 것이 분명하다.

11장과 그 다음 장들에서 우리가 발견하고 있는 것은 바로 그런 내용들이다. 아마도 이 책은 다니엘 12장 4, 9절에 나오는 인봉한 멧세지일 것이다. 이제는 그것이 펼쳐져 성취되고 있다.

주님은 땅과 바다를 밟고 서 계심으로써 사실상 땅과 바다의 모든 것을 그의 소유라고 주장하신다(수 1 : 1∼3 참조). 우리는 그가 말했던 바도 알지 못하며 우리가 발했던 바도 알지 못한다(삼상 7 : 10 / 시 29편 참조). 생각해 보아도 아무런 소용이 없다. 요한은 우뢰의 말을 인봉하라(드러내지 말라)는 말을 듣는다. 이것은 계시록에서 유일하게 인봉된 것이다. 그리스도의 이 환상은 그가 통제하고 계시며, 그가 하나님의 목적을 성취하실 것이며, 그의 유업을 주장하실 것에 대하여 분명히 한다.

2. 천사가 알리는 말(10 : 5∼7)

이것은 그리스도께서 손을 드시고 더이상 지체하지 않으실 것임을 확인하는 숙연한 장면은 아니다. 제단 아래 있는 영혼들은 "어느 때까지 하시려나이까?"라고 물었는데 그 대답이 이제 주어진다. 더이상 지체하지 않을 것이다./ 오늘날 사람들은 "주의 강림하신다는 약속이 어디 있느냐? 왜 하나님은 아무것도 행치 아니하시느냐?"고 묻는다(벧후 3장). 연기된 이 시기는 사람이 구원을 받을 기회이다!

그리스도는 일곱째 나팔이 울리는 날에 (11 : 15∼19) 하나님이 그의 계획을 끝낼 것이라고 주장하신다. "비밀"이라는 말은 감추인 하나님의 진리를 뜻한다. 죽음을 면치 못할 사람은 세상에는 왜 죄와 고난이 있는지, 그리고 왜 정직한 성도들이 고난을 당하는 반면에 거역하는 죄인들이 자유를 누리는지를 이해할 수가 없다. 하나님은 이러한 일들을 곧게 하실 것이며 그의 계획을 완성하실 것이라고 확신할 수 있다. 11장 18절을 특히 주목하자. 그리고 위로를 삼자!

어떤 이들은 "하나님의 비밀"이 작은 책의 내용이라고 생각한다. 맞는 말일 수도 있다. 우리가 분명히 아는 것은 하나님께서 역사를 관할하시며, 최종적으로는 의가 악을 이긴다는 것도 볼 것이라는 것이다.

3. 이 책의 충당(10 : 8∼11)

요한에게는 그리스도의 손 안에 있는 이 책을 본다거나 그 내용을 아는 것만으로는 충분하지 못하다. 그는 이것을 전유하며 속 사람의 것으로 삼아야 한다.

이와 비슷한 사건들에 관해서는 에스겔 2~3장과 예레미야 15장 16절을 참조하자.

하나님의 말씀은 우리의 양식이다(마 4 : 4 / 시 119 : 103). 말씀이 우리에게 유익을 끼치기에 앞서, 우리는 그 말씀을 취해서 소화시켜야만 한다. 성경을 읽고 말씀을 연구하는 그리스도인들이 아주 많기는 하나, 말씀을 암송하고 하나님의 영의 능력을 통하여 말씀을 내적으로 소화시키는 사람은 드물다.

작은 책을 먹는 일은 요한에게 이중의 효과가 있었다. 그 맛이 달고 뼈에는 썼다. 여기에 좌우에 날선 말씀의 검이 있다(히 4 : 12). 우리는 말씀의 축복을 즐기지만, 또한 말씀의 짐도 느껴야 한다. 요한은 하나님께서 그의 말씀을 성취하실 것을 아는 축복을 받았지만, 환란의 삼 년 반 동안에 일어날 고난을 깨달았을 때는 쓴 맛을 느꼈다.

말씀을 내적으로 받아들임으로써 요한은 예언자로서의 사역을 계속해 나갈 준비를 갖추었다. 우리가 증인으로서 본받아야 할 교훈이 아닐 수 없다.／ 하나님의 말씀으로 충당할 시간을 먼저 갖지 않고서 주님을 섬기려 하거나, 그를 위해 말하려고 하는 것은 참으로 비극이다.

내적으로 우리의 일부가 되어 있는 것만을 다른 사람들과 나눌 수 있는 것이다. 성도가 매일 말씀을 읽고 내적으로 그 말씀을 소화시킬 시간을 갖는다는 것은 대단히 중요한 일이다.

11절에서 "…에게"라는 말은 "…관하여"라고 읽어야 옳다. 요한은 많은 백성과 나라와, 방언과 임금에 관하여 예언했었다. 요한계시록의 다음 부분에 세상의 나라들이 가끔 언급되어 있음을 보게 될 것이다. 왜냐하면 사단이 그들의 마음을 움직여서 그들로 아마겟돈 전쟁을 대비케 하고 있을 것이기 때문이다(16 : 12~14).

때의 마지막과 두 증인들(Ⅱ)
- 요한계시록 11장-

11~12장에서 우리는 분명히 유대인의 땅에 서 있다. 유대인의 성전을 보며(11 : 1~2), 예루살렘(11 : 8)과 법궤(11 : 19), 다스리시는 그리스도(12 : 5), 미가엘(12 : 7), 유대인들에 대한 사단의 박해(12 : 17)를 본다. 이것들 중의 어느 하나라도 교회에 적용시킨다면 우리는 중대한 오류를 범하게 될 것이다. 우리는 환란 기간의 중반에 와 있다.

1. 두 증인의 사역(11 : 1~14)

① 그들의 사역하는 시기(1~4절) –유대인의 성전은 재건되었고 이 나라는 비록 불신앙 안에서이지만 다시금 거기서 예배를 드린다. 두 증인은 유대인에게 말씀을 전파하면서, 그리고 성전을 출입하면서 환란의 전반부 동안에 사역하는 듯하다. 환란의 중반부에서 적그리스도는 그의 언약을 깨뜨리고 성전 지역을 소유할 것이다(살후 2장 / 단 9 : 27 / 마 24 : 15). 적그리스도는 자신을 하나님 이리하여 다니엘과 주님을 통해 예언된 "멸망의 가증한 것"을 드러낸다. 우리는 이방인에 의해 성전이 삼 년 반 동안 침략된 것을 본다.

하나님은 요한에게 성전을 측량할 것을 말씀하시는데, 에스겔 40~41장과 스가랴 2장에 나오는 상징적인 행위와 같다. 무엇을 측량한다는 것은 그것을 자기의 소유로 주장한다는 뜻이다. 사단의 세력이 유대인의 성전을 점령하였으나 그리스도는 그것을 자기의 소유라고 주장하실 것이며, 자기의 백성에게 그것을 회복시키실 것이다.

4절의 관련 구절로서 스가랴 4~5장에 나오는 스룹바벨과 대제사장 여호수아를 살펴보자. 이 두 사람은 바벨론 포로 이후에 민족이 난국에 처해 있을 동안에 국가를 되찾고 재건했던 하나님의 종들이었다. 이들은 특히 그들의 사역을 성취할 성령의 능력을 받기 위한 하나님의 기름부음을 받았다.

② 그들의 사역 목적(5~6절) –이들은 하나님의 능력을 믿지 않는 유대인들과 이방인들에게 보일 것이다. 이들의 증거를 인하여 많은 사람들이 구원을 얻을 것은 의심할 여지가 없다. 이들은 증인인 동시에 선지자로 불리워질 것이다(6, 10절). 이들은 세상에 장차 올 큰 사건들을 알릴 것이며 짐승의 진노와 사람들의 진노를 당할 것이다. 그들이 행하는 기적으로 인하여 모세와 엘리야로 신분이 밝혀진다.

모세는 애굽에서 물을 피로 바꾸었으며 엘리야는 가뭄을 위해, 또한 비올 것을 위하여 기도하였다. 그리고 하늘로부터 불을 내려오게 하였다. 말라기 4장 5 ~6절은 엘리야가 다시 섬기러 올 것이라고 약속한다. 그러나, 어떤 이들은 두 증인들을 에녹과 엘리야라고 생각하는데, 그것은 이 두 사람이 모두 죽음을 보지 않고 하늘로 데려감을 받았기 때문이다. 우리가 그 이름들을 안다는 것은 별로 중요하지 않다.

③ **그들의 사역에서의 박해** (7~10절) —죄악에 빠진 사람들은 결코 하나님의 말씀을 듣거나 순종하려 들지 않는다 (9 : 20~21 참조). 이 두 증인은 그들의 사역을 완성하기까지는 하나님의 보호를 받을 것이다. 그런 후에 하나님은 짐 승에게 그들을 반대하고 죽일 것을 허락하실 것이다. 물론 적그리스도는 이 두 선지자들이 사라지지 않는 한, 성전을 소유할 수가 없었다.

예루살렘 시민들은 그들을 장사지내지도 않을 것이지만 (시 79편 참조) 전 세상은 (국제적인 텔레비젼에 감사하자) 그들의 시신들을 보고 기뻐할 것이다. 사흘 반 동안의 이 기간은 "사단의 크리스마스"가 될 것이다./ 사람들은 파티를 열고 예물을 교환하며 그들을 괴롭게 하던 자가 죽은 것을 기뻐할 것이다./

④ **그들의 사역에 뒤이은 공포** (11~14절) —하나님은 이들을 죽은 자들 가운 데서 일으키실 것이다./ 죽은 두 사람이 살아나서 예루살렘 거리에 나타난 것을 그들이 보게 될 때 온 세상 사람들의 마음에 일어날 두려움에 대하여 생각해 보라.

그리고 두 사람은 그들의 원수들이 서서 지켜보는 가운데 하늘로 데려감을 받을 것이다./ 우르릉거리는 소리와 지축의 흔들림이 있을 것이며, 그리고서 이 성의 삼분의 일을 파괴하고 7,000명을 죽게 한 지진이 일어날 것이다./ 그 날은 참으로 어떠하겠는가./

2. 일곱째 나팔의 증거 (11 : 15~19)

우리는 8장 13절이 "세째 화"를 약속하였기 때문에 이를 기다려 왔다. 일곱째 천사가 나팔을 불자 하늘에서 큰 소리가 나서 이 세상 나라 (나라들이 아님 —왜 냐하면 이제 짐승은 연합한 나라를 소유하고 있기 때문이다, 17 : 13)가 그리스도의 능력 안에 있음을 알린다. 이것은 사실에 대한 진술이 아니다. 왜냐하면 그리스도는 19장 11절 이하에 이르기까지는 통치권을 얻지 못할 것이기 때문이다.

이것은 차라리 장차 올 사건들에 대한 예언이다. 사실상 이 부분에서 우리는 장로들이 장차 일어날 일을 살피려고 앞일을 생각할 때 하늘의 예언을 듣게 된다. 땅의 소리가 아닌 하늘의 소리를 듣는다는 것은 굉장한 일이다! 이 순간부터 일어나는 모든 일은 하나님의 아들이 정부를 장악하고 그의 원수들을 정복하는 일로 이끌여져간다.

이 예언은 장로들이 그리스도의 능력으로 인해 그를 영화롭다고 하는 찬양을 드린 이후에 뒤따라 나온다. 이것은 하늘의 세번째 찬양이다. 4장 10∼11절에서 그들은 그를 창조주로서, 5장 8∼10절에서 그들은 그를 구속자로서, 그리고 여기서 그들은 그를 왕이요 재판장으로서 찬양한다. 순교자들의 기도는 하나님의 백성의 기도, 즉 "나라이 임하옵시며!"하는 기도와 마찬가지로 응답을 받게 될 것이다(6 : 9∼11).

18절은 환란 기간의 후 삼 년 반에 일어날 일들을 요약한다.

① **국내외적으로 생기는 증오** – "이방들이 분노하매./"(시 2편 / 83편 / 욜 3 : 9∼13 참조) 이는 열방이 그리스도와 그의 백성에 대해 증오를 보일 것이며, 박해는 더해질 것이라는 뜻이다. 물론 사단은 무대에 등장하여(12 : 12 이하)유대인들을 쓸어버릴 특이한 노력을 기울일 것이다.

② **부활** – 20장 4절에는 환란 기간의 순교자들의 부활이 있을 것을, 그리고 20장 12절 이하에서는 사망한 악인들의 부활이 있을 것을 각각 적고 있다. 다니엘 12장 1∼3절은 구약 성도들이 환란 후에 일으킴 받게 될 것을 가리키는 것으로 보인다.

③ **심판** – 성도들은 행한 일들에 따라 상급을 받을 것이며, 악한 자들은 심판을 받을 것이다. 성도들에게는 상을 받는 시기일 것이며 죄인들에게는 형벌의 때일 것이다. 잃어버린 자는 "땅을 망하게 하는 자"로 묘사되고 있다. 사단은 망하게 하는 자이며(9 : 11), 그를 따르는 모든 자가 그의 멸망의 계획에 참여한다. 하나님은 사람에게 명령하셔서 땅을 돌보게 하셨으며, 그 자원들을 사람의 유익과 하나님의 영광을 위하여 사용하도록 하셨다. 그러나, 사단은 사람들로 하여금 땅을 파괴하고 그 보물을 악에 사용하도록 이끌었다.

다음으로 우리는 환란의 최후의 삼 년 반이 하나님의 계획을 절정에 이르게 할 것임을 안다. 더이상 지체하는 일은 없을 것이다./(10 : 6)
본 장은 지상에 세워진 성전으로 시작하여 하늘의 성전으로 끝을 맺는다. 우리는 다시 임하고 있는 폭풍의 증거들, 곧 번개, 천둥, 음성을 본다. 우리는 4장 5절에서 보좌로부터 나는 것을 보았고, 8장 5절에서는 향단에서 나는 것을 보았다. 이제는 성전의 지성소로부터 이러한 결과들이 나오는 것을 본다.
어떤 이들은 여기서 말하는 언약궤가 구약 성경에서 말하는 그런 언약궤로서 포로 이후에 없어졌던 그런 것이라고 생각한다. 이것은 맞는 것 같지 않다. 왜냐하면 하늘에 있는 다른 성전 기구들은 그 어느 것도 그 근원을 땅에 두지 않기 때문이다. 언약궤는 하나님의 임재와 하나님의 언약의 상징이다.
지상에서 이스라엘은 맹렬한 고난을 통과하고 있으며 하나님은 그가 돌볼 것을 재확인하고 계신다. 시내산에서 율법이 주어질 때 천둥과 그 밖의 것들이 있었다. 이제 하나님이 그의 율법을 범한 사람들을 심판하시려는 이 때도 천둥은 있다.

18절은 "주의 진노가 임하여"라고 진술하는데, 15~16절에서는 하나님이 그의 진노의 대접을 부르실 때 이것은 성취될 것이라고 한다. 처음 삼 년 반은 환란으로 알려지고 있으나 후 삼 년 반은 "하나님의 진노"로 알려지고 있다 (14 : 10 / 14 : 19 / 15 : 7 / 16 : 1).

해를 받은 여자
- 요한계시록 12장 -

본 장의 주제는 하나님의 백성을 반대하는 사단의 세력과의 투쟁이다. 이 환상들은 놀라운 방법으로 성경의 핵심적인 주제들을 요약한다.

1. 하늘의 이적들 (12 : 1~6)

1 여자 - 로마는 이 여자를 마리아인 것으로 믿게 하려 했다. 그러나, 6절과 13~17절로 말미암아 이 일은 불가능해진다. 창세기 37장 9절을 보면 이 여자가 이스라엘 민족을 상징한다는 것을 알게 될 것이다. 5절은 여자가 그리스도를 낳을 것을 알리며 이 구절은 다시 그 여인이 이스라엘임을 지적하고 있다 (롬 1 : 3 / 9 : 4~5 참조).

구약에서는 이스라엘이 흔히 여자로 상징된다 (사 54 : 5 / 렘 3 : 6~10 참조). 이 여인은 산고 중에 있고 태어난 아이는 그리스도이시다. 5절은 그 아이가 철장으로 세상을 다스리게 될 것이라고 표명한다. 이 내용은 시편 2편 9절과 계시록 19장 14절 이하와 평행을 이룬다 (미 5 : 2~3 참조). 5절에 나오는 첫 문장과 두번째 문장 사이에는 최소한 33년의 간격이 있음을 주목하자. 그리스도가 태어나시고 그리고는 하늘로 올리워진다.

그의 생애나 죽음에 대해서는 아무런 언급이 없다. 왜냐하면 그리스도는 죽임당하신 어린 양임을 이미 밝혔기 때문이다. 5절과 6절 사이에는 전 (全) 교회시대가 있다.

2 용 - 9절은 이 큰 붉은 용이 사단임을 밝힌다. "붉은" 색은 이미 죽음, 멸망과 연관되었다. 일곱 머리, 열 뿔, 일곱 면류관은 짐승을 묘사하고 있는 바, 13장 1절과 17장 3절을 참고하게 한다. 짐승은 사단에 대한 인간의 모방일 것이다. 짐승은 처음부터 유럽 연맹국의 지도자로서 무대에 등장하지만, 환란 기간의 중반에 이르기까지는 자신이 사단의 초인 (Super man) 임을 공개적으로 드러내지는 않는다는 사실을 기억하라.

4절은 우리에게 이 용이 어느 때 별 삼분의 일을 하늘에서 떨어뜨렸는가를 가르쳐 준다. 이것은 의심할 여지없이 이사야 14장 12절 이하에 나오는 사단의 떨어짐을 설명한 것이다. 이 때 많은 천사들을 (별들)도 그와 함께 떨어졌다 (욥 38 : 7 / 유 6절 참조). 9절은 장차 사단이 하늘에서 던져질 것이며, 그의 천사들도 그와 함께 쫓겨날 것임을 명백히 밝힌다.

사단은 언제나 살인자였으며 (요 8 : 44) 이제 그는 그리스도를 멸망시키려 한다. 사단은 구약에서 구세주를 태어나지 못하게 하려고 할 수 있는 모든 짓을 다 하였고, 그가 태어나자 사단은 그를 죽이려고 했다(마 2 : 16 이하). 그리스도는 지상 생활을 하시는 동안 자주 살인자인 사단의 공격을 받으셨다.

6절은 이스라엘이 후 삼 년 반의 환란 기간 동안에 특별한 보호를 받게 될 것에 대해 알려 준다. 물론 144,000명은 인침을 받고 보호를 받게 될 것이다. 그러나, 하나님은 이스라엘의 믿는 남은 자가 돌봄을 받게 될 것을 보실 것이다. 6절에 나오는 "그들"(주 – 한글 성경에는 문맥에 감추어 있다)은 마태복음 25장 31∼46절에 나오는 믿는 이방인들을 말하는 것일 수 있는데, 이들은 환란의 때에 그리스도의 형제들인 유대인들에게 친절을 베푼 자들이다.

마태복음 24장 15∼21절을 읽으면 그리스도께서는 믿는 유대인들이 야곱의 때를 당하여 도망할 것이라고 예언하신 것을 볼 것이다. 15절은 짐승이 유대인과 맺은 언약을 깨뜨리고 예루살렘에 있는 유대인의 성전에 그의 형상을 세울 때, 곧 환란기 중반 쯤에 이런 일이 일어나게 될 것이라고 명백히 밝힌다. 15절이 "읽는 자는 깨달을진저!"라고 하는 말에 주목하자. 달리 말하자면 환란의 때에 유대인 신자들은 이 구절들을 읽고 하나님의 계획을 깨달을 것이다!

2. 하늘에서의 전쟁 (12 : 7∼12)

욥기 1∼2장은 사단이 이 세대 동안에 하늘로 들어가게 된 것을 명백히 밝힌다. 그리고 스가랴 3장은 그가 하나님의 보좌 앞에서 성도들을 고발한다고 제시한다. 사단이 그리스도의 심판대에 나타나도록 허락될 수도 있을 것이며, 그러므로 하나님께서는 그의 성도들의 결백을 입증하시고 고발자를 단번에 영원토록 잠잠케 하실 수 있다! 그러나, 환란의 중반에 사단이 하늘로부터 쫓겨날 것은 어린 양과 정결케 된 교회의 축복된 혼인에 분명코 참예하지 못할 것이기 때문이다!

미가엘은 이스라엘에 배정된 천사장이다(단 10 : 13, 21 / 단 12 : 1 / 유 9절). 그의 이름은 "하나님과 같은 자 누구인고?"라는 뜻이다. 사단은 "내가 지극히 높은 자와 같게 될 것이다"라고 했다. 그러나, 하나님은 사단을 패배시켰고 이제 하늘에서 쫓겨나게 된다. 그는 하늘에 더이상 있을 곳이 없다. 왜냐하면 성도들의 죄가, 모든 흠과 티가(엡 5 : 24∼27) 씻겨졌기 때문이다!

9절은 사단을 뱀으로 묘사하는데 이 표현은 우리를 창세기 3장으로 돌아가게 한다. 마귀라는 단어는 "참소하던 자"란 뜻이며 그것이 10절을 스가랴 3장과 연결시킨다. 그리고 사단은, "대항자"란 뜻이다. 사단은 정말로 원수이다! 하늘에서 사단은 성도들을 참소하고 있었지만 성도들은 세 가지 무기로 그를 정복했다. 즉, 모든 죄를 제거하는 피와 (요일 1 : 9∼2 : 2), 우리에게 용서를 확신시키는 성령의 검인 말씀과, 사단에게 순종하기보다는 차라리 죽기를 원하는 헌신이다.

사단이 패배하였기 때문에 하늘에는 기쁨이 있다. 그러나, 이 땅에는 저주가 있을 것이다! 사단의 때는 짧다(3년 반). 그 다음에 그는 무저갱으로 던져질 것이다(20 : 1～3).

3. 땅 위의 진노(12 : 13～16)

큰 용이 큰 진노를 가지고 내려온다. 하늘에서 그는 하나님 앞에 성도들을 더이상 참소할 수 없기 때문에 이 땅에서 그들을 박해할 것이다. 그는 일차적으로 이스라엘을 공격하는 데에 촛점을 맞춘다. 반유대주의 운동(유대인 핍박)은 언제나 사단의 짓이었다. 애굽이 유대인을 박해했으며 바벨론이 그러했다. 오늘날에 이르러 독일은 제2차 세계대전에서 수 백만의 유대인들을 학살하였고, 하나님은 이 모든 나라들을 심판하셨다. 사단은 여자의 아들을 죽일 수가 없었다. 그러므로 이제 그는 그녀의 씨, 곧 믿는 이스라엘의 남은 자를 근절시키려고 한다.

14절은 하나님이 유대인의 남은 자를 보호하신다고 가르치고 있다. 하나님이 이스라엘을 애굽에서 인도해 내셨을 때 "독수리의 날개로" 업었었다(출 19 : 4). 하나님은 광야에서 이들을 돌보시기를 마치 어미 독수리가 그 알을 품듯 하셨다(신 32 : 11～12). 이들이 바벨론 포로에서 돌아온 것은 "독수리의 날개 치는" 격이었다(사 40 : 31). 하나님은 그의 믿는 남은 자를 사단이 뚫을 수 없도록 보호할 특별한 장소로 데려가신다(6절).

사단은 유대인을 시험하기 위하여 "강 같은 물"을 사용하는데(15절) 이것은 아마도 이방인의 박해를 상징하는 듯하다. 시편 124편을 주의깊게 읽어 보라. 이 시는 물론 하나님께서 유대인들을 사단의 공격으로부터 구원해 주실 때 환란 중에 있는 그들이 부른 노래일 것이다(사 26 : 20～27 : 13 참조).

다니엘 11장 41절은 사단에 의해 영감받은 짐승이 환란의 중반에 유대인을 박해하기 시작하면 유대인들은 에돔, 모압, 암몬에 있는 피난처들로 도망할 것임을 가리킨다. 이 지역이 고고학자들에 의해 발굴되었는데, 그들은 이스라엘의 완전한 피난처로 바위를 뚫어서 세운 성들을 찾아냈다. 마태복음 24장 16～21절의 도망하는 유대인은 환란의 마지막 삼 년 반 동안 거기서 안전과 평화를 찾을 것인데, 이 시기는 "대환란"이라고 불리우는 기간이다.

이중의 전쟁이 지금 진행되고 있다. 하나님은 믿지 않는 세상에 대항하여 전쟁하고 계시며, 사단은 짐승을 통하여 성도들과 전쟁을 하고 있다(13 : 7). 이 시기는 얼마나 고통과 비극의 기간일 것인가! 예수님께서 "그 날들을 감하지 아니할 것이면 모든 육체가 구원을 얻지 못할 것이나"(마 24 : 22)라고 말씀하신 것은 이상한 일이 아니다. 그러나, 택하신 자들(믿는 유대인들)을 위하여 이 날들이 감해질 것이다.

본 장에서 배울 수 있는 몇 가지 실제적인 교훈들이 있다.

1 사단은 성도들과 전쟁을 하고 있으며, 우리는 하나님의 말씀을 믿지 않고서는 그를 이길 수가 없다.

2 사단은 형제들을 참소하는 자이다. 성도들의 죄는 하나님의 보좌 앞에서 사단이 필요로 하는 모든 논쟁거리를 그에게 제공한다. 우리에게는 그리스도 안에 변호자가 계심을 하나님께 감사드리자! 우리가 우리의 죄를 자백하면 그리스도는 우리를 깨끗케 하시고 사단을 잠잠케 하신다.

3 성도들을 참소하는 일이 없도록 하자. 만일 우리가 참소한다면 이는 우리가 주님의 편에 있지 않고 사단의 편에 있는 셈이다. "사랑은 허다한 죄를 덮느니라."

4 우리는 유대인들을 반대하는 죄를 범하지 말아야 하겠다. 이들은 하나님이 택하신 자들이며 이스라엘이 아니었더라면 구세주나 성경이 우리에게 주어지지 않았을 것이다. 우리는 이스라엘을 사랑해야만 하며, 이스라엘의 평화를 위하여 기도하고 우리의 유대인 친구들을 그리스도께로 인도하도록 힘써야만 한다.

짐승과 적그리스도
- 요한계시록 13장 -

본 장은 우리에게 두 짐승을 소개한다. "짐승"이란 말은 그것들이 동물이 아니라는 사실을 명심하자. 이들은 동물과 같은 식욕과 능력을 가진 산 인격체들이다. 이 구절들은 "사단의 삼위일체" 곧 사단, 짐승(적그리스도), 거짓 예언자를 제시한다.

1. 적그리스도 – 바다에서 나온 짐승 (13 : 1~10)

1절은 이렇게 읽을 수 있다. "그리고 그(사단, 12 : 17)가 바다 모래 위에 섰더라" 바다는 이방 나라들을 상징하며 (17 : 15), 바다의 모래도 마찬가지이다 (20 : 8). 사단은 민족들로부터 "초인"(超人)을 불러내며 세상에 그 본성을 드러낸다. 지금까지 적그리스도는 이스라엘의 친구로 평화롭게 활동하고 있었다.

그는 삼 년 반 전에 유대인들과 언약을 맺기를 (단 9 : 27), 그가 조종하는 유럽연맹을 보호하기로 그들에게 약속한다. 그러나, 이제 이 세상 통치자는 그의 사탄적 잔혹함을 드러내야 했다. 머리, 뿔, 면류관에 대해서는 17장 10~12절을 참조하라.

다니엘서 7장에 나오는 그의 예언을 참고로 한다면 이 짐승을 설명하는 데에 세 가지 동물들이 사용되고 있다. 이 장을 주의깊게 읽자. 네 짐승들은 계속되는 네 제국, 즉 바벨론(사자), 메대 – 바사(곰), 그리이스(표범), 적그리스도의 마지막 왕국(무서운 네번째 짐승)을 상징한다.

다니엘 7장 8절의 "작은 뿔"은 요한계시록 13장에 나오는 적그리스도 곧 짐승을 말한다. 요한은 이 동물들의 순서를 뒤에서부터 보았는데 그것은 그가 과거를 회고하는 입장에서 보고 있기 때문이었다. 다니엘은 앞을 내다보고 있었다. 달리 말하자면 짐승의 왕국이 이 왕국들을 계승해 갈 것이며, 그 왕국이 바로 부활한 로마 제국인 것이다.

짐승은 누구인가? 성경 학자들은 요한계시록 13장과 17장에 나오는 상징들을 달리 해석해 왔다. 그가 상처를 입은 것에 대하여 세 번이나 언급하고 있음을 주목해야 할 것이다(13 : 3, 12, 14). 이것은 아마도 이 짐승이 죽임을 당하였고 죽은 자들로부터 다시 살아날 것임을 제시하는 듯하다. 11장 7절과 17장 8절에 의하면 짐승이 무저갱에서 올라오는데, 이는 물론 부활을 말하는 것이다.

　어떤 이들은 짐승이 죽은 자로부터 부활한 유다일 것이라고 생각한다. 짐승과 유다는 똑같이 "멸망의 자식"이라고 불리워진다(요 17 : 12 / 살후 2 : 3). 유다는 요한복음 6장 70절에서 "마귀"라고 불리워진다. 그가 누구이든지 간에 우리는 짐승이 사단의 초인(超人), 곧 그리스도의 탈을 쓴 자임을 안다. 온 세상은 짐승을 찬양할 것이며 사단을 예배할 것이고(4절), 사단이 언제나 갈망했던 것을 추구할 것이다(사 14장).

　이 지점에 이르기까지 짐승은 유럽 연맹의 머리로서 로마 교회와 긴밀한 협력 관계 속에서 일해 왔다는 것을 명심하자(계 17장). 그는 로마 제도에 복종하는 것처럼 가장할 것이며 자기의 정복지를 더 늘리기 위해 교회를 이용할 것이다. 환란의 중반 쯤에 애굽과 러시아가 팔레스틴을 침략할 것이며(겔 37~38장), 짐승은 유대인들을 보호하려고 밀어닥칠 것이다. 짐승이 이스라엘에 도착하면 러시아가 하나님께 패배당한 것을 보고 짐승은 점령하기로 결심할 것이다.

　그는 이 시점에서 배교한 교회를(계 17장의 음녀) 멸망시킬 것이며 스스로 세상의 통치자로 나타낼 것이다. 사단은 그에게 이적을 행할 능력을 줄 것이다. 데살로니가후서 2장에 의하면 하나님께서 믿지 않는 세상에 "완고한 망상"을 문득 떠오르게 하실 것이라고 한다.

　사람들은 진리이신 그리스도를 받아 들이지 않을 것이며 "거짓말장이"인 적그리스도를 영접할 것이다! 짐승은 하늘의 교회를 모독할 것이며 땅에 거하는 믿는 유대인 남은 자를 박해할 것이다. 우리가 요한계시록 11장에서 보았듯이 이 지점에서 그는 또한 두 증인들을 살해할 것이며, 이들은 삼 년 반 후에 죽은 자로부터 부활할 것이다.

2. 거짓 선지자 – 땅에서 올라온 짐승(13 : 11~18)

사단도 삼위일체로 존재한다(19~20절). 사단은 성부로 가장하고 짐승은 구세주이신 성자로 표방하며 거짓 선지자는 성령으로 가장한다. 이 둘째 짐승은 이스라엘을 말하는 듯한 "그 땅"에서 출현한다. 그는 유대인인 듯하다. 다니엘 9장 26절은 적그리스도가 로마 시민권을 획득할 것으로 말한다. 그런데 적그리스도는 세상을 그에게로 이끌기 위해 조력자를 필요로 할 것인데, 이 조력자는 거짓 선지자일 것이다.

　이 거짓 선지자는 평화와 우호를 뜻하는 "새끼 양 같은 뿔들"을 가지지만 뿔에는 면류관(권위)이 없다. 사단은 그에게 처음 짐승에게 준 그런 능력을 주지만 그의 임무는 짐승을 영화롭게 하여 세상으로 그를 따르고 숭배하도록 하는 일이었다. 이와 비슷한 국면으로는 다니엘 3장을 읽자.

　거짓 선지자는 하늘로부터 불을 땅에 내리게 함으로써 두 증인이 행하는 기적들을 따라할 것이다(11 : 5 / 13 : 13). 이것이 데살로니가후서 2장 9절에 있는 바울의 예언과 마태복음 24장 24절에 나오는 그리스도의 예언을 성취할 것이다.

거짓 선지자는 짐승의 우상을 가지고 있다. 이것은 마태복음 24장 15절, 다니엘 11장 45절과 데살로니가후서 2장 4절에서 찾아볼 수 있는 "멸망의 가증한 것"이다. 이 즈음에 예루살렘에는 회복된 유대인의 성전이 있게 되며, 짐승은 이 우상을 거기에 세워 둘 것이다. 놀랄 만한 일은 이 우상이 살아 있을 것이라는 점이다. 그것은 사람들에게 대단히 잘 말할 것이며 크게 감명을 끼칠 것이다. 5절은 짐승과 그의 우상이 하늘을 향하여 "큰" 말과 참람된 말을 할 것이라고 한다.

세계 종교가 거짓 선지자의 유일한 사역만은 아니다. 그는 또한 범세계적인 경제적 통제력을 수립할 것이다. 십 사만 사천 인이 하나님 아버지의 표를 그들의 이마에 받게 되듯이 짐승의 추종자들도 그의 표를 이마에, 또는 오른 손에 받게 될 것이다. 이 표가 그들로 하여금 사고 파는 일을 가능하게 한다. 짐승을 따르지 않은 사람들과 그의 표(그의 이름)를 받지 못한 사람들은 크게 고난을 당할 것이다(20 : 4 참조).

사단은 이제 그가 늘 원하였던 바로 그것을 갖게 될 것이다. 즉, 세상이 그를 예배할 것이며 그는 세상의 나라들을 지배하고 있을 것이다. 다만 "옥의 티라면" 하늘에서 그리스도가 통치하고 계시며, 어느 날 그 왕국이 땅에 세워지게 된다는 것이다. 사단은 땅에 있는 하나님의 성도들에게 그의 분노를 터뜨릴 것이다. 왜냐하면 그는 그리스도와 하늘에 있는 성도들을 손댈 수가 없기 때문이다.

17~18절은 많은 억측을 일으켜 왔다. **짐승의 수, 666은 무엇을 의미하는가?** 로마의 숫자를 앞에서부터 하나씩 차례로 여섯 개를 더하면 666이 된다는 것은 흥미있는 일이다(I= 1, V= 5, X= 10, L= 50, C= 100, D= 500). 이것은 물론 로마 제국의 부활을 뜻하지 짐승에 관해서 무엇을 말해 주는 것이 아니다.

느부갓네살의 형상과 거인 골리앗이 6이란 숫자와 동일시되는데(단 3 : 1 / 삼상 17 : 4~7), 이것은 세상의 눈들이 짐승을 "초인"(超人)으로 볼 것임을 가리키고 있는 것이다. 우리는 로마 숫자와 마찬가지로 히브리어나 헬라어도 문자로 숫자를 나타낸다는 것을 알고 있다. 헬라어로 "예수"는 888에 해당된다. 그러나, 숫자와 문자를 짜맞추어서 하나의 이름을 만들어 내려고 하는 것은 쓸데 없는 일이다.

우리는 이러한 것을 알고 있다. 6은 사람의 수이다. 사람은 여섯째 날에 창조되었으며 6일 동안 일하도록 되어 있었다. 하루의 시간은 6으로 나누어지며

($4 \times 6 = 24$), 달(月)의 수도 그렇고($2 \times 6 = 12$), 일 분도 그렇다($6 \times 10 = 60$). 히브리어 구약 성경은 "사람"을 네 가지 다른 단어들로 나타내며 헬라어 신약은 두 단어로 사용하는데, 합해서 여섯 가지가 된다. 구약에는 뱀과 사자에 대하여 여섯 개의 다른 이름들을 가지고 있는데, 물론 이들은 둘 다 사단을 상징한다.

역사는 "6"이란 숫자가 동방의 밀의 종교에 사용되었다는 점을 우리에게 말해 준다. 그렇다면 "666"이란 숫자는 그리스도와 상관없이 사람이 이를 수 있는 지고(至高) 인간인 적그리스도를 나타낸다고 할 수 있겠다. 그는 사단의 "초인"(超人)이며 사단의 거짓 그리스도이다. 일곱은 완전의 수이며, 사단은 이 수에 도달할 수가 없다.

추수와 포도주

-요한계시록 14장-

우리는 본 장에서 환란의 후반부와 환란이 끝난 직후에 일어날 사건들을 내다 보는 일련의 환상을 대하게 된다. 하나님은 여기서 요한계시록에 펼쳐져 있는 바의 "전경" 곧 요약을 보여 주신다. 예상되는 사건들을 살펴보기로 하자.

1. 왕국의 설립 (14 : 1~5)

이 광경이 하늘에서 벌어지는 것인지 (히 12 : 22~23에 나오는 하늘의 시온) 또는 이 땅에서 일어나는 일인지 (시 2 : 6에 나오는 문자 그대로의 시온 산)에 대해서는 의견이 분분하다. 아마도 임하게 될 왕국의 모습은 지상의 장면인 듯 하다.

한 가지 예로 2절에서 요한은 "하늘에서 나는 소리"를 듣는데, 이것은 그가 이 땅에 있음을 암시한다. "새 노래"는 새로운 경험이 있다는 뜻이다. 이들은 환 란을 통과하고서 이제 그리스도와 함께 다스리고 있다. 그러나, 이것이 하늘의 장면이라 할지라도 그것은 지상에 임할 왕국을 예상케 한다. 3절은 교회 (장로 들)가 지상에서 그리스도와 함께 왕노릇한다는 뜻이며 네 생물도 거기 있을 것 이다.

십 사만 사천의 특성이 이제 설명된다. "여자로 더불어 더럽히지 아니하고" 라는 말과 "정절"이라는 말은 영적인 의미로 받아 들여져야 하지 육적으로 받 아 들여져서는 안 된다. 그 날에 땅에 거하는 거민들의 죄는 영적인 간음일 것이 다 (14 : 8 / 약 4 : 4 / 출 34 : 15).

짐승의 이름이 아닌 성부의 이름으로 표를 받은 이 믿는 유대인들은 영적으로 구별되며, 그리스도께 온전히 헌신할 것이다. 짐승을 예배하는 대신 이들은 어 린 양을 따른다. 이들은 유대 왕국의 핵심이 될 것이며 다가올 추수의 "처음 익 은 열매"가 될 것이다.

2. 진노의 대접을 쏟아 부음 (14 : 6~13)

이제 소식을 전하는 세 천사가 보이고, 각각은 특별한 사항을 알린다.

① **영원한 복음** (6~7절) -오늘날 하나님은 그의 멧세지를 전하는 데에 사람 들을 사용하시지만 심판의 마지막 기간에는 천사들을 사용하실 것이다. "영원   *561*

한 복음"은 하나님을 창조주로서 제시하지 구세주로서 제시하지는 않으며, 심판이 다가오고 있음을 사람들에게 경고한다.

이 복음은 하나님을 두려워하고 그에게 영광을 돌리라고 사람들을 초청하나, 짐승과 사단을 초청하는 것이 아니다. 하나님을 높이는 모든 사람들은 구원받을 것이라는 암시이다. 슬프게도 사람들은 피조물을 경배하고 섬기면서도 창조주를 경배하고 섬기지는 않는다. 이것은 사단에게 속은 세상을 향해 부르시는 하나님의 최종적 부르심이다.

2 **바벨론의 멸망** (8절) —이 일은 이곳과 16장 18∼19절에서 예상되기는 하지만 17장과 18장에 나온다. 바벨론은 여기서 로마와 관련되어 있으며, 짐승으로 머리를 삼은 배교한 종교적, 정치적 제도를 말한다. 당신은 이 예언의 성취를 보기 위해 요한계시록 17∼18장을 읽고 싶을 것이다(렘 50 : 14, 15, 38 / 51 : 7∼8 참조).

3 **최후 심판** (9∼13절) —우리는 심판의 일곱 대접을 통하여 하나님의 진노가 쏟아지는 것을 본다(계 15∼18장). 그것은 "섞인 것이 없는" 것이다. 즉, 어떤 은혜나 자비도 하나님의 진노와 함께 하지는 않을 것이다(합 3 : 2). 이 천사는 짐승의 표를 받은 사람은 누구나 안식이나 구제됨이 없는 영원한 고통을 받을 것이라고 세상에 경고한다. 짐승을 따르는 자들의 운명과 어린 양을 따르는 자들의 운명 사이에는 현저한 대조점이 있는데, 그것은 믿는 자들이 그들의 수고로부터 안식하게 될 것이며 축복을 받게 될 것이기 때문이다.

적그리스도와 더불어 삼 년 반 동안 왕노릇하는 것보다는 그리스도와 더불어 1,000년 동안 왕노릇하는 것이 더 좋은 일이다./ 바로 이러한 이유로 해서 12절은 시련을 통과해야 할 성도들의 입장에서 "인내"를 권유하고 있다(눅 21 : 19 참조).

13절은 분명히 환란의 성도들을 말하는 것이지만 오늘날의 신자들에게 적용해도 물론 좋을 것이다. 세상은 죽음을 저주로 보며 구원받지 못한 자에게는 죽음이 저주이지만 그리스도인에게는 그것이 하나의 축복이다. 그리스도인은 안식과 상급을 경험할 것이지만 불신자들은 영원한 고통과 모든 것을 상실하게 될 것이다.

3. 아마겟돈 전쟁 (14 : 14∼20)

요한은 흰 구름을 타고 땅을 추수하러 낫을 가지고 오시는 그리스도를 본다. 이것은 심판을 상징한다. 그가 육신을 입고 오셨을 때 그는 씨 뿌리는 자로 오셨으나, 사람들은 말씀의 씨를 원하지 않았다(마 13 : 3∼23). 그 대신 사람들은 사단의 거짓말을 받아 들였고 이제 그리스도는 추수하시는 분, 곧 세상을 심판하시는 분으로 오셔야 한다.

"땅의 곡식이 다 익었음이로다!"는 말은 둘째 천사를 부른다. 하나님은 심판하실 정확한 때를 아신다. 그는 불법의 씨가 무르익기를 애써 기다리신다(약 1：14~15 / 창 15：16). 이것은 아마겟돈 전쟁의 전조이다(욜 3：11~16 참조).

이 지점에서 우리는 아마겟돈 전쟁으로 이끌어 가는 사건들을 복습해 보는 것이 좋겠다. 환란의 전반부 동안에 짐승이 유대인과 더불어 사역할 때 러시아와 애굽이 이스라엘을 공격한다. 짐승은 유대인과 언약을 지키기 위하여 팔레스틴으로 갈 것을 강요받는다. 하나님은 러시아를 패배시키고 짐승은 애굽을 패배시킨다. 그래서 두 원수들은 패전의 슬픔을 안고서 본국으로 돌아간다.

짐승은 자신을 세상 통치자라 자처하고서 예루살렘에서 통치한다. 그러나, 러시아와 그 동맹국들은 짐승에 대항하여 반역할 것을 계속 계획한다. 바벨론이 멸망한 후에 짐승의 원수들은 공격할 기회를 얻게 된다. 환란의 후 삼 년 반 동안에는 짐승과 싸우기 위해 팔레스틴으로 향하는 군대의 이동이 있을 것이다(16：13~16 참조).

드와이트 펜테코스트(Dwight Pentecost) 박사는 "전쟁"이란 말이 "출진"(出陣)으로 번역되어야 한다고 제안한다(계 16：14 참조). 달리 말하자면, 세계의 군대들이 므깃도에서 격전의 절정을 이룰 "아마겟돈 전쟁"은 군사 행동이라고 할 단순한 전쟁이 아니라는 것이다. 요한계시록 19장 17~21절은 인자의 징조가 그 때 나타나므로 군대들은 서로 싸우는 것을 그만두고 그 대신 그리스도를 대항할 것이라고 제시한다.

어떤 사람이 포도나무에서 포도송이들을 따는 모습이 나온다. 악한 세상의 제도는 "땅의 포도나무"이며 그리스도는 참 포도나무이시다(요 15장). 이스라엘은 이 세상에서 하나님의 거룩한 포도나무가 되도록, 하나님의 영광을 위하여 열매를 맺도록 심기워졌다(사 5：1~7 / 시 80：8~16). 비통하게도 이스라엘은 쓴 열매를 맺었다.

사실상 이스라엘은 참 메시야를 거절하고 거짓 그리스도를 영접함으로써 쓸쓸한 결말을 보아야 했다. 이 최후의 전쟁에 관한 추가 자료로는 이사야 66장 1~6절과 요엘 3장을 참조하라.

20절은 무서운 광경을 나타낸다. 피가 예루살렘 성 밖 320km에까지 흐를 것이고 말 굴레에서 지면까지의 높이 만큼의 깊이가 될 것이다! 이것이 하나님의 진노의 포도주틀이다(19：15 / 사 63：1~6 참조).

그렇다면 우리는 본 장에서 앞으로 닥칠 사건에 대한 예언적인 요약을 보게 된다. 본 장에는 우리가 배울 몇 가지의 **실제적인 교훈들**이 있다.

1 사단의 반대에도 불구하고 하나님은 그의 왕국을 지상에 세우실 것이며, 구약의 약속들은 문자 그대로 성취될 것이다.

2 오늘 하나님의 은혜의 축복을 거절한 사람들은 내일 맞이할 무서운 심판의 위험에 처해 있는 자들이다. 그리스도를 위하여 죽어 영원한 영광을 누리는 것이 마귀를 위하여 살다 영원히 고통당하는 것보다는 더 좋은 일이다.

3 세상의 나라들은 오늘날 아마겟돈으로 이끌려가고 있다. 우리는 러시아와 애굽과 아프리카 나라들이 흥왕하는 것을 본다. 우리는 또한 장차 나타날 유럽 연맹도 본다. 그러나, 하나님께 대한 인간의 최종적인 전쟁은 사단과 그의 동맹국의 처참한 실패로 끝날 것이다.

진노의 일곱 대접(Ⅰ)

- 요한계시록 15장 -

여기서 우리는 하나님의 진노의 대접을 쏟아 붓는 서곡을 본다. 인이 떼어지기 전에 하늘의 광경을 보게 되는데(4~5절), 이 때는 나팔이 울리기 전이기도 하다(8:1~6). 이것은 지상에서 일어나고 있는 바가 하늘에서 통제되고 있음을 상기시키는 것이며, 하나님께서 보좌에 좌정에 계심을 생각나게 하는 것이다. 요한은 두 장면을 응시한다.

1. 승리자들과 그들의 노래 (15:1~4)

우리는 이 성도들을 전에도 만나보았다. 이 성도들은 짐승에게 무릎 꿇기를 거절하였고, 그 결과 그리스도를 위하여 그들의 생명을 잃은 환란기의 신자들이기 때문이다(12:11 / 13:7~10). 요한은 하늘 바닷가에 서 있는 승리자인 그들을 본다.

우리는 즉시로 출애굽기 15장에 나오는 이스라엘을 생각하게 되는데, 이 때는 하나님이 이들을 애굽의 속박으로부터 승리 가운데로 인도하셨었다. 이제 "유리 바다"에는 불이 섞여 있음에 주목하자. 4장 6절을 회고해 보면 이 수정 바다는 맑았었다. 불은 하나님의 진노가 지금 막 나타나려 하는 하는 것을 우리에게 상기시킨다(히 12:29).

이 성도들은 그들의 믿음 때문에 죽임을 당하였으나 요한은 이들이 짐승을 이기고 "벗어난다"고 말한다! 이들은 그의 우상을 예배하거나 표를 받지 않고서 그들의 성장을 잃었지만 그리스도를 위하여 그들의 생명을 잃음으로 이들은 자신을 다시 발견하였다! 비록 그리스도인들이 그의 증인으로 살다가 죽는다 해도 그는 잃은 자가 아니라 승리한 자이다!

우리는 여기서 다시 이 성도들이 하늘 바닷가에서 노래하고 있는 것을 본다. 20장 4절에 의하면, 그들이 육체로 부활하는 것은 천년왕국 동안에 그리스도와 더불어 왕노릇하기 위함이다. 만일 우리가 그리스도와 더불어 고난을 받으면 우리는 그와 더불어 왕노릇할 것이다.

14장 3절에 보면, 십 사만 사천 인이 그 이외의 어느 누구도 부를 수 없는 새 노래를 불렀다. 그러나, 여기서 우리는 모세와 어린 양의 노래를 본다. 모세의 노래는 출애굽기 15장에 나오는 이스라엘의 홍해에서의 승리를 노래한 것인 듯 하다. 비록 어떤 학자들은 이것이 신명기 31~32장에 나오는 모세의 최후의 말을 언급하고 있는 것이라고 생각하기도 하지만, 그러나 저자는 전자를 더 좋아한다.

"여호와는 나의 힘이요 노래시며 나의 구원이시로다!"(출 15 : 2)하는 후렴구는 시편 118편 14절과 이사야 12장 1절 이하에서도 반복된다는 점에 주목하자. 이런 각 경우에는 이스라엘에 대한 구원의 언급이 있다. 유대인들은 출애굽 당시 애굽에서 구원을 받았을 때 모세의 노래를 불렀으며, 또한 포로 생활에서 돌아왔을 때도 이 노래를 불렀다. 그것은 시편 118편이 포로 생활 이후의 시인 것으로 여겨지기 때문이다.

이사야 12장은 이스라엘이 세계의 각국으로부터 그들의 땅으로 돌아가게 될 때를 내다보고 있다. 따라서 각 경우마다 이 노래는 이스라엘이 원수로부터 구원받은 것을 찬양한다. 출애굽기 15장으로 가 보면, 하나님의 백성은 지상의 바닷가에 서 있었지만 여기서는 하늘 바다이다. 출애굽기에 보면, 그들은 유월절 어린 양의 피로 말미암아 구원을 받았다(12 : 11).

그리고 여기서 이들은 "어린 양의 피로" 짐승을 이겼다. 그들은 모세의 노래뿐 만이 아니라 어린 양의 노래도 부른다는 점에 주목하자. "어린 양"은 계시록에서 가장 많이 반복되고 있는 그리스도의 칭호이다. 그것은 최소한 29회는 사용된다. 우리는 여기서 율법과 은혜, 곧 모세와 어린 양의 놀라운 연합을 본다. 하나님의 율법은 입증되고 하나님의 은혜는 일하고 있다. 옛 언약과 새 언약은 그리스도께서 나라들을 심판하심으로, 그리고 왕노릇하시러 오실 준비를 갖추심으로 성취되고 있다.

시편에 나오는 이 구절들을 조사하면 3~4절에서 주어진 노래의 기원을 알게 될 것이다(90 : 1~2 / 92 : 5 / 145 : 17 / 86 : 9 / 111 : 9 / 98 : 2). 교회에게는 그리스도가 왕이 아니라 신랑 또는 몸의 머리가 되신다.

2. 대접들과 그 의의 (15 : 5~8)

1절은 일곱 대접을 가진 일곱 천사들이 일곱 가지 마지막 재앙을 가져올 것임을 가리킨다. 당신은 10장 7절에서 그리스도께서 이 대접을 쏟아 부으심으로 "하나님의 비밀"이 완성된다고 선전하셨던 것을 회상할 것이다.

더이상 지체되지 않을 것이다. 이 마지막 일곱 심판에서 하나님은 그의 진노를 완성하실(완전히 성취하실) 것이다. 이 때 사단은 신자들에게 특히 유대인들에게는(12 : 12 이하) 무서운 진노를 쏟아 부을 것이지만 하나님께서 최종의 말씀을 가지고 계신다.

다시 한 번 하늘의 성전이 열린다(11 : 19 참조). 지상의 성전은 짐승으로 말미암아 점령을 당하게 되었으나(13 : 13 이하 / 살후 2 : 3~4), 짐승이 하늘

의 성전을 건드릴 수는 없다. 그가 할 수 있는 모든 일이란 모독하는 일뿐이
다(13 : 6).

성전이 열리는 것은 하나님께서 그의 백성 이스라엘과 맺으신 언약을 지키실
것임을 다시 생각나게 한다. 믿는 유대인들 중에는 에돔, 모압, 암몬으로 달아
난 사람들이 많은데 하나님은 거기서 이들을 보호하실 것이다. 다른 이들은 많
은 이방인들과 더불어 그들의 신앙 때문에 죽을 것이다.

일곱 천사들은 성전에서 나온다. 일곱은 완전수이며, 진노의 대접으로 하나
님의 심판은 완성된다. 천사들은 지성소에서 나오는데, 여기는 언약궤가 보
관되는 곳이다. 악한 세상은 하나님의 법을 불순종해 왔으나 심판이 이제 임하
고 있다.

이 천사들의 옷은 거룩함과 왕권을 의미한다. 흰 세마포는 구약 제사장의 옷
을 상기시키며, 금띠는 왕을 말하고 있다. 이것은 하나님의 성도들이 "나라와 제
사장" (계 1 : 6) 곧 왕 같은 제사장이라는 것을 상기시킨다. 물론 그들의 옷은
그리스도에 대해 묘사하고 있는 1장 13절을 생각케 한다. 왜냐하면 그리스도는
멜기세덱의 반차를 따른 대제사장이요 왕이시기 때문이다.

생물 중의 하나가 진노의 대접을 천사들에게 준다. 모든 자연은(네 생물로 상
징됨) 하나님의 진노를 맛보게 될 것이다.

하늘의 성전은 이제 하나님의 영광으로부터 나는 연기로 가득하게 될 것이다.
구약 성막이 바쳐졌을 때 하나님의 영광이 그 장막에 충만하였다 (출 40 : 34～
35). 그리고 구약 성전이 봉헌되었을 때도 마찬가지였다 (대하 7 : 1～4). 그
러나, 영광과 자욱한 연기는 없었다. 그런데 우리는 여기서 연기를 보며, 연기
는 대개 심판을 상징한다(9 : 2). 선지자 이사야가 성전에서 하나님의 영광을
보았을 때 온 집이 연기로 가득 찼다(사 6 : 4).

이것은 이사야의 멧세지가 자비와 더불어 심판의 멧세지였기 때문이다. 요한
은 진술하기를 하늘에 있는 어느 누구라도 진노의 대접이 쏟아지기 전까지는 성
전에 들어가는 것이 허락되지 않았다고 한다. 성도나 천사 그 누구라도 세상의
나라들을 중재하기 위해 성전에 들어갈 수는 없었다. 나라들에는 "중재라는 것
이 과거의 것"이 되었고 하나님의 참으심은 이제 끝에 이르렀으며 하나님의 심
판이 임할 차례이다.

＊　　＊　　＊　　＊　　＊

예언을 연구하는 학자들은 **인, 나팔, 대접들의 배열**에 대해 의견을 달리하기
도 한다. 이 세 부분으로 이루어진 심판들이 각각 차례로 일어난다고 믿는 학자
들도 많다. 일곱째 인은 나팔들로 인도해가고 일곱째 나팔이 대접들로 인도해
간다. 그러나, 만일 그렇다면 일곱째 나팔과 일곱째 대접은 사실상 일곱째 인에

속하는 것이 된다 ! 이것은 사실상 일곱 인이 7년 대환란 전반에 걸쳐 떨어진다는 것으로 제시할 수 있다. 그리고 나팔과 대접은 끝부분의 잠깐 동안에 임하는 것이 된다.

뉴엘 (Newell)은 처음 여섯 인들이 처음 삼 년 반에 해당하며, 일곱째 인(나팔들과 대접들을 포함하며)이 후 삼 년 반에 해당한다고 주장한다. 노만 해리슨 (Norman Harrison)은 나팔을 처음 삼 년 반에, 대접들은 후 삼 년 반에 넣기도 한다. 일곱째 나팔은 환란의 종국에서 신속히 부어지는 일곱 대접을 소개한다. 우리는 다음과 같은 도표를 그릴 수 있다.

진노의 일곱 대접(Ⅱ)
- 요한계시록 16장 -

나팔 심판들과 대접 심판들 사이의 유사점들을 찾아보기 위해서는 요한계시록 8 장에 나오는 연구 내용을 복습하자. 각 경우마다 심판은 같은 지역에 내리지만 대접 심판이 더욱 맹렬하다. 대접 심판들은 빠르게 연속적으로 일어나며, 특히 짐승과 사단의 왕국을 목표로 하고 있는 듯하다. 이것들은 아마겟돈으로 가는 길을 예비하며 그리스도께서 그의 왕국을 주장하기 위해 지상에 다시 오시는 길 을 예비한다.

1. 독한 헌데 (16 : 1~2)

이 심판은 원수에게 종기들이 생겼던 애굽에서의 여섯째 재앙을 우리에게 상기 시켰다 (출 9 : 9). "악하고"란 말은 "골치아픈" "괴롭히는"의 뜻이다. 하나님 은 이스라엘이 그를 대적하면 이 재앙을 내리실 것을 약속하셨다 (신 28 : 27, 35).

불신한 유대인들이 믿지 않는 이방인들과 더불어 고난받을 것은 의심할 여지 가 없다. 다섯째 대접이 쏟아지자 이 종기들이 계속 세상을 괴롭히고 있다는 점 에 유의하자 (11절). 이러한 고뇌로 그들의 마음은 부드럽지 못했고, 사람들은 여전히 하나님을 훼방하고 그 앞에 절하기를 거절한다.

2. 피같이 된 바다 (16 : 3~7)

두 대접이 여기에 관여된다. 둘째 천사가 바다를 피로 바꾸며 세째 천사가 샘물 과 강들을 바꾼다. 또다시 우리는 둘째 나팔 심판 때와 같이 (8 : 8 이하) 애굽 의 첫째 재앙을 상기하게 된다 (출 7 : 18 / 시 105 : 29). 그러나, 나팔 심판 때 에는 바다의 삼분의 일이 피로 변하였지만 여기서는 세상의 모든 물이 오염된 다! 물을 다스리는 천사 (7 : 1~2 / 14 : 18)는 이 심판으로 하나님을 찬양하 며 공정한 심판이라고 설명한다. 지상에 있는 사람들은 피를 흘렸다. 따라서 피 를 마셔야 한다.

우리는 성경 전체를 통하여 이 법이 작용하고 있는 것을 본다. 바로는 유대의 사내 아이들을 강에 익사시켰는데 이처럼 그의 군대가 홍해에서 익사하게 되었 다. 에스더서의 하만은 모르드개를 달기 위해 장대를 세웠는데 그와 그의 아들 들이 대신 그 장대에 달리게 되었다! 7절에서 제단 아래 있는 영혼들이 이제 만족하게 된 것을 주목하자. 하나님께서 6장 9절에 나오는 그들의 기도를 응답하셨다.

3. 불에 태움과 어두움 (16 : 8~11)

네째와 다섯째 천사에게서 나는 심판은 하늘을 포함한다. 네째 천사는 해로 사람들을 태우게 한다. 이것은 8장 12절에 나오는 나팔 심판과는 반대가 되는데, 거기서는 해의 일부가 빛을 잃고 어두워졌으나 이번 경우에는 하나님께서 해로 사람들을 태우도록 허락하신다. 이는 사실상 그들에게 지옥을 미리 맛보게 하시는 것이다. 이것은 "극렬한 풀무 불" 같을 것이라는 말라기의 예언한 날이다 (말 4 : 1~2). 사람들은 회개했는가? 아니다./ 이와 같은 일이 사람의 마음을 완고하게 한다./

   다섯째 천사는 상황을 반전시켜 어두움을 가져온다. 이 어두움은 짐승의 보좌가 있는 그의 왕국에만 덮었던 것일 수 있다. 이 어두움은 애굽의 아홉째 재앙을 회상케 한다(출 10 : 21~23). 사단은 어두움의 왕이므로 어두움이 그의 왕국을 덮는 것은 지극히 당연한 일이다. 요엘 2장 1~2절은 여호와의 날이 어두움의 날이 될 것이라고 예언하였다. 또한 마가복음 13장 24절에서 그리스도께서도 예언하셨다. 어두움 가운데서 고통을 견디어야 하며 치료되지 않을 종기로 신음하는 사람들을 한번 상상해 보자./
   이것은 지옥을 미리 맛보는 일이다. 그러나, 이들은 회개하지 않을 것이다. 윌리엄 뉴웰(William Newell)이 말하듯이 "은혜로 구원을 받지 못할 사람들은 어쨌든 결국 구원받지 못할 것이다."

4. 군대를 모음 (16 : 12~16)

하나님이 이스라엘을 애굽에서 구원하실 때 그들을 건너게 하려고 홍해를 마르게 하셨다. 여기서 하나님은 유브라데강의 일부를 마르게 하여 동방 왕들의 군대들로 아마겟돈에서 세계 각국의 군대와 만나도록 하실 것이다. 14절의 "전쟁"이라고 한 말은 "출진"(出陣)이라고 하는 것이 더 좋다. 당신은 환란의 중반에 러시아와 그 동맹군들이 팔레스틴을 침략했다가(곡과 마곡, 겔 38~39장) 주님에 의해서 심판을 받은 것을 기억할 것이다. 이 일이 짐승으로 하여금 세상 제도를 완전히 관할하게 하는 예루살렘에서의 통치라는 결과를 낳았다.
   그러나, 러시아와 동방의 왕들과 애굽은 군대를 연합하자 아마겟돈에서 짐승의 군대들과 전쟁하게 된다. "아마겟돈"이란 말은 "므깃도의 산"이란 뜻이다. 성경 지도에서 므깃도를 찾아보라. 이 지역은 세계의 위대한 전장터들 중의 하나로 오랫동안 인정되어 오고 있다. 그리스도와 적그리스도 사이에서 벌어질 최후의 전쟁이 있을 곳도 바로 여기이다.

이 군대들은 어떻게 모일 것인가? 사단의 삼위일체는 그들을 모집하는 데에 귀신들을 사용한다(13~14절). 이들이 문자 그대로의 개구리들이 아닌 것은 물론이다. 오히려 그것들은 사단이 주님께 대항하여 싸우려고 세계 역사상 가장 큰 군대를 모으는 데 사용할 마귀적인 수단(아마도 선전)의 상징인 것이다(딤전 4 : 1 / 출 8 : 5~7 / 왕상 22 : 20~38 참조).

군대들은 예루살렘을 공격하기 위하여 모일 것이다. 그러나, 그 때 인자의 징조가 나타날 것이며(마 24 : 29~30), 군대들은 그리스도께 대항하여 싸우려고 연합할 것이다. 결과는 요한계시록 19장 11~21절에 주어져 있다. 다음의 구약의 구절들도 읽어 보라(욜 3 : 9~14 / 습 3 : 8 / 슥 12장 / 사 24 : 1~8).

15절은 그 당시 땅에 거하는 성도들에 대한 약속이다. 데살로니가전서 5장 8절은 이 세대의 교회가 "어두움"에 잡힌 바되지 않을 것임을 분명히 밝힌다. 요한계시록 18장 4절을 읽으면, 그리스도께서 이 경고를 통하여 그의 백성에게 세상과 사단의 제도의 오염으로부터 자신을 지키라고 부탁하고 계신 것을 알게 될 것이다. 당신의 옷을 깨끗하게 보전하라! 이것은 오늘날 성도들에게 주시는 좋은 경고이다.

5. 이루어진 하나님의 비밀(16 : 17~21)

10장 6~7절에서 하나님은 일곱째 천사가 대접을 쏟으면 "하나님의 비밀"이 이루어질 것이라고 약속하셨다. 이제 우리는 성취된 이런 일을 본다. 이 부분에 묘사된 사건들은 바벨론의 멸망과 왕노릇하시기 위해 최종적으로 다시 오시는 그리스도를 내다보게 한다. 다음 장에서 일어나는 일(17~19장)은 이 일곱째 대접에 포함되는 것이다.

그의 대접은 왜 공중에서 쏟아지는가? 이것은 "공중의 권세잡은 자"(엡 2 : 2)인 사단에게 지정된 영역이기 때문이다. 심판들은 이처럼 자연계와 인간 세상에 깊숙이 와 닿았지만, 이 모든 것 배후에 있는 "조종자"(사단)에게는 와 닿지 않았다. 그러나, 이 순간부터는 그리스도께서 사단의 종교적인 제도(17장), 그의 정치적인 제도(18장), 그의 군대(19장), 옛 뱀인 사단 자신을(20 : 1~3) 다루실 것이다.

일곱째 대접이 비워지자 하늘의 보좌와 성전은 일제히 "이루어졌도다"라고 한다. 하나님의 비밀이 이루어졌다! 제단 아래 있는 영혼들이 더이상 "얼마나 기다려야 합니까?"라고 묻지 않아도 된다. 이 알림은 그리스도께서 십자가 상에서 하신 말씀들을 생각나게 한다. "다 이루었다!" 새 하늘과 새 땅이 펼쳐질 때 하나님은 또다시 "이루었도다!"라고 말씀하실 것이다(계 21 : 6).

지진은 예루살렘을 세 부분으로 나눈다(11 : 8 / 슥 14 : 4 참조). 그러나, 예루살렘만이 심판을 받을 유일한 도시는 아니다. 지상의 다른 큰 도시도 망할 것이며, 큰 바벨론은 심판을 받기 위하여 나올 것이다. 요한계시록 17장에 나오는 바벨론은 마지막 날들에 배교한 교회이며, 18장에 나오는 바벨론은 짐승의 정치 경제적인 제도이다.

우박은 일곱째 재앙을 상기시킨다(출 9 : 22~26). 56kg이나 되는 우박 덩어리를 상상해 보라. 이는 요한의 시대에 은 한 달란트의 무게이다. 레위기 24장 16절은 참람한 말을 한 자는 돌에 맞아 죽어야만 한다고 언급한다. 따라서 하나님을 훼방하기를 (9, 11, 21절) 계속하고 있는 이 땅의 사람들은 그들이 마땅히 받아야 할 것을 받는 것이다.

음녀와 그 딸들 (Ⅰ)
-요한계시록 17장-

17장과 18장은 그리스도께서 재림하시기 전에 마지막으로 있을 큰 세상 체제를 바벨론이라는 모형을 통하여 소개한다. 17장에서는 이 체제의 종교적인 면을 강조하며, 18장에서는 상업적인 면에 강조를 둔다. 종교적인 바벨론은 짐승에 의해 정복될 것이며(17 : 16~18), 반면에 상업적인 바벨론은 하나님에 의해 멸망될 것이다.

1. 초대(17 : 1~2)

일곱 대접들이(16장) 바벨론의 멸망을 포함하여 세상에 임할 하나님의 진노의 절정을 세상에 가져온 후에(16 : 17~21), 이 천사들 중의 하나가 요한을 광야로 데려가 "큰 음녀", 곧 배교하는 최종적 세상 체계를 보여 준다. 요한계시록에는 **네 여인**이 나온다는 것을 지적한 바 있다. 즉, 교회에 잠입한 배교를 나타내는 **이세벨**(2 : 20)과 **이스라엘**(12 : 1), 배교하는 최종적 세상 체계인 **음녀**와 교회인 **신부**(19 : 7)이다.

　자연인은 본 장에 주어진 진리들을 알 수가 없다. 요한조차도 천사의 초청이 없이는 이것들을 알 수가 없었을 것이다. 세속적인 교인들은 본 장의 국면들에 접하는 것을 거부한다. 이들은 "세속 교회"가 기도에 대한 응답이라고 믿기를 좋아한다! 어느 날 이들이 대단히 잘못되었음이 드러나게 될 것이다.

2. 설명(17 : 3~18)

이 묘사에는 몇 가지 상징들이 연관되어 있지만 천사가 우리에게 이들을 설명한다. 우리가 만일 하나님의 말씀의 해석을 받아 들인다면 본 장이 가르치고 있는 바를 이해하는 데에 별 문제가 없을 것이다.

1 **여인** - 18절은 그녀가 한 도시라는 것과 요한의 시대에 땅의 왕들을 통치하고 있었다고 명백히 밝힌다. 3절의 일곱 머리는 9절에 나오는 일곱 산들과 동일시된다. 이 도시가 로마라는 데에는 거의 의심할 여지가 없는 것 같다. 로마는 일곱 언덕 위에 위치해 있으며, 요한계시록이 기록되었을 때 로마는 땅의 왕들을 다스리고 있었다.

2 **짐승** - 이 짐승은 우리가 13장에서 살핀 짐승과 동일한 적그리스도이다. 8

절은 이 세상 통치자가 무저갱에서 나올 것인데, 그는 죽은 자로부터 일으킴받은 한 사람일 것이라고 한다. "멸망"은 유다와 연관된다(요 17 : 12 / 살후 2 : 3). 이러한 이유로, 학자들은 적그리스도가 죽은 자로부터 부활한 유다일 것이라고 생각한다. 짐승은 붉은 색인데 그를 용, 곧 사단과 연관시키고 있다(12 : 3).

짐승이 일곱 머리와 열 뿔을 가졌다는 사실은 또한 그가 사단임을 밝혀 준다(12 : 3 / 13 : 1 참조). 10절은 일곱 머리가 일곱 산들과 마찬가지로 일곱 왕임을 말해 준다. 12장은 열 뿔이 열 사람도 더 되는 왕들이라고 설명한다. 따라서, 짐승은 적그리스도의 인격뿐 아니라 그의 왕국을 묘사하는 것이다.

10절에 나오는 "일곱 왕"은 "일곱 왕국"으로도 용이하게 번역될 수 있다. 달리 말하자면, 짐승의 왕국은 일곱째의 세상 왕국이 될 것이다. 이 점에 대해서는 나중에 좀 더 연구하기로 하자.

3 **일곱 머리** – 우리는 이것들이 일곱 산(9절)과 일곱 왕이나 왕국(10절)을 나타내는 것임을 이미 살펴보았다. 멸망한 왕국들은 애굽, 앗수르, 바벨론, 바사, 그리고 그리이스였다. 요한 당대의 왕국이라면 로마였고, 아직 이르지 않은 일곱째 왕국은 짐승의 왕국이 될 것이다.

만일 우리가 일곱 머리가 왕들을 나타내는 것이라고 한다면 멸망한 다섯 왕들(로마의 통치자들)은 쥴리어스 씨저, 티베리우스, 칼리쿨라, 클라우디우스, 네로일 것이다. "하나는 있고"(10절)라고 한 것은 요한시대의 도미티아누스를 가리키며, 아직 이르지 않은 자는 부활한 로마 제국의 왕인 짐승일 것이다.

4 **열 뿔** – 12절은 이를 열 왕이라고 설명한다. 그들은 다니엘서 2장 36~45절에 나오는 다니엘의 신상에서 열 발가락과 평행을 이루는데, 이는 부활한 로마 제국인 것이다. 요한의 시대에 이 왕들은 아직 그들의 권세를 받지 못했는데, 이는 유럽 연맹이 그 짐승을 머리로 하여 촛점을 맞추는 마지막 때를 위하여 예비된 것이다.

이 열 왕들은 그리스도와 성도들을 대항하는 짐승의 전쟁에서 기꺼이 이 짐승을 지원할 것이라는 점을 주목하자. 이들은 짐승의 도움을 입어 큰 음녀를 멸망시킬 것이다!

5 **물** – 음녀의 앉은 물은 세상의 백성이다(15절). 그녀는 온 세상에 정치적으로 경제적으로, 그리고 무엇보다도 종교적으로 영향을 끼칠 것이다.

3. 적용

음녀는 말세에 배교하는 세계 교회를 나타내며, 로마에 그 본부를 두고 있다. "바벨론"이란 이름은 창세기 10장 1~11절과 11장 1~9절로 우리를 인도하며, 그 곳에서 하나님에 대한 최초의 조직화된 반역이 일어났다. "바벨"이란 이름은 "혼란"을 뜻하며, 배교한 제 종교를 대표한다. 가인이 아벨을 죽인 이래로 바벨론 체제가 참된 신자들을 박해하는 죄를 지어왔음에 대해서는 많이 연구하지 않아도 알 일이다. 단순히 로마 체제만이 아니라 모든 적그리스도 체제들이, 자신을 "그리스도인"이라고 부르는 사람들까지라도, 수 세기에 걸쳐 하나님의 종들을 죽였다.

마지막 때는 다음과 같이 진행될 것 같다. 개신교 단체가 로마에 더욱 접근해 가 마침내는 하나님의 큰 세계 교회를 형성하게 될 것이다. 이 세계 교회(음녀)는 세상의 정치적, 경제적인 일들에서 짐승의 도움을 받아 관여할 것이며, 큰 세력을 이룰 것이다.

세계 교회는 짐승을 배경으로 하여, 다시 말하자면 사단과 유럽 연맹의 도움을 받아 "권력을 잡게" 될 것이다. 바티칸은 언제나 유럽 연합국을 살피는데, 관심을 갖게 되었다. 그것은 바티칸이 이를 살핌으로써 보다 큰 세력을 쥐게 되리라는 것을 알기 때문이다.

짐승은 열 왕의 지원을 얻어 승승장구할 것이다(계 6 : 1～2). 그럼으로써 유럽의 국가들, 곧 짐승과 로마에 본부를 둔 세계 교회 사이의 연합이 이루어질 것이다. 우리가 이 곳 17장에서 보는 광경은 사실상 환란기의 전반부 동안에 일어날 일들이다. 짐승이 그의 사단의 본 성격을 드러내지 않고 있음에 주목하자.

환란의 중반 쯤에 짐승은 스스로 모든 권세와 경배를 소유하려 할 것이다(13장). 이것은 그가 음녀를 등에 업어야 한다는 뜻이다. 왜냐하면 그녀는 비록 배교적인 방법이기는 하지만 하나님을 예배하는 것을 나타내기 때문이다. 16절은 유럽 연맹국이 로마에 있는 세계 교회에 대해 등을 돌릴 것과 이를 멸망시킬 것에 대해 가리킨다. 이 일이 요한계시록 2장 20～23절의 예언을 성취할 것이다. 음녀가 일단 쫓겨나게 되면 짐승은 자신을 하나님이라 할 것이며, 나라들에게 자신을 예배하라고 요구할 것이다.

오늘날 우리는 이 큰 세계 교회가 발전하고 있는 것을 본다. 거짓 종교는 바벨론에서 니므롯에 의해 시작되었으며 오늘날까지 나라에서 나라로 퍼져가고 있다. 지금 우리는 이교 교리들과 실천 사항으로 가득찬 전체 로마 체제를 본다. 교황 바오로의 유엔(U. N.) 방문은 세계 교회에로의 진일보이며, 배교하는 모든 종교 단체들을 로마와 연합시키는 일이다.

배교하는 교회는 "음녀"라 불리우며 참된 교회는 순전한 신부로 표상된다. 음녀는 광야에, 신부는 하늘에 있다. 음녀는 사단에 의해 단장되지만(17 : 4) 신부는 그리스도에 의해 단장된다(19 : 8). 음녀는 영원히 심판을 받고 신부는 영원히 왕노릇한다. 음녀는 순교자들의 피로써 더럽혀지나 신부는 어린 양의 피로써 구속을 받는다.

헌신된 그리스도인은 자신을 사단의 거짓 교회로부터 분리하는 것이 마땅하며, 그리스도와 하나님의 말씀에 진실해져야 한다. 거짓 교회는 잠시 동안은 잘 되는 것 같으나 그 운명은 결정되어 있다.

음녀와 그 딸들(Ⅱ)
-요한계시록 18장-

여기서 우리는 상업적인 바벨론을 보는데, 그것은 말세의 세계적인 거대한 체제를 대표한다. 물론, 종교적인 바벨론(배교하는 교회는 로마에 본부를 두고 있다)은 로마 제국이 수십 세기 전에 그러했듯이 나라들의 경제 분야에서 큰 역할을 담당할 것이다. 종교적인 체제가 붕괴하면, 비록 삼 년 반은 더 다스릴 수 있다고는 해도 이 일은 짐승의 전 제국에 대한 종국의 시작이 될 것이다. 17장 17절을 읽고 이 모든 일들이 하나님의 말씀의 성취라는 것을 인식할 때 위로가 된다! 본 장에서 네 가지 다른 음성에 유의하자.

1. 심판의 음성(18 : 1~3)

이 천사는 바벨론의 멸망을 고하는데, 이 사건은 앞서도 고한 바 있다(14 : 8 / 16 : 19). "무너졌도다, 무너졌도다"를 반복하는 것은 두 장에 걸쳐 나오는 바, 종교적이며 상업적인 바벨론에 대한 이중적인 심판을 의미한다. 이는 6절의 언급이 바벨론이 지은 죄에 대하여 두 배로 받는다는 뜻인 것과 마찬가지이다. 이 "큰 성"(10절), 곧 세계 경제 체제의 본부는 마침내 하나님의 손으로부터 마땅히 받을 것을 받는다! 이 곳은 귀신의 거주지가 되었고(엡 2 : 22, 교회는 성령의 거하시는 곳) 더러운 영의 피난처가 되었다(16 : 13~14 참조).

사단은 흔히 새로 표상된다(마 13 : 4, 19, 31~32). 3절은 음녀가 각국에 영향력을 미쳐 마치 사람들이 술로 취한 것같이 될 것임을 시사한다. 그녀는 그들을 부유하게 했고, 그들에게는 그 부가 생활의 전부였다.

2. 분리의 음성(18 : 4~8)

하나님의 백성들 중 더러가 이 성에 거하는데, 하나님은 다음의 두 가지 이유로 그들을 나오라고 하신다. 즉, 그 성은 멸망받을 것이므로 하나님은 그들이 구원받기를 원하신다는 것과, 그 성은 사단적이므로 하나님은 그들이 더럽혀지는 것을 원치 않으신다는 것이다. "거기서 나오라"는 말은 언제나 하나님께서 그의 백성을 부르시는 초청이었다. 그것은 구원이 세상으로부터 주께로 분리하는 것을 뜻하기 때문이다(고후 6 : 14 이하).

하나님의 백성은 세상에 속하거나 세상에 거하지 않는다. 세상은 자기를 영화롭게 하나(7절), 그리스도인은 하나님을 영화롭게 하려 한다. 세상은 "죄의 향락"을 위하여 살지만 그리스도인은 이와는 달리 그리스도의 기쁨을 위하여 산다.

7절에 나오는 바벨론의 교만을 보라. "나는 여황으로 앉은 자요…결단코 애통을 당하지 아니하리라!" 그러나, 8절은 그녀가 하루 동안에 기쁨을 애통으로, 부요함을 흉년으로 바꿀 것임을 가리키고 있다! 여기서 우리는 오늘날 하나님의 백성에게 주는 한 가지 교훈을 본다. "다른 사람의 죄에 간섭지 말라"(딤전 5:22).

3. 애곡의 음성(18:9~19)

우리는 바벨론의 멸망을 탄식하는 두 무리를 본다. 땅의 왕들(9~10절)과 땅의 상고들(11~19절)이다. 이들은 참되신 하나님을 거절하고서 특히 우상과 돈을 쫓아다님으로써 바벨론과 함께 "음행하였다". 그들의 사치스러운 생활은 이제 종국에 와 있다! "화 있도다 화 있도다"는 말이 10, 16, 19절에 반복되는 것에 유의하자! 바벨론은 하루 동안에(8절), 일시에(10, 19절) 심판을 받는다.

상고들과 왕들은 왜 애통하는가? 그들의 상품이 이제 사라져 버렸기 때문이다! 12~13절은 상인 체제의 막대한 부를 가리키는데, 여기에 "종들과 사람의 영혼들"도 포함된다. 마지막 날에는 노예들이 증가하게 될 것인데, 그것은 사단이 언제나 인간의 영혼과 몸을 종으로 삼고자 했기 때문이다.

부자는 더욱 치부하게 될 것이요, 가난한 자는 더욱 가난하게 될 것이다. 사치품과 필수품 모두가 하나님이 바벨론을 심판하실 때 멸망받을 것이다. 해운업도 멸망받을 것이며 해운산업도 망하게 될 것이다. 사람들은 오늘날 자신들을 돌보고 보호하며 만족시키기 위해 경제 제도를 의지하나, 궁극적으로 그것은 그들을 쇠하게 할 것이다.

4. 즐거움의 음성(18:20~24)

땅의 사람들은 결코 하나님의 백성들과 동일한 관점을 갖지 않는다. 사단이 하늘에서 쫓겨날 때 하늘은 기뻐하나 땅은 통곡한다(12:10~12). 이제 바벨론이 멸망받자 하늘은 기뻐하고 땅은 통곡하는 점에 주목하라.

하늘이 즐거워하는 참된 이유는 순교자들의 피가 하나님으로 말미암아 신원되었기 때문이다. 바벨론의 체제는 사단적이며, 처음부터(창 4장) 하나님의 충성된 백성의 죽음에 책임이 있었다. 요한계시록 6장 9~11절에 나오는 제단 아래 있는 영혼들은 "대주재여……어느 때까지 하시려나이까?"라고 물었다. 이제 그들의 기도가 응답된다. 하나님께서 그들의 피를 신원하셨다(롬 12:19 참조).

맷돌을 내던진다는 것은 짐승의 제국 위에 하나님의 심판이 갑작스럽게 임한다는 것을 나타낸다. 어떤 학자들은 이 맷돌이 그리스도의 재림을 나타내는 것으로 보며, 다니엘 2장 34～35, 44～45절에 묘사된 "부쉬뜨리는 돌"로 본다. 세상이 그리스도 없이도 일이 아름답게 잘 진행되어 간다고 생각할 때 그가 돌아오셔서 그들의 체제를 부수고 그들의 업적을 넘어뜨리실 것이다.

본 장에서 "결코 다시"란 말이 반복되는 것에 주목하고 예레미야 25장 9～11절을 읽어보자. 하나님께서 "결코 다시"라고 말씀하실 때는 사람이 이를 어떻게도 변경시킬 수 없다(렘 51장 참조).

다음으로 우리는 짐승의 제국이 경제적, 종교적으로 무너지는 것을 본다. 남은 일이란 그리스도께서 짐승의 군대를 멸망시키는 것뿐인데, 19장에서 우리는 이를 보게 된다.

큰 두 잔치

—요한계시록 19장—

이 귀절들은 예수 그리스도께서 세상 나라의 군대를 멸망시키실 때 나타날 하나님의 진노의 절정을 설명한다.

1. 하늘의 기쁨의 찬양(19 : 1~10)

하늘의 모든 것이 그리스도께서 지상에 다시 오실 것을 예상하므로 네 번에 걸친 "할렐루야 합창"을 한다. 할렐루야라는 말은 (헬라어로는 "알렐루야") "여호와를 찬양하라"는 뜻이며, 친숙한 구약 용어이다. 하늘은 왜 기뻐하는가?

1 죄가 심판을 받았기 때문이다(1~4절) – 18장에서 땅의 상고들과 임금들은 바벨론의 멸망을 탄식하고 있었지만 여기서는 하늘이 즐거워하고 있다. 바벨론은 모든 종교적인 사기와 혼란의 근원이었으며 하나님의 성도들을 무수히 죽였는데, 이제 바벨론은 멸망받았다. 사실상 바벨론의 몰락이 하늘에서 세 번의 "할렐루야"를 부르게 한다!

2 하나님께서 지배하시기 때문이다(5~6절) –하늘의 모든 음성들이 그가 하나님이신 것과 보좌에 계신 것 때문에 연합하여 찬양하는 것 같다. "전능한"이란 "모든 것에 능하신"이란 뜻이다. 헨델이 그의 웅장한 "할렐루야 합창"에서 주제로 삼고 있는 것도 하나님의 전능하심이다. 우리는 하나님이 보좌에 계심을 인하여 찬양을 드리는 것이 참으로 마땅하다!

3 어린 양의 혼인 기약이 이르렀기 때문이다(7~10절) –"이르렀다"는 단어는 "채워졌다"고 번역될 수도 있다. 신부는 이제 아내(7절)가 되며 혼인 잔치가 베풀어지게 된다. 이것이 왕이나 주인의 혼인 잔치가 아니라 어린 양의 혼인 잔치라는 것은 흥미로운 일이다. 그리스도께서 강조하고자 하시는 한 칭호는 "어린 양"이다. 왜냐하면 이것은 교회에 대한 그의 사랑과, 교회를 값주고 산 것을 말하고 있기 때문이다.

물론 교회는 이 잔치를 위하여 자신을 "예비했어야" 한다. 모든 "흠과 티"가 없어졌던 때는 그리스도의 심판대가 있을 동안이었다(엡 5 : 25~27). 신부는 선한 행위로써가 아니라 하나님의 은혜로 말미암아 하늘로 가는 것이다. 그러나, 일단 하늘나라에 가면 신자들이 섬김에 있어서 충성했는지의 여부에 대해서 그리스도의 심판대 앞에서 판단을 받을 것이다.

8절은 아내가 성도의 의(義), 곧 "성도의 의로운 행위"를 옷입을 것이라고 언급한다. 그리스도는 우리의 충성에 따라서 상을 주실 것이며, 우리가 받는 상급이 그대로 "혼인 예복"을 꾸밀 것이다. 레만 스트라우스(Lehman Strauss) 박사는 이렇게 쓰고 있다. "신부가 어린 양과의 혼인 기약이 차면 우리들 각자가 손수 만든 혼인 예복을 입고 있을 것이라는 것을 생각해 본 일이 있는가?" 얼마나 숙연한 생각인가!

물론 신부와 신랑은 혼인 잔치에 초대되지 않는다. 왜냐하면 이들은 하늘 나라에서 존귀한 자들이기 때문이다. 잔치에 참여하도록 초대받는 자들은 당연히 그리스도의 몸의 일부는 아니면서도 그 영광에 참여할 구약 성도들이다.

2. 하늘에서 온 예수 그리스도의 군대들(19 : 11～16)

4장 1절에서 하늘이 열린 것은 교회를 들어오도록 하는 것이지만, 여기서 하늘이 열린 것은 그리스도와 그의 군대들로 개선의 출정을 하도록 하는 것이다. 재판받을 때에 그리스도는 아버지께서 천군을 보내어 자기를 구원하실 수 있다고 하셨다. 여기서 주님은 영광된 군대들, 곧 구약 성도들, 교회, 그리고 천사들과 더불어 말타고 나아가신다(마 25 : 31 / 살전 3 : 13). 6장 1절에서는 적그리스도가 그리스도를 모방하여 흰 말을 탔었지만 여기서는 "충신과 진실이라" 하는 자가 심판과 전쟁을 위하여 말을 타고 나아가신다.

그리스도에 대한 묘사는 전율을 느끼게 한다! 그는 이제 더이상 겸손한 나귀를 타지 않으시고 사나운 흰 군마를 타고 계신다. 그의 눈은 예루살렘을 보셨을 때와 같은 눈물에 젖어 있지도 않으며 모욕적인 가시 면류관을 쓰고 계시지도 않는다. 그의 원수들에게 옷을 벗기우는 대신 피에 젖은 옷을 입고 계시는데, 이는 심판과 승리를 의미한다. 땅에 계실 때 그의 추종자들은 그를 버렸지만 이제 하늘의 군대들이 정복하는 그를 따르고 있다.

그의 입은 "은혜의 말씀"을 하지 않고(눅 4 : 22) 도리어 승리와 공의의 말씀을 하신다(사 11 : 4 참조). 그는 철장으로 다스리러 오신다(시 2편). 그는 십자가 상에서 하나님의 진노를 당하시기 위해서 오시는 것이 아니라 아마겟돈 전쟁에서 하나님의 진노의 포도주 틀을 밟기 위해 오신다. 그는 만왕의 왕이시요 만주의 주이시다!

세상의 군대들이 짐승과 그의 군대들을 대항하기 위하여 팔레스틴에 모이게 되는 것을 명심하라. 그러나, 이들은 하늘에서 인자의 징조를 볼 것이며 그리스도를 대적하려고 모두들 연합할 것이다. 다시 요한계시록 16장 12～16절과 14장 14～20절을 읽어 보라.

3. 땅에 임할 심판을 고함(19 : 17〜21)

본 장에서는 두 잔치를 본다. 어린 양의 혼인 잔치(9절)와 하나님의 큰 잔치, 곧 아마겟돈이다. 첫 잔치는 축복과 기쁨의 시간이나 둘째 것은 심판과 슬픔의 시간이다. 모든 인류사는 아마겟돈을 향하여 급히 이동해 가고 있다.

천사는 땅의 군대들이 전쟁에서 패할 것이라고 고한다. 사실상, 전쟁은 길지 않을 것이다. 왜냐하면 그리스도께서 그의 원수를 즉각적으로 쳐부술 것이기 때문이다(살후 1장). 이 부분에서 "고기"(육신)란 말이 반복되어 나오는데, 그것은 사람이 고기(육신)일 따름이며 하나님께 대항하여 싸울 수가 없다는 뜻이라는 데에 주목하자.

"육신"이란 아담의 타락 이래로 문제의 근원이 되어 왔다. 육신은 변화하지 않는다. 하나님은 육신을 정죄하셨으며 그것은 하나님을 기쁘시게 할 수가 없다. 육신이 그리스도를 향하여 싸운다는 것은 대단히 어리석은 일이다! "왕들과 장군들과 장사들"이라 해도 만왕의 왕과는 상대가 되지 않는다.

그리스도를 대항하기 위해 모여질 군대는 어떤 자들인가? 이들은 유럽 연맹의 열 왕국과 동방의 왕들과 애굽과 러시아의 군대들이다. 이들은 팔레스틴에 있는 에스드렐론(Esdraelon) 평지에 모이는데, 나폴레옹이 이 곳을 세계 최고의 천연적 전장터라고 한 지역이다. "아마겟돈"이란 말은 "므깃도의 산"이란 뜻이다. 지도에서 이 곳을 찾아 보라.

그리스도는 말씀, 곧 그의 입에서 나오는 검으로 원수들을 멸하신다(히 4 : 12). 사람들은 그의 말씀에 복종치 않았고 복음을 영접하지도 않았다. 이제 그들은 그와 동일한 말씀에 의해 죽임을 당해야 한다. 짐승을 따르는 사람들은 "표를 받은 사람들"이며, 몸에 짐승의 표가 있는 것은 분명히 심판을 받는다는 인이 된다. 그리스도는 짐승의 군대를 멸하실 뿐만 아니라 짐승과 거짓 선지자를 사로잡아 산 채로 지옥에 던지신다. 그는 또한 사단을 취하여 무저갱에 던지신다(20 : 1〜3).

구약 선지자들은 이 큰 전쟁에 대하여 할 말이 많다(사 63장 / 슥 14장 / 욜 2〜3장 참조).

흰 보좌 심판

-요한계시록 20장-

본 장은 "천년"장으로서(이 곳에 6회 언급됨) 천년 왕국의 교리를 다룬다. 밀레니움(millenium)이란 라틴어로 "천년"이란 뜻이다. 진지한 성경 학자들 중에도 문자적인 그리스도의 천년 통치가 있을 것에 대해서 부정하는 자들이 있다. 이들은 구약의 왕국 예언을 "영해"하는 것을 더 좋아하여 이 예언들을 오늘날 교회에 적용한다. 그러나, 우리는 다음의 여러 가지 이유로 인하여 문자적인 지상 천년 왕국이 존재할 것을 믿는다.

1 구약의 약속들이 이스라엘에 성취된다(눅 1 : 30～33).
2 그리스도의 영광의 공적 표명이 땅의 나라들에 주어진다.
3 "나라이 임하옵시며"라는 기도에 대한 응답이다.
4 성도들이 그리스도와 함께 왕노릇할 것이라는 약속을 성취하는 것이다.
5 로마서 8장 19～22절에 나오는 약속대로 자연의 완전한 구속을 가져오는 것이다.
6 그리스도의 주권적 통치 하에서 사람에게 최후의 한 시련이 주어진다.

1. 천년 왕국 이전(20 : 1～5)

이제 아마겟돈 전쟁은 끝났다. 짐승과 거짓 선지자는 지옥으로 던져졌고, 그리스도는 이제 옛 뱀인 사단을 잡아 무저갱에 던지신다. 사단의 추종자들 중에는 이미 쇠사슬에 묶인 자들도 있으나(벧후 2 : 4/유 1 : 6) 이제 "옛 뱀"은 데려감을 당할 것이다. 짐승은 무저갱에서 나와(17 : 8) 지옥으로 던져졌다. 그러나, 사단의 최후 심판은 아직 오지 않았다.

사단이 던져진 후에는 환란당한 성도들이 부활할 것인데, 이들은 그리스도를 충성되이 섬기는 데에 자신의 생명을 바친 자들이다. 다니엘서 12장 1～3절을 보면 구약 성도들 역시 이 지점에서 일으켜지게 되는 것 같다. 그리스도의 몸의 지체 곧 교회의 일원이 아닌 그들은 휴거할 때에 성도들과 더불어 반드시 일으킴받는다고는 볼 수 없다.

그러나, 이 지점에서는 구원받은 사람들 중에 죽은 자의 영역에 남아 있는 사람은 하나도 없다. 모두 그리스도와 더불어 왕노릇하려고 일으킴받게 된다. 이것이 첫째 부활로 여겨진다. 이 일은 교회의 휴거로부터(살전 4 : 13 이하) 요한계시록 20장 4절에 주어진 성도들의 부활에 이르도록 전개된다. 첫째 부활에서 다시 살아난 자는 모두 구원받은 사람들이다. 이들은 둘째 죽음, 곧 지옥을 경험하지 않을 것이다.

구약 성도들은 죽은 자의 부활을 믿었으나, 신약에서 가르치고 있는 "죽은 자 가운데서의 완전한 부활"에 대해서는 아무것도 모르고 있었다(막 9 : 9~10, 여기서 "죽은 자 가운데서 살아나는 것"은 문자적으로 "죽은 자 가운데서 완전한 부활"을 뜻한다). 성경에는 "일반 부활"과 같은 것은 없다. 구원받은 자는 모두 부활에서 일으킴받으며(시간은 다르지만), 잃어버린 자는 둘째 부활 시에 일으킴받는다. 첫째와 둘째 부활 사이에는 일천 년의 기간이 흐른다.

보좌들이 예비되어 정결케 된 이스라엘 국가, 교회 그리고 환란기의 성도들이 그리스도와 함께 왕노릇한다. 마태복음 25장 31~46절은 이방인들이 천년왕국이 시작되기 전에 심판받게 될 것을 명백히 밝힌다. 믿는 이방인들(양)은 믿는 유대인들("내 형제들")을 사랑하고 도와 줌으로써 그들의 믿음을 입증할 것이며, 왕국의 기쁨에 참여할 것이다.

2. 천년 왕국 기간(20 : 6)

천년 왕국은 지상에 임한 하늘의 신적 통치일 것이다. 그리스도는 불의나 죄를 허락지 않을 철장으로 다스리실 것이다. 예루살렘은 왕국의 중심이 될 것이며(사 2 : 1~4) 제자들은 그리스도와 함께 왕노릇할 것이다(마 19 : 28). 이스라엘은 의로운 왕이신 그리스도의 영광에 참여할 자기의 땅으로 돌아갈 것이며, 땅에는 사람과 동물들 사이에 평화가 이루어질 것이다(사 11 : 7~9 / 54 : 13~14).

각 사람은 최적한 직업을 얻게 될 것이며, 완전한 능률과 기쁨이 나타날 것이다. 물론 땅에 거하는 인간들, 곧 교회와 무관하게 영화롭게 된 부활한 성도들이 있을 것이므로, 자녀들은 죄악된 본성 가운데 태어날 것이다. 천년이 끝나는 때에 외적으로 그리스도께 순종은 하나 충심으로 그에게 결코 순복치 않았던 사람들이 많이 있을 것이다.

천년 왕국의 주된 목적 중의 하나는 완전한 환경 가운데의 완전한 통치에서라도 인류는 변화될 수 없다는 것을 결론적으로 증명하는 것이다! 왜냐하면 천년기의 마지막에서 사단이 그리스도를 대항할 큰 군대를 일으킬 수 있기 때문이다. 만일 사람들이 하나님의 은혜로 변화되지 않는다면 어떤 것으로도 그들을 변화시킬 수 없을 것이다.

성도들은 왕과 제사장으로 그리스도와 함께 왕노릇할 것이며, 천년왕국 동안에 여러 가지 능력으로 주님을 섬길 것이다. 오늘날 우리가 그에게 충성을 다하는 것이 왕국 시대 동안에 우리가 맡게 될 영화로운 책임의 한도를 결정지을 것이다.

3. 천년 왕국 이후 (20 : 7~15)

1 최후의 전쟁 (7~10절) - 사단은 천년이 차면 풀려나게 되며 그리스도와 싸우기 위해 큰 군대를 모은다. 이것은 완전한 법의 통치도 사람의 마음을 변화시킬 수 없음을 입증한다. 이들은 오히려 사단을 따르려 할 것이다. 이것이 곡과 마곡의 전쟁이 아닌 것은, 그 전쟁이 환란의 전반부 마지막에 일어나며, 짐승이 러시아와 애굽을 모두 패배시키는 결과를 초래할 것이기 때문이다.

그러나, 이번 전쟁에는 러시아(곡과 마곡)가 주도적인 세력이 될 것이며 짐승과 거짓 선지자는 이제 모습을 나타내지 않는다. 군대들은 천년왕국의 예루살렘을 공격할 것이며, 하늘에서 불이 내려와 이들을 소멸할 것이다. 사단은 사로잡혀 영원히 불못에 던져질 것이다. 짐승과 거짓 선지자는 사로잡힌 후에 천년간 지옥에서 고난을 당하고 있다! 지옥에서 벗어날 길은 없다. 거기는 영원한 고통의 장소다.

2 최후의 심판 (11~15절 이하) - 요한은 심판의 보좌를 본다. 이것은 큰 보좌이다. 왜냐하면 역사상의 모든 죄인들이 이 보좌 앞에 설 것이기 때문이다. 이것이 흰색인 까닭은 하나님의 불변하는 거룩함을 말해 주는 것이기 때문이다. 그는 사람을 차별 대우하지 않으실 것이다. 땅과 하늘이 피하여 간 데가 없자, 죄인들은 숨을 곳이 없어진다!

보좌에 앉으신 재판장은 예수 그리스도이시다(요 5 : 22). 오늘날은 그가 세상의 구세주이시지만 그 때 그는 의로우신 재판장이 되실 것이다.

부활은 있다. 죽음이 잃어버린 죄인들의 몸을 내어주고 음부(13절에서와 같은 "지옥"이 아님)는 영혼을 내어준다. 잃어버린 죄인들의 몸과 영혼이 그리스도의 심판대 앞에서 연합하는 짧은 순간은 이 죄인들이 지옥에 던져지기 전에 알게 될 유일한 구제의 순간이다. 모든 잃어버린 죄인들이 거기 있을 것이다. 작은 자나 큰 자나, 부자나 가난한 자도, 피할 곳은 없다(히 9 : 27).

이 **최후의 심판에 관여되는 책들**은 어떤 것인가? 물론 요한복음 12장 48절에 의하면 **성경책**이 거기 있을 것이다. 오늘날 죄인들이 듣고 거절한 그 말씀이 마지막 날에 그들을 심판할 것이다. 성도들의 이름이 녹명된 **생명책**이 있다. 어떤 사람의 이름이 이 생명책에서 발견되지 않는다면 그는 지옥으로 던져질 것이다(15절).

또한 사람들이 행한 **행위들을 적은 책**이 있다. 하나님은 실로 의로운 재판장이시다. 그는 각 사람의 일생의 행위에 대한 기록을 보관하고 계신다. 물론 진리를 알고 고의적으로 진리에 불순종한 사람들은 진리를 알지 못한 사람들보다 더욱 맹렬한 형벌을 받게 될 것이다. 하늘에서 상을 받는 정도가 각기 다르듯이 지옥에서도 그 형벌을 받는 정도가 각기 다르다(마 11 : 20~24). "선한 행실이 사람을 구원시키지 못한다. 하나님은 그의 행위를 심판하실 것이며 지옥의 공정한 형벌을 받게 하실 것이다.

죄인에게는 자기의 경우를 논쟁할 기회가 주어지지 않을 것이다. 책들이 펼쳐지고 사실들이 드러나면, 그는 그리스도 앞에 말없이 서 있을 것이다(롬 3:19). 하나님은 선과 악을 저울질하지는 않을 것이며, 모든 잃어버린 죄인들에게 유죄를 선언하실 것이다. 이런 모든 자들이 둘째 부활에 참여하면 둘째 죽음 곧 영원한 지옥을 맞이해야 한다.

사단과 죄는 심판을 받았고 인간의 반역은 제지되었다. 이제 하나님은 새 하늘과 새 땅을 펼칠 수 있으시다. 하나님의 백성을 위한 영원한 복이다!

우리의 영원한 본향

－요한계시록 21∼22장－

본 두 장의 주제는 21장 5절에 진술된다. "보라 내가 만물을 새롭게 하노라!" 본 장에 나오는 상세한 사항들을 많이 다루는 것이 흥미도 있고 유익도 되겠지만 우리는 스스로 주된 "교훈들"을 다루는 데로 제한해야 할 것이다. 여기서 "새 것들"을 주목하자.

1. 새 하늘과 새 땅(21 : 1∼2)

헬라어로 "새로운"이란 말은 특성이 새롭다"는 뜻이다. 이 말은 죄악되고 파괴적인 모든 것이 제거됨으로써 옛 하늘과 옛 땅이 하나님으로 말미암아 새롭게되었다는 것을 암시한다. 베드로후서 3장 7∼10절을 살펴보면 불의 심판이 옛 창조에 이런 갱신을 가져온다고 되어 있다.

"없어졌다"는 말은 "파괴되었다"는 뜻이 아니다. "바다도 다시 있지 않더라" 는 사실은 의미심장한 구절이며, 그것은 요한이 섬에 유배되어 사랑하는 사람들로부터 떨어져 있기 때문이다. 오늘날 지구의 삼분의 이가 물이다. 그러므로 새 창조에서는 땅에 물을 공급함에 있어서 전혀 새로운 방식으로 할 것이다. 2절은 나중에 더 자세히 다루겠다.

2. 새 하나님의 백성(21 : 3∼8)

우리가 영원한 상태로 들어갈 때 거기에는 참으로 놀라운 변화가 있을 것이다! 하나님은 영광스럽고 친밀한 방식으로 사람들과 인격적으로 지내실 것이다. 이제는 더이상 눈물도, 죽음도, 슬픔도 없을 것이다. 이 모든 것들은 죄를 통하여 세상에 들어왔지만(창 3장) 이제 그 저주는 제거되었다(22 : 3).

하나님께서 "이루었도다"하신 말씀은 그리스도께서 "다 이루었도다"하신 말씀과 평행을 이룬다. 창조를 시작하셨던 그 동일하신 주님이 또한 창조를 완성하실 것이다. 그는 알파와 오메가이시다(헬라어 알파벳 첫자와 마지막 자).

그러나, 8절은 이 새 창조에 들어가지 못할 사람들이 있을 것임을 엄숙히 선언한다. 이들은 두려워하는 자들 또는 그리스도를 고백하지 못한 겁장이들, 그리스도를 믿지 않은 자들, "군중과 함께 다니다" 죄를 행한 자들이다. 하나님께서 목록의 처음에 "겁장이"를 두신 것에 유의하자! 사람이 그리스도를 지지하는 데 두려워하면 그 결과로 범하게 되는 어떤 종류의 죄에 대해서도 책임을 져야 한다.

3. 새 예루살렘 (21 : 9~27)

2절은 이 하늘의 성이 천년 왕국 동안에 땅 위에 떠다니다가 새 창조가 시작되면 내려올 것이라고 제시한다. 이 성은 하나님의 백성과 동일시되며, 또한 신부로 보이게 된다. 당신은 17장에 나오는 바벨론 체제가 음녀로 묘사된 한 성이었던 것을 기억할 것이다. 결국 성이란 건물이 아니라 그 안에 거하는 사람들이다. 창세기 4장 17절에서 반역한 가인은 하나님의 존전에서 떠나 한 성을 건설하였다. 그러나 믿는 아브라함은 "하나님의 경영하시고 지으실 터가 있는 성을 바라보았다"(히 11 : 10). 이것이 그 성이다.

그 성이 구약의 하나님의 백성과 신약의 하나님 백성 곧 이스라엘과 교회를 연합시키는 것에 유의하자. 왜냐하면 이스라엘 지파들이 문들에 이름이 새겨 있고 열 두 사도의 이름이 기초석에 새겨 있기 때문이다. 사도들에 대해서는 에베소서 2장 20절과 마태복음 19장 28절을 참조하라.

성의 규모와 그에 대한 묘사는 우리의 상상을 어리둥절케 한다. "네모가 반듯하다"는 말은 "사면이 같다"는 뜻이며, 아마도 성이 완전한 입방체, 하나님이 존재하시는 "지성소"를 뜻하는 것일 수도 있다. 또는 이것이 피라밋같이 사각뿔일 수도 있다. 어떤 경우이든지 성은 사방 2,400 km로 측량되며 미국의 삼분의 이에 해당한다 ! 보석의 아름다운 색들은 (18~20절) 베드로전서 4장 10절에 나오는 "하나님의 각양(각색의) 은혜"를 암시한다. 이 보석들의 색에 대해서는 사전으로 조사해 보라.

이 성에는 **몇 가지 빠진 것**들이 있다. 성전, 자연의 빛, 그리고 밤이다. 하나님께서 그의 백성과 인격적으로 거하시기 때문에 성전은 필요가 없다. 그리고 그의 영광은 해와 달과 별의 영광을 대신한다. 성경에서 밤은 죽음, 죄, 슬픔을 상징한다. 따라서 성에서 죽음과 죄와 슬픔이 영원히 사라졌다면 밤은 있을 수 없다.

성문들은 도무지 닫지 않을 것이므로 하나님의 백성들은 그분이 새롭게 하신 우주의 어느 곳에서도 그 성에 들어갈 수가 있다. 땅에는 만국이 있을 것이다 (24절 / 22 : 2 참조). 만국의 모든 영광은 본래 하나님께 속한 것이므로 그에게로 돌려질 것이다.

4. 새 낙원 (22 : 1~5)

이러한 새 창조에서 하나님은 본래 처음 창조의 비극들을 모두 반전시키신다. 옛 하늘과 땅은 혼돈에 처해 있었으나(창 1 : 2), 이제 완전함이 있는 새 하늘과 새 땅이 우리에게 있다. 에덴은 땅의 강이 있었는데(창 2 : 10~14) 여기는 놀라운 하늘의 강이 있다. 에덴에 있는 생명나무는 사람이 죄를 범한 후에 파수꾼이 세워졌으나(창 3 : 24), 하늘의 생명나무는 하나님의 백성이 이용할 수가 있다.

창세기 3장 14~17절에 보면 저주가 끼어 들었는데, 이제는 더이상 저주가 없다. 아담과 하와는 처음의 낙원을 떠나야 했고 매일의 양식을 위하여 수고해야만 했다. 그러나, 여기서 사람들은 완전한 교제 가운데서 하나님을 섬기며 하나님의 얼굴을 대한다. 처음 남자와 여자가 범죄하여 종이 되자 그들은 에덴에서의 그들의 왕권을 잃었다. 그러나 5절은 이 왕권을 다시 얻을 것임을 가리킨다. 우리는 그리스도와 함께 영원히 왕노릇할 것이다!

현재의 피조계는 하나님께서 본래 의도하신 것이 아니다. 그것은 죄의 속박 아래 신음하며 통곡하고 있다(롬 8 : 18~23). 그러나 어느 한 날, 하나님은 새 창조로 인도하실 것이며 우리는 영원토록 완전한 자유와 생명의 충만함을 누릴 것이다!

5. 마지막 멧세지(22 : 6~21)

이 책의 마지막에서 그리스도는 내가 속히 오리라!"고 세 번이나 말씀하신다 (7, 12, 20절). "속히"라는 단어는 요한의 시대에 오신다는 뜻이 아니다. 이 단어는 "신속히"를 나타내며, 이러한 일들이 발생하기 시작하면 지체하는 일이 없을 것임을 뜻한다. 우리는 그리스도께서 나타나실 때를 알지 못하므로 예비하고 있는 것이 마땅하다.

다니엘 12장 4절에서 선지자는 이 책을 인봉하라는 말을 들었다. 그러나, 요한은 "때가 가까우니라"는 이유로 책을 인봉하지 말라는 명령을 받는다. 다니엘의 말은 여러 해 동안 성취되지 않을 것이었으나, 요한의 예언은 곧 이루어질 것이었다.

11절은 죄인들이 변화되지 않고 남아 있을 것이라는 논증이 되지 않는다. 그렇다면 17절에 나오는 초청은 하나의 조롱이 될 것이다. 이와는 반대로, 11절은 계속되는 죄가 사람의 성품을 규정하고 그의 운명을 결정짓게 한다는 경고이다. 다니엘 12장 10절은 "악한 사람은 악을 행하리니"라고 말씀한다. 그리스도께서 오시면 사람의 참된 성품은 드러나게 될 것이다. 이 구절에서 얻는 또 하나의 교훈은 사람들이 스스로 결정해 나간다는 것이다. 하나님은 그들을 억지로 악하게 하거나 의롭게 하지는 않으신다(22 : 15 / 21 : 8).

이 책의 마지막 구절들은 간구와 기도와 약속이다. 7절과 12절에서 주님은 "내가 속히 오리니"라고 말씀하셨고, 17절에서는 성령과 신부가 주 예수님께 말씀하시기를 "오라" 하신다. 잃어버린 영혼들에게 보내는 또하나의 초청이 있다. "와서 생명수를 마시라"는 것이다. 성경의 마지막 기도는 요한의 말을 통하여 말씀하시는 성령의 기도이다. "주 예수여, 오시옵소서!" 이것은 우리의 매일의 기도가 되어야 한다.

18~19절에서 하나님의 말씀으로 장난하는 데에 대한 경고가 있다. 사단은 사람들이 하나님의 말씀에 첨부하거나 말씀에서 무엇을 빼는 것을 좋아한다. 그러나, 이렇게 하는 것은 재난을 자초하는 것이다(신 4 : 2 / 잠 30 : 5~6 참조). 물론 요한의 시대에는 책들이 필사되었는데 필사자들은 이 자료를 "향상"시키고자 하는 유혹을 받을 수도 있었다. 오늘날에도 사람들은 그들의 이론과 전통을 하나님의 말씀에 첨부하거나 그들의 신학 구조에 맞지 않는 것은 빼버리기도 한다.

이리하여 성경의 마지막 책, 마지막 일들에 대한 책이 끝난다. 이 연구를 끝마침에 있어서 성령의 기도를 반복하는 것보다 더 좋은 방법은 없을 것이다. **"주 예수여, 오시옵소서!"**

이 책을 읽고, 하나님께 드릴 기도와 감사를 적읍시다.

망망한 바다 한가운데서 배 한 척이 침몰하게 되었습니다.
모두들 구명보트에 옮겨 탔지만 한 사람이 보이지 않았습니다.
절박한 표정으로 안절부절 못하던 성난 무리 앞에 급히 달려 나온 그 선원이
꼭 쥐고 있던 손바닥을 펴 보이며 말했습니다.
"모두들 나침반을 잊고 나왔기에… "
분명, 나침반이 없었다면 그들은 끝없이 바다 위를 표류할 수 밖에 없을 것입니다.

우리는 삶의 바다를 항해하는 모든 이들을 위하여
그 나침반의 역할을 하고 싶습니다.
우리를 구원하신 위대한 주 예수 그리스도를 널리 전하고 싶습니다.

"하나님은 모든 사람이 구원을 받으며
진리를 아는 데에 이르기를 원하시느니라"
(디모데전서 2장 4절)

핵심 성경 연구 ❸

지은이 | 워런 W. 위어스비
옮긴이 | 송용필
발행인 | 김용호
발행처 | 나침반출판사

재발행 | 2022년 3월 25일

등   록 | 1980년 3월 18일 / 제 2-32호
본   사 | 07547 서울특별시 강서구 양천로 583 블루나인 비즈니스센터 B동 1607호
전   화 | 본사 (02) 2279-6321 / 영업부 (031) 932-3205
팩   스 | 본사 (02) 2275-6003 / 영업부 (031) 932-3207
홈   피 | www.nabook.net
이   멜 | nabook365@hanmail.net

ISBN   978-89-318-1242-8
책번호   다-1109

값은 뒤표지에 있습니다.